“一带一路”沿线国家国际仲裁制度研究

⑧

中国国际经济贸易仲裁委员会 编
China International Economic and Trade Arbitration Commission

The Research of the International Arbitration System in Countries Along
The Belt and Road

法律出版社
LAW PRESS·CHINA
—— 北京 ——

图书在版编目(CIP)数据

"一带一路"沿线国家国际仲裁制度研究. 8 / 中国国际经济贸易仲裁委员会编. -- 北京 : 法律出版社, 2024

ISBN 978 -7 -5197 -8228 -3

Ⅰ. ①一… Ⅱ. ①中… Ⅲ. ①国际仲裁－研究 Ⅳ. ①D994

中国国家版本馆 CIP 数据核字(2023)第 153651 号

"一带一路"沿线国家国际仲裁制度研究(8)
"YIDAIYILU" YANXIAN GUOJIA GUOJI ZHONGCAI ZHIDU YANJIU (8)

中国国际经济贸易仲裁委员会 编

策划编辑 沈小英 毛镜澄
责任编辑 毛镜澄
装帧设计 李 瞻

出版发行 法律出版社
编辑统筹 法治与经济出版分社
责任校对 王晓萍
责任印制 吕亚莉
经 销 新华书店

开本 710 毫米×1000 毫米 1/16
印张 51.5 字数 880 千
版本 2024 年 6 月第 1 版
印次 2024 年 6 月第 1 次印刷
印刷 北京虎彩文化传播有限公司

地址:北京市丰台区莲花池西里 7 号(100073)
网址:www.lawpress.com.cn
投稿邮箱:info@lawpress.com.cn
举报盗版邮箱:jbwq@lawpress.com.cn

销售电话:010 - 83938349
客服电话:010 - 83938350
咨询电话:010 - 63939796

书号:ISBN 978 -7 -5197 -8228 -3
定价:268.00 元

序

2023年是共建"一带一路"倡议提出10周年。10年来,共建"一带一路"已在深化各国政策沟通、推动全球互联互通、重塑国际贸易格局、拉动世界经济增长等方面发挥了重要作用。截至2023年6月底,中国已与152个国家、32个国际组织签署200多份共建"一带一路"合作文件,涵盖互联互通、贸易、投资、金融、社会、海洋、电子商务、科技、民生、人文等领域。

10年来,沿线国家、地区贸易自由化便利化水平持续提升。中国已与26个国家和地区签署了19个自贸协定,自贸伙伴覆盖亚洲、大洋洲、拉丁美洲、欧洲和非洲;沿线国家、地区产业链供应链合作更加密切;中间产品出口占中国对沿线国家出口比重由49.8%升至56.3%;中国的纺织品、电子元件、基本有机化学品和汽车零配件等商品在沿线国家市场竞争力不断增强,出口增长迅速。世界银行报告显示,10年来,共建"一带一路"使参与方贸易增加4.1%,吸引外资增加5%,使低收入国家GDP增加3.4%。受益于"一带一路"建设,2012~2021年,新兴与发展中经济体GDP占全球份额提高3.6个百分点。世界银行测算,到2030年,共建"一带一路"每年将为全球产生1.6万亿美元收益,占全球GDP的1.3%;"一带一路"框架下有关交通项目的全部实施,到2030年有望使全球收入增加0.7%~2.9%,使760万人摆脱极端贫困、3200万人摆脱中度贫困。

中国和"一带一路"沿线国家、地区的合作风险与机遇并存。"一带一路"沿线国家和地区多属于新兴经济体和发展中国家,政策、市场、法律等风险客观存在。同时,"一带一路"沿线国家、地区涉及法域广阔,文化交织,国际仲裁因其具有尊重当事人意思自治、专业、高效、保密、一裁终局、跨国可执行等特有属性,是解决境外贸易、投资争端,维护合法权益的重要争议解决方式。

中国国际经济贸易仲裁委员会(以下简称贸仲)积极响应国家"一带一路"倡议,发挥自身优势,自2015年适时启动了《"一带一路"沿线国家国际仲裁制度研究》课题,分国别、分批次展开"一带一路"沿线国家仲裁制度的研究,以满足与沿线国家相关仲裁机构的合作和交流需要,更好地服务"走出去"的中国企业,为其提供精准、专业、可靠的仲裁服务。《"一带一路"沿线国家国际仲裁制度研究》每年进行一次,分别选取5~6个"一带一路"沿线国家作为研究对象,对其仲裁法律制度、重点仲裁机构及其仲裁规则、司法协作与监督等进行深入研究,截至目前,已经与中国政法大学、北京外国语大学法学院等机构合作展开了8次研究合作,在法律出版社出版了《"一带一路"沿线国家国际仲裁制度研究》系列研究成果,在业界受到了广泛关注,为我国企业在"一带一路"沿线国家开展贸易、投资业务提供了重要保障。

本书是在继《"一带一路"沿线国家国际仲裁制度研究》系列七卷出版以来,以委内瑞拉、匈牙利、尼泊尔、赞比亚、阿根廷、克罗地亚6个国家仲裁制度作为研究对象,开展的第八次全面研究。本次的研究和撰写工作在充分汲取前述研究特长和优点的基础上,再次分国别进行深入研究。每个国家独立成章,具体研究内容如下:一是仲裁相关立法与司法情况,包括国内仲裁立法和司法情况、涉外与国际仲裁立法、司法情况。二是代表性仲裁机构介绍和分析。三是代表性仲裁机构仲裁规则介绍和分析,如仲裁管辖、仲裁庭权限;仲裁庭的组成;仲裁员条件;仲裁程序第三人;仲裁庭的推进与仲裁裁决的作出等。四是仲裁或特色相关制度介绍与分析。五是该国仲裁制度的整体评价。六是对中国当事人选择该国仲裁机构、仲裁员以及参与仲裁的建议。七是司法协助与监督。八是重点仲裁案例分析。九是如何申请成为中国籍仲裁员及程序等。

本次研究由贸仲委托中国政法大学国际仲裁与调解研究中心完成。课题负责人为武长海教授,具体参与人员和撰写分工为:武长海教授对课题分工、提纲撰写、进度跟进、文献搜集、梳理、校稿等全程研究负责;韦洁、郝洁若协助课题文献材料查找、具体写作要求、进度跟踪、答疑、最后汇总,并参与每章修改和部分撰写等；第一章：委内瑞拉，具体研究负责人为靳蕊宁、尹美玲；第二章：匈牙利，具体研究负责人为赵一普、刘嘉慧；第三章：尼泊尔，具体研究负责人为张乐怡、梁启韬；第四章：赞比亚，具体研究负责人为温晏、韩宇；第五章：阿根廷，具体研究负责人为黄静怡、刘美汐；第六章：克罗地亚，具体研究负责人为陈芳、戴梓言。

本次研究力求内容全面、重点突出。在挖掘第一手材料的基础上，理论结合实践，希望为更好服务我国企业"走出去"、丰富我国仲裁理论实践提供参考。囿于课题组水平所限，写作内容不周全和不准确之处在所难免，诚请包容和谅解。

《"一带一路"沿线国家国际仲裁制度研究（8）》课题组

2023 年 12 月 31 日

目　录

CHAPTER 01 >>

第一章

委内瑞拉

委内瑞拉玻利瓦尔共和国,简称委内瑞拉,是位于南美洲北部的国家,国土面积916,400平方公里。北临加勒比海,西与哥伦比亚相邻,南与巴西交界,东与圭亚那接壤,首都加拉加斯。2022年,委内瑞拉总人口数估计为2830万。全国划分为21个州,2个边疆地区(亚马孙和阿马库罗三角洲边疆区),1个首都区和1个联邦属地(由311个岛屿组成)。

委内瑞拉曾为印第安人阿拉瓦克族和加勒比族的居住地。1567年沦为西班牙殖民地。1811年7月5日宣布独立。1819~1829年同现哥伦比亚、巴拿马和厄瓜多尔组成大哥伦比亚共和国。1830年建立委内瑞拉联邦共和国,1864年改名为委内瑞拉合众国,1953年改为委内瑞拉共和国,1999年改称委内瑞拉玻利瓦尔共和国。委内瑞拉于1958年实行宪政,建立文人政权。此后,民主行动党和基督教社会党交替执政。1998年12月,"爱国中心"总统候选人查韦斯在大选获胜,打破了两大传统政党长期交替执政的政治格局。

委内瑞拉奉行反帝、反殖、反霸、独立自主的外交政策,主张建立相互尊重、无霸权的多极化世界,反对新自由主义和自由贸易。提倡南南合作。积极推动拉美地区一体化,注重同拉美和加勒比国家开展合作。重视同俄罗斯、伊朗等国家发展关系。坚决反对外部干涉内政。委内瑞拉同160多个国家保持外交关系,是不结盟运动、七十七国集团、石油输出国组织、世界贸易组织、拉美和加勒比国家共同体、拉美经济体系、拉美开发银行、美洲玻利瓦尔联盟(Bolivarian Alliance for the People of Our America, ALBA)、南美国家联盟(Unión de Naciones Suramericanas, UNASUR)、加勒比石油计划等国际和地区组织成员。拉美经济体系、加勒比石油计划总部设在加拉加斯。

1974 年 6 月 28 日,中国与委内瑞拉正式建立外交关系;9 月,中国在委内瑞拉设使馆;11 月,委内瑞拉在华设使馆。两国经贸合作富有成效,在能源、农业、基础设施和高科技等领域的互利合作进展顺利。委内瑞拉已成为中国在拉美重要的贸易伙伴和投资对象国。中国驻委内瑞拉大使馆经济商务参赞刘大江指出,近年来,中国和委内瑞拉双边关系发展平稳,中国成为委内瑞拉最重要的国际经贸合作伙伴之一。2018 年 9 月马杜罗总统访华期间,双方签署共同推进"一带一路"建设谅解备忘录。经贸务实合作取得较大成果,极大丰富和充实了两国全面战略伙伴关系内涵。两国企业在能源、金融、电力、农业、冶金、矿业、基础设施、住房、电信、汽车等领域的合作已经全面展开,通过成功实施各类合作项目,中资企业的技术实力和装备水平得到普遍认可。目前美国对委内瑞拉的制裁封锁,阻碍了中委原油贸易的正常开展,对两国经贸领域合作的持续稳定发展产生了影响。中委两国经济互补性强,合作潜力巨大,积极稳妥推进中委各领域经贸务实合作符合两国人民长远利益。需要注意的是,委内瑞拉目前被普遍视为营商风险最高的国家之一。委内瑞拉政府主管部门人事变动频繁,政策的有效性和连续性亟须完善,特别是近年来美国等西方国家对委内瑞拉的经济金融制裁使经营风险不断上升,给中资企业在委内瑞拉的经营合作造成诸多障碍。此外,当地工会势力强大、劳工法规复杂、社会治安不靖,增加了企业在委内瑞拉经营的成本和风险。

从"走出去"到共建"一带一路"倡议的实施和推进,委内瑞拉无疑是中国"一带一路"倡议的积极参与国。近年来,随着中国企业在委内瑞拉经济活动的增加,跨国纠纷亦在所难免。因纠纷解决将不可避免地产生境外仲裁问题,为维护中国企业的合法权益,方便中国企业更好地"走出去",本章将从委内瑞拉的仲裁法律体系、主要仲裁机构及其仲裁规则等方面对委内瑞拉的仲裁制度进行系统的介绍。

第一节 委内瑞拉仲裁制度历史沿革

从最早的文本规定到今天,特别法中的具体实在化对委内瑞拉仲裁制度的发展产生了明显影响,最高法院近年来颁布的判例推动仲裁作为一种具有宪法性质的程序法制度。其中,立宪主义最早对仲裁作出了贡献,第一批《民事诉讼法》也将其纳入文本,以期在国内将其制度化。正如何塞·埃洛伊·安佐拉(José Eloy Anzola)所指出的那样:

委内瑞拉于1830年建立,同年第一部宪法出台,它遵循罗马和西班牙的传统,在法国大革命和西班牙1812年《宪法》的推动下,规定了委内瑞拉人通过仲裁解决其争端的权利。正如我们看到的,1832年,西蒙·玻利瓦尔的继承人将他们的许多继承纠纷提交仲裁,仲裁似乎已经获得了一个很好的立足点。然而,在19世纪,委内瑞拉受到了拿破仑时期的立法和法典的影响,这些立法和法典赋予了国家司法机构以特权,虽然没有消除仲裁,但确实也没有促进仲裁,而是容忍它。即便如此,从1836年到该世纪末,委内瑞拉的诉讼法中都有关于仲裁的规定,尽管使用不是很频繁,但仲裁仍被用来解决争端。1897年,委内瑞拉对《民事诉讼法》进行的改革对仲裁造成了打击,它规定,无论谁想从仲裁条款中获益,都必须到普通法院去,如果被传唤的一方不同意仲裁,则所有仲裁程序均须停止。这种情况一直持续到1987年,这一年的《民事诉讼法》废除了这些规则,并规定了仲裁承诺的效力。[1]

一、宪法与仲裁的启动

委内瑞拉正式规范仲裁的第一阶段进行得十分谨慎。19世纪末,委内瑞拉尚处在农业阶段,商人之间的争端基本上是通过双方协议解决的。从20世纪30年代开始,随着第一批油田的开发,到20世纪80年代,仲裁的使用实际上只限于石油工业的合同。因此,这个时期很少使用仲裁方式来解决商事纠纷。从逻辑上讲,在委内瑞拉仲裁发展之初,司法机构和仲裁之间几乎没有任何联系。

---

〔1〕 ANZOLA, José Eloy, "El Arbitraje en el siglo XIX y en los Códigos de Procedimiento Civil de 1916 y 1987", en ARAQUE BENZO, Luis Alfredo et al. (Coord), El arbitraje comercial en Venezuela, Estudio con motivo de los 15 años de la Ley de Arbitraje Comercial, Centro Empresarial de Conciliación y Arbitraje, Caracas, año 2013, p. 49 – 50.

(一)1830 年《宪法》

虽然听起来很矛盾,但在委内瑞拉,仲裁确实是由宪法的一项具体规定启动的,而不是由任何其他法律文本启动的。1830 年,在起草委内瑞拉宪法时,仲裁被作为解决冲突的一种司法手段。1830 年《宪法》第 190 条规定如下:委内瑞拉人有通过仲裁解决争端的自由,即便诉讼已经开始。他们也有变动住所,带着财产离开国家或者返回国家的自由。只要他们遵守法律程序,只要法律不禁止,他们都可以做。

(二)1836 年《民事诉讼法》与 1897 年《民事诉讼法》

1836 年《民事诉讼法》不仅是委内瑞拉第一部关于程序问题的本土法典,而且还将仲裁作为解决冲突的手段之一。关于仲裁的规定在 1897 年《民事诉讼法》中重现,二者主旨相同。其对仲裁的规定如下:任何一方当事人都可以将争议交由仲裁员作出决定。如果当事人没有达成其他协议,那么这种提交可以以书面形式进行,其中应阐明仲裁的问题,并确定仲裁员的数量和任命方式。当事人可以任命一名或多名仲裁员来决定争议,并指定第三人担任首席仲裁员。首席仲裁员将对仲裁中涉及的法律问题以及需要解决的事实和法律问题作出决定。首席仲裁员只能根据法律规定作出决定。仲裁裁决是终局的,除非存在实质或形式上的重大缺陷,否则不得上诉或复审。

(三)1904 年《民事诉讼法》与 1916 年《民事诉讼法》

1904 年《民事诉讼法》再次将仲裁纳入其中。该法第 487 条规定,争端可在审判前或审判后提交给一名或多名奇数的仲裁员,条件是这些争端不是身份问题、夫妻离婚或分居问题以及没有解决余地的其他问题。如果已经审理,各方当事人应在必须是真实的承诺书中说明各方提交仲裁的问题(如果这些问题尚未出现在案件中):仲裁员的人数和选择方式、仲裁员的性质、赋予仲裁员的权力以及就案件及其程序商定的其他事项。如果尚未审理,也没有先前的妥协协议,当事人应通过有效文件确定仲裁承诺,并在文件中说明本条的所有条款。

在此之后,1916 年《民事诉讼法》将仲裁纳入其第三章“特别程序”中,规定如下:争端可在审判前或审判后提交给一名或多名单数的仲裁员,条件是这些争端不是身份问题、夫妻离婚或分居问题以及其他没有解决余地的问题。如果已经在法庭上,当事人应在必须是真实的承诺书中说明每一方提交仲裁的问题。如果还没有在法庭上,当事人应说明仲裁员的人数和选择方式、仲裁员的性质、赋予仲裁员的权力以及就诉讼及其程序商定的其他事项。

(四)1999 年《宪法》

委内瑞拉在商业仲裁方面迈出的最重要一步源于 1999 年《宪法》的颁布。1999 年,委内瑞拉将替代性争议解决方式纳入国家法律,仲裁成为司法系统的一部分。该法第 253 条规定,司法权来自公民,并以共和国的名义由法律授权授予。司法机关负责通过法律规定的程序审理其管辖范围内的案件和事项,并执行或实施其判决。司法系统由最高法院、法律规定的其他法院、检察院、公设辩护人办公室、刑事调查机构、司法官员、监狱系统、替代性司法手段、依法参与司法管理的公民以及获准执业的律师组成。

同样,1999 年《宪法》第 258 条规定了一项原则性且具体的任务,即立法者建立仲裁制度,并将其作为解决争端的手段之一。该条规定,法官应依法通过普遍、直接和无记名投票选出。法律应促进仲裁、调解、调停和任何其他解决冲突的替代手段的运用。

将解决本地冲突纳入替代性争议解决方式的规定服从于 1999 年《宪法》所体现的国家概念,该概念预见正义来自公民。与此相一致,其解释性备忘录明确指出,1999 年《宪法》根据主权原则宣布,司法权来自公民,并以共和国的名义和法律的授权传授。在此基础上,1999 年《宪法》规定,一方面,司法系统由最高法院、法律规定的其他地方法院、检察官办公室、公设辩护人办公室、刑事调查机构、司法辅助机构、监狱系统和获准执业的律师组成。另一方面,仲裁、调解和调停等解决争端的替代手段被纳入司法系统,表明国家鼓励学术界、大学、商会和整个民间社会利用上述手段进行活动。此外,由于司法行政不是国家的独家垄断,所以尽管只有国家可以对权利进行强制保护,即强制执行判决,但 1999 年《宪法》将通过组成陪审团或法律规定的任何其他机制把参与行使司法职能的公民纳入司法系统。这样,制宪者设想对委内瑞拉的司法系统进行改造,使其更接近于今天的完整的司法系统,其方式是根据 1999 年《宪法》第 2 条的规定发展国家司法体系。

1999 年《宪法》承认仲裁是司法系统的一个组成部分(第 253 条和第 258 条)。因此,它将仲裁员的权力和协商一致的仲裁与司法机构的约束力等同起来。自 1999 年《宪法》生效以来,有一些裁决是对仲裁作为一种协商一致的司法手段的真正认可,在这种情况下,当事人利用其主观意愿,决定选择通过仲裁解决冲突,并将纠纷排除在普通管辖权之外。随着 1998 年《商业仲裁法》的颁布和 1999 年《宪法》的生效,司法机构和仲裁之间产生了明显的关系。此外,司法机构和商业仲裁之间被动联系的标准原则得以加强。换句话说,法官和仲裁员都建立在一个错误认知的前提上,即各自对对方的领域都有权力干涉,这就使二者之间远非理想和预期的协调,而是产生了不良反应。

二、仲裁法的出台与仲裁中心的成立

在委内瑞拉仲裁发展的第二个阶段,仲裁机构采取了更加制度化的做法。事实上,委内瑞拉遵从了联合国国际贸易法委员会(United Nations Commission on International Trade Law,UNCITRAL)的建议,建立了高度可靠的仲裁制度,该制度具有完善的制度保障,使各方能够通过协商一致采取这种解决冲突的手段,并确信他们的利益会得到有效保护。

(一)《联合国国际贸易法委员会国际商事仲裁示范法》(以下简称《示范法》)

1985 年,联合国国际贸易法委员会向不同国家提出了一系列建议,以通过商业仲裁法律,使与之相关的机构具有同质性,并根据国际标准制定规章制度,从而使每个国家的仲裁制度仅在具体表述上有所不同,但在任何情况下都保持共同的主旨,这些主旨将被确立为仲裁事务中统一适用的原则或准则。在这方面,联合国国际贸易法委员会在以下领域提出了建议:仲裁协议的定义、仲裁协议和向法院提出的实质性申诉、临时措施和仲裁协议、仲裁员人数及其任命、质疑仲裁员的理由和程序、临时措施的自主制度、仲裁协议、公布程序裁决(特别是其内容和形式),以及通过向法院提起撤销仲裁裁决的诉讼质疑裁决。

(二)《商业仲裁法》

1998 年,当时的国民议会通过了《商业仲裁法》,该法至今仍在全面生效。该法采纳了联合国国际贸易法委员会的许多建议。此外,仲裁制度作为司法辅助机构的理想也得到了落实,该制度允许仲裁机构与司法机构合作。有关法律规定了仲裁在客观和主观上的适用范围、可提交仲裁的争议类型、仲裁员的选择、仲裁地点和语言、机构仲裁和临时仲裁等类型、仲裁程序、质疑和取消仲裁员资格的制度、仲裁员的义务、撤销裁决的制度、裁决的承认和可执行性。在这部法律中,有一些规则值得强调:规范性条款载于第 5 条,该条界定了仲裁协议。根据该条的规定,仲裁协议是一项协议,当事人同意将他们之间因合同或非合同法律关系而产生或可能产生的任何或所有争议提交仲裁。仲裁协议可以是合同中的一个条款或一个单独的协议。根据仲裁协议,双方当事人同意将其争议提交给仲裁员裁决,并放弃向法院提起诉讼的权利。仲裁协议是排他性的,不受普通司法管辖。

同样地,《商业仲裁法》第 6 条规定了仲裁协议有效性的正式要求。仲裁协议应以书面形式载于证明当事人同意仲裁的任何文件中。如果合同是书面形式的,并且这种提及意味着该条款构成合同的一部分,则合同中对载有仲裁条款的文件的提及应构成仲裁协议。在附合合同和标准化合同中,应明确和独立地表达将合同提交仲裁的意愿。

《商业仲裁法》第 44 条则规定了通过提起撤销仲裁裁决的诉讼来质疑裁决的详尽理由。该条规定,仲裁庭作出的裁决可以宣布为无效的情形如下:第一,提出仲裁的一方当事人证明,在缔结仲裁协议时,其中一方当事人无行为能力;第二,提出申请的一方当事人没有得到关于指定仲裁员或仲裁程序的适当通知,或由于其他原因不能主张其权利;第三,仲裁庭的组成或仲裁程序不符合该法的规定;第四,裁决涉及仲裁协议中没有规定的争议,或包含超出协议本身的决定;第五,申请仲裁的一方当事人证明该裁决对各方尚无约束力,或此前已被废止或中止,经仲裁程序的各方同意;第六,当提出裁决无效的法院确定,根据法律规定,争议的事项不可仲裁,或争议的事项违反公共政策。

还需要注意的是,这一条款与《示范法》第 34 条的内容非常相似。该法第 34 条规定,仲裁裁决只有在下列情况下才可以被该法第 6 条规定的法院撤销:提出申请的当事一方提出证据证明:第一,该法第 7 条所指的仲裁协议的当事一方欠缺行为能力;或根据当事各方所同意遵守的法律上述协议无效的,或者未订明有任何这种法律,则根据本国法律上述协议无效的。第二,未将有关指定仲裁员或仲裁程序的事情适当地通知提出申请的当事一方,或该方因其他理由未能陈述其案情。第三,裁决处理了不是提交仲裁的条款所考虑的或不是其范围以内的争议,或裁决包括有对提交仲裁以外的事项作出的决定,但如果对提交仲裁的事项所作的决定与对未提交仲裁的事项所作出的决定能分开,只可以撤销包括有对未提交仲裁的事项作出决定的那一部分裁决。第四,仲裁庭的组成或仲裁程序与当事各方的协议不一致,除非这种协议与当事各方不能背离的该法的规定相抵触,或当事各方并无此种协议,则与该法不符。第五,根据本国的法律,争议的标的不能通过仲裁解决。第六,该裁决与本国的公共政策相抵触。

因此,向法院申请撤销仲裁裁决是对仲裁裁决的唯一追诉。自 2008 年以来,委内瑞拉的宪法判例已经接受了这一点,这无疑有助于人们建立起对仲裁机构的信任。作为备受赞赏的协商一致的解决纠纷的手段,仲裁与普通的司法系统一样,是有效的司法系统的一部分。

(三)仲裁中心的成立

根据《商业仲裁法》第 11 条的规定,商会和任何其他商业协会、现有的国际协会、与经济和工业活动有关的组织、目的与促进替代性争议解决有关的组织、大学和高等学术机构,以及在该法生效后建立的将仲裁作为争端解决手段之一的其他协会和组织,可以组织自己的仲裁中心。该法生效前成立的中心可以继续按照该法规定的条件运作,并必须根据该法的要求调整其条例。

根据这一规定的精神,委内瑞拉在加拉加斯设立了两个仲裁中心。一个是加拉加斯商会仲裁中心(El Centro de Arbitraje de la Cámara de Caracas, CACC),另一个是调解和仲裁商业中心(El Centro Empresarial de Conciliación y Arbitraje, CEDCA)。CACC 由加拉加斯商会于 1998 年成立,目前既是委内瑞拉在美洲商事仲裁委员会(Comisión Interamericana de Arbitraje Comercial, CIAC)和国际开发银行(International Development Bank, IDB)替代性争议解决方式的代表,同时,CACC 隶属于国际商会(International Chamber of Commerce, ICC),是其在委内瑞拉的分会,还是联合国仲裁专家组的成员,并担任国际商业仲裁机构联合会(International Federation of Commercial Arbitration Institutions, IFCAI)的主席。CEDCA 则成立于 1999 年,是一个独立的仲裁中心,与委内瑞拉—美国工商会(VenAmCham)有密切联系,自然人或法人等私主体以及公主体都可以向其求助,以解决它们的商业冲突。

三、宪法法庭支持仲裁

在这一阶段,商业仲裁得到了最高法院宪法法庭判例的支持,最终为仲裁提供了必要的支持,使其成为一种真正的解决纠纷的司法手段,这与之前将其作为司法机关的"替代"手段不同。这一阶段以 3 个宪法法庭的判决为标志。

(一)宪法法庭第 1.541/17.10.2008 号判决书

2008 年 6 月 12 日,宪法法庭收到了对 1999 年《宪法》第 258 条的解释请求。该请求是由共和国总检察长办公室的代表提出的,涉及对该条规定的措辞范围的关切:"法律应促进仲裁、调解、调停和任何其他解决冲突的替代手段。"

2008 年 10 月 17 日,分庭裁定:将仲裁宪法化是委内瑞拉承认仲裁是解决冲突的适当和有效手段这一趋势的结果。

另外,根据 1999 年《宪法》的规定,一套规则已经生效,表明国家法律制度接受并倾向将仲裁作为解决冲突的有效手段而加以发展。

分庭承认旨在保证仲裁机构良好运作的普遍接受的原则,如对当事人的强制管辖权,即使包含仲裁条款的合同无效(仲裁条款与合同的可分割性,它提出了主张合同无效之间的区别,从而避免了在仅主张合同无效情形下,仲裁条款也随之无效的后果)。同时,根据《商业仲裁法》第7条和第25条的规定,仲裁员有权宣布他们自己的权限。第7条规定,仲裁庭可以根据自己的管辖权作出裁决,包括对仲裁协议的存在或有效性的任何反对意见。为此,构成合同一部分的仲裁条款应被视为独立于合同条款的协议。仲裁庭决定合同无效,不应导致仲裁条款无效。仲裁庭缺乏管辖权的抗辩必须在第一次程序性听证后5个工作日内提交,不应仅仅因为当事人参与指定仲裁员这一事实而阻止他们提出此类抗辩。无论如何,如果认为延迟的原因有正当理由,仲裁庭可以审理在规定期限后提出的抗辩。

因此,鉴于1999年《宪法》第258条中提到的宪法任务要求发展、促进和健康地运行解决委内瑞拉国内冲突的替代手段,任何与之相抵触的法律规范或司法解释必须被视为违反基本条款,即是违宪的。因此,宣布:第1.541/17.10.2008号判决书承认第258条的广泛范围,不仅对立法者有约束力,以通过各种立法文本促进仲裁,而且对司法者也有约束力,以保障不妨碍当事人的意思自治,通过这种方式而不是通过司法机构解决其争端的判决来促进仲裁。

(二)宪法法庭第1.067/03.11.2010号判决书

2009年6月15日,宪法法庭收到了由贸易公司Astivenca Astilleros de Venezuela. C. A. (ASTIVENCA)提交给政治行政法庭的关于竞争监管的判决的宪法审查请求。在该决定中,分庭承认司法机关和仲裁系统之间一般来说具有协助或控制关系。正如其所承认:当分庭确认共和国法院和仲裁系统开展的活动在功能和目的上的统一性时(参见宪法法庭第1.139/00号和第1.541/08号判决书),它否认任何意味着假设管辖权和仲裁之间不相容的概念。在这个意义上,所适用的法律制度的特点是仲裁系统和司法机关之间的必要合作,作为司法系统的组成部分,其最终目标必须是根据1999年《宪法》第3条、第26条和第253条实现社会公正;因此,为了与这一愿景保持一致,严格来说,不能继续坚持认为仲裁是一个例外。因此,在仲裁的法律制度中,权力原则和仲裁协议的独立性构成了保障"有可能使用替代性争议解决方式的基本权利,显然包括仲裁"(参见宪法法庭第192/08号判决书),只要仲裁机构的权限是确定其权限范围的仲裁协议的结果,就有必要承认其解决相应条款所规定的事项的权限,如《商业仲裁法》第 7 条和第 25 条所示。

法院和仲裁系统开展的活动在功能和目的上的统一性得到了肯定(参见宪法法庭第 1.139/00 号和第 1.541/08 号判决书)。

有些概念会衍生出一种假定的观点,那就是:“在我们的生活中,诉讼和仲裁是不相容的。”当然,正如本判决所确定的那样,仲裁制度要实现真正有效的司法保护,必然要求司法机关在行使仲裁员的预防权等方面进行干预。

通过这一判决,分庭重申了仲裁的宪法实体,并为此强调了仲裁的管辖性质:作为司法系统的一个组成部分,司法机关有义务始终与仲裁机构合作。仲裁对司法机关的约束性原则在这一判决中得以形成。

(三)宪法法庭第 702/18.10.2018 号判决书

2017 年 2 月 2 日,CACC 执行主任提交了一份 2016 年 9 月 15 日作出的仲裁裁决的核证副本,以便商会能够对该裁决进行适当的宪法控制,理由是在该案件中指定的仲裁员未遵守《关于商业用途房地产租赁管理的法律地位、价值和效力的法令》(Decreto con Rango, Valor y Fuerza de Ley de Regulación del Arrendamiento Inmobiliario para el Uso Comercial)第 41 条第 j 款的规定,进行了分散的宪法控制。宪法法庭依法承认并证实了这一点,并发布了一项决定,其中概述了以下理由。

仲裁机构与司法机构合作,为司法系统缓解被要求审理诸多案件的压力;反过来,仲裁员也需要普通法官的配合,以便能够对仲裁员的决定给予授权。从这个意义上来说,如果这种关系得到优化,司法行政显然会得到改善。正如在司法部门一样,正义是通过仲裁来实现的。1999 年《宪法》赋予法律对仲裁的管理权,同时赋予法律促进仲裁的义务。可以说,这是明确的要求,必须通过它来寻求和确保有关各方有可能、有选择地诉诸仲裁(替代)而不是普通(司法)管辖权,以解决他们的任何种类的争端,因为《委内瑞拉玻利瓦尔共和国宪法》第 258 条规定,法律将促进仲裁、调解、调停和任何其他解决冲突的替代手段。

因此,仲裁是一项宪法级别的基本权利。这就是 1999 年《宪法》第 26 条和第 257 条规定的诉诸司法的权利、诉诸国家司法系统机关和有效司法保护的问题。因此,要求和接受正义的权利是个人固有的权利,这就是为什么即使在没有规定的情况下,仲裁在宪法上得到承认。因此,根据 1999 年《宪法》第 25 条的规定,任何侵犯这一权利的行为都是无效的。

正是由于这个原因,任何关于仲裁的管理规定都必须以鼓励发展仲裁作为解决冲突的替代手段的方式来解释,即要使其得到有效执行。这是一个根据宪法(如 1999 年《宪法》第 334 条)实现解释原则的问题。如果这被证明是不可能的,那么有关的规定将是违宪的。在这个意义上,必须考虑到,即使仲裁法庭不构成司法机构的一部分,但仲裁员开展活动是在行使真正的司法职能,通过称为裁决的具有约束力的决定来解决主体间的利益冲突,从而结束当事人之间产生的争端,具有既判力的所有效力。另外,法官在其权限范围内根据委内瑞拉的大宪章和法律的规定确保宪法的完整性的责任广泛适用于仲裁员,只要他们认为任何类别的法律规范(法律、次级法律),与任何宪法规定相冲突或不相容,他们必须优先适用后者(《宪法》第 334 条),通过行使分散控制。正是由于这个原因,包含任何通过分散控制而消失的最终仲裁裁决必须进行《最高法院组织法》(Ley Orgánica del Tribunal Supremo de Justicia)第 33 条提及的强制性协商(参见宪法法庭第 347/2018 号判决书)。这可能是对商业仲裁的司法职能作出最佳定义的裁决:仲裁非司法管辖,但根据宪法的规定,其构成了司法系统的一部分。仲裁是替代性争议解决的重要方式,能有效地缓解司法压力;同样,司法也支持仲裁的发展,因为法院判决对仲裁具有促进作用。仲裁是国家司法职能的一部分,它来自公民,因此它具有宪法和合法化的性质;反过来,它又是合同的后代,这些因素使它在委内瑞拉的司法系统中与司法机构汇合。

四、成立委内瑞拉仲裁协会

2013 年 4 月 8 日,委内瑞拉仲裁协会(Asociación Venezolana de Arbitraje, AVA)举行了成立大会,有 68 名专业人员和专家(出席者和代表)出席了大会,他们获得了协会创始成员的地位。委内瑞拉仲裁协会是在《商业仲裁法》生效 15 年后成立的,其目的是在社会各阶层中推广使用仲裁和其他解决冲突的替代手段,并使其成为解决争端的真正替代办法;同时促进委内瑞拉成为国际仲裁的场所,向国外推广委内瑞拉律师的专业知识,并促进拉丁美洲仲裁的发展。

五、电子化仲裁

在这一阶段,所应用的有利于促进仲裁程序的远程元素非常突出。仲裁中心在其规则中利用若干原则和规则,构建了一个虚拟的构架,使诉讼当事人以更迅速的方式接近商业仲裁,这在新冠疫情使世界上的许多会议和听证会无法举行的时期是非常了不起的。

(一)CEDCA 以电子方式进行仲裁的规则

《CEDCA 调解和仲裁规则(2020)》中有明确规定,允许以远程方式进行仲裁程序。典型的例子是第 17 条,该条规定仲裁申请可以以电子方式提交。

具体而言,第 17 条规定,CEDCA 应是各方当事人、仲裁庭或任何其他介入方提交的所有申请书、文件和通信的中间人和保存人。任何一方提交的所有申请书和附件,以及仲裁庭的所有通信,均应按照 CEDCA 执行局确定的条件以电子方式提交。CEDCA 应将每份诉状或信函及其附件打印一份,以便为每个案件保留一份实物档案。如果各方当事人和仲裁庭同意,所有申请书、文件和通信也必须按照他们确定的条款以实物形式呈现,作为书面证据出示的文件也必须以实物形式出示。同样,《CEDCA 调解和仲裁规则(2020)》的其他条款规定了以电子方式进行程序的可能性,如中心主任的通知、仲裁的开始、仲裁庭的组成行为、对临时措施的异议以及裁决书的交存和送达。

(二)CACC 以电子方式进行仲裁的规则

2020 年 7 月 20 日,CACC 发布了《电子手段程序管理规则》。正如该规则名称所示,其对通过电子方式进行仲裁的过程进行了规范。应该指出的是,这是一个增编条例,即一个补充条例,它没有废除或废止前一个条例的任何规定,而是为通过电子方式进行仲裁程序建立了一个特定的远程系统,从而补充了与案件的提出和证实有关的规则。正如该规则的解释性备忘录中所述,该规则旨在通过电子方式举行听证会和提交书面材料,以便能够进行有关程序,并在各方当事人、仲裁员、调解员、仲裁中心工作人员和任何法庭助理、专家、鉴定人、证人和专家之间进行有效、安全、快速和即时的沟通。通过电子手段进行程序并不排除通过实际交付和举行听证会或面对面进行程序的可能性。在本规则中,当提到非现场的电子手段时,是指通过电子邮件、电话以及通过 Skype、Zoom、Microsoft Meetings、Webex 等系统举行的视频会议。在这个意义上,电子手段程序管理规则系统规定了通过电子手段进行程序的可能,包括通过电子手段启动仲裁和调解程序,可以通过电子邮件通信,使用国际仲裁中的通用引证规则,除实物档案外如需形成和储存电子档案,以及非面对面的线上审理和多形式混合审理。

第二节 委内瑞拉仲裁法律制度

委内瑞拉《商业仲裁法》生效于1998年4月7日,该法吸收了大量的《示范法》的内容,适用于在委内瑞拉进行的国内和国际商事仲裁。

一、仲裁范围

当事人主要通过仲裁来解决合同纠纷,包括合同的履行以及由于合同违约行为导致的合同赔偿等争议。根据《商业仲裁法》的规定,凡是具有民事行为能力的人都可以根据仲裁协议提起仲裁,但是仲裁的内容不应当包括以下内容:第一,与公共政策相冲突,或者应该受到刑事诉讼法管辖的案件;第二,涉及公共行政机构的权力及职能的案件;第三,涉及个人民事行为能力或者亲权的案件;第四,涉及已经通过法院生效判决确定的法律关系的案件。另外,根据委内瑞拉国际私法相关规定,涉及专属管辖的案件不适用于仲裁,包括以下三种情形:第一,涉及位于委内瑞拉国内不动产的案件;第二,不适合仲裁的案件;第三,影响公序良俗的案件。

二、仲裁方式

根据《商业仲裁法》的规定,仲裁可以分为机构仲裁和临时仲裁两种方式。机构仲裁,是指当事人根据仲裁协议,将纠纷提交给约定的某一常设仲裁机构所进行的仲裁。临时仲裁,则是指由争议双方按照一定的仲裁规则自行组织的商事仲裁,无须仲裁机构的介入。

(一)机构仲裁

根据《商业仲裁法》的规定,商会和任何其他商人协会、现有的国际协会、与经济和工业活动有关的组织、旨在促进替代性争议解决的组织、大学和高级学术机构,以及在此之后成立的任何其他将仲裁作为解决争议手段的协会和组织,都可以组织自己的仲裁中心。在该法施行前设立之中心,得依该法之规定继续运作,并须调整其规定以符合该法之要求。

在机构仲裁中,有关仲裁程序的一切事项,包括通知、仲裁庭的设立、仲裁员的回避和更换等,均应按照当事人提交仲裁中心的仲裁规则的规定执行。所有设在委内瑞拉的仲裁中心都有自己的规则。这些规则必须包括:第一,仲裁中心主任的任命程序和与该职位相关的职权的设置;第二,仲裁程序规范;第三,编制仲裁员名单的程序(每年至少审查和更新一次),仲裁员必须满足的条件、被排除在名单之外的理由、注册手续和聘任程序;第四,仲裁费、行政费用(每年可修订更新);第五,仲裁中心适用的行政规范;第六,仲裁中心运作所需的其他规范。所有仲裁中心都必须设有常设席位,并配备相配套的必要条件,还必须有一份至少包含20名仲裁员的名单。

(二)临时仲裁

根据《商业仲裁法》当事人未能制定临时仲裁程序规范的,应当适用本法规定。经当事人同意,机构仲裁也可以适用本法规定。当事人应确定仲裁员的人数,在每一案件中并不均等。如未作出此种决定,仲裁员的人数应为3名。当事人应当共同指定或者委托第三方指定仲裁员。如果双方未就仲裁员的任命达成协议,双方应各自选出1名仲裁员,由所任命的2名仲裁员指定第三名仲裁员,该仲裁员将成为首席仲裁员。如果一方当事人不愿意指定其各自的仲裁员,或者2名被指定的仲裁员不能统一指定第三名仲裁员,他们可以要求主管的一审法官指定第三名仲裁员。独任仲裁员仲裁未达成协议的,应当根据当事人的请求,由有管辖权的一审法官指定仲裁员。仲裁员必须在收到通知后的10个工作日内,以书面形式通知任命他们的人,无论他们是否接受该职位。仲裁员的沉默应被视为拒绝任命。仲裁员拒绝聘任、辞职、死亡、丧失行为能力或者受到质疑的,按照其聘任适用的规则更换。

三、仲裁协议

根据《商业仲裁法》的规定,仲裁双方若想通过仲裁来解决争议,需要首先订立仲裁协议,表明自己希望通过仲裁来解决合同或者非合同的商事争议,双方可就已经产生或可能产生的全部或部分争议提交仲裁。仲裁协议可以采用合同中的仲裁条款的形式,也可以采用单独协议的形式。仲裁协议达成后,当事人有义务将争议提交仲裁解决,放弃获得司法救济的权利,因此仲裁协议将排除法院的司法管辖权。仲裁协议必须以书面形式证明当事人接受仲裁的意愿。协议中提及仲裁条款的文件,应当构成仲裁协议,条件是该仲裁协议有书面证明,并且该仲裁条款是协议的组成部分。有附合合同的,应当以明确的、独立的声明形式提出仲裁意愿。需要注意的是,仲裁协议必须是争议双方或者被授权人订立的才能生效。仲裁协议应当包括以下内容:第一,仲裁的方式,即机构仲裁还是临时仲裁;第二,仲裁事项;第三,仲裁使用的语言;第四,仲裁庭的组成方式;第五,仲裁使用的法律;第六,联系人信息;第七,双方当事人同意的其他程序。

仲裁庭可以对自己的管辖权作出裁决,包括对仲裁协议的存在或有效性的任何异议。为此,构成合同一部分的仲裁条款应被视为独立于合同条款的协议。仲裁协议具有独立性,仲裁庭作出的合同无效的决定,并不当然导致仲裁条款无效。

仲裁可以依法进行,也可以依公平正义原则进行。前者必须遵守法律规定,才能作出裁决。后者应根据当事人的便利和利益自由进行,主要是在公平方面。如果当事人没有指明仲裁的类型,仲裁员将被视为依法仲裁,仲裁员应始终牢记合同条款和商业习惯。

当事人可以自由商定仲裁地点。如果双方没有达成协议,仲裁地点应由仲裁庭考虑案件的情况,包括双方当事人的方便程度来决定。然而,各方另有约定的,仲裁庭可在任何被认为适当的地点开会,进行讨论,听取证人、专家或各方的证词,或审查商品、其他货物或文件。双方可自由商定仲裁程序中使用的一种或多种语言。如未达成协议,仲裁庭应确定将使用的一种或几种语言。除另有规定外,仲裁协议适用于当事人的书面陈述、仲裁庭的审理、裁决、决定或其他通信。仲裁庭可要求任何书面证据附有当事各方同意或仲裁庭确定的一种或多种语言的译文。

如果双方当事人约定在采取仲裁方式前可以通过其他友好方式解决争议,则任何一方当事人在没有经过条款中规定的前置程序前,不可以直接将争议提交到仲裁庭。当债权债务转让时,仲裁协议对受让人是否有效在委内瑞拉一直存在争议。一方当事人在有仲裁协议的情况下又向法院提起诉讼的,法院在查明存在有效仲裁协议后,应及时将案件转到仲裁庭。然而,另一方当事人可以通过应诉自愿放弃仲裁和对法院管辖权提出异议的权利。该弃权可以通过明示或默示方式作出,另一方当事人必须在提交答辩时提出管辖权异议。

四、仲裁庭的组成

《商业仲裁法》规定,仲裁中心必须有一份包含至少20名仲裁员的名单。原则上,当事人须从该名单中选择仲裁员。然而,当事人有权就指定仲裁员的方式达成协议。在临时仲裁的情况下,双方当事人可以单独或者共同指定仲裁员,但是必须为奇数。当事人也可委托第三方代为指定。当事人未能就指定仲裁员达成协议时,双方应该分别指定一名,第三名由共同选出的仲裁员指定,且该仲裁员为首席仲裁员。如果当事人不愿指定各自的仲裁员或者共同选出的仲裁员不能就指定第三名仲裁员达成一致意见,则可由有关法院指定。仲裁员在10个工作日内应当书面答复是否接受指定。沉默视为拒绝接受指定。如果仲裁员拒绝指定、卸任、死亡、残疾或被提出异议,则应按照上述原则补选。

委内瑞拉法律没有明确对仲裁员的独立性、中立和公平作出规定,而是由各个仲裁中心自己管理。在实践中,仲裁员会在仲裁程序开始前,签署一份承诺其会保持公平独立的协议。在委内瑞拉国内仲裁程序中,当事人一般会指定律师为仲裁员。但是,每个仲裁中心都有自己的仲裁员名单,且对仲裁员的资格标准要求不一,所以当事人也可以选择非律师作为仲裁员。

五、仲裁程序

仲裁员在审理案件时有充分的裁量权,当事人可选择仲裁规则。证据收集规则适用1990年《民事诉讼法》。在实践中,验明证人通常以口头确认为主,仲裁员可以自由询问证人。《商业仲裁法》未对证人作出规定,1990年《民事诉讼法》的相关规定自动适用,但是当事人明确约定排除适用该法的除外。仲裁庭应举行其认为必要的听证会,无论当事各方是否参加,并应决定是否为提交证据或口头辩论举行听证会,或是否根据提交的文件和其他材料进行诉讼。仲裁程序不允许附带程序。仲裁员必须对证人的质疑和对专家意见的异议,以及可能出现的任何其他类似性质的事项作出裁决,未决的异议程序不妨碍仲裁程序的继续进行。仲裁庭或经仲裁庭批准的一方当事人可以请求有管辖权的初审法院协助收集必要的证据,并执行所要求的临时保护措施。第一审法院应当在其管辖范围内,按照有关规定,对上述请求作出回应。

仲裁协议未约定审理期限的,仲裁期限为仲裁庭成立之日起6个月。仲裁庭可以自行延长期限一次或多次,也可以根据当事人或其授权的律师的要求延长期限。因法律原因而中断或中止诉讼程序的天数应加在上述期限内。仲裁庭应提前10个工作日通知双方当事人第一次程序性听证,说明开庭的日期、时间和地点。该决定应以书面形式通知双方或其授权的律师。第一次开庭应当宣读仲裁协议和表明职权范围的文件,陈述当事人的主张,并合理估计其金额。当事人可在其主张中提出其认为相关的任何文件,或提及其拟提交的文件或其他证据。仲裁庭可以对自己的管辖权作出裁决,包括对仲裁协议的存在或有效性的任何异议。关于仲裁庭缺乏管辖权的抗辩必须在第一次程序性听证后的5个工作日内提出。当事人不应仅仅因为参与了仲裁员的任命或指定了仲裁员,就不能提出这种请求。在任何情况下,如果拖延的理由被认为是正当的,仲裁庭可以审理当事人在规定期限后提出的异议。

六、证据提交

除仲裁庭另有规定外,证据必须与仲裁申请、反申请及其各自的答复一并提交。在上述书面文件之后提交的任何证据只有在仲裁庭酌情认为延迟是合理的情况下才会被接受。在程序进行期间的任何时候,仲裁庭可以在其确定的期限内要求当事人出示其认为相关的文件或其他证据。仲裁庭将评估其所提供证据的可采性、相关性和重要性。仲裁庭认为充分知情或出于任何其他正当理由,可以免除未撤回的证据。如果需要提前测试,指定机构可以指定一名紧急仲裁员。事前举证请求及其程序必须符合《AVA 证据规则》(Reglas AVA sobre Pruebas)第 13 条的规定。如果证据只是书面的,仲裁庭可以在不需要听证会的情况下决定争议,除非当事方之一明确要求。当事人可以同意或仲裁庭可以要求使用《AVA 证据规则》。当仲裁员认为当事人有合理和充分的机会维护其权利时,他们应宣布调查结束。此后,除非仲裁员在特殊情况下允许,否则当事人不得提出书面陈述、论点或证据。

七、仲裁裁决

仲裁程序以作出裁决而结束。仲裁裁决应当符合下列条件:第一,以书面形式作出。第二,由仲裁员签名。在有 1 名以上仲裁员的仲裁程序中,持多数意见的仲裁员的签名即可,但须说明遗漏签名或不同意见的原因。第三,经过合理论证。第四,标明日期、仲裁地(裁决将被视为在该地点作出)。第五,必须分配好费用承担。第六,仲裁庭可以作出惩罚性裁决。

对仲裁裁决的效力提出异议的法定理由,主要包括:第一,仲裁的一方在订立仲裁协议的时候不具备相应的行为能力;第二,仲裁的一方没有按法律规定行使指定仲裁员的权利;第三,仲裁的程序和仲裁庭的组成违法;第四,仲裁裁决的内容超过了仲裁协议的请求;第五,法院对裁决的争议具有专属管辖权。此外,1990 年《民事诉讼法》又规定了 3 种情形:第一,仲裁裁决中有超出仲裁请求范围的裁定或者裁决书中提到的仲裁协议是无效的;第二,仲裁裁决中包含内容相反且不易执行的裁定,或者仲裁庭遗漏仲裁事项;第三,仲裁程序不符合实体手续。该异议的提出必须在仲裁庭作出裁决后的 5 日内。异议诉讼的平均期限为 5 年。对仲裁裁决提出异议不会中止裁决的执行,除非应一方请求法院作出中止执行的裁定。此时,提出请求的一方要提供担保。

裁决书作出后,仲裁庭应向各方当事人送达一份由仲裁员签字的裁决书副本,该副本具有约束力。仲裁庭可在裁决发出后15个工作日内,自行或应一方的要求,对仲裁裁决进行澄清、更正或补充。出现下列情况之一时,仲裁庭应停止履行职能:第一,合同规定的相应费用或费用未在规定时间内存入;第二,根据当事人的意愿;第三,作出最终裁决或对裁决作出任何更正或补充;第四,为诉讼规定的期限届满或其任何的延长。仲裁程序结束后,首席仲裁员应取消计费,向仲裁员支付其费用余额,支付任何未决费用,并根据合理计算将余额退还双方。

八、仲裁保障措施

根据《商业仲裁法》的规定,除非当事各方另有协议,仲裁庭可要求对争端事项采取它认为必要的任何临时保护措施。仲裁庭可以要求请求方提供适当的担保。仲裁庭或者当事人也可以请求相关法院提供必要证据或采取临时救济,相关法院将会在其职权范围内考虑该请求。仲裁员要对当事人信息、相关证据、实质材料、仲裁内容等事项保密,不得随意披露。临时性保障措施的裁决和支持部分仲裁请求的保障措施裁决都是可被强制执行的。

九、费用承担

仲裁员接受聘任后,仲裁庭因此成立,并应通知当事人。仲裁庭成员的费用和必要的运作费用应在成立程序中确定,双方可在裁定通知发出后的5个工作日内,对上述任何金额提出异议。如多数仲裁员驳回异议,仲裁庭应停止运作。在规定费用后,各方应在未来10天内存入其份额。首席仲裁员应为此开立一个特别账户,存款应按照其要求进行。如果一方分配了自己的份额,而另一方没有这样做,分配了自己份额的一方可以在15个工作日内将相应的份额分配给另一方。仲裁庭应当在裁决书中规定仲裁费用,并写明由哪一方负担、负担的比例是多少。如缴付全部款项的期限已满,而仍有当事人未缴付上述款项,仲裁庭可裁定结束仲裁,当事各方可诉诸法院或重新启动仲裁程序。缴纳费用后,每位仲裁员应获得不超过相应费用一半的份额,余额存入为此设立的账户。首席仲裁员应根据当事人的意愿,在仲裁结束时,或在澄清、更正或补充仲裁裁决的执行时分配余款。仲裁费用一般是根据仲裁标的的金额,按照固定比率征收,但是如果案件比较复杂,涉及专家证人等参与到仲裁程序中时,仲裁的费用则会有较大提升。

第三节　委内瑞拉仲裁协会和主要的仲裁机构及其仲裁规则

一、委内瑞拉仲裁协会

委内瑞拉仲裁协会于2013年4月8日成立。为能够以切实可行的方式为委内瑞拉和国际仲裁的发展作出贡献,2019～2021年,委内瑞拉仲裁协会工作组积极筹备制定《AVA临时仲裁规则》(Reglas AVA sobre Arbitraje Independiente)及《AVA证据规则》。《AVA临时仲裁规则》的制定旨在为国内和国际法律和商业界提供符合现代立法和法理学趋势的仲裁程序,同时不忽视仲裁的灵活性和当事人意思自治,将临时仲裁作为理想的仲裁方式解决争议。由于该规则是软法律文书,为了使其具有约束力,当事人将被要求明确同意在仲裁协议或仲裁程序过程中使用它。为此,该规则提出了一个可以包含在合同中的示范条款,以及另一个可以在冲突产生或开始时使用的示范条款。《AVA证据规则》的主要目的是向参与委内瑞拉仲裁的各方提供一套规则,使他们能够以更有效和高效的方式执行证据程序。《AVA证据规则》有利于促进仲裁当事人参与仲裁程序,使所有参与仲裁程序的人都充分了解当事人的举证责任、如何促进和行使反驳证据的权利以及仲裁庭如何评估证据等。通过将《AVA证据规则》纳入仲裁条款,仲裁当事人将确信他们正在高效、迅速地进行证据程序,规则清晰,没有过多的形式主义,可以避免对当事人和仲裁员造成延误和不便。

另外,委内瑞拉仲裁协会的虚拟学院是对仲裁的重要推动。虚拟学院提供各种在线课程,涵盖从基础到高级的仲裁知识和技能。课程包括仲裁程序、仲裁法和仲裁实践等方面的内容。虚拟学院的教学内容由专业的仲裁专家和学者提供,他们在国内和国际上都有丰富的仲裁经验和知识。虚拟学院能够为委内瑞拉和其他国家的法律专业人士和学生提供方便、高效的仲裁教育,帮助他们了解仲裁的基本知识和实践技巧,提高他们的职业水平和竞争力。

(一)《AVA临时仲裁规则》

1. 仲裁的开始

仲裁程序自被申请人收到仲裁申请书及其附件通知之日起开始。提起仲裁的一方必须向被申请人发送仲裁申请书,其中包含以下要求:第一,请求将争议提交仲裁;第二,各方的身份和联系方式;第三,在仲裁中代表被申请人的其他人的身份和联系方式;第四,所援引的仲裁协议;第五,确定引起争议或争议涉及的合同及相关法律行为;第六,对争议的简要描述;第七,索赔数额的估计;第八,除非当事人事先约定,应注明有关仲裁员人数、语言、适用法律和仲裁地点的建议;第九,仲裁员的指定及其联系信息;第十,如果有第三方提供资金或与仲裁结果挂钩的资金,则必须披露这一事实和资助者的身份。请求必须以仲裁协议中规定的语言提交,在没有规定的情况下,请求必须以西班牙语提交。仲裁申请必须至少附有以下文件:第一,记录仲裁协议或通信的副本;第二,引起争议的主要合同或文书的副本;第三,证明在仲裁中代表申请人的文件;第四,认为与有效解决纠纷有关的其他文件。仲裁庭的组成不应因任何关于仲裁通知中所载资料的充分性的争议而受到阻碍,仲裁必须由仲裁庭作出最终裁决。

发起仲裁的一方应向被申请人发送仲裁申请书及其附件。上述通知将发送至约定的物理地址、邮寄地址或电子邮件地址,或者发送至仲裁协议或相应合同中明确指明的地址。如果任何一方未指定用于仲裁目的的地址或电子邮件,或者出现指定的地址不存在及其他类似情况,通知将发送至其住所、经常居住地或注册办事处。如果无法将它们投递到上述任何地点,但通过挂号信或其他投递方式将它们发送到收件人或其代表的最后已知地址,则视为已有效接收。如果被申请人拒绝接受实物通知或不在家中,这种情况将被记录下来,并在事实核实之日视为通知。

2. 仲裁申请的回复

在收到仲裁申请后 10 个工作日内,被申请人必须提交一份对仲裁申请的书面答复,除非双方另有约定,否则其中将包含以下信息:第一,各方的身份和联系方式;第二,在仲裁中代表被申请人的其他人的完整身份和联系方式;第三,如果需要,可以修改仲裁协议中已经确定的联系信息的意愿表达;第四,与仲裁有关的所有事项的地址;第五,根据《AVA 临时仲裁规则》构成的对仲裁庭管辖权的任何例外或异议;第六,对当事人提出的事实、指控和申诉的立场;第七,对申请人提出的有关仲裁员人数、语言、适用法律和仲裁地点的建议的立场;第八,仲裁员的指定及其联系信息;第九,如果有第三方提供资金或与仲裁结果挂钩的资金,则必须披露这一事实和资助者的身份;第十,答复必须以仲裁协议中规定的语言提交,在没有规定的情况下,答复必须用西班牙语提出。对仲裁申请的答复必须至少附有下列文件:第一,证明在仲裁中代表被申请人的文件;第二,认为与有效解决纠纷有关的任何其他文件或信息;第三,仲裁庭的组成不会因被申请人未对仲裁申请书作出答复,或被申请人对仲裁申请书的答复不完整或迟交而受到影响,最终由仲裁庭决定;第四,未能在授予的期限内提交对仲裁请求的答复不会中止程序或仲裁员的任命;第五,被申请人可以在对仲裁请求作出答复的同时提出反申请,但反申请必须符合《AVA 临时仲裁规则》第 4 条的要求,被申请人将有 10 个工作日对根据该条的规定提起反申请。

3. 仲裁庭的组成及仲裁员的指定

仲裁庭将由 1 名仲裁员或多名仲裁员组成,人数始终为奇数。如果双方未就仲裁员人数达成一致,他们可以在 5 个工作日的共同期限内达成一致,从收到对仲裁请求的答复开始计算,或者从收到反申请时开始计算。如果双方未能在前述规定的期限内达成协议,仲裁庭将由 3 名仲裁员组成。经独任仲裁员或首席仲裁员同意,仲裁庭被视为组成有效。

每位仲裁员在仲裁期间必须保持独立和公正,不得与当事人保持私人或商业关系。当仲裁员候选人被通知任命时,仲裁员候选人必须披露任何可能引起对其公正性或独立性产生合理怀疑的情况。仲裁员候选人必须签署一份文件,在文件中他接受任命,确认他的可用性,并揭示任何可能引起对其公正性或独立性的合理怀疑的情况。同样,必须签署公正和独立宣言。自任命之日起,在整个仲裁程序中,每位仲裁员均应及时、毫不拖延地向当事人和其他仲裁员披露任何可能对其公正性或独立性产生合理怀疑的情况,除非他们已被告知。除非当事人另有约定,每位仲裁员或候选人将避免就案件与任何当事人或其律师保持任何单方面的沟通。该职责从考虑某人作为仲裁员候选人开始直至仲裁程序结束。仲裁员接受其任命,即承诺在任期届满前按照《AVA 临时仲裁规则》的规定勤勉尽责地履行职责。

当双方同意由 1 名仲裁员解决争议时,他们将在收到对仲裁请求的答复或对反申请的答复后的 10 个工作日内通过共同协议指定独任仲裁员,视情况而定。在没有协议的情况下,任何一方都可以向指定机构提交指定请求。当双方同意由 3 名或更多仲裁员解决争议时,每一方应分别在仲裁请求和仲裁回复中指定 1 名仲裁员。如果一方拒绝作出任命,另一方可以向任命机构提出任命请求。将担任仲裁庭主席的第三名仲裁员将由双方先前指定的仲裁员在不超过 5 个工作日的期限内任命,自接受任命之日起计算。如无协议,双方可向指定机构提交任命请求。

当事人为多人时,仲裁庭由当事人约定组成。当当事人为多方且未就仲裁庭的组成方式达成一致时,由请求方共同指定1名仲裁员;同样,被申请方将在《AVA临时仲裁规则》第13条规定的时间内共同指定1名仲裁员。如果一方拒绝作出指定,另一方可以向仲裁机构提出指定请求;将根据《AVA临时仲裁规则》第13条的规定指定第三名仲裁员担任首席仲裁员。

当当事人对仲裁员的公正性或独立性产生合理怀疑时,可以对仲裁员提出异议。仲裁员履行职责时发现自己在事实上或法律上不能履行职责的,也可以自行回避。一方当事人不得对其指定的仲裁员提出异议,除非其在指定仲裁员后获知原因。希望回避仲裁员的一方必须在收到该仲裁员接受任命的通知之日起10个工作日内或在收到该仲裁员接受任命的通知后10个工作日内提出其意识到相关情况的回避请求。任何质疑应通知其他当事方,被质疑的仲裁员和仲裁庭的其他成员,质疑必须有理由。当仲裁员被回避时,其他当事人可以接受回避。受到质疑的仲裁员可以辞职。在任何情况下,都不应理解为这意味着仲裁员接受质疑所依据的理由的有效性。如果在收到异议通知之日起10个工作日内,所有当事人均不同意异议或被异议的仲裁员未辞职,提出异议的一方可以维持异议并请求指定机构就异议作出回避决定。在决定中,指定机构可以考虑国际律师协会(International Bar Association,IBA)《国际仲裁利益冲突指南》中规定的标准。

除非当事人另有约定,被指定的仲裁员必须在收到任命通知后10个工作日内以书面形式表示接受或不接受。逾期未收到答复,应视为未接受。如果被提名的仲裁员不接受任命,发起人将在收到不接受通知后的5个工作日内任命新的仲裁员。一旦接受了独任仲裁员或最后一名仲裁员,仲裁庭应被视为有效组成。

4. 仲裁程序

仲裁庭组成后,申请人将有20天的期限能够提交索赔声明。该声明应包括:第一,提出的具体要求;第二,其请求所依据的事实和法律依据;第三,拟依赖的证据清单。申请书还应附有为支持所提出的要求而拟提供的所有文件、证人陈述和专家报告。

被申请人应自收到申请后的10个工作日内提交其对申请的答辩,答辩内容必须符合相关规定。未对索赔声明作出答复不应妨碍仲裁的正常进行。

被申请方提出反申请的,应当在与答辩书相同的时间内提出该请求。其内容必须符合《AVA 临时仲裁规则》第 35 条的规定。答辩人应自收到反申请后的 20 个工作日内，提交根据《AVA 临时仲裁规则》第 36 条的规定作出的对反申请的答辩书。除非仲裁庭另有规定，在提交诉状（申请和答辩或反申请和答辩）后，未经仲裁庭事先授权，任何一方均不得就案情提出实质性论据或提供任何证据。

如果申请人无正当理由未在为其规定的期限内提出申请，仲裁将终止。但这不影响申请人日后在新的仲裁中提出相同申请的权利。如果被申请人未在规定的期限内作出答复，且无正当理由，仲裁将继续进行。如果被正式传唤的当事方之一在没有提出充分理由的情况下未出席听证会，则仲裁员将有权继续进行仲裁。如果当事方之一在无正当理由的情况下没有在规定的期限内提交文件，仲裁庭可以根据现有证据作出裁决。

5. 仲裁裁决

除非当事人事先约定，自调查结束之日起，仲裁庭有 3 个月的时间作出仲裁裁决。仲裁庭可延长作出裁决的期限，延长期限不超过 3 个月，仲裁员应注意避免延误。在任何情况下，仲裁裁决的期限均可经各方同意延长。如果在仲裁员任期的最后 1 个月更换仲裁员以作出裁决，则仲裁裁决的期限将自动延长 1 个月。如果更换仲裁员有必要重复程序中的某些步骤，作出裁决的期限应按前述规定的方式计算。作出裁决的时限不应仅因时间的经过而失效，但其失效应要求一方当事人向仲裁庭提出申请要求作出裁决。一旦收到请求，仲裁庭将另有 15 天的宽限期，以适时作出裁决。

在裁决通知后 10 个工作日内，任何一方均可要求仲裁庭作出其认为与裁决相关的澄清、更正或补充，另一方可在其提出后 5 个工作日内对提出的澄清、更正或补充请求提出意见。仲裁庭应在提交最后一份书面诉状后 10 个工作日内就当事方的请求作出裁决。仲裁庭也可自行就裁决相关事项做出澄清、更正或补充。更正、解释、合并和排除是裁决的组成部分，不得针对其提出澄清、更正或补充的要求。这些决定的通知应符合《AVA 临时仲裁规则》第 42.8 条的规定。仲裁庭将在以下情况下终止其职能：第一，作出了最终裁决；第二，酌情作出了更正、解释、合并和排除裁决的决定；第三，完成了裁决中要求的任何补充专业知识的活动。

如果裁决被主管司法机关宣布无效，任何一方当事人均可根据《AVA 临时仲裁规则》的规定请求组成新的仲裁庭，在考虑到裁决被宣布无效的原因的情况下作出新的裁决。在作出新裁决之前，组成的仲裁庭必须给予未请求组成新仲裁庭的一方行使答辩权的期限,该期限不超过 10 天。如有证据证明裁决无效,仲裁庭可以规定取证的时间限制。在导致被撤销裁决的仲裁程序中,当事各方的论点和证据应由新的仲裁庭酌情评估仲裁,只要他们的撤销不是基于无效的理由。在作出新的裁决时,应适用《AVA 临时仲裁规则》第 45 条至第 47 条的规定。在仲裁程序中,仲裁庭应在仲裁程序结束时作出裁决,如果基于以下原因而宣布撤销裁决,则该规定将不适用:第一,仲裁协议无效;第二,仲裁庭缺乏管辖权,因为争议不在仲裁协议的范围内;第三,争议具有不可仲裁性。

如果在仲裁程序中,各方就全部或部分争端达成协议,仲裁庭应就达成协议的部分终止程序。如果双方都提出要求,且仲裁庭认为没有理由反对,则应根据各方商定的条件以裁决的形式记录这一协议,而无须说明理由。这种裁决与就争端的实质问题作出的任何其他裁决具有同等效力。对于尚未达成协议的争议,诉讼程序将继续进行。仲裁程序也可以结束:第一,通过申请人仲裁申请,除非被申请人反对并且仲裁庭承认获得最终解决争议的合法利益;第二,经各方同意退出;第三,仲裁员认为没有必要继续进行程序。

6. 仲裁语言

《AVA 临时仲裁规则》第 26 条规定了仲裁语言。仲裁语言为双方约定的语言;如无约定,仲裁语言将由仲裁庭根据案件的具体情况确定。在情况需要时,通过有充分理由的决议,仲裁庭可以规定使用一种以上的仲裁语言。仲裁庭可以要求在仲裁程序中以其原始语言出示的任何文件附有仲裁语言的正式译文。

7. 仲裁地点

《AVA 临时仲裁规则》第 27 条规定了仲裁地点。如当事人未达成协议,仲裁地点将由仲裁庭确定。除非当事人事先安排,仲裁庭将确定开庭和开会的地点,这种情况本身并不意味着仲裁地点的变更。仲裁协议和仲裁程序均适用仲裁地法,除非当事人另有约定,且当事人的协议不违反《AVA 临时仲裁规则》的规定。仲裁庭可以在其认为合适的任何地点进行评议。同样,除非当事人特别约定,仲裁庭可以在其认为适合举行听证会或任何其他目的的任何地点举行会议。裁决应视为在仲裁地作出。

《AVA 临时仲裁规则》第 20 条规定了仲裁庭的管辖权。仲裁庭有权自行决定管辖权,包括与仲裁协议的存在或有效性有关的例外情况。构成合同一部分的仲裁协议应视为独立于合同的协议。仲裁庭作出的解除合同的决定不具有解除仲裁协议的效力。关于仲裁庭缺乏管辖权的抗辩可在仲裁庭组成前的任何时候提出。在组成仲裁庭之前,可由仲裁庭作为初步观点在终局裁决中决定,或以部分裁决的方式决定。仲裁庭可在终局裁决中作出或在仲裁程序中以部分裁决的方式作出决定。

(二)《AVA 证据规则》

制定《AVA 证据规则》是为了使当事人和仲裁庭能够高效地进行与证据相关的仲裁程序,因此,对《AVA 证据规则》的解释以仲裁程序的高效快捷进行为原则。《AVA 证据规则》的适用前提如下:第一,当事人在仲裁程序之前或过程中就适用该规则达成一致;第二,如果当事人之间未达成协议,仲裁庭可以决定适用该规则。除非双方当事人另有约定,《AVA 证据规则》在不违反仲裁法的情况下,将补充和优先适用。其既可以进行整体适用,也可以选择适用某些条款。

该规则规定了非法证据排除规则以及"谁主张,谁举证"原则。各方必须就其行为或抗辩所依据的事实承担举证责任,但在下列情况下可以免除此义务:第一,另一方当事人同意所主张的事实。当事人对所指称的事实未明确拒绝的,视为默示否认。第二,该事实合理地属于大众公知常识的一部分,并且为仲裁员以及仲裁地或争议事实发生地的大众所了解。一旦事实被归类为常识,仲裁庭将有权认定这些事实。证据一旦提交,仲裁庭必须予以考虑。

1. 仲裁庭的权力

仲裁庭可要求当事人出示其认为相关的任何证据,并确定出示的证据的形式和时间。当事人有权参与对此类证据的审查,并对其发表意见。仲裁庭要求当事人提交证据,并不免除当事人对其在仲裁程序中所主张的事实的证明责任。仲裁庭可以要求当事人在案卷中提供适用于争议的法律的内容、解释和有效性。如果当事方之一在没有提出充分理由的情况下,没有在规定的期限内提供任何证据,仲裁庭可以根据现有证据作出裁决。仲裁庭在与当事人协商后,如果认为可以根据案卷中的证明材料或在仲裁庭确定的时间之前提供的证据足以作出决定,则可以省略举证阶段。

仲裁庭应根据证明标准决定是否接受当事人提出的证据,以确定仲裁中所讨论的事实和实际事实的相关性。仲裁庭始终以适用仲裁法为基础,在确定事实方面享有最广泛的自由。如果一方当事人在没有合理理由的情况下违反仲裁庭的要求,仲裁庭可以作出适当的推论。每一当事方应向仲裁庭说明必须作出推论的理由,并说明由此得出的推论。仲裁庭如果认为有必要,或者应一方当事人的请求,应召开一次听证会,以便讨论证据的可采性。无论结果如何,仲裁庭都将对证据进行评估,而不论结果对提供证据的一方有利还是不利。

2. 证据时间表

除非各方当事人另有约定,否则仲裁庭应向各方当事人提交证据时间表供其审议。当事人的证据时间表中应包括受理、接受、反对或质疑以及取证的时限和时间。证据时间表应确定为开展活动和听证所遵循的手续。提交给双方当事人审议的证据时间表,可由双方当事人共同协商修改。如有不同意见,将由仲裁庭作出决定。

当事人必须提供支持其主张的所有材料,最好是在提交案由阶段或双方约定的时间,或者在没有约定的情况下,在仲裁庭确定的时间内提供。所提供的材料将被视为认可,除非文件归属方拒绝其署名。如果拒绝,申请人必须证明该文件的作者身份。没有电子签名的数字文件应视为已被认可,除非被认为是作者的一方拒绝了它的作者身份。如果被拒绝,申请人将必须证明文件的作者身份或放弃其证明效力。如果有电子签名,破坏作者身份的责任将由拒绝它的人承担。

3. 文书提出请求

任何一方当事人都可以请求仲裁庭要求另一方当事人出示其持有的文书或其他材料。在请求中,提出请求的一方应说明以下理由:第一,有合理的理由相信被请求方应拥有所寻求的文书或其他材料;第二,寻求证明的内容。仲裁庭应在出示行为中确定将证物纳入档案的方式。仲裁庭应在陈述书中规定将陈述书纳入文件的方式。根据仲裁庭的决定,文件展示可以以电子形式进行,并在文件中注明。

4. 证人

当事人就有关事实提出的问题,可以要求对方在宣誓后回答。仲裁庭将安排询问的机会,并可以在认为对此事有足够了解的情况下终止询问。仲裁员可以向当事人提出他们认为相关的问题。当事人欲使用第三方证言的,必须在举证阶段出示证人的书面陈述。证人陈述必须包含:第一,证人姓名及其地址;第二,证人的职业及其作证的理由;第三,证人陈述他目睹或知道的事实,或对呈请人提出的具体问题作出清楚而准确的说明。在证人出庭的时间,仲裁庭将进行宣誓,并请其确认申请人提供的陈述是本人的。接下来,对方当事人将向证人询问他认为合适的任何问题,将每个问题限制在一个事实上。如果仲裁员认为问题不明确,可以要求重新提出问题;如果仲裁员认为问题不合法或无关紧要,可以免除证人回答。询问过程中或提问结束后,仲裁庭可酌情授权当事人追加提问。在任何情况下,如果仲裁庭认为提供的证词已充分说明问题,仲裁庭可以随时终止该行为。仲裁庭可以命令当事人推荐的证人或仲裁庭决定传唤的证人出席同一场庭审,并共同提问。

5. 专家辅助人

拟聘请专家辅助人的一方必须在质证阶段出示专家报告,报告内容必须包括:第一,专家姓名及其地址;第二,专家的技术素质;第三,一份清晰准确的陈述,其中专家解释得出结论所使用的方法、使用的测试和证据以及任何其他相关信息。专家必须在专业领域有专门知识,如有需要,必须对其进行授权。对方当事人可以反对指定专家,并说明理由,仲裁庭将对此作出裁决。听证需要确定的证据时,既要听取专家报告,又要听取专家的陈述和口头结论,否则证据无效。在同一次听证会上,当事方可以进行他们认为合适的任何询问。仲裁庭认为必要时,可以在听证会上询问专家。不要求提供专家意见的一方当事人应有权在专家的协助下进行询问。发表意见时,每位专家都必须宣誓如实陈述,他的行为是客观的,同时考虑可能对任何一方产生利益或造成损害的情况。因聘请仲裁庭指定的专家而产生的费用由当事人各负担一半,仲裁庭在确定费用时可以变更比例。

6. 听证会

仲裁庭在其认为审慎必要的情况下,必须现场或在线召开听证会,以保证当事人对证据的控制和反驳,同时给予各方当事人必要的时间来陈述他们对证据的考虑。仲裁庭有权控制听证会,提出其认为必要的问题和要求,以更好地了解事实、证据和当事人的陈述。仲裁庭可要求采取任何措施进行听证会,保证仲裁各方始终保持平衡、机会平等和公正。

7. 提前取证

在任何证据来源可能消失的情况下,在确定仲裁条款的有效存在之后,可以提前提供证据,如果双方同意也可以提前取证。紧急情况才是提前取证的理由。要求提前取证的一方必须提供证据,说明申请人认为不可能等到仲裁庭组成的原因,并提供仲裁协议的副本或记录相同内容的通信文件。申请可以在仲裁开始前提出,也可以在仲裁期间,在取证程序前提出,并遵循要求采取临时措施的程序。

在取证过程中,不得对调查措施的证据效力发表意见。

二、加拉加斯商会仲裁中心

(一)总体介绍

CACC 是加拉加斯商业、工业和服务商会的机构,根据《商业仲裁法》的规定于 1990 年成立,通过机构仲裁、调解和其他替代性争议解决方式促进争议解决。CACC 是世界上最大的国际商会(International Chamber of Commerce,ICC)在委内瑞拉的国家分会,致力促进国际贸易,推动负责任的商业行为,并通过国际仲裁法院提供解决商业纠纷的机制,也是 CIAC 的国家分会,该委员会是 1934 年成立,旨在建立美洲仲裁和调解制度以解决国际商事界产生的商业纠纷。属于仲裁员名单的人可以由 CACC 提名,在该组织管理的案件中采取行动,该组织主要由仲裁中心组成,这些仲裁中心从商会开展活动。同时,CACC 与美国仲裁协会(American Arbitration Association,AAA)达成协议,促进使用仲裁作为解决争议的一种方式,它们促进提供管理仲裁程序的服务,并组织该领域感兴趣的会议、研讨会和活动。另外,CACC 是西班牙仲裁俱乐部(Club Espanol Arbitraje,CEA)国家委员会的一部分,该协会旨在促进国家和国际仲裁,发展针对伊比利亚—美洲社区的仲裁活动。

根据管理其活动的总条例的规定,CACC 必须遵守以下职能:开展与仲裁、调解和任何其他解决 CACC 处理的冲突的替代手段有关的计划活动;促进冲突的解决;促进和传播仲裁、调解和任何其他解决冲突的替代手段;编写与国内和国际仲裁、调解和任何其他解决冲突的替代手段有关的问题的研究报告和报告;通过加拉加斯商会维持、促进和缔结协议,旨在加强与对仲裁、调解和任何其他解决冲突的替代手段感兴趣的国家和国际机构的关系;就仲裁、调解和任何其他解决冲突的替代手段提供建议。

CACC 在发展其职能方面得到了国家和国际认可,因为它在解决 500 多起案件方面具有充分经验。CACC 管理程序的特点是有效性和保密性。CACC 有公开的裁判和调解员名单,由高级专业人士、各种学科和有经验人士组成。同样,CACC 拥有广泛的国际合作者网络以处理国际仲裁。

CACC 规则是根据《商业仲裁法》和国际仲裁法院规则制定的,重点是程序的灵活性。仲裁员名单是公开的,也就是说,各方可以任命不属于 CACC 名单的仲裁员,他们在 CACC 之前成立的法院以及国际刑事法院、CIAC 和海牙法院中行事。《加拉加斯商会仲裁中心章程》明确规定了行政费用制度和仲裁员费用,因此在开始前是可以预见的。各方在透明的程序中直接参与仲裁员的任命。

（二）组织机构

CACC 是根据《商业仲裁法》的规定组织的,旨在通过机构仲裁和调解促进争议的解决。CACC 有执行委员会、执行管理层官方裁判名单,其人数不得少于 20;调解员名单、1 个总部、履行职能所需的工作人员和设备、执行委员会。CACC 执行委员会由 7 名成员组成,即 1 名主席、1 名副主席、1 名财务主管和 4 名成员;其中 4 名成员组成加拉加斯商会执行委员会,有 3 名成员必须是或曾经是该成员的董事会成员。主席、副主席、财务人员和 1 名成员的职能将由执行委员会成员行使。执行委员会将由董事会在商会每年常会之后的第一届会议上任命。

CACC 执行委员会的职能如下:确保 CACC 服务的提供高效进行,并符合法律和道德规范;确保 CACC 履行《加拉加斯商会仲裁中心章程》中分配的职能;邀请成为仲裁员名单和调解员名单的一部分;审查仲裁员名单,至少每年可以部分或全部续订一次;根据本章程的规定,从仲裁员名单中指定将参与 CACC 和其他机构仲裁的仲裁员。设定紧急仲裁员、调解员和谈判协调员所适用的费用;向董事会提交有必要对本章程进行的所有修改,以供批准;担任执行局的咨询机构;批准 CACC 的运营预算等。

CACC 有一个执行局来协调其职能。该局设有 1 名执行主任,执行主任由执行委员会任命和罢免。如果执行主任暂时缺席,执行委员会可以任命 1 名执行主任负责。执行局的职能如下:定义和协调 CACC 的传播、研究和开发计划;与其他机构、组织或组织就学术工作的培训项目进行调解;为调解员和仲裁员制定培训计划,自行制定或与其他机构合作制定;颁发证书来证明 CACC 调解员和仲裁员的地位;携带 CACC 的推荐人和调解员的官方档案;一旦申请人签署了《阿拉斯加商会仲裁议事规则》第 2 条、第 40 条、第 71 条和第 72 条所述的"独立声明及其附件",批准各方提名的仲裁员和调解员的任命,这些仲裁员和调解员就不属于 CACC 仲裁员名单的一部分;携带包含调解和仲裁请求的文件以及各自的文件;签发和认证副本;处理仲裁庭的电话;担任根据本章程组成的仲裁庭的秘书处;有充分理由时,下令暂停程序;给予各方在程序内采取行动的最后期限;核实调解听证会的开展和调解员职责的履行情况;协调和促进 CACC 履行职能所需的物力和后勤要素;雇用或任命开展工作所需的人员,并将适当的职能委托给这些人员;履行本章程中专门分配的所有职能以及执行委员会下放的职能等。

(三)仲裁规则

1. 仲裁的开始

根据《加拉加斯商会仲裁中心一般规定》第27条的规定,希望诉诸仲裁的一方可以根据本条例第9条的规定提交正式签署的请求。该请求可以亲自提交或通过电子邮件提交。如果请求是通过电子邮件提交的,则必须通过发送不可编辑的附件将其发送到《电子手段程序管理规则》中指定的电子邮件地址。仲裁请求必须包含以下内容:第一,请求将争议提交仲裁。第二,当事人及其代理人或协助当事人的律师的身份证明,包括地址、电子邮箱、电话号码等用于当事人身份识别和联系的相关资料;如果当事人是法人,则必须包括公司名称。第三,记录仲裁协议的文件,以及作为请求标的的权利、行为或义务产生的文书或文件。第四,请求事项的认定。第五,与仲裁地点、适用的法律规范和仲裁语言有关的任何相关说明和任何意见。第六,仲裁员人数及任免机制规定;同样,可以指定申请人请求的仲裁员。第七,仲裁请求之估价。第八,财政信息登记处或法律制度对申请人规定的任何其他要求。第九,注册服务费的支付证明,包括证明支付所产生的税款文件;根据部分行政法规的规定,扣缴或征收义务视情况而定。如果申请人未能遵守这些要求中的任何一项,执行局将根据未完成要求的性质设定一个期限,以便申请人继续完成这些要求。否则,在授予的期限届满时,执行局可以请求归档,但是不影响申请人在以后的新的仲裁申请中提出同样的申请。

2. 仲裁申请的回复

如果仲裁请求符合《加拉加斯商会仲裁中心一般规定》第30条规定的要求,执行局必须尽快接受,但不得违背《商业仲裁法》和本规定第46条规定的管辖权原则。

执行局将在收到上述付款后的5个工作日内通知被申请人。如果初始费用的分期付款获得批准,该通知将在第一笔商定的分期付款后的5个工作日内发出。通知将以仲裁协议中指定的形式以电子邮件或邮寄的方式发出,否则将发送至引发争议的合同或文件中指定的地址。如果未达成任何协议,通知将发送至仲裁请求或后续通信中指定的地址。在向索赔的电子邮件地址发送通知的情况下,如果自发送通知之日起3个工作日内未收到确认回执,则应通过指定的实际地址通知被告地址。出于电子邮件通知的目的,自动接收证明将被视为无效,执行局可直接或通过特快专递向个人通知。任何方式的快递管理的费用将由申请人承担。如果无法亲自通知,执行局将下令在全国发行的印刷或电子报纸上发布海报,以用于后续目的。其发行的费用将由申请人承担。随着海报在全国发行的报纸上刊登,无论如何都可以理解为通知已经发出。此外,通知海报的副本可能会发布在 CACC 的官方网站上。在有多名被申请人的情况下,答辩期限将从最后一名共同被申请人收到通知后的工作日开始。在向被申请人的电子邮箱发送通知时,执行局应注明仲裁请求及附件所在文件的访问机制,无须发送附件或递交上述文件的实物。在执行局直接或通过特快专递向个人通知的情况下,执行局将仅发送仲裁请求的副本,并说明访问文件的机制。一旦当事人收到仲裁启动的有效通知,其后作出的通知或通信将被视为有效,唯一证明是将其发送给当事人指明的电子邮件地址,除非仲裁庭或本条例规定以不同方式通知。

根据《加拉加斯商会仲裁中心一般规定》第 33 条的规定,自收到通知之日起最多20 个工作日内,被申请人有权提交其答复,其中应说明:当事人及代理人的身份证明,包括实际地址和电子地址以及电话号码。姓名或公司名称、地址、与其创建或注册相关的数据,以及(如适用)修改仲裁协议中确定的地址的意愿表达;以及用于通知目的的电子邮件地址指示。上述地址、电话和电子邮件在所有情况下均有效,除非被告另行说明。对仲裁协议、仲裁地点、适用的法律规则、仲裁语言和仲裁员人数及其指定机制的任何意见。作为辩护和请求所依据的理由,以及支持它的文书或文件。对依照本规定第 9 条的规定正式签署的仲裁请求的答复,可以通过纸质形式或通过电子邮件的方式提交至《电子手段程序管理规则》中注明的电子邮件地址。如果通过电子邮件提交答复,执行局会继续将其包含在电子文件中,并打印一份副本及其附件。这份副本及其附件将保存在物理文件中,印刷费用由被申请人承担。在特殊情况下,被申请人可以向执行局请求延长答复期限,但不得超过 10 个工作日,根据案件的情况,该请求可能不会被执行局授予。收到答复后,执行局会将其传达给申请人,并能够在附件中附上答复及其附件,或在电子文件和纸质文件中注明它们的可用性。

3. 仲裁反申请

据《加拉加斯商会仲裁中心一般规定》第 35 条的规定在提出反申请的情况下,被申请人可以以实物形式或通过电子邮件的形式,在单独的文件中提交根据本规定第 9 条的规定正式签署的对仲裁申请的答复和反申请,以电子方式将非可编辑的附加文件发送到电子方式程序管理条例中指定的电子邮件地址。反申请必须附有注册服务费的支付证明,这笔款项不可退还。反申请必须包含:第一,描述引起反申请的争议的性质、情况及其法律依据,并附上支持它的文书或文件;第二,索赔说明和索赔数额。一旦被申请人支付了所有初始费用或第一笔商定的分期付款得到核实,执行局将通知申请人,以便他们可以在20个工作日内作出答复。反申请答复必须符合本规定第33条规定的要求,可以通过发送附件以实物形式或通过电子邮件提交至电子方式程序管理条例中指定的电子邮件地址。在特殊情况下,被反申请方可以向执行局请求延长不超过10个工作日的时间以提交答复。执行局可能不会根据案件的情况授予上述期限。据案件的情况,该请求可能不会被执行局授予。

4. 仲裁庭的组成及仲裁员的指定

争议将由仲裁庭解决,仲裁庭由1名仲裁员或多名仲裁员组成,仲裁员人数始终为奇数。如果双方没有通过共同协议确定仲裁员的人数,执行委员会将在为他们提供任命机会之前为他们设定一个期限。如果双方无法达成协议,仲裁庭将由3名仲裁员组成。

仲裁员将按照以下规定任命:第一,当事方同意由独任仲裁员解决争议时,他们将在执行局通知付款委托之日起5个工作日内通过共同协议假设该争议由独任仲裁员解决原始申请和反申请(如果有的话)的初始费用。如果双方未能在指定期限内达成协议,独任仲裁员将由执行委员会根据《加拉加斯商会仲裁中心章程》的规定指定。第二,当提供了3名或更多仲裁员时,各方将在管理执行人员通知付款委托之日起5个工作日内分别提名1名仲裁员原始申请和反申请(如果有的话)的初始成本。如果其中一方弃权,则执行委员会将根据《加拉加斯商会仲裁中心章程》的规定任命相应提议的仲裁员。第三,将担任仲裁庭主席的第三名仲裁员将由先前指定的仲裁员在自最后一位被指定之日起不超过5个工作日的期限内经双方同意提名。在这种情况下,指定的仲裁员将通知执行董事他们的提议,以便执行董事通知双方并通知拟任仲裁员,后者必须在收到通知后5个工作日内通知他是否接受。第四,如果有多名申请人或被申请人,争议将提交3名或更多仲裁员裁决,则联合申请人和联合被申请人应在自执行董事通知原始申请和反申请(如果有的话)的初始费用已付清之日起内进行联合指定。在申请人和被申请人没有联合指定的情况下,执行委员会将根据《加拉加斯商会仲裁中心章程》

的规定指定他们。第五,当事人可以提名1名不在CACC仲裁员名单中的仲裁员。在这种情况下,执行董事会批准或不批准他们的任命,但须遵守《加拉加斯商会仲裁中心章程》规定的要求。仲裁员在任期届满时对任命通知保持沉默将被理解为拒绝任命。在任何情况下,仲裁员对指控的接受或拒绝都会通知所有各方。

在通知组成仲裁庭的当事方之日起10个工作日内,执行局将召集仲裁员和当事方举行听证会,以成立仲裁庭。在上述听证会上,将审查执行局准备的文件,该文件必须提供给当事人和仲裁员。为举行听证会,仲裁庭的执行主任或任何担任执行主任的人必须出席,并且由协助或代表的律师陪同的当事人将有权出席。听证会结束后,将准备仲裁庭组成文件,由执行局或任何代理人、仲裁庭和出席听证会的当事人或代表签署。

仲裁庭组成后,可任命1名当然秘书。除非当事人另有约定,秘书的任命和他可以开展的活动将根据《加拉加斯商会仲裁中心仲裁秘书规章》的规定进行管理。

5. 仲裁员的回避

据《加拉加斯商会仲裁中心一般规定》第49条的规定,接受仲裁员任命意味着事先了解管理CACC行为的所有规定。一旦仲裁员被任命,他必须对正在讨论的案件的各方面保持公正和独立。仲裁员在接到任命通知后,必须签署《仲裁员行为准则》和《独立及遵守CACC规则声明》。接受任命后,仲裁员必须以书面形式通知执行董事任何可能质疑其独立性和公正性的情况,并能够考虑有关可能存在的利益冲突的国家或国际准则。如果指定仲裁员对可能损害其在案件中的独立性和公正性的事实或情况作出观察或披露,执行局将把它传达给各方,以便各方可以在自发出通知之日起3个工作日内收到,并以书面形式表示同意或不同意指定。如果当事方之一针对仲裁员的披露反对任命,或者在没有这些披露的情况下,当事方之一有充分理由反对,则任命将不会进行。在这种情况下,执行局将撤销任命,并根据适用的任命程序或指定的选择顺序进行新的任命。如果任何一方没有异议,或者在期限届满时保持沉默,则执行董事会将通过向仲裁员和各方发送通讯的方式任命仲裁员。

6. 仲裁地点

除非当事人另有约定,仲裁庭应确定仲裁地点。仲裁庭在与当事人协商后,可以在仲裁所在地以外的地点或通过电子方式举行听证会、会议和任何其他程序行为。关于仲裁地点的法律适用于《加拉加斯商会仲裁中心一般规定》未规定的所有程序。裁决应视为在仲裁地点作出。

7. 仲裁语言

如果双方未达成协议,仲裁庭应根据相关情况(包括合同语言)确定仲裁语言。

8. 仲裁费用

《加拉加斯商会仲裁中心一般规定》规定了仲裁的初始费用。仲裁的初始费用包括按照仲裁开始之日有效的部分行政规则的规定计算的行政服务费和仲裁员费用保证金。

本规定第 31 条规定了申请人提存款项的权利。在接受仲裁请求后的 3 个工作日内,执行局将通知申请人,以便申请人在接下来的 10 个工作日内根据行政法规规定委托支付初始费用总额的 50%。申请人可根据行政条例向执行局申请不超过 10 个工作日的延期,或向执行委员会提出特别付款申请。一旦该期限、延长期限(如果有的话)或某些商定的分期付款期限到期而未收到付款,执行局可以请求归档,但不影响申请人在新的仲裁请求中提出相同索赔的权利。

本规定第 34 条规定了被申请人委托付款的权利。一旦答复的截止日期或商定的延期(如果有)期满,执行局将通知被申请人,以便申请人在接下来的 10 个工作日内根据行政法规规定委托支付初始费用总额的 50%。被申请人可根据行政法规向执行局申请不超过 10 个工作日延期,或向执行委员会提出特别付款请求。如果被申请人未在既定期限内或延长期限(如果有)内支付与其相对应的初始费用,则申请人必须在执行局指定的期限内支付。如果有执行委员会同意的特殊付款请求,在第一批交付期限届满后,执行局将通知申请人交付与被申请人相对应的所有初始费用。如果未支付任何后续分期付款,执行局将通知申请人在截止日期交付被申请人必须支付的剩余初始费用。如果申请人未交付与期限届满相对应的付款,则执行局可以命令结案,但不影响申请人在新的仲裁请求中提出相同索赔的权利。

9. 仲裁裁决

仲裁庭作出裁决的期限不得超过 6 个月,该期限自任务说明之日起计算。执行局可应仲裁庭的请求延长上述期限。如果指定了 1 名以上的仲裁员,则将以简单多数作出裁决。当不能达到简单多数时,应以首席仲裁员的意见为准。在这种情况下,裁决由首席仲裁员签署即可。异议意见将以单独的文件形式提出,并由持不同意见者签字。

最终裁决将以书面形式发布,并可以以PDF格式、以实物或电子方式提交给CACC,其中必须包括仲裁员的签名,并且必须包含以下内容:第一,当事人姓名及其代表或助理。第二,当事人地址。第三,仲裁员姓名。第四,仲裁地点说明。第五,说明是法律仲裁还是衡平仲裁。如果是法律仲裁,说明适用的法律。第六,提出争议的条款概要。第七,裁决中包含的决定的动机,其中必须包括提出的每个问题,除非双方同意不表达裁决的动机。第八,根据推断的主张和反对的例外或抗辩作出明确而准确的决定。第九,宣告哪一方必须承担费用,以及费用分配的比例。第十,裁决地点和日期。第十一,仲裁庭认为相关的任何其他规定。

在裁决通知发出之日起15个工作日内,当事人可以要求对裁决进行澄清、更正或补充。该请求将提交给执行局,执行局必须通知另一方当事人和仲裁庭。另一方将在收到上述通知之日起5个工作日内发表意见。在最后期限届满后的10个工作日内,仲裁庭将对请求作出澄清、更正、补充或拒绝请求的裁决。仲裁庭可以在裁决作出之日起10个工作日内自行更正其中包含的任何文书、计算、转录或任何其他类似性质的错误。在当事人要求对裁决进行澄清、更正或补充与仲裁庭自行更正裁决中错误这两种情况下,仲裁庭作出的决定都将以书面形式作出,将采用裁决附录的形式并构成裁决的一部分。

一旦15个工作日期满而仲裁庭没有依职权澄清、更正或补充裁决,或者当事各方提出的请求根据《加拉加斯商会仲裁中心一般规定》第75条的规定得到解决,仲裁裁决将被视为最终裁决,根据本规定的规定不可上诉。当事人提交仲裁意味着当事人承诺立即执行已作出的裁决,并放弃除《商事仲裁法》规定的任何补救措施。如果不主动遵守仲裁裁决,利害关系方可以向有管辖权的管辖机构请求执行裁决。

如果在仲裁协议中,或在随后的任何时候,当事人已经同意,任何一方都可以向在CACC质疑程序中质疑最终裁决。对裁决的质疑只能基于明显违反适用于争议实质的规则或法院对事实的评估发生严重错误,前提是其对裁决具有决定性。一旦裁决被质疑,各方当事人承诺在对裁决的质疑得到解决之前不申请执行。在对裁决的质疑得到裁决之前,不影响各方当事人的权利。当事人有权在裁定作出后向有管辖权的法院提起撤销裁决的诉讼。

对裁决提出异议的一方必须:第一,在收到通知后10个工作日内,或在澄清、更正或补充它的附录中(如果有),向CACC执行局传达意愿,并说明明确放弃向主管法院提出撤销裁决的上诉,直至质疑得到解决。第二,自收到通知之日起20个工作日内向执行局提交对最终裁决的书面异议,或者提交澄清、更正或补充的附录(如果有)。第三,异议方可按照本规定第9条的规定,以不可编辑的附件PDF格式,以实物或电子邮件的形式向文件中注明的电子邮箱地址提交异议请求,并经正式签署发送到《电子手段程序管理规则》中指明的地址。对方有权在收到请求通知之日起20个工作日内提交对质疑请求的答复。

10. 简易仲裁程序

《加拉加斯商会仲裁中心一般规定》第84条规定了简易程序的适用范围。如果仲裁请求的估计金额不超过5万美元或根据提交仲裁请求之日有效的法律制度规定的等值玻利瓦尔,则仲裁应适用本规定。仲裁请求的金额超过该条规定的金额时,双方当事人也可以约定适用简易程序;在这种情况下,他们应适用该条规定的费率和仲裁员费用。

简易仲裁程序中的争议将由1名仲裁员组成的仲裁庭解决,但是,双方可以共同同意由3名或更多仲裁员组成。一旦执行局通知各方所有初始费用均已交付,他们将有5个工作日的时间通过双方协议指定独任仲裁员。如协商不成,独任仲裁员将由执行委员会指定。

独任仲裁员一经任命,执行局将尽快通知。在收到任命通知后的3个工作日内,仲裁员必须表明他是否接受。接受后,仲裁员必须以书面形式通知执行董事任何可能质疑其独立性和公正性的情况,能够考虑存在的有关利益冲突的国家或国际准则,并且必须签署“行动规则和道德”和“CACC独立和遵守规则宣言”。仲裁员发表意见,当事人有异议或回避的,适用本规定第三节规定的程序。

11. 仲裁调解

当事人主动进入调解程序的,应当依照《加拉加斯商会仲裁中心一般规定》第9条的规定处理其正式签署的请求。该请求可以亲自提交或通过电子邮件提交。如果请求是通过电子邮件提交的,则必须以不可编辑的附件PDF形式发送到电子方式程序管理条例中指定的电子邮件地址。

调解请求必须包含:第一,请求调解争议;第二,当事人及其协助当事人的代表或律师的身份证明,包括实际地址和电子地址以及电话号码;第三,需要调解的分歧或问题,说明调解协议的文件;第四,调解请求之估价;第五,有关听证会地点和调解语言的任何相关说明和任何意见;第六,注册服务费的支付证明。如申请调解者遗漏任何一项,执行局将规定其继续遵守的期限;否则,在其到期时,执行局将要求终止仲裁,但不影响申请人在以后的新申请中提出相同的需要调解的问题的权利。所有调解请求必须附有费用支付证明。这笔款项不可退还,用于支付调解过程的初始运营费用。

如果调解请求符合本规定的要求,执行局必须接受。一旦申请被接受,执行局将根据行政法规的规定,要求调解的一方支付相当于调解初始费用的50%。如果申请人未在规定期限内委托支付与其相对应的调解初始费用,执行局将下令归档。

《加拉加斯商会仲裁中心一般规定》第108条规定了调解请求的通知。在调解请求者付款委托之日起5个工作日内,执行局将通知另一方请求调解的内容。该通知依照本规定第32条的规定进行。同样地,它将根据行政法规的规定,指明委托支付与其对应的调解初始费用的50%的期限。如果当事人未在规定期限内委托支付与其相对应的调解的初始费用,执行局可以命令终止调解和退还委托付款的90%作为保证金。调解存档的,不予退还行政服务费。

《加拉加斯商会仲裁中心一般规定》第109条规定了调解员的指定。委托支付调解的全部初始费用后,除非另有约定,否则行政部门将根据冲突的特殊性任命调解员。执行局将以书面形式指定通知各方,并设定3个工作日的期限供他们发表意见。一旦调解员被任命,执行局将尽快通知,以便他可以在3个工作日内说明是否接受该职位,并提交正式签署的"行为和道德规则""独立性和遵守CACC规则的声明",同时在各方面前披露任何可能质疑其独立性或公正性的情况。调解员在通知期限届满后保持沉默,将被理解为拒绝任命。在任何情况下,调解员对任命的接受或拒绝都会通知所有当事人。如果指定调解员对可能损害其案件独立性和客观性的事实或情况作出观察或披露,执行局将通知各方,以便各方能够在自调解之日起3个工作日内发送通信,无论他们是否书面同意指定。如果任何一方合理地反对该任命,则该任命将不会进行。在这种情况下,执行局将撤销指定,并根据适用程序或商定的选择顺序进行新的指定。如果任何一方都没有异议,或者在期限届满时保持沉默,执行局将着手通知他们的任命。如果各方通过共同协议提名不在名单中的人担任调解员,则执行局可能会批准,前提是他们签署“行为和道德规则”“独立性和遵守 CACC 规则的声明”,没有保留,或者即使有保留,也不会引起当事方的任何异议。

《加拉加斯商会仲裁中心一般规定》第 110 条规定了调解听证会。调解员将尽快通知执行董事调解听证会的日期和时间,以便通知各方。经当事人同意,调解员可以决定举行多于 1 次的会议。根据电子方式程序管理条例的规定,调解听证会可以通过事先与当事人、调解员和 CACC 小组商定的电子方式举行。如果由于一方当事人缺席而无法举行听证会,在调解员报告后,调解员可以要求重新举行听证会。如果由于一方当事人缺席而无法进行调解,则调解员将记录调解不可能,并由出席者和调解员签字。

《加拉加斯商会仲裁中心一般规定》第 111 条规定了调解记录。如果双方达成协议,将起草 1 份调解书,由双方和调解员签署。如果有全部或部分协议,协议要点将在会议记录中明确地指出,确定各方的义务、遵守的期限、金额和其他协议。调解协议将转化为裁决,但当事人另有约定的除外。为此,执行局将任命案件的调解员为独任仲裁员,仲裁员应将达成的协议以仲裁裁决的形式下达,以便其作为裁决得到承认和执行。不同意再举行听证会,或当事人未达成协议的,调解员将终止履行职责,并在出席人员与调解员签署的会议记录中记录。如果为了将调解协议转化为裁决而被任命为独任仲裁员,执行局将命令当事方在任命后 5 个工作日内进行委托,25% 对应于根据调解请求的估计价值计算的独任仲裁员费用的金额。当事人委托支付相应费用后,方可裁决。

《加拉加斯商会仲裁中心一般规定》第 112 条规定了调解的保密性。调解员和参与调解的当事人都必须保守秘密,所披露的内容不得影响后续程序。调解员不得参与与调解争议对象有关的任何司法或仲裁程序,或者作为仲裁员,或任何一方的代理人、顾问。同样,双方同意在上述过程中不传唤调解员作为证人。

三、调解和仲裁商业中心

(一)总体介绍

CEDCA 成立于 1999 年,致力于在国家和国际法律体系的框架内促进调解和仲裁,有效解决商业纠纷。CEDCA 是一个独立的仲裁中心,与委内瑞拉—美国工商会联系紧密,公主体和私主体均可以向该中心申请解决他们的商业纠纷。CEDCA 提供的解决冲突的替代手段包括调解和仲裁。

CEDCA 最初是于 1999 年 8 月 2 日根据第一议定书第 8 卷第 9 号在米兰达州

查考市次级公共登记处登记的文件建立的。其目的是通过将解决争议的替代方法制度化来促进争端的解决。为了履行其职能,它设置了章程中规定的机构。CEDCA 的领导和管理将由董事会负责。董事会成员将由 CEDCA 成员大会选举产生,任期 3 年,最多可以连任 2 届。董事会的决议以其成员的简单多数票通过。如果出现平局,董事会主席将拥有决定性的一票。CEDCA 成员大会在董事会成员中指定担任董事会主席和副主席职位的人。董事会主席将是该仲裁中心的法定代表人,主持成员大会和董事会的会议,并将拥有《CEDCA 调解和仲裁规则(2020)》和 CEDCA 章程细则中规定的权力。董事会主席的临时或绝对缺席将由副主席代替。董事会将行使 CEDCA 的行政职能,并对 CEDCA 固有服务的提供进行全面监督。CEDCA 不会以任何形式或方式就其管理的或可能需要仲裁的事项提供法律意见,也不得就特定律师或律师事务所提供的法律服务提出任何建议。

(二)组织机构

CEDCA 的指导和管理将由董事会负责。董事会成员由 CEDCA 成员大会选举产生,任期 3 年,最多可连选连任 2 届。董事会的决议以其简单多数票通过。如果出现平局,董事会主席将拥有决定性的一票。CEDCA 成员大会将在董事会成员中指定担任董事会主席和副主席的人选。董事会主席是 CEDCA 的法定代表人,主持成员大会和董事会会议,并将拥有《商业仲裁法》规定的中心指导权,以及《商业仲裁法》规定的权力。董事会将行使 CEDCA 的管理职能,并对 CEDCA 固有服务的提供进行全面监督。董事会将指定担任执行董事和执行秘书职位的人员。

执行董事是由董事会决议通过的执行官员,并将拥有《CEDCA 调解和仲裁规则(2020)》中规定的权力。执行董事的临时或绝对缺席将由执行秘书或董事会为此指定的人代替。具体而言,执行董事的职责是:第一,确保 CEDCA 服务的提供按照本规则的规定有效进行;第二,每年审查调解员和仲裁员的正式名单,并将申请人根据本规则规定的程序选择调解员和仲裁员的请求提交董事会审议;第三,定义和协调本规则的宣传计划;第四,促进与大学的联合活动,以宣传和发展调解和仲裁;第五,在需要时向董事会提议将被任命为调解员的人选;第六,为调解员和仲裁员设计培训计划;第七,解决秘书临时或意外缺席的问题;第八,本规则具体规定的其他职责。

执行秘书将具有本规则和 CEDCA 组织文件中规定的职能。具体而言,执行秘书的具体职责是:第一,保存 CEDCA 调解员和仲裁员的正式账簿;第二,记录提交给仲裁机构的仲裁请求;第三,接收申请人整合正式名单的申请,并核实其是否符合本规则要求;第四,整理并保存包含调解记录和仲裁裁决的 CEDCA 文件;第五,接收当事人提出的文书、请求和其他程序,并向仲裁庭报告;第六,向当事人证明程序的副本;第七,担任董事会秘书,履行该职位固有的职能,其中包括保存 CEDCA 的账簿和会议记录;第八,本规则指定的或执行董事指定或授权的任何其他人。执行秘书经执行主任授权,将行使本条例规定的与其相对应的职能。

(三)仲裁规则

1. 仲裁的开始

《CEDCA 调解和仲裁规则(2020)》第 19 条规定了仲裁的开始。希望在 CEDCA 进行仲裁的一方必须向 CEDCA 执行主任提出仲裁请求,并随附本规则费用和费用附录中规定的初始费用。仲裁请求必须以电子方式以执行主任指定的条款发出。执行主任将以本规则第 16 条所规定的其认为最适当的方式将收到仲裁请求及其日期通知被申请人。

《CEDCA 调解和仲裁规则(2020)》第 20 条规定了仲裁请求的内容。仲裁请求应包括:第一,每一方当事人的全名或公司名称、地址、与其设立或注册有关的资料、电话号码和电子邮件,以及在需要的情况下,对仲裁协议中确定的地址进行修改的意愿表示;为实现其通知的目的而在下文中使用的电子邮件地址的指示。上述地址、电话和电子邮件将一直存在,直到申请人地址发生变化。第二,与仲裁运作有关的协议,特别是仲裁协议,以及有关仲裁地点、适用法律规定、仲裁语言、仲裁员人数及其选择的任何说明。第三,在法定仲裁的情况下,对引起仲裁请求的争议的性质、情况、法律依据的简要说明。第四,说明请求方的要求,并在可能的情况下说明要求的金额。执行主任一旦收到仲裁请求和所需的初始费用,就应在是否符合核查本规则关于提出仲裁请求的规定之后,以他认为适当的方式通知被申请人,以便其作出答复,同时附上仲裁请求的副本及其所附文件,但要求采取临时措施的情况除外。根据本规则第 38 条的规定,在要求采取临时措施的情况下,通知将在受理请求的紧急仲裁法庭确定的时间发出。

2. 仲裁申请的回复

被申请人必须在收到仲裁请求通知后 20 个工作日内,以书面形式提交对仲裁请求的答复。在有多个被申请人的情况下,他们可以共同或单独行动。仲裁申请必须包含：第一，全名或公司名称、地址、与其创建或注册有关的数据、电话号码，以及在适用的情况下，对仲裁协议中确定的地址进行修改的意愿的表达，以及为实现通知目的而注明的电子邮件地址。上述地址、电话和电子邮件将始终存在，直到申请人的地址发生变化。第二，与仲裁运作有关的相关协议，特别是仲裁协议、仲裁地点、适用法律规定、仲裁语言、仲裁员人数及其选择的任何说明。第三，在法定仲裁的情况下，对引起仲裁请求的争议的性质、情况、法律依据的说明。第四，对申请人的主张及其认为适当的抗辩的立场。执行主任将通过电子邮件向申请人发送该答复和所附文件的副本。

3. 仲裁反申请

根据《CEDCA 调解和仲裁规则(2020)》第 21 条的规定，反申请必须与答辩书一起提交，并且必须附有现行有效的《费用和费用附录》中规定的初始付款。反申请应包括：第一，在法律仲裁的情况下，描述引发反申请的争议的性质、情况、法律依据；第二，说明索赔要求，并在可能的情况下说明索赔金额。如果提出一项或多项反申请，执行主任可分别规定主要申请和反申请的费用。在收到反申请通知后 20 个工作日内，请求仲裁的一方可以提出其认为适当的抗辩。执行主任在他认为合理的情况下，可延长该期限。如果被申请人未在规定期限内答复请求，仲裁程序将继续进行。

4. 仲裁庭的组成

每一名仲裁员必须保持公正和独立于各方。如果被提名的仲裁员认为有任何事实或法律障碍妨碍其履行职责，他必须拒绝任命或立即自我约束。除事先告知另一方当事人，否则任何一方当事人或代表不得与仲裁员单独联系，但向另一方当事人提供事先信息的除外，另一方当事人有权对该联系进行干预。仲裁员必须立即以书面形式将仲裁期间发生的任何事实或情况通知执行主任，尽管这些事实或情况可能不值得他加以禁止，但会使他的公正性和独立性受到质疑。在任何情况下，各方始终有可能同意被抑制的仲裁员参与仲裁。同意仲裁员参与的一方必须在收到执行主任关于禁止仲裁员参与的通知之日起 4 个工作日内表达其意愿。仲裁员接受任命，即代表其同意按照本规则、道德守则和其他 CEDCA 条例履行他的职能。仲裁庭在仲裁程序的任何阶段或在它认为适当的任何机会，必须敦促当事各方就争端或具体争议问题达成友好解决。但是，除非当事人之间有明确协议，仲裁庭不得参加当事人之间的谈判或调解。

一旦《CEDCA调解和仲裁规则(2020)》第56条规定的预付仲裁费得到核实，执行主任将通知当事各方任命仲裁员。在同一份函件中，执行主任将从当时生效的CEDCA正式名单中筛选出合格仲裁员名单。当事人可以自由决定仲裁员的数量(但必须是单数)。在未达成协议的情况下，仲裁庭将由1名仲裁员组成。在例外情况下，CEDCA董事会将考虑事项的数量和复杂性，决定仲裁庭由1名或3名仲裁员组成。只有在CEDCA正式名单上登记的人才可被任命为仲裁员，不能指定董事会成员或CEDCA成员。在例外情况下，根据各方一致提出的请求，可以任命不属于CEDCA正式名单的专门处理争议事项的仲裁员，前提是董事会认为，指定的人符合CEDCA正式名单所要求的声誉条件、经验、兴趣和服务能力，并签署接受声明。CEDCA所需要的仲裁员必须具有公正性和独立性。除非当事各方另有协议，仲裁员及其可能的替代者的选择将按照第56条所载的规定作出。仲裁庭仲裁员的任命将根据CEDCA正式名单，通过对当事各方发出的名单的比较制度进行。在任命仲裁员时，各方均有权将CEDCA正式名单上的至少60%的姓名列入名单。为此，执行主任应将各方可列入的候选人的确切人数告知各方。希望参与任命的当事方必须在收到CEDCA的正式名单后3个工作日内将所列仲裁员的姓名通知执行主任。如未在此期限内通知，则该方将丧失其纳入权。执行主任应对列入正式名单的选定候选人保密，直至所有各方将其列入名单的情况与执行主任分享为止。当事各方利用第24条规定的列入权利所列入的候选人将构成缩减名单。执行主任应至少在指定仲裁员的日期前3个工作日将缩减名单通知当事各方。当双方同意由1名仲裁员解决争议时，双方将通过协议从缩减名单中指定该仲裁员。如果双方没有达成协议，董事会将从缩减名单中任命唯一仲裁员。当双方同意由3名仲裁员解决争议时，每一方必须从缩减名单中提名10名可能的仲裁员。由双方提名的候选人将构成最终名单。首先，仲裁庭将由双方提名相匹配的候选人组成。如果双方提名的候选人中有3名以上匹配，且双方无法就仲裁员或仲裁庭庭长的任命达成一致，董事会将进行相应的任命。当双方提名的候选人之间有2名匹配时，将指定2名匹配的仲裁员，第三名仲裁员由双方共同协议从最终名单中选择。为此，当事各方在任命仲裁员时，应按其意愿顺序向执行主任提交最终名单。如果双方未能达成协议，第三名仲裁员将由董事会从最终名单中选择。指定的第三名仲裁员应为仲裁庭庭长。当被提名的仲裁员之间只有1名匹配时，其余2名仲裁员将由双方选择，每一方从对方提名的仲裁员中选择1名。双方提名的匹配候选人将担任仲裁庭庭长。如果提名的仲裁员之间不匹配，双方将从对方提名的仲裁员中选择1名，第三名将由双方共同协议从最终名单中选择。如果双方未能达成协议，则由董事会选择第三名仲裁员。选定的第三名仲裁员应为仲裁庭庭长。如果任何一方没有出现或没有在上述法案中提名仲裁员，则剩余仲裁员的任命以及仲裁庭庭长的任命将由董事会从正式名单或已行使列入权利的缩减名单中作出。如果在仲裁员任命之日算起的3个工作日之后，当事人未能指定仲裁员或仲裁庭庭长，则该任命将由董事会从最终名单中作出。

如果争议提交3名仲裁员裁决，如前条所述，当事各方应共同着手任命仲裁员。在没有联合任命的情况下，如果当事各方未能就仲裁庭的设立达成协议，则CEDCA董事会将任命每名仲裁员，并指定其中一人为首席仲裁员。

为了有助于有效和高效地解决争议，根据案件的情况，仲裁庭可任命1名仲裁庭秘书，该秘书将具有支持职能法庭在审理案件的行政程序。仲裁庭应提供候选人的简历，其任命须经当事各方的书面批准。仲裁庭负责选择和充分监督仲裁庭秘书，且在任何情况下不得将对当事各方的事实或法律地位的决策或评价职能委托给秘书。在每个仲裁程序中，只能任命1名仲裁庭秘书，秘书必须是律师。仲裁庭秘书的专业服务所产生的费用将从仲裁庭的费用中扣除，金额将由仲裁员根据案件的情况合理地按比例确定；这一金额必须事先告知被提名担任该职位的候选人。然而，当事务方对此可能会达成不同的协议。如果仲裁庭秘书是应当事各方的要求任命的，则费用将按照本条例和费用附录规定的费用计算。与仲裁庭秘书的任命、免职或更换有关的程序不会暂停仲裁程序的进程。被任命为仲裁庭秘书的候选人必须签署CEDCA要求的公正性和独立性的声明。如果候选人认为有任何事实或法律上的障碍妨碍其履行职责，则必须拒绝任命或立即自我约束。一旦被任命，仲裁庭秘书应报告任何可能引起对其公正性或独立性的合理怀疑的情况。仲裁庭秘书可以随时辞职。辞职必须以书面形式通知仲裁庭、当事人和CEDCA。仲裁庭对于是否免除仲裁庭秘书的职务，可酌情全权处理，无须证明其决定的合理性。仲裁庭决定免除后必须以书面形式通知仲裁庭秘书、当事人和CEDCA。各当事方也可主动要求免除仲裁庭秘书，在这种情况下，仲裁庭将适用本规则第27条所规定的程序。仲裁庭秘书终止其职责后，应立即将其持有的与案件有关的所有文件送交仲裁员。

仲裁庭秘书的职责和义务如下：第一，按照本规则、道德规范及其他CEDCA

规定履行其职能,并签署 CEDCA 要求的公正性、独立性声明;第二,如有正当理由,不以仲裁庭秘书的身份参与其被任命的程序;第三,遵守与仲裁庭相同的保密义务;第四,协助仲裁员处理其负责的文件所需的行政程序;第五,与仲裁员和 CEDCA 协调举行听证会的时间表;第六,与执行秘书协调各方提交的文件、要求和其他程序的安排;第七,协助仲裁员调查法律问题;第八,参加仲裁庭的非公开听证会和审议,并记录所投入的时间;第九,不得阻碍仲裁员之间的直接沟通,也不得阻碍仲裁庭与 CEDCA 之间的直接沟通;第十,在仲裁程序中执行仲裁庭指派的其他行政任务,但在任何时候都不承担与当事人的事实或法律立场有关的决策或评估职能。

5. 仲裁员的回避

只要仲裁员的公正性和独立性受到合理的质疑,且在其公正性和独立性声明中尚未披露,当事人就可以以任何理由对其质疑。当事人必须以书面形式向 CEDCA 的执行主任提出,并具体说明其所依据的事实和情况。经双方协议任命的仲裁员,除因其任命引起的理由外,不得受到质疑。仲裁员由董事会或第三方设定的,应在其任命被通知之日或质疑其公正性的事实被知晓之日起的 5 个工作日内质疑。被质疑的仲裁员将在收到质疑文件之日起的 5 个工作日内表示接受或拒绝。当仲裁员被质疑时,非质疑方可以表示接受,在这种情况下,被质疑的仲裁员必须辞职。在非经双方协议任命的情况下,被质疑的仲裁员也可以辞职,而该辞职并不意味着接受质疑理由。如果另一方不接受质疑,或者被质疑仲裁员拒绝辞职,执行主任将向董事会告知相关情况,以进行解决。董事会认为适当时,可请求未受质疑的仲裁员和/或争议委员会的意见。该意见是保密的,不具有约束力。

出现以下情况,仲裁员将被更换:第一,仲裁员死亡;第二,仲裁员的辞职或抑制被接受;第三,仲裁员的质疑被宣布受理;第四,当事各方均已质疑。替代仲裁员的指定方式与选择替代仲裁员的方式相同。如仲裁员因无故缺席开庭或因不遵守规则而在事实或法律上妨碍其履职时,也可由 CEDCA 执行主任提议换仲裁员。从这个意义上说,执行主任应在上述仲裁员、双方当事人,以及(如果适用)仲裁法庭的其他成员未主动提出时作替换提议。这些意见必须传达给当事各方和仲裁员。当所有或大多数仲裁员被禁止参与仲裁,或他们的质疑被宣布接受时,仲裁庭将宣布他们的职能结束,并根据《CEDCA 调解和仲裁规则(2020)》的规定任命一个新的仲裁庭。

6. 仲裁地点

双方当事人未能达成协议时，将由仲裁庭决定仲裁地点。除非双方另有协议，仲裁庭应在 CEDCA 所在地或其认为适当的任何其他地点举行听证会审议和其他会议。

7. 仲裁语言

如果双方没有约定，仲裁庭将根据案件的具体情况，如合同中使用的语言、双方通信中使用的语言等，确定仲裁的一种或多种仲裁语言。

8. 仲裁证据

仲裁庭应尽量缩短证据阶段的时间，按照当事人约定的程序办理。在没有进行约定的情况下，仲裁庭可以根据 CEDCA 的规定，以其认为适当的方式，并在其认为适当的运筹下引导证据阶段，包括确定证据的可采性，审查证据的方式、地点和时间，以及评估和确定提交所有证据的最后期限。在与当事人协商后，仲裁庭可以指定 1 名或多名专家，确定他们的职权范围并听取他们的意见。双方当事人提出要求后，将有机会在庭审中询问仲裁庭或当事人指定的任何专家。在任何时候，仲裁庭都可以要求当事人提供补充证据，并进行其认为必要的询问。仲裁庭可以安排当事人或仲裁庭指定的证人、专家或任何其他人在当事人在场或缺席的情况下进行听证，只要他们已被正式传唤。一旦对当事人提供的论点和证据进行审查，仲裁庭必须听取他们的口头辩论。当仲裁庭认为当事方有足够的证据证明他们的指控时，仲裁庭将宣布证据阶段结束。一旦宣布证据阶段结束，新的证据将不会被采纳，除非仲裁庭要求或授权。

仲裁庭负责指导听证会的进行，当事人有权出席。除非得到仲裁庭和当事人的授权，听证会不对仲裁程序外的人开放。为举行听证会，仲裁庭必须提前召集当事人以确定时间和地点出席。可委托代表或律师出庭，或亲自出庭。尽管已被正式传唤，但如果当事一方没有在规定时间以正当理由出庭，仲裁庭可以继续举行听证会。所有仲裁员都必须出席所有听证会。在例外的情况下，仲裁庭可以将举证行为委托给其中一位仲裁员。

仲裁庭和当事各方必须尽一切努力，在考虑到争端的复杂性和数量的情况下，以迅速和符合成本效益的方式进行仲裁程序。一旦仲裁庭成立，各方将至少提前10 个工作日被传唤参加首次程序性听证会，并表明出席的日期、时间和地点。

在第一次程序性听证会之前,各方将向仲裁庭提交一份关于其指控、争议问题和索赔的简要书面陈述。仲裁庭将根据当事各方的简报,并考虑到他们在听证会上的陈述,编写一份记录,说明职权范围。仲裁庭应在第一次程序听证会前3个工作日向双方发送一份初步记录,以供审查和评论。职权范围应包括:第一,各方的充分身份证明。第二,仲裁期间必须有效发出通知或通信的当事人的地址。第三,仲裁员的完整身份证明和地址。第四,简要说明争议的性质、各方的主张以及所要求的裁决,并在可能的情况下说明所要求的索赔金额。第五,确定待解决的争议问题,除非仲裁庭另有规定。第六,仲裁名词的定义:仲裁地点、仲裁语言、依法仲裁,有关适用于争议的规则的细节。进行仲裁程序时打算遵循的日程表,力求确定证据听证会和最后辩论的具体日期。日程表必须与各方协调编制,并必须有助于提高程序的效率和效力。其后对日程表的任何修改必须通知执行主任和各当事方;在衡平法仲裁的情况下,提及授予仲裁庭担任衡平法仲裁员的权力。第七,各方认为为准备证据阶段临时日程表所必需的证据摘要。仲裁庭可以询问当事人每项证据的目的,以便达成协议,避免审查不必要的证据。第八,确定裁决书是否具有动机性,以及是否事先提交过裁决书。当事人和仲裁庭必须签署职权范围记录。如果其中一方拒绝参与起草职权范围或拒绝签署记录,该记录必须提交执行主任批准。一旦职权范围记录获得批准,仲裁将继续进行。职权范围记录一经执行主任签署或核准,CEDCA 将不审议以前未确定的有争议问题,除非当事各方另有约定并经仲裁庭核准。

9. 仲裁裁决

仲裁庭必须在自证据阶段结束之日起连续不超过30天的期限内作出裁决,不得拖延。如果执行主任认为有必要,可应仲裁庭的请求或依职权延长上述期限。

裁决将以书面形式作出,并由仲裁员签署。当仲裁庭由3名以上的仲裁员组成时,裁决将以简单多数决的方式作出,只要有占多数的仲裁员签名即足够,但不影响持反对意见的仲裁员记录他的保留投票。在没有多数票的情况下,由首席仲裁员作出裁决。除非当事方另有规定,仲裁庭将综合法律和事实理由进行裁决,简明扼要地推动裁决,而不在其中记录程序性行为。裁决必须是全面的,因此必须包含认可或执行所需的所有信息。从这个意义上讲,它必须包含对争议的是非曲直的决定,所需的专业知识的结果,以及要支付的费用和成本,包括利息和货币调整。除非当事人另有约定,如果一方或双方当事人欠付仲裁费用,包括仲裁庭费用、CEDCA 费用和行政服务费，仲裁庭可以要求当事人支付这些金额的利息，设定其认为合适的利率以及利息开始的时间。仲裁庭有权在此过程中先行作出全部或部分裁决。

《CEDCA 调解和仲裁规则(2020)》第 41 条规定在裁决交存之前，除非当事人另有约定，仲裁庭必须将其提交给当事人和执行董事。考虑到仲裁庭的决定自由，仲裁庭可以在收到裁决后的 5 个工作日内，就形式问题或与争议的是非曲直相关的问题发表意见。当事人的书面意见必须通过电子邮件发送给执行主任，他将负责将其发送给仲裁庭和当事人。当事人还可以在仲裁庭安排的听证会上口头表达意见。一旦前述的期限届满，双方或执行董事未发表任何意见，该裁决将被视为最终裁决并具有约束力。如果当事人或执行董事在之前的陈述中发表了意见，并且仲裁庭认为这些意见是适当的，则后者将在不超过本规则第 41 条所述听证会后 5 个工作日内公布其认为适当的澄清、扩大或更正的最终裁决。根据本规则的规定作出先前裁决，不得构成对仲裁员提出异议的理由。

在最终裁决通知后 10 个工作日内，除非双方已就其他条款达成一致，否则双方均可在通知对方后：第一，要求仲裁庭更正裁决中的计算、复制或印刷错误或任何其他类似性质的错误；第二，要求仲裁庭解释特定问题或裁决的一部分。如果仲裁庭认为上述任何要求有正当理由，应在收到请求后 10 个工作日内更正或作出解释，更正和解释将构成最终裁决的一部分。仲裁庭可在裁决作出后 10 个工作日内，自行更正本规则第 43 条第 1 款所述类型的任何错误。除非双方另有约定，在裁决通知后 10 个工作日内，一方在通知另一方后，可以请求仲裁庭就双方在仲裁过程中提出的申请作出补充裁决，并且从裁决中删除。如果仲裁庭认为请求合理，它将在收到申请后 10 个工作日内作出额外裁决。执行主任应仲裁庭的请求，可以延长期限以对裁决进行更正、解释，或作出补充裁决。本规则中有关裁决的所有规定将适用于裁决或附加裁决的更正或解释。仲裁庭应努力避免专业知识与裁决互补。但是，如果仲裁员的决定预见到补充专家意见的执行，则将被视为构成裁决的一部分，因此除非其进行补充专家意见，否则裁决不会结束和完成。因此，裁决的补充鉴定将在仲裁中进行，仲裁员在鉴定结束前不会停止履行其职能。

仲裁费用包括仲裁员的费用、仲裁庭秘书的费用(如适用仲裁庭秘书)以及执行董事根据当日生效的费率确定的 CEDCA 行政服务费用。它们还将包括当事人和仲裁庭指定的专家的费用,以及当事人在仲裁中发生的合理的法律费用和其他费用。仲裁庭还将就其中一方未根据CEDCA在提出相应请求时有效的费率适当存入执行董事设定的仲裁费用和开支预付款的情况作出裁决,本公告应当依据本规则第56条作出。最终裁决将确定仲裁费用,并将决定必须在双方之间分配的比例,同时考虑到他们在仲裁中的态度、诚实和诚信。

10. 快速程序

根据《CEDCA调解和仲裁规则(2020)》第46条的规定,如果争议金额不超过提出仲裁请求时有效的《费用和费用附录》确定的金额,并且涉及的申请人与被申请人主体不超过一个,则可适用快速程序,除非双方另有约定。快速程序也可适用于数额较大的争议,或在各方同意的情况下适用于多方的争议。为确定仲裁请求金额,不考虑律师费和仲裁费用。即使反申请超过了提出时有效的《费用和费用附录》对快速程序规定的金额,也不会改变对仲裁请求的适用程序,除非当事人或仲裁法庭同意继续按照常规程序处理。

在收到仲裁申请通知后的10个工作日内,被申请人必须以书面形式提交其答复,以及相关反申请(如果有的话)。在收到执行主任的反申请通知后的10个工作日内,申请人可以提交对反申请的答复。

一旦对仲裁请求作出答复的期限届满,如需要,执行主任将邀请当事各方进行调解,并将举行听证会的日期和时间通知当事各方。当事各方或其律师将在听证会上指定1名调解员,调解员必须确定有争议的问题,并努力在约定的时间内和方式达成和解,或依本规则所定调解条例之规定办理。调解员的任命将按照本规则第5条的规定进行。调解听证会不中止仲裁程序的进行,除非当事人为便利调解,同意在双方一致认为方便的期间中止仲裁程序。

快速程序将由1名仲裁员裁决。在对请求作出答复后的5个工作日内,或仲裁程序中止期届满后,除非双方就仲裁庭的任命程序达成了不同的协议,否则执行秘书将向双方发送一份由执行主任从CEDCA正式名单中选择的10名可能的仲裁员名单。每一方可以从发送的名单中选择最多5个仲裁员,他们的选择将共同组成缩减名单。双方将尽最大努力从缩减名单中指定解决争议的唯一仲裁员,以及可能的替代人选。如果双方不能在名单发出后的5个工作日内一致同意指定唯一仲裁员,董事会将从缩减名单中指定该仲裁员。第一次听证会将在唯一仲裁员接受任命之日起不超过10个工作日的期限内举行。在第一次听证会中,各方将陈述其立场和主张，界定职权范围，并为证据阶段确定提交证据和听证会的时间表。

在裁决交存前，除非双方另有约定，仲裁庭必须将裁决提交双方和执行主任审议，后者可在收到裁决后的2个工作日内，尊重仲裁庭的决定自由，就正式事项或与争议是非曲直有关的事项提出意见。当事各方的书面意见必须送交CEDCA的行政管理部门，由该部门负责将意见送交唯一仲裁员和当事各方，以便他们能够在仲裁庭规定的时间和机会以口头方式表达他们的意见。一旦上述期限届满，而当事各方或执行主任未发表意见，该裁决将被视为终局和具有约束力。如果当事各方或执行主任提出意见，仲裁庭将在此期间通知当事各方，作出它认为适当的任何澄清、更正或补充。事先知道裁决结果的，不构成对仲裁员提出异议的事由。

仲裁庭应在证明阶段结束后不超过10个工作日的时间内作出裁决。裁决只作简单说明，除非在第一次开庭前，双方当事人要求对裁决书作更深入的说明，在这种情况下，仲裁员可以赚取由执行主任确定的额外费用。在裁决书公布后5个工作日内，双方可要求仲裁庭：第一，纠正裁决书中任何计算、复制或印刷错误或任何其他类似性质的错误；第二，对裁决的某一问题或某一特定部分进行解释；第三，对当事人在仲裁程序中提出而裁决书中遗漏的请求作出补充裁决书。仲裁庭认为上述要求有正当理由的，应在收到请求后5个工作日内作出更正或解释，更正和解释将构成裁决书的一部分。仲裁庭也可以在裁决之日起5个工作日内主动纠正所述类型的任何错误。执行主任应仲裁庭的主动请求，可延长快速程序的期限。

第四节　仲裁裁决的承认与执行

一、国内仲裁裁决的承认与执行

《商业仲裁法》第48条和第49条对承认和执行仲裁裁决有明确规定。该法第48条规定，无论在哪个国家作出的仲裁裁决，都应被普通法院确认为具有约束力且不可上诉，并根据1990年《民事诉讼法》关于强制执行判决的规则，向主管一审法院书面申请，由法院强制执行。依据裁决或申请执行裁决的一方应提供仲裁庭经正式认证的副本，必要时提供西班牙语译本。该法第49条规定，出现下列情况时,无论仲裁裁决在哪个国家作出,都只能被拒绝承认和执行:第一,被援引的一方提供证据证明在达成仲裁协议时另一方没有行为能力;第二,被援引的一方未收到指定仲裁员的通知,或必要的仲裁程序的通知,或以其他原因无法陈述其案件;第三,仲裁庭的组成或仲裁程序不符合仲裁所在国法律的要求;第四,裁决涉及仲裁协议未考虑的争议,或包含对提交仲裁事项范围之外的事项的裁决;第五,被援引裁决的一方提供证据,证明裁决尚未对当事人具有约束力,或裁决已被主管当局宣布无效或中止,则提交仲裁;第六,法院审理承认或执行仲裁裁决的申请,确定争议的主题事项根据法律不可仲裁,或裁决与公共秩序相冲突;第七,根据当事人提交的法律,仲裁协议无效。

根据 1990 年《民事诉讼法》第 523 条的规定,判决或具有这种判决效力的任何其他行为的执行,应由审理案件的初审法院负责。如果是由仲裁庭审理的案件,则执行应由对该案享有初审管辖权的法院负责。

二、国际仲裁裁决的承认与执行

(一)加入的国际公约

委内瑞拉作为拉丁美洲的重要国家和石油输出国组织的缔约方,积极加入世界范围内以及美洲国家间有关争议解决的国际公约。委内瑞拉先后加入了下列国际公约:1975 年 1 月 30 日加入《美洲国家国际商事仲裁公约》(Inter-American Convention on International Commercial Arbitration,以下简称《巴拿马公约》);1985 年 1 月 15 日加入《境外法院判决和仲裁裁决中美洲公约》;1994 年 12 月 29 日加入《承认及执行外国仲裁裁决公约》(Convention on the Recognition and Enforcement of Foreign Arbitral Awards,以下简称《纽约公约》);2006 年 4 月 10 日加入《关于解决国家和他国国民之间投资争端公约》(以下简称《ICSID 公约》或《华盛顿公约》)。

1.《巴拿马公约》

1975 年通过的《巴拿马公约》是拉美区域内相互承认国际仲裁裁决的重要多边协定,旨在推动该区域内国际商事仲裁裁决的相互承认和执行。该公约作为美洲国家间协定,也包括美国这一重要主题,美国在 1986 年对这一公约作出 3 项保留后批准生效。

2.《纽约公约》

1958 年 6 月 10 日,联合国国际商业仲裁会议在纽约召开,会议通过了《纽约公约》。该公约处理的是外国仲裁裁决的承认和仲裁条款的执行问题,是解决外国仲裁裁决执行的重要国际法律文件。《纽约公约》区分了国内裁决与外国裁决：如果裁决是国内裁决，一国法院则可以直接对该裁决行使撤销权；而如果该裁决是外国裁决，国内法院只能行使对该裁决是否承认与执行的权利，而不能单方面直接撤销该裁决。

3.《华盛顿公约》

1965年，《华盛顿公约》在华盛顿签订，并依该公约成立了国际投资争端解决中心（International Centre for Settlement of Investment Disputes，ICSID）。ICSID是世界上第一个专门解决国际投资争议的仲裁机构，其总部设在美国纽约华盛顿特区，是一个通过调解和仲裁方式，专为解决政府与外国私人投资者之间的争端提供便利而设立的机构。ICSID的宗旨是在国家和投资者之间培育一种相互信任的氛围，从而促进国外投资不断增加。《华盛顿公约》规定每一缔约方都应把裁决视为本国法院的最终判决并加以承认与执行，不得对裁决进行审查和拒绝承认与执行。对于仲裁裁决的不予执行，任何当事方无权向国内法院寻求撤销ICSID的裁决，只能通过该机构特设委员会这样的监督机制来寻求撤销仲裁裁决，因此，它更具有仲裁的权威性。2012年1月，委内瑞拉宣布退出《华盛顿公约》，成为继厄瓜多尔、玻利维亚之后第三个退出该公约的国家。委内瑞拉退出《华盛顿公约》，意味着在该国的投资风险增加，但是，由于其依旧是《纽约公约》的成员，因此类似的争端依旧可以通过《纽约公约》得到执行。

（二）国外裁决的承认与执行

由于《商业仲裁法》不仅未区分国内仲裁与国外仲裁，而且对公约国与非公约国也未作区分，如果没有公约或条约适用，可以依据该法第48条和第49条在委内瑞拉承认和执行外国裁决。此外，委内瑞拉1990年《民事诉讼法》对承认和执行外国仲裁裁决作出了规定。根据1990年《民事诉讼法》的规定，当外国法院的司法判决或者裁决满足一定条件时，可以不经过重新审查或者重新诉讼，便在委内瑞拉得到执行，上述条件包括：第一，判决不是基于委内瑞拉境内的不动产引起的财产纠纷或者其他委内瑞拉本国法院具有专属管辖权的案件，且没有明确放弃该专属管辖权的案件；第二，根据普遍管辖原则，外国法院拥有案件管辖权并依法作出的判决；第三，在外国法院当地，该判决必须是生效的终审判决；第四，判决仅仅涉及民事或者商事纠纷；第五，判决的送达基于合法的程序；第六，判决与委内瑞拉已经生效的判决或者委内瑞拉的公共政策不相抵触。

在这种情况下,根据委内瑞拉1990年《民事诉讼法》第533条和第607条的规定,法院应通知另一方,并给其提交答复的机会,法院将在接下来的3天内作出决定。但是,如果各方要求提供证据,法院应给他们不超过8天的时间。承认和执行程序的其余部分应受《民事诉讼法》第524条及以下条款管辖。特别重要的是,要注意执行和承认阶段不受上诉或任何进一步审查。

三、司法协助与司法监督

(一)司法协助

根据委内瑞拉法律,仲裁裁决生效后,双方当事人应当按照裁决内容履行各自的权利和义务。如果一方当事人拒绝履行其义务,另一方当事人可以直接申请法院协助执行。但是,在法官决定是否同意协助执行仲裁裁决前,该法官有权对仲裁裁决的合法性进行审核,主要包括以下内容:第一,仲裁协议是否有效;第二,进行仲裁的双方是否具有相应的民事行为能力;第三,仲裁的一方是否按法律规定行使指定仲裁员的权利;第四,仲裁的程序是否合法;第五,仲裁裁决的内容是否超过了仲裁协议的请求。被国内法院裁定为无效的外国裁决不能被强制执行。

(二)司法监督

根据《商业仲裁法》第48条的规定,仲裁裁决“一裁终局”,具有最终约束性。《商业仲裁法》第43条进一步指出,不服仲裁裁决只能向法院提起撤销仲裁裁决的诉讼。《商业仲裁法》第44条列出了可以请求法院撤销仲裁裁决的6个理由,这些理由类似《示范法》第34条的规定。分别是:第一,当事人一方在缔结仲裁协议时缺乏行为能力;第二,未将有关指定仲裁员或仲裁程序的事项适当地通知提出申请的当事一方,或该方因其他理由未能陈述其案情;第三,仲裁庭的组成或仲裁程序不合法;第四,裁决涉及仲裁协议未涉及的争议,或包含对提交仲裁范围之外的事项的裁决;第五,被请求作出裁决的一方证明该裁决尚未对各方产生约束力;第六,法院认为争议无法通过仲裁解决,或者争议的事项违反了公共秩序。

尽管如此,《民事诉讼法》第624条仍然规定了允许对裁决提出上诉的可能性。法院需要通过认真审查来决定是否撤销仲裁裁决。而且,各方不得排除上述撤销事由而创设新的理由。《商业仲裁法》第45条也规定,当基于该法第44条向法院提起撤销仲裁裁决的诉讼时,申请理由与该法规定的理由不一致的,法院应不予受理。另外,撤销仲裁裁决的诉讼必须作为单独诉讼向法院提起。

在程序上,《商业仲裁法》规定,撤销仲裁裁决的诉讼必须在仲裁裁决下达或澄清、更正或补充裁决的通知发出后的5个工作日内，以书面形式向裁决地的主管高等法院提出。提交撤销仲裁裁决的诉讼不会中止裁决的执行，除非被执行方提供担保。

第五节　典型案例

一、“美孚公司与委内瑞拉政府仲裁案”

（一）案件介绍

美孚公司是一家美国石油公司。20世纪90年代，美孚公司应委内瑞拉L公司的邀请，与其组成联营企业（joint venture），共同开发委内瑞拉奥里诺科重油带（Orinoco Oil Belt）。委内瑞拉为美孚公司的投资提供了一系列优惠政策，包括：（1）财政优惠政策，包括减免矿费（rovalty）和企业所得税（income-tax）；（2）为美孚公司提供合同保护，即一旦发生征收或者其他严重影响项目经济效益的情况，就为美孚公司提供及时、充分的救济。1994年，委内瑞拉修改《所得税法》，将所得税税率降至34%，将矿费降为1%。1997年，委内瑞拉还通过了合作条件框架条款，主要规定了在发生征收等情形时提供补偿，并且由L公司提供担保。委内瑞拉国会于1997年10月批准了合同期限为35年的联营协议（association agreement），正式组建了联营企业。

此外，各合作方还对项目融资作出了安排：美孚公司和L公司对项目的初期投资额中的40%以资本金方式投入，余下的由第三方金融机构通过融资方式解决。之后，各方还与纽约银行签署了原油长期购销协议（offtake support agreement），美孚公司对项目所生产的原油的销售承担了担保责任，这也是金融机构愿意为项目融资的关键之一。

2001年8月，联营企业开始进行商业化生产。2001年11月，委内瑞拉颁布了新的《石油法》，取代了1943年《石油法》。美孚公司认为，2001年《石油法》废除了诸多之前给予的法律激励以及保护措施，要求私人投资者参与石油开发只能采取合资公司（mixed enterprises）的形式，且国有资本在合资公司的股权比例必须大于50%。2001年《石油法》还要求将合资公司的矿费提高到30%，且石油产品只能销售给委内瑞拉L公司或其他国有企业。

2005年4月，委内瑞拉能矿部进一步发布指令，明确要求所有的石油项目都按照2001年《石油法》的要求,不再沿用联营协议,而是组建合资公司。

2006年5月,委内瑞拉对2001年《石油法》进行修订,开始征收采矿税(extraction tax),实质上将矿费提高到了33.33%。2006年8月,委内瑞拉正式对1994年《所得税法》作出修改,将奥里诺科重油带的所有超重油项目的所得税由34%提升到50%。美孚公司为此与委内瑞拉方面展开了多次谈判,认为委内瑞拉的做法违反了之前的联营协议。

2007年2月,委内瑞拉总统根据国会的特别授权颁布了特别总统令,要求奥里诺科重油带的所有项目,包括美孚公司参与的项目,必须转制为2001年《石油法》要求的合资公司,且合资公司中委内瑞拉L公司或其子公司拥有至少60%的股权。总统令对联营协议转制为合资公司规定了4个月的转制期。2007年6月是总统令要求转制的最后期限,美孚公司以投资权益受到损害为由,没有参与组建新的合资公司。

2008年1月,美孚公司根据联营协议和委内瑞拉L公司的担保函,向国际商会提交了仲裁请求。2008年4月,委内瑞拉L公司提交了仲裁答辩,否认了美孚公司的仲裁主张,并提出了反请求。仲裁庭最终于2011年11月24日批准了仲裁裁决,并于2011年12月23日正式作出了仲裁裁决。仲裁庭认为存在导致严重影响联营协议实施的歧视性措施,委内瑞拉L公司的下属公司PDVSA-CN公司应对歧视性措施造成的经济损失负责,委内瑞拉L公司应承担担保责任,二者应对美孚公司的损失承担连带责任。

(二)案例分析

美孚公司与委内瑞拉L公司的仲裁案是一起典型的因资源国征收和国有化问题引发的投资纠纷。该案案情复杂,涉及诸多法律问题。其中,双方争议的焦点之一是歧视性措施。按照美孚公司的理解,联营协议对歧视性措施的规定清晰明确,包括:(1)委内瑞拉法律(及其解释和适用)的变化;(2)适用于项目或外国投资者(如美孚公司),且对外国投资者参与项目的能力构成影响的政府措施。因此,美孚公司认为自己受到了歧视性措施的损害。但是,委内瑞拉L公司认定的歧视性措施的范围较窄,其认为歧视性措施不包括非经济性的政府措施。换言之,L公司认为委内瑞拉政府针对重油带活动推行的措施,以及普遍适用于所有公司的有关税收、外汇管制、征收、冻结的项目或外国投资者项目权益等方面的措施,不应认定为歧视性措施。

实际上,在联营协议中,对于什么叫作歧视性措施,有比较复杂的定义。在理解该定义时,不仅需要看字面意思,还应当结合当初双方的签约背景,如考虑到美孚公司曾经在委内瑞拉被征收过的经历。而且,针对具体的不同措施,如提高所得税、提高矿税、削减产量和出口等,需要具体分析其具体内容和影响,才能作出合理的理解。综合来看,美孚公司的确被采取了歧视性措施,并且进而受到了不利影响。因此,委内瑞拉L公司应当承担相应的法律责任。这一案件对中国企业在委内瑞拉进行投资也有许多启发性意义:

1. 国有化风险

海外能源投资面临的重大风险之一即国有化风险。在该案中,资源国政府在油价较低、资金短缺的情况下,会通过各种优惠措施吸引外国投资者,但在国际油价发生急剧变化后,往往会调整国家能源政策,并以国家法律的形式强制执行。中国企业在委内瑞拉投资,应当密切关注政府的政策动向,高度关注国有化风险,合理安排投资项目和投资节奏,尽量减少因国有化可能造成的损失。同时,应当尽力要求适当的合同条款,在发生国有化问题时,才能采取相应的法律手段维护投资权益。

2. 法律变化风险

伴随国有化风险,委内瑞拉的法律也存在不确定性,例如,本案中涉及的《石油法》,还有近年来新实施的暴利税、外汇管制、劳工等方面的法律,都在不同程度上增加了在委内瑞拉的投资成本,影响投资收益。为此,在对委内瑞拉进行投资评价时,应当考虑可能的法律变化因素对投资收益的影响。同时,应当尽可能地完善合同条款,在面临变化时能够有理有利有节地与委内瑞拉方谈判。

3. 行政干预风险

委内瑞拉虽然有一套司法体系,但司法受行政干预的现象仍然存在,遇到与委内瑞拉政府或国有企业的投资纠纷时,较难通过委内瑞拉国内司法程序获得及时、有效的救济。在可能的情况下,尽量在投资合同中约定国际仲裁条款。根据目前掌握的资料,委内瑞拉已经宣布退出《华盛顿公约》,但仍然是《纽约公约》的缔约方之一。

二、"哥伦比亚极地食品公司与委内瑞拉政府仲裁案"

(一)案件介绍

在2010年,委内瑞拉政府收购了哥伦比亚极地食品公司(Alimentos Polar

Colombia,APC)在委内瑞拉的子公司极地皮尔森公司(Polar Pilsen),并拖延支付购买价款。此后,APC向委内瑞拉政府提出索赔,并于2015年向CEDCA提交了仲裁申请,要求委内瑞拉政府支付购买价款及相关利息和损失。在2016年,仲裁庭作出支持APC诉求的决定,认为委内瑞拉政府拖延支付购买价款是违约行为,应该赔偿APC相关损失和利息,裁决委内瑞拉政府支付总计超过8000万美元的赔偿金。然而,委内瑞拉政府未能遵守仲裁裁决,并试图通过委内瑞拉法院废除该裁决。最终,APC在2019年向委内瑞拉最高法院提交了司法承认申请,以确保仲裁裁决在委内瑞拉得到执行。2020年2月20日,委内瑞拉最高法院批准了该申请,并认定该仲裁裁决是有效的和具有强制执行力的。

(二)案例分析

这一案件的决定被认为是对委内瑞拉仲裁机制和仲裁裁决强有力的支持,特别是在涉及政府当事方的案件中。同时,这一决定也证明了委内瑞拉司法系统的独立性和法治的实施,为吸引外商投资和重建委内瑞拉经济提供了信心。但是,由于委内瑞拉政治经济环境复杂,裁决最终能否实际执行仍然是个未知数。

第六节　委内瑞拉仲裁制度的特色与评价

一、商业仲裁与司法机构之间关系紧密

委内瑞拉的司法与仲裁之间的关系十分密切,这种关系因宪法法庭的判例而得到加强,基于一套程序规范,仲裁制度具有稳定性。司法与商业仲裁的合作体现在不同的规范性条款中,在这些条款中,二者相互交织。举例来说,首先,《民事诉讼法》第622条就规定,普通法院或特别法院及其他公共当局有责任向仲裁员提供其职权范围内的一切合作,以使他们能够适当地履行职责。

其次,在当事人对仲裁员的指定存在分歧时,《商业仲裁法》对此作出了规定:各方当事人应共同指定仲裁员或委托第三方指定。如果双方当事人没有就仲裁员的选择达成协议,则每一方当事人应选择1名仲裁员,被指定的2名仲裁员应指定第三名仲裁员,该名仲裁员为首席仲裁员。如果任何一方不愿意指定其仲裁员,或者2名仲裁员无法就第三名仲裁员的指定达成一致,任何一方都可以向初审法官申请指定缺少的仲裁员。在由独任仲裁员进行仲裁的情况下,如果双方当事人没有达成协议,应根据一方当事人的请求,由主管的初审法官进行指定。

最后,在预防措施问题上,立法者和宪法法官规定了司法机构和仲裁庭之间的和谐解决方案,承认《商业仲裁法》中规定的紧急仲裁员在仲裁程序开始时给予的预防保护。除非各方另有约定,仲裁庭可就争端的主题事项下令采取其认为必要的临时保护措施。仲裁庭可要求提出请求的一方提供足够的担保。《加拉加斯商会仲裁中心一般规定》第三章规定了紧急仲裁庭制度。一旦该法庭设立,就确定了相当快的措施发布时间。CEDCA 在其程序规则中规定了紧急仲裁法庭的构成。根据《CEDCA 调解和仲裁规则(2020)》第 38 条的规定,除非各方另有约定,在紧急情况下,任何一方均可在指定仲裁员之前,在支付《费用和费用附录》中规定的费用和开支后,请求董事会指定紧急仲裁庭,由执行主任从仲裁员正式名单中选出 1 名仲裁员组成,专门就所请求的临时措施的法令进行裁决。该仲裁员应由董事会从仲裁员的正式名单上登记的、目前未在 CEDCA 受理的仲裁中担任仲裁员的人中选出。上述紧急仲裁庭裁定的任何措施都可以服从于给予充分和有效的保证,以回应被采取该措施的一方可能造成的损失。这些措施应以说明理由的决定的方式下达,并可在紧急仲裁庭认为有正当理由时援引,该法庭应确定将申诉或临时措施所针对的当事方或其被拒绝的时间(如果有)。

关于取证,1990 年《民事诉讼法》、《商业仲裁法》及仲裁中心的仲裁规则等都证明了二者之间的紧密关系。例如,根据 1990 年《民事诉讼法》第 523 条的规定,判决或任何其他具有效力的行为,应由在一审审理案件的法院执行。如果仲裁院已经对案件进行了审理,则执行工作应由在未进行仲裁的情况下审理该案件的法院负责。又如,根据《商业仲裁法》第 28 条的规定,仲裁庭或任何一方当事人经仲裁庭批准,可请求有管辖权的初审法院协助收集必要的证据和执行所请求的临时措施。对于当事人所请求的任何临时保护措施,法院应在其职权范围内按照相关规则处理。根据《CACC 仲裁规则》第 64 条的规定,仲裁庭应在尽可能短的时间内以适当的方式调查案件。如果当事人或仲裁庭提出要求,在被认为适当的情况下可举行听证会。仲裁庭可决定在各方当事人在场的情况下或缺席的情况下听取证人、专家或任何其他人的意见,前提是仲裁庭认为各方当事人已被正式传唤。

二、《商业仲裁法》未完全遵循《示范法》

根据《商业仲裁法》解释性备忘录,该法遵循的是 1985 年《示范法》,但对二者条文内容进行比较后,不难发现《商业仲裁法》至少在 7 个方面偏离了《示范法》。第一,与《示范法》司法管辖区不同,《商业仲裁法》没有明确区分国际仲裁和国内仲裁,因此其适用范围留有解释的余地。司法判例和学术意见一致认为,《商业仲裁法》既适用于国际仲裁也适用于国内仲裁。第二,《商业仲裁法》没有规定《示范法》第3条(接收书面通信)、第4条(放弃反对权)、第5条(法院干预的程度)、第8条(存在仲裁协议和诉至法院)、第9条(仲裁协议与法院的临时措施)、第18条(当事人平等)、第21条(仲裁程序的开始)、第24条(听证和书面程序)、第25条(当事人的违约)、第26条(仲裁庭任命的专家辅助人)、第30条(和解)等。第三,《商业仲裁法》还偏离了《示范法》第11条规定的除非双方另有约定,否则可因国籍而禁止担任仲裁员。第四,与《示范法》不同,《商业仲裁法》还要求仲裁员对监督进行回避。第五,在仲裁裁决方面,二者也有很大的不同。例如,《商业仲裁法》没有类似于《示范法》第16条的规定,即是否可以要求主管法院审查仲裁庭关于管辖权的初步裁决。第六,关于要求更正和解释裁决的截止日期,《商业仲裁法》规定了15天的限制,这是《示范法》30天限制的一半。第七,关于申请撤销仲裁裁决的期限,《商业仲裁法》规定了5天,而《示范法》则规定了3个月的期限。

近年来,委内瑞拉仲裁界的成员呼吁修改《商业仲裁法》,以使其条款与《示范法》保持一致,但并未取得成功。最高法院宪法法庭作为委内瑞拉宪法的最高解释者,发布了一系列具有象征意义的决定,阐明了该国国内和国际仲裁的原则、规范和实践。

三、退出《华盛顿公约》

2012年委内瑞拉退出《华盛顿公约》,自此以后,该国的投资条约仲裁法律框架基本上由《多边投资担保机构公约》组成,以及与阿根廷、巴巴多斯、白俄罗斯、比利时-卢森堡经济联盟(Belgo Luxemburg Economic Union,BLEU)、加拿大、智利、哥斯达黎加、古巴、捷克、丹麦、厄瓜多尔、法国、德国、印度尼西亚、伊朗、立陶宛、荷兰、巴拉圭、秘鲁、葡萄牙、俄罗斯、西班牙、瑞典、瑞士、英国、乌拉圭和越南签订的27项双边投资条约(Bilateral Investment Treaty,BIT)。委内瑞拉还积极促进UNASUR和ALBA的仲裁和调解机制,但两者都尚未运作。

ICSID案件量数据库显示,截至2023年3月,已有53项针对委内瑞拉政府的投资仲裁申请。在这些案件中,39起已经结束,14起案件仍在审理中。其中,大多数案件是由委内瑞拉采取的某些政府措施引发的,这些措施导致外国投资者的资产国有化。而且,大多数案件与碳氢化合物和采矿部门有关。索赔浪潮使委内瑞拉成为 ICSID 历史上最常见的被申请国之一，在该国引发了重大争议，并导致委内瑞拉政府批评目前的投资仲裁制度，谴责《华盛顿公约》。

四、国家投资立法

1999 年，委内瑞拉通过了《促进和保护投资法》（以下简称 1999 年《投资法》），为国内和外国投资的发展提供了稳定和可预测的环境。根据该法，外国投资受以下国际保护标准的保护：根据国际法公平和公正的待遇、国民待遇、投资者原籍国与委内瑞拉签订双边投资条约时最惠国待遇、征用补偿和自由转让性。

1999 年《投资法》包含存在争议的争端解决的相关条款。争议焦点是该法第 22 条是否包含委内瑞拉单方面同意向 ICSID 提交投资争议的情形。在几起案件中，外国投资者声称，第 22 条包含在 ICSID 的主持下，委内瑞拉单方面同意将因涉嫌违反 1999 年《投资法》而引起的争议提交国际仲裁的情形。最终，最高法庭的宪法法庭认为该条款不能被解释为包含委内瑞拉对 ICSID 仲裁的单方面同意，任何此类同意都必须基于委内瑞拉和外国投资者原籍国之间的双边投资条约。同样，ICSID 法庭作出的几项仲裁裁决也作出了相同的结论。

委内瑞拉政府在 2014 年颁布了第 1438 号法令（以下简称 2014 年投资法令）。该法令对国际条约规定的担保和权利施加了一些限制，有些限制违反了相关国际条约。更具体地说，2014 年投资法令将保护外国投资的条件定为特别注册，并要求每项外国投资自注册之日起至少 5 年内保持活跃。尽管有这些法律限制，ICSID 法庭认为，投资未进行注册，或投资尚未进入东道国领土的事实，并不是投资受双边条约（如果适用的话）保护的障碍，以应对东道国采取的措施。

2017 年 12 月 29 日，委内瑞拉全国制宪会议颁布了另一项投资法规，称为《生产性外国投资宪法法》（Ley Constitucional de la Inversión Extranjera Productiva）。这项法律在很大程度上延续了委内瑞拉政府在 2014 年投资法令中阐述的对某些外国投资施加某些条件的立场。例如，2017 年《生产性外国投资宪法法》第 25 条要求将外国投资登记作为援引保护的必要条件。

2017 年《生产性外国投资法》第 6 条也回应了委内瑞拉政府对国际仲裁的警惕，它排除了将争议提交到与当地法院诉讼不同的机制的可能性。尽管如此，该条规定同样为提交“基于拉丁美洲和加勒比一体化进程以及其他一体化机制”的争议提供了可能性。这种政治驱动的绝对管辖权豁免例外也受制于两个条件：第一，外国投资者必须在委内瑞拉国内法院用尽当地补救措施或追索权；第二，委内瑞拉对替代性争议解决机制(在拉丁美洲和加勒比一体化范围内,如果有)的同意必须在争端发生之前执行。从表面上看,这个条款似乎可以理解,但考虑委内瑞拉在投资仲裁领域双重扮演者的情况,也许该条款背后的动机是委内瑞拉政府对废除规定投资仲裁的条约的战略立场,因为 ICSID 法庭直到现在仍然认为,主权国家对国际仲裁的同意并不是仅仅通过国内法律或条约的提议就可以完成的。此外,2017 年《生产性外国投资法》包含以下创新:第一,外国投资者获得某些利益以换取更多控制的可能性(第 22 条、第 23 条);第二,外国投资者有义务根据某些公司社会标准行事(第 22 条);第三,外国投资者有义务不直接或间接参与委内瑞拉的政治事务(第 35 条)。

目前,在委内瑞拉进行商业仲裁是解决争议最可靠的手段。这种可靠性的基础是当事人始终是程序的推动者。商业仲裁在委内瑞拉的发展,虽然在某些时刻遇到了挫折,但现在其已经为保证程序可靠铺平了道路,最重要的是,委内瑞拉将成为一个可靠的国家和国际仲裁场所。最近对仲裁中心规则的修改主要是由于当前诉讼当事人的需求——在这种需求面前,正义不能被取代,所以提供了使用新技术的远程手段,以实现程序正义与实质正义。尽管道路似乎是开放的,但要靠仲裁中的各种法律参与者,如律师、仲裁员等来确保他们适当地履行其程序性职责,从而以最佳方式为司法保护服务。

五、卡尔沃主义的复兴

在过去几十年中,玻利维亚、厄瓜多尔和委内瑞拉民粹主义的上升和对投资者的敌意,在一定程度上使卡尔沃主义的基本原则重新获得了支持。直到 20 世纪 90 年代,卡尔沃主义仍然影响着大部分拉美国家的投资法律。卡尔沃主义由阿根廷法学家卡洛斯 · 卡尔沃于 1868 年提出,主张投资所在国对投资争端具有管辖权,外国投资者享有与内国国民同样的权利。卡尔沃主义是 20 世纪拉丁美洲制定的对外国投资者产生最大法律影响的一种法律思想。而且,它促进了国家绝对平等的观念和不受外来干预的主权豁免原则的传播。主权豁免原则在拉丁美洲吸引外国投资和遭受外来干预的历史的背景下,更显现出了其重要意义。委内瑞拉以在宪法中规定禁止外国人向外国政府寻求保护的方式,将卡尔沃主义纳入了宪法,委内瑞拉政府还通过国有化等措施,试图控制国家资源并加强政府干预经济领域的能力。

委内瑞拉在实施卡尔沃主义的过程中衍生出经济失调、政治不稳定等问题。

第一,经济失调。国家资源的过度集中、政府的过度控制、外部投资的减少以及国内产业的疏忽,导致委内瑞拉出现经济衰退、高通货膨胀、货币贬值、商品短缺等问题。第二,政治不稳定。由于委内瑞拉政府集中控制了国家的资源和经济活动,限制了公民的言论和结社自由,导致委内瑞拉面临政治危机和社会动荡。第三,破坏民主制度。政府权力不断扩大,使得政府可以对反对派进行打压和限制,剥夺公民的民主权利和自由。第四,侵犯人权。委内瑞拉政府的暴力镇压和对公民自由的限制,委内瑞拉贫困和失业问题的加剧,导致了犯罪率的上升,使委内瑞拉成为拉美地区犯罪率最高的国家之一。另外,委内瑞拉的石油资源和地缘位置也使其成为国际政治和经济的焦点,其政策变化也会对国际社会产生影响。[1]

第七节　中方参与委内瑞拉仲裁的建议

委内瑞拉作为拉丁美洲最大的石油出口国之一,吸引了许多中国投资者。然而,近年来委内瑞拉的政治和经济环境发生了巨大变化,政治危机、经济失调、法治退化和外部制裁等因素使得委内瑞拉的商业环境变得越来越不稳定,也使得中国投资者面临更多的风险和挑战。如果中方要参与委内瑞拉的仲裁程序,需要充分了解当地的法律制度和商业环境,制定合适的仲裁策略,并与对方当事人和仲裁员保持沟通和合作,以获得公正和合理的仲裁裁决。

一、全面了解委内瑞拉的政治和经济情况

首先,了解委内瑞拉的法律制度和商业环境是中方参与委内瑞拉仲裁的前提。委内瑞拉的法律制度和商业环境与中国有很大的差异,包括法律框架、法院系统、法律程序等。因此,中方需要进行充分的调查和研究,以便制定出合适的仲裁策略和应对方案。其次,中方还需要了解委内瑞拉的政治和经济情况,以及当地的文化背景和法律文化。中方可以从政府机构、当地律师和顾问、商业组织等多个渠道获取信息。最后,中方还需要考虑外部因素对委内瑞拉的影响,如美国和欧盟的制裁、国际金融组织的反腐败和反洗钱要求等。这有助于中方更好地了解委内瑞拉的商业环境和法律文化,并为仲裁作出更好的准备。

---

〔1〕　参见[美]玛丽·海伦·穆拉:《拉丁美洲的仲裁》,何远展译,载武汉仲裁委员会、湖北省法学会仲裁研究会主办:《商事仲裁》第5期,法律出版社2009年版,第91页。

二、选择仲裁机构和仲裁员的建议

选择合适的仲裁机构对于仲裁结果的最终判定至关重要。不同的仲裁机构在仲裁程序、仲裁员选择、证据收集和仲裁裁决等方面存在差异。因此,中方应该根据案件的性质和需要,选择适合的仲裁机构。首先,考虑仲裁机构的资质和信誉。在选择仲裁机构时,要先了解该机构是否具有合法的执照和证书,以及是否具有公信力和良好的声誉。可以查阅该机构的官方网站、媒体报道和其他公开渠道来获取相关信息。其次,考虑仲裁机构的专业领域和专业性。不同的仲裁机构具有不同的专业领域和专业性,选择专业领域和专业性与纠纷相关的仲裁机构将有助于确保仲裁的专业性和有效性。再次,考虑仲裁机构的规则和程序。每个仲裁机构都有自己的规则和程序,这些规则和程序会直接影响仲裁的效率和公正性。在选择仲裁机构时,要了解该机构的仲裁规则和程序,并确认是否与当事人的要求和期望相符合。最后,考虑仲裁机构的语言、地点和费用。在选择仲裁机构时,要确认该机构的语言和地点是否适合当事人的需要。如果当事人的母语不是该仲裁机构所使用的语言,可以考虑选择支持多种语言的仲裁机构。同样,如果当事人希望在特定的地点进行仲裁,可以选择该地的仲裁机构。并且,要确认仲裁机构的费用和成本是否与当事人的经济实力和要求相适应。不同的仲裁机构对费用和成本的规定有所不同,因此需要仔细考虑并进行比较。

在国际仲裁中,选择仲裁员是非常重要的步骤,因为仲裁员的资格、经验和专业知识可以直接影响仲裁结果的公正和合理性。以下是一些关于选择仲裁员的建议:第一,考虑仲裁员的资格和经验。应当选择具有相关资格和经验的仲裁员,比如有执业律师或法官背景的人士,他们更能够理解相关法律和程序,并更有可能作出正确的决定。第二,考虑仲裁员的国籍和文化背景。在国际仲裁中,当事人来自不同的国家和地区,因此选择仲裁员时应考虑其国籍和文化背景,以确保仲裁庭的成员可以理解和尊重各方的观点和文化。第三,选择有专业知识的仲裁员。对于一些特殊的领域,如能源、贸易、知识产权等,选择有相关专业知识和经验的仲裁员可以提高仲裁结果的公正性和合理性。第四,选择有中立性和独立性的仲裁员。仲裁员应该是中立和独立的,不受任何一方的影响。因此,在选择仲裁员时应该考虑其过去的工作和关系,以确保其中立性和独立性。第五,选择有良好口碑的仲裁员。在选择仲裁员时,应该考虑其在业内的声誉和口碑,以确保其能够作出公正和合理的决定。总之,在选择仲裁员时,当事人应该考虑多方面的因素，以确保选出能够作出公正和合理决定的仲裁员。此外，当事人也可以通过委任机构或第三方中介机构来帮助他们选择仲裁员。

三、聘请法律顾问的重要性

考虑民族宗教文化、历史遗留问题、国家治理水平以及地缘政治风险，企业在日常经营中面临较大的合规风险。中资企业在委内瑞拉应充分了解当地的法律法规，做到依法经营，必要时通过法律手段解决纠纷，保护自己的合法权益。因此，如果中国公司需要经常与外方签订合同，建议其在早期就雇佣法律顾问。企业法律顾问是企业合规管理设计者、组织者，担负合规管理的重任，故企业一定要聘请当地的专业法律人士处理企业法律事务。企业法律顾问能够协助企业领导层、协同企业相关部门，共同促进企业依法经营管理、防范企业法律风险、维护企业合法权利。企业法律顾问负责起草、审核公司章程、规章制度等有关规范性文件或法律文书。公司章程是公司的“宪法”，对公司、股东、董事、监事、高级管理人员均具有约束力，是公司组织及行为的基本准则。公司章程是公司设立的要件之一，全面指导公司行为，向其成员表明信用、向外表明商誉。

四、书面证据的关键性

毫无疑问，书面证据在国际仲裁中非常关键，因为它是当事人提交证据的主要方式。以下是书面证据在国际仲裁中的重要性的体现：第一，在证明事实的真实性和准确性方面。在国际仲裁中，文书证据通常是证明事实的真实性和准确性的最重要的证据之一。相比口头证言等其他证据，文书证据更容易被理解和审核。文书证据可以包括契约、协议、信函、报告、会议记录、发票、支付凭证、电子邮件等，这些都可以很好地证明案件的事实和证据。第二，在证据保全和共享方面。在国际仲裁中，当事人可以要求仲裁庭颁布证据保全令，以保存和保护文书证据的。一旦取得文书证据，当事人可以通过与对方当事人共享证据来加强自己的证明，或通过提出反驳性证据来反驳对方当事人的主张。第三，在证据审查和证据质量控制方面。在国际仲裁中，文书证据可以更容易地被审查和控制其质量。仲裁庭可以要求当事人提供有关文书证据的陈述，如相关证明、翻译等，以便更好地审查文书证据。此外，仲裁庭可以要求当事人提供证据的原件或者在一定条件下认可复印件、扫描件等副本，从而控制证据质量和准确性。第四，在证据的时效性和合法性方面。在国际仲裁中，文书证据通常可以更容易地证明时效性和合法性。当事人可以通过展示日期、签名和盖章等方式证明文书证据的时间和合法性,从而证明文书证据对于案件是有价值的。第五,在公证和承认方面。在国际仲裁中,文书证据可以容易地获得公证和承认。当事人可以通过公证机构或官方机构来证明文书证据的真实性和合法性,从而增加文书证据的可信度和可承认性。文书证据在国际仲裁中是非常重要的,因为它可以更容易地证明事实的真实性和准确性、保存和保护证据、控制证据质量和准确性、证明证据的时效性和合法性、获得公证和承认等。当事人应该注意文书收集和保全。

五、执行的复杂性

目前,委内瑞拉与中国之间并没有签订单独的有关司法裁决和仲裁裁决承认和执行的双边公约,由于中国和委内瑞拉都是《纽约公约》的缔约方,根据《纽约公约》的要求,各缔约方应承认仲裁裁决具有拘束力,并依援引裁决地之程序规则及公约所载条件执行;承认或执行适用该公约之仲裁裁决时,不得较承认或执行内国仲裁裁决附加过苛之条件或征收过多之费用。但在委内瑞拉申请执行外国仲裁机构裁决的实际操作中,外国仲裁机构作出裁决的执行,其程序往往更加复杂,耗费的时间也比较长。委内瑞拉的仲裁程序通常持续 8 ~ 10 个月,一旦被执行人或者受裁决影响的人以各种法律依据向执行的司法部门申诉,执行程序只能暂停或者迟延,最终裁决的作出可能需要长达 5 年的时间。另外,如果执行标的为现金,委内瑞拉仅仅支付玻利瓦尔现金。由于委内瑞拉目前存在严格的外汇管制,所以该笔玻利瓦尔如果想兑换成外国的现金将面临非常多的困难。所以,在一般情况下,如果被执行对象在委内瑞拉将不利于保护投资者的权利,国外财产才是投资者最好的选择方式。

CHAPTER 02 >>

第二章

匈牙利

匈牙利是中欧内陆国，东邻罗马尼亚、乌克兰，南接斯洛文尼亚、克罗地亚、塞尔维亚，西靠奥地利，北连斯洛伐克，边界线全长2246公里。国土面积93,023平方公里。匈牙利当地属大陆性气候，凉爽湿润，全年平均气温为10℃，夏季平均气温21.7℃，冬季平均气温-1.2℃，年平均降水量约为630毫米。全国划分为首都和19个州，设立24个州级市、274个市、2854个乡。首都是布达佩斯。2022年1月，匈牙利人口为968.9万。主要民族为匈牙利族，约占总人口的90%。

据匈牙利媒体报道，欧洲统计局（Eurostat）最新数据显示，匈牙利朝欧盟发达成员国的方向迈出了新的一步。2021年，匈牙利根据购买力平价计算的GDP总量进一步接近欧盟平均水平，从2020年占欧盟平均水平的74%上升到2021年的76%，提高了两个百分点。更重要的是，匈牙利已经超过1986年入盟的欧盟成员国葡萄牙，在GDP排名中上升了1位。匈牙利属于中等发达国家，经济发展水平位居中东欧地区前列。以首都布达佩斯为中心1000公里范围左右可辐射欧盟2.5亿人口，市场辐射能力十分可观。在政治和安全局势稳定，充分利用欧盟内外资金和"向东开放"战略等综合因素的影响下，近年来匈牙利发展势头强劲，经济表现十分亮眼。因此，有越来越多的中国人选择投资匈牙利，开辟了国人海外投资的新市场。

仲裁在匈牙利也是一种解决投资纠纷问题的重要途径。对投资者与国家之间不能以其他方式予以解决的纠纷,匈牙利接受国际仲裁。在匈牙利有多家国内仲裁机构,其中最常用的是隶属于匈牙利商会的仲裁机构。并且,匈牙利是《华盛顿公约》的成员,并签署了《纽约公约》。因此,我国需要不断思考如何深化与匈牙利的仲裁合作,着重研究该国基本仲裁制度及特色仲裁规则,探索中国人在匈牙利参加仲裁需要注意的事项等,以为我国在匈牙利的投资争端提供更便捷、高效的解决途径。

第一节　匈牙利仲裁法律制度概述

匈牙利的仲裁法律制度随着国家经济的发展而不断地调整与完善。当前,匈牙利仲裁法律制度主要由国内仲裁法案、已加入的国际公约以及与他国签订的双边条约等组成。

一、匈牙利国内仲裁法律制度历史沿革

1994 年,匈牙利议会通过了第 LXXI 号仲裁法案,其于 1994 年 12 月 13 日生效。该法案以非法定《示范法》为基础,以统一结构管理国内当事人之间的仲裁和国际仲裁。2017 年,匈牙利议会通过了第 LX 号仲裁法案,其于 2018 年 1 月 1 日正式生效。该法案以联合国国际贸易法委员会的《示范法》为蓝本,取代了自 1994 年起施行的第 LXXI 号仲裁法案。

(一)1994 年第 LXXI 号仲裁法案

1994 年第 LXXI 号仲裁法案第一章针对法案的适用范围、仲裁的适用性及提交、放弃提出异议的权利、法院的管辖职权等内容作出了一般性规定。

1994 年第 LXXI 号仲裁法案第 1 条、第 2 条规定了法案的适用范围。依据其第 1 条的规定,除另有规定外,本法案应当适用于临时或常设地点在匈牙利的仲裁庭。依据其第 2 条第 1 款的规定,可以在特定组织内部运作任何常设仲裁庭,但法律另有规定的,需获得匈牙利国家经济协会的特许。此外,匈牙利的几个国家商会也可以集体设立常设仲裁庭。第 2 款规定,仲裁庭对本法案规定的与仲裁程序相关的限制适用条款等特定事项享有专属管辖权。第 3 款规定,双方(公司总部位于匈牙利)因签订合同而引起的任何法律纠纷中,在涉及与内陆领土上的不动产相关的实体法效力的情形下,只能由位于匈牙利的常设仲裁院进行仲裁。第

4 款规定,仲裁程序的官方语言应当为匈牙利语。

1994 年第 LXXI 号仲裁法案第 3 条、第 4 条、第 5 条规定了仲裁的适用性及提交。依据其第 3 条第 1 款的规定,同时满足下列三个条件的争议可以通过仲裁程序而不是诉讼程序解决:(1)至少有一方专业从事商业活动,且法律纠纷产生于与该活动的联系;(2)各方可自由处置诉讼标的;(3)有仲裁协议。第 2 款规定,在法律允许的情况下,即使不满足前述第一个条件的规定也可以将争议提交仲裁。依据其第 4 条规定,在匈牙利《民事诉讼法》(the Code of Civil Procedure,CCP)第十五章至第二十三章,以及第二十五章规定的程序中,不得进行仲裁。依据其第 5 条第 1 款的规定,仲裁协议是指双方当事人达成一致,就双方因特定合同或其他关系而可能产生的争议提交仲裁。第 2 款规定,仲裁协议可单独订立也可规定在某一合同中,其还可以包含指定仲裁庭的条款。第 3 款规定,仲裁协议必须以书面形式订立;其中,通过电传或任何其他通信设施交换的信件、电报、记录信息等应当解释为书面协议。第 4 款规定,任何一方当事人在索赔声明中提出双方事实上达成了仲裁协议,且另一方未在答辩书中辩驳,则被视为存在仲裁协议。第 5 款规定,在以书面形式订立的合同中提及的仲裁条款应被视为仲裁协议,且该仲裁条款属于合同的组成部分。

1994 年第 LXXI 号仲裁法案第 6 条规定了放弃提出异议的权利。依据其第 6 条的规定,如果一方当事人知晓了任何不符合本法案规定的事实,且该事实与双方订立的仲裁协议相违背,但该方当事人仍继续参与仲裁程序,在规定期限内也未对该违约行为提出异议,则视为该方当事人放弃了提出异议的权利。

1994 年第 LXXI 号仲裁法案第 7 条、第 8 条规定了法院的管辖职权。依据其第 7 条的规定,只有在本法案明文规定的情况下,法院才能对由本法案管辖的案件进行审理。依据其第 8 条第 1 款的规定,当事人在任何法院就仲裁协议标的事项提起诉讼(依据第 54 条提起的诉讼除外)时,法院应在不发出任何传票的情况下驳回索赔陈述书,或应任何一方的要求驳回诉讼,除非其宣布仲裁协议无效、无效或不可受理。答辩人最迟可在根据案情提出反诉后提出驳回请求。第 2 款规定,如果案件被驳回,提交索赔陈述书所附带的法律便利应在 30 天内继续有效。第 3 款规定,提交第 1 款所述的索赔陈述书不应妨碍仲裁程序的开始或继续,也不应妨碍在法庭未决问题期间通过仲裁庭的决定。

1994 年第 LXXI 号仲裁法案第 9 条、第 10 条还规定了其他一般性规定。依据

第9条第1款的规定,如果本法案包含允许当事人决定某一问题的条款,那么这种自由还包括当事人授权第三方作出决定的权利。第2款规定,如果本法案包含允许双方就某一问题达成协议的条款,或者本法案以任何其他方式提及双方的协议,那么双方规定的任何仲裁规则应解释为此类协议。

1994年第LXXI号仲裁法案第二章针对仲裁员的任命、任命终止及质询、替代仲裁员的任命等仲裁庭组成的内容作出了规定。

1994年第LXXI号仲裁法案第11条至第17条规定了仲裁员的任命;第18条至第20条规定了仲裁员任命的终止及质询程序;第21条至第22条规定了仲裁员任命终止的其他情况;第23条规定了替代仲裁员的任命。

1994年第LXXI号仲裁法案第三章针对仲裁庭关于自身管辖权的决定、临时措施等内容作出了规定。

1994年第LXXI号仲裁法案第24条、第25条规定了仲裁庭关于自身管辖权的决定。依据其第24条第1款的规定,仲裁庭应自行决定其管辖权,包括对仲裁协议的存在或有效性的管辖。在这种情况下,合同中的任何仲裁条款均应被视为是独立于合同所有其他条款的协议。第2款规定,仲裁庭宣布合同无效的决定不会导致其中的仲裁条款无效。第3款规定,对仲裁庭管辖权的任何异议应在所提交的答辩书中提出,而任何主张仲裁庭超出其管辖范围的抗辩应当立即提出。如果仲裁庭认为延期提出异议是合理的,那么也可以予以承认。第4款规定,一方当事人不会因其参与指定仲裁员,就被阻止就仲裁庭的管辖权提出异议。依据其第25条第1款的规定,仲裁庭可以在提出异议时,或在根据案情作出的决定中对第24条所述异议作出裁决。如果仲裁庭裁定其具有管辖权,任何一方当事人可以在收到裁决通知后的30日内,向该法案第51条规定的法院提请对仲裁庭的管辖权作出裁决。第2款规定,当此类请求悬而未决时,仲裁庭可继续仲裁,并可作出裁决。

1994年第LXXI号仲裁法案第26条规定了临时措施。依据其第26条第1款的规定,除双方当事人另有约定外,仲裁庭可应要求命令任何一方当事人在仲裁庭认为有必要的范围内,就争议标的实施临时措施。仲裁庭也可要求任何一方当事人提供与此类措施相关的适当担保。第2款规定,有关临时措施的决定应持续有效,直至仲裁庭通过新的决定予以替代,或就该问题作出裁决。

1994年第LXXI号仲裁法案第四章针对各方平等待遇、程序的规则、原则上不公开、仲裁程序的语言、仲裁地点、仲裁程序的开始、索赔及辩护说明等仲裁程序的内容作出了规定。

1994 年第 LXXI 号仲裁法案第 27 条规定了各方平等待遇。依据其第 27 条的规定，在仲裁过程中，双方当事人应享有同等待遇，并应有机会陈述自身情况。

1994 年第 LXXI 号仲裁法案第 28 条规定了程序规则。依据其第 28 条的规定，双方可以自由商定仲裁庭应遵守的程序规则，也可以规定使用另一个常设仲裁庭的程序规则。如果未能达成协议，仲裁庭可在本法案框架内自行决定程序规则。

1994 年第 LXXI 号仲裁法案第 29 条规定了不公开的情况。依据其第 29 条的规定，如果双方没有任何相反的协议，仲裁程序不公开。

1994 年第 LXXI 号仲裁法案第 30 条规定了仲裁程序的语言。依据其第 30 条第 1 款的规定，双方当事人可以自由约定仲裁程序中使用的语言。如果未能达成协议，仲裁程序应使用匈牙利语。第 2 款规定，除双方当事人另有约定外，双方当事人在听证会上的任何陈述、裁决和决定，以及仲裁庭的任何其他文件均应当使用第 1 款规定的语言。

1994 年第 LXXI 号仲裁法案第 31 条规定了仲裁地点。依据其第 31 条第 1 款的规定，双方当事人可自由协商约定仲裁地点。如果未能协议一致，仲裁地点应由仲裁庭在适当考虑案件情况后确定。常设仲裁庭应在其章程文件中登记的所在地进行仲裁。第 2 款规定，虽有第 1 款的规定，但除双方当事人另有约定外，仲裁庭可在任何地方召开会议，进行其成员之间的协商，听取当事各方、证人或专家的意见，以及检查物证和文件。

1994 年第 LXXI 号仲裁法案第 32 条规定了仲裁程序的开始。依据其第 32 条第 1 款的规定，除双方当事人另有约定外，特设仲裁庭的程序应在不利一方（被申请人）收到将争议提交仲裁庭的请求之日开始仲裁。第 2 款规定，如果双方已约定常设仲裁庭的管辖权，仲裁程序应在仲裁庭收到索赔书之日开始。

1994 年第 LXXI 号仲裁法案第 33 条规定了索赔及辩护说明。依据其第 32 条第 1 款的规定，申请人应当在双方当事人约定或者仲裁庭规定的期限内，提出其主张、事实和争议对象；被申请人应当提交与其有关的答辩状。各方可就此类陈述和诉状的必要内容达成限制适用协议。第 2 款规定，双方当事人均可提交其认为与案件相关的所有其他文件，包括陈述和诉状、证据。第 3 款规定，除双方当事人另有约定外,任何一方均可在仲裁过程中修改或补充其索赔书或答辩书,除非仲裁庭以导致仲裁延迟为由拒绝接受。第4款规定,如果本法案的规定(第35条第1款内容除外)提及索赔,则该规定也适用于反诉;如果该规定提及答辩书,则该规定也适用于作出的答复反申诉。

1994年第LXXI号仲裁法案第34条规定了听证会及书面程序;第35条规定了一方违约;第36条规定了专家任命;第37条规定了法庭协助。

1994年第LXXI号仲裁法案第五章针对仲裁裁决的作出、仲裁裁决的内容、仲裁员签名的形式等仲裁裁决作出及仲裁程序终止的内容作出了规定。

1994年第LXXI号仲裁法案第38条规定了仲裁裁决的作出。依据其第38条第1款的规定,除双方当事人另有约定外,由1名以上仲裁员组成的仲裁庭应以多数票作出裁决。在没有多数票的情况下,首席仲裁员有决定性的一票。第2款规定,如果双方当事人或仲裁庭所有成员授权,仲裁程序问题可由首席仲裁员裁决。

1994年第LXXI号仲裁法案第39条规定了仲裁裁决的内容。依据其第39条第1款的规定,在仲裁程序中,双方当事人达成和解的,仲裁庭应当以裁决的方式终止仲裁。第2款规定,如果双方当事人要求按照仲裁协议进行仲裁,仲裁庭应根据商定的条款以裁决的形式确定解决方案,前提是仲裁庭认为该解决方案符合法律规定。第3款规定,依据商定条款作出的裁决与仲裁作出的其他任何裁决具有同等效力。

1994年第LXXI号仲裁法案第40条规定了仲裁员签名形式及内容。依据其第40条的规定,仲裁庭的裁决和终止仲裁程序的裁决应由1名或多名仲裁员签字。在有多名仲裁员的仲裁程序中,只要说明其他仲裁员遗漏签名的原因,那么仅有多数仲裁员的签名也可以。

1994年第LXXI号仲裁法案第41条规定了仲裁裁决的内容。依据其第41条第1款的规定,终止仲裁程序的裁决应包含有关诉讼费用、仲裁员的报酬以及支付方式等内容。第2款规定,仲裁裁决应说明其依据的理由,除非是依据商定条款作出裁决。第3款规定,仲裁裁决应包含依据第31条确定的仲裁地点,且该仲裁裁决应当被视为在仲裁地点作出。第4款规定,应依据第40条的规定,提交1份载有仲裁员签名的副本给双方当事人。

1994年第LXXI号仲裁法案第42条规定了仲裁程序的终止;第43~45条规定了裁决的更正、解释和补充。

1994 年第 LXXI 号仲裁法案第六章针对国际仲裁的程序、国际仲裁的界定、国际仲裁的语言、国际仲裁程序适用的实体法等国际仲裁程序的内容作出了规定。

1994 年第 LXXI 号仲裁法案第 46 条规定了国际仲裁程序。依据其第 46 条第 1 款的规定,在国际仲裁程序中,本法案第一章至第五章的规定,应适用于本章规定的例外情况。第 2 款规定,就国际仲裁而言,即使仲裁庭所在地不在匈牙利,其仍适用本法案第 8 条和第 37 条第 1 款的规定。第 3 款规定,在国际仲裁程序中,除法律另有规定外,匈牙利工商会(Hungarian Chamber of Commeree and Industry, HCCI)附属仲裁院(也称布达佩斯商业仲裁院,Commercial Arbitration Court Budapest,以下简称商业仲裁院)应作为常设仲裁院。

1994 年第 LXXI 号仲裁法案第 47 条规定了国际仲裁的界定。依据其第 47 条第 1 款的规定,国际仲裁,是指:(1)在签订仲裁协议时,双方当事方的注册办事处位于不同国家,或者其营业地点位于不同国家;(2)仲裁协议中确定的仲裁地点,或者双方当事人已履行或与争议最密切相关的义务的地点,位于双方当事人注册办事处(营业地点)所在国之外。第 2 款规定,针对其第 1 款所述的情况:(1)如果一方当事人有多个营业地点,则考虑与仲裁关系最密切的营业地点;(2)如果当事人没有营业地点,则以其经常居住地为准。

1994 年第 LXXI 号仲裁法案第 48 条规定了国际仲裁的语言。依据其第 48 条第 1 款的规定,双方当事人可以自由协商国际仲裁程序中使用的 1 种或多种语言。如果未协商一致,由仲裁庭确定仲裁程序中使用的 1 种或多种语言。第 2 款规定,仲裁庭可命令在任何书面证据中附上 1 份译文,该译文应采用双方当事人或仲裁庭规定的 1 种或多种语言。

1994 年第 LXXI 号仲裁法案第 49 条规定了国家仲裁程序中所适用的实体法。依据其第 49 条第 1 款的规定,仲裁庭裁决争议所适用的实体法律,由双方当事人根据争议自行选择。除双方当事人另有约定外,仲裁程序中适用的法律或法律体系指的是匈牙利的法律。第 2 款规定,如果双方当事人未选择或者未能就适用法律达成一致,则由仲裁庭决定法律的适用。第 3 款规定,在双方当事人明确授权的情况下,仲裁庭可不受任何国家法律的特定条款的约束,而根据公平原则作出裁决。

1994 年第 LXXI 号仲裁法案第 50 条规定了仲裁庭还可以根据合同条款具体

内容,并在考虑交易的贸易惯例的基础上作出裁决。

1994 年第 LXXI 号仲裁法案第七章针对法院的管辖权、推翻仲裁庭裁决、仲裁庭裁决的承认与执行等法院诉讼程序的内容作出了规定。

1994 年第 LXXI 号仲裁法案第 51 条至第 53 条规定了法院的管辖权。依据其第 51 条的规定,除本法案第 37 条规定的例外情况,与仲裁程序有关的案件应属于普通法院的管辖范围。依据其第 52 条的规定,审理与仲裁程序有关的案件的权限应授予答辩人的注册办事处(营业地点所在地),或者争议所涉合同的签订地的普通法院。如果仍无法确定主管法院,则布达佩斯大都会法院(Budapest Metropolitan Court)拥有管辖权。依据其第 53 条的规定,除仲裁裁决无效的诉讼外,法院应以非司法方式,在无须非专业陪审员参与的情况下作出裁决;而且,法院的裁决不得上诉。

1994 年第 LXXI 号仲裁法案第 54 条至第 57 条规定了推翻仲裁庭裁决。依据其第 54 条的规定,仲裁庭的裁决不得上诉;但可以依据第 55 条所列理由向法院提出请求,推翻仲裁庭裁决。依据其第 55 条第 1 款的规定,在下列情形下,双方当事人以及受裁决影响的任何人,均可在仲裁庭裁决的交付日期,向法院提出推翻裁决:(1)订立仲裁合同的一方当事人缺乏法律行为能力;(2)按照仲裁协议所适用的法律或匈牙利国内的法律,对当事人间争议的解决均未予以规定;(3)未向当事人发出仲裁员任命或仲裁程序的适当通知,或由于其他原因未陈述案情;(4)仲裁裁决的内容超出仲裁协议所约定的范围;(5)仲裁庭的组成或仲裁程序不符合双方当事人仲裁协议的约定,除非仲裁协议与本法案中双方不能减损的任何条款相冲突。第 2 款规定,在下列情形下,也可以提起推翻仲裁裁决的诉讼:(1)依据匈牙利法律,争议标的无法通过仲裁解决;(2)该仲裁裁决与匈牙利公共政策规则相冲突。第 3 款规定,未遵守第 1 款所规定的期限,将会导致相应权利的丧失。依据其第 56 条第 1 款的规定,法院可应一方当事人的请求暂停执行仲裁庭的裁决。第 2 款规定,法院的裁决仅限于推翻仲裁庭的裁决。依据其第 57 条的规定,法院的裁决不得上诉,但可以提交复审申请。

1994 年第 LXXI 号仲裁法案第 58 条至第 60 条规定了仲裁庭裁决的承认与执行。依据其第 58 条的规定,仲裁庭的裁决与具有约束力的法院裁决具有同等效力,其执行应受司法执行条例的管辖。依据其第 59 条的规定,如果在仲裁裁决中出现以下情况,法院应拒绝执行仲裁庭的裁决:(1)依据匈牙利法律,争议标的不受仲裁管辖；(2)该仲裁裁决违反了匈牙利的公共政策。依据其第60条的规定，提交仲裁庭裁决或申请执行裁决的一方当事人应提供仲裁裁决原件或经核证的副本。如果仲裁裁决不是用匈牙利语书写的，该当事方还应附上经认证的匈牙利语译本。

1994年第LXXI号仲裁法案第八章针对其他补充性内容作出了规定。依据其第61条的规定，如果本法案明确允许，各方可限制适用本法案的规定。第62条至第65条规定了本法案的生效及过渡。

以上是1994年第LXXI号仲裁法案的全部内容。

(二)2017年第LX号仲裁法案

2017年第LX号仲裁法案第一章针对本法案的适用范围、限制适用、解释性规定、文件送达、放弃反对权、法院协助和审查等内容作出了一般性规定。

2017年第LX号仲裁法案第1条规定了适用范围。依据其第1条第1款的规定，如果常设仲裁院所在地或临时仲裁地点在匈牙利，则适用本法案进行仲裁。第2款规定，除国际条约另有规定外，第9条、第10条、第28条、第40条以及第53条至第54条应适用于国际仲裁，即使常设仲裁院所在地或临时仲裁地点在匈牙利境外。第3款规定，由消费者合同引起的争议，以及由本法案第七章规定的特殊程序解决的争议，不得适用2016年《民事诉讼法》第CXXX号法案或2017年《一般行政诉讼法》第一号法案规定的仲裁程序。

2017年第LX号仲裁法案第2条规定了本法案的限制适用。依据其第2条的规定，在本法案允许的情况下，匈牙利常设仲裁院、仲裁庭和仲裁程序的当事方均可协商决定排除或限制适用本法案的有关规定。

2017年第LX号仲裁法案第3条规定了解释性规定。依据其第3条第1款第1项的规定，仲裁是指对因商业关系而产生的争议作出裁决，无论该纠纷是否由双方选择的常设仲裁机构管辖。第2项规定，国际仲裁是指具有下列情形的争议：(1)签订仲裁协议的各方当事人的营业地点在不同国家；(2)仲裁地点、与争议最密切相关的地点、当事人之间的大部分商业义务履行地点位于双方营业地所在国之外；(3)仲裁协议的标的物在一个以上的国家。第3项规定，如果一方当事人有多个营业地，则以与仲裁协议关系最密切的营业地为准；如果一方当事人没有营业地，则以其经常居住地为营业地。第4项规定，一方当事人应当在其从事商业活动的国家拥有营业场所。第5项规定，仲裁庭是指独任仲裁员或仲裁员小组。

第6项规定,法院是指行使司法的国家机构或机关。第7项规定,商业是指所有商业或经济、合同或额外合同法律关系。第3条第2款规定:(1)除本法案第41条规定的情形外,本法案允许双方当事人自由决定授权第三人或其他组织作出仲裁裁决;(2)仲裁协议是指双方当事人已达成一致或可能达成一致的协议,包括在其他任何协议中提及的仲裁规则;(3)除本法案第38条a项、第45条第2款a项规定的情形外,本法案的规定如果涉及索赔,也适用于反诉,还适用于对此类反诉的抗辩。第3条第3款规定,本法案的规定应根据善意行使权利的要求,以及联合国国际贸易法委员会秘书处关于《示范法》的说明,以及联合国国际贸易法委员会2006年通过的《示范法》修正案进行解释,商业仲裁院的网站上公布了该法案的匈牙利文译本。

2017年第LX号仲裁法案第4条规定了文件送达。依据其第4条第1款的规定,除双方当事人另有约定外,任何书面通信如果亲自送达收件人,或送达至收件人的营业地点、住所、经常居住地、邮寄地址,均应当视为已送达。第2款规定,如果进行了合理调查后,仍无法确定书面通信是否按照上述第1款的规定送达,除双方当事人另有约定外,书面通信被送至收件人的最后营业地点、住所、经常居住地或邮寄地址的,则被视为已送达。通过挂号信或任何其他方式提供递送记录的方式送达,且收件人为匈牙利人的,则在书面通信发出后的第8天视为已送达;收件人为外国人的,则在第15天视为已送达。第3款规定,本条规定不适用于法院诉讼中的送达。

2017年第LX号仲裁法案第5条规定了放弃反对权。依据其第5条的规定,一方当事人在知道另一方当事人未遵守或未完全遵守本法案中的任何条款或仲裁协议中的任何要求的情况下,仍继续参与仲裁,且未在规定期限内提出异议的,应视为对其享有的反对权的放弃。

2017年第LX号仲裁法案第6条、第7条规定了法院协助和审查。依据其第6条的规定,只有在本法案允许的情况下,法院才可以审理本法案规定适用的案件。依据其第7条第1款的规定,在本法案第53条至第54条所述的情形中,依据匈牙利执行规则,具有物和领土管辖权的法院应继续审理。第2款规定,在本法案第12条第3款、第4款,第14条第4款,第15条第1款,第17条第3款和第47条第2款所述的情形中,由仲裁所在地具有属地管辖权的区域法院,或者常设仲裁院所在地具有属地管辖权的区域法院继续管辖。第3款规定,法院应按照本法案第9条第1款、第2款以及第47条第2款所述的诉讼程序进行诉讼；但在本法案第17条第3款的情形下，双方当事人进行口头听证后，法院可以按照非诉讼程序进行判决。第4款规定，本条的规定应适用于法院在任何其他方面的法律程序，且不得对法院的决定采取任何法律补救措施；但依据第9条第1款和第2款对终止法律程序提出上诉，以及针对撤销仲裁裁决的诉讼决定提出复审申请的情况除外。第5款规定，在撤销仲裁裁决的诉讼中，符合以下条件的一方当事人可以请求区域法院中止仲裁裁决的执行，直至审查程序结束：(1)可以证明不中止执行会形成无法消除的不利条件，并且这种不利程度超过了受影响方在中止时可能遭受的不利；(2)根据案件的是非曲直，请求中止的一方可以给出合理的索赔。第6款规定，区域法院应当将其针对仲裁案的裁决发送给常设仲裁院，或在临时仲裁的情况下，发送给1名或多名仲裁员。第7款规定，本条所规定的程序均属于法院的优先程序，除非其他程序是撤销仲裁裁决的诉讼程序。

2017年第LX号仲裁法案第二章针对仲裁协议的定义及形式、法院强制执行仲裁协议的索赔、仲裁协议与法院措施的兼容性等仲裁协议的相关内容作出了规定。

2017年第LX号仲裁法案第8条规定了仲裁协议的定义及形式。依据其第8条第1款的规定，仲裁协议，是指双方之间就确定的法律关系（无论是合同关系还是合同外关系）而产生或可能产生的所有或某些特定争议提交仲裁的协议。仲裁协议可以是合同的一部分（仲裁条款），也可以是单独协议的形式。第2款规定，仲裁协议应采用书面形式。第3款规定，如果另一方可以访问电子通信中的数据电文，并且该数据电文可以保存且能供日后参考，则通过电子通信订立的未经电子签名的协议应被视为书面仲裁协议。任何当事人通过数据电文进行的通信均应视为电子通信。数据电文，是指通过电子、磁性、光学或类似方式产生、发送、接收或存储的信息，包括但不限于电子数据交换、电子邮件（e-mail）、电报、电传、传真。第4款规定，如果一方当事人在其关于仲裁协议的陈述中声明存在仲裁协议，且在选择仲裁或提出索赔时另一方当事人并未对该声明提出异议，则该仲裁协议应视为以书面形式订立。第5款规定，在以书面形式订立的合同中提及包含仲裁条款的文件，应构成书面仲裁协议，但该条款是合同的一部分。

2017年第LX号仲裁法案第9条规定了法院强制执行仲裁协议的索赔。依据其第9条第1款的规定，除确定仲裁协议无效或不可能履行外，如果被告最迟在提交的答辩书中要求终止诉讼,法院应当终止有关诉讼。第 2 款规定,除能够证明仲裁协议不存在、无效或不可能履行外,在为执行仲裁协议索赔而启动支付令程序后,被告提交书面的回应索赔的答辩书的,应当终止该支付令程序,转入诉讼程序。第 3 款规定,上述第 1 款和第 2 款所述的程序不得妨碍仲裁程序的启动或继续,以及仲裁庭裁决的作出。

2017 年第 LX 号仲裁法案第 10 条规定了仲裁协议与法院措施的兼容性。当事方在仲裁程序开始之前提出发出支付令的请求,或在仲裁程序开始之前或期间向匈牙利法院提交初步取证请求、临时措施请求、提供担保请求,以及向任何外国法院提交类似措施的请求的,法院批准该请求的措施不得被视为与仲裁协议不符。

2017 年第 LX 号仲裁法案第三章针对仲裁庭组成的内容作出了规定,其包含了第 11 条至第 16 条。第 11 条规定了仲裁庭的人数。第 12 条规定了仲裁员的任命。第 13 条规定了质疑仲裁员的理由。第 14 条规定了质疑仲裁员的程序。第 15 条规定了终止仲裁员指派的其他情况。第 16 条规定了任命新的仲裁员。

2017 年第 LX 号仲裁法案第四章针对仲裁庭管辖权的内容作出了规定。依据其第 17 条第 1 款的规定,仲裁庭可以对仲裁协议的存在或有效性的任何异议作出裁决,因此,构成合同一部分的仲裁条款应视为独立于合同其他条款的协议。换言之,仲裁庭宣布合同未生效或无效的裁决不应导致仲裁条款无效。第 2 款规定,对仲裁庭管辖权的异议应在提交答辩书之前提出。一方当事人不因其已指定或参与指定仲裁员而不能对仲裁员组成提出异议。一方当事人对仲裁庭超出其权限范围的异议应当在推定其行为超出权限范围发生时立即提出。如果仲裁庭认为延迟是合理的,也可接受异议。第 3 款规定,任何一方当事人均可在收到裁决后 30 日内,对仲裁庭有关管辖权的裁定向本法案第 7 条第 2 款规定的法院提出异议,但在法院裁决送达前,仲裁庭可继续仲裁程序并作出裁决。

2017 年第 LX 号仲裁法案第五章针对采取临时措施的决定、初步裁定、临时措施和初步裁定的共同规则、临时措施的执行、拒绝执行临时措施的理由等临时措施的内容作出了规定。

2017 年第 LX 号仲裁法案第 18 条、第 19 条规定了采取临时措施的决定。依据其第 18 条第 1 款的规定,除各方当事人另有约定外,仲裁庭可应一方当事人的请求,准予采取临时措施。第 2 款规定,通过临时措施,仲裁庭可以在发布最终裁决前,命令一方当事人:(1)在争端解决之前维持或恢复原状;(2)避免采取可能造成损害或妨碍仲裁程序的措施;(3)采取措施保护作为履行仲裁裁决依据的资产,或提供与其价值相对应的保险;(4)保存可能与争议解决相关的证据。第19条规定,在出现第18条第2款中前3项规定的情况下,请求临时措施的一方当事人应该使仲裁庭确信:(1)如果未下令采取措施,则可能会造成无法通过损害赔偿裁决进行赔偿的损害,且此类损害超过了采取措施可能对另一方造成的损害;(2)对这种可能性的决定不影响仲裁庭作出其他决定的自由裁量权。

2017年第LX号仲裁法案第20条、第21条规定了初步裁定。依据其第20条第1款的规定,除当事人另有约定外,一方当事人可以提出临时措施连同初步裁定的申请,使另一方当事人不得阻挠所要求的临时措施。第2款规定,如果仲裁庭认为事先向所针对的一方当事人披露临时措施可能会阻碍措施的实施,则仲裁庭可以发出初步裁定。依据其第21条第1款的规定,仲裁庭应向所有当事方发出关于初步裁定的通知,同时应提供有关当事方与仲裁庭之间口头沟通内容的信息。第2款规定,仲裁庭在对初步裁定的申请作出裁定后,应给予初步裁定所针对的一方当事人在切实可行的时间内陈述案情的机会。第3款规定,仲裁庭应立即就对初步裁定的异议作出裁决。第4款规定,初步裁定自发出之日起20天后到期。第5款规定,在向被申请的当事方发出初步裁定的通知,并给予其充分陈述案情的机会之后,仲裁庭可以发布临时措施,决定通过或修改该初步裁定。第6款规定,初步裁定对双方具有约束力,但是其不应成为司法执行的主体。

2017年第LX号仲裁法案第22条至第25条规定了关于临时措施和初步裁定的共同规则。依据其第22条的规定,应任何一方当事人的请求或在特殊情况下,仲裁庭可以修改、中止或终止其已批准的临时措施或初步裁定。第23条第1款规定,仲裁庭可以要求请求临时措施的当事人提供与该措施有关的适当担保。第2款规定,仲裁庭应要求申请初步裁定的当事方提供与该裁定有关的适当担保,除非仲裁庭认为没有必要这样做。第24条第1款规定,仲裁庭可要求任何一方当事人立即披露请求或准予采取措施所依据的情况的任何实质性变化。第2款规定,申请初步裁定的当事方应向仲裁庭披露可能与仲裁庭决定是否准予或维持仲裁裁决有关的所有情况,并且该义务应持续到被申请的当事方有机会陈述其案情为止。第25条规定,请求临时措施或申请初步裁定的当事方应对该措施或裁定造成的任何费用和损害承担责任。如果仲裁庭后来确定的措施或裁定不应被批准,仲裁庭可在仲裁过程中的任何时候就相应费用和损害赔偿作出裁决。

2017 年第 LX 号仲裁法案第 26 条规定了临时措施的执行。依据其第 26 条第 1 款的规定,仲裁庭发布的临时措施应根据司法执行规则执行,但须符合第 27 条关于拒绝的规定。第 2 款规定,寻求或已获得临时措施执行的一方当事人应立即将该临时措施的修改、中止或终止通知法院。

2017 年第 LX 号仲裁法案第 27 条规定了拒绝执行临时措施的理由。依据其第 27 条的规定,存在以下情况的,法院应当拒绝执行临时措施:(1)法院确信存在本法案第 47 条第 2 款 a 项规定的情况;(2)仲裁庭要求就临时措施提供担保的决定未得到遵守;(3)仲裁庭终止或中止临时措施;(4)法院认定临时措施不符合法院的权力;(5)临时措施存在本法案第 47 条第 2 款 b 项规定的情形。

2017 年第 LX 号仲裁法案第六章针对法院诉讼程序的内容作出了规定。依据其第 28 条的规定,无论仲裁地点在哪里,匈牙利法院应具有相同的实质管辖权,并可以下令进行初步取证、采取临时措施和担保措施,以及在合同中插入强制执行条款,并要求根据诉讼程序规则在单独的索赔中提供担保。在该诉讼程序中,具有实质和领土管辖权的法院应适当考虑仲裁的特点。

2017 年第 LX 号仲裁法案第七章针对平等对待当事人和确定程序规则、仲裁地点和仲裁程序的启动、仲裁程序的语言、申请和辩护陈述、非仲裁协议当事人参与仲裁、听证会和书面程序、仲裁程序的干预、当事人违约等仲裁程序的内容作出了规定。

2017 年第 LX 号仲裁法案第 29 条、第 30 条规定了平等对待当事人和确定程序规则。依据其第 29 条的规定,在仲裁程序中,各方当事人应受到平等对待,各方当事人应有机会陈述自己的案件。依据其第 30 条第 1 款的规定,在符合本法案规定的情况下,各方当事人可自由商定仲裁庭应遵循的程序规则。第 2 款规定,在没有此类协议的情况下,仲裁庭可根据本法案的规定,以其认为适当的方式确定程序规则。仲裁庭的权力应包括确定任何证据的可接受性、相关性和权重的权力。

2017 年第 LX 号仲裁法案第 31 条、第 32 条规定了仲裁地点和仲裁程序的启动。依据其第 31 条第 1 款的规定,双方当事人可自由商定仲裁地点。如果没有此类协议,仲裁地点应由仲裁庭在考虑到案件情况,特别是当事人的便利后确定。第 2 款规定,除当事人另有约定外,仲裁庭可在任何地点举行会议,以便其仲裁员进行协商,听取当事各方、证人或专家的意见,检查物品和文件。依据其第 32 条的规定,除各方当事人另有约定外,有关特定争议的仲裁程序应在被申请人收到将该争议提交仲裁的请求之日开始。

2017 年第 LX 号仲裁法案第 33 条规定了仲裁程序的语言。依据其第 33 条第 1 款的规定,各方当事人可自由商定仲裁程序中使用的一种或多种语言。如果没有此类协议,仲裁庭应确定程序中使用的一种或多种语言。第 2 款规定,除各方当事人另有约定外,关于仲裁程序语言的约定或确定应适用于各方当事人的陈述、听证会、裁决以及仲裁庭的任何其他通信。第 3 款规定,仲裁庭可要求任何书面证据均附有 1 份翻译成各方当事人商定或仲裁庭确定的语言的译文。

2017 年第 LX 号仲裁法案第 34 条规定了申请和辩护陈述。依据其第 34 条第 1 款的规定,各方当事人在商定或仲裁庭确定的期限内,申请人应提交其主张、支持其主张的事实和争议问题。除另有规定外,被申请人应就上述内容提出辩护。第 2 款规定,除各方当事人另有约定外,任何一方当事人均可在仲裁程序过程中修改或补充其申请或辩护,但仲裁庭以其可能造成的延误为由不允许提交的除外。

2017 年第 LX 号仲裁法案第 35 条规定了非仲裁协议当事人参与仲裁。依据其第 35 条的规定,除各方当事人另有约定外,非仲裁协议当事方的人可以作为当事方参与仲裁程序,前提是其提交的非仲裁协议只能与仲裁协议标的的法律纠纷一起仲裁,且该非仲裁协议当事人通过书面声明使其受仲裁庭的管辖。

2017 年第 LX 号仲裁法案第 36 条规定了听证会和书面程序。依据其第 36 条第 1 款的规定,除各方当事人另有约定,以及第 2 款规定的例外情况外,仲裁庭应决定是举行听证会以陈述观点和证据,还是在没有听证会的情况下进行仲裁。第 2 款规定,应一方当事人的请求,仲裁庭应在仲裁的适当阶段举行听证会,即使其他当事人已同意不举行听证会就解决纠纷。第 3 款规定,仲裁庭应提前充分向各方当事人通知听证会以及仲裁庭为检查而采取的任何程序行为。第 4 款规定,一方当事人向仲裁庭提交的声明、文件或其他信息应传达给另一方当事人;此外,仲裁庭在作出裁决时可能考虑的任何证据都应传达给双方当事人。第 5 款规定,仲裁庭不得对证人和专家处以罚款或采取任何强制措施。第 6 款规定,仲裁庭应起草仲裁程序记录,并将其副本送达当事方。第 7 款规定,除双方当事人另有约定外,仲裁庭的程序不得公开。

2017 年第 LX 号仲裁法案第 37 条规定了仲裁程序的干预。依据其第 37 条第

1 款的规定,应一方当事人的请求,仲裁庭应通知在仲裁程序结果中具有法律利益的当事人,他们可以介入仲裁程序,促使具有相同利益的当事人取得成功。第 2 款规定,对于仲裁庭是否授权干预的决定,不存在任何法律补救措施。第 3 款规定,干预者可以提交证据,并可以参加听证会和为检查目的采取的程序行为。

2017 年第 LX 号仲裁法案第 38 条规定了当事人违约。依据其第 38 条的规定,除双方当事人另有约定外,在没有充分理由的情况下:(1)申请当事方未能按照第 34 条第 1 款提出申请,仲裁庭应终止仲裁;(2)被申请人未能按照第 34 条第 1 款的规定提交答辩书,仲裁庭应继续进行仲裁程序,而不将该未提交答辩书本身视为承认申请人的指控;(3)任何一方当事人未能出席仲裁庭的听证会,或未能出示证据,仲裁庭可继续进行仲裁程序,并根据其面前的证据作出裁决。

2017 年第 LX 号仲裁法案第 39 条至第 46 条针对仲裁程序及仲裁裁决作出了进一步规定。第 39 条规定了仲裁程序中的专家。第 40 条规定了仲裁程序中的法庭协助取证。第 41 条规定了仲裁程序中所适用的实体法。第 42 条规定了仲裁员小组的决定。第 43 条规定了仲裁程序中的和解。第 44 条规定了仲裁裁决的内容及形式。第 45 条规定了仲裁程序的终止。第 46 条规定了仲裁裁决的更正、解释和补充。

2017 年第 LX 号仲裁法案第八章针对撤销仲裁裁决的内容作出了规定。依据第 47 条第 1 款的规定,不得对仲裁裁决提出上诉,法院只能在撤销仲裁裁决的诉讼中审查仲裁裁决。第 2 款规定,在下列情形中,只有本法案第 7 条第 2 款规定的法院才能提起撤销仲裁的诉讼:(1)撤销诉讼的原告提供了证据,证明仲裁协议的一方当事人没有法律行为能力或行为能力;仲裁协议根据当事方适用的法律无效;申请当事方未就仲裁员的任命或仲裁庭的程序发出适当通知,或无法陈述其案件;仲裁裁决处理的争议不在提交仲裁的条款范围之内,或包含关于提交仲裁的范围之外的事项的决定,但前提是提交仲裁的事项可以与未提交的事项分开;仲裁庭的组成或仲裁程序不符合当事各方的协议,除非该协议与本法案的强制性规定相冲突。(2)法院认定依据匈牙利法律,争议无法通过仲裁解决;或仲裁裁决违反匈牙利的公共政策。第 3 款规定,撤销诉讼可以在提起诉讼的一方收到仲裁裁决之日起 60 日内提起;如依据第 46 条的规定提出请求,则可以在仲裁庭处理该请求之日起 60 日内提起。未遵守此期限将导致撤销的权利丧失。第 4 款规定,应任何一方当事人的合理要求,法院可将仲裁裁决撤销程序中的听证会暂停最多 90

天,以便依据第 46 条的规定,使仲裁庭有机会恢复仲裁程序或采取仲裁庭认为应当采取的其他程序行为。在这种情况下,裁决终止的仲裁程序应按照法院确定的目的和期限继续进行。第 5 款规定,如果仲裁裁决被撤销,则可依据第 12 条的规定任命仲裁员,继续仲裁程序。

2017 年第 LX 号仲裁法案第九章针对启动再审的事由、驳回再审申请的情形、再审裁定等再审的内容作出了规定。

2017 年第 LX 号仲裁法案第 48 条规定,除本章另有规定外,有关主要程序的规则应同样适用于再审。

2017 年第 LX 号仲裁法案第 49 条规定,除各方当事人另有约定外,如果一方当事人提及其在主要程序中并非因自身过错而援引的事实或证据,则可以在收到仲裁裁决后 1 年内申请再审,但前提是已作出的仲裁裁决经评估被认定为对对方当事人更有利。

2017 年第 LX 号仲裁法案第 50 条第 1 款规定,作出有争议裁决的仲裁庭应通过命令决定再审请求的可接受性,且不得对该命令采取法律补救措施。第 2 款规定,如果仲裁庭的 1 名成员被阻止出席,则应依据第 12 条规定的程序任命仲裁员。第 3 款规定,仲裁庭可以在决定是否受理之前听取当事人的意见。第 4 款规定,有下列情形之一的,驳回再审申请:(1)在收到裁决后 1 年期满后提交申请;(2)提交申请的一方提出的问题不适合作出对该方更有利的裁决,即使其真实性得到证明;(3)当事人没有在主要仲裁中援引其申请中提出的事实或证据。

2017 年第 LX 号仲裁法案第 51 条规定,如果仲裁庭准予再审,并且请求很可能成功,仲裁庭可以中止执行裁决。第 52 条规定,如果准予再审,则程序应在请求的范围内进行,根据程序的结果,仲裁庭应维持有争议的裁决,或全部或部分撤销该裁决并作出新裁决。

2017 年第 LX 号仲裁法案第十章规定了仲裁裁决的执行。依据其第 53 条第 1 款的规定,仲裁裁决应与具有约束力的最终法院判决具有同等效力,并应根据有关司法执行的法律予以执行。第 2 款规定,根据仲裁裁决或提交强制执行请求的一方当事人应在请求中附上裁决原件或经核证的副本。依据其第 54 条的规定,如果法院认定存在以下情况则不得执行仲裁裁决:(1)依据匈牙利法律争议的标的无法通过仲裁解决;(2)仲裁裁决违反了匈牙利的公共政策。

2017 年第 LX 号仲裁法案第十一章针对仲裁协议索赔、仲裁协议的法律继承、仲裁庭与当事方之间的关系、调解程序等其他规则的内容作出了规定。

2017 年第 LX 号仲裁法案第 55 条规定,若依据匈牙利法律对仲裁协议的一方启动清算程序,则在清算开始日期之后,依据破产程序和清算程序法,与清算资产相关的金钱索赔只能在清算程序内执行。而且本规定不排除根据本法案执行的非金钱索赔。

2017 年第 LX 号仲裁法案第 56 条规定,除当事人另有约定外,在法定继承人订立的仲裁协议发生法定继承或转让的情况下,仲裁协议的范围也应延伸至法定继承人。

2017 年第 LX 号仲裁法案第 57 条第 1 款规定,各方当事人终止仲裁员任命的协议应在仲裁庭所有成员以及各方当事人均被告知的情况下生效。第 2 款规定,如果仲裁裁决被撤销,应免除仲裁员的费用,且作出被撤销裁决的仲裁庭无权收取费用。在撤销后的继续诉讼中,当事人无义务支付行政费用。第 3 款规定,仲裁庭与当事方之间的协议,可以排除或限制常设仲裁院、仲裁庭及仲裁员的责任,但因故意或重大过失造成的损害责任除外。

2017 年第 LX 号仲裁法案第 58 条规定,常设仲裁院可依据本法案和 2002 年《联合国国际贸易法委员会国际商事调解示范法》为仲裁调解程序制定自己的规则。

2017 年第 LX 号仲裁法案第十二章针对常设仲裁院的内容作出了规定。第 59 条规定了匈牙利的仲裁机构。第 60 条规定了商事仲裁法院。第 61 条规定了主席团。第 62 条规定了主席团的职权。第 63 条规定了推荐仲裁员的名单。

2017 年第 LX 号仲裁法案第十三章针对本法案的生效日期、本法案适用的仲裁协议等最后条款的内容作出了规定。

2017 年第 LX 号仲裁法案第 64 条第 1 款规定,除第 2 款规定的例外情况,本法案应当于颁布后的第 8 天生效。第 2 款规定,第 1 条至第 63 条、第 65 条、第 66 条、第 68 条、第 69 条应当于 2018 年 1 月 1 日正式生效。

2017 年第 LX 号仲裁法案第 65 条第 1 款规定,本法案的规定适用于 2018 年 1 月 1 日及之后开始的仲裁程序。第 2 款规定,2018 年 1 月 1 日未决的案件应根据其开始之日生效的程序规则解决。

2017 年第 LX 号仲裁法案第 66 条规定,本法案第 1 条第 3 款、第 8 条、第 41 条、第 56 条的规定应当适用于 2018 年 1 月 1 日之后达成的仲裁协议。

2017年第LX号仲裁法案第67条第1款规定,金融和资本市场常设仲裁院和常设能源仲裁法院自2017年12月31日起终止运行。第2款规定,依据本法案,终审仲裁法院在完全清偿债权人的债权后,应将剩余资产转让给终审仲裁法院的创设机构。第3款规定,依据本法案,商事仲裁院和终审仲裁法院的仲裁员的任期应于2017年12月31日终止。第4款规定,新的商事仲裁院主席团成员和院长应于2018年1月1日提名。第5款规定,终审仲裁法院的主席团应编制1份未决仲裁案件清单,并应于2017年12月31日将其文件移交给新的商事仲裁法院。第6款规定,如果协议规定任何终止仲裁法院在其不存在之前为具有管辖权的仲裁法院,则商事仲裁法院应有权在2018年1月1日后通过仲裁解决法律纠纷。而且在这一程序中,终止仲裁法院管辖权的协议应视为商事仲裁法院管辖的协议。第7款规定,自2018年1月1日起,终止仲裁法院审理的未决案件应由商业仲裁法院执行。第8款规定,2018年1月31日前,HCCI应根据本法案修订其章程和商事仲裁法院成立契约。第9款规定,2018年1月31日前,商事仲裁法院主席团应通过其业务规则和仲裁规则,并公布名单。第10款规定,为了制定商事仲裁院的商业秩序和仲裁规则文本以及名单,应于2017年10月1日成立起草委员会,其中1名成员应由匈牙利能源和公用事业监管局、布达佩斯证券交易所有限公司提名。匈牙利银行协会和匈牙利律师协会各有1名成员,另外3名成员由HCCI提名。

以上是2017年第LX号仲裁法案的全部内容。

二、匈牙利涉外仲裁法律制度之多边条约

匈牙利是《纽约公约》及《华盛顿公约》的缔约方。1958年5月20日至6月10日,于纽约联合国总部举行的为期3周的联合国国际商事仲裁会议审议并通过了《纽约公约》。为了解决国家和其他国家国民之间因投资关系而产生的纠纷,国际复兴开发银行经过其各成员政府派员组成的咨询委员会的多次分地区讨论后,创设了《华盛顿公约》。该公约于1965年3月18日在华盛顿开放签字,并于1966年10月14日生效。

(一)《纽约公约》

1958年6月10日,《纽约公约》正式通过。依据该公约第12条的规定,其于1959年6月7日起正式生效。自生效以来,《纽约公约》一直被认为是国际私法领域内承认及执行外国仲裁裁决方面的最为重要的国际公约,同时,也是国际商事仲裁这一纠纷解决方式得以快速发展的基石。

《纽约公约》第1条规定了本公约的适用范围、仲裁裁决内涵等内容。依据该条第1款的规定,本公约适用于在被申请承认和执行裁决的国家之外的其他国家领土范围内作出的仲裁裁决的承认和执行。该仲裁裁决可以是因自然人或法人之间的纠纷而作出的仲裁裁决,也可以是在被申请承认和执行裁决的国家不被视为国家裁决的仲裁裁决。第2款规定,仲裁裁决指的是由为特定案件指定的仲裁员作出的裁决,以及由各方当事人所属的常设仲裁机构作出的裁决。第3款规定,在签署、批准、加入或发出延期通知时,任何国家均可在互惠的基础上声明,它通过适用本公约,仅对在另一缔约方领土内作出的裁决进行承认和执行。同时,它还可以声明,只将本公约适用于根据其国内法被视为商业性的合同或非合同法律关系引起的纠纷。

《纽约公约》第2条对仲裁协议的效力进行了规定。依据该条规定,各缔约方均承认书面的仲裁协议。书面仲裁协议包括当事人签订的仲裁协议,以及当事人签订的合同中的仲裁条款。根据书面仲裁协议,各方当事人有义务将当事人之间就某一特定合同或非合同法律关系而产生或可能产生的所有或部分纠纷提交仲裁。本条还规定,缔约方法院在审理当事人已签订仲裁协议的纠纷时,应当根据任何一方当事人的请求,将该纠纷提交仲裁,除非该仲裁协议被法院认定为无效或不可执行。

《纽约公约》第3条针对被申请方的承认及执行裁决行为进行了规定。依据该条规定,适用于本公约的仲裁裁决的承认及执行,不得被施加比承认及执行其本国作出的仲裁裁决所施加的更严格的条件,也不得被索要比承认及执行其本国作出的仲裁裁决所索要的更高的法律费用。

《纽约公约》第4条规定了申请承认及执行裁决时所应当提交的材料。依据该条第1款的规定,申请承认及执行裁决的一方当事人在提交申请书的同时,还应当提供以下材料:经正式认证的仲裁裁决原件或者符合其真实性要求的原件副本;符合本公约第2条所规定的仲裁协议原件或者符合其真实性要求的原件副本。第2款规定,若上述的仲裁裁决或仲裁协议不是以被申请国的正式语言起草,申请承认及执行裁决的一方当事人必须提交该语言的译文。并且,该译文必须是由官方或陪审团翻译,或者由外交官员或领事官员认证的。

《纽约公约》第5条规定了被申请国拒绝承认和执行仲裁裁决的情形。依据该条第1款的规定,当被申请的一方当事人可以向被申请国的主管当局提供以下证据时，被申请国可以拒绝承认及执行仲裁裁决：依据作出仲裁裁决的国家的相关法律，签订仲裁协议的当事人丧失行为能力，或者仲裁协议无效；被申请的一方当事人没有收到关于指定仲裁员或与仲裁程序相关的适当通知，或者被申请的一方当事人基于其他原因无法陈述案件案情；仲裁裁决涉及仲裁协议或条款未涵盖的纠纷，或者仲裁裁决中包含超出仲裁协议或条款的裁决事项，但是，仲裁裁决书中符合规定的仲裁事项可以与不符合规定的仲裁事项相分离的除外；仲裁庭的组成或相关仲裁程序不符合当事人间签订的仲裁协议的约定，或者在无约定的情况下，不符合作出仲裁裁决的国家的相关法律规定；仲裁裁决尚未对当事人产生约束力，或者仲裁裁决已经被作出该裁决的国家或主管当局撤销或中止执行。第2款规定，若被申请国的主管当局发现存在以下情形，也可以拒绝承认和执行仲裁裁决：依据被申请国的相关法律，纠纷的标的物不得通过仲裁处分；承认和执行该仲裁裁决将违反被申请国的公共政策。

《纽约公约》第6条针对本公约第5条第1款最后一项的情形作出了进一步规定。依据该条规定，出现这一情形时，被申请国的主管当局可以提出撤销或中止执行该仲裁裁决的请求。作出仲裁裁决的国家的主管当局可以在其认为适当的情况下，中止执行该仲裁裁决的程序；或者根据申请执行仲裁裁决的一方当事人的请求，要求另一方当事人提供适当的担保。

《纽约公约》第7条规定了本公约的生效对其他协定效力的影响。依据该条第1款的规定，本公约的相关规定不影响各缔约方为承认和执行仲裁裁决而缔结的其他多边或者双边协定的有效性，也不剥夺任何利益相关方援引仲裁裁决的权利，但其必须在被申请方的法律或签署的条约所允许的范围内以规定的方式援引。第2款规定，1923年《日内瓦议定书》和1927年《执行外国仲裁裁决的日内瓦公约》应当在各缔约方之间停止生效。

《纽约公约》第8条规定了本公约的缔约方的组成。依据该条规定，本公约自通过之日起至1958年12月31日，允许联合国任何会员方、《国际法院规约》的缔约方，以及目前或将来成为联合国一个或多个专门机构成员的任何国家签署。第2款规定，本公约应当得到联合国的批准，批准书应当交由联合国秘书长保存。

《纽约公约》第9条对第8条规定的内容进行了补充规定。依据第9条的规定，本公约第8条规定中所指的所有国家均可以加入本公约，加入书应当交由联合国秘书长保存。

《纽约公约》第10条规定,缔约方可通过声明的方式,自行决定本公约在其领土的适用范围。依据该条第1款的规定,任何国家都可以在签署、批准或加入时声明,本公约适用于其在国际上代表的其中一个、多个或所有领土范围内。该声明与本公约一同对该国生效。第2款规定,任何此类延期均应当通知联合国秘书长,并自联合国秘书长收到通知之日起第90日,或者本公约对该国生效之日起生效,以上述两者中较晚的日期为准。第3款规定,针对在签署、批准或加入时声明的本公约不适用的领土范围,各缔约方应当采取适当措施,并在必要情况下,选择将本公约适用于这些领土范围内,但其必须经过这些领土范围内的政府的同意。

《纽约公约》第11条针对联邦制缔约方和非联邦制缔约方的义务作出了规定。依据该条规定,第一,针对本公约中规定的联邦制缔约方立法权限的条款而言,非联邦制缔约方的义务应当与联邦制缔约方的义务相同。第二,针对本公约中规定的属于每个组成州或省立法管辖范围的条款,依据联邦制缔约方宪法制度可知,这些条款并不需要采取相应立法行为,联邦制缔约方政府应当尽快将经其同意的上述条款通知至组成州或省的主管当局。第三,联邦制缔约方应当根据联合国秘书长转交给其的任何其他缔约方的请求,提交1份关于联邦制缔约方政府及其组成州或省的主管当局的立法行为或其他行为的说明,以证明其通过立法行为或其他行为使本公约的条款生效。

《纽约公约》第12条对本公约的生效进行了规定。依据该条第1款的规定,本公约自第3份批准书或加入书交由联合国秘书长保存之日起第90日生效。第2款规定,对在本公约生效后才批准或加入的缔约方而言,本公约应当在该缔约方交存批准书或加入书之日起第90日对其生效。

《纽约公约》第13条规定了缔约方退出本公约的方式。依据该条第1款的规定,任何缔约方均可采用书面通知联合国秘书长的方式,声明退出本公约。该退出声明应当在联合国秘书长收到书面通知之日起1年后生效。第2款规定,依据本公约第10条作出声明或通知的任何缔约方,均可以在发出第1款规定的书面通知之后,再次通知联合国秘书长。本公约将在联合国秘书长收到通知之日起1年后停止适用于有关领土范围内。第3款规定,虽然缔约方已经发出了退出本公约的书面通知,但是本公约仍将继续适用于在退出声明生效前就已经开始的承认和执行程序的仲裁裁决。

《纽约公约》第14条规定了缔约方可对其他缔约方援引本公约的范围。依据该条规定,缔约方仅在其本身有义务适用本公约的范围内,对其他缔约方援引本公约的相关规定。

《纽约公约》第 15 条规定了联合国秘书长的通知义务。依据该条规定,联合国秘书长应当将以下事项通知至本公约第 8 条规定所述的所有国家:本公约第 8 条规定所指的签署和批准;本公约第 9 条规定所指的加入;本公约第 1 条、第 10 条、第 11 条规定所指的声明、通知;本公约第 12 条规定所指的生效日期;本公约第 13 条规定所指的退出的书面通知。

《纽约公约》第 16 条规定了本公约文本的保存方式。依据该条第 1 款的规定,本公约应当保存在联合国档案馆,并且其中文、英文、法文、俄文以及西班牙文的文本具有同等的效力。第 2 款规定,联合国秘书长应当将本公约的核证副本送交至本公约第 8 条规定所述的所有国家。

以上是《纽约公约》的全部内容。

(二)《华盛顿公约》

《华盛顿公约》在"序言"部分阐明了各缔约方签订该公约时所达成的基本共识。具体而言,各缔约方基于以下基本共识签订了《华盛顿公约》:考虑到为经济发展开展国际合作的必要性,以及国际私人投资于其中的作用;了解到各缔约方与其他缔约方国民之间将经常就此种投资发生纠纷;认识到虽然此类纠纷通常需要经过国家法律程序处理,但在某些情况下,采取国际解决办法可能是更适当的;重视为国际调解及仲裁提供便利的制度,以供各缔约方和其他缔约方国民提交此类纠纷;希望在国际复兴开发银行的主持下建立这种便利制度;意识到各方当事人经协商同意,通过该便利制度将此类纠纷提交调解或仲裁,就构成了一项具有约束力的协议,并特别要求各方当事人应当适当考虑调解员的任何建议,并尊重任何仲裁裁决;声明任何缔约方不得仅因其批准、接受或核准本公约,就被视为有义务将此类纠纷提交调解或仲裁。

《华盛顿公约》第 1 条规定了建立 ICSID 的宗旨。依据该条规定,建立 ICSID 的宗旨是,依照本公约的规定,为各缔约方和其他缔约方的国民之间的投资纠纷,提供调解和仲裁的便利。

《华盛顿公约》第 3 条规定了 ICSID 的组织构成。依据该条规定,ICSID 应当设有 1 个行政理事会和 1 个秘书处,并且还应当有 1 个调解员小组和 1 个仲裁员小组。

《华盛顿公约》第 4 条对行政理事会的组成进行了规定。依据该条规定,行政理事会由各缔约方各派代表 1 人组成。在首席代表未能出席会议或未能执行任务时,由副代表担任代表。如无相反任命,各缔约方所指派的国际复兴开发银行的理事和副理事当然地成为各缔约方的代表和副代表。

《华盛顿公约》第 6 条对行政理事会的职权进行了规定。依据该条第 1 款的规定,行政理事会在不影响本公约其他条款赋予其的职权的情况下,应当负责以下工作:通过 ICSID 的与行政和财政相关的条例;通过提交调解和仲裁的程序规则;通过调解规则和仲裁规则;批准与银行达成的关于使用其行政设施和服务的协议;确定 ICSID 秘书长及任何副秘书长的服务条件;通过 ICSID 的年度收支预算;批准关于 ICSID 的活动的年度报告。对上述部分工作作出决定,应当由行政理事会成员的 2/3 多数票通过。第 2 款规定,行政理事会可以设立其认为的必要的委员会。第 3 款规定,行政理事会还应当行使其为履行本公约规定所必需的其他职权。

《华盛顿公约》第 9 条规定了秘书处的组成。依据该条规定,秘书处由秘书长 1 人、副秘书长 1 人或若干,以及工作人员若干组成。

《华盛顿公约》第 10 条针对秘书长及副秘书长的选举、职责等进行了规定。依据该条第 1 款的规定,秘书长和副秘书长均应当由行政理事会主席提名,并经行政理事会成员的 2/3 多数票选举产生。秘书长和副秘书长每届任期不超过 6 年,可以连任。第 2 款规定,秘书长和副秘书长的职责不得与任何政治任务相关。需要注意的是,除行政理事会批准外,秘书长和副秘书长不得担任其他任何职务,也不得从事其他任何职业。第 3 款规定,在秘书长缺席或无法履行职责,或者秘书长职位空缺时,由副秘书长担任秘书长。若有若干副秘书长,则由行政理事会决定其担任秘书长的顺序。

《华盛顿公约》第 12 条、第 13 条对调解员小组和仲裁员小组的组成进行了规定。依据其第 12 条的规定,调解员小组和仲裁员小组应当由合格的人员组成,这些人员应当根据以下规定指派,并愿意提供服务。依据其第 13 条的规定,各缔约方可以分别向调解员小组和仲裁员小组指派 4 人,且其指派人员可以是但不要求必须是该缔约方国民。行政理事会主席可以分别向调解员小组和仲裁员小组指派 10 人,且所指派人员应当具有不同国籍。

《华盛顿公约》第 18 条针对 ICSID 所具有的完全的国际法律人格进行了规

定。依据该条规定，ICSID具有的法律能力包括缔结契约、取得和处置动产和不动产以及起诉的能力。

《华盛顿公约》第23条对ICSID的地位予以肯定。依据该条规定，ICSID的档案不论在何处，都不得受到侵犯。并且，各缔约方给予ICSID的官方通信的待遇，不得低于其给予其他国际组织的待遇。

《华盛顿公约》第25条对ICSID的管辖范围进行了规定。依据该条第1款的规定，ICSID可以管辖缔约方（或缔约方向ICSID指定的该国的任何组成部分或机构）与另一缔约方国民之间因投资关系而产生，并经协商书面同意提交给ICSID仲裁或调解的任何法律纠纷。该款特别强调，当各方当事人协商一致表示同意提交ICSID后，任何一方当事人不得单方面撤销该同意。第2款对“另一缔约方国民”进行了定义。依据该款规定，“另一缔约方国民”包括：在双方同意将纠纷交付调解或仲裁之日以及根据第28条第3款或第36条第3款登记请求之日，具有作为纠纷一方的国家以外的某一缔约方国籍的任何自然人，但不包括在上述任一日期也具有作为纠纷一方的缔约方国籍的任何人；在纠纷双方同意将纠纷交付调解或仲裁之日，具有作为纠纷一方的国家以外的某一缔约方国籍的任何法人，以及在上述日期具有作为争端一方缔约方国籍的任何法人，而这一法人因受外国控制，各方当事人为了实现本公约的目的，应将其看作另一缔约方国民。

《华盛顿公约》第26条规定了仲裁可排除其他救济。依据该条规定，除另有规定外，各方当事人同意依据本公约交付仲裁，应当被视为其同意排除其他任何救济方法。但是，缔约方可以要求以用尽该国行政救济或司法救济，作为其同意依据本公约交付仲裁的条件。

《华盛顿公约》第27条规定了缔约方对提交仲裁纠纷的禁止性行为。依据该条第1款的规定，缔约方针对其国民与另一缔约方依据本公约同意交付或已交付仲裁的纠纷，不得给予外交保护或提出国际要求，除非该另一缔约方未能遵守和履行ICSID对此项纠纷作出的裁决。第2款对第1款中所提到的“外交保护”作出了限制。依据该款规定，外交保护不包括纯粹为了促进纠纷解决而进行的非正式的外交上的交往。

《华盛顿公约》第28条对请求调解进行了程序性规定。依据该条第1款的规定，欲将纠纷提交调解的缔约方或缔约方国民，应当向秘书长提出书面请求，并由秘书长将这一书面请求的副本送至其他当事人。第2款对书面请求的内容作出了进一步规定。依据该款规定,书面请求应当包括纠纷事项、各方当事人身份以及同意提交调解等内容。

《华盛顿公约》第 33 条规定了调解程序。依据该条规定,除当事人另有约定外,任何调解均应当按照第三章第三节所规定的程序进行,且应当依据当事人同意提交调解之日有效的调解规则进行。若出现任何第三章第三节、调解规则或当事人约定规则中未规定的程序问题,则应当由调解委员会决定如何解决。

《华盛顿公约》第 36 条对请求仲裁的程序性规定,与第 28 条对请求调解的程序性规定相似。《华盛顿公约》第 44 条对仲裁程序的规定,与第 33 条的调解程序规定相似。

除上述规定外,《华盛顿公约》还进一步针对 ICSID 的调解工作、仲裁工作以及调解员和仲裁员的更换和取消资格等作出了较详细的规定。

三、匈牙利涉外仲裁法律制度之双边条约

匈牙利与中国、韩国等国家签订了鼓励和相互保护投资的双边条约。1988 年 10 月,匈牙利政府与韩国政府签订了《关于鼓励和相互保护投资协定》(以下简称《匈韩投资协定》)。1991 年 5 月,匈牙利政府与中国政府签订了《关于鼓励和相互保护投资协定》(以下简称《中匈投资协定》)。

(一)《中匈投资协定》

匈牙利政府和中国政府希望为缔约方一方的投资者在另一缔约方领土内的互惠互利以及两国之间发展经济合作创造有利条件,从而达成《中匈投资协定》。

《中匈投资协定》第 1 条对投资、投资者、回报等相关概念进行了界定。依据其第 1 条第 1 款的规定,投资是指根据接受投资的缔约方的法律、法规,在其境内与接受投资的经济活动有关的各种资产,主要包括:(1)动产、不动产和其他财产权;(2)公司的股份或该等公司中其他形式的权益;(3)对金钱或任何具有经济价值的行为的请求权;(4)版权、工业产权、专有技术和工艺;(5)法律授予的特许权,包括寻找或开发自然资源的特许权。第 2 款规定,投资者在缔约方任何一方是指:(1)依照该缔约方法律具有该缔约方国籍的自然人;(2)依照该缔约方法律设立并定居在该缔约方境内的经济实体。第 3 款规定,回报是指投资产生的金额,如利润、股息、利息、特许权使用费或其他合法收入。

《中匈投资协定》第 2 条规定了缔约方所应承担的义务。依据其第 2 条第 1 款的规定,各缔约方均应鼓励缔约方另一方的投资者在其境内进行投资,并按照

其法律、法规接受该等投资。第2款规定,各缔约方应向在其领土内从事与投资有关活动的缔约方的另一方国民提供取得签证和工作许可证的援助和便利。

《中匈投资协定》第3条规定了缔约方投资者应当得到的待遇与保护。依据其第3条第1款的规定,与缔约方任何一方投资者的投资和与投资有关的活动应得到公平待遇,并在缔约方另一方领土内享有保护。第2款规定,本条第1款所指的待遇和保护,不得低于第三国投资者的投资和与投资有关的活动的待遇和保护。第3款规定,本条第1款和第2款所述的待遇和保护不包括缔约方另一方对第三国投资者基于关税同盟、自由贸易区、经济联盟、避免双重征税和为了方便边境贸易而给予第三国投资者的任何优惠待遇。

《中匈投资协定》第4条规定了对缔约方作出了禁止性规定。依据其第4条第1款的规定,任何缔约方都不得对其领土内其他缔约方投资者的投资进行征用、国有化或采取其他类似措施,除非符合以下条件:(1)为了公共利益;(2)根据国内法律程序;(3)无歧视性;(4)给予补偿。第2款规定,本条第1款最后一项所述的补偿应等于宣布征用时被征用投资的价值,可转换和自由转让。该补偿不应当无故拖延。第3款规定,缔约方一方的投资者在缔约方另一方领土内的投资,因战争、国家紧急状态、暴动骚乱或其他类似事件的状态而遭受损失的,如缔约方另一方采取有关措施,其给予该投资者的待遇不应低于给予第三国投资者的待遇。

《中匈投资协定》第5条规定了缔约方应当保证另一缔约方投资者转让其投资和收益。依据其第5条的规定,各缔约方应根据其法律、法规,保证该缔约方另一方的投资者转让其在该缔约方一方境内持有的资产和收益包括:(1)利润、股息、利息和其他合法收入;(2)投资的全部或部分清算金额;(3)根据贷款协议支付的与投资有关的款项;(4)第1条第1款第4项的提成费;(5)技术援助或技术服务费、管理费;(6)在缔约方一方领土内从事与投资活动有关的缔约方另一方国民的收入。

《中匈投资协定》第6条规定了转让的汇率。依据其第6条第1款的规定,本协定第4条和第5条所述的转让,应按照转让之日起接受投资的缔约方的官方汇率进行。第2款规定,如果没有官方汇率,则适用市场汇率。

依据《中匈投资协定》第7条的规定,如果缔约方一方或其代表机构对其投资者在缔约方另一方领土内的某项投资做了担保,并据此向投资者作了支付,缔约方另一方应承认该投资者的权利或请求权转让给了缔约方一方或其代表机构,并承认缔约一方对上述权利或请求权的代位。代位的权利或请求权不得超过原投资者的原有权利或请求权。

《中匈投资协定》第8条规定了本协定的适用范围。依据其第8条的规定,本协定适用于1973年1月1日以后,缔约方任何一方的投资者根据缔约方另一方的法律和法规在缔约方另一方的领土内进行的投资。

《中匈投资协定》第9条规定了因本协定的解释和适用而产生的纠纷的解决方式。依据其第9条第1款的规定,各缔约方之间关于本协定的解释或适用所产生的争端,应尽可能通过外交渠道协商解决。第2款规定,如果争端不能在6个月内解决,应应缔约方任何一方的请求提交特设仲裁庭。第3款规定,该法庭由3名仲裁员组成。自缔约方任何一方收到缔约另一方请求仲裁的书面通知之日起2个月内,各缔约方应各指定1名仲裁员。这2名仲裁员应在今后2个月内共同选出第三名仲裁员,他是与缔约双方都有外交关系的第三国国民。第三名仲裁员应由缔约双方任命为首席仲裁员。第4款规定,如果特设仲裁庭在收到书面仲裁通知之日起4个月内未成立,任何缔约国在没有任何其他协议的情况下,可邀请国际法院院长任命尚未指定的仲裁员。如果院长是缔约任何一方的国民或因其他原因不能履行上述职能,应邀请非缔约任何一方国民的资深法官履行此项任命。第5款规定,特设仲裁庭应当自行决定自己的程序。仲裁庭应根据本协定的规定、接受投资的缔约方的法律和缔约双方均承认的国际法原则作出裁决。第6款规定,仲裁庭应以多数票作出裁决。该裁决为终局裁决,对缔约双方均具有约束力。特设仲裁庭应缔约任何一方的请求,解释其裁决的理由。第7款规定,缔约双方应负担各自委派的仲裁员和出席仲裁程序的有关费用。首席仲裁员和特设仲裁庭的有关费用应由各缔约方平均承担。

《中匈投资协定》第10条规定了因征用补偿数额而产生的纠纷的解决方式。依据其第10条第1款的规定,缔约任何一方与缔约另一方的投资者之间关于征用补偿数额的任何争议,可提交仲裁庭。第2款规定,该仲裁庭应以下列方式组成:争议双方应指定1名仲裁员,这2名仲裁员应选择与缔约双方有外交关系的第三国国民担任主席。前两名仲裁员应在任何一方书面通知对方仲裁后2个月内指定,并在4个月内选定首席仲裁员。如果在上述期限内,仲裁庭尚未成立,争议的任何一方均可邀请ICSID秘书长作出必要的任命。第3款规定,仲裁庭应判定其自己的程序。但是,仲裁庭在制定程序的过程中,可以 ICSID 的仲裁规则为指导。第 4 款规定,仲裁庭应以多数票作出裁决。该裁决为终局裁决,对争议双方均具有约束力。缔约双方都应承诺按照其各自的国内法执行该裁决。第 5 款规定,争议的各方应承担其指定的仲裁员及其出席仲裁程序的费用。首席仲裁员的费用和仲裁庭的剩余费用应由争议各方平均承担。

《中匈投资协定》第 11 条规定了从优适用规则。依据其第 11 条的规定,如果缔约一方根据其法律、法规对与缔约另一方投资者的投资或与投资有关的活动给予的待遇比本协定规定的待遇更优惠,则适用上述优惠待遇。

《中匈投资协定》第 12 条规定了缔约方之间的会谈和磋商。依据其第 12 条第 1 款的规定,缔约双方代表应不时举行会谈:(1)审查本协定的执行情况;(2)交换法律信息;(3)研究与投资有关的其他问题。第 2 款规定,如果缔约方任何一方要求就本条第 1 款的任何事项进行磋商,缔约另一方应立即作出答复。磋商可轮流在北京和布达佩斯交替举行。

《中匈投资协定》第 13 条规定了就本协定的生效、有效及终止进行了规定。依据其第 13 条第 1 款的规定,本协定自缔约双方收到履行各自内部法律程序的书面通知之日起下个月的第 1 天生效,有效期为 10 年。第 2 款规定,缔约一方未在本条第 1 款规定的期满前 1 年书面通知另一方终止该协定的,本协定继续有效。第 3 款规定,最初 10 年期满后,任何缔约一方可随时终止该协定,但应至少提前 1 年书面通知缔约另一方。第 4 款规定,对于本协定终止日期之前的投资,第 1 ~ 12 条的规定应在自终止之日期起的 10 年内继续有效。

以上是《中匈投资协定》的全部内容。

(二)《匈韩投资协定》

匈牙利政府和韩国政府希望加强经济合作,促进两国互惠互利,为缔约一方在另一缔约方领土内的投资者的投资创造有利条件,以及认识到在本协定的基础上鼓励和保护投资,刺激了个体工商企业在这一领域的主动性,而达成《匈韩投资协定》。

《匈韩投资协定》第 1 条对投资、投资者、回报、自由兑换货币作出了法律上的解释。依据其第 1 条第 1 款的规定,投资应包括缔约的一方的投资者投资在缔约的另一方境内的各种资产,但该投资是按照缔约另一方的法律和法规进行的,并应特别包括但不限于:(1)动产和不动产以及各种资产的任何物权;(2)公司股份、债券或其他类型的权利;(3)对货币、商誉和其他资产以及具有经济价值的任何业绩的所有权;(4)在版权、专利、商标、工业设计、专有技术和工艺等知识产权领域的权利;(5)根据法律或合同授予的商业特许权,包括寻找、培育、提取或开发自然资源的特许权。第2款规定,投资者应包括有关缔约的任何一方中:(1)依法具有该缔约方国籍的自然人;(2)根据该缔约方法律成立或组成的法人。第3款规定,回报,是指投资产生的金额,特别是利润、利息、资本利得、股息、特许权税或费用。第4款规定,自由兑换货币,是指广泛用于支付国际交易款项,并在国际主要外汇市场广泛交易的货币。

《匈韩投资协定》第2条规定了缔约方所应承担的义务。依据其第2条第1款的规定,各缔约方应在其领土内促进缔约方另一方投资者的投资,并根据其法律规定接受该等投资。第2款规定,本协定适用于缔约方任何一方的投资者在其境内按照缔约方另一方的法律规定进行的投资。

《匈韩投资协定》第3条对缔约方投资者应当得到的待遇和保护进行了规定。依据其第3条第1款的规定,各缔约方应确保公平地对待缔约另一方投资者的投资,不得以不合理或歧视性措施损害该投资者对这些投资的经营、管理、维护、使用、享受或处置。第2款规定,各缔约方应给予此类投资和回报充分的担保和保护,在任何情况下不得低于给予本国投资者或任何第三国投资者的投资和回报。第3款规定,如果缔约方通过建立关税同盟、经济联盟、自由贸易区或类似机构的协议,或基于导致该同盟或组织的内部协议,给予任何第三国的投资者特殊利益,该缔约方没有义务给予另一缔约方的投资者这种利益。第4款规定,本条给予的待遇不应扩大到缔约任何一方根据双重征税协定或其他有关税收问题的协定,或在与第三国互惠的基础上给予第三国投资者的税收、费用、收费和财政减免。

《匈韩投资协定》第4条对缔约方作出了禁止性规定。依据其第4条第1款的规定,除非符合下列条件,任何缔约方均不得采取直接或间接剥夺其他缔约方投资者投资权利的任何措施:(1)这些措施是根据公共利益和正当的法律程序而采取的。(2)这些措施不具有歧视性,也不违反前缔约方可能作出的任何承诺。(3)这些措施伴随支付公正补偿的规定。该等补偿应等于受影响投资的市场价值,并应包括支付日期之前的利息。该等补偿应予支付并可转让,不得无故拖延。第2款规定,在缔约另一方境内因战争或其他武装冲突、紧急状态、叛乱或暴动而遭受损失的投资者,应给予缔约另一方的赔偿、补偿或其他等价待遇,该等款项可在缔约双方之间自由转让。

《匈韩投资协定》第5条规定了缔约方应当保证另一缔约方投资者转让其投资和回报。依据其第5条的规定,转让应以自由兑换的货币进行,避免不应有的限制和延迟。此类转让应特别包括但不限于以下情形:(1)维持或增加投资的资本和额外金额;(2)利润、利息、股息和其他当期收入;(3)偿还贷款的资金;(4)特许权使用费;(5)出售或清算投资的收益;(6)受已进行投资的缔约方法律、法规规定的自然人收入。

《匈韩投资协定》第6条规定了缔约方及其代理机构的代位权。依据其第6条的规定,如果缔约一方根据其授予的投资担保向其任何投资者支付款项,缔约另一方应在不损害前缔约方根据第9条的规定所享有的权利的情况下,另一缔约方应承认此类投资者的任何权利或所有权转让给前缔约方,以及前缔约方对任何权利或所有权的代位求偿权。

《匈韩投资协定》第7条规定了从优适用规则。依据其第7条的规定,如果除本协定外,缔约一方的法律规定或缔约双方现行国际法义务包含一项规定,无论是一般性的还是具体的,使缔约另一方的投资者的投资享有比本协定规定的更优惠的待遇,那么此类规定应在比本协定更有利的范围内优先适用。

《匈韩投资协定》第8条规定了缔约双方就影响本协定的事项进行协商。依据其第8条的规定,缔约任何一方均可建议缔约另一方就影响本协定的任何事项进行协商。缔约另一方应给予同情的考虑,并应提供足够的机会进行这样的协商。

《匈韩投资协定》第9条规定了因本协定的解释和适用而产生的纠纷的解决方式。依据其第9条第1款的规定,缔约双方之间关于本协定的解释或适用产生的任何争议,应尽可能由缔约双方政府解决。第2款规定,如果争端不能在谈判开始后的6个月内解决,则应应缔约任何一方的请求提交仲裁庭。第3款规定,仲裁庭应按下列方式组成:各缔约方应指定1名仲裁员,这2名仲裁员应同意由第三国国民担任首席仲裁员。仲裁员应在3个月内任命,首席仲裁员应自缔约任何一方通知缔约另一方打算将争议提交仲裁庭之日起5个月内任命。第4款规定,如果缔约一方未能在指定期限内指定其仲裁员,缔约另一方可邀请国际法院院长作出必要的任命。如果2名仲裁员未能在指定期限内就第三名仲裁员的选择达成协议,缔约任何一方均可邀请国际法院院长作出必要的任命。第 5 款规定,在本条第 4 款规定的案件中,如果国际法院院长被阻止履行上述职能或是缔约任何一方的国民,应请副院长作出必要的任命。如果副院长被阻止履行上述职能或是缔约任何一方的国民,应邀请非缔约任何一方国民的最高法院成员作出必要的任命。第 6 款规定,仲裁庭应根据对法律的尊重作出裁决,特别是本协定和缔约双方之间现有的其他有关协定以及公认的国际法规则和原则。第 7 款规定,除缔约方另有约定外,仲裁庭应自行决定其议事程序。第 8 款规定,仲裁庭应以多数票作出裁决。该裁决为最终裁决,对缔约双方具有约束力。第 9 款规定,各缔约方应承担其自身指定的仲裁员及其代表的费用,主席的费用以及其他费用将由缔约方按同等比例承担。

《匈韩投资协定》第 10 条规定了因投资而产生的纠纷的解决方式。依据其第 10 条第 1 款的规定,缔约任何一方与缔约另一方的投资者之间的任何争议,包括投资的征用或国有化,应尽可能由争议各方以友好的方式解决。第 2 款规定,如果缔约另一方的法律、法规规定的法律救济不低于其本国投资者或任何第三国投资者的投资,以对投资者最有利者为准。第 3 款规定,如果任何有关征用或国家化的争议不能在任何一方要求友好解决之日起 6 个月内得到解决,应投资者或缔约方要求提交给 ICSID。第 4 款规定,如果本协定第 3 段中未提及的争议在任何一方要求友好解决之日起 6 个月内未能解决,则应将该争议提交给 ICSID,以便根据《华盛顿公约》进行调解或仲裁。

《匈韩投资协定》第 11 条就本协定的生效、有效及终止进行了规定。依据其第 11 条第 1 款的规定,本协定应于缔约方通知对方已遵守各自国家宪法规定的程序之日起后第二个月的第一天生效,有效期为 15 年。第 2 款规定,除非依照本条第 3 款的规定终止,否则本协定应默认延长 10 年。第 3 款规定,缔约方任何一方均可至少提前 6 个月发出书面通知,在最初 15 年期间结束时或之后的任何时间终止本协定。第 4 款规定,对于本协定终止之日前的投资,上述条款应在自该日起的 10 年内继续有效。

以上是《匈韩投资协定》的全部内容。

第二节 匈牙利的主要仲裁机构——商业仲裁院

一、匈牙利仲裁机构总体情况

在2017年第LX号仲裁法案出台之前,匈牙利的仲裁机构格局是相当分散的。HCCI下属的附属仲裁院(商业仲裁院)被认为是领先的仲裁机构,无论是从其受理的案件数量还是从其声誉来看。该机构的前身成立于1949年,历史悠久,对国际仲裁案件有专属管辖权。

匈牙利还设立了两个针对特定行业的仲裁院来处理商业纠纷:一是金融和资本市场常设仲裁院(Permanent Court of Arbitration of the Money and Capital Markets, 2002年),主要负责受理货币和资本市场相关纠纷的仲裁案件;二是能源常设仲裁院(Permanent Arbitration Court for Energy,2008年),主要负责受理能源相关纠纷的仲裁案件。与商业仲裁院受理的案件数量相比,这些机构所受理的案件数量相当少。因此,根据2017年第LX号仲裁法案,2018年1月1日起金融和资本市场常设仲裁院以及能源常设仲裁院被废除,由商业仲裁院接管正在进行的案件。对于在2018年1月1日之后发生的法律纠纷,如果当事人之前选择了被废除的仲裁院之一的程序,那么商业仲裁院将有管辖权。

此外,匈牙利设有两个特别仲裁院,体育仲裁院(Arbitration Court of Sport)于1997年成立,根据《匈牙利体育法》的规定,体育仲裁院或根据其程序规则设立的仲裁庭应对依其确定的案件进行审理。农业仲裁院(Agricultural Arbitration Court)于2000年成立,根据《匈牙利农业、食品和农村发展商会法》和关于发现和防止旨在规避限制获得仲裁土地所有权或使用权的法律交易的法律,由农业仲裁院或根据其程序规则设立的仲裁庭应对依其确定的案件进行审理。

综上所述,目前匈牙利的仲裁机构格局并不分散:商业仲裁院现在是处理商业仲裁案件(包括金融和能源相关纠纷)的唯一常设仲裁院,其他两个特别仲裁院(体育仲裁院和农业仲裁院)处理法律特别规定的仲裁案件。当然,当事人可以选择临时仲裁或选择外国常设仲裁院,但如果他们在匈牙利商定一个常设仲裁院,作出选择会较为简单。

二、匈牙利常设仲裁机构——商业仲裁院的历史沿革及总体介绍

1994年第LXXI号仲裁法案生效后,商业仲裁院管辖的案件数量立即增加:

在最初的几年里,案件数量每年为100~200件;在21世纪的第一个10年里,案件数量进一步增加到每年200~400件,最高的一年达到817件(2005年)。然而,从2011年开始,案件数量慢慢减少到每年约100件。到了2017年,商事仲裁院的案件数量首次少于100件(97件)。

虽然这种衰退的确切原因并不完全清楚,但不能不提到2011年的立法干预,其中规定与国家资产有关的法律纠纷不能进行仲裁。该干预措施非常严格,以至于它适用于在立法改革之前已经签订的仲裁协议。然而,匈牙利宪法法院裁定,按照宪法解释各自的法律条款,使以前缔结的仲裁协议不受影响,是一项宪法要求。虽然关于国家资产的限制在2015年被解除,但其影响仍然存在,因为几年来,一些涉及国家资产的重要合同(如公共建设工程合同)中的仲裁条款被禁止。虽然现在有可能将这些合同纳入仲裁条款,但期望在所有情况下都这样做是不现实的。更重要的是,立法干预背后的信息是,仲裁程序不能像普通法院程序那样保护国家资产,这一信息显然没有提高公众对仲裁的信任,即使法律文献严厉批评了立法限制的做法。由于1994年第LXXI号仲裁法案有些过时,而仲裁案件的数量不断减少,导致立法者通过了新的2017年第LX号仲裁法案。

商业仲裁院是一个独立机构,隶属于HCCI的运作。它负责管理属于其管辖范围的案件,并确保按照其自身的规则和有关各方商定的规则进行仲裁。商业仲裁院由院长和主席团领导,行政职责由秘书处执行,其需要进行日常的案件管理(直到组成仲裁庭),并监督之后的仲裁过程和进展。根据2017年第LX号仲裁法案对匈牙利的机构仲裁的规定,商业仲裁院和根据其程序规则设立的仲裁庭应作为匈牙利的常设仲裁院进行审理。在匈牙利境内,商业仲裁院应执行2017年第LX号仲裁法案中规定的常设仲裁院应当开展的任务,并且应当遵循根据2017年第LX号仲裁法案确定的业务顺序和程序规则。

三、商业仲裁院的重组

立法者赋予商业仲裁院以主导作用,并改革其内部组织结构,以加强其有效运作。

(一)新的董事会

商业仲裁院由一个7名成员组成的董事会领导。董事会成员的提名如下:HCCI有权提名主席和其他2名董事会成员,而匈牙利能源和公用事业监管局、布达佩斯证券交易所、匈牙利银行协会和匈牙利律师协会则有权各提名1名董事会成员。为了确保董事会成员的能力,2017 年第 LX 号仲裁法案规定,只有那些具有至少 5 年仲裁从业经验或 10 年律师执业经验的人(在仲裁员名册上列出的仲裁员或仲裁程序中的律师)可以被委托为董事会成员。董事会成员不能在商业仲裁院的仲裁程序中担任律师、仲裁员或专家,这是一个重要的创新。引入这一规则是为了确保董事会成员的完全独立性。出于同样的原因,董事会成员不能被委托他们的机构指示或撤销。

(二)新的仲裁员名册

商业仲裁院董事会编制并公布了新的推荐仲裁员名单。根据 2017 年第 LX 号仲裁法案第 63 条规定,该名册应当包括一个总名单和两个子名单:一个是能源事务部分,另一个是货币和资本市场事务部分。

拥有至少 10 年仲裁经验且年龄在 70 岁以下的人可以申请列入名单。然而,重要的是,当事人可以选择不在名单上的仲裁员,也可以自由选择 70 岁以上的仲裁员,而且这些仲裁员也可以担任某个仲裁庭的首席仲裁员。这一点特别重要,因为匈牙利仲裁界有几位知名和受尊敬的成员都在 70 岁以上。他们没有被列入新的仲裁员名单,并不意味着他们将来不能担任仲裁员。因此,该名册只是一个建议,主要用于参考。其唯一的实际法律意义在于,作为一般规则,商业仲裁院董事会将在特定情况下从名册中指定缺失的仲裁员,如一方当事人未能指定 1 名仲裁员,或者没有就唯一的仲裁员或仲裁庭首席仲裁员的人选达成协议。

另外,虽然 2017 年第 LX 号仲裁法案没有明确要求,但商业仲裁院还在名册中列入了 1 份外国从业人员的子名单,其中包括知名的非匈牙利籍仲裁员。

(三)2022 年《HCCI 附属仲裁院程序规则》

商业仲裁院董事会于 2022 年修订了《HCCI 附属仲裁院程序规则》(《布达佩斯规则》),该规则适用于 2022 年 12 月 31 日或之后启动的程序。修订《HCCI 附属仲裁院程序规则》的目的是加快仲裁程序并提高仲裁裁决的有效性,以应对来自国内法院的竞争。2022 年《HCCI 附属仲裁院程序规则》比以前的规则更加详细和现代化,并从领先的国际仲裁机构的规则中获得了灵感。2022 年《HCCI 附属仲裁院程序规则》相较于 2018 年《HCCI 附属仲裁院程序规则》主要作出以下修订。

1. 仲裁的中止

2022 年《HCCI 附属仲裁院程序规则》最重要的修订之一是加入了关于仲裁

中止程序的规定。这一修订的意义在于,当事人同意进行仲裁是为了在单一的合同选择的仲裁庭中获得对其争议迅速、有约束力的解决。因此,中止仲裁程序从表面上看是违背了当事人对其争端进行仲裁的协议,但实践足以证明仲裁中止程序是合理的。然而,在没有关于仲裁中止程序的规定的情况下,当事人达成仲裁中止程序的协议只能以2022年《HCCI附属仲裁院程序规则》第31条为基础,这实际上是实现仲裁中止程序的唯一途径。即使在达成协议的情况下,仍然出现了问题:当事人一般不同意中止仲裁,他们的行为往往导致仲裁程序的延长。为了纠正这一问题,2022年《HCCI附属仲裁院程序规则》第5条已被修改,对仲裁中止程序作出规定。

2. 仲裁庭裁决的送达

仲裁庭可与各方当事人协商并达成协议,确定具体的送达形式。例如,仲裁庭可规定其与各方当事人之间的通信只能通过电子方式。因此,在实践中,当事人往往是先通过电子邮件收到仲裁庭的裁决,之后再收到由仲裁院秘书处送达的打印文本。因此,确定向一方当事人送达的日期在实践中产生了问题。2022年《HCCI附属仲裁院程序规则》引入了一项关于文件递送的新规则,即为确保可能受制于仲裁地普通法院程序的仲裁庭裁决,应将其以挂号信的方式递送给当事人,并附上收据通知。这特别适用于可提交撤销仲裁的裁决,以及可向法院提出异议的关于管辖权的裁决。对于上述裁决,启动法院程序的时限应从向当事人交付附有收据通知的挂号信之日起计算。这里还应强调另一项修订,即对于通过挂号信发送的带有收据通知的书面通信,如果挂号信寄回时带有“未声明”或“拒绝”的邮政注释,那么收件人在国内的,应视为在发送的第8天送达,收件人在国外的,应视为在发送的第15天送达。

3. 接受仲裁任命的截止日期

2018年《HCCI附属仲裁院程序规则》第5条规定了有关仲裁程序期限的一般规则,即仲裁程序应尽可能在仲裁庭成立后的6个月内结束,但并未明确规定仲裁员在组建仲裁庭期间迅速接受任命的义务。虽然2022年《HCCI附属仲裁院程序规则》没有改变一般的6个月规则,将其作为一项软法律义务,让仲裁庭在上述时间范围内结束仲裁程序,但第22条第1款对仲裁员接受任命的时间作出了30日的限制。目前,尚无对实践中不遵守30日期限的行为的制裁规定,因为一般认为仲裁员的任务自其接受任命之日起即告开始。尽管如此,2022年《HCCI附属仲裁院程序规则》的修订向匈牙利的仲裁员发出了明确的政策信息，即要求他勤勉行事。

4. 更加灵活的案件管理会议

设定更加灵活的案件管理会议规则是2022年《HCCI附属仲裁院程序规则》最重要的创新之一。2018年《HCCI附属仲裁院程序规则》规定的仲裁员在仲裁庭成立后30日内召开案件管理会议的硬性义务，在实践中被证明是一项过于僵硬的规则。因为被申请人在指定仲裁员后，要求延长提交答辩书的30日期限的情况并不罕见。如果仲裁庭批准延长时间，可能会导致被申请人在召开案件管理会议时，要么不提交答辩书，要么在临近案件管理会议日期时才提交。这会在实质上导致信息不对称，因为在召开案件管理会议时，只有被申请人才真正了解仲裁双方的立场。在这种情况下，绝大多数根据2018年《HCCI附属仲裁院程序规则》行事的仲裁庭都决定确定一个新的案件管理会议日期，最终导致仲裁程序的延长。为避免上述情况，2022年《HCCI附属仲裁院程序规则》第36条第1款规定了一个更灵活的规则，允许仲裁庭自被申请人提交仲裁答辩书的最后期限或之日起30日内举行案件管理会议。

5. 明确规定远程审理

由于2018年《HCCI附属仲裁院程序规则》是在新冠疫情暴发之前通过的，没有明确规定如何通过现代电信手段远程进行仲裁审理的可能性。这一漏洞导致在商业仲裁院主持下作出的仲裁裁决存在有效性的风险，因为仲裁庭未经当事人初步同意而进行远程审理的决定可能被援引为撤销裁决的理由。2022年《HCCI附属仲裁院程序规则》第37条第1款现在明确规定，"在合理的情况下"，可以通过电信手段进行仲裁审理，明确指出这一问题可以由仲裁庭自由裁量。除了保证裁决的有效性，这一新规定还有助于加快仲裁程序，特别是在当事人来自不同司法管辖区和仲裁员业务繁忙的案件中。

6. 获取证据

仲裁庭可以（为了调查与裁决有关的情况）命令取证，其中包括文件、证人、专家和对某一物品或地点的当面检查。2022年《HCCI附属仲裁院程序规则》引入的一项新规定是扩大了仲裁庭可以援引的证据范围，并且规定仲裁庭可以传唤任何法律实体（或任何非法律组织或实体）。因此，仲裁庭可以要求被询问的法律实体（或任何非法律组织或实体）提供文件或信息，以方便收集证据。这一规定可能有助于实现《仲裁法》要求仲裁庭寻求的实质正义。

7. 仲裁裁决的更正和解释

根据2018年《HCCI附属仲裁院程序规则》的规定,一方当事人可以请求仲裁庭更正裁决书(关于笔误、排版或计算错误)或对裁决书的某一具体部分作出解释。根据2022年《HCCI附属仲裁院程序规则》新引入的规定,仲裁庭可将当事人的请求发送给对方当事人,并邀请其提交意见。

(四)迈向透明化的程序

仲裁员名册以及商业仲裁院董事会和秘书处的组成是公开的。作为走向透明的一步,2017年第LX号仲裁法案规定,商业仲裁院必须在6个月内在其网站上公布经编辑的、非保密的仲裁裁决和终结程序的命令(如以缺乏管辖权为由)的摘录。重要的是,当事人的姓名将被编辑,如果商业仲裁院公布侧重于案件中主要法律问题的摘要,无法从中确定当事人的身份。

第三节　商业仲裁院的仲裁规则

商业仲裁院以匈牙利2017年6月8日颁布、2018年1月1日生效的仲裁法(2017年第LX号仲裁法案)为指导,同时先后于1993年、2000年、2001年、2005年、2008年、2011年、2018年以及2022年对《HCCI附属仲裁院程序规则》作出修改,在该套监管框架内,商业仲裁员为当事人提供了快速、透明、有效的仲裁。

一、2017年第LX号仲裁法案中对商业仲裁院的规定

2017年第LX号仲裁法案中设专章对常设仲裁院作出规定,包括匈牙利的机构仲裁、商业仲裁院、主席团和主席的任务、推荐的仲裁员名单。2017年第LX号仲裁法案规定商业仲裁院和根据其程序规则设立的仲裁庭为在匈牙利境内负责处理商业仲裁案件(包括金融和能源相关纠纷)的唯一常设仲裁院。商业仲裁院应执行2017年第LX号仲裁法案确定的常设仲裁院的任务,应执行2017年第LX号仲裁法案以及根据2017年第LX号仲裁法案确定的其他业务秩序和仲裁规则。

(一)商业仲裁院主席团

商业仲裁院主席团是商事仲裁院的一般决策机构,由7名成员组成。商业仲裁院的主席及主席团中的2名成员由HCCI提名,匈牙利能源和公用事业监管局、

布达佩斯证券交易所、匈牙利银行协会和匈牙利律师协会各提名1名成员。副主席的职位在匈牙利能源和公用事业监管局、布达佩斯证券交易所、匈牙利银行协会和匈牙利律师协会成员中产生，每年按照顺序轮流担任。

主席团成员应是在法律行业方面具有至少10年的从业经验，通过法律专业考试或根据匈牙利法律规定的相应专业考试，并在适用仲裁规则方面具有相当经验的人。主席的任期为3年，可连任一次。主席团成员的任期为3年，可连任一次，可以被重新提名一次。提名主席团成员的组织可在任何时候解雇该成员，并且无须说明理由。主席团成员不得以仲裁员或专家身份参加属于商业仲裁院管辖范围的仲裁案件，但该成员在担任主席团成员之前接受仲裁员任命，或在担任主席团成员之前提供专家意见的案件除外。在属于商事仲裁院管辖的仲裁案件中，主席团成员不得作为法律事务代理人参与其中。商业仲裁院由主席和作为其通常替代者的副主席代表。

（二）主席团和主席的任务

1. 主席团

主席团应采纳商事仲裁院的议事日程和程序规则，并将其发布在商事仲裁院的网站上；应制定一份推荐仲裁员名单，且每3年至少审查一次；应根据2017年第LX号仲裁法案行使其任命仲裁员的权利；可就程序问题提出建议，但需注意这些建议不得约束正在进行的仲裁庭；应在程序规则中确定主要程序和复审的费用数额；应在程序规则中明确由商业仲裁院管辖的案件中，应从能源部门成员中指定仲裁员的案件，以及应从金融和资本市场部门成员中指定仲裁员的案件。

2. 主席

主席应管控秘书处；应确保在商业仲裁院框架内进行仲裁的仲裁庭作出裁决6个月后，在商业仲裁院的网站上以可搜索的方式，对该裁决和终止仲裁的命令的隐去当事人姓名的摘要予以公布，以排除识别出当事人的可能性。

主席团成员有权获得每月酬金，提名主席团成员的组织应确定其费用的数额，并商定如何承担与支付有关的费用。

如果一个人的名字出现在匈牙利或外国常设仲裁院的仲裁员名单中至少5年，或者在仲裁案件中定期提供法律代理服务至少5年，则应被视为具有2017年第LX号仲裁法案第61条第4款所指的相当的经验。HCCI主席应拒绝任何不符合2017年第LX号仲裁法案规定的提名条件的人。

3. 推荐的仲裁员名单

商业仲裁院应制定1份推荐仲裁员名单。作为名单的一部分,商事仲裁院还应编制分类表:依据为匈牙利能源和公用事业管理局的建议的,按能源部分划分;依据为布达佩斯证券交易所有限公司和匈牙利银行协会的建议的,按金融和资本市场部分进行分类。该名单应包括一个总体部分和与各部分有关的部分。名单的总体部分应包含至少60个名字,而与各部分有关的部分应包含至少30个名字。同一个人的名字可以同时出现在名单的总体部分和与各部分有关的部分。

推荐仲裁员名单可以包括具有优秀专业知识的律师的名字。被列入名单的律师需要满足以下条件:(1)未满70岁;(2)主动提出加入名单;(3)在法律行业有至少10年的从业经验;(4)通过了法律专业考试或根据其国家法律规定的相应专业考试;(5)主席团多数成员的意见认为其有能力完成仲裁员的任务。

商业仲裁院应在HCCI批准后在其网站上公布推荐仲裁员名单及其修正案。该批准中,能源部分成员应征得匈牙利能源和公用事业监管局的同意,金融和资本市场部分成员应征得布达佩斯证券交易所有限公司和匈牙利银行协会的同意。商业仲裁院应每3年修订一次名单。在修订过程中,商业仲裁院应要求匈牙利能源和公用事业管理局就能源部分提出建议,并要求布达佩斯证券交易所有限公司和匈牙利银行协会就金融和资本市场部分提出建议。已年满70岁,或要求删除其姓名者,应从名单上予以删除。由名单上的人组成的机构可以就议事日程中确定的问题,以议事日程中确定的方式表达自己的意见。

二、2022年《HCCI附属仲裁院程序规则》

商业仲裁院制定的2022年《HCCI附属仲裁院程序规则》于2022年12月31日生效。该规则为当事人将其争议提交仲裁而非州法院推荐统一的仲裁范本条款。

如果存在因本合同引起或与本合同有关的任何争议,特别是与本合同的违反、终止、有效性或解释有关的争议,双方可以排除国家法院程序的适用,并同意将该事项提交商业仲裁院作出独家和最终裁决。仲裁院按照2022年《HCCI附属仲裁院程序规则》(以“简易程序分则”的规定为补充)进行审理。仲裁员人数为×名(1名或3名)。仲裁程序中使用的语言为××(选择语言,如匈牙利语、德语、英语)。当事人排除了按照2017年第LX号仲裁法案第九章规定重审程序的可能性。为了解决法律纠纷,应适用实体法,不包括其国际私法规则。

（一）一般规定

2022年《HCCI附属仲裁院程序规则》在第一章对商业仲裁院的仲裁程序一般规定作出相关表述。2022年《HCCI附属仲裁院程序规则》及其附件使用的专业用语定义如下：

（1）“仲裁协议”：各方当事人在合同中订明的仲裁条款或以其他方式达成的提交仲裁的书面协议；在仲裁申请书和仲裁答辩书的交换中，一方当事人声称有仲裁协议而另一方当事人不作否认表示的，视为存在书面仲裁协议。根据该协议，各方当事人排除对国家法院程序的适用，并将与各方当事人之间已经发生的或将来可能发生的任何争端提交给由各方当事人选定的1名或多名仲裁员最终解决。

（2）“法律纠纷”：在经营者或私人之间发生的契约性或非契约性纠纷，当事人在其仲裁协议中载明适用本规则。

（3）“仲裁院”：隶属于商业仲裁院，通过其机构（主席团、秘书处）向当事人和仲裁庭提供行政协助，以促进仲裁程序的快速和便捷进行。

（4）“仲裁庭”：由独任仲裁员或奇数仲裁员组成的小组，负责解决当事人的法律纠纷。

（5）“法院”：具有管辖权和职权的国家法院。

（6）“规则”：仲裁院的程序规则。

（7）“收费表”：适用于确定仲裁费的表格，属于本规则的一个附件。

（8）“注册费”：作为启动程序的前提条件，在提交申请书的同时支付的一笔不可退还的款项。

（9）“仲裁费”：支付与进行仲裁程序有关的费用，特别是仲裁院及其机构所做的工作和提供的服务的费用和支出（行政费）以及仲裁员的费用，包括与仲裁程序有关的税费。预付仲裁费是进行仲裁程序的前提条件。

（10）“储备基金”：根据2017年第LX号仲裁法案第62节第（1）点g）款设立的资金，用于支付当事人在仲裁裁决撤销后继续进行的仲裁过程中指定新仲裁员所需的费用和开支。由当事人在提交附件2中收费表中规定的申请书时同时支付的不可退还的款项组成。

（11）“当事人费用”：仲裁院和仲裁庭在仲裁过程中发生的其他费用，包括根据该规则第4条用匈牙利语、德语或英语以外的语言进行仲裁而产生的额外费用,与进一步翻译有关的费用,翻译人员、专家和证人的费用,与专家程序有关的其他费用,由于仲裁员在国外差旅和逗留而产生的费用。

(12)“各方费用”:当事人在仲裁程序中因出庭、保护其权益和陈述案情而产生的费用,特别是律师或其他在仲裁程序中代表当事人的人的费用和开支。

2022年《HCCI附属仲裁院程序规则》第1条对其适用范围作出了规定。如果当事人约定适用仲裁院的程序或本规则来解决其争议,则应适用本规则。除非各方当事人另有约定,应适用仲裁程序开始之日本规则的有效版本。

2022年《HCCI附属仲裁院程序规则》第2条规定了进行仲裁的地点。如果约定适用仲裁院的程序,仲裁地点应是匈牙利。仲裁院所在地是布达佩斯。约定适用仲裁院的程序并不妨碍仲裁庭在仲裁地或仲裁院所在地以外的地点进行审理、取证或其他程序性行为——无论是在国内还是国外。

2022年《HCCI附属仲裁院程序规则》第3条规定了仲裁材料的提交、送达与仲裁期限。在组成仲裁庭之前,各方当事人应向仲裁院提交材料,材料份数应足以为另一方当事人提供1份副本,为每位仲裁员提供1份,为仲裁院提供1份。如果仲裁院收到所需份数的材料,则仲裁院收到电子形式(电子邮件)的材料的较早日期应视为提交日期。

在仲裁庭组成之前,各方当事人提交的材料应由仲裁院送达给各方。仲裁庭组成后,各方当事人应直接向仲裁院、每位仲裁员以及每一方当事人发送其提交的材料的副本;除裁决书和终止令外,仲裁庭的决定和其他函件应由仲裁庭送达给各方当事人,或由仲裁庭决定由仲裁院送达。由仲裁庭送达的,应将文件的1份副本送交仲裁院;由仲裁院送达的,仲裁院应将文件的副本发送给仲裁庭的每位成员。

如果本规则要求交付、发送或归档书面通信,除不具法律效力的行政通信(如核对数据、安排日期、简单通知)外,书面通信应以带有签收回执的挂号信、快递或提供签收记录的任何其他方式交付、发送或归档。同时,如果收件人的电子地址已知,书面通信也应以电子形式(电子邮件)发送给所有收件人。仲裁庭作出的可能受制于仲裁地普通法院程序的决定,特别是可以对其提出撤销仲裁的裁决,以及可向法院提出异议的管辖权令,应通过邮寄带有签收回执的挂号信的方式送达当事各方。对于此类决定,启动法院程序的期限应从带有签收回执的挂号信交付给当事人之日起计算。经当事人同意,仲裁庭也可确定任何其他的交付、发送或归档方式。

任何书面通信,亲自送到收件人手中,或送到收件人的营业地、住所地、经常居住地或通信地址,应视为已经送达。如果经过适当调查仍不能确定其收到书面通信,在各方没有相反协议的情况下,书面通信以挂号信或能提供记录的任何其他方式发送到收件人最后已知的营业地、住所地、经常居住地或通信地址,则应视为已经送达。通过挂号信发送的带有签收回执的书面通信,如果返回时带有“无人认领”或“拒绝”的邮政备注,则应视为已经送达。如果是国内收件人,应在发送后的第 8 日视为送达;如果是国外收件人,应在发送后的第 15 日视为送达。如果一方当事人通过代理人行事,提交的材料和其他通信应转交或发送至代理人而不是当事人。

本规则中规定或确定的仲裁期限应从起始日的次日开始。起始日是指触发事件发生的那一天。节假日、星期六和星期日都包括在仲裁期限的计算中。但是,如果起始日的次日是节假日、法律未宣布为工作日的星期六或星期日,则仲裁期限应从接下来的第一个工作日起算。如果仲裁期限以月为单位,则应在与仲裁期限的第一天相对应的那一天到期;如果到期月没有这一天,则在下个月的第一天到期。如果仲裁期限的最后一天是节假日、法律未确定为工作日的星期六或星期日,则该期限应在随后的第一个工作日到期。如果提交的材料在仲裁期限的最后一天以带有签收回执的挂号信的方式或以仲裁庭认可的提供签收记录的任何其他方式发送,则应视为遵守了为提交材料规定的期限。

如果仲裁期限从书面通信的送达或签收之日开始计算,只有那些在送达或签收地属于节假日的日期才应被视为节假日,本规则中对仲裁期限的规定应比照适用送达或签收地适用的规则。除上述情形外,对于仲裁期限的计算,只根据本规则中对仲裁期限的规定确定,即在匈牙利的仲裁院和仲裁庭,仅应考虑仲裁期限所涉及的当事人所在地的节假日或影响时限开始或到期的日期。

2022 年《HCCI 附属仲裁院程序规则》第 4 条规定了仲裁适用的语言。各方当事人可自由约定仲裁使用的语言。如果没有协议,仲裁庭应在适当考虑案件的所有相关情况后确定仲裁语言。如果各方当事人未就仲裁语言达成一致,在组成仲裁庭之前,仲裁院应适当考虑案件的所有相关情况,以匈牙利语、英语或德语与各方当事人进行沟通。在确定仲裁语言时,仲裁院关于仲裁语言的决定对仲裁庭没有约束力。已确定的仲裁语言应适用于整个仲裁程序,包括当事人和仲裁庭的所有程序性行为,特别是适用于仲裁庭的提交材料、审理过程、会议记录和裁决。

如果不理解仲裁语言的一方当事人提出请求并缴纳费用,仲裁庭可以裁决使用翻译人员。仲裁院应将这种决定的条件通知有关各方。仲裁庭也可以自行决定使用翻译人员,尤其是在有必要将证据文件翻译成当事人约定的或仲裁庭确定的语言时。

如果仲裁语言不是匈牙利语、英语或德语,各方当事人应平均支付因使用外语而产生的额外费用的预付款。如果被申请人在规定的支付预付款的期限内不遵守仲裁院的要求,或在仲裁庭成立后不遵守仲裁庭的要求,则上述预付款应在仲裁院或仲裁庭的要求下由申请人支付。如果申请人未能这样做,仲裁院或仲裁庭应设定一个额外的期限,并要求各方当事人就以匈牙利语、英语或德语作为仲裁语言达成一致。

2022 年《HCCI 附属仲裁院程序规则》第 5 条规定了仲裁的中止。如果在构成仲裁程序的法律关系中,任何一方发生法律意义上的继承,或仲裁出于无法控制的原因受到阻碍,或仲裁庭暂停仲裁直到影响仲裁结果的前期问题由权力机构或法院决定,或当事人共同提交中止仲裁的申请,仲裁处于中止状态。

在下令中止之前,仲裁庭应邀请各方当事人就中止的原因和理由提出自己的主张。当事人第一次共同提出申请时,仲裁庭应下令中止;此后当事人每次共同提出申请时,仲裁庭可下令中止。在仲裁过程中,中止的时间不得超过6个月。仲裁庭应通过命令确定中止的起始日和结束日。在计算仲裁期限时,应不考虑中止的时间。在下令确定中止的截止日期的同时,如有必要,仲裁庭可延长已经开始的或先前下令的某些期限,以确保程序性权利的可行使性。

2022 年《HCCI 附属仲裁院程序规则》第 6 条规定了仲裁中的代理。当事人可亲自或通过其代理人参加仲裁并履行程序性行为。根据当事人的属人法被赋予代理权的法定代理人和公司职工或经当事人授权的任何其他人员可作为代理人行事。在仲裁程序中,法律顾问的代理不是强制性的。任何有能力的人都可以代理一方当事人。仲裁院和仲裁庭可在任何时候要求当事人提供任何其代理的授权证明。

2022 年《HCCI 附属仲裁院程序规则》第 7 条规定了放弃异议权的情形。一方当事人明知仲裁协议、本规则或 2017 年第 LX 号仲裁法案的任何一项规定没有得到遵守,仍继续进行仲裁,而没有在无故拖延的情况下对这种不遵守行为提出异议,或者未在规定的期限内提出异议,应被视为放弃异议的权利。

2022 年《HCCI 附属仲裁院程序规则》第 8 条至第 13 条规定了仲裁中涉及的费用及其承担。依据其第 8 条的规定,仲裁中的费用应包括:注册费;仲裁费;仲裁费用;当事人的费用。

2022 年《HCCI 附属仲裁院程序规则》第 9 条规定了注册费和仲裁费的数额确定与承担。仲裁院应根据构成本规则附件的收费表,确定注册费和仲裁费。注册费和仲裁费应以匈牙利福林预付和承担。如果是外币申请或反申请,仲裁院应确定仲裁费的计算基础,按提出申请、反申请或为抵消目的而提出申请之日有效的匈牙利国家银行的官方汇率换算成匈牙利福林;当事人向其银行发出无条件和不可撤销的指示,以转移注册费和仲裁费时,应被视为已支付上述款项,条件是上述款项在上述日期起 30 日内被计入仲裁院指定的账户。

2022 年《HCCI 附属仲裁院程序规则》第 10 条规定了注册费、仲裁费、仲裁费用预付款的支付。注册费的预付款应由申请人支付。如果争议金额不超过 5, 000, 000 匈牙利福林,仲裁费的预付款应由申请人支付;如果争议金额超过这一数额,仲裁费的预付款应由双方当事人平均支付。如果被申请人未能履行这一义务,申请人应支付被申请人预付的仲裁费份额。申请人可自行选择支付全部仲裁费的预付款,而不必等待被申请人支付预付款。与取证有关的仲裁费用预付款,应由要求取证的一方支付。仲裁员因国外差旅和停留所产生的仲裁费用预付款,应由指定或应当指定该仲裁员的一方支付。如果是独任仲裁员或首席仲裁员,与取证无关但因差旅和停留在国外而产生的仲裁费用预付款,应由双方当事人平均分担。如果一方当事人在被要求支付预付款的情况下仍未履行其义务,则不得继续进行仲裁。

2022 年《HCCI 附属仲裁院程序规则》第 11 条规定了费用的承担。仲裁费应在败诉的范围内由败诉方承担。仲裁庭可以在合理的情况下偏离败诉方承担仲裁费的规定,特别是考虑到当事人在整个程序中的做法是促进还是阻碍了程序的进行和争端的解决。如果是当事人的费用,则考虑到当事人及其代理人的程序性行为在多大程度上是合理的、适当的和必要的。仲裁庭应在其最终裁决中决定仲裁费的承担,除非其要求一方当事人承担全部或部分仲裁费而不考虑其是否胜诉。如果在当事人协议的基础上达成和解或终止仲裁,仲裁费应根据当事人的协议承担。如果没有协议,当事人应平均承担注册费、仲裁费和仲裁费用,各方应承担自己的费用。在其他终止仲裁的情况下,仲裁费由申请人承担,但申请人以被申请人提出仲裁理由,在仲裁开始后履行了仲裁申请书中的要求为由,撤回其仲裁申请书的情况除外。

2022年《HCCI附属仲裁院程序规则》第12条规定了反申请和为抵消目的而提出申请的案件在仲裁中涉及的仲裁费。在支付预付款及承担费用和成本方面,反申请的处理方式应与申请相同。除支付注册费的义务外,为抵消目的而提出的申请应与主申请的处理方式相同。

2022年《HCCI附属仲裁院程序规则》第13条规定了退还仲裁费的情形。如果申请人不履行补正的义务或在仲裁庭组成前撤回其仲裁申请书,仲裁费为税费和储备基金的全额加上50%的管理费。上述减少的仲裁费应由申请人承担。如果最迟在案件管理会议后的8日内,从第一次开庭或收到不开庭审议的通知后,申请人撤回其仲裁申请书,或当事人共同要求终止程序,仲裁院应将预付仲裁费的50%(不含任何税费和储备基金)退还给已支付预付款的当事人。如果仲裁庭在第一次案件管理会议上、在第一次程序令中,最迟在第一次开庭时因缺乏管辖权而终止程序,仲裁院应将预付仲裁费的50%(不含任何税费和储备基金)退还给已支付预付款的各方。

(二)仲裁程序

2022年《HCCI附属仲裁院程序规则》第二章第一节规定了仲裁程序的启动的相关内容。

第14条规定了仲裁程序的启动情形。仲裁应以提交仲裁申请书的方式启动。在向仲裁院提交仲裁申请书的同时,申请人也应将仲裁申请书发送给被申请人供其参考。仲裁应从仲裁院收到仲裁申请书之日启动。

第15条规定了仲裁申请书的内容。仲裁申请书应包括:(1)当事人及其代理人的姓名、地址和电子联络方式;(2)构成仲裁院管辖权基础的事实陈述和对支持这些事实的证据的描述;(3)仲裁请求,以及对其所依据的事实陈述和支持这些事实的证据的描述;(4)关于申请人所寻求的具体救济的说明;(5)争议的金额(如果可以确定);(6)由申请人提名仲裁员,或由仲裁院为申请人指定1名仲裁员的请求,如果是独任仲裁员,则提出独任仲裁员的人选;(7)1份关于仲裁语言和适用法律的声明;(8)申请人或其代理人的签名。申请人应将载有仲裁协议的1份或多份文件附在其仲裁申请书中。申请人最迟应在提交仲裁申请书的同时支付收费表中规定的注册费。注册费的支付证明应附在仲裁申请书中。

第16条规定了争议金额的确定方式。争议金额，是指索赔或与仲裁相关的争议的核心权利的价值。争议金额应由申请人确定。如果申请人确定的争议金额与本规则相悖，或者不太可能，或者被申请人对此有异议，或者，如果申请人甚至在被要求弥补这种缺陷的情况下仍未能说明争议金额，那么在仲裁院组成仲裁庭之前，仲裁院应确定该金额。仲裁庭不受仲裁院确定的数额的约束。争议金额：(1)金钱申请，为申请金额；(2)对物申请，为有争议的物(部分)、份额或物的价值；(3)申请宣告性裁决，为履行时申请人可以要求的金额；(4)申请被申请人为或不为某些特定行为的具体履约要求，为申请人接受的被申请人的货币补偿金额；(5)对定期履行尚未到期的服务提出申请，或对与定期履行的无限期服务有关的合同提出宣告性裁决的申请，为1年的服务价值；(6)如果对租赁的房地产提出申请，则为1年的租金；(7)在要求撤销公司决议的情况下，为有争议的决定所涉及的财产的价值，在没有这种价值的情况下，为申请人在公司认购资本份额的价值，条件是申请人是公司的职工。在确定争议金额时，应考虑其仲裁开始时点的价值，并应忽略未独立执行的利息和其他附属申请。在有多项申请的情况下，所有申请的总和应构成争议的金额，但在多项申请相互替代或存在附带的申请时，争议金额应是具有最高价值的申请的价值。

第17条规定了对仲裁申请书的补正和申请人对仲裁费预付款的支付。如果申请人没有将注册费缴纳证明附在仲裁申请书中，或者仲裁申请书没有包含第15条第1款a)项至f)项和h)项规定的内容，仲裁院应要求申请人在最多30日的期限内补正。如果申请人未在规定期限内补正，仲裁院应终止程序。如果没有必要进行补正，或者已经补正，仲裁院应将申请人应支付的仲裁费预付款数额通知申请人，并要求申请人在通知中规定的期限内以规定的方式支付上述数额。如果申请人不支付，仲裁院应终止程序。

第18条规定了仲裁答辩书和被申请人支付仲裁费预付款的说明。如果不需要对仲裁申请书进行补正，或者已经补正，仲裁院应将仲裁申请书和推荐的仲裁员名单发给被申请人，通知其开始仲裁，同时要求被申请人提名1名仲裁员并提交仲裁答辩书。仲裁答辩书应在收到仲裁申请书后30日内提交。经被申请人提出请求，这一期限可延长30日。被申请人应向仲裁院提交其仲裁答辩书，并同时向申请人发送1份副本供其参考。

仲裁答辩书内容应包括：(1)被申请人及其代理人的姓名、地址和电子联络方式;(2)由被申请人提名仲裁员或请求由仲裁院指定仲裁员,如果是独任仲裁员,则由被申请人说明是否接受申请人的建议或提出不同的建议;(3)被申请人或其代理人的签名。仲裁答辩书可以包含对仲裁院管辖权的异议、与承认或否认申请案情有关的声明、以抵消为目的的申请或反申请。延长提交仲裁答辩书的期限的前提条件是,被申请人在原期限内提名1名仲裁员或请求仲裁院代为指定1名仲裁员,或者在独任仲裁员的情况下,被申请人针对申请人的提议作出声明。否则,仲裁院应拒绝延长时间的请求,或撤销已经批准的延长时间,并同时适用该规则第21条关于指定的规定。在对被申请人发出的开始仲裁通知中,仲裁院应告知被申请人应支付的仲裁费预付款数额,并要求被申请人在通知中规定的期限内以规定的方式支付该预付款。如被申请人未支付,仲裁院应要求申请人在通知规定的期限内以规定的方式支付被申请人未支付的预付款部分。仍未支付的,仲裁院应终止程序。

2022年《HCCI附属仲裁院程序规则》第二章第二节规定了仲裁庭的相关内容。

第19条规定了仲裁员人数。在每一种情况下,由奇数名仲裁员组成的仲裁庭或独任仲裁员应按照各方当事人的协议行事。在适用本规则时,仲裁庭也应包括独任仲裁庭。独任仲裁庭应具有与由3名仲裁员组成的仲裁庭相同的权力。如果各方当事人未就仲裁员人数达成一致,仲裁员人数应为3人。仲裁庭的组成、独任仲裁员的提名和仲裁员的指定应符合本规则的规定。

第20条规定了对仲裁员的提名。仲裁员名册上的任何人,无论是否为匈牙利公民,都可以被提名为仲裁员。在整个履行职责的过程中,仲裁员应是独立和公正的,他们不是当事人的代表。在整个仲裁过程中,他们不得接受指示。他们在履行职责时了解的所有情况应完全保密,在程序结束后也应如此。他们不得就任何案件提供任何信息或发表任何声明,无论这些案件是待决还是已决。

第21条规定了仲裁员的提名和任命程序。申请人应在其仲裁申请书中提名1名仲裁员或提交由仲裁院指定1名仲裁员的请求,而被申请人即使反对仲裁院的管辖权,也应在仲裁答辩书中提名1名仲裁员。如果仲裁庭由3名仲裁员组成,每一方当事人应提名1名仲裁员,由此提名的2名仲裁员应选举首席仲裁员。如果一方当事人未能在收到提名请求后30日内提名仲裁员,或2名仲裁员在提名后30日内未就首席仲裁员人选达成一致,则缺少的仲裁员应由仲裁院根据任何一方当事人的请求指定。在独任仲裁员的情况下,如果各方当事人不能就独任仲裁员的人选达成一致,则应由仲裁院根据任何一方当事人的请求指定独任仲裁员。如果仲裁庭由 3 名以上的仲裁员组成,应比照适用第 1 款和第 2 款的规定,由各方当事人平均提名仲裁员,被选定的仲裁员以多数决定提名缺少的仲裁员;申请人应共同指定 1 名仲裁员。被申请人应共同指定 1 名仲裁员。在计算被申请人提名仲裁员的期限时,应以最后一名被申请人收到提名仲裁员要求的日期为准。如果被申请人不能就共同提名的仲裁员人选达成一致,仲裁院应分别为申请人和被申请人指定 1 名仲裁员。因此,申请人先前提名的仲裁员应无效。但是,考虑到程序的情况,仲裁院可以决定只为被申请人指定 1 名仲裁员。在这种情况下,申请人的提名仍然有效。对于首席仲裁员的提名,一般规则应适用于所有案件。

第 22 条规定了仲裁员对提名或指定的接受。仲裁员应接受提名或指定,签署构成本规则附件的仲裁员接受声明,并最迟在收到通知后的 30 日内提交给仲裁院。在整个程序中,仲裁员应确保接受声明的内容真实,并向仲裁庭、当事人和仲裁院披露影响仲裁的任何变化。仲裁员的任务从接受提名或任命开始。仲裁员一旦接受提名或任命,就承诺按照本程序规则的规定履行其仲裁员职责。

第 23 条规定了仲裁员最初及持续的披露义务。当事人提名为仲裁员或由仲裁院指定为仲裁员的人应披露所有可能对其公正性或独立性产生合理怀疑的情况。仲裁员自其被提名或任命之时起,以及在整个仲裁程序中,应毫不迟疑地向仲裁院、仲裁庭的其他成员和各方当事人,或者在独任仲裁员的情况下,向仲裁院和各方当事人披露其知道的违背公正性和独立性或各方当事人约定的要求的任何情况。

第 24 条规定了仲裁员任务的终止。仲裁员的任务应随着程序的结束而终止。在下列情况下,仲裁员的任务也应终止:(1) 仲裁员辞职;(2) 当事人同意终止仲裁员的任务;(3) 仲裁院或法院决定终止仲裁员的任务;(4) 对仲裁员的质疑被接受。如果在仲裁过程中,仲裁员的人选发生变化,有关的仲裁员应就仲裁费的划分达成协议。如果没有这种协议,仲裁院应就此作出决定。如果在撤销仲裁裁决后继续进行仲裁,而仲裁员的人选发生变化,有关仲裁员应就其费用的划分达成协议。如果没有这种协议,仲裁院应作出决定。

第 25 条规定了罢免仲裁员的职务。如果仲裁员不能或无法履行其职责,或出于其他原因未能在仲裁程序过分拖延的情况下采取行动,且未辞去其职务,各方当事人可就终止仲裁员的任务达成协议。如果没有这样的协议,任何一方都可以参照终止的理由,要求仲裁院就终止仲裁员的任务作出决定。

第 26 条规定了替补仲裁员。如果 1 名仲裁员的任务出于任何原因提前终止,应提名1名替补仲裁员。如果仲裁员的任务在程序结束后终止,经仲裁院批准,仲裁庭可以在完全重新组成之前决定继续进行程序,而不提名替代仲裁员。一方当事人提名的仲裁员的任务终止,不影响首席仲裁员的任务。仲裁庭可根据一方当事人的请求或依职权决定是否应全部或部分重复前一阶段的审理。

第27条规定了仲裁员的回避。如果存在对仲裁员的公正性或独立性产生合理怀疑的情况,或者仲裁员不具备当事人约定的资格或其他品质,一方当事人可以对仲裁员提出回避。一方当事人在提名后才知道原因的,可以对其提名的仲裁员提出回避。

第28条规定了回避程序。打算对仲裁员提出回避的一方,应在得知仲裁庭的组成或得知有理由提出回避的任何情况后的15日内,向仲裁庭发出书面声明,说明提出回避的理由。在程序结束后,不得提出回避。如果被回避的仲裁员拒绝回避或另一方当事人不同意回避,仲裁庭应就回避作出决定。根据第23条对回避或披露作出的决定,应由仲裁庭其他成员在征求各方当事人的意见后作出。如果回避不成立,提出回避的一方可在收到驳回回避的决定后30日内,请求仲裁院对回避作出决定。如果2名仲裁员或1名独任仲裁员被申请回避,或者回避是在仲裁庭组成之前提出的,仲裁院也应就回避作出决定。在回避程序未决时,仲裁庭,包括被回避的仲裁员,可以继续进行仲裁程序,并可以作出裁决。本条规定应比照适用于当事人对仲裁庭指定的专家和翻译人员的质疑。

第29条规定了仲裁庭的组成。自仲裁院收到双方当事人提名的仲裁员和首席仲裁员的接受声明之日起视为组成仲裁庭。仲裁庭从成立时起就应采取进行仲裁所需的一切措施,并可据此寻求仲裁院各机构的协助。仲裁院应立即将仲裁庭的构成和成员通知当事人。

第30条规定了仲裁庭关于其管辖权的决定。仲裁庭应依职权审查其管辖权的存在。仲裁庭的管辖权应包括对其管辖权的存在或缺乏作出决定,以及对仲裁协议的存在或有效性提出任何异议。为此目的,仲裁条款应被视为独立于合同其他条款的协议。仲裁庭关于合同无效的决定,不应导致仲裁条款在法律上的无效。关于仲裁庭没有管辖权的异议,应不迟于提交仲裁答辩书时提出。一方当事人不因其已指定或参与指定1名仲裁员而不能提出这种抗辩。关于仲裁庭超出其管辖范围的抗辩,应在被指称超出其管辖范围的事项提出后立即提出。仲裁庭在任何情况下,如果认为延迟是合理的,都可以受理后来的抗辩。仲裁庭自行决定是否接受管辖权异议,可以在独立的裁定书或在关于实质问题的裁决中作出决定。

2022 年《HCCI 附属仲裁院程序规则》第二章第三节规定了仲裁程序的相关内容。

第 31 条规定了仲裁的适用规则。经双方同意,只要不违反仲裁地法律的强制性规定,当事人可以不遵守本规则中关于如何在仲裁庭进行仲裁的任何规定。关于本规则中未规定的程序问题,如果各方当事人没有约定,在不违反仲裁地适用法律的强制性规定的情况下,仲裁庭可以其认为适当的方式进行仲裁。此时,仲裁庭可以考虑任何国内和国际仲裁原则、惯例和建议。各方当事人应得到平等对待,每一方都有充分的机会陈述自己的观点。

第 32 条规定了适用于案件的法律规则。争议应根据各方商定的法律规则来决定。对某一国家法律的任何指定应被解释为直接指定该国的实体法,不包括其法律冲突规则。如果各方没有进行任何指定,仲裁庭应适用其认为适用的法律冲突规则所确定的法律。仲裁庭只有在各方当事人明确授权的情况下,才可以作为友善调解人或公允善良地作出决定。仲裁庭应根据当事人之间的合同规定(如果有的话)对案件进行裁决,并应考虑到适用于该交易的相关贸易惯例。

第 33 条规定了仲裁中采取的临时措施与初步命令。仲裁庭可应任何一方当事人的请求,以命令方式准予采取临时措施。临时措施的请求应送交另一方当事人征求意见。初步命令,是指一方当事人可在其临时措施请求中请求仲裁庭责令另一方当事人遵守临时措施,而不必事先通知另一方当事人或听取其意见。只要仲裁庭认为事先向临时措施所针对的一方当事人送达临时措施请求有可能使该救济的目的落空,就可以批准初步命令。仲裁庭应考虑到另一方当事人对初步命令的反对意见,决定是维持作为临时措施的初步命令,采纳或修改其内容,还是终止该命令。如果在初步命令发布后 20 日内未作出上述决定,初步命令应失效。仲裁庭可要求请求采取临时措施的一方当事人,并应要求申请初步命令的一方当事人提供与临时措施或初步命令有关的担保,除非仲裁庭认为这样做不合适。仲裁庭可根据任何一方当事人的申请,或在特殊情况下,经事先听取各方当事人的意见,主动修改、中止或终结其批准的临时措施或初步命令。一方当事人也可以在仲裁程序之前或仲裁程序期间,向法院请求采取临时措施。一方当事人向法院、公证处或其他任何有权取证的机关提出要求,并不与仲裁程序相抵触。任何一方当事人都可以在仲裁程序中依赖初步取证的结果。

第34条规定了对申请和答辩的修正。当事人可以修正或补充其仲裁申请书或仲裁答辩书,直到程序结束。如果一方当事人无故拖延提交对仲裁申请书或仲裁答辩书的修正或补充,并导致程序的拖延,仲裁庭可以决定不允许修正或补充;同时,仲裁庭可以不考虑当事人的修正或补充是否合理,裁定无故拖延提交修正或补充的一方当事人承担因仲裁拖延而产生的额外费用。仲裁庭在适用前款规定时,应考虑到所有相关情况,特别是仲裁程序的当前阶段、修正或补充造成的延误程度以及当事人的合法权益。

第35条规定了反申请和为抵消目的提出的申请。被申请人可以在仲裁结束前提出反申请。除有相反规定外,关于仲裁申请书的规定应适用于反申请。如果被申请人无故拖延提出反申请,导致程序延误,仲裁庭可决定将反申请作为新的请求在单独的程序中审理。如果仲裁庭在未决程序的框架内审理反申请,仲裁庭可以不考虑被申请人是否被支持,责令被申请人承担因程序拖延而产生的额外费用。仲裁庭在适用前款规定时,应考虑到所有相关情况,特别是反申请的主题和内容、仲裁程序的当前阶段、反申请造成的延误程度以及当事人的合法权益。被申请人可在程序结束前提出以抵消为目的的申请,条件是仲裁庭对拟通过抵消提出的申请有管辖权。关于无故拖延提交的修正和补充的规定应适用于无故拖延提交的为抵消目的而提出的申请。

第36条规定了案件管理会议。在组成仲裁庭或提交仲裁答辩书后的30日内,最迟在准许提交仲裁答辩书的期限届满后,应召开由各方当事人参加的案件管理会议,亲自或通过电信手段进行,以制定程序时间表。在案件管理会议期间,仲裁庭应就根据本规则第31条确定的程序规则、预期采用的证据手段,特别是包括专家证据的必要性,与各方当事人达成协议,还应请各方当事人声明是否要求举行听证会。根据上述情况,仲裁庭应制定程序时间表,并为每个程序行为设定期限。在案件管理会议期间,最迟在此后的3日内,仲裁庭应就商定的仲裁条款和过程发布程序性命令。考虑到案件的具体情况和复杂性,仲裁庭可以决定:(1)不召开案件管理会议,直接安排听证会或采取其他必要的程序性措施来推进仲裁;(2)经双方同意,将案件管理会议转为听证会继续;(3)在不召开案件管理会议和听证会的情况下对案件作出裁决。仲裁庭应事先通知各方当事人,为各方当事人提供提出举行听证会的请求的机会。

第 37 条规定了听证会。仲裁庭应亲自开庭,或在合理的情况下,且根据案情认为有必要时通过电信手段开庭,或在程序结束前有任何一方当事人提出要求时开庭。如果仲裁庭举行听证会,通知各方出庭的通知应当送达各方,以便各方至少有 15 日时间为听证会做准备。听证会不对公众开放。仲裁庭成员、各方当事人及其代理人、记录秘书、翻译人员、证人和专家,以及各方当事人同意出席的人员可以出席听证会。口头听证期间应起草会议记录。仲裁庭应决定起草会议记录的方式。任何一方当事人在支付预付款的前提下,可要求使用特定方式起草会议记录,尤其是逐字记录。

第 38 条规定了合并仲裁。如果若干仲裁程序中的所有当事人一致要求或同意合并,仲裁院可将其启动的若干仲裁程序合并。合并的仲裁案件应合并至最先开始仲裁程序的仲裁案件,除非各方当事人一致要求或同意将仲裁程序合并为另一个仲裁案件。

第 39 条规定了缺席审理的情形。如果被申请人在仲裁院规定的额外期限内也未能提交其仲裁答辩书,则仲裁庭应继续进行仲裁,而不将这种不提交仲裁答辩书的行为本身视为对申请人的指控或请求的承认。如果任何一方未在相应期限内出庭或履行程序性行为,仲裁庭可继续进行仲裁,并可根据其掌握的文件和证据作出裁决。

第 40 条规定了仲裁中的证据。为了调查与争议裁决有关的情况,即使当事人没有提出请求,仲裁庭也可以命令取证。仲裁庭不受当事人提出的证据采集申请的约束。仲裁庭可以特别命令当事人出示文件,以硬拷贝或电子方式提供这些文件,听取证人的证词,检查某一物品或地点,以及指定专家,仲裁庭可以要求任何法律实体或任何非法律实体的组织提供协助。录取证人证词的方法细节,特别是可能提前提交的书面证人证词和在听证会上录取口头证词,应在案件管理会议上和记录会议结果的程序令中确定。获取专家证据的细节,特别是关于支付专家费用的预付款、在获得认证专家机构的专家报告后应遵循的程序、在听证会上听取专家意见的方法以及多个专家之间的关系,应在筹备会议期间和记录其结果的程序令中确定。仲裁庭可根据任何一方当事人的申请或依职权指定专家。当事人可在每个案件中提交由当事人指定的专家编写的专家报告。仲裁庭可特别命令由仲裁庭指定的专家和当事人一起听证。

第 41 条规定了开庭终结的情形。在最后一次开庭或收到开庭后提交的案情摘要后,仲裁庭应以命令方式结束程序。之后,只有在事先得到仲裁庭许可的情况下才能进一步提交材料和证据。在开庭终结后、宣布最终裁决前,仲裁庭可在特别合理的情况下再次开庭或命令各方当事人履行进一步的程序性行为。如果仲裁庭不举行听证会就对争议作出裁决,应事先通知各方当事人其打算开庭终结。仲裁庭应尽可能在其组成后的 6 个月内终结仲裁程序。

2022 年《HCCI 附属仲裁院程序规则》第二章第四节规定了仲裁庭的裁决和仲裁终结的相关内容。

第 42 条规定了仲裁庭的裁决。仲裁庭应根据案情作出裁决,并以命令的方式决定其他所有问题。除非各方当事人另有约定,仲裁庭应以多数票作出决定。如未达成多数票,则应由首席仲裁员决定。如果经当事人或仲裁庭全体成员授权,程序问题可由首席仲裁员单独决定。

第 43 条规定了裁决的作出和对各方当事人的送达。如果仲裁庭就争议的实质问题作出裁决,或者如果各方当事人要求以裁决的形式记录他们之间达成的和解。只要内容符合法律规定,仲裁庭就可以以裁决书的形式记录当事人的和解。仲裁庭也可以作出临时裁决或部分裁决。裁决应以书面形式作出,并由仲裁庭成员签字。在有 1 名以上仲裁员的仲裁程序中,有仲裁庭所有成员中的多数签名即可,但必须在裁决书中说明任何遗漏签名的原因并由仲裁院举证证明。仲裁庭最迟应在程序结束后 45 日内向仲裁院提交裁决。仲裁院可在特殊情况下延长这一期限。在提交裁决后,如果各方当事人已经支付了整个仲裁过程中所需要的所有费用和开支的预付款,仲裁院应将裁决书交给各方当事人。

第 44 条规定了仲裁裁决书的内容。仲裁裁决书的内容应包括:(1)仲裁院的名称和案件编号;(2)当事人及其代理人的姓名和地址;(3)关于裁决所依据的理由,除非仲裁裁决书是根据和解协议作出的;(4)仲裁中涉及的费用的数额以及谁应承担这些费用的决定;(5)仲裁的地点和裁决的日期。仲裁裁决应被视为在其中所述的仲裁地点作出。签署仲裁裁决书的仲裁员可以对仲裁裁决书提出书面异议,该异议应放在案件档案中一个封闭的信封内。仲裁院院长如有正当理由,可允许审查异议意见。异议意见中不得包含有关仲裁员不公开审议的信息。如果裁决中没有指出执行的期限,则应立即执行。

第 45 条规定了仲裁裁决与具有法律效力的终局法院判决的效力相同。

第 46 条规定了在不作出裁决的情况下终结仲裁程序的情形。在下列情况下,仲裁庭应通过命令终结程序:(1)申请人不根据第17条的规定对仲裁申请书进行补正;(2)申请人不支付其预付的仲裁费份额或被申请人在仲裁院确定的期限内发出通知后仍未支付的份额;(3)仲裁庭确定其没有管辖权;(4)申请人撤回其申请,除非被申请人对此表示反对,而且仲裁庭承认被申请人在获得关于案情的裁决方面有合法利益;(5)当事人就终止程序达成一致;(6)当事人达成和解,但不要求以裁决的形式记录;(7)仲裁庭认为,出于任何其他原因,继续进行仲裁程序变得没有必要或不可能。第43条第2款、第3款和第44条第1款、第2款的规定应比照适用于终结令。通过命令终结程序并不影响当事人在新的程序中主张自己的权利。

(三)救济措施

2022年《HCCI附属仲裁院程序规则》第47条规定了裁决的更正、解释及补充。一方当事人可在收到裁决书后30日内,要求仲裁庭纠正裁决书中的任何笔误、印刷错误或任何计算错误。一方当事人可在收到裁决书后30日内要求仲裁庭对裁决书的某一点或某一部分作出解释。仲裁庭认为根据前款提出的请求有正当理由的,应在30日内作出更正或解释。仲裁庭认为有正当理由的,可将更正和解释的请求分别发给请求更正和/或解释的一方以外的对方当事人,规定不超过15日的陈述期限。在这种情况下,30日的期限应从仲裁院收到被请求方当事人向请求方当事人作出的陈述开始计算,如果没有作出陈述,则从为作出陈述而规定的期限到期后开始计算。如果更正涉及裁决的执行部分,则更正后的执行部分应被视为裁决的执行部分。对理由和解释有影响的任何更正应构成裁决理由的一部分。本条第1款所述的任何类型的错误,如任何一方当事人在裁决书作出之日起30日内未主动提出请求,仲裁庭可予以纠正。一方当事人可在收到裁决书后30日内,请求仲裁庭就仲裁程序中提出但在裁决书中遗漏的要求作出补充裁决。如果仲裁庭认为该请求是合理的,应在60日内作出补充裁决,必要时在听证的基础上进行。必要时,仲裁庭可将本节确定的对裁决作出更正、解释或补充的时间再延长最多30日。第43条至第45条的规定应比照适用于对裁决的更正、解释或补充。

2022年《HCCI附属仲裁院程序规则》第48条规定了救济程序。一方当事人提出撤销仲裁裁决的申请后,应在该仲裁开始后8日内将仲裁申请书的副本送交仲裁院。仲裁庭的任务随着裁决的作出或程序的终结而终止。但是,仲裁庭应继续进行旨在纠正或解释裁决的程序,作出补充裁决,或在中止撤销程序的情况下,消除撤销的理由。此外,如果各方当事人未在其仲裁协议中予以排除,则在重新审理程序的情况下,继续进行。参与作出裁决的仲裁员应参与旨在更正或解释裁决或作出补充裁决的程序,而不收取额外费用。如果在撤销仲裁裁决后应任何一方的要求继续进行的程序中,仲裁庭的组成保持不变,各方当事人没有义务支付应支付给仲裁员的任何费用,以及任何行政费用。如果在各方当事人(或仲裁院)指定仲裁员后,仲裁庭的组成发生变化,收费表中规定的新仲裁员的费用应由储备基金负担。由储备基金负担的支付应按照有关费用支付的规定进行。

(四)附则

2022年《HCCI附属仲裁院程序规则》第49条规定了仲裁的保密性。任何知道仲裁程序存在的人都应将仲裁程序的存在和与之相关的任何细节视为机密。仲裁院没有保密的义务。

2022年《HCCI附属仲裁院程序规则》第50条为免责声明。对损害赔偿或任何其他法律后果的责任,以及HCCI、仲裁院及其机关和雇员、仲裁庭及其成员在仲裁程序中的任何作为或不作为的任何赔偿责任均被排除,但由于故意违反职责或重大过失而造成的损害赔偿责任除外。

2022年《HCCI附属仲裁院程序规则》第51条为过渡性条款。本规则的规定应适用于生效之日或之后开始的仲裁。

(五)附件

附件1　简易程序分则

2022年《HCCI附属仲裁院程序规则》第52条规定了简易程序。

(1)如果当事人在仲裁协议中有明确约定,则应适用本分则的规定。

(2)如果适用本分则,《HCCI附属仲裁院程序规则》的规定应予适用,但与本分则内容有分歧的除外。

(3)为申请人补正规定的期限,自收到要求后不得超过15日。如果双方当事人同意适用本分则的规定,则无论争议金额多少,申请人都应全额支付仲裁费预付款。被申请人应在收到仲裁院的仲裁申请书后15日内提交其仲裁答辩书。经被申请人请求,这一期限最多可以延长8日。

(4)在简易程序中,除非各方当事人另有约定,否则应当由独任仲裁员进行审理。当事人约定由仲裁庭代替独任仲裁庭进行仲裁的,仲裁庭应按照本规则第21条的规定组成。本分则中关于独任仲裁员的规定也应适用于仲裁庭进行的程序。

(5)如果各方当事人未能在规定的提交仲裁答辩书的期限内共同指定独任仲裁员,仲裁院应在额外的8日内指定独任仲裁员。

(6)在简易程序中,申请人应在提交仲裁申请书的同时支付收费表中规定的注册费。仲裁费也应根据收费表确定。

(7)独任仲裁员应在不举行口头听证的情况下,根据各方当事人的陈述作出裁决。在提交仲裁申请书和陈述书之后,可允许双方当事人在最多15日的期限内各提交1份进一步的辩护材料。在有正当理由的情况下,独任仲裁员可例外地允许进一步提交材料。

(8)如果任何一方在准予提交仲裁答辩书的期限内提出举行听证会的书面请求,或独任仲裁员认为合理,则应举行口头听证。

(9)举行听证会时,听证会通知应送达各方当事人,这样各方当事人至少有8日时间为听证会做准备。

(10)如有可能,独任仲裁员应在收到提名或任命后3个月内结束简易程序。

(11)独任仲裁员应在程序结束后15日内向仲裁院提交裁决。

(12)如果案件涉及专家,则从指定专家的相关命令发布之日起,程序应继续进行,而不适用本分则。据此,独任仲裁员应继续进行仲裁,其先前的程序性行为应继续有效。

附件2　收　费　表

2022年《HCCI附属仲裁院程序规则》第53条为仲裁的收费表。

(1)注册费:25,000匈牙利福林。

(2)仲裁中涉及的费用由以下部分组成。

a)行政费

行政费

争议金额/匈牙利福林	行政费/匈牙利福林
0～5,000,000	1.5%,但最低不少于25,000
5,000,001～10,000,000	75,000 +争议金额5,000,000以上部分的1.3%
10,000,001～25,000,000	140,000 +争议金额10,000,000以上部分的1.2%
25,000,001～50,000,000	320,000 +争议金额25,000,000以上部分的1%
50,000,001～125,000,000	570,000+争议金额50,000,000以上部分的0.8%
125,000,001～250,000,000	1,170,000+争议金额125,000,000以上部分的0.7%
250,000,001～1,250,000,000	2,045,000+争议金额250,000,000以上部分的0.4%
1,250,000,001～5,000,000,000	6,045,000 +争议金额1,250,000,000以上部分的0.18%
5,000,000,001～	12,795,000 +争议金额5,000,000,000以上部分的0.01%

b)仲裁员费

仲裁员费

争议金额/匈牙利福林	仲裁员费/匈牙利福林
0～5,000,000	2.4%,但最低不少于40,000
5,000,001～10,000,000	120,000+争议金额5,000,000以上部分的2%

续表

争议金额/匈牙利福林	仲裁员费/匈牙利福林
10,000,001 ~ 25,000,000	220,000 + 争议金额 10,000,000 以上部分的 1.6%
25,000,001 ~ 50,000,000	460,000 + 争议金额 25,000,000 以上部分的 1.2%
50,000,001 ~ 125,000,000	760,000 + 争议金额 50,000,000 以上部分的 0.8%
125,000,001 ~ 250,000,000	1,360,000 + 争议金额 125,000,000 以上部分的 0.4%
250,000,001 ~ 1,250,000,000	1,860,000 + 争议金额 250,000,000 以上部分的 0.2%
1,250,000,001 ~ 5,000,000,000	3,860,000 + 争议金额 1,250,000,000 以上部分的 0.12%
5,000,000,001 ~	8,360,000 + 争议金额 5,000,000,000 以上部分的 0.007%

c)储备基金

储备基金

根据《AA》第 62 条第 1 款(g)项的规定	仲裁员费用的 2%

d)税收和关税

税收和关税

职责	争议金额的 1%,但最低不少于 5000 匈牙利福林,最高为 250,000 匈牙利福林
医疗保健捐款	仲裁员费用的 13%

(3)仲裁费包括管理费、仲裁员费、储备基金和税费。仲裁员费的数额和比例是指应付给 1 名仲裁员的费用。如果是 1 个仲裁庭,该费用应乘以仲裁员人数。首席仲裁员和独任仲裁员的费用是仲裁员费的数额增加 30%。在重审仲裁程序

的情况下,行政费和仲裁员费应是收费表中所示金额的50%。税收和关税应根据现行法律规定向国家支付。如果这些规定在仲裁程序中被修改,仲裁费也应相应修改。如果税收和关税增加,应根据仲裁院的要求预付差额。在税收和关税减少的情况下,差额应偿还给垫付的一方。

(4)如果仲裁庭没有按照本规则第43条第3款的规定在45日内向仲裁院提交其裁决,而且也没有要求延长这一期限,仲裁院有权减少仲裁员费。在减少仲裁员费的情况下,差额应支付给储备基金。

附件3　仲裁员的接受声明

以下签名者,______________________________

____

(邮政地址:______________________________

电子邮件:______________________________)

在此声明,在第××号案件中______________________________

____

□我同意根据并按照商业仲裁院的程序规则担任仲裁员。

□我拒绝担任本案的仲裁员。

□我声明,我是公正的,独立于各方的,并打算保持这种公正。我不知道任何可能影响我在本案中公正性和/或独立性的事实或情况,无论是过去还是现在。如果我在以后的程序中了解到任何此类情况,我将毫不迟疑地向各方当事人和仲裁庭的其他成员披露,并以独任仲裁员的身份向仲裁院披露。

□我声明,我是公正的,独立于各方的,并打算保持公正。然而,考虑到我的披露义务,我提请大家注意我的(i)与双方过去或现在的专业、商业或其他关系,以及(ii)其他情况,分别如下。

____

____

____

____

____

____

____

我声明,上述情况不影响我的公正性和/或独立性。如果我在以后的程序中了解到任何需要披露的情况,我将毫不迟疑地向各方当事人和仲裁庭的其他成员披露,并以独任仲裁员的身份向仲裁院披露。

我确认,我能够说高水平的仲裁程序语言,并具备履行仲裁员职责所需的任何其他语言技能。我还在了解 2022 年《HCCI 附属仲裁院程序规则》中的时间限制后确认,我可以投入必要的时间来履行我作为仲裁员的义务。

日期:________________

____

仲裁员

附件 4　仲裁院的调解规则

本调解规则自 2022 年 12 月 31 日起生效。

1. 由仲裁院进行的调解

(1)如果尚未启动仲裁程序,仲裁院可以在与争议有利害关系的各方之间进行调解程序;根据适用法律,该争议应属于仲裁院的管辖范围,无论各方是否缔结了仲裁协议。

(2)调解的目的是在与争端无关的独立和公正的第三人(调解人)的参与下,根据与争端有关的各方的协议,对争端达成友好的解决。调解员无权将争端的解决方案强加给各方。

(3)仲裁院通过其机构(主席团、秘书处)向各方和调解人提供行政协助,以促进快速和迅速地进行仲裁。

2. 本调解规则的适用范围

(1)本调解规则应适用于仲裁院的调解程序。

(2)当事人可以同意排除或偏离本调解规则的任何规定,只要这不会导致违反适用法律的强制性规定或独立、公正和公平、平等对待当事人的原则。

3. 调解程序的开始

(1)任何一方或各方可共同要求进行调解程序,并简要说明争端的主题事项。

除非各方另有约定,否则调解应被视为在争端各方要求进行调解程序的那一天开始。

(2)如果一方当事人请求调解,仲裁院应将该请求送达另一方当事人,并邀请其在30日内说明是否愿意参加调解。如果另一方当事人告知其拒绝参与程序,或在邀请书发出之日起30日内,以任何规定其传送记录的方式,或在邀请书规定的其他期限内未作答复,则发出邀请书的一方当事人可将此视为拒绝调解邀请。此外,在这种情况下,如果邀请书的收件人没有在上述期限内向仲裁院支付其应承担的调解费,并且请求调解的一方也没有代替另一方支付上述预付款,则应视为调解不成功。

(3)调解程序可以在任何数量的当事人参与下进行。

4. 调解员

(1)调解程序中应有1名调解员,除非各方同意有更多的调解员。如果有1个以上的调解员,调解员应联合行动。在适用本调解规则的情况下,联合行动的调解员也应被理解为调解员。

(2)各方可自由商定调解员的人选。经双方同意,各方可在任何时候更换调解员。当事人可以寻求仲裁院的帮助来选择调解员,仲裁院将根据当事人的要求推荐或任命调解员。

(3)如果各方当事人就调解员的人选达成一致,且2017年第LX号仲裁法案中规定的排除仲裁员的理由均不适用于调解员,仲裁院应指定各方当事人约定的调解员。如果各方当事人同意进行调解程序,但未就调解员的人选达成一致,仲裁院应首先从仲裁员名单中指定1名调解员。考虑到当事方提出的要求和案件的情况,并遵守独立和公正的原则。

(4)适用于仲裁员的初始和持续披露义务也应适用于调解员。

(5)调解员不得以法官、仲裁员、代理人、顾问、证人或专家的身份参与任何具有相同主题的法律纠纷的程序终止后启动的司法、仲裁或其他纠纷解决程序,以及同一合同或法律关系引起的法律纠纷。这并不影响根据本调解规则第11条的规定,在各方的共同要求下,将调解程序中达成的和解记录为仲裁裁决的可能性。

(6)如果没有适用于调解的法律的强制性规定或当事人没有相反的协议,调解员应对先前在调解员的参与下进行的与调解程序有关的所有信息保密。

5. 调解程序的进行

(1)调解员应始终寻求保持各方的公平和平等待遇，考虑调解员的公正和独立原则、案件的情况、各方的要求以及快速解决争端等因素。

(2)关于本调解规则未涉及的程序性问题，如果各方没有达成协议，调解员在与各方协商后，可在适用法律的强制性规定范围内，以其认为适当的方式进行调解。

(3)调解员可要求各方提供1份简短的书面摘要，说明争端的实质和他们的立场。调解员应举行有各方参与的会议，听取各方的立场并检查各方提交的文件。如果调解员认为有必要确定案件的事实，也可以根据各方的要求和双方的同意，听取或传唤其他自然人和法律实体及机构。在调解的任何阶段，各方都可以分别提交有关法律纠纷的信息和声明，以及任何支持性文件，包括与各方的目标、利益和动机有关的信息和文件。调解员可以与参与调解的其他各方分享从任何一方收到的有关争端的信息。然而，当调解员从某一方收到此类信息，其表示应对该信息进行保密时，不得向参与调解的其他各方披露所给信息。

(4)调解员可在程序的任何阶段要求各方进一步澄清或提出建议。

(5)除非各方另有约定，否则调解员可与每一方单独沟通。当调解员从某一方收到有关争议的信息时，调解员可以向调解的任何其他一方披露该信息的内容，除非提供信息的一方要求对其进行保密。

(6)调解员在征得各方同意后，可指定1名专家，费用由各方承担。

(7)调解员可在调解程序的任何阶段向各方提出解决争端的建议。

(8)在进行调解时，调解员可在与各方协商并考虑到争端的情况下，利用其认为适当的任何技术手段，包括通过电子手段与各方进行远程通信和会议。

6. 会议记录

除非各方另有约定，调解员应在整个程序中保持对所有会议的记录，包含会议的实质内容。调解员应签署此类会议记录。如果各方达成协议，经各方要求，调解员应在会议记录中记录。

7. 代理

当事人可以亲自或通过代理人参加诉讼并履行程序性行为，他们可以得到任何人员的协助。2022年《HCCI附属仲裁院程序规则》中关于代理人的规定也应比照适用于调解程序。如果一方当事人有其他人代理或协助，应立即将这些人的姓名、地址和职能告知所有各方和调解员。

8. 其他程序中的信息和证据的可接受性

(1)一方邀请参与调解,一方愿意参与调解的事实,在调解过程中作出的声明和承认,与此相关的就解决争端所表达的观点和提出的建议,调解员向各方提出的建议,一方表示愿意接受这些建议(或其部分)的事实,以及为调解程序而准备的文件,除其形式外,在以后最终的司法、仲裁或其他争端解决程序中对各方不具有约束力,任何人都不得依赖这些信息,不得将其作为证据,无论该程序是否与调解程序的主题有关。这也应适用于在调解程序中引入的证据,除非所述一方可以获得并依赖这些证据,而不考虑调解程序。这种证据在仲裁、司法或其他争端解决程序中可进一步被接受,除了它已被用于调解的事实。

(2)前款中提到的信息和证据在实施或执行和解协议所需的范围内,可作为证据予以披露和信赖。

9. 调解程序的保密性

与调解程序有关的所有信息,包括任何解决方案,都应予以保密,不得向第三方提供这些信息,除非各方另有约定,或有关调解的法律的强制性规定要求披露这些信息,或为了实施或执行和解协议而披露这些信息。

10. 终结调解程序

调解程序终结,当

(1)调解员向仲裁院提交各方达成并签署的和解协议或记录和解协议的会议记录。

(2)调解员以书面声明的形式通知仲裁院,任何一方在致调解员并同时致另一方的书面声明中或在程序记录中要求终结程序。

(3)调解员以书面声明的形式通知仲裁院,各方已通知他或她同意终结调解程序。

(4)调解员在事先通知各方后,以书面声明的形式通知仲裁院调解程序不成功。

(5)强制性法律规定、法院命令或双方商定的任何强制性期限届满时。

11. 和解及其在仲裁裁决中的记录

(1)一旦各方在调解程序中就解决全部或部分争端的和解条款达成一致,他们应准备并签署 1 份和解协议。应各方当事人的要求,调解员可协助他们准备和解协议,并将其记录在其与各方当事人会面时拟定的会议记录中。和解的结束协议应以仲裁院在会议记录上盖章为证。

(2)当事人可以要求将他们达成的和解记录在仲裁裁决中。在这种情况下,作为仲裁员的调解员可以根据2022年《HCCI附属仲裁院程序规则》第43条第1款和第44条第1款c项将当事人的和解记录在仲裁裁决中。如果在调解中没有达成和解协议,调解员不得在此后的仲裁程序中担任仲裁员。

12. 注册费和调解费

(1)作为启动调解程序的前提条件,各方应支付不可退还的注册费。注册费的金额应与收费表规定的注册费的金额相同。

(2)对于调解程序,当事人应支付调解费,这是用于支付与进行调解程序有关的费用,特别是针对调解员的费用和支出以及仲裁院及其机构所做的工作和提供的服务。调解费由仲裁院根据争议的金额和案件的复杂程度确定。调解费不得高于由独任仲裁员进行相同争议金额的仲裁费用的50%。

(3)注册费和调解费应由当事人平均承担。

(4)发起调解的一方应在发起调解的同时,支付其预付的注册费和调解费份额。如果另一方当事人不参加调解程序,仲裁院应在扣除注册费后,将已支付的预付款退还给已支付该预付款的一方或多方。

(5)如果另一方或多方没有支付各自的调解费预付款份额,发起调解的一方可以支付该份额的预付款。

(6)2022年《HCCI附属仲裁院程序规则》中关于语言使用的规定也应适用于调解程序。

(7)各方应自行承担与调解程序有关的其他费用。

13. 免责声明

对损害赔偿或任何其他法律后果的责任,以及HCCI、仲裁院、机构和雇员以及调解员在调解程序中的任何作为或不作为的赔偿责任均被排除,但因故意违反职责或重大过失而造成的损害赔偿责任除外。

14. 过渡性条款

本调解规则的规定应适用于在其生效之日或之后开始的调解程序。

三、根据2018年《HCCI附属仲裁院程序规则》进行仲裁的指南

2022年《HCCI附属仲裁院程序规则》使当事人和仲裁员能够非常灵活地进

行仲裁,而不需要确定具体的程序方式和过程。由于2022年《HCCI附属仲裁院程序规则》的开放性,当事人和仲裁庭可以根据特定仲裁的特点和要求,制定有效的仲裁程序。商业仲裁院订立指南,旨在为根据《HCCI附属仲裁院程序规则》进行仲裁时提供实际指导,并作为如何成功进行仲裁程序的蓝图。由于2022年《HCCI附属仲裁院程序规则》于2022年12月31日生效,尚未根据该版本指定指南,暂且参考基于2018年《HCCI附属仲裁院程序规则》制定的指南。

(一)仲裁员的任命与仲裁庭的组成

2018年《HCCI附属仲裁院程序规则》第Ⅱ.2节“仲裁庭的组成”详细规定了仲裁员的任命。当事人可以提名仲裁员,这是仲裁中最重要的基本权利之一。当事人指定的仲裁员(或应当事人要求或因其缺席而由仲裁院为其指定的仲裁员)选出仲裁庭的首席仲裁员。仲裁院收到当事人提名的仲裁员和首席仲裁员的接受声明后,应视为仲裁庭已经组成(2018年《HCCI附属仲裁院程序规则》第29条)。

通过签署接受声明,仲裁员承诺在特定的仲裁中独立、公正地履行其职责,具有较高的专业水平和所需的语言技能。仲裁员还必须保证,在整个仲裁过程中,其能够投入必要和合理的时间来履行作为仲裁员的义务,并且没有其他职责妨碍其这样做。如果其在这些要求中的任何一个方面出现问题,则不应接受该任命。

作为一般原则,仲裁员应在接受任命时以及在仲裁过程中的任何时候披露可能对其公正性或独立性产生合理怀疑的任何情况。披露并不意味着存在任何冲突——尽管有披露的事实,但作出披露的仲裁员自身被认为是独立和公正的。关于这个问题,IBA发布了《IBA国际仲裁利益冲突准则》,该准则虽然不是2018年《HCCI附属仲裁院程序规则》的一部分,但应作为仲裁员在任何情况下应遵循的一般标准。

针对仲裁员提出的回避和回避程序分别由2018年《HCCI附属仲裁院程序规则》第27条和第28条规定。

在有独任仲裁员的程序中,如果各方当事人不能就独任仲裁员的人选达成一致,独任仲裁员应由仲裁院院长指定(2018年《HCCI附属仲裁院程序规则》第21条第3款)。

根据2018年《HCCI附属仲裁院程序规则》第29条第2款的规定,“仲裁庭从其组成起就应采取进行仲裁所需的一切措施,据此可寻求仲裁院各机构的协助”。

秘书处协助当事人和仲裁庭处理与仲裁程序有关的任何问题，为解决技术—组织任务提供支持。

(二)提交材料与通信

在商事仲裁院进行的仲裁程序中，提交材料的顺序以及仲裁庭裁决和其他通信的交付在2018年《HCCI附属仲裁院程序规则》第3条“提交材料、交付、时限”中作了规定。仲裁庭组成后，可决定除秘书处在程序初期已提请当事人注意的仲裁申请书和仲裁答辩书外，当事人还应当或可以提交哪些进一步的文件。

重要的是，当事人与仲裁庭、仲裁院之间的通信方式和途径应在程序开始时确定。2018年《HCCI附属仲裁院程序规则》第3条第5款规定，书面通信也应同时以电子形式(电子邮件)发送。为此，所有当事方及其代理人，以及仲裁员应向仲裁院提供其电子联系方式。

(三)期限、仲裁过程的首个程序性命令

在商事仲裁院的实践中，仲裁庭应就特定仲裁确定其基本方式和过程，同时要考虑到各方当事人就程序性问题商定的条款。尽管在许多情况下，不可能事先确定程序的所有步骤，但最好是制定一个程序时间表，至少在第一次开庭前预示程序的进程。进一步的问题也可以在以后的时间里确定。为了适当地准备开庭，仲裁庭可以发出程序性命令，并根据2018年《HCCI附属仲裁院程序规则》第36条的规定举行案件管理会议，以确定程序中适用的规则。

由于仲裁的性质，在实践中，当事人可以自行或应仲裁庭的邀请就某些程序性问题达成协议，并应遵守商定的条款(除非仲裁庭提出的建议被所有当事人接受)。如果当事人不能达成协议，在了解当事人的立场后，仲裁庭应采取其认为适当的程序性措施。

除非仲裁庭根据案情决定直接开庭，否则仲裁庭应在其成立后的30日内，在与各方当事人举行的案件管理会议上确定程序时间表以及适用的程序规则。程序时间表使仲裁庭能够确定与各方当事人商定的提交进一步文件的期限，确定开庭日期，也可能确定作出最终裁决的时间，以及确定认为必要的任何其他程序性行为。仲裁庭应将程序时间表和对其进行的最终修正告知当事人和仲裁院秘书处。

确定程序时间表的目的是在仲裁庭的程序开始时就设定一个明确的时间框架，这样可以更有效地进行规划，从而更快地进行程序。鉴于2018年《HCCI附属仲裁院程序规则》第5条规定,仲裁庭应尽可能在其组成后的6个月内结束程序,因此精心准备的程序时间表也非常重要。

(四)高效、快速地进行仲裁,平等对待各方当事人

仲裁庭应按照2018年《HCCI附属仲裁院程序规则》和当事人的协议进行仲裁,同时以符合成本效益的方式进行,确保公平和有效地解决争端。

为了提高成本效益,仲裁庭应考虑到在诉讼过程中不出现不必要的费用或与争议金额不成比例的高额费用。此外,仲裁庭应牢记采取程序性行动和措施,避免不合理的拖延。

在确定仲裁期限时,仲裁庭应注意以迅速和具有成本效益的方式进行仲裁的要求,同时在平等待遇原则的基础上给予每一方当事人合理和公平的机会,在程序的适当阶段陈述自己的观点。

上述内容于2018年《HCCI附属仲裁院程序规则》第36条加以规定,仲裁庭应在程序的初始阶段与各方当事人达成协议,或在与各方当事人协商后就主要程序问题和行动发布命令。鉴于此,仲裁庭可与各方当事人举行案件管理会议,讨论将列入第一份程序令的问题和程序规则,目的是以书面形式记录预定的、商定的程序进程。作为一项规则,第一份程序令包括程序时间表和每个程序行为的期限。

(五)案件管理会议

案件管理会议的拟议议程:

会议记录/备忘录。

申请人vs被申请人;在(地点),于(日期)。

(1)首席仲裁员宣布会议开始。

(2)分别介绍仲裁各方及其代理人,核实确切姓名和地址。

(3)有待解决的潜在程序性问题(如果各方尚未处理)。

—仲裁的地点;

—仲裁的语言;

—任何关于指定仲裁庭的问题;

—关于仲裁院管辖权的任何问题。

(4)程序时间表。

(5)仲裁程序的分歧。

(6)书面材料。

—提交的数量和顺序;

—翻译(如果有的话);

—文件的副本和编号;

—当事人与仲裁庭和仲裁院之间的通信方式和手段,各方送达地址。

(7)关于取证的动议,最终以国际仲裁实践中确立的原则(《IBA 国际仲裁利益冲突准则》或其他)完成程序规则的制定。

—证据的出示;

—听取证人的证词[书面证词,对证人进行(交叉)询问];

—当事人提出的书面的私人专家意见,听取和询问当事人的专家证人。

(8)各方在仲裁期间的预期行为。

—保密性。

(9)口头听证会的准备安排。

—进行会议记录方式;

—书面文件的翻译;

—解释。

(10)任何其他程序性问题。

(六)听证会

1. 听证会的启动

2017 年第 LX 号仲裁法案第 36 条第 1 款规定,"除非各方当事人另有约定,仲裁庭可决定是否举行听证会以陈述观点和证据"。(根据 2018 年《HCCI 附属仲裁院程序规则》第 52 条制定的"简易程序分则"是这一规定的例外规定,不应举行口头听证为其基本规则,除非任何一方提出书面请求,或程序的唯一仲裁员认为这是合理的。)

2018 年《HCCI 附属仲裁院程序规则》第 36 条和第 37 条规定了准备和组织口头听证的规定,包括适用于当事人参与和任何人出席听证会的规则(2018 年《HCCI 附属仲裁院程序规则》第 37 条第 2 款)。

仲裁庭可邀请各方当事人提交书面陈述、证据及其认为必要的任何其他文件;仲裁庭可就某些问题作出初步决定;仲裁庭可决定获取专家证据或听取各方当事人就事实提出的证人的证词(2018 年《HCCI 附属仲裁院程序规则》第 36 条第2款)。

为了对开庭进行适当的安排,仲裁庭可以在开庭时间、提供开庭室(hearing-room)或其他技术—组织任务方面寻求仲裁院秘书处的帮助。通知各方当事人出庭的命令应送达各方当事人,以便他们至少有15日的时间来准备开庭。

根据2018年《HCCI附属仲裁院程序规则》第2条的规定,听证会的地点原则上是布达佩斯,即仲裁院的所在地和听证室;但是,如果有必要或应当事人的要求,听证会也可以在其他一些地方举行。

2. 听证会的时间要求

仲裁庭应努力尽可能高效、快速地进行程序,为此,应尽快确定开庭日期。根据2018年《HCCI附属仲裁院程序规则》第5条的规定,仲裁庭应尽可能在其组成后的6个月内结束程序(但能否做到这一点在很大程度上取决于各方当事人的合作意向,也取决于案件的复杂程度)。

3. 出席人员

仲裁庭应在第一次开庭时提请当事人注意,根据2017年第LX号仲裁法案第36条第7款,以及2018年《HCCI附属仲裁院程序规则》第37条第2款和第49条的规定,仲裁程序是不公开的,在程序过程中提供的任何细节和数据都应是保密的,构成当事人的商业秘密。除非双方当事人有明确的相反约定,否则他们应将程序中收到的信息和作出的决定视为机密,不得向第三方提供任何信息,不得向公众披露任何决定的内容。

鉴于上述情况,可以出席听证会的人员范围被合理地限制在那些对听证会的公平和有效进行有重要意义的人的身上。因此,除仲裁庭成员、各方当事人和/或其代理人、记录秘书、有时存在的翻译人员、专家和证人外,只有在仲裁员和所有各方当事人同意的情况下,其他人员才能参加。关于当事人的适当代理权的规定载于2018年《HCCI附属仲裁院程序规则》第6条。

4. 听证会记录

根据2017年第LX号仲裁法案第36条第6款,以及2018年《HCCI附属仲裁院程序规则》第37条的规定,在仲裁院秘书处为其提供记录秘书的口头审理期间应起草会议记录。编写会议记录的方式应由仲裁庭决定。

在商事仲裁院的实践中,通常情况下,不对口头听证会作逐字记录,而是由首席仲裁员对所有讲述的内容进行总结并口述给记录秘书。然而,在某些情况下,可能需要逐字录音，在这种情况下，仲裁庭可下令对听证进行录音。由仲裁庭所有成员签名的会议记录副本也应分别送达各方当事人。

使用仲裁程序中的语言对听证会进行记录，意味着在商业仲裁院基本使用匈牙利语、英语或德语。如果程序是以这些语言中的任何一种进行的，不会产生额外的仲裁费用。如果为不理解仲裁语言的一方当事人、专家或最终的仲裁员安排笔译/口译，则应适用2018年《HCCI附属仲裁院程序规则》第4条的规定，这可能导致仲裁和/或口头听证的费用和时间大大增加。

（七）取证

2018年《HCCI附属仲裁院程序规则》第40条规定了如何出示文件和任何其他证据，如何进行取证程序，包含与任命专家和获取专家证据有关的问题的详细规定。在这方面，强烈建议考虑IBA于2010年5月通过并在国际仲裁中广泛适用的《IBA国际仲裁取证规则》（以下简称IBA规则）。仲裁庭也可以依职权取证，如果当事人没有提出这样的动议。

如果仲裁庭根据任何一方当事人的动议或依职权命令指定1名专家，应在命令中确定专家的职责，准确给出专家应编写书面意见的具体问题。该命令的副本也应同时发送给各方当事人。除仲裁庭指定的专家外，各方当事人还可指定私人专家，在仲裁期间，为了作出正确的决定，仲裁庭可通过在口头听证会上向所有专家提问来交叉审查专家意见。

2018年《HCCI附属仲裁院程序规则》第40条规定，为了确定有争议的事实并全面了解与争议裁决有关的情况，仲裁庭有权决定是否希望在听证会上听取证人的口头证词；同时，根据第39条、第40条第2款的规定，仲裁庭有权根据其掌握的文件和证据作出裁决，即不听取证人证词。

（八）仲裁终结

在听证会结束时（或可能在专门为此设置的最后一次听证会上），各方当事人可以作最后陈述，仲裁庭听取各方当事人的结案陈词，或者仲裁庭要求各方当事人提交听证后陈述，以书面形式对其法律立场和相关证据进行总结。

在最后一次庭审结束时，或在收到庭审后的简报后，仲裁庭应宣布取证结束，并按照2018年《HCCI附属仲裁院程序规则》第41条第1款的规定，以裁决方式结束程序。程序终结后，仲裁庭应最迟在45日内向仲裁院提交其裁决。仲裁院将把裁决书交付给各方当事人，前提是已经支付了所有仲裁费用和开支的预付款

(2018 年《HCCI 附属仲裁院程序规则》第 43 条第 3 款)。

关于仲裁裁决的内容、形式和交付的规定在 2017 年第 LX 号仲裁法案第 44 条和 2018 年《HCCI 附属仲裁院程序规则》第 42 条至第 44 条中。仲裁裁决应与国家法院的最终且有约束力的判决具有同等效力。

根据 2018 年《HCCI 附属仲裁院程序规则》第 46 条的规定,仲裁程序的终结可以依职权进行,也可以应当事人的要求,在不作出裁决的情况下,根据其中规定的理由,以命令的方式进行。如仲裁程序是通过命令终结,当事人有权在新的程序中最终提出他们的要求。

(九)救济措施

2018 年《HCCI 附属仲裁院程序规则》第 47 条载有关于更正、解释和补充具有法律约束力的最终仲裁裁决的规定。考虑到不得对仲裁裁决提出上诉,普通法院只可在为撤销仲裁裁决而启动的程序中审查仲裁裁决。2017 年第 LX 号仲裁法案第 47 条列出了确定撤销仲裁裁决的理由。

2017 年第 LX 号仲裁法案第九章规定允许在收到仲裁裁决后 1 年内申请再审,只要当事人事先没有在其仲裁协议中排除这种可能性(与 2018 年《HCCI 附属仲裁院程序规则》中包含的示范仲裁条款相反)。

对于仲裁裁决的执行,应适用 2017 年第 LX 号仲裁法案第十章中的规定。

(十)仲裁费和费用

仲裁费的数额应由仲裁院秘书处在申请人向仲裁院提交仲裁申请书时按争议金额的比例确定。根据 2018 年《HCCI 附属仲裁院程序规则》第 10 条第 1 款,以及第 17 条第 2 款和第 18 条第 6 款的规定,申请人和被申请人应被要求以同等份额支付仲裁费的预付款,即最低金额 ~ 仲裁费的 50%。申请人可自行选择支付仲裁费总额的预付款,申请人的这一声明可列入其仲裁申请书中。如果被申请人未能履行支付预付款的要求,申请人也应支付被申请人的份额。1990 年第 XCIII 号仲裁法案第 55 条规定的税收和关税构成了仲裁费的一部分,并在仲裁结束后由仲裁院转入国家税务局的账户。

关于仲裁费和费用的承担,仲裁庭应根据 2018 年《HCCI 附属仲裁院程序规则》第 11 条至第 13 条的规定,在其最终决定(裁决书/终止令)中作出决定。仲裁费用和成本的账目,包括仲裁员费用、行政费、应向国家支付的税收和关税、专家和其他费用,由仲裁院秘书处在向各方当事人交付最终决定后结算。

（十一）仲裁中可预期的参与者的行为

仲裁庭、当事人及其代理人应遵守正确、正直和诚实的最高标准，以荣誉、礼貌和专业精神行事，并鼓励所有其他参加仲裁程序的人也这样做。但是，仲裁员或可能的仲裁员不得与一方当事人或当事人代理就仲裁进行单方面的交流。

可能的仲裁员可以与一方当事人或一方代理进行单方面的沟通，以分别确定其专业知识、技能、经验和是否可以接受邀请，以及是否存在任何潜在的利益冲突。

在各方当事人同意的情况下，仲裁员可以为选举仲裁庭首席仲裁员的目的与各方当事人或当事人代理进行单方面的交流，但在这种单方面的交流中，仲裁员或可能的仲裁员应避免对争端的实质问题发表任何意见。

第四节　匈牙利特色仲裁制度的介绍与分析

2017年5月30日，匈牙利议会通过第LX号仲裁法案，取代了1994年起施行的第LXXI号仲裁法案。2017年第LX号仲裁法案以《联合国国际贸易法委员会国际商事调解示范法》为蓝本，但进行了不少重大修改。该法案于2018年1月1日生效，自生效之日起在匈牙利进行的所有仲裁程序均适用该法规定。并且，2022年《HCCI附属仲裁院程序规则》通过，进一步细化了匈牙利仲裁程序性规则。新仲裁法和《HCCI附属仲裁院程序规则》中出现一些典型、特色之处。

一、尊重仲裁当事方的意思自治

2017年第LX号仲裁法案带来的最大变化是为匈牙利商事仲裁引入了全新的框架机制——自2018年1月1日起，新设立的商事仲裁院成为匈牙利全国范围内具有普遍管辖权的常设仲裁机构，取代了现有的所有其他仲裁机构（体育仲裁院以及农业仲裁院除外）。这意味着商事仲裁院成为匈牙利商会下属仲裁院的继承者，也意味着原有的其他常设仲裁机构，如能源仲裁院、货币与资本市场常设仲裁院自2018年1月1日起解散，已提起的、尚未审理完毕的仲裁程序将自动转入商事仲裁院。商事仲裁制度非常尊重当事人的意思自治。因此，匈牙利的仲裁制度体现了浓厚的自治、合意色彩。这主要反映在：

第一，当事人可以通过协商自主确定仲裁庭所适用的规定以及作出仲裁裁决的机关。2022年《HCCI附属仲裁院程序规则》规定，经仲裁双方当事人同意，只要不违反仲裁地法律的强制性规定,当事人可以不遵守该规则中关于如何在仲裁庭进行仲裁的任何规定。而且,该规则第32条进一步规定,争议应根据各方商定的法律规则来作出裁决。关于当事人可以选择作出仲裁裁决机关的问题,2017年第LX号仲裁法案规定,除该法案第41条外,该法案的规定允许双方当事人自由决定授权第三人或其他组织作出仲裁裁决。

第二,2017年第LX号仲裁法案第5条规定,当事人可以通过自身的行为放弃反对权,即当事人在知道该法案中双方可能豁免的任何条款或仲裁协议中的任何要求未得到遵守的情况下,仍继续参与仲裁,且未在规定期限内提出异议的,应视为对其放弃所享有的反对权。此外,2017年第LX号仲裁法案中还规定,当事人可以通过意思自治达成合意,以排除临时措施的适用。

第三,2017年第LX号仲裁法案第33条规定,仲裁当事人对仲裁语言享有自主选择权。也就是说,仲裁的各方当事人可自主协商确定仲裁程序中使用的一种或多种语言。如果仲裁的双方当事人没有在事前就此进行协商确定,才由仲裁庭应确定程序中的要求,确定使用的一种或多种语言。

第四,仲裁当事人对仲裁人员享有自主选择权。在匈牙利,仲裁的双方当事人可以选择不在仲裁员名册上的仲裁员。这使得仲裁的双方当事人也可以自由选择70岁以上的仲裁员,即使该仲裁员并不在这些名册中。更有甚者,这些仲裁员也可以担任某个仲裁庭的首席仲裁员。

二、仲裁程序借鉴民事诉讼程序

仲裁与诉讼都是解决纠纷的程序,两者在申请及其通知、听证、取证等方面的程序存在相通之处,但是两者的程序还是存在诸多差别,并且每个仲裁机构还会针对本仲裁机构的具体情况制定一些仲裁程序性规则。匈牙利的仲裁程序却独有特色,较为深入地借鉴了民事诉讼法中的程序性规定。这主要体现在:

第一,2017年第LX号仲裁法案允许作为仲裁协议非当事方的外部当事人作为仲裁程序当事人加入仲裁程序。

第二,2017年第LX号仲裁法案的规定可以根据非可归咎于申请人的原因导致原审未采纳的事实或证据申请对仲裁案件进行再审。

第三,2017年第LX号仲裁法案规定了仲裁员重新选任规则。该法案规定,仲裁裁决撤销后,如果重新仲裁,当事人应重新选定仲裁员。

三、仲裁程序中规定了临时措施

2017 年第 LX 号仲裁法案第五章对临时措施作了较为具体、细致的规定，其中包含采取临时措施的决定、临时措施的执行、拒绝执行临时措施的理由等内容。其第 18 条第 1 款规定，除非仲裁程序的当事方另有约定外，仲裁庭可根据其中一方当事人的请求，以命令的方式，批准采取临时措施。

并且，第 18 条第 2 款进一步规定了临时措施的作用。仲裁庭通过在发布最终裁决前，采取临时措施，以达到以下目的：第一，在争端解决之前维持或恢复原状；第二，避免采取可能造成损害或妨碍仲裁程序的措施；第三，采取措施保护作为履行仲裁裁决依据的资产，或提供与其价值相对应的保险；第四，保存可能与争议解决相关的证据。

2022 年《HCCI 附属仲裁院程序规则》对临时措施进行了更详细的规定。其中第 33 条规定了仲裁中采取的临时措施，临时措施的请求应送交至仲裁的另一方当事人手中，征求其意见。仲裁的一方当事人可在其临时措施请求中请求仲裁庭责令另一方当事人遵守临时措施，而无须事先通知另一方当事人或听取其意见，只要仲裁庭认为事先向临时措施所针对的一方当事人送达临时措施请求有可能使该救济的目的落空，就可以批准初步命令。

第五节 匈牙利仲裁法律制度的评析

在匈牙利，仲裁有着长期的传统，且其仲裁法律制度与该国经济生活的发展要求协调一致。最初，匈牙利仲裁法律制度的基础是由该国关于民事诉讼的 1911 年 1 号法令规定的。[1] 随着匈牙利国家经济的不断发展，其仲裁制度也在不断地调整与完善。根据上述章节的详细分析可知，匈牙利仲裁法律制度主要由 2017 年第 LX 号仲裁法案等国内仲裁法律，《纽约公约》《华盛顿公约》等有关国际投资纠纷解决的多边条约，1991 年《中匈投资协定》、1988 年《匈韩投资协定》等与他国签订的有关鼓励和相互保护投资的双边条约组成。本节主要选取匈牙利国内现行的仲裁法案，以及匈牙利与他国订立的双边条约进行简要评价。

---

〔1〕 参见中国社会科学院法学研究所民法研究室编：《外国仲裁法》，中国社会科学出版社 1982 年版，第 444 页。

一、匈牙利国内现行仲裁法案的评析

当前,匈牙利国内现行的仲裁法案是2017年第LX号仲裁法案。2017年第LX号仲裁法案是根据2006年《示范法》而修订的,其与之前的1994年第LXXI号仲裁法案相比增加了许多新的规定:(1)详细规定了仲裁庭的临时措施。(2)允许介入者(对仲裁结果享有法律利害关系的外部当事人)加入仲裁程序,并支持仲裁程序中的一方当事人。介入者享有申请取证的权利。(3)允许为作为仲裁协议非当事方的外部当事人作为仲裁程序当事人加入仲裁程序,如果其请求或针对其的请求无法与仲裁程序所审理的请求相分割。(4)借鉴民事诉讼程序,规定可以根据非可归咎于申请人的原因导致原审未采纳的事实或证据申请对仲裁案件进行再审。(5)仲裁裁决撤销后,如果重新仲裁,当事人应重新选定仲裁员。2017年第LX号仲裁法案带来的最大变化是为匈牙利商事仲裁引入了全新的框架机制,自2018年1月1日起,新设立的商事仲裁院成为匈牙利全国范围内具有普遍管辖权的常设仲裁机构,取代了现有的所有其他仲裁机构(体育仲裁院以及农业仲裁院除外)。这意味着商事仲裁院成为匈牙利商会下属仲裁院的继承者,也意味着原有的其他常设仲裁机构,如能源仲裁院、货币与资本市场常设仲裁院将自2018年1月1日起解散。目前已提起的、尚未审理完毕的仲裁程序将自动转入商事仲裁院。

二、匈牙利与他国双边条约的评价

匈牙利分别与中国和韩国订立的双边条约,是关于鼓励和相互保护投资双边条约的范本。通过比对两个双边条约可以发现,两者在内容设计上具有高度的一致性。1991年《中匈投资协定》和1988年《匈韩投资协定》均有10余条的规定,在内容上均包括对“投资”“投资者”等相关名词的定义,双边条约的适用范围,缔约方所应承担的义务,公平待遇和保护,禁止性规定,转移投资和收益,缔约方及其代理机构的代位权,因双边条约的解释和适用而产生的纠纷的解决方式,因投资而产生的纠纷的解决方式,从优适用规则,缔约方之间的会谈和磋商,双边条约的生效、有效及终止等。

匈牙利与他国订立的双边条约均对两种纠纷的解决方式作出了大篇幅的详细规定。第一种纠纷是因双边条约的解释和适用而产生的纠纷。针对这一纠纷,两个双边条约均首先规定了通过外交渠道协商解决的方式,由此可见,外交渠道在解决国家与国家之间纠纷方面有重要地位。除外交渠道外,两个条约还规定了特设仲裁庭解决的方式,并详细规定了该特设仲裁庭的仲裁员组成、自行决定仲裁程序、以多数票作出终局裁决等内容。第二种纠纷是因投资而产生的纠纷。针对这一纠纷,两个双边条约所规定的解决方式有所不同。1988年《匈韩投资协定》规定首先应尽可能以友好的方式解决,若不能友好解决,提交至1965年《华盛顿公约》设立的ICSID。而1991年《中匈投资协定》直接规定将争议提交仲裁庭,注意该仲裁庭并非上述提及的ICSID。并且,规定了该仲裁庭的仲裁员组成、自行决定仲裁程序、以多数票作出终局裁决等内容,值得注意的是,这些内容与解决双边条约解释和适用的纠纷的特设仲裁庭的相关规定一致。

第六节 中匈司法协助

中国和匈牙利在相互尊重主权和平等互利的基础上,为加强两国在司法领域的合作,决定缔结关于民事和商事司法协助的条约,于1995年签署《中华人民共和国和匈牙利共和国关于民事和商事司法协助的条约》(以下简称《中匈司法协助条约》)。

《中匈司法协助条约》第一章"总则"作出整体规定。《中匈司法协助条约》第1条规定了缔约方间的司法保护。第1条第1款规定,缔约一方国民在缔约另一方境内,享有与缔约另一方国民同等的司法保护。第2款规定,缔约一方国民可以在与缔约另一方国民同等的条件下诉诸缔约另一方司法机关。第3款规定,除第3条规定外,本条约关于缔约双方国民的规定亦适用于根据缔约任何一方法律成立的,且主事务所在该方境内的法人。

《中匈司法协助条约》第2条规定了诉讼费用保证金的免除。对于在缔约一方境内的缔约另一方国民,不得因其是外国人或无住所或居所而令其提供诉讼费用保证金。

《中匈司法协助条约》第3条规定了诉讼费用的减免。第3条第1款规定,缔约一方国民在缔约另一方境内,应在与该缔约另一方国民同等的条件下和范围内享受诉讼费用的减免。第2款规定,本条第1款规定的费用减免所需的有关申请人个人情况及其财产状况的证明,由申请人住所或居所所在地的缔约一方的主管机关出具。如果申请人在缔约双方境内均无住所或居所,则由其本国的外交或领事代表机关出具证明。

《中匈司法协助条约》第4条规定了联系途径。在司法协助过程中,缔约双方的司法机关通过各自的司法部进行联系。

《中匈司法协助条约》第5条规定了适用的文字。除第8条第2款和第19条第6项的规定外,司法协助的请求及其附件应用请求一方的文字写成,并附有被请求一方文字或英文的译文。

《中匈司法协助条约》第二章规定了送达文书和调查取证。《中匈司法协助条约》第6条规定了送达文书和调查取证的范围。就本章而言,送达文书,是指送达司法文书和司法外文书;调查取证,是指询问诉讼当事人、证人、鉴定人,进行鉴定和司法勘验以及完成其他与调查取证有关的司法行为。

《中匈司法协助条约》第7条规定了送达文书和调查取证的请求书。第7条第1款规定,请求书应包括以下内容:(1)请求机关的名称。(2)已知的被请求机关的名称。(3)有关人员或其代理人的姓名、地址;如系法人,则该法人的名称和地址。第2款规定,除前款所列各项外,调查取证的请求书还应包括以下内容:(1)请求所涉及案件的情况说明;(2)有关人员的国籍、职业、出生地和出生时间;(3)请求的性质以及执行请求所需的其他说明。

《中匈司法协助条约》第8条规定了送达文书。第8条第1款规定在实施送达请求过程中,被请求机关适用本国的法律。第2款规定,如果所送达的文件未附被请求的缔约一方文字的准确译文,则被请求机关只有在受送达人自愿接受时方予送达。第3款规定,被请求机关应根据其有关的法律规定证明文件的送达,证明中应注明送达的地点和时间。第4款规定,如果不能按请求书所示地址找到受送达人,被请求机关应采取必要措施确定其地址。第5款规定,如果被请求机关无法执行请求,则应通知请求机关并说明妨碍执行的原因。第6款规定,缔约双方也可在受送达人自愿接受的情况下通过其外交或领事代表机关向在缔约另一方境内的本国国民送达文件。

《中匈司法协助条约》第9条规定了调查取证请求的执行。第9条第1款规定,在执行请求过程中,被请求机关适用其本国法律;应请求机关的要求也可采取请求书所指定的方式,但以不违反本国法律为限。第2款规定,如果被请求机关不是执行请求的主管机关,应立即将请求送交主管机关并告知请求机关。第3款规定,如果请求书提供的地址不准确,或者有关人员不在所提供的地址居住,被请求机关应努力确定其准确地址,必要时可要求请求机关提供补充说明。第4款规定，被请求机关应将执行请求的结果通知请求机关，并随附所获得的证据。第 5 款规定，如果请求无法执行，被请求机关应将文书退回请求机关并说明妨碍执行请求的原因。

《中匈司法协助条约》第 10 条规定了通知调查取证的地点和时间。被请求机关应根据请求将调查取证的地点和时间及时通知请求机关，以便有关当事人或其代理人可依照被请求缔约一方的法律届时在场。

《中匈司法协助条约》第 11 条规定了证人和鉴定人的保护与豁免。第 11 条第 1 款规定，经传唤在提出请求的缔约一方司法机关出庭的证人或鉴定人，无论其国籍如何，不得因其在离开被请求的缔约一方领土前的犯罪行为或被判定有罪而在提出请求的缔约一方境内对其起诉、拘留，或者采取其他限制人身自由的措施。对此种人员亦不得因其证词或鉴定而予以起诉、拘留或惩罚。第 2 款规定，如经传唤机关告知已不再需要其出庭之日起连续 30 日，证人或鉴定人有机会离开却仍在提出请求的缔约一方境内停留，或离开后又返回提出请求的缔约一方领土，前款规定的豁免则应予以终止。上述期间不应包括证人或鉴定人因其所不能控制的原因而未离开提出请求的缔约一方领土的时间。

《中匈司法协助条约》第 12 条规定了证人和鉴定人费用的补偿。第 12 条第 1 款规定，请求机关向证人或鉴定人支付的生活费和偿还的旅费应自其离开居住地起算，并应按照至少等同于请求机关本国现行的标准和规则的规定进行计算。第 2 款规定，请求机关应根据请求向证人或鉴定人预付全部或部分旅费和生活费。

《中匈司法协助条约》第 13 条规定了拒绝作证的情形。在执行请求时，有关当事人可以拒绝出庭作证，如果：(1) 根据被请求的缔约一方的法律有拒绝作证的特权或义务；或者 (2) 根据提出请求的缔约一方的法律有拒绝作证的特权或义务，并且此种特权或义务已在请求书中说明。

《中匈司法协助条约》第 14 条规定了送达文书和调查取证的拒绝。如果被请求的缔约一方认为送达文书和调查取证可能有损于本国的主权、安全或公共秩序，可予以拒绝，但应将拒绝的理由通知提出请求的缔约一方。

《中匈司法协助条约》第 15 条规定了送达文书和调查取证的有关费用。缔约双方司法机关互相免费代为送达文书和调查取证，但被请求机关为执行请求而向鉴定人、译员支付的费用和按照本条约第 9 条第 1 款规定的特殊方式执行请求时所产生的费用除外。

《中匈司法协助条约》第三章规定了裁决的承认与执行。《中匈司法协助条约》第16条规定了承认与执行裁决的范围。第16条第1款规定,根据本条约规定的条件,缔约一方应承认与执行缔约另一方作出的下列裁决:(1)法院对民事案件作出的裁决;(2)法院就刑事案件中有关损害赔偿所作出的裁决。第2款规定,本条所指“裁决”亦包括根据第2条规定被免除诉讼费用保证金或法院费用预付款的当事人应交纳诉讼费用的裁决,以及调解书。第3款规定,符合本条约规定条件的“裁决”只有在本条约生效后才具有法律效力并可执行时,方可承认与执行。

《中匈司法协助条约》第17条规定了承认与执行的条件。本条约第16条规定的裁决在下列条件下应予承认与执行:(1)按照在其境内作出裁决的缔约一方的法律,该裁决是具有法律效力的和可执行的;(2)按照被请求在其境内承认与执行裁决的缔约一方的法律,作出裁决的缔约一方的法院具有管辖权;(3)按照在其境内作出裁决的缔约一方的法律,未出庭的败诉一方已经合法传唤,无诉讼行为能力的败诉一方已依法得到代理;(4)被请求在其境内承认与执行裁决的缔约一方的法院事先未就相同当事人之间的同一案件作出具有法律效力的裁决,或当事人事先未就同一案件向上述缔约一方法院提出诉讼;(5)裁决的承认与执行与被请求在其境内承认与执行裁决的缔约一方法律的基本原则不相抵触。

《中匈司法协助条约》第18条规定了承认与执行裁决请求的提出。关于承认与执行裁决的请求,可由双方当事人直接向承认与执行裁决的主管法院提出,也可由缔约一方法院按本条约第4条规定的途径向缔约另一方承认与执行裁决的主管法院提出。

《中匈司法协助条约》第19条规定了请求的附件。承认与执行裁决的申请应附以下文件:(1)裁决的完整和准确的副本;(2)向败诉一方送达裁决的证明,或其他任何替代送达证明的真实文件;(3)裁决具有法律效力的证明,如果裁决本身不能表明它是最终的话;(4)对于缺席裁决,证明缺席裁决的被告已经合法传唤的文件,除非裁决本身已对此予以说明;(5)证明无行为能力的当事人已得到适当代理的文件,除非裁决本身已对此予以说明;(6)上述裁决和文件的被请求的缔约一方文字的准确译文。

《中匈司法协助条约》第20条规定了承认与执行裁决的方式。第20条第1款规定,缔约双方的法院根据本国的法律承认与执行裁决。第2款规定,缔约双方的法院应仅限于审查裁决是否符合本条约规定的条件,不应对裁决作实质性审查。

《中匈司法协助条约》第四章为其他规定。《中匈司法协助条约》第21条规定了交换情报。第21条第1款规定,缔约双方相互提供本国现行的法律及其司法实践的情报。第2款规定,提供情报的请求应注明请求机关的名称及请求提供情报所涉及的案情。

《中匈司法协助条约》第22条规定了认证的免除。在适用本条约时,缔约一方司法机关或其他主管机关在其权限范围内制作或证明的文件及其译文,如经签署并加盖公章,则在缔约另一方司法机关和其他主管机关使用时无须认证。

《中匈司法协助条约》第23条规定了争议的解决。缔约双方因解释或实施本条约所产生的任何争议应通过外交途径解决。

CHAPTER 03 >>

第三章

尼泊尔

前言　尼泊尔联邦民主共和国概况

一、国家与自然概况

尼泊尔是一个古老的高山国家，地处南亚次大陆北部，位于"世界屋脊"喜马拉雅山脉的中段南麓，北邻中国，其余三面与印度接壤，尼泊尔国土面积约为147,181平方公里，地形呈长方形。地势北高南低，北部为大喜马拉雅山脉，中部为马哈帕腊特山脉和楚里亚山脉（又称西瓦里克山脉），南部为特莱平原。尼泊尔的地势从北面海拔8000多米的"世界屋脊"，到南部海拔200余米的平原，地势递降急剧，自北向南呈现四大阶梯状的地貌形态。尼泊尔首都为加德满都，全国人口约3050万（2022年），全国分7个联邦省，有130多个民族。尼泊尔历史悠久，早在公元前6世纪就已建国。2008年5月，尼泊尔君主制被取消，正式成立尼泊尔联邦民主共和国，结束了240年的沙阿王朝统治。

二、社会与经济概况

尼泊尔约63%的人口生活在城市和城镇。首都加德满都地区人口约500万，是全国人口最多的地区。南部特莱平原地区人口密集，北部山区人口数量稀少。尼泊尔是民族国家，经尼泊尔政府鉴别正式确认和承认的民族有130多个。就其幅员和人口数量而言，尼泊尔民族的多样性、复杂性，在全世界都是较为罕见的。

尼泊尔是宗教文化盛行的国家，兰毗尼是佛祖释迦牟尼的诞生地，虽然佛教在尼泊尔社会中仍占有一定地位，但是印度教却是当今在尼泊尔占统治地位的宗教，是尼泊尔的国教。在尼泊尔的所有宗教，无论是印度教佛教还是其他宗教，都受从远古就流传下来的以万物有灵崇拜为背景的密宗的强烈影响。

尼泊尔有90多种语言，其中尼泊尔语（Nepali）为国语，上层社会通用英语。

尼泊尔是个相对封闭的农业国，是全世界较不发达国家之一，人民生活贫困，有49%的人口生活在贫困线以下。20世纪50年代前尼泊尔长期受帝国主义统治，经济发展缓慢，基础薄弱，自1951年推翻拉纳家族专政以来经过70余年的不懈努力，尼泊尔的经济不断增强和发展，农业生产和人民生活水平都有了一定程度的提高，并建立了一些现代工业、交通运输能源、金融和教育卫生等基础设施，社会服务条件也有较大改善。但是，由于尼泊尔经济发展受地理环境、自然资源、人口压力、政局动荡和内战等诸多因素的制约，经济发展仍然滞后。

尼泊尔2021年主要经济数据：国内生产总值362.9亿美元，人均国内生产总值1222.88美元，国内生产总值增长率4.83%（见图3-1）。

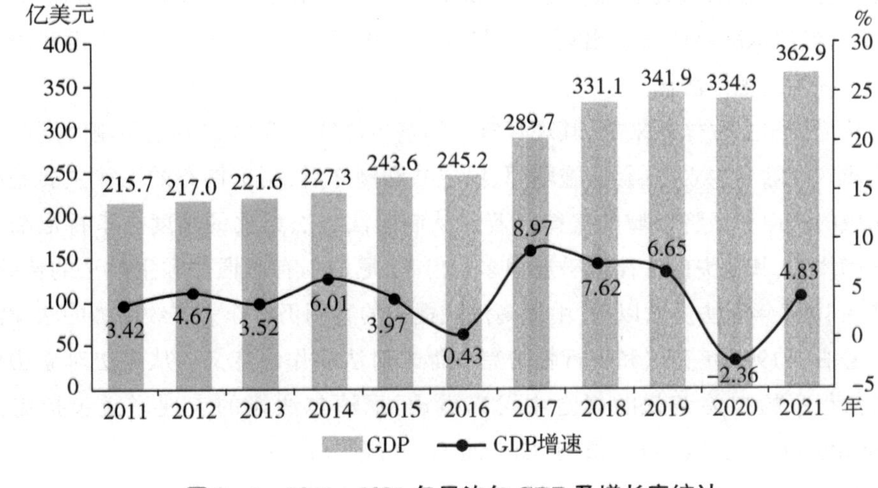

图3-1 2011~2021年尼泊尔GDP及增长率统计

数据来源：世界银行。

尼泊尔主要贸易伙伴有印度、美国、中国、欧盟等。主要进口商品是煤、石油制品、羊毛、药品、机械、电器、化肥等，主要出口商品是蔬菜油、铜线、羊绒制品、地毯、成衣、皮革、农产品、手工艺品等。

中国和尼泊尔之间有上千年友好交往史。晋代高僧法显、唐代高僧玄奘到过佛祖释迦牟尼诞生地兰毗尼。中国与尼泊尔于1955年8月1日正式建立外交关系。中尼建交以来,传统友谊和友好合作不断发展。两国高层往来密切。“中尼关系始终持续、稳定、健康发展。两国关系的特点是平等相待、和睦相处、世代友好、全面合作。”两国在国际和地区事务中保持良好的沟通与合作。中国向尼泊尔经济社会发展提供力所能及的帮助。尼泊尔国王、首相曾多次访华。尼泊尔是中国通往南亚的通道,纵观整个南亚地区,尼泊尔对于“一带一路”倡议最为拥护,随着其加入“一带一路”并且持续推进,对基础设施建设的需求急剧升高。在2016年尼泊尔总理访华期间,双方发出的联合声明中,中尼敲定了在“一带一路”框架下许多重大项目的实施和推进,其中包含交通基建、公路以及公路桥建设、环首都公路改造、跨境铁路和境内铁路建设等。尼方国内对“一带一路”支持的声音较高。

三、政治与法律概况

从历史上来看,尼泊尔法律体系以印度教哲学为基础,其增长和发展在很大程度上受印度教宗教文本的影响。自2007年后,法治理念、人民基本权利等概念被引入,尼泊尔法律体系也出现了一些重大变化,如根据最高法院的决定和指令修订了许多歧视性法律。

从尼泊尔立法体系来看,其现行有效的基本法律主要由君主立宪制时期的法律构成。废除君主立宪制,实施联邦、民主共和制之后,制定颁布的法律主要是政治领域的法律和经济领域的法律。若仅从制定法或法典化的角度去审视尼泊尔的法律体系,其缺失的法律似乎还很多。但是,尼泊尔有习惯法和宗教法的传统,即使在1990年宪法生效以后,由最高法院提出的案例仍然作为有约束力的法律渊源。尼泊尔1990年宪法和现行临时宪法都未对法律作出定义。从宪法对立法机关立法程序的相关条款的规定中可以看出,尼泊尔法律的表现形式包括宪法(Constitution)、法律(Act)、条例(Ordinance)和规则(Rule)。

根据宪法规定,尼泊尔法院分为三级:最高法院、高等法院和地方法院。地方法院是一审法院,高等法院审理上诉案件。此外,尼泊尔还设立了特殊类型的法院或法庭,处理特殊类型的案件,其中包括四个税收法庭、一个行政法院、一个劳动法院和一个特别法庭。其整体上司法效率较低,法院的终审判决一般时限为半年至一年,稍微复杂的可以超过一年。在 1999 年尼泊尔《仲裁法》(Arbitration Act)出台之后,投资者如果遇到争端,亦可以通过商会或者协会等帮助申请仲裁解决。根据尼泊尔外商投资相关法律的规定,如果尼泊尔本地企业或者地方政府部门机构与外国投资者产生争议,由工业部出面协商,协商不成的,如果投资小于一定数额,由联合国国际贸易法委员会进行仲裁,如果投资大于一定数额,则根据合资协议等进行解决。

四、尼泊尔仲裁制度总体情况

尼泊尔作为一个经济欠发达的内陆国家,其仲裁制度起步较晚。尼泊尔国内仅有一个仲裁机构——尼泊尔仲裁委员会(Nepal Council of Arbitration, NEPCA)成立于 1991 年,致力通过仲裁和其他自愿方式解决商业纠纷和建筑业纠纷。尼泊尔现行的仲裁法是 1999 年的《仲裁法》,其他规定仲裁制度的法律文件还包括尼泊尔最高法院颁布的《仲裁(法院诉讼)规则》[Arbitration (Court Procedure) Rules, 2002]以及尼泊尔仲裁委员会制定的《尼泊尔仲裁委员会仲裁程序条例》(Arbitral Procedures Regulations of Nepal Council of Arbitration)。

第一节　尼泊尔仲裁法律制度的历史沿革

随着社会上商业行为的出现,人们设计并使用了耗时较少、对抗性较低和非正式性的争端解决方法来代替法院的正式诉讼程序,这些方法被称为替代性争议解决方式。在尼泊尔的所有替代性争议解决方式中,调解是最被广泛使用的,其是指在社会层面上由地方领导人(通常是村庄、宗族的长老或者其他在社会上受尊敬的人)负责解决争端。这样作出的决议通常会被争端各方以及整个社会所接受。

尼泊尔仲裁法律制度的历史并没有很长,直到 20 世纪 80 年代,尼泊尔才有了完善的仲裁法律制度。其第一部正式法律是 1981 年的《仲裁法》,至此尼泊尔仲裁制度才获得了立法者的准确和正式的认可。在此之前,1956 年的《发展委员会法》对仲裁给予了法律上的承认,该法接受仲裁作为当事方之间出现争议或分歧时选择的争议解决方法。随着《仲裁法》的出台,最高法院和其他法院已经裁决了一些案件,地区法院也在审理寻求执行仲裁裁决的案件。在存在了大约 18 年后,该法已被 1999 年的《仲裁法》所取代,它是尼泊尔在仲裁方面的现行法律,该法自

1999年4月15日开始实施。2002年,尼泊尔最高法院还颁布了《仲裁(法院诉讼)规则》。

一、统一的仲裁法正式出现之前

如前所述,最初采用仲裁的方法解决争端并非尼泊尔社会的普遍做法。贸易在很大程度上是基于宗教法,由于对宗教道路的坚持,贸易中的公平交易是普遍的、规范的,如果出现争端,就会通过调解友好地解决。正式的法庭诉讼和仲裁并不发达。

在1981年颁布仲裁的一般立法之前,商业仲裁的法规条款以分散的形式出现在不同的立法中,目的各不相同。这种规定首次出现在1956年《发展委员会法》中,该法承认司法机构中的仲裁概念,并授权在涉及政府和捐助方或建筑公司的争端中使用它。引入这种仲裁程序的目的是吸引外国资本和技术以促进经济发展,并促进国家的发展计划和工业化。

二、1981年《仲裁法》

国际关系的发展、外国建筑公司参与尼泊尔的发展活动、贸易、商业和投资的扩大,使得尼泊尔在仲裁制度上迎来了新的法律制度的演变,最终推动尼泊尔在1981年颁布了《仲裁法》。根据该法,由协议引起的商业性质的纠纷,应按照这些协议的规定通过仲裁解决。如果仲裁协议没有提供确定仲裁员人数的规则,或者没有提供关于实体法或程序法的规则,那么1981年《仲裁法》将作为默认的法律规则被适用。

1981年的《仲裁法》在被1999年《仲裁法》取代之前已经实施了18年。尽管该法律有许多良好条款,但缺乏一些成为理想法律所需的法律条文。专家认为,该法从整体上来看是不足的。其不足之处包括:该法案不完整和不充分,违约者从中受益;法院在仲裁过程中进行了不必要的拖延和干预;任命了缺乏仲裁经验的低效仲裁员,他们往往偏向于各自的提名人;缺乏支持仲裁的机构;与仲裁有关的文献很少;在合同中约定有缺陷的仲裁条款;缺乏对有偏见的仲裁员的法律规制。

三、1999年《仲裁法》

1981年《仲裁法》包含的缺陷与不足直接推动了1999年《仲裁法》的正式颁布。1999年《仲裁法》共包括六章,分别是第一章“序言”、第二章“仲裁对纠纷的解决”、第三章“仲裁员及其办公地的指定”、第四章“仲裁程序以及仲裁员的权利”、第五章“仲裁员的裁决及其实施”、第六章“其他事项”。这部法律大体上借鉴了《示范法》,其具备的显著特点包括:(1)授予部分自主权;(2)拒绝最高法院规定的一些不适当的原则;(3)更快地完成仲裁程序;(4)取消有不良记录的人担任仲裁员的资格;(5)减少对仲裁程序的司法干预;(6)给予上诉法院对仲裁程序的监督管辖权;(7)明确的仲裁程序;(8)确定指定仲裁员、提交索赔以及反诉的期限;(9)仲裁庭自裁管辖权原则;(10)仲裁员宣誓;(11)强调快捷和廉价的仲裁程序;(12)承诺在仲裁程序中采用国际贸易惯例和新趋势等。

在1999年《仲裁法》的基础上,尼泊尔最高法院颁布了与法院程序有关的《仲裁(法院诉讼)规则》,该规则涉及与1999年《仲裁法》有关的程序性事项,其中澄清并规定了有关法院费用、仲裁小组、临时命令、外国和国内裁决的废除和执行等方面的内容,有助于促进仲裁程序的进行。

第二节 尼泊尔仲裁法律制度概述

一、仲裁协议

尼泊尔2000年《合同法》第4条规定,“合同双方,依照本法可自由选择合同的形式和内容,自主决定对价和数额、合同条款的内容和条件及违约责任救济方式和争端解决方式”。该条法律规定表明,在合同纠纷中,当事人可以自由选择正式或非正式的司法救济途径,这为合同双方提供了选择商事仲裁解决私人纠纷的空间。

当事人选择仲裁方式解决纠纷需要达成仲裁协议,然后根据协议中指定的程序进行仲裁解决。1999年《仲裁法》第2条将仲裁协议定义为“通过对围绕合同等已有的或即将产生的特定法律问题相关纠纷的仲裁,相关当事人达成的书面协议”。如果两个或两个以上的人同意他们之间的争端或潜在的争端将由一个或多个公正的人以司法方式,即根据向他或他们提出的证据,作出具有法律约束力的决定,则该协议被称为仲裁协议。当争议发生后,将其提交给这些人进行裁决时,该程序被称为仲裁,而作出的裁定被称为裁决。

仲裁协议应当具有书面形式。《仲裁法》还对仲裁协议做了扩大解释,即“基于本款之目的,若存在以下文书,应视为相关当事人已达成协议:a. 含有仲裁规定的合同或签署的相关单独协议;b. 相关当事人之间规定将纠纷提交仲裁的可保留文书形式记录,含信件、电传、电报、传真信息或通过电讯媒体传输的其他类似信息;c. 如果一方当事人提出请求将纠纷提交仲裁,异议方当事人呈交的请求并不反对提交仲裁提议”。

如果协议规定通过仲裁解决争端,与该协议有关的争端或与该协议项下问题有关的争端应根据该协议规定的程序(如果有)通过仲裁解决,如果没有,则根据《仲裁法》解决。

如果根据现行法律规定,争端可以通过仲裁解决,当事人也提出通过仲裁解决该争端的申请,法院则裁定不予受理。但是,如果法院认为有必要对可以仲裁和不可以仲裁的纠纷事项一起裁定,或是出现纠纷不可以通过仲裁解决的合理原因,则法院不应裁定不予受理。

仲裁条款独立性,是20世纪中后期产生并发展起来的关于仲裁协议有效性的理论,已经得到世界各国的广泛接受和采纳,成为现代仲裁的重要理论与实践。其基本内涵是指合同中的仲裁条款与主合同是分离的,尽管其作为主合同的一个条款,依附主合同,但由于其本身的独特性,作为解决合同争议的条款,是可以与合同的其他条款相分离而独立存在的。仲裁条款具有相对独立性,其有效性不受主合同有效性的影响。即使主合同无效、被撤销、终止或者变更,甚至主合同不存在,也不影响仲裁条款的效力,仲裁庭仍然可以依据该仲裁协议取得管辖权,并在仲裁条款所确定的提交仲裁解决的事项范围内,解决当事人之间的商事争议。尼泊尔1999年《仲裁法》中也对仲裁条款的独立性加以规定,其第16条第3款规定“为了根据第1款对合同的有效性或效力作出决定,如果合同中含有通过仲裁解决争端的条款,作为其组成部分,这些条款应被视为一个单独的协议,即使仲裁员作出认定合同无效的决定,这些条款也不应仅因此而被认定为在法律上无效”。

二、仲裁员及仲裁庭的组成

仲裁庭由仲裁员组成。仲裁员的素质决定了仲裁程序能否顺利进行、当事人之间的争议能否得到有效的解决。在商事仲裁中,选择仲裁员可以说是当事人最重要的程序事项之一。仲裁员与法官不同,其比法官具有更大的自由裁量权。商事仲裁当事人在选择仲裁员的过程中具有非常大的自由,可以约定仲裁员的人数、仲裁的选择程序等。

(一)仲裁员资格

尼泊尔《仲裁法》并未从正面规定仲裁员应当符合的条件,而是通过反向列举的方式对仲裁员的资格作了排除性规定。《仲裁法》第 10 条规定，“以下人员没有资格被指定为仲裁员：(1)依照现行法律，没有资格签订合同；(2)由于道德败坏被法院刑事指控；(3)破产或被宣告破产；(4)在需要通过仲裁解决的纠纷中有个人利益；(5)不具备协议中提及的特殊资质”。符合上述几种情况的人员，不应作为仲裁员。

此外，仲裁员在开始仲裁程序之前还应进行宣誓。《仲裁法》第 9 条规定：“(1)在开始仲裁程序之前，仲裁员必须在附表中所示的两份关于公正和诚实的书面誓言上签名，并将其中一份送交上诉法院，另一份保存在案卷中。(2)在根据第 1 款进行宣誓之前，仲裁员必须明确说明对其必须解决的争端的公正性或独立性产生合理怀疑的事项(如果有)。”

(二)仲裁员人数

当事人有选择仲裁员的自由，其中也包括决定仲裁员人数的自由。在国际商事仲裁中，通常情况下当事人选择 1 名或者 3 名仲裁员。尽管当事人自由选择仲裁员处理当事人之间的争议是国际商事仲裁的一般原则，但一些国家，如法国、荷兰、比利时、意大利、埃及等禁止当事人选择偶数仲裁员。在这些国家中，有一些国家立法通过任命 1 名仲裁员的做法，使仲裁协议约定的偶数仲裁员改变为奇数仲裁员。在尼泊尔 1999 年《仲裁法》中也有类似的规定，仲裁员人数应为单数，通常为 3 人，但在当事人决定的情况下也允许 1 人。《仲裁法》第 5 条规定：“(1)仲裁员的人数应在协议中规定。如果协议中没有规定仲裁员人数，一般应为 3 名仲裁员。(2)如果根据协议指定的仲裁员人数是偶数，则应通过指定 1 名由他们选定的额外仲裁员将其变为奇数。”

(三)仲裁员的指定

关于仲裁员选择的程序，各国以及仲裁机构没有统一的做法。通常做法是当事人各方各选择 1 名仲裁员，然后由当事人选择出来的两名仲裁员共同推选第三位仲裁员。当事人各方选择的仲裁员一般称为合作仲裁员，在中国被简称为边裁。第三位仲裁员一般被称为首席仲裁员或主持仲裁员，在中国被简称为首席。尼泊尔 1999 年《仲裁法》第 6 条规定：“(1)尽管协议中有所规定，但仲裁员的指定程序必须于仲裁原因出现之日起 30 日内开始启动。(2)如果协议中提到了仲裁员的姓名，他们本人应被确认为已被任命为仲裁员。(3)如果协议对仲裁员的指定有任何单独规定，则应据此指定仲裁员。(4)尽管协议中有所规定，双方应各自指定1名仲裁员,仲裁员再指定第三位仲裁员作为首席仲裁员。”

但是,如果根据协议中的程序,不能指定仲裁员,或者仲裁协议根本未提及仲裁员的指定的情况下,当事人可以向上诉法院申请指定仲裁员,申请必须详细记录可被指定为仲裁员中的至少3个人的全名、地址、职业以及专业,同时需要附有协议的复印件。上诉法院依据申请,应通知所有当事人并从当事人达成共识的仲裁员提名中指定仲裁员。如果当事人不能达成共识,由上诉法院在收到申请之日起60日内认定合适的人选。

(四)仲裁员的异议与更换

在国际商事仲裁中,当事人在仲裁程序的过程中因不满意选择的仲裁员可能会提出异议。通常情况下,当事人提出异议的理由是基于对选择的仲裁员的公正性与独立性产生怀疑。在国际商事仲裁实践中,仲裁员没有能力、行为不当、疏于参与仲裁程序以及不符合仲裁协议规定的资格条件也可以成为提出仲裁员异议的理由。2010年《联合国国际贸易法委员会仲裁规则》第12条第1款规定,如果存在可能对任何仲裁员的公正性或独立性产生有正当理由怀疑的情况,均可要求该仲裁员回避。该条第3款规定,仲裁员不作为,或者仲裁员因法律上或事实上的原因无法履行其职责的,当事人也可以按照规定的程序申请仲裁员回避。2012年《国际商会仲裁规则》与2010年《联合国国际贸易法委员会仲裁规则》的规定类似,其第14条第1款规定异议的理由为:仲裁员缺乏中立性或独立性或是出于其他原因。对于“其他原因”该规则并没有明确规定,但是从其第15条第2款的规定,可以推断出主要包括仲裁院认为仲裁员在法律上或事实上不能履行仲裁员职责,或者未按照仲裁规则或未在规定期限内履行职责。2015年起施行的《中国国际经济贸易仲裁委员会仲裁规则》第32条第2款规定仲裁员回避的理由仅包括对仲裁员的公正性和独立性产生合理怀疑,未提及其他的理由,但在第33条第1款提及了可更换仲裁员的理由,即仲裁员在法律上或事实上不能履行职责,或没有按照规则的要求或未在规则规定的期限内履行应尽职责。其所作出的规定在仲裁实际操作中起到了与其他仲裁规则规定同样的效果。其他仲裁机构仲裁规则所规定的理由基本一致。

尼泊尔《仲裁法》中也有关于仲裁员异议的规定,该法第11条规定:“(1)协议中应当约定取消仲裁员资格的情形和程序。(2)如果协议中未按照第1款提出取消仲裁员资格的情形和程序满足以下任一情形,任何一方当事人可以于某位仲裁员被指定后15日内或是自当事人得知有关仲裁员不能作为时,向仲裁员呈交申请,请求允许取消该仲裁员的资格:a. 如果任何一名仲裁员不能公正行事,表现出明显的偏见或是歧视任何一方当事人;b. 如果任何一名仲裁员在仲裁程序中行为不当或是实施诈欺;c. 如果任何一名仲裁员在仲裁程序中频繁犯错或是出现徇私舞弊现象;d. 如果任何一名仲裁员不出席仲裁会议或是拒绝参与仲裁程序三次以上,并且不能为不当延长或延迟仲裁程序给出合理的理由;e. 如果任何一名仲裁员的行为有悖于自然公正的原则或规则;f. 如果任何一名仲裁员被发现缺少必要的资格或是已经不再合格。(3)收到第2款所述的申请后,若被要求取消资格的仲裁员不自愿放弃职位或是对方当事人不同意取消其资格,仲裁员必须在收到申请后30日内对该事项作出决定。(4)可以根据第3款的规定向上诉法院提出申诉,上诉法院的裁决为最终裁决。”

仲裁员的更换不仅出现在仲裁员异议的情况下,也可能出现在其他的一些情况中。如《仲裁法》第8条规定的辞职、拒绝担任该职务、死亡等原因。具体规定如下:“(1)如果为仲裁目的指定的仲裁员因其辞职或拒绝担任该职务或因其死亡或任何其他原因而出现空缺,通常应在空缺发生之日起30日内以最初指定仲裁员的方式任命另一名仲裁员来填补。(2)如果空缺的仲裁员没有在第1款所述的时限内得到填补,任何一方可在该时限到期之日起15日内向上诉法院提出申请。在这种情况下在提出申请后,上诉法院通常应在15日内指定一名仲裁员,但须遵守第7条的规定。”

三、仲裁程序

(一)请求、反请求、异议与答辩的呈交

仲裁程序包括当事人之间为解决纠纷所提出的请求(claims)、反请求(counter-claims)、异议(objections)和答辩(rejoinder)。

在大多数仲裁中,第一步程序是提交仲裁请求书。仲裁请求书或仲裁通知由希望提请仲裁的当事人提出,该当事人在仲裁中一般称为仲裁申请人(claimant)。仲裁通知或仲裁请求书必须送交给对方当事人,该当事人一般称为被申请人(respondent)。原告一方首先应向仲裁员呈交书面陈述以及赔偿请求,同时附带证据,并在仲裁协议规定期限内向对方当事人提供副本;如果仲裁协议中未规定期限,则应在提起仲裁之日起3个月内提供。

对方当事人收到副本后30日内可提出异议,如果同时提出了反请求,原告在

15 日内可针对反请求提出答辩,答辩副本应提供给反请求人。如果当事人由于其无法控制的情形而不能按规定期限呈交异议或答辩,可在规定截止日后 15 日内向仲裁员提出延长期限申请,申请中应明确记录其未能按时呈交的充分理由,仲裁员认为理由充分合理,可以将时间期限延长不超过 7 日。原告如果未能及时按照上述期限提出请求,则仲裁程序终止;原告提出请求而被告未提出反请求,则不影响仲裁员继续仲裁程序。

仲裁程序应规定在仲裁协议中,但如果在协议中未有规定,《仲裁法》也欠缺规定的情形下,可以适用当事人协商一致的程序,如果当事人不能就此达成一致,仲裁员应自行对程序进行规定。仲裁员一经收到当事人请求、异议、反请求或答辩后,应马上开始仲裁程序,同时必须告知当事人仲裁程序的类型、仲裁的日期和时间。当事人应在仲裁日期出庭,接受仲裁员的仲裁,但未出庭不影响仲裁员继续仲裁程序。

(二)听审程序

大多数仲裁制度要求仲裁庭应举行听审,除非当事人有相反的约定。在国际商事仲裁实践中,书面审理案件不多见,大多数代理律师更倾向开庭审理案件。除非当事人有相反的约定,在所有国际商事仲裁中,听审是强制性的。2010 年《联合国国际贸易法委员会仲裁规则》第 17 条第 3 款规定,如有任何一方当事人在仲裁程序的适当阶段请求开庭审理,仲裁庭应开庭审理,由证人包括专家证人出示证据或进行口头辩论。未提出请求的,应由仲裁庭决定开庭或书面审理。

审理程序根据书面文件和其他资料进行,商事仲裁庭一般倾向进行听审记录。随着科学技术的发展,听审过程还可以进行全程录像,以备产生争议时进行查证。1999 年《仲裁法》第 19 条规定:“除非当事人另有要求,仲裁程序应当录像。”

(三)听审程序的结束

如果仲裁庭在仲裁程序完成后认为进一步举行听审不必要或不合适,或者当事人就此事项进行磋商后告知仲裁员已无证据需要提交或呈现,仲裁员可以宣布听审程序结束。2014 年《国际商会仲裁规则》第 27 条对此作出了规定:“在就裁决书中所需认定的事项进行最后一次开庭之后,或在当事人经授权就该等事项最后一次提交文件之后(以发生在后者为准),仲裁庭应当尽快:(a)宣布对于裁决中所需裁定事项的程序终结;并(b)通知秘书处和各方当事人仲裁庭预计向仲裁院提交裁决书草案(仲裁院根据第 34 条批准)的日期。在程序终结之后,对于裁决书中所需裁定的事项,非经仲裁庭要求或授权,当事人不得再提交任何材料、意见或证据。"2010 年《联合国国际贸易法委员会仲裁规则》第 31 条、2018 年《香港国际仲裁中心机构仲裁规则》第 31 条第 1 款、2010 年《斯德哥尔摩商会仲裁院仲裁规则》第 34 条等都对此作出了规定。尼泊尔 1999 年《仲裁法》第 17 条规定,"听审结束后仲裁者应就听审的结论发布命令并将其记录在案,此后不可以再进行证据检查或当事人听证。仲裁员应当在听审命令发布之日起30 天内宣读其裁决,即使当事人另有约定"。

(四)仲裁裁决所遵循的实体法

除非协议中另有规定,仲裁员应将尼泊尔法律作为实体法遵守。仲裁员根据公允善良原则(*ex aequa et bono*)解决纠纷,或是在当事人明确授权时,根据特定情况下的公平和正义考虑争议,而不仅仅是严格依照法律规定解决纠纷。尽管尼泊尔 1999 年《仲裁法》中另有规定,仲裁员也应根据有关合同规定的条件解决争端。在此过程中,仲裁员也应注意适用于有关交易的商业惯例。

(五)仲裁裁决的分歧处理

在三人仲裁庭中,其中一名仲裁员将作为主持仲裁员,具体负责仲裁程序的开展与进行工作,其也被称为首席仲裁员。首席仲裁员在仲裁程序中起到非常重要的作用,在仲裁庭审中负责程序事项,监督仲裁庭的审议,以及能在仲裁员对案件争议产生分歧时进行关键的投票和起草仲裁裁决。有些仲裁立法授予了首席仲裁员特别的权威,如 1988 年《瑞士联邦国际私法典》第 189 条第 2 款规定,当事人未作选择的,裁决实行少数服从多数的原则。无法确定多数仲裁员意见的,由首席仲裁员裁定。仲裁裁决应采用书面形式,记录裁决的理由,注明日期,并经首席仲裁员签字。《示范法》第 29 条规定:"在有一名以上仲裁员的仲裁程序中,除非当事人另有约定,仲裁庭的任何决定应当按其全体成员的多数作出。但是,经各方当事人或仲裁庭全体成员授权的,首席仲裁员可以就程序问题作出决定。"仲裁规则中也作出了具体的规定,例如,2010 年《联合国国际贸易法委员会仲裁规则》第 33 条第 2 款规定:"出现程序问题时,达不到多数的,或者经仲裁庭授权,首席仲裁员可单独作出决定,但仲裁庭可作出任何必要修订。"当事人也可以约定授权首席仲裁员宽泛的程序权威,例如,对于某些程序事项独立地作出决定。

尼泊尔《仲裁法》规定,在仲裁裁决作出时,如果仲裁员为 3 个或 3 个以上,多数仲裁员作出的裁决可以被认定为仲裁裁决;如果因仲裁员有不同意见而多数仲裁员的意见不能确定,主仲裁员的意见应作为仲裁裁决。每一位仲裁员必须在裁决上签名确认,假如不能签名确认,其他仲裁员应签名确认具体原因。当然,仲裁员如果不同意仲裁裁决,其可以表达不同意见。

(六)仲裁裁决的宣布

在经过仲裁员对案件的审理之后,在正常情况下,仲裁员应在上述文书呈交之日起120日内宣布裁决。如果仲裁员不能作出裁决,应通知当事人,当事人可在收到告知之日起35日内向法院提出申诉。

仲裁裁决应明确以下事项:仲裁事项简况;当事人对管辖权有疑问时载明仲裁管辖理由;裁决的原因和理由;请求确认或是赔偿的数额;赔偿数额的利息,以及裁决执行时限后的额外利息;裁决的地点和日期。

仲裁员应在有关当事人在场时宣读裁决,并将裁决副本分发给各方当事人,保存证据在档。任何一方当事人如果在宣读裁决的规定时间缺席,或是在规定时间出席后却拒绝接收裁决副本,应向其提供告知并附送裁决的副本。

(七)仲裁裁决的更正、补充与解释

仲裁裁决一旦宣布,仲裁员就不应再另行裁决,除非涉及更正计算、打印、打字或其他类似错误以及在对裁决主旨无偏见前提下对裁决增补遗漏事项。如果任何一方当事人发现了仲裁员的裁决中有《仲裁法》相关条款所述的任何错误,必须在收到裁决副本之日起30日内向仲裁员呈交申请。如果仲裁员认为宜修改此类错误或是增补遗漏事项,他可以在自收到申请之日起15日内就此准备独立的通知,并将遗漏事项进行增补或是将错误改正,并在裁决之日起30日内告知当事人。

如果仲裁员的裁决未包含任何一方当事人提出的请求中的任何一点,自裁决之日起30日内,有关当事人在取得对方当事人的同意后,可以呈交将该点纳入裁决范围的申请。如果仲裁员收到了此类申请,可以在接收申请之日起45日内对该点相关内容进行补充裁决。

自裁决之日起30日内,只要当事人同意,任何一方当事人可以在告知对方当事人同意后请求仲裁员解释裁决中的任何一点或是不清楚明了的部分。如果仲裁员收到此类请求,可以在45日之内对不清楚的内容进行解释和阐明。

四、仲裁裁决的承认与执行

(一)仲裁司法监督

商事仲裁作为一种商事争议的解决方法,具有高度的自主性、灵活性以及快捷便利的特点。但是,当事人的意思自治并不是毫无限制的,其订立的仲裁协议必须符合法律的规定,仲裁程序的进行必须合法,一方当事人不自动履行时,仲裁裁决必须由法院进行强制执行。作为民间机构对纠纷解决的结果,仲裁裁决并不当然地具有强制执行效力。如果要司法机构确认仲裁裁决,并赋予其强制执行力,还须经过司法审查。1958年《纽约公约》为仲裁裁决承认与执行提供了公约基础。根据《纽约公约》的规定,仲裁裁决仅仅在有限的范围内被拒绝承认与执行,即(1)仲裁协议无效或当事人无行为能力;(2)拒绝给当事人陈述案情的机会;(3)仲裁庭超越权限;(4)违反当事人约定的仲裁程序或仲裁地的法律;(5)裁决被撤销或停止执行;(6)不可仲裁性;(7)违反公共政策。

尼泊尔《仲裁法》规定,在仲裁裁决作出之后,任何一方当事人对裁决不满,可在获悉裁决之日起35日内向上诉法院申请裁决无效,并提交相关文书以及裁决的副本,同时向仲裁员以及对方当事人提供申请书副本。如果申请人能证明仲裁裁决涉及以下任何事项,上诉法院可以判定裁决无效,并命令重新裁决:(1)如果在签署协议期间任何一方当事人因任何原因不能签署协议,或者如果不能根据管辖当事人的政府的法律判定协议无效,或者此类法律不清楚并且不能根据尼泊尔法律判定此类协议无效;(2)如果这份相应的申请没有给出关于指定一个仲裁员的通知或者没有及时给出关于仲裁程序的通知;(3)如果裁决是从一个不涉及仲裁员的纠纷中得出的,或者是在为仲裁员指定好的情形相反的情形中得出的,或者是仲裁员超越规定的管辖权而得出的;(4)除非签署的协议与尼泊尔法律相悖,如果仲裁员的指定、行为作用以及行为规范程序不符合当事人签署的协议,或者协议没有按照《仲裁法》操作;(5)如果仲裁员解决的纠纷不能根据尼泊尔法律通过仲裁解决;(6)如果仲裁员作出的裁决可能被证明对公共利益及公共政策有害。

(二)裁决的执行

在许多国际仲裁案件中,败诉一方当事人一般都会自愿地履行仲裁裁决。如果当事人自愿履行仲裁裁决,就不存在仲裁的执行问题。如果败诉一方当事人不愿意自觉地履行仲裁裁决,胜诉一方当事人就必须启动司法执行程序。经验表明,仲裁裁决一般都能够得到执行地法院的承认与执行。当事人之所以选择商事仲裁作为他们之间争议的解决手段,在商事合同中约定仲裁条款,很大程度上是因为他们确信商事仲裁裁决将得到执行。

尼泊尔《仲裁法》规定,在正常情况下,当事人自收到裁决副本之日起45日内,有义务执行仲裁裁决。如果当事人拒绝执行仲裁裁决,则可以于截止日期到期之日起30日内向地区法院提交申请书,请求其执行裁决。如果地区法院收到此类申请书,应在判决之日起30日内执行相应的裁决。

(三)外国裁决的执行

《纽约公约》是专门关于承认及执行外国仲裁裁决的国际公约,其对于国际商事仲裁的发展起到极大的推动作用,对国际商事仲裁的成长作出了卓越的贡献。研究表明,国际商事交易当事人的法律顾问之所以推荐当事人选择国际商事仲裁而不是诉讼来解决当事人之间的争议,其最重要的理由就是《纽约公约》的存在以及仲裁裁决的可执行性。截至2023年,有172个国家和地区是《纽约公约》的缔约方,尼泊尔已于1998年3月批准加入《纽约公约》。《纽约公约》规定仅仅在有限的范围内执行地国家法院才能拒绝承认与执行仲裁裁决。只要符合《纽约公约》所规定的条件,仲裁裁决将在缔约方的法院得到承认与执行。

《纽约公约》第3条规定:各缔约方应承认仲裁裁决具有拘束力,并依援引裁决地之程序规则及下列各条所载条件执行之。承认或执行适用本公约之仲裁裁决时,不得较承认或执行内国仲裁裁决附加过苛之条件或征收过多之费用。根据第3条的规定,仲裁裁决承认与执行的原则是,首先,缔约方应承认仲裁裁决;其次,根据《纽约公约》的规定以及裁决地的程序规则进行执行;最后,规定了仲裁裁决非歧视性待遇,仲裁裁决的承认与执行不得附加比国内仲裁裁决更严格的条件或收取更多的费用,即要求与内国仲裁裁决相同的执行条件和执行费用。

尼泊尔《仲裁法》规定,有意在尼泊尔执行外国裁决的当事人应向上诉法院提交申请以及如下文书:(1)仲裁员的裁决原件或认证过的副本;(2)协议的原件或认证过的副本;(3)如果仲裁员的裁决并非使用尼泊尔语,需要提供相应的尼泊尔语官方翻译。

如果尼泊尔是任何规定承认和执行外国仲裁员所作决定的条约的缔约方,则在《仲裁法》生效后,仲裁员在作为该条约缔约方的外国地区作出的任何决定,在下列情况下应在尼泊尔得到承认和执行,但须符合该条约的规定和签订条约时提到的条件:(1)如果仲裁员已经被指定并且已经根据法律和协议中的程序作出裁决;(2)如果当事人已经被及时告知仲裁程序;(3)如果已经根据协议中的条件或是只限于仲裁员提出的主题作出了裁决;(4)如果根据裁决作出地的国家法律,裁决为最终裁决并且对双方当事人具有约束力;(5)如果申请人的国家法律或者仲裁程序实施地的国家法律中没有相关规定,那么在尼泊尔作出的仲裁裁决不可以被执行;(6)如果裁决之日起90日内提交了裁决执行的申请。

根据前述提交的申请,如果上诉法院满足上述条件,应交由地方法院完成裁决的执行。

尽管另有规定,如下情形中在外国的仲裁员所作的裁决不应得到执行:(1)如果解决纠纷的裁决不能根据尼泊尔法律通过仲裁解决;(2)如果裁决的执行有害于公共政策。

五、仲裁员报酬

国际商事仲裁的优势之一可能是仲裁比较经济。如果将仲裁与整个诉讼程序相比较,因为仲裁是一裁终局性,仲裁的费用比多层次的诉讼便宜,但是就仲裁与诉讼的初审比较,仲裁未必比诉讼更便宜。当事人在仲裁中不得不支付仲裁员的费用以及代理人的费用,有时候这些费用还是很高的。仲裁员履行其义务同时有权获得报酬,由于首席仲裁员比合作仲裁员要承担更多的义务,有时候需要起草仲裁裁决书,花费更多的时间,其得到的费用要比合作仲裁员(边裁)更多。

尼泊尔《仲裁法》规定,除非协议中另有规定,寻求仲裁的当事人必须在与实施仲裁程序的当事人进行协商后向仲裁员支付确定好数量的一定金额。各方当事人应按照仲裁员在考虑了相关情形后规定的比例承担仲裁程序的费用。

仲裁协议中应约定仲裁员的报酬。如果协议中未提及仲裁员的报酬,有关当事人应向仲裁员支付与其协商后确定的报酬。此报酬应根据当事人与仲裁员协商的要求,采取全额或是订金方式进行支付。

此外,受理裁决执行的法院也可收取相应的执行费用。受理裁决执行的法院可以按照仲裁员的裁决金额总量的0.5%计算收取裁决执行费用。如果执行的裁决不涉及付款金额,可按裁决提起诉讼或应提起诉讼的当前市场价值或者总金额的0.5%计算收取裁决执行费用。如果没有相关裁决,则向当事人收取500尼泊尔卢比作为裁决执行的费用。如果需要支付费用的任何一方当事人希望由对方当事人支付,地方法院应根据现行法律以收取法庭费用的方法向对方当事人收取。

第三节　尼泊尔主要仲裁机构及仲裁规则

一、尼泊尔仲裁委员会

(一)尼泊尔仲裁委员会简介

尼泊尔仲裁委员会成立于1991年,作为非政府非营利性组织,致力通过仲裁和其他自愿方式解决商业纠纷和建筑业纠纷。尼泊尔仲裁委员会是尼泊尔唯一一个长期工作的仲裁机构,提供规则(2003年根据1999年《仲裁法》制定的新规则)、场地和仲裁员小组来进行仲裁程序。仲裁可以在尼泊尔当事人之间进行,亦可在尼泊尔与外国当事人之间进行,但都应依据尼泊尔仲裁委员会按照国际标准设定的仲裁程序,仲裁委员会可向当事人提供来源广泛的仲裁员名单以供选择,当事人可以从中选择公正的仲裁员,仲裁委员只收取合理的管理费用。

(二)主要目标与补充目标

尼泊尔仲裁委员会的主要目标:(1)发起、促进、保护并在制度上发展与仲裁相关的活动,包括尼泊尔其他争议解决方法;(2)通过对现行仲裁法律法规进行分析和研究,为相关机构定期修订、修改和制定现行仲裁法律和法规提供必要的建议,并为此目的产生良好的舆论;(3)安排和管理尼泊尔境内发生的国内和国际争端解决所需的各种服务、设施和工具,并在理事会的协助下通过仲裁和其他替代性争议解决方法解决;(4)与从事不同专业和业务的个人和机构保持关系,以仲裁与各种性质和主题有关的争议,并编制适当的仲裁员名单;(5)制定仲裁员行为准则,并为其实施创造适当的环境。

尼泊尔仲裁委员会的补充目标:(1)组织必要的培训、指导、研讨会、讲习班和谈话方案,以培养尼泊尔熟练的仲裁人才,通过仲裁和其他替代方法解决各种争端;(2)建立一个设备齐全的图书馆,收集国家、国际和区域机构关于仲裁和其他替代方法的书籍、期刊和规章制度;(3)获得具有类似目标的其他国家、国际和区域机构的成员资格,向其提供成员资格,并与这些组织和机构保持关系、增进了解、探索合作、交流经验和意见;(4)接收、赚取、获取、拥有和处置动产和不动产财产,以提升议会地位;(5)租用或出租土地和建筑物;(6)鼓励制定和促进通过仲裁和其他替代性争议解决方法,解决工业、贸易和其他商业领域的双边或多边合同或协议产生的争端的规定。

（三）组织机构

大会是理事会的主要审议机构，由尼泊尔仲裁委员会成员组成。大会的职能、权利和义务包括：(1)介绍和讨论以前的进展报告，并讨论收入和支出报表；(2)选举执行委员会的成员；(3)制定理事会的政策；(4)向执行委员会提供指导；(5)制订理事会下一年度的计划；(6)批准理事会的年度收入和支出的估计预算；(7)任命下一财政年度的审计师；(8)修改章程；(9)履行规定的其他职能。

由理事会选举产生一个9人的执行委员会，任期3年，并根据需要向执行委员会提供建议/指示。然后由执行委员会从中选举主席、副主席、秘书和财务主管。执行委员会的会议应在每个财政年度至少举行两次。执行委员会的职能、权利和义务包括：(1)执行大会的决议、政策和指示；(2)任命一名选举官员；(3)若执行委员会成员的任何席位出缺，则应从理事会成员中提名一名成员，直到大会召开；(4)实施或促使实施理事会的目标；(5)为实现理事会的目标制定方案并履行适当的职能；(6)编制并向大会提交理事会的预算；(7)任命理事会所需的官员和工作人员，或解雇他们，并确定他们的服务条款和条件以及报酬；(8)将理事会的全部或部分权利和职责委托给其分支机构或任何工作人员；(9)组织一个由经验丰富的人组成的小组，对不同主题和性质的争端进行仲裁；(10)制定和实施或促使制定和实施必要的规则和细则，以根据理事会的目标履行职能；(11)根据有关各方的请求，任命仲裁员；(12)为了实现理事会的目标，从其认为适当的成员中组建一个委员会或一个小组委员会；(13)制定和批准所需的条例。

（四）提供的服务

尼泊尔仲裁委员会提供服务，以合理的费用仲裁不同类型的争议。委员会不参与裁决案件，但提供当事人相互选择公正仲裁员的个人名单。仲裁按照特定规则和程序进行，仲裁员的裁决具有法律约束力和可执行性。

1. 提供仲裁设施

尼泊尔仲裁委员会为解决尼泊尔各方之间或尼泊尔与外国各方之间的所有类型的商业和建筑纠纷提供了仲裁设施。尼泊尔仲裁委员会的仲裁程序是根据国际标准制定的，并保留了一份全面的仲裁员名单。

2. 提供仲裁员小组

各领域和专业的专家以其知识、诚信和争议解决技能而闻名，他们被列入委员会的国家仲裁员小组，以便将其转介给争议各方。

3. 提供信息服务

尼泊尔仲裁委员会向有关各方提供有关仲裁法律和设施的信息和建议,并与世界各地的国家和国际机构保持合作与联系。

4. 提供培训

尼泊尔仲裁委员会在国内举办研讨会、会议、谈话计划和技能发展计划,以促进更广泛地使用和更好地理解仲裁、调解和其他冲突解决程序。项目可以根据个人团体和成员组织的需要进行专门设计。

二、尼泊尔仲裁委员会仲裁程序条例

《尼泊尔仲裁委员会仲裁程序条例》(以下简称《条例》)是尼泊尔仲裁院执行委员会行使1991年《尼泊尔仲裁院章程》第26条所赋予的权力制定的关于仲裁程序的规则,以便对可通过仲裁解决的商业性质的争端进行裁决。条例共七章,分别是第一章“序言”、第二章“仲裁程序的启动”、第三章“关于指定仲裁员的规定”、第四章“与仲裁程序有关的规定”、第五章“仲裁员的决定”、第六章“仲裁中涉及的费用”、第七章“其余事项”。

(一)仲裁程序的启动

1999年《仲裁法》规定仲裁程序包括当事人之间为解决纠纷所提出的请求、反请求、异议和答辩。该条例在此基础上对仲裁程序作了进一步细化规定。

1. 请求

《条例》规定,如果合同或任何其他书面协议中约定了仲裁条款,要求有关各方根据条例将任何争端提交仲裁,争端的任何一方或双方可单独或联合向秘书处提出书面请求,以启动仲裁程序。请求中应包含以下事项:(1)争议各方的名称和地址以及通知交付的地址;(2)争端的性质和主题;(3)请求仲裁;(4)索赔的性质和摘要以及金额;(5)寻求的补救措施;(6)如果有关各方就仲裁员人数达成了任何协议,请详细说明;(7)如果合同中没有提到仲裁员的人数,应说明是需要一名独任仲裁员还是需要多名仲裁员;(8)如果对仲裁员的具体资格有要求,应提及这种资格;(9)如果已就仲裁达成单独的协议,则以该协议为准。如果未达成该协议,则以启动仲裁程序的协议中与仲裁有关的条款为准;(10)产生纠纷的协议的复印件。

根据本《条例》申请仲裁时,应向秘书处缴纳1000尼泊尔卢比的申请费和理事会确定的行政费用。

一旦收到根据《条例》提出的启动仲裁程序的申请，理事会可在指定仲裁员之前，审查相关文件，以确定提交仲裁的争议是否属于仲裁管辖范围，或是否可以通过仲裁解决，并就此向各方当事人提出建议。如果不符合条例规定的标准，理事会可以拒绝要求启动仲裁程序的请求。

如果根据《条例》第3条申请人向秘书处提交了申请，则自另一方收到该书面通知之日起视为仲裁程序启动。

2. 异议

被申请人应在收到通知后30日内向秘书处提交答复，说明以下细节：(1)被申请人的全名、地址和联系方式；(2)如果在仲裁过程中有任何代表有关各方的个人，列明其全名、地址和联系方式；(3)仲裁申请人提出的申请是否适当；(4)对索赔理由以及导致索赔上升的争议的性质和情况的主张，请提供详细信息；(5)对申请人的补救措施和主张；(6)对申请人主张的仲裁员人数和遴选程序有建议或意见，请详细说明；(7)关于提名仲裁员的建议；(8)关于仲裁地点、适用的法律、语言；(9)有助于解决争端的其他补充资料和文件。

应将提交给秘书处答复的副本交给申请人一份。

3. 反请求与答辩

如果被申请人需要提出任何反请求，必须与提交给秘书处的异议一并提交，反请求必须包括以下细节：(1)可能导致反请求的争端的状况和性质，以及提交反请求的理由；(2)所寻求的补救和救济的细节，以及可衡量的反请求金额；(3)任何其他相关协议，包括关于被申请人的协议；(4)如果反请求是根据多个协议提出的，那么须指明该反请求所指向的是哪一个协议；(5)其他可能有助于有效解决争端的文件或信息。

在收到秘书处提出的被申请人的反请求后30日内，申请人必须对反请求作出回应。

若存在合理理由，申请人可提出延长时限的请求，秘书处在向仲裁员转交文件之前，通常可将时限延长15日。

(二)仲裁人员

1. 仲裁员人数

《条例》规定，如果协议中没有规定仲裁员人数，或者各方未能就仲裁员人数达成协议，则应由一名独任仲裁员审理和解决争端。但考虑争端的性质和严重性，理事会可决定成立一个最多由 3 名仲裁员组成的法庭。

2. 仲裁员的任命

若争议由独任仲裁员审理，争议的一方可向对方提名一名或多名仲裁员。在所提名的仲裁员中，另一方当事人接受的人应被任命为唯一仲裁员。在另一方当事人没有接受的情况下，优先名单上的第一人为唯一仲裁员。

如果有关各方在仲裁程序开始后 30 日内未能就指定独任仲裁员达成协议，任何一方当事人可向理事会提出指定独任仲裁员的请求。如果双方同意指定一名以上的仲裁员，并且在协议或双方同意的情况下确定了期限，争端的任何一方未能在该期限内或自仲裁开始之日起 30 日内指定一名仲裁员，另一方可要求理事会代表未能指定仲裁员的一方指定一名仲裁员。

如果当事人之间的协议规定了首席仲裁员的任命，或者规定了首席仲裁员的任命程序，则首席仲裁员应根据这些程序任命，如果没有规定程序，则首席仲裁员应由双方当事人指定的仲裁员任命。但如果在各方当事人指定仲裁员后的 15 日内未能指定首席仲裁员，理事会可根据任何一方当事人的要求，指定首席仲裁员。

在收到争端的任何一方的请求后，理事会应从独立公正的仲裁员小组中任命仲裁员。在指定仲裁员时，理事会应向双方当事人提供一份至少有 3 名仲裁员姓名的名单。各方当事人应在收到该名单后 7 日内，将其反对的仲裁员姓名从名单上删除，并将名单连同其接受的其余仲裁员姓名按优先顺序交还理事会。理事会应从退回并经各方当事人批准的名单中的仲裁员姓名中，指定一名在优先名单中排名第一的人担任仲裁员。

如果不能按照上述规定指定仲裁员，理事会应在考虑争端的性质、资格、公正性和相关情况的情况下，指定一名适当的仲裁员。

如果有一个以上的人代表申请人或被申请人，并且有规定要求组成一个至少由 3 名仲裁员组成的法庭，以便对该申请人或被申请人的争议进行裁决，该申请人或被申请人应根据《条例》第 16 条的规定，共同指定一名仲裁员。如果不能以这种方式指定仲裁员，理事会应根据条例指定仲裁员。

根据《条例》要求指定仲裁员的一方应向理事会缴纳 5000 尼泊尔卢比的款项。

3. 仲裁员的更换

如果理事会根据条例指定的仲裁员不愿意或拒绝以这种身份行事，或不能以这种身份行事，或辞职，或被法院命令免职，或死亡，理事会应在有关方面向理事会提交申请和有关证据后，宣布该仲裁员的职位空缺。在作出声明后的30日内，理事会应根据条例的规定，按照指定被替换的仲裁员的相同程序，指定另一名仲裁员担任该空缺职位。

4. 仲裁员宣誓

每个人在被任命为仲裁员之前，都必须在一式三份的书面宣誓书上签名，表明不存在任何可能对其公正性、中立性和独立性产生合理怀疑的情况，不存在涉及其与拟通过仲裁解决的争端之间的利益冲突，或者在仲裁程序结束之前，如果存在这种情况，将通知争端各方。

这种书面声明的一份副本应送交上诉法院，另一份送交理事会，第三份应保存在案件卷宗中。

根据条例指定的仲裁员应始终保持完全独立、中立和公正，直至争议完全解决，不得在另一方缺席的情况下与争议的任何一方进行任何讨论、咨询或协商，但行政程序或口头听证或《条例》另有规定的情况除外。如果根据条例指定的仲裁员开始工作后，出现了违反上述条款所述的情况，其应将此情况通知理事会和有关各方。

5. 仲裁员的撤换

仲裁员的撤换及其程序应按照仲裁协议的规定进行。如果协议中没有规定撤换仲裁员的条件和程序，在下列任何一种情况下，有关各方均可向仲裁庭提出申请，在任命任何仲裁员或得知其行为或程序不符合条例后 15 日内提出撤换要求：(1)有合理理由怀疑仲裁员对待仲裁争端的独立性、中立性或公正性；(2)仲裁员在仲裁过程中从事不正当行为或有欺诈行为；(3)仲裁程序在没有合理理由的情况下被延长；(4)仲裁员拒绝参加仲裁会议；(5)仲裁员在仲裁程序中经常犯错或违规；(6)仲裁员从事其他违反自然公正原则的工作。

任何一方要求按照规定解除仲裁员的职务，都必须向仲裁员、理事会和其他有关各方提出申请，并列出细节和理由。根据规定，有提出解除参与仲裁程序的仲裁员的申请的，该仲裁员可自愿辞去仲裁员职务，如果其不辞职，理事会应在收到该申请后 15 日内对其作出决定。

任何一方当事人打算以上述第 1 项、第 2 项为由撤换自己指定的仲裁员，该当事人可以提交撤换该仲裁员的申请，但条件是其在指定该仲裁员后才知道存在这些条款中提到的事实。

(三)与仲裁程序有关的规定

1. 仲裁庭的职权范围

仲裁庭从秘书处获得待仲裁争端的案卷后,应在有关各方在场的情况下,根据所获得的该文件和各方最近提交的其他文件,拟定职权范围,明确所要涵盖的职责。

下列事项应列入职权范围:(1)仲裁员的全名、地址、专业细节和其他联系细节;(2)用于通信和传递与仲裁程序有关的信息的详细地址;(3)仲裁地点;(4)各方索赔的摘要,每一方寻求的补救和救济,衡量的索赔金额和其他索赔的估计货币价值;(5)每一当事方和代表该当事方参加仲裁的人的全名、地址和详细联系方式;(6)仲裁员应遵守的程序规则;(7)仲裁庭被授权在公允善良原则的基础上作出的决定,及其细节;(8)若仲裁员认为适当,可列出需要裁决的主题。

仲裁员和有关各方应在根据分则拟定的职权范围上签名。在理事会向仲裁员发送相关案卷的两个月内,应要求将仲裁员和相关当事人签署的职权范围的细节发送给理事会。但理事会可根据仲裁员的要求并说明理由,酌情延长这一期限。如果任何一方拒绝制定或签署职权范围,应将这方面的细节送交理事会批准。一旦理事会签署或批准职权范围,仲裁程序就应开始;一旦职权范围被理事会签署或批准,任何一方都不能提出超出职权范围的新请求或反请求。但仲裁庭可根据新申请和反申请的性质、仲裁阶段和其他相关情况,允许提交新请求和反请求。

2. 提交请求、反请求、答辩和异议

申请人应在提交申请的协议中规定的时限内,向仲裁庭和理事会提交一份书面申请书,其中列出为证明申请的事实、争议的主题(争议点)和寻求的补救措施。如果没有这样规定,应自指定仲裁员之日起 60 日内,或自收到理事会批准的职权范围之日起 90 日内,或在双方商定的任何其他期限内,或由法庭在程序时间表中指示的期限内。同时,还应向被申请人提供一份副本。

被申请人应在收到申请书后 30 日内或在程序时间表中约定的期限内,就申请书中提及的事项向申请人、仲裁员和理事会送达书面答辩书,并列出反请求(如有)。

申请人应在收到答辩书和/或反请求书后 15 日内或在程序时间表中约定的

期限内，向仲裁庭提交对答辩书和反诉请求（如有）的书面答复，并同时向被申请人和理事会提供该答复的副本。

如果被申请人或申请人未能在规定的时间内提交答辩、反请求或答复，或因其无法控制的情况而不能按条例规定办理，可在时限届满之日起7日内向仲裁员提出延长时限的申请，并列举合理理由，说明其未能办理的原因。如果理由被认为是合理的，仲裁员可以延长时限，最多不超过15日。若延长了时限，则应要求被申请人或申请人在该延长的时限内提交其答辩、反请求或答复。

如果任何一方当事人想对其在仲裁程序中提交的请求、异议、反请求或答辩进行修改，须为此向仲裁员提出申请，在得到仲裁员的许可后，可提交补充请求、异议、反请求或答辩，也可对其进行修改。但前提是，如果仲裁庭认为对请求、异议、反请求或答辩进行这种修改或补充会造成延误，或者仲裁庭认为这种修改或补充会损害另一方当事人的利益，或者认为这种修改或补充超出了《条例》第6条所述的约定，仲裁庭可以拒绝允许对请求、异议、反请求或答辩进行这种修改、补充。

3. 仲裁管辖权与协议的有效性

仲裁协议是国际商事仲裁的基石。只有存在有效的仲裁协议，当事人才能将争议交由仲裁进行解决。当事人根据仲裁协议将他们之间的争议提交仲裁后，仲裁庭取得了处理当事人之间争议的管辖权。仲裁是当事人意思自治的产物，意思自治贯穿整个仲裁。所以，为了证实当事人之间存在提交仲裁处理他们之间争议的一致意思表示，许多国家的国内立法及一些国际公约，要求仲裁协议必须采取书面形式，甚至在某些特定的情况下，还要求双方当事人对仲裁协议进行签署。在国际商事仲裁实践中，对于仲裁协议有效性提出质疑主要表现在一方当事人提请仲裁，而另一方当事人不愿意提交仲裁，希望将争议交由法院处理。该当事人往往会声称他们之间没有签署仲裁协议或者不存在仲裁协议。如此，就会出现仲裁协议的有效性问题。尽管1958年《纽约公约》是关于仲裁裁决的承认与执行公约，其第2条就是关于仲裁协议的有效性问题，即(1)当事人以书面协定承允彼此间所发生或可能发生之一切或任何争议，如关涉可以仲裁解决事项之确定法律关系，无论为契约性质与否，应提交仲裁时，各缔约方应承认此项协定；(2)称“书面协定”者，谓当事人所签订或在互换函电中所载明之契约仲裁条款或仲裁协定；(3)当事人就诉讼事项订有本条所称之协定者，缔约方法院受理诉讼时应依当事人一造之请求,命当事人提交仲裁,但前述协定经法院认定无效、失效或不能实行者不在此限。

根据该条规定,如果当事人之间存在书面的仲裁协议,包括合同中的仲裁条款和仲裁协议书,而且当事人提交仲裁解决的争议是可以由仲裁解决的,具有确定的法律关系,那么法院就必须根据一方当事人的请求停止诉讼,将争议提交仲裁机构进行解决,除非法院认定仲裁协议是无效、失效或者不能实行的。所以,公约认为一项有效的仲裁协议必须采取书面形式、仲裁事项具有可仲裁性以及存在确定的法律关系。此外,当事人之间订立仲裁协议时必须具有行为能力。

《条例》规定,根据条例成立的仲裁小组有权审理其是否对所成立的争议有管辖权,并就有关协议的有效性或效力,或与仲裁有关的条款的有效性作出决定。如果任何一方打算为上述目的提出抗辩,应要求其在提交答辩书的时限内提出抗辩,此后不得再提出抗辩。

仲裁员在对任何协议下的仲裁条款的有效性作出决定时,也可以对包含此类条款的主要协议的有效性作出决定。即使载有仲裁条款的主要协议在根据前款规定作出决定时根据现行法律被宣布为无效,但构成该协议组成部分的仲裁条款不应仅仅因为上述原因而被视为无效或不能发挥作用。

4. 听证会

一般来说,在收到根据《条例》第 34 条提交的文件之日起 15 日内,仲裁员可自行决定或应任何一方的要求,与各方当事人或其授权代表和仲裁员举行初步听证会,以确定争议问题,从中确定协议点,并开展与仲裁程序有关的任何其他工作。如果仲裁员不按规定召集会议,或各方当事人未为此提出请求,理事会可自行指示仲裁员召集此类会议。仲裁员可在召集的初步听证会上,确定各方当事人应提交的文件和随后举行的听证会的时限。如果任何一方当事人打算在仲裁听证会上出示证人,应要求该方当事人按照《条例》第 43 条第 2 款的规定在该会议上也提供证人的详细资料。仲裁员须将举行的听证会过程中达成的任何协议或谅解记录在案,并在 7 日内向所有当事方和理事会提供这种协议或谅解的副本。各方当事人应在根据《条例》第 38 条举行的初步听证会上确定各方当事人之间达成一致的要点,并向理事会和仲裁员通报此类协议的要点。

仲裁员应确定口头听证会或会议的日期和时间,并向争议各方发出书面听证或会议通知。口头听证会应不公开举行,所有书面文件都应保密,除非各方另有约定。当事人或其授权代表、助理和法律工作者可以出席听证会。

5. 提交证据

根据《条例》提出请求、异议或反请求的任何一方，都有责任对提交仲裁的争端证明该请求、异议或反请求。根据《条例》向仲裁员提供的证据的相关性、可接受性、重要性以及对其的重视程度应由仲裁员决定。除非当事一方自己因时限过期而缺席或放弃出席的权利，否则仲裁员应在所有当事方在场的情况下审查所有口头证据。

如果任何一方打算在口头听证会上提交任何文件，应要求该方汇集所有这些文件，并在举行口头听证会前15日传达给另一方和仲裁员。即使在口头听证过程中不宣读，或不提交这方面的进一步证据，也应视为已提交证据。但争端的任何一方如果对作为证据提交的任何文件的可接受性提出异议，可对该证据提出答辩。如果任何一方当事人打算在《条例》第34条第4款规定的期限内提交未指明的文件，仲裁员可在开庭时允许其提交此类文件。但在给予这种许可时，仲裁员可以考虑相关法律和在此期间不提供该文件信息的原因。

6. 对证人的审查

仲裁员询问证人的程序、日期和时间，应按会议确定的时间表规定进行。如果争议的任何一方打算出庭作证，该方应在接受证人作证前至少15日向仲裁员和其他各方提供信息，包括其希望出庭的证人的姓名和地址、他或她将使用的语言以及证人作证的内容。

如果任何证人在仲裁员面前作证，应以书面形式保存该证词的记录，如果该证词的语言与《条例》第28条不同，应将其翻译成《条例》第28条确定的语言，并保存相关记录。在任何证人根据《条例》提供证据时，以及在仲裁员听取任何证人的证词时，仲裁员可禁止除当事人本人及其代理人外的其他证人出席口头听证会。

证人可以以书面形式提交证词并签名。但在任何证人提交书面证词的情况下，另一方可要求该证人出席口头听证会以接受盘问。

在仲裁程序过程中，仲裁员可以尽可能地传唤证人作证。但另一方当事人应要求给予机会，对仲裁员传唤的此类证人进行交叉询问。有关方面有责任按照条例的规定，将证人带去接受审查。

7. 专家报告

仲裁员可指定一名或一名以上专家,就拟由仲裁员解决的特殊类型的争端中的特定主题编写报告。仲裁员可以命令争议各方提供必要的信息文件、货物或财产或进入任何现场,供按规定组成的专家检查。如果指定了专家,仲裁员应将委托给该专家的职权范围告知各方当事人,如果专家与各方当事人之间就任何通知或信息或提交的任何文件发生任何争议,应将该争议提交仲裁员裁决。

在收到专家关于所述主题的报告后,仲裁员应提供一份必须向争议各方提供的报告的副本,并向各方提供适当的机会,以书面形式表达他们对报告的意见。

如果任何一方当事人要求检查专家报告中提到的、由他或她拥有的文件、货物或财产,专家应被要求向该方当事人提供这些文件、货物或财产供检查。专家应被要求向该当事人提供一份不在其手中但为编写报告而提供给他们的文件、货物或财产的清单,以及关于这些文件或货物、财产的位置的信息。在以书面或口头形式提交报告后,应要求专家应任何一方的要求或仲裁员认为适当的情况下出席口头听证会。如果专家根据规定出庭,争议各方可以询问专家或对其报告进行评论。

《条例》指定的专家服务的费用和报酬,应由仲裁员与有关各方协商确定。

8. 临时命令

仲裁员可应任何一方的要求,发布其认为对与争议有关货物的安全和保护合适的命令。

仲裁员可根据规定发布他或她认为适当的命令,包括将这些货物交由第三方保管或出售。发出的命令应保持临时命令的形式,仲裁员可要求货物保管人对这些货物进行担保。

若任何一方向法院单独提出申请,寻求临时命令以推迟或停止仲裁程序,这种申请和法院的相关命令不应视为与仲裁协议不一致,而且该方不应仅因这种申请和命令而被视为放弃协议或程序。此外,仲裁员可应任何一方的请求,就与争端主题有关的任何其他事项发布临时命令或作出有条件的决定。

9. 时限届满的影响

如果申请人未能在《条例》第 34 条第 1 款规定的时限内提交申请书,仲裁员应发布命令,宣布结束所有仲裁程序。

如果被申请人未在《条例》第 34 条第 2 款规定的时限内提交答辩书,且无充分理由，则仲裁员应继续进行仲裁程序，不得推迟；如果被申请人允许时限过期，则仲裁员应在从申请人处获得必要的证据后，根据事实和证据作出决定。

如果任何一方当事人未能在条例规定的时限内出席仲裁员召集的口头听证会或出示仲裁员命令的任何文件，仲裁员应继续进行仲裁程序，不得推迟。

即使任何一方没有按照规定出庭或出示文件，仲裁员也可以根据其收到的证据对争议问题作出决定。

10. 仲裁程序和听证会的结束

如果仲裁员认为，一旦仲裁程序结束，就没有必要或不适合再进行听证，或者争议各方经协商后告知仲裁员，他们没有证据可以出示或提交，仲裁员可以宣布听证结束。一旦根据规定结束审理，仲裁员不得再审查其他证据和进行审理。

尽管《条例》其他地方有规定，有关各方可通过书面谅解放弃口头听证。如果各方未能就口头听证的程序达成一致，仲裁员应确定一个公平和适当的程序。

（四）仲裁裁决

1. 裁决的作出

除非协议或条例另有规定，在通常情况下，仲裁员应在仲裁审理结束后 30 日内作出最终裁决。作出的仲裁裁决应是书面的，应向每一方当事人免费提供该裁决的副本，副本原件应随案卷移交给秘书处。根据索赔的性质，在最终仲裁裁决之前，如果仲裁员认为有必要作出部分裁决，他或她可以作出这种裁决，并列出理由。如果争议各方在作出裁决时在场，仲裁员应向这些当事方宣读裁决书。

仲裁员根据条例作出的决定对各方当事人具有约束力。未经争议各方同意，裁决书不得公开。但与研究有关的工作则不需要这种同意。

2. 给出最终裁决的期限

仲裁员须在完成必要程序后的 6 个月内作出最终裁决。所述期限应从仲裁员或有关各方在职权范围上最后签字之日起算，或者如果秘书处通知仲裁员，理事会已根据《条例》第 29 条第 4 款批准了职权范围，则从仲裁员收到该通知之日起算，如果不存在职权范围，则从仲裁庭组成之日起算。虽有《条例》其他条款的规定，但仲裁员可在按第 30 条分则 2 确定的程序时间表的基础上，为裁决单独制定程序时间表。如果仲裁员要求延长裁决期限并说明理由，或执行委员会认为有必要，理事会可延长该期限。

3. 裁决草案的审查

有些仲裁机构为了保证仲裁裁决的质量以及与仲裁规则的一致性,其在正式发出仲裁裁决前,会对仲裁庭作出的裁决草案进行审查。必须强调的是,仲裁机构的审查可以对仲裁的形式作出修改,但是对仲裁实质性内容不能进行修改,只能向仲裁庭提出建议。仲裁庭对仲裁机构关于仲裁裁决实质内容所提出的建议可以接受,也可以不接受。也就是说,仲裁庭具有独立作出裁决的权力,有关实质性内容的决定权依旧归属于仲裁庭。这就是国际商会仲裁院颇具特色的核阅裁决书制度。2012 年《国际商会仲裁规则》第 34 条规定:“仲裁庭应在签署裁决书之前,将其草案提交仲裁院。仲裁院可以对裁决书的形式进行修改,并且在不影响仲裁庭自主决定权的前提下,提醒仲裁庭注意实体问题。裁决书形式未经仲裁院批准,仲裁庭不得作出裁决。”2015 年起施行的《中国国际经济贸易仲裁委员会仲裁规则》第 51 条也作出了类似规定,即仲裁庭应在签署裁决书之前将裁决书草案提交仲裁委员会核阅。在不影响仲裁庭独立裁决的情况下,仲裁委员会可以就裁决书的有关问题提请仲裁庭注意。这些仲裁规则规定仲裁裁决草案的审查制度主要是为了保证裁决形式的准确性,还可以激励仲裁员更加谨慎地起草裁决书。

《条例》规定,仲裁员在签署裁决书之前,应将自己编写的裁决书草案送交理事会。在研究了收到的裁决书草案后,理事会可对裁决书的形式提出修改意见,在不影响仲裁庭的决定权的情况下,也可提请其注意实质问题。在提请注意时,理事会可提请仲裁庭注意以下问题:仲裁裁决是否根据《条例》第 29 条批准的职权范围作出,仲裁庭是否在其管辖权范围内作出裁决,有关各方是否已被适当告知仲裁程序,所作裁决是否与仲裁职权范围相悖,以及所提出的有关索赔、反索赔或辩护的问题是否已得到解决。

仲裁庭在按照规定的形式得到理事会的批准之前,不得作出裁决。

4. 裁决作出的方式

如果仲裁庭由 3 名仲裁员组成,3 名仲裁员对于争议解决的意见一致,则其所作出的裁决毫无问题。如果 3 名仲裁员的意见不一致,仲裁裁决根据何种原则作出,几乎所有的仲裁立法以及仲裁规则都作出了具体的规定。一般来说,可以由多数人作出裁决。如果 3 名仲裁员的意见各异,就由首席仲裁员作出裁决。几乎所有仲裁立法都允许根据多数仲裁员的意见作出裁决。例如,《示范法》第 29 条规定:“在有一名以上仲裁员的仲裁程序中,除非当事人另有约定,仲裁庭的任何决定应当按其全体成员的多数作出。但是,经各方当事人或仲裁庭全体成员授权的,首席仲裁员可以就程序问题作出决定。”我国《仲裁法》第53条规定:“裁决应当按照多数仲裁员的意见作出,少数仲裁员的不同意见可以记入笔录。仲裁庭不能形成多数意见时,裁决应当按照首席仲裁员的意见作出。”一般来说,仲裁员如有不同意见,便会拒绝签署裁决书。如果仲裁员不愿意签署裁决书,裁决书应该作出其不签署理由的声明。例如,《示范法》第31条第1款规定:“裁决应当以书面作出,并应当由仲裁员签名。在有1名以上仲裁员的仲裁程序中,仲裁庭全体成员的多数签名即可,但须说明缺漏任何签名的理由。”

如上所述,如果3名仲裁员对于当事人争议的处理达不成一致的意见,没有所谓的多数意见,仅仅有3种不同的意见,一些仲裁立法以及仲裁规则规定由首席仲裁员作出裁决,如我国《仲裁法》第53条的规定。有些仲裁立法以及仲裁规则不允许首席仲裁员单独作出仲裁裁决,如2010年《联合国国际贸易法委员会仲裁规则》第33条第1款规定:“仲裁员不止1名的,仲裁庭的任何裁决或其他决定均应以仲裁员的多数作出。”在这种情况下,如果存在仲裁庭授权首席仲裁员作出决定的条款,则可以按照授权条款由仲裁庭授权首席仲裁员作出裁决。如果没有此种授权条款,仲裁庭必须继续进行商讨,直到存在多数意见为止。经过商讨以后,如果还没有多数意见,就可能会出现无法裁决的情况。

三人仲裁庭在仲裁裁决过程中很少会出现意见一致的情况,大多数会出现仲裁员个人分离的观点与不同的意见。如果存在不同的意见或观点,通常的做法是持不同意见的仲裁员拒绝在仲裁裁决上签字。在多数的仲裁立法中,出现仲裁员未签字的裁决也不能妨碍仲裁裁决的有效性以及终局性,但是将意味着仲裁庭中有仲裁员不同意其他仲裁员对案件处理的结论或意见。在有些情况下,持不同意见的仲裁员希望将其不同的意见和理由写入裁决书中。这就是通常所说的裁决书的分离性或者不同意见的声明,其通常附加在裁决书上。并存意见或不同意见不属于裁决书的组成部分,也不是另外一个独立的裁决,其仅仅是不同意见仲裁员的一个分离的声明。不同意见不应当透露仲裁庭商议的内容,不应成为败诉方答辩裁决的依据。在某些法律制度中,不同意见和并存意见在国内诉讼以及国内仲裁中还是比较普遍的,但是在国际商事仲裁中,尤其在民法体系国家的国际商事仲裁中,并不多见。大多数国内法以及《示范法》,没有规定不同意见的问题。尽管在《示范法》起草过程中,有建议允许不同意见,但工作组认为其没有充分的需要。有一些仲裁规则规定了不同意见的问题。例如,2015 年起施行的《中国国际经济贸易仲裁委员会仲裁规则》第 49 条第 5 款规定:“由 3 名仲裁员组成的仲裁庭审理的案件,裁决依全体仲裁员或多数仲裁员的意见作出。少数仲裁员的书面意见应附卷,并可以附在裁决书后,该书面意见不构成裁决书的组成部分。”在国际商事仲裁实践中,尽管仲裁规则允许不同意见,其仅仅也只能附在裁决书后。

《条例》规定,当仲裁庭由 1 名以上的仲裁员组成时,多数仲裁员的决定应是最终决定。如果根据前述规定,仲裁员之间无法达成多数决定且意见不一,则首席仲裁员的意见应被视为仲裁决定,除非协议中另有规定。

5. 仲裁裁决中应规定的事项

有效的仲裁裁决一般必须具备以下要件:(1)书面形式;(2)具有终局性与对当事人均有约束力;(3)裁决所依据的理由;(4)仲裁员签名;(5)裁决作出的日期并指明仲裁地;(6)送达给所有当事人;(7)如仲裁地的仲裁法有要求,仲裁庭应向有权机关申请注册。

所有的国内法都要求仲裁裁决是书面形式,这点是毫无争议的。关于仲裁员签名的要求则有所不同,有些国内法律要求所有的仲裁员都必须在仲裁裁决上签字。当然,并不需要所有仲裁员必须同时同地进行签字。这种要求所有仲裁员签字的做法会带来一些困难,如果持不同意见的仲裁员拒绝在仲裁裁决书上签字,就会阻止仲裁裁决的作出。在国际商事仲裁实践中,持不同意见的仲裁员拒绝签字的情况是存在的。所以,绝大多数仲裁规则和我国仲裁立法都规定,并不需要所有仲裁员签字,可以由所有同意裁决书的仲裁员签字或由首席仲裁员单独签字。但是裁决书中需要说明仲裁员未签名的理由。例如,1988 年《瑞士联邦国际私法典》第 189 条规定只需要首席仲裁员签字,即仲裁裁决得采用书面形式,载明裁决的理由,注明日期,并经首席仲裁员签字。在仲裁裁决书上注明裁决作出的地点与日期具有重要的法律意义。对于地点来说,其决定了何地的法院具有撤销仲裁裁决的权力。为了避免争议,多数国内立法以及仲裁规则要求仲裁员在裁决书上明确仲裁地点。同样,仲裁裁决书被视为是在仲裁地作出的,而不问仲裁员是在何地签署仲裁裁决书。所以,仲裁裁决书上注明的地点一般就是仲裁地,也只有仲裁地的法院才能作出仲裁撤销的决定。仲裁地也是确定外国仲裁以及非内国仲裁的依据,如果仲裁需要到仲裁地以外的国家执行,当事人可以根据《纽约公约》的规定,向仲裁地以外的缔约方申请承认与执行。仲裁裁决作出日期的确定,一方面表明了仲裁庭任期的截止日期;另一方面也确定了仲裁裁决更正补充、解释以及撤销的起止日期。

《条例》规定,除非协议中另有规定,否则应根据《条例》在仲裁裁决中明确以下几点:(1)简要说明提交解决的问题和根据第29条批准的职权范围;(2)如果任何一方对仲裁员的管辖权提出质疑,就有理由主张管辖权;(3)如果专家是根据第44条规则任命的,则应提供专家报告的摘要;(4)仲裁员的决定,以及作出这种决定的理由和依据;(5)如果已经根据《条例》第49条第3款作出了部分裁决,请提供其详细情况;(6)要追回或赔偿的东西或金额;(7)如果要对第6项的金额收取利息,请说明其详情;(8)仲裁办公室的地点和裁决的日期;(9)其他必要事项。

6. 仲裁适用实体法的义务

国际商事仲裁为当事人提供了一个商事争议解决的私人机制。在国际商事仲裁的发展早期,存在这样的一个信念,即仲裁员的义务仅仅是为了解决争议、实现正义,仲裁员没有必要必须适用法律。但是在当今,仲裁员一直被期望适用法律处理当事人之间的纠纷。国际商事仲裁的经验表明,当事人在拟定仲裁条款时很少明确赋予仲裁员依据公允善良原则处理争议或友好仲裁的权利。在国际商事仲裁中,仲裁员比法院有更多的灵活性去适用法律,而且仲裁员也确知他们适用错误的法律所作出的裁决往往很难被撤销。如此当仲裁员认为严格适用法律会导致不公平的情况时,其更愿意提供符合他们认为正义标准的裁决,而不是依据法律作出不合理的裁决。仲裁员在仲裁实务中有时会遇到该种情况,常常会感慨如果严格依据法律裁决会导致合法不合理的结果;反之,则会出现合理不合法的局面。当事人希望争议的解决具有可预见性以及确定性,他们相信只有适用法律才能具有确定性。尽管仲裁裁决一般不能因为仲裁庭适用法律的错误而导致撤销,但是如果仲裁裁决违背了公共秩序或该项仲裁裁决超出仲裁员的权限范围,其仍然受到挑战。所以,仲裁员应该避免出现这些问题,承担尽其所能提供可执行的仲裁裁决的义务。仲裁的目的是定分止争,其最终是通过一个可执行的裁决得以实现。所以,一些仲裁机构的仲裁规则都特别强调了仲裁员的此项义务。例如,2020年《伦敦国际仲裁院仲裁规则》第32条第2款规定,伦敦国际仲裁院、仲裁庭以及当事人尽一切努力确保裁决能够在仲裁地得到合法的承认与执行。2012年《国际商会仲裁规则》第42条也规定:“对于本仲裁规则没有明确规定的任何事项,仲裁院和仲裁庭都应当根据本仲裁规则的精神办理,并应尽一切努力确保裁决能够依法执行。”

为了防止裁决被仲裁地认定无效,必须确保仲裁协议是有效的,并且事项应该是可仲裁的。符合仲裁地的法律对摆脱被无效命运至关重要。如果仲裁协议在仲裁地法律下无效,裁决可能会在执行地被拒绝执行。因此,仲裁员在决定支配仲裁协议法律的时候应该十分谨慎。同时,仲裁庭也有义务适用仲裁地的强行法。尽管仲裁庭不可能被期望考虑每个可能执行地当地的特殊规定,然而它应当考虑对执行有重大影响的国际公约,尤其应当意识到《纽约公约》的要求,因为很多国家是该公约的成员。仲裁庭应当仔细进行仲裁程序并精心作出裁决,不要为《纽约公约》下的拒绝执行提供合理依据。

《条例》规定,仲裁程序中应适用协议中规定的实体法,如果协议中没有规定这种法律,则应以尼泊尔的法律为准。如果有关各方对其有明确授权,仲裁员应按照公允善良原则解决争端。尽管《条例》其他地方有规定,仲裁员也应根据有关协议的条件解决争端,并应在解决争端时注意适用于交易的贸易惯例。

7. 和解

如果各方同意在作出最终裁决之前通过协商一致或其他措施解决争端,他们可以请求仲裁并提出协议要点。

如果当事人根据前款规定提出的请求被仲裁员认为是适当的,其可以宣布仲裁程序结束,将通过协商一致解决的争端记录下来,作为仲裁庭的一项裁决。仲裁员不应被迫说明作出这种裁决的理由。

如果在仲裁员作出最终裁决之前,由于前述以外的任何原因,没有必要或不可能继续进行仲裁程序,仲裁员应将其结束仲裁程序的意图通知有关各方,除非任何一方当事人以合理的理由对这一信息提出异议,否则仲裁员有权发出这一命令。

如果仲裁员根据《条例》第 49 条第 1 款作出裁决,或根据《条例》第 55 条第 2 款命令结束程序,仲裁员应签署裁决或命令的副本,并将其分别交给争议各方和理事会。

8. 裁决的更正

仲裁庭根据法律规定在一定期限内对仲裁裁决进行更正。《示范法》第 33 条规定,除非当事人约定了另一期限,在收到裁决书后 30 日内,一方当事人可在通知对方当事人后请求仲裁庭更正裁决书中的任何计算错误、任何笔误或打印错误或任何类似性质的错误。《示范法》对于裁决更正的规定仅仅限于技术性错误,对仲裁的实质性内容不能进行更正,而且此种更正不能改变仲裁裁决实质性的效果。1996 年英国《仲裁法》的规定与《示范法》类似,其第 57 条第 3 款 a 项规定,仲裁庭可以根据当事人的约定或主动就消除因失误或忽略而引起的文字错误或者明确或消除裁决书中的含混不清的内容等,对裁决书作出更正,该条规定更正的期限是自裁决书作出之日起 28 日内或当事人约定的更长的时间内提出。

所有的仲裁规则都采取了与《示范法》类似的机制。例如,2012 年《国际商事仲裁规则》第 36 条规定两种提请更正的方法:第一种是仲裁庭主动地进行更正,即仲裁庭可以自行更正裁决书中的誊抄、计算、打印错误或者其他类似性质的错误,但该等更正必须在裁决书作出之日后 30 日内提交仲裁院批准;第二种是当事人提请更正,即当事人要求更正错误的请求,或者要求解释。

尼泊尔仲裁委员会《条例》规定,仲裁员可根据任何一方当事人的申请,或在未提交申请的情况下主动纠正最终裁决中的下述小错误,或对该裁决的任何方面作出解释:(1)任何印刷错误;(2)任何错误、失误、疏忽、数字和文字的差异以及其他在不知不觉中发生的类似性质的小错误;(3)计算中的任何错误。

在按上述规定申请纠正仲裁最终裁决中的微小错误时,争议各方应在收到裁决书后 30 日内提出申请。在收到提出的申请后,仲裁员应在收到该申请的 15 日内纠正这种错误、失误、疏忽或解释裁决的任何方面。

在纠正错误或解释裁决的任何方面之前,仲裁员须就此通知争议各方。

关于根据《条例》作出的更正或解释,仲裁员须单独作出决定,该决定应是《条例》第 49 条或第 55 条所述裁决的组成部分。

9. 补充裁决

现代仲裁立法大多规定了裁决的补充。例如,《示范法》第 33 条第 3 款规定:"除非当事人另有约定,一方当事人在收到裁决书后三十天内,可以在通知对方当事人后,请求仲裁庭对已在仲裁程序中提出但在裁决书中遗漏的请求事项作出补充裁决。仲裁庭如果认为此种请求正当合理的,应当在六十天内作出补充裁决。"1996 年英国《仲裁法》也包含类似的条款,其第 57 条第 3 款 b 项规定,就任何已向仲裁庭提出但未经裁决处理的请求(包括关于利息或费用的请求)作出补充裁决。未首先给对方当事人提供合理的机会向仲裁庭陈述之前,上述权利不得行使。

尼泊尔仲裁委员会《条例》规定,争端的任何一方可在收到裁决书后 30 日内,要求仲裁员就仲裁程序中作为索赔提出但在最终裁决中未提及的任何事项作出补充裁决。请求方须向理事会和争端的另一方提供所述的请求通知。

在提交这种申请后,如果仲裁员认为作出这种补充裁决是适当的,而且这种补充裁决可以在不进行任何进一步审理的情况下作出,仲裁员应在邀请另一方当事人对所提请求作出评论后,在收到请求后45日内作出任何补充裁决。如果根据《条例》作出补充裁决,则《条例》第53条的规定应适用于该裁决。

(五)仲裁费用

仲裁员的报酬和仲裁程序的行政费用应由仲裁员与各方当事人协商后确定。在根据前述规定确定报酬或行政费用时,如果是行政费用,应以《条例》附表1的规定为准则;如果是国际性质的仲裁或符合通过国际竞争性招标达成的协议,应以《条例》附表3的规定为准则;如果是其他类型的仲裁,应以《条例》附表2的规定为准则来确定报酬和行政费用。虽有条例的其他规定,但仲裁员在确定报酬和其他费用的数额时,也可考虑争议的主题和复杂性、有关各方的条件和现有情况,但不得超过前述条款规定的报酬和费用。

理事会可要求争端各方根据《条例》第58条将仲裁员的估计费用和报酬以现金或支票的方式预付给秘书处。如果任何一方未能在15日内交存规定要求的金额,理事会可通过向各方提供相关信息,命令另一方交存该金额。如果没有任何一方按照规定交纳款项,仲裁员可以搁置或宣布结束仲裁程序。如果在按规定搁置仲裁程序后1个月内任何一方仍未交纳要求的金额,仲裁员可宣布结束仲裁程序。

秘书处可支付仲裁程序的行政费用,并从按照《条例》第59条交存的金额中向仲裁员支付报酬。在作出最终裁决或仲裁程序结束后,如果根据《条例》第49条交存的任何金额仍有余额,秘书处应将该金额返还给各方。仲裁程序结束后,如果仲裁员认为根据《条例》第59条交存的金额不足以承担仲裁的行政费用和仲裁员的报酬,其可以在作出裁决之前,要求当事人交存额外的金额以弥补不足,除非有关当事人交存该金额,否则他或她可以拒绝作出最后裁决。

仲裁员在作出最终裁决的同时,也可以确定仲裁程序的费用。除非当事人达成书面谅解,或仲裁员认为适宜在当事人之间公正地分摊费用,否则应要求双方当事人平等地承担仲裁费用。尽管有前述规定,仲裁员也可以决定由哪一方承担法律咨询费和胜诉方的法律工作者费用。如果仲裁员认为合适,他或她可以将法律从业者的费用或法律咨询费的数额以双方当事人都能承担的方式进行划分，在发布关于这些费用的命令时，仲裁员可以确定费用和服务的数额，并提及适用的方法。

Schedule－1：(Related to sub-rule (2) of Rule 58)

Fees for NEPCA Administration of Arbitration

SN	Claim Amt	NEPCA Administration Fee for Arbitration	Admin Fee
	NRs., million	Fee Structure for NCB/ICB Contracts	Upper Limit, NRs.
1	1	minimum 40,000	40,000
2	1～2.5	40,000＋3% for 15 lacs＝85,000	85,000
3	2.5～5	85,000＋2% for 25 lacs＝135,000	135,000
4	5～10	135,000＋1% for 50 lacs＝185,000	185,000
5	10～20	185,000＋0.75% for 1 crore＝260,000	260,000
6	20～50	260,000＋0.4% for 3 crore＝380,000	380,000
7	50～100	380,000＋0.2% for 5 crore＝480,000	480,000
8	100～200	480,000＋0.1% for 10 crore＝580,000	580,000
9	200～500	580,000＋0.05% for 30 crore＝730,000	730,000
10	＞500	730,000＋0.05% over 500 million	—

Schedule－2：(Related to Sub-Rule (2) of Rule 58)

Remuneration of the Arbitrator

Arbitration Tribunal's Fees for Arbitration of NCB Contracts					
SN	Claim Amount	Sole Arbitrator Fee		3－Arbitrators Tribunal Fee	
	NRs., million	Fee Structure for NCB Contracts	Upper Limit, NRs.	Fee Structure for NCB Contracts	Upper Limit, NRs.
1	1	minimum 50,000	50,000	minimum 125,000	125,000
2	1～2.5	50,000＋3% for 15 lacs＝95,000	95,000	125,000＋7% for 15 lacs＝230,000	230,000

续表

Arbitration Tribunal's Fees for Arbitration of NCB Contracts					
SN	Claim Amount	Sole Arbitrator Fee		3 - Arbitrators Tribunal Fee	
	NRs., million	Fee Structure for NCB Contracts	Upper Limit, NRs.	Fee Structure for NCB Contracts	Upper Limit, NRs.
3	2.5 ~ 5	95, 000 + 2. 3% for 25 lacs = 152, 500	152, 500	230, 000 + 5% for 25 lacs = 355, 000	355, 000
4	5 ~ 10	152, 500 + 1. 5% for 50 lacs = 227, 500	227, 500	355, 000 + 3% for 50 lacs = 505, 000	505, 000
5	10 ~ 20	227, 500 + 0. 8% for 1 crore = 307, 500	307, 500	505, 000 + 2% for 1 crore = 705, 000	705, 000
6	20 ~ 50	307, 500 + 0. 60% for 3 crore = 487, 500	487, 500	705, 000 + 1. 25 % for 3 crore = 1, 080, 000	1, 080, 000
7	50 ~ 100	487, 500 + 0. 2% for 5 crore = 587, 500	587, 500	1, 080, 000 + 0. 46% for 5 crore = 1, 310, 000	1, 310, 000
8	100 ~ 200	587, 500 + 0. 15% for 10 crore = 737, 500	737, 500	1, 310, 000 + 0. 25% for 10 crore = 1, 560, 000	1, 560, 000
9	200 ~ 500	737, 500 + 0. 03% for 30 crore = 827, 500	827, 500	1, 560, 000 + 0. 13% for 30 crore = 1, 950, 000	1, 950, 000
10	> 500	827, 500 + 0. 025% over 500 million	—	1, 950, 000 + 0. 03% over 500 million	—

Note on Fee Distribution: Chairman = 36%, Arbitrator = 32% each.

Schedule -3:（Related to Sub-Rule（2）of Rule 58）

Remuneration of the Arbitrator-

Contracts Through International Competitive Bidding

Arbitration Tribunal's Fees for Arbitration of NCB Contracts					
SN	Claim Amount	Sole Arbitrator Fee		3 - Arbitrators Tribunal Fee	
	NRs., million	Fee Structure for NCB Contracts	Upper Limit, NRs.	Fee Structure for NCB Contracts	Upper Limit, NRs.
1	1	minimum 200, 000	200, 000	minimum 300, 000	300, 000
2	1 ~ 2.5	200, 000 + 10 % for 15 lacs = 350, 000	350, 000	300, 000 + 15 % for 15 lacs = 525, 000	525, 000
3	2.5 ~ 5	350, 000 + 6% for 25 lacs = 500, 000	500, 000	525, 000 + 10% for 25 lacs = 775, 000	775, 000
4	5 ~ 10	500, 000 + 3% for 50 lacs = 650, 500	650,500	775, 000 + 6% for 50 lacs = 1, 075, 000	1, 075, 000
5	10 ~ 20	650, 500 + 2% for 1 crore = 850, 500	850, 500	1, 075, 000 + 5% for 1 crore = 1, 575, 500	1, 575, 500
6	20 ~ 50	850, 000 + 1% for 3 crore = 1, 150, 000	1, 150, 000	1, 575, 000 + 2 % for 3 crore = 2, 175, 000	2, 175, 000
7	50 ~ 100	1, 150, 000 + 0.75% for 5 crore = 1, 525, 000	1, 525, 000	2, 175, 000 + 1.2% for 5 crore = 2, 775, 000	2, 775, 000
8	100 ~ 200	1, 525, 000 + 0.5% for 10 crore = 2, 025, 000	2, 025, 000	2, 775, 000 + 1% for 10 crore = 3, 775, 000	3, 775, 000
9	200 ~ 500	2, 025, 000 + 0.2% for 30 crore = 2, 625, 000	2, 625, 000	3, 775, 000 + 0.35% for 30 crore = 4, 825, 000	4, 825, 000

续表

Arbitration Tribunal's Fees for Arbitration of NCB Contracts					
SN	Claim Amount	Sole Arbitrator Fee		3 - Arbitrators Tribunal Fee	
	NRs., million	Fee Structure for NCB Contracts	Upper Limit, NRs.	Fee Structure for NCB Contracts	Upper Limit, NRs.
10	>500	827,500 +0.025% over 500 million	—	4,825,000 +0.2% over 500 million	—

Note on Fee Distribution: Chairman =40%, Arbitrator =30% each.

第四节　尼泊尔现行仲裁制度的主要特色

尼泊尔作为一个现代仲裁发展尚为年轻的国家,在制度设计上吸收借鉴国际经验,并充分利用普通法系优势,为商事仲裁提供了良好的制度环境,其在立法中明确规定仲裁各项环节的时间并重视强调仲裁效率,有助于吸引外资、促进商事纠纷解决、推动经济稳定快速发展,在“一带一路”建设中也为中尼商业贸易往来提供争端解决的“高速公路”。

本节通过审视尼泊尔仲裁立法和尼泊尔仲裁委员会章程,分析概括尼泊尔现行仲裁制度的主要特色,为我国和尼泊尔的商业纠纷解决提供参考。

一、仲裁条款的可分割性

尼泊尔的仲裁分为多种类型,其中包括法定(强制)仲裁和协议(自愿)仲裁,前者是法律要求并强制当事人进行的仲裁,如 1994 年《私有化法》(Privatization Act,1994)第 13 条和 2019 年《外国投资和技术转让法》(Foreign Investment and Technology Transfer Act,FITTA)第 13 条[1]均要求当事人必须将争议提交仲裁并依据仲裁法进行裁决,即法定的某些事项的争议必须进入仲裁程序,而不得直接

〔1〕 2019 年《外国投资和技术转让法》规定,如果存在与外国投资有关的争端,争端各方首先必须在工业部的参与下进行谈判,当谈判无法解决时,联合国国际贸易法委员会的规则就会发挥作用,通过仲裁解决争议。

诉至法院请求司法救济；后者则是更为常见也更为流行的仲裁方式，即根据当事人的协议进行的仲裁，常见于商事领域，但部分民事纠纷也可适用，尼泊尔《仲裁法》第3条第1款规定了此种仲裁，对解决商业纠纷意义重大。

可分割性条款主要存在于协议仲裁的场合，其含义为："如果合同中含有通过仲裁解决争端的条款，作为其组成部分，这些条款应被视为一个单独的协议，即使仲裁员作出认定合同无效的决定，这些条款也不应仅因此而被认定为在法律上无效。"[1]因此，若合同涉及仲裁条款或协议，即使原始合同被仲裁员或法院宣布无效，与原始合同一起存在的仲裁条款或协议也可以根据事实从原始合同的主体中分离。

这一规定在实践中具有重大意义，即将仲裁条款的效力与原始合同的效力分割，将仲裁条款进行剥离，从而使仲裁条款不因原始合同无效而天然无效，其因合同无效而产生的纠纷可继续提交仲裁并根据仲裁法的相关规定作出裁决。对于希望拖延或撤回其仲裁合意的当事人而言，该规定构成了一个重要的障碍，使其无法通过在法院质疑仲裁协议的存在或者效力来推翻仲裁协议，最大限度尊重了当事人的意思自治，也从实质意义上保障了仲裁的独立地位。

二、对国际规则和标准的认可与接纳

综观尼泊尔仲裁制度的发展历程，国际仲裁规则和标准对尼泊尔现代仲裁的制度构建起着至关重要的作用。在尼泊尔，早期广泛适用的替代性争议解决方式是调解，即由地方领导人（通常是村庄或宗族的长老或其他社会上受人尊重的人）作为公正第三方出面解决争端，这样作出的决议通常会被争端各方及整个社会所接受。而尼泊尔仲裁的正式法律历史可以追溯至1956年《发展委员会法》，这部法律对仲裁给予了法律上的承认并接受仲裁作为当事方之间出现争议或分歧时选择的争议解决方法，授权在涉及政府和捐助方或建筑公司的争端中可以使用仲裁作为纠纷解决办法；此后1962年颁布的尼泊尔《航空法》、1974年的《商业法》等法律中也都零散分布少量与仲裁相关的法律规定。

此时的尼泊尔因缺乏关于仲裁的专门立法，面对商事仲裁常受到不公平的对待。"由于国际承包商相信他们自己解决问题的方式而不是我们的需求，因此仲裁一般都是以巴黎国际商会为模式。这对像我们这样的发展中国家来说是非常

---

〔1〕 1999年《仲裁法》第16条第3款。

昂贵和不方便的。经过不断地劝说,联合国国际贸易法委员会的规则开始被广泛使用。”[1]1976 年 4 月生效的《联合国国际贸易法委员会仲裁规则》在国家与私人间的投资争议仲裁、多方仲裁、第三人加入仲裁程序、仲裁员的指定、仲裁员责任的豁免、仲裁费用的控制等问题上提供了国际准则,对尼泊尔仲裁立法提供了重要指导。随着国际关系的发展和对外经济往来的密切,贸易、商业和投资不断扩大,最终尼泊尔于 1981 年颁布了《仲裁法》,该法是关于仲裁的第一部单行立法。1999 年尼泊尔在前法的基础上修改颁布了新《仲裁法》,一直沿用至今。

事实上,不仅尼泊尔仲裁法的产生与国际仲裁规则密切相关,其法律的修改也紧跟国际规则的发展脚步。1999 年颁布的新《仲裁法》大体上是对联合国国际贸易法委员会《示范法》所作的地方性修改,将国际仲裁规则本土化,以便与国际规则接轨,促进国内外商事仲裁的顺利高效进行。综合比较《示范法》和尼泊尔 1999 年《仲裁法》,后者通过授予部分自主权、拒绝最高法院规定的一些不适当规则、取消有不良记录的人担任仲裁员的资格、给予上诉法院对仲裁程序的监督管辖权等多个方面规则的修改与《示范法》保持一致,表 3-1 比较了二者的规定。

表 3-1 《示范法》与尼泊尔《仲裁法》的规则对比

规定	《示范法》	尼泊尔《仲裁法》
仲裁协议和纠纷解决	7/8/9	3.1/3.2/4
仲裁庭的组成	10/11/12.1/15/13	5/6/7/9.1/9.2/10/11
仲裁庭管辖权	16	16
仲裁程序的进行	18/19/20/21/22/24/25/26/27	22/21/17/12/13/14/20/19/15/23
裁决的作出和程序的终止	28~32	17.1/17.7/18.1/24/25/26/27/28/29
对裁决的追诉	34.5	30/39
认可和外国仲裁裁决的执行	35/36	34

通过表 3-1 的比较可以看出,尼泊尔《仲裁法》借鉴了许多《示范法》的规则,

---

[1] Om Suvedi, *Nepali Experience and Experiment with Arbitration on Commercial Disputes*, 1 NJA Law Journal 91(2007).

这有利于其更好解决涉外商事争端,减少制度障碍,提高商事仲裁效率,推动商业发展。在"一带一路"建设过程中,尼泊尔这一制度设计也为我国投资提供了制度适应性便利,避免因制度差异造成的仲裁困境。

第五节　尼泊尔仲裁法律制度中的司法介入问题

尼泊尔仲裁制度中的一个重要参与者就是司法机关,其在对仲裁裁决的效力和执行发挥重要监督作用的同时,也存在过度司法干预的问题。尼泊尔宪法将尼泊尔司法体系分为 3 个层级,分别是最高法院、高等法院和地区法院,而这 3 个层级均能介入仲裁法律制度。事实上,仲裁之所以被称为替代性争议解决方式并广泛运用于现代商事实践,正是因为其专业、高效、快速和灵活的特质,其能够降低纠纷解决成本,提高纠纷解决效率,而传统的司法机制囿于其工作方式、资源和其他技术专长的缺乏从而难以有效满足商事争端解决的需求。但在尼泊尔仲裁法律框架内,司法的影子无处不在,甚至于违背仲裁制度的初衷,导致仲裁成为司法的附属程序而丧失自身活性,本节将分别从司法对仲裁的协助与衔接和司法对仲裁的干预两部分对尼泊尔司法介入进行详细说明。

一、司法对仲裁的协助与衔接

尼泊尔的司法机关在仲裁程序的进行中发挥重要作用,其在证据审查、仲裁员指定、裁决认可与执行方面具有终局性的效力,同时最高法院被赋予制定司法干预相关规则的权力,可就法院根据《仲裁法》履行职能的程序制定必要规则。

(一)法院有权应申请协助审查证据

1999 年尼泊尔《仲裁法》第四章第 23 条规定,"如果仲裁员需要法院协助审查与审议中的争议有关的任何证据,仲裁员可自行或应任何一方的请求,向地区法院请求这种协助。如果收到任何此类请求,地区法院应根据现行法律在审查证据方面提供协助"。此规定包含三层含义:其一,仲裁员有权利自行申请法院协助审查证据;其二,仲裁员在任何一方当事人提出申请时应当向法院申请协助审查证据;其三,地区法院只得应申请审查证据,而无权主动进行审查,并且权力指向的内容是审查证据而非收集证据。

这一规定体现了法院对仲裁的实质性介入。证据审查是仲裁程序的一个重要环节,直接影响仲裁员对事实的认定和对仲裁规则和法律的适用,而上述规定却赋予仲裁员以较大的自由与权利申请法院协助审查证据，只要仲裁员认为自行审查证据存在困难，即可向司法机关寻求帮助。但《仲裁法》并未明确规定法院审查证据的效力如何，法院审查证据所作结论的性质如何也存在较大的自由解释空间，虽然尼泊尔属于普通法系国家，适用“遵循先例”原则，但目前的判例中也尚未明确法院对证据的审查在仲裁程序中起着怎样的作用。若法院的审查结论仅是辅助性建议，对仲裁裁决无实质性影响力，则可借助法院的专业性对证据的合法性、客观性和关联性进行审查，弥补仲裁员能力和技术的不足，为仲裁程序顺利进行提供有效协助；若法院的审查结论具有终局性或实质性影响力，则会对仲裁结论造成实质影响，破坏了仲裁的独立性。

此外，立法中并未限定证据的具体种类，事实上，仲裁员有权请求法院协助审查“任何”证据。这一笼统的授权是十分危险的，这意味着法院能够审查涉案全部证据，且证据的审查不同于证据的收集，后者是程序性的工作，即借助司法权力获取当事人仅凭个人力量无法得到的有利证据；而前者则是对证据的实质性审查，通过审视分析证据的合法性、客观性与关联性，得出证据是否具有证明力及证明力大小的结论，直接影响对案件的法律适用与自由心证。显然，尼泊尔《仲裁法》的规定并未对此进行明确，而是简单地将法院作为仲裁程序顺利进行的协助力量，并未意识到司法权力的实质性介入对仲裁独立性的潜在威胁。

(二)法院有权终局性指定仲裁员

根据尼泊尔《仲裁法》第三章第 7 条的规定，任何一方当事人在无法根据仲裁协议指定仲裁员的情形下都可以向上诉法院提出指定仲裁员的申请，法院应在收到申请后通知所有当事人并于收到申请之日起 60 日内，在达成共识的情况下，从当事人提议的人员中指定仲裁员，若当事人未能达成共识，从上诉法院认为适当的人员中指定仲裁员。《仲裁法》第三章第 8 条提供了特殊情况下充实仲裁员的规则，即任何一方当事人可在仲裁员空缺且未在时限内得到填补的情形下向上诉法院提出申请，由法院在 15 日内指定一名仲裁员，但应遵守第 7 条的规定。此外《仲裁法》明确指出，法院对仲裁员的指定具有终局性，其作出的决定应是最终决定。

上述规则是对《示范法》第 11 条第 3 款规则的借鉴与细化，均赋予法院指定仲裁员的权力，且尼泊尔立法明确法院指定的终局性效力，能够有效解决当事人为拖延时间或逃避仲裁而导致仲裁员无法确定的问题，同时能够弥补仲裁协议的缺陷和空白。法院决定的终局性效力发挥着“一锤定音”的效果，能够减少因仲裁员缺位产生的时间成本，推动仲裁程序的开启与顺利进行。但终局性并不意味着法院指定的仲裁员免于撤换，若仲裁员存在法定或约定的免职情形，则可由任何一方当事人申请撤换仲裁员，若其不愿自动放弃职位或他方当事人阻碍，可向上诉法院申诉并由法院作出裁决。

法院在指定仲裁员的时候应充分尊重当事人的意愿，因为仲裁本就是双方自愿友好寻求低成本解决之策的争端解决机制，因此尊重当事人意思自治应是仲裁遵循的第一准则，故法院只得在当事人无法达成共识的前提下才能指定其认为适当的人员，而不得强行越过当事人共识自行指定。此外，法院指定仲裁员也应当受到法律的约束，不得违背《仲裁法》第 10 条对仲裁员资格的禁止性规定，并要求法院有义务对候选人的资格进行审查，指定具有法定资格的仲裁员。

法院有权终局性指定仲裁员的规则能够有效终结围绕仲裁员人选产生的争议，推进仲裁有序进行，避免当事人恶意拖延仲裁进程，且法院自身的公正性能够得到广泛认可，由法院指定无疑是明智选择。

（三）法院有权强制执行仲裁裁决

根据尼泊尔 1999 年《仲裁法》第五章第 32 条的规定，如果裁决不能在法定期限内执行，有关当事人可在法定期限届满之日起 30 日内向地区法院提出申请，要求执行裁决，地区法院收到裁决后通常应当在 30 日内像执行法院判决一样执行仲裁裁决。该规则明确了司法机关以其强制力保障裁决有效执行，为仲裁程序的终结提供司法保障。

此规则有 3 项前提条件：其一，所涉仲裁裁决不能在法定期限（有关各方在收到仲裁员的裁决书副本之日起 45 日内）得到执行；其二，所涉裁决必须是生效裁决，未被一方当事人提交申诉至司法程序；其三，必须由有关当事人申请，申请人应提供裁决书副本等相关证明材料，法院不得主动执行裁决。这 3 项条件构成约束司法强制力、保障仲裁独立性的前置规定，司法力量不得侵蚀仲裁独立性。

关于此规则还有一点需要注意，即法院执行裁决是否需要对裁决书内容进行实质审查？尼泊尔立法上尚未对此进行明确，结合仲裁特有的高效性和独立性，法院无须对裁决书进行实质审查，仅须审查申请人身份及资格、裁决书内容是否明确、被执行人是否明确且是否具有执行能力等内容，无须审查裁决是否公正有效、仲裁程序是否合法合约，因为法院对裁决的强制执行仅是为了保障仲裁进程的结束和裁决的有效执行，若要求其实质审查，一方面架空了裁决的申诉程序，加重法院负担；另一方面增加了当事人的时间成本，降低了仲裁效率，也为被执行一方当事人提供了拖延时间的机会。

(四)最高法院有权制定司法干预的相关规则

根据尼泊尔1999年《仲裁法》第43条的规定，最高法院可以制定必要的规则，以规范法院根据本法所履行职能的程序。这一规定保留了司法机关制定程序性规则的权力，允许最高法院制定规则以明确法院依据《仲裁法》行使职能应遵循的程序。在这一规则授权下，2002年尼泊尔最高法院颁布了与法院程序有关的《仲裁(法院诉讼)规则》，明确了法院在仲裁中履职的程序规则。

但是对于这一规则缺乏更明确的解释，首先，“必要”的定义就十分模糊，2002年颁布的《仲裁(法院诉讼)规则》中澄清并规定了有关法院费用、仲裁小组、临时命令、外国和国内裁决的废除和执行等方面的规定，那能否认为“必要”的内涵所指向的是这些方面？因此，最高法院在制定规则时必须明确其在哪些方面有权力制定规则，否则可能导致法院对仲裁程序的过度参与。

其次，《仲裁法》将最高法院的规则制定权限定在程序范围内，这意味着最高法院的规则不得为法院设定实体的权利和义务，而只能细化法院既有职能的行使程序。这对于最高法院来说是一种权力的约束，能够保障《仲裁法》的有效施行和仲裁的依法进行。

最后，最高法院制定规则的效力如何？《仲裁法》仅授予最高法院制定规则的权力，但这一权力是否属于立法权却难下定论，由其制定的程序性规则在法律体系内又处于何种位阶也并未明确。如果认为最高法院制定的法院程序性规则属于司法系统内部的履职规则，那最高法院作为司法系统的最高层级天然具有这项权力，为何需要立法机关通过《仲裁法》单独进行授权？如果认为这种程序性规则的效力源于立法权授权，那么其在法律秩序内又居于怎样的位阶，发生冲突时又应当如何适用？这一问题仍需要在立法中得到明确。

综上所述，尼泊尔司法机关在仲裁的启动、审理和执行环节都发挥着重要的协助作用，以其司法强制力保障仲裁的高效、顺利进行。首先，法院有权指定仲裁员，推动仲裁启动；其次，法院有权应申请协助审查证据，帮助仲裁对证据事实进行认定；最后，法院有权强制执行裁决，终结仲裁程序。此外，最高法院有权制定约束法院履职的程序性规则，减少法院因规则模糊而对仲裁的不当干预。

但在上述司法介入中,也存在司法过度干预的隐患,需要立法进一步明确司法与仲裁的关系,充分发挥二者优势,推进仲裁制度的优化发展。

二、司法对仲裁的干预

尼泊尔仲裁制度的一个突出特点在于司法对仲裁的干预缺少约束,若一方当事人对裁决效力提出质疑,其可向上诉法院提出申诉,而上诉法院在初审后,仍可依令状管辖权提交至最高法院,最高法院在审理后,仍可通过法定程序对自己作出的判决申请重新审理。这一反复循环的申诉制度设计严重侵蚀了仲裁的独立性和高效性,只要一方当事人想要拖延时间,其就可以将仲裁提交至诉讼程序并无限延长最终判决作出的时间,对于仲裁申诉申请在法院也并未被设立特殊程序,而是像普通案件一样经历立案、审理和判决的漫长过程,最终使仲裁失去其原本的优势,成为“司法程序的附属”。尼泊尔应当通过判例法和衡平法对司法的过度干预进行纠正,恢复仲裁自身的独立性。

(一)上诉法院有权审查并宣布裁决无效

根据尼泊尔1999年《仲裁法》第五章第30条的规定,如任何一方当事人对仲裁员作出的决定不满意,可在裁决作出或收到通知之日起35日内向上诉法院提出申请,并附上相关文件和裁决书副本,并应当向仲裁员和另一方当事人提供请愿书的副本。

上诉法院在收到申请后,若申请人证明裁决包含以下事项,受理法院可宣布裁决无效或发布命令,根据需要作出新的决定:(1)如果仲裁协议的任何一方在签署协议时因任何原因无能力签署协议,或协议根据管辖各方的国家法律无效,或该法律不明确,协议根据尼泊尔法律无效;(2)如果未及时发出指定仲裁员或仲裁程序的通知;(3)如果对未提交仲裁员的争议事项作出决定,或以与仲裁员规定的条件相反的方式作出决定,或者采取超出仲裁员规定管辖范围的行动;(4)如果指定仲裁员的程序或仲裁员的职能和行为不符合当事人签署的协议,或没有这样的协议且未遵循《仲裁法》的规定,但违反尼泊尔法律签署的协议除外。

若存在以下情形,上诉法院可直接宣布裁决无效:(1)如果仲裁员解决的争端依据尼泊尔法律不能通过仲裁解决;(2)如果仲裁员作出的决定被证明可能有损于公共利益或政策。

根据上述规定,在获得仲裁庭的裁决后,不满的一方可以到高等法院对裁决提出质疑。高等法院可在两种情况下使裁决直接无效:第一,如果仲裁员解决的争议无法根据尼泊尔法律通过仲裁解决;第二,如果仲裁员的决定有损公共利益或政策。除这些理由外,尼泊尔法律没有预见到法院可以对仲裁裁决行使管辖权的任何其他条件,即只有高等法院对裁决具有管辖权,“无论现行法律有什么规定,任何法院对本法(仲裁法)规定的任何事项都没有管辖权,除非本法另有规定”。

这一规定源于《示范法》第八章第36条,即只有在被援引裁决的一方当事人向寻求承认和执行的主管当局提供以下证据的情况下,才能应其请求拒绝承认和执行裁决:(1)根据对其适用的法律,协议的各方当事人没有能力,或者根据各方当事人所适用的法律,或者在没有任何指示的情况下,根据作出裁决的国家的法律,上述协议是无效的;或(2)裁决所针对的一方没有得到关于指定仲裁员或仲裁程序的适当通知,或因其他原因无法陈述其案情;或(3)裁决所处理的分歧不属于提交仲裁的条款所设想的,或不属于提交仲裁的条款所规定的,或裁决所包含的决定超出了提交仲裁的范围,但如果关于提交仲裁的事项的决定可以与未提交仲裁的事项分开,裁决中包含关于提交仲裁的事项的决定的部分可以被承认和执行;(4)仲裁机构的组成或仲裁程序不符合当事人的协议,或者在没有这种协议的情况下,不符合仲裁所在国的法律;或者(5)裁决尚未对当事人产生约束力,或已被作出该裁决的国家的主管当局撤销或中止。

如果寻求承认和执行的国家的主管当局发现以下情况,也可拒绝承认和执行仲裁裁决:(1)根据该国法律,分歧的主题不能通过仲裁解决;或(2)承认或执行该裁决将违反该国的公共政策。

通过比较,尼泊尔在界定高等法院对仲裁的管辖权时参考了《示范法》的规则,明确高等法院对裁决的审查与监督标准。

(二)最高法院的过度干预

尼泊尔1999年《仲裁法》并未赋予最高法院对仲裁裁决的管辖权,该国最高法院却通过曲解法律规定获得了对仲裁裁决的多层管辖权。尽管缺乏明确的法律规定,最高法院却受理了不同的司法管辖权,即上诉和令状管辖权,许多裁决因此进入最高法院管辖权范围内,展开了漫长的司法博弈,最终判决的作出有时需要近20年的时间。商事仲裁的优势在于其快速、非正式、灵活和低成本,但是,过度的司法干预会破坏仲裁精神。

仲裁的一个关键特征是,它是一种私人形式的具有约束力的争议解决方式,由公正的仲裁庭进行,由当事各方达成协议,但由国家监管和执行。国家要求各方履行其仲裁合同义务,规定对仲裁程序进行有限的司法监督,并支持以类似国家法院判决的方式执行仲裁裁决。总的趋势是将法院干预限制在需要支持仲裁程序或公共政策考虑需要的情况下。

调查发现,政府作被告的通常迟延甚或不支付赔偿款,其通过援引最高法院的特别管辖权以拖延时间,逃避履行付款义务。对判例法的分析表明,仲裁庭作出的裁决受到质疑,当事人到法院来要求撤销仲裁庭的裁决,法院对裁决的处理需要很长时间。总的趋势是像对待在法院登记的其他普通案件一样对待该案件,送达程序、要求提供相关文件的程序和其他必要的程序需要很长的时间,这意味着仲裁与司法无异,仲裁的制度优势无法得到发挥。

某些情况下,仲裁需要法院干预和协助。例如,可以要求法院协助任命或罢免仲裁员以及收集证据。如果仲裁员缺乏强制力,他们也可能被要求下令采取支持或保护措施。最终,如果仲裁裁决没有得到自愿遵守,地方法院必须执行该裁决。法院也可以进行干预,以确保程序公平的最低要求得到满足,并行使监督职能。法院可因仲裁员缺乏公正性而将其撤职,也可根据不公平程序撤销裁决。过去几十年,许多国家对仲裁程序的司法干预正在减少,法院更加承认当事人意思自治。相反,尼泊尔最高法院一直在干预仲裁裁决,使得仲裁难以发挥其优势,成为司法程序的“附属”。

1. 最高法院管辖权的滥用

根据尼泊尔《仲裁法》的规定,在某些情况下,高等法院有权审查仲裁裁决。高等法院可根据需要使裁决无效或发布命令以作出新的裁决(判决)。但是,在《仲裁法》或任何其他现行尼泊尔法律中,没有任何法律规定可以就高等法院对仲裁裁决的初审向最高法院提出上诉。然而,尼泊尔最高法院一直在干预高等法院的审查,有时援引其上诉管辖权,有时援引尼泊尔宪法规定的令状管辖权,即尼泊尔最高法院可以受理令状管辖权。此外,最高法院还可以审查仲裁员的实质性裁决,并通过发布撤销令的方式驳回高等法院的初审。

最高法院可以对仲裁裁决进行第二级司法审查乃至第三级司法干预。根据尼泊尔《宪法》,最高法院有权在特定情形下审查自己作出的判决,目前最高法院已经在仲裁裁决方面接受了这一规定。通过这一途径,最高法院将对裁决进行三层审查程序:第 1 层——驳回高等法院的申请;第 2 层——质疑高等法院的审查;

第3层——对最高法院判决的审查。尽管缺乏法律规定,尼泊尔几乎所有仲裁裁决都可能面临三层司法审查程序。过度的司法干预可能会破坏整个仲裁程序,破坏其神圣性和利益;从长远来看,可能会导致仲裁机构的崩溃。

尼泊尔2015年生效的《宪法》首次规定了替代性争议解决方式,同时规定了最高法院的管辖权,或许这正是最高法院认为其对仲裁裁决享有司法管辖权的根源所在。尼泊尔的第一部宪法于1947年颁布,此后又颁布了6部宪法,现行宪法从2015年开始生效。在长达70年的宪法历史中,尼泊尔首次在宪法中规定了替代性争议解决方式。《宪法》第127条第2款规定,“可根据需要成立其他机构,以寻求替代性争议解决方法”。虽然没有对“替代性争议解决方法”进行直接解释或定义,但可以理解为它侧重于仲裁。

同时,《宪法》第133条第2款规定了“最高法院审理令状/强制令管辖权的特别权力”,其内容如下:“为了执行本宪法赋予的基本权利或任何其他没有规定其他补救办法的法律权利,或即使规定了补救办法也似乎不充分或无效的法律权利,或为了解决任何涉及公共利益或关切的争端中的任何宪法或法律问题,最高法院有特别权力发布必要和适当的命令,提供适当的补救办法,执行这种权利或解决这种争端。”此外,第133条第4款有一个特别规定,即允许最高法院审查自己以前的判决。这一管辖权的应用为仲裁裁决创造了更多层次的司法干预。

前已论及,尼泊尔仲裁规则多借鉴自《示范法》,那么该法是否有司法干预的相关规定呢?恰恰相反,其明确限制法院对仲裁的干预,规定“在本法管辖的事项中,除非本法有规定,否则法院不得干预”。其目的是要求法律的起草人在立法时设想由法院控制的各种情况,纳入立法从而增加当事人和仲裁员的确定性,防止法院管辖权的不当扩大。此外,《示范法》第5条中的“介入”一词包括可能被归类为对仲裁的“协助”而不是对仲裁的干预的法院行为。该条文不应被视为对法院在适当情况下的干预或协助表示敌意,而只是为了满足对何时允许法院行为的确定性的需要。《示范法》进一步规定了法院或其他机构对某些仲裁协助和监督职能的管辖权,如第11条(仲裁员的指定)、第13条(申请回避的程序)、第14条(未行事或不能行事)、第16条(仲裁庭对其管辖权作出裁决的权力)和第34条(申请撤销,作为不服仲裁裁决的唯一追诉),这些在尼泊尔仲裁立法中也有类似规定。

2. 案例分析

为更直观理解最高法院对仲裁的过度干预,在此选取一则经典案例进行说明：

“Vijaya 建筑公司诉尼泊尔中央银行案”

原告诉称：根据1983年8月26日签订的合同，原告已开始在Dhangadi为被告的分支机构建造一栋大楼。尽管原告多次要求，但被告没有提供地下室防水系统的地图，原告于1984年7月22日停止施工（在完成34.66%的工程量后）。随后，中央银行禁止原告在其工地上施工，并责令其为未完成合同规定的工作支付罚款。根据仲裁条款，申请人向加德满都地区法院请求任命仲裁员，并提出14,811,036尼泊尔卢比（约148,000美元）的资金要求。

被告主张：原告没有履行合同规定的合同义务。因此，被告要求驳回这一主张，并要求原告支付1,598,777尼泊尔卢比（约15,980美元）的罚款。

仲裁裁决：被告必须向申请人支付170万尼泊尔卢比（17,000美元）。

高等法院审查：被告将此案提交给高等法院，要求撤销裁决。帕坦高等法院对裁决进行了审查，并以缺乏撤销的法律依据为由驳回了被告的申请，高等法院维持了仲裁裁决。

最高法院的干预：当高等法院在审查仲裁裁决后拒绝撤销时，被告向最高法院要求推翻高等法院的判决。尽管没有明确的法律规定最高法院有权对高等法院关于仲裁裁决的判决进行上诉或修改，但最高法院受理了该案件并进行了司法审查。最高法院援引其“修订管辖权”，根据1991年《司法行政法》对该案件进行审查。根据该法案，在下列情况下，最高法院可在不可上诉的情况下修改高等法院作出的判决或最终命令：（1）如果高等法院的判决或最终命令存在严重的宪法或法律错误；（2）如果最高法院确立的原则或先例没有得到遵守或被错误地解释；（3）在涉及政府或公共财产纠纷的案件中，由于对案卷中的证据缺乏适当的评估，导致任何公共财产被挪用或造成损失；或（4）由于儿童、妇女、残疾人或智力迟钝者或年龄超过75岁的人缺乏适当的代表，司法受到严重影响。

尽管最高法院依据该法案行使管辖权，审查了高等法院的判决和仲裁裁决的合理性，但显然按照该法案的规定，最高法院行使该修订管辖权的对象并不包括仲裁裁决。最后，1995年11月25日最高法院维持了高等法院的判决。

在这一案例中，最高法院通过修订/上诉管辖权对仲裁裁决进行干预。但

1999年颁布的现行《仲裁法》禁止法院对仲裁程序行使管辖权,第39条规定:“尽管现行法律中有任何规定,但除非本法案另有规定,否则任何法院均不得对本法案规定的任何事项拥有管辖权。”“本法案另有约定”一词是指第30条,该条为高等法院在某些条件下审查仲裁裁决提供了有限的依据。它没有任何规定允许最高法院对裁决拥有管辖权,该法不允许最高法院像行使对下级法院或准司法机构的裁决的上诉管辖权一样对裁决进行干预,其立法初衷在于仲裁程序不应像法院诉讼一样进行,最高法院不得介入干预仲裁裁决。

但事实上,在1981年尼泊尔第一部《仲裁法》颁布后,尼泊尔最高法院一直对仲裁裁决行使着上诉/修订管辖权。对裁决不满的一方当事人通常会去高等法院申请审查,随后他们可以通过最高法院的修订/上诉管辖权将案件进一步提交给最高法院。这一做法直至2002年最高法院通过判例宣布拒绝接受针对高等法院对仲裁裁决的复审判决的上诉/修改申请才得以遏制,最高法院解释说,没有任何法律规定允许法院对这些案件提起上诉;但不幸的是,司法过度干预的问题并未得到根本解决,最高法院发布了一项额外的命令,即允许最高法院根据宪法赋予的特殊权力接受针对仲裁裁决的令状申请。因此,最高法院仍能够通过行使令状管辖权和审查自己所作的判决对仲裁裁决进行干预。

3. 过度干预的负面影响

(1)贬低仲裁的终局性原则

当事人为什么选择仲裁程序来解决争议?其中一个主要原因是终局性原则,即不能就案件提出上诉。然而,在尼泊尔,由于司法干预,仲裁裁决的终局性原则正在退化。

仲裁作为一种替代性争议解决方式,其合意性至少从表面上看,要求它不受司法干预。当事人同意通过一个私人路径来解决他们的争议时,对裁决的司法审查原则上会与当事人的合同期望相冲突,因为他们已经同意服从这样一个私人平台的裁决。仲裁裁决的约束性及其可执行性类似于国家法院的最终判决。然而,由于司法干预,对仲裁有利的环境一直在减少,这导致了仲裁裁决不是最终的和有约束力的,这种做法将违背仲裁裁决的终局性,仲裁仿佛成为司法程序的前置程序而非独立的争议解决机制,这将无法发挥仲裁成本更低、更灵活、效率更高的优点。此外,仲裁的发展也有助于减轻法院压力,提高法院效率,但如果仲裁可以不被约束地进入上诉程序甚至依据令状管辖权进入最高法院,其耗费的时间成本将数十倍地增加,根据先前判例,进入最高法院的案件往往要经过10余年甚至20年才能得到最终判决,这不仅严重降低纠纷解决效率,受害人的权益无法得到保障,也导致法院因大量仲裁裁决进入司法程序而增加任务量,损害司法效率,浪费司法资源。

(2)破坏仲裁制度,阻碍对外经济发展

法院在仲裁实践中发挥的作用是决定国际仲裁作为解决商业纠纷的一种模式发展的关键因素,这一点在亚洲尤其突出。法院过度干涉仲裁,将会使整个仲裁过程失败,破坏其原本的制度优势;从长远来看,可能导致该国的仲裁制度崩溃。如果司法干预过于烦琐或庞大,最终可能会使采用仲裁而非诉讼的目的落空,造成更高的成本和延误。

过度的司法干预和对仲裁程序行使治外法权以及撤销仲裁裁决的行为可能会破坏仲裁作为一种可行和有效的替代争议解决方式所发挥的作用。目前有两个问题悬而未决:第一,令状管辖权对仲裁裁决的影响如何?第二,仲裁案件基于立法规定进入司法程序后,是否应为不满的当事人提供上诉的权利?尼泊尔《仲裁法》目前对这两个问题尚保持沉默,最高法院通过解释宪法和法律找到了控制仲裁裁决的空间。如立法不明确约束最高法院的行为,划定有限的权力空间,尼泊尔的仲裁制度很有可能被架空,进而成为吸引外资、发展对外贸易的阻碍,逐渐与国际经济与商贸发展脱轨。

综上所述,尼泊尔的仲裁制度仍面临过度司法干预尤其是最高法院滥用管辖权的问题,1999年《仲裁法》的规定并未起到有效约束作用,此后的成文立法与判例也对最高法院的肆意干涉持沉默态度,但立法机关的沉默只会加速司法权的膨胀,最终使仲裁制度名存实亡。因此,尼泊尔有关方面必须注意并重视这一问题,将仲裁与司法进行剥离,保障司法适度协助与监督的同时为权力套上枷锁,厘清仲裁的制度本质并推进仲裁制度的完善与进步。

第六节　中方参与尼泊尔仲裁

尼泊尔是"一带一路"建设中重要的国家,中国始终强调加强中尼经济合作,推动中尼战略伙伴关系不断迈上新台阶。在日益紧密的经济联系中,不可避免地会出现商事摩擦,中尼双方需要就如何适用尼泊尔的仲裁规则并妥善合理解决商事争端积极合作,共同推进“一带一路”建设步入新未来。

一、中方选择仲裁机构与仲裁员的建议

由于尼泊尔仅有一个常设仲裁机构即尼泊尔仲裁委员会,故中方可在仲裁协议中明确约定选择尼泊尔仲裁委员会作为仲裁机构,并对仲裁员的选任方式和选任程序进行规定。

仲裁协议中可明确规定仲裁员人数和选任程序,中方可以提供自己认为合适的仲裁员名单,同时向另一方当事人提供包含该仲裁员全名和地址的个人详细资料,包括其过去和现在的专业或职业状况、资格和仲裁经验等内容。

仲裁协议中可明确规定仲裁员的撤换条件和撤换程序,并在符合条件时向仲裁庭申请撤换仲裁员。

二、中方参与仲裁程序的建议

中方在仲裁协议中应当约定仲裁程序的启动、流程和执行,并可通过书面约定的方式排除尼泊尔仲裁委员会的某些规定,仲裁机构不得违反双方缔结的任何协议而采取不当的程序性措施。在程序进行过程中,若涉及保密性问题,中方可申请仲裁员采取必要的措施保护中方贸易机密和秘密信息。

在仲裁裁决的执行方面,若中方选择尼泊尔仲裁委员会作为仲裁机构并适用尼泊尔仲裁规则,即可在尼泊尔直接执行或申请当地法院强制执行;若根据仲裁协议在外国作出的裁决并愿意在尼泊尔执行,应当向上诉法院提交申请,并附上裁决书、仲裁协议的原件或核证副本,上诉法院在受理申请后若满足《仲裁法》以下规定,即可将裁决转交给地方法院执行:

如果尼泊尔是任何规定承认和执行外国仲裁员所作决定的条约的缔约方,则在本法生效后,仲裁员在作为该条约缔约方的外国地区作出的任何决定,在下列情况下应在尼泊尔得到承认和执行,但须符合该条约的规定和签订条约时提到的条件:

(1)如果仲裁员是根据协议中提到的法律和程序指定并作出裁决的。

(2)在当事人已被及时告知仲裁程序的情况下。

(3)如果决定是根据协议中提到的条件作出的,或仅局限于提交给仲裁员的主题事项。

(4)如果根据作出决定的国家的法律,该决定已成为最终决定并对各方具有约束力。

(5)如果申请人所在国的法律或进行仲裁程序的国家的法律不包含规定,则在尼泊尔作出的仲裁裁决不能执行。

(6)如果在裁决之日起90日内提出执行裁决的申请。

但值得注意的是,《仲裁法》对外国裁决的执行存在禁止性规定,即如果裁定解决的争议依据尼泊尔法律不得通过仲裁解决,或如果裁决的执行有损于公共政策,则外国仲裁员作出的裁决不得在尼泊尔执行。

因此,若中方需要申请在尼泊尔执行,需要提前了解尼泊尔对域外裁决的认可规定,防止出现执行困难的情形。

第七节　尼泊尔仲裁制度现存问题及对策

尼泊尔的仲裁发展历史最早可追溯到尼泊尔的"潘查亚特"(Panchayat),即一个由村民中选出5位绅士组成的非正式法庭,在解决村庄成员之间的纠纷时作出公正决定,这一早期长期实行的争议解决机制被视为尼泊尔仲裁概念的基础,彼时尚从属于普通法院,未成为独立的争议解决机制。而现代意义上的仲裁概念最早出现于政府合同中,早期关于商业仲裁的法规条款以分散的形式出现在不同的立法中,其目的各不相同,随着1981年尼泊尔第一部《仲裁法》的颁布,商业仲裁制度在尼泊尔正式建立起来。1999年颁布的《仲裁法》取代旧法而沿用至今,2002年最高法院颁布的与法院程序有关的《仲裁(法院诉讼)规则》进一步促进尼泊尔仲裁制度的构建与仲裁实践的发展。

尽管尼泊尔已构建起切实有效的仲裁制度,但在实践中进行仲裁却并不尽如人意。尼泊尔《仲裁法》主要参照《示范法》制定,其中许多规则仅是做了简单的本土化,与司法机构相衔接与配合,但国际仲裁准则仅具有参考示范作用,具体到仲裁实践中仍有许多实体与程序性问题需要结合国情进行细化明确。此外,《示范法》仅提供大致的仲裁制度框架,许多细节问题如对仲裁机构的承认与规范、仲裁员豁免权的规定、公共利益条款的内涵界定等在立法中均未体现,却直接影响仲裁程序与仲裁裁决。

司法的过度干预也是尼泊尔仲裁制度乏力的重要影响因素,事实上除立法赋予的第一次司法审查权外,最高法院在无明确立法规定的前提下自行解释出对仲裁裁决的令状管辖权,使大部分裁决都有机会一路提交至最高法院进行审查,甚至最高法院能够对自己作出的判决再次审查,在涉及政府被执行的案件中尤其如此,作出最终判决的时间被无限延长,当事人权益难以得到保障。

立法的滞后也阻碍着商业仲裁制度的发展,自1999年《仲裁法》颁布后至今已20余年,互联网的普及和数字时代的更新迭代已对传统仲裁制度提出了挑战,而尼泊尔立法的滞后无疑使其仲裁机制无法在新时代充分发挥作用,难以承担起解决商事领域纠纷的重任,因此推进立法的与时俱进是尼泊尔仲裁制度完善发展的必由之路。

一、司法的过多干预

实践中进行仲裁步履维艰的原因之一是司法干预过多。尼泊尔仲裁困境在于其将法院的介入作为一种通常的行动方式,而没有真正地维护仲裁的精神。这无疑破坏和贬低了当事人自治的原则以及对仲裁庭所作裁决应给予的尊重,导致尼泊尔在商业争议解决机制方面面临问题。

对判例法的审查表明,尼泊尔的仲裁实践未能掌握仲裁的精神,在实践中普遍存在寻求法院干预的情形,仲裁并非独立自主且行之有效的争议解决程序,而仅是进入司法程序的前置环节,仲裁结果并不具备与司法裁判同等的法律效力。如不明确司法与仲裁的权力边界,则仲裁制度的价值与优势无法体现,司法程序仍是唯一的争议解决路径,高成本、低效率的缺陷仍无从规避和解决。

法院不应进行不必要的干预,上诉和令状管辖权均不应作为仲裁程序的通常行动方式。尼泊尔应通过立法并采取政策促进商业仲裁发展,司法机关应当尊重当事人的自主权,尊重他们的自由。具体而言,实践中有两种方法可以限制司法对仲裁的过度干预:

一是发布新判例和新原则。法律并未授予最高法院对仲裁裁决的管辖权,在没有颁布或修订法律的情况下,最高法院通过发布判例的方式实现对仲裁的控制,即将其管辖权从上诉管辖权转为对仲裁裁决的令状/禁令管辖权。他们在先例中规定,最高法院可以凭借其对高等法院复审的令状管辖权受理任何案件。最高法院的这一决定推翻了其以前的判例,并开始拒绝对高等法院复审的上诉,转而依据令状管辖权受理仲裁裁决相关案件。因此,在没有任何法律规定的情况下,最高法院实质上一直在行使其对仲裁裁决的管辖权,许多案件都在等待最高法院审理,仲裁的制度优势难以充分发挥。

因此,在立法尚未修改的情况下,可通过颁布新判例以推翻其先前的判例,最高法院可依法发布新判例，适用新的原则以取消其所具有的针对高等法院对仲裁裁决审查的管辖权。值得注意的是，只有由 5 名以上法官组成的法庭才能发布此类命令，因为之前的判决在同等情形下作出，只有发布同等效力的新判例才能推翻此前判例。通过发布新的判决，最高法院可以将尼泊尔的仲裁程序引入正确的轨道。

二是通过立法限制最高法院的管辖权。议会可以选择通过制定新的法律或修改现有法律来限制最高法院的干预，从而使尼泊尔的仲裁程序走上正轨。“在以下情况下，高等法院可以宣布仲裁庭的决定无效：(a)仲裁员解决的争端不能根据尼泊尔法律通过仲裁解决，或(b)仲裁员作出的决定可能被证明有损于公共利益或政策。”在法庭上败诉的一方，几乎都曾利用这一规定向高等法院提起诉讼，甚至在高等法院作出复审判决后，他们也愿意向最高法院提起诉讼。尼泊尔议会可以修改上述法律规定，阻止最高法院对仲裁裁决的干预。然而，对仲裁裁决至少进行了一级司法审查是必要的，《示范法》也规定了这一条款。但尼泊尔最高法院的干预问题是在高等法院进行了一级司法审查后出现的，故议会可以修改法律，规定只有最高法院可以对仲裁裁决进行初审，而且初审将具有最终性，并且对各方当事人均有法律约束力。

上述方式分别从判例法与衡平法的角度为纠正司法过度干预提供了两种切实可行的路径，充分考虑尼泊尔普通法系国家的特征，从根源上限制最高法院的管辖权，保障仲裁制度的健康稳定发展。

二、仲裁机构的法律承认

尼泊尔《仲裁法》中缺乏对仲裁机构的法律承认，尽管法律曾隐晦表达过对尼泊尔仲裁委员会的承认，但在各项立法中均没有对仲裁机构的法律认定，这对于仲裁法律制度而言是一个很大的漏洞，立法应对此予以明确。

尼泊尔仲裁委员会是以发起、促进、保护和从体制上发展与仲裁有关活动的常设仲裁机构，其不仅提供仲裁相关服务、制定仲裁员行为守则，同时也组织培养仲裁和其他替代方法解决各种争端所需的尼泊尔熟练人才，并通过研究、分析和调查向有关机构提供必要的建议，以定期修正、改变和发展与仲裁有关的现行法律法规，此外在必要情况下通过仲裁和其他替代性争议解决方式帮助解决国家和国际性质的争端。尼泊尔仲裁委员会由执行委员会、中央办公室及分支机构组成，通过大会形成重要决议并由执行委员会付诸实践，中央办公室则负责主持和召集执行委员会的会议和理事会的大会,同时管理整个委员会的财务,筹集资金、编制预算并提供收支报告。尼泊尔仲裁委员会虽未得到法律明文认可,却在尼泊尔仲裁实践中发挥着重要作用。

对仲裁机构的法律承认的缺失将导致有意寻求仲裁作为争议解决方式的当事人在订立仲裁协议时不确定其怎样选择仲裁机构及其所选的仲裁机构所作的裁决能否得到法律认可,这种不确定性可能会导致交易双方最终放弃仲裁而选择成本更高、更烦琐的诉讼来解决未来发生的争议。从长远来看,仲裁机构作为仲裁程序的重要组成部分,其相关法律规定的缺失导致仲裁制度框架的不完整性与不稳定性,当域外投资者进行考察和决策时可能会因仲裁制度的潜在风险而选择更合适的投资对象,从而阻碍尼泊尔的经济发展。

因此,立法应当制定一套完整的仲裁机构相关规则并纳入《仲裁法》,其中应涉及仲裁机构的设立规则、基本组成结构、基本职能和责任分配等基础性内容,为仲裁机构提供法律上的许可与认定,但同时亦要注意保障其在法律上的独立性,保留意思自治的内容由机构章程自行决定,防止仲裁机构成为司法机构的下级或附属。

三、仲裁员仲裁豁免权缺失

仲裁员的仲裁豁免权,是指仲裁员以其仲裁身份采取的行为享有准司法豁免权,不承担法律责任。目前这一仲裁员免责制度在美国的州法院和联邦法院都得到了承认,在国际商业环境中也被遵守。这一制度安排是基于对仲裁员的“准司法性”的认知,即仲裁员在审理案件中同样需要保护和保证其公正性、独立性和不受不正当影响,就如同法官或陪审员审理案件一样,因此基于同样的考量,仲裁员也应当享有同法官一样的豁免权。

仲裁豁免权在各国或各仲裁机构实践中实施的限度有所不同,大致可分为3类,即绝对豁免论、无限责任论和有限豁免论。绝对豁免论主要流行于英美法系国家,其基于仲裁为一种准司法行为说以及鼓励以仲裁解决商事争议的政策,原则上赋予仲裁员类似法官的豁免权,其豁免权又被扩及于仲裁机构,美国甚至将仲裁员的粗心、疏忽或故意的不诚实也包括在豁免范围内,法院根据鼓励仲裁发展的国内政策,给予仲裁员绝对豁免权,甚至将一些带有行政性的行为作为准司法行为而予以豁免。绝对豁免论能保证仲裁员和仲裁机构不受当事人的不当影响和外界干扰,保持其独立性,但该理论对仲裁公正性的保障力度不够,易导致仲裁员因缺乏压力而产生疏忽大意,不能正向激励仲裁员担负责任,这既对当事人不公,对国际仲裁制度的发展也无益。

无限责任论并非民法意义上的无限责任,而是相对无限豁免、有限豁免而言的,即仲裁员在多数情况下须承担责任,甚至无须区分其仲裁行为是否具有司法性、是否属于职务行为。此种情形下的仲裁豁免权非常狭窄,仲裁员需要对其无正当理由的辞职、违反仲裁契约的行为承担责任,无限责任论强调仲裁员应认真执行职务,并注重降低仲裁员滥用职权的可能性,能较好地服务于仲裁公正的目的。但无限责任论不利于保护仲裁程序完整性和仲裁终局性效力。当事人可能滥用诉权,引起过多司法介入,从而使裁决效力处于不确定状态,显然有违当事人选择仲裁迅速定分止争的初衷。

有限豁免论倾向有条件地承认仲裁责任人一定范围内的豁免权,如德国规定,仲裁员不因其过失而对履行职务中的违约或侵权行为承担责任,但有关程序错误的责任不在免责范围。在大多数国家的立法中,责任豁免与民事责任相互渗透,形成了一种有限豁免的情况。原则上,采用仲裁责任绝对豁免论的英美法系国家也在实践中支持有限豁免论。

绝对豁免或对仲裁员责任不加限制地加以追究都存有弊端,有限豁免较公平合理,因为一定的豁免可以为仲裁员提供必需的庇护,让他们裁决时既能坚持原则又不会有所顾忌。目前,尼泊尔的仲裁立法中尚未出现仲裁豁免权的相关规定,而这一权利只能通过法律规定明确授予,该规则的缺失使得仲裁员在仲裁过程中面临被起诉的风险,严苛的责任机制使人不愿意成为一名仲裁员,因为即使他/她是善意的,也会面临诉讼;过度的司法介入也会导致仲裁程序的难以为继。因此,尼泊尔应当在吸收借鉴域外立法例的基础上,结合本国立法与司法实践,对此问题予以明确规定,目前有限豁免论得到了多国采纳,尼泊尔亦可斟酌采用有限豁免的规则,在保证仲裁独立性的前提下实现仲裁公正的目的。

四、数字经济时代立法滞后和制度供给不足

尼泊尔现行《仲裁法》颁布于 1999 年,尽管判例法一直在发展,但成文法仍未得到更新与完善,但随着经济多元复杂的发展趋势不断深化,各国间经济联系日益紧密,摩擦和纠纷也不断加剧,为商事仲裁的现代化更新和与时俱进提出了要求和挑战,一国仲裁制度是否发达、仲裁规则是否现代化国际化、仲裁机构是否高效开放等都直接影响企业的投资决策,而滞后的仲裁制度无法保障国内和国际商事仲裁的灵活高效进行,最终失去国际竞争力,丧失发展机遇。

目前,我们正处于数字经济时代,大数据、云计算、物联网、区块链、人工智能、5G通信等新兴技术为全球互联互通和数字化发展提供了先进的技术支撑,数字产业的高速发展带动传统产业的转型升级,对信息和数据的支配力成为决定企业核心竞争力的重要因素,传统行业的运作模式逐渐向互联网智能化转移,生产者不再仅是商品/服务的提供者,消费者也不再仅是商品/服务的接受者,在第三方数字平台的介入下传统经济角色发生了转变与融合,不再呈现单一性与单向性。数字经济背景下的商事交易也发生了巨大转变,在实践中创新出更高效、更安全的交易模式,在互联网加速作用下资本流速加快、效率大幅提高,在同等时间内能创造更大的经济收益。但同时,交往联系的密切意味着摩擦越发频繁,事实上,近年来大型企业间的商事仲裁和司法诉讼案件数量迅速增加,传统规则对数据信息保护的缺失使得案件审理缺乏明确合理的依据,案件难以得到公正高效的审理,这表明传统规则亟待与时俱进。

尼泊尔的《仲裁法》至今已有20余年,其所依据的国际仲裁规则也在2010年经历修订并生效,目前尼泊尔《仲裁法》中尚无与数字经济认定相关的规定,对新兴产业参与仲裁及数字信息在仲裁中的认定也缺乏明确规范,法律红线的空缺可能导致仲裁员行使自由裁量权超出限度,无法保证裁决的公正性与合理性。因此尼泊尔立法机关应当对现行商事实践需求进行研究,结合国际仲裁原则与规则,制定符合本国发展与实践需要的仲裁法。

尼泊尔仲裁制度的发展并不令人满意。只有不断约束司法权力,加强立法的与时俱进,填补立法空白,完善制度供给,才能最大限度发挥仲裁制度优势,促进对外经济发展;才能在“一带一路”建设中充分抓住机遇加强国际经济合作,积极发展与中国的经济合作伙伴关系,共同打造政治互信、经济融合、文化包容的利益共同体、命运共同体和责任共同体。

CHAPTER 04 >>

第四章

赞比亚

赞比亚共和国(The Republic of Zambia),简称赞比亚,是非洲中南部的一个内陆国家,东接马拉维、莫桑比克,南接津巴布韦、博茨瓦纳和纳米比亚,西邻安哥拉,北靠刚果(金)及坦桑尼亚。大部分地区海拔1000~1500米,属于高原地区。赞比亚原为英国殖民地,于1964年10月24日独立,国土面积752,614平方公里,人口1890万(2021年),大多属班图语系黑人,有73个民族,奔巴族为最大部族,约占全国人口的33.6%,首都卢萨卡,全国下设10省103区,10省分别为中央省(Central Province)、铜带省(Copperbelt Province)、卢萨卡省(Lusaka Province)、卢阿普拉省(Luapula Province)、穆钦加省(Muchinga Province)、东部省(Eastern Province)、南部省(Southern Province)、西部省(Western Province)、北部省(Northern Province)、西北省(North-Western Province)。赞比亚系不结盟运动、非洲联盟、英联邦、南部非洲发展共同体(SADC)、东南非共同市场(COMESA)等国际和地区组织成员。为非盟安理会改革十国元首委员会(C10)成员。赞比亚高度重视上述地区组织和“非洲发展新伙伴计划”在解决冲突、促进地区团结、实现经济增长等方面的作用,积极参与地区事务,将地区合作和政治、经济一体化置于优先地位,关注非洲地区和平与发展。

赞比亚自然资源丰富,以铜为主。铜蕴藏量2000万吨,约占世界铜总蕴藏量的2.8%,素有“铜矿之国”之称。钴是铜的伴生矿,储量约35万吨,居世界第二位。此外还有铅、镉、硒、镍、铁、金、银、锌、锡、铀、绿宝石、水晶、钒、石墨、云母等矿物。全国森林覆盖率为45%。国内采矿业较发达,是国民经济主要支柱之一。其主体是铜矿和钴矿的开采和冶炼。制造业较落后。独立前,工业制成品基本依赖进口。独立后,政府积极致力于发展国有制造业。多党民主运动执政后,对制造业实行私有化。食品、饮料、烟草、纺织和皮革等行业产值约占整个制造业的75%。2022年赞比亚国内生产总值265.68亿美元,人均国内生产总值1369美元。

中国与赞比亚于1964年10月29日建交,赞比亚是南部非洲第一个与中国建交的国家。两国传统友谊深厚,高层保持互访,地方交往活跃,双边友好合作关系不断发展。1967年以来,中国承担了坦赞铁路、公路、玉米面厂、纺织厂、打井供水等共70余个项目。坦赞铁路是中国较大的援外成套项目之一。在中非合作论坛框架内,中方为赞方援建了体育场、医院、学校、农技示范中心、疟疾防治中心、小水电站、太阳能、打井等多个项目。1996年,两国签署相互促进和保护投资协定。2005年1月1日起,中方对赞方部分出口中国产品给予免关税待遇。2007年2月揭牌成立了中国在非洲的第一个经贸合作区——赞比亚中国经贸合作区。2010年,两国签署避免双重征税协定。2018年,中国与赞比亚政府签订《中华人民共和国政府与赞比亚共和国政府关于共同推进丝绸之路经济带和21世纪海上丝绸之路建设的谅解备忘录》。

近年来,中国同赞比亚一道,推进高质量共建“一带一路”,深化卫生健康、减贫惠农、贸易投资、绿色发展、数字经济等领域合作,助力赞比亚实现经济复苏和可持续发展,共同努力推动构建新时代中非命运共同体。

第一节　赞比亚仲裁相关立法与司法情况

赞比亚的主要国家仲裁法规是2000年第19号《仲裁法》(2001年3月2日生效)。《仲裁法》主要以1985年联合国国际贸易法委员会《示范法》为范本,适用于国内和国际仲裁。同时赞比亚也是《纽约公约》、《华盛顿公约》的缔约方。赞比亚仲裁制度具有近百年历史,长期以来,结合丰富的实践经验,形成了具有赞比亚国家仲裁实践特色的仲裁法律制度。

一、赞比亚仲裁相关立法与司法历史沿革

(一)赞比亚仲裁立法历史沿革

赞比亚为多党民主制国家,实行立法(议会)、行政(内阁)和司法(法院)三权分立。国民议会(National Assembly)是国家最高立法机关,国家法案由议会通过,议会实行一院制。特设宪法委员会对立法行为进行司法审查。赞比亚法律基于英国普通法与习惯法,沿用英国法律法规,结合赞比亚国情进行了适当的修改,法律渊源有宪法、制定法、普通法、司法先例、习惯法,以及权威著作等。

赞比亚经常以仲裁作为争议解决方法,当事各方越来越多地将仲裁协议纳入合同中。1933年《仲裁法》是赞比亚颁布的第一部仲裁法律,法律框架的主要组成部分包括公共政策、创造性地解决问题、普通法、衡平法学说、非洲习惯法和国际公法原则。1933年《仲裁法》是在殖民时代颁布的,其原始来源是英国1889年的《仲裁法》。虽然英国的普通仲裁法从殖民时期引入赞比亚时就适用于赞比亚,但是赞比亚1933年的法规显示出与英国1889年法规的一些差异。一方面,赞比亚立法规定中的偏离有可能主要受到当时该地区其他英国殖民地和领地的仲裁法规的影响。另一方面,1934年英国对1889年《仲裁法》作出重要修改,而后其又被1950年的英国《仲裁法》所取代,但赞比亚1933年《仲裁法》一直在使用1889年的原始英国法规,没有受益于后来的改进。如果参照英国法规的类似条款,就更容易确定赞比亚1933年《仲裁法》条款的可能含义,这方面的文献和案例法很多。

尽管1933年《仲裁法》被废除,但在2000年《仲裁法》生效前根据1933年《仲裁法》启动的仲裁程序可以按照1933年《仲裁法》的规定继续进行直至结束,如同该法规未被废除一样。[1] 在此范围内,仲裁程序被视为从当事人同意开始的日期开始,或者在没有这种协议的情况下,被视为从被申请人收到将与之有关的争端提交仲裁的请求的日期开始。[2] 一般来说,1933年《仲裁法》的废除并不影响对根据任何成文法或法律规则作出的裁决的承认或执行,特别是适用了《日内瓦仲裁条款议定书》和《纽约公约》的裁决。[3]

---

〔1〕 2000年《仲裁法》第33条第2款。
〔2〕 2000年《仲裁法》第33条第3款。
〔3〕 2000年《仲裁法》第33条第4款。

(二)赞比亚仲裁司法协助与监督历史沿革

赞比亚司法系统具有较好的司法独立性。司法机构主要由最高法院、高等法院、劳资关系法院、初级法院和地方法庭组成。最高法院负责对高等法院等的上诉案件进行最终裁决及审理与大选相关的案件;高等法院审理民事案件和某些重大刑事案件,并裁决初级法院的上诉案件,对初级法院行使监管职能;劳资关系法院与高等法院同级,负责处理劳资案件;初级法院处理全国大部分的刑事案件;地方法庭依据风俗惯例处理社会生活中的日常纠纷。

关于高等法院对仲裁裁决的法定约束力,1933 年《仲裁法》要求赞比亚仲裁裁决必须在高等法院存档,一旦仲裁员宣布了仲裁裁决,并且争议各方已经支付了仲裁员费用,仲裁员应向争议方发出归档通知。[1] 作为一般规则,一旦仲裁裁决被提交到高等法院,就像是高等法院的一项法令一样,可以被强制执行。[2] 这一规则的例外情况是,高等法院将仲裁裁决发回给仲裁员重新审议,或者仲裁裁决被撤销。关于撤销一项仲裁裁决,如果仲裁员或公断人有“行为不当”,或者仲裁或仲裁裁决是“不正当手段作出”的,则高等法院可以撤销裁决。[3] 与法院撤销裁决的权力相关的一些问题是,1933 年《仲裁法》没有对“行为不当”和“不正当手段作出”这两个词进行定义,以及并未对仲裁员的谨慎标准、信托责任进行解释。此外,上诉法院和最高法院对仲裁相关事项拥有上诉管辖权。关于高等法院在处理仲裁程序方面的其他法定权力,一般来说,高等法院可以在法院命令中加入任何有关费用或其他方面的条款。[4] 高等法院也有权力就以下方面制定规则:一是裁决书的提交以及由此产生的或附带的所有程序;二是特别案件的提交和审理以及由此产生的或附带的所有程序;三是暂停任何违法提交仲裁的诉讼或程序;四是根据 1933 年《仲裁法》在法院进行的所有程序的一般处理。[5] 2000 年《仲裁法》的主要成就之一是减少了法院对仲裁程序的干预。尽管法院不能干预仲裁程序,但法院在仲裁程序中依旧发挥重要作用,这可能会影响国际和国内以仲裁作为其争端解决方式的当事人。譬如,引入仲裁的理由是可以减轻法院沉重的案件

---

〔1〕 1933 年《仲裁法》第 11 条第 2 款。

〔2〕 1933 年《仲裁法》第 16 条第 1 款。

〔3〕 1933 年《仲裁法》第 15 条。

〔4〕 1933 年《仲裁法》第 18 条。

〔5〕 1933 年《仲裁法》第 20 条。

负担,并为当事人提供一个更便捷、高效的方法来解决他们的纠纷。然而,当事人必须向法院申请撤销仲裁裁决或执行仲裁裁决,当这些案件被提交给法院时会产生案件积压的现象,仲裁程序原本便捷高效的优势也将不复存在,这就违背了仲裁的全部目的。鉴于此,法院应设计一种制度,使通过申请撤销或执行仲裁裁决的事项或通过任何其他方法提交法院的仲裁事项不必加入积压的案件,以免背离仲裁的初衷。譬如,因为赞比亚的大多数仲裁事项是商业性质的,高等法院可以作出强制性规定,如果提交给它的是仲裁协议,必须在商业登记处登记,以实现与正常民商事诉讼案件的分流。

二、赞比亚现行的国内仲裁法律框架

(一)2000 年《仲裁法》

2000 年《仲裁法》规定了公平、高效和能够满足每项仲裁的具体需要的仲裁程序。[1] 司法机构在仲裁过程中的监督作用也被重新定义,[2] 并根据 1958 年《纽约公约》对承认和执行外国仲裁裁决都作了规定。[3] 总体来说,赞比亚的现行法律符合高效仲裁法律框架的基本目标。

关于赞比亚 2000 年《仲裁法》对 1933 年《仲裁法》的改进,2000 年《仲裁法》在采用若干国际法律文书并将其纳入本国的仲裁法方面取得了明显的进步,其生效后通过采用联合国国际贸易法委员会 1985 年 6 月 21 日通过的《示范法》,废止并取代了 1933 年《仲裁法》中关于国内和国际仲裁的规定。[4] 此外,司法部部长在与首席大法官协商后,可以通过法定文书规定仲裁员的行为守则,这里的法定文书也可以涵盖赞比亚的仲裁标准。[5] 此外,首席大法官可以单独行事,就与 2000 年《仲裁法》规定的法律程序的进行有关的事项制定法定文书。[6] 首席大法官还可以就以下事项制定法定文书:审理提交给司法机构的事项以及由此产生的或附带的所有程序;宣布暂停违法提交仲裁的任何法律程序;维护与法律程序有关的保密性;由法院提供执行援助;以及可能提交给法院的与仲裁程序有关的其

---

〔1〕 2000 年《仲裁法》序言。

〔2〕 同上。

〔3〕 同上。

〔4〕 同上。

〔5〕 同上。

〔6〕 同上。

他事项。[1]

关于赞比亚2000年《仲裁法》的适用范围,在解释2000年《仲裁法》的条款时,仲裁庭或司法机构可以参考与联合国国际贸易法委员会通过的《示范法》有关的文件。[2] 在遵守赞比亚2000年《仲裁法》规定的情况下,司法机构或仲裁庭也可以参考联合国国际贸易法委员会工作组的文件(被称为“准备工作文件”)。[3] 一般来说,2000年《仲裁法》的规定适用于每一份仲裁协议和仲裁裁决,无论是在2000年《仲裁法》生效之前还是之后作出的。[4] 仲裁协议或仲裁裁决中提到的任何《仲裁法》都应被理解为2000年《仲裁法》。[5] 另外,2000年《仲裁法》的规定适用于根据任何其他成文法进行的每一次仲裁,无论其他成文法是在2000年《仲裁法》生效之前还是之后生效的。[6] 然而,2000年《仲裁法》规定下列条款并非适用于所有仲裁:不符合有关成文法实体或程序规定的条款;或被成文法明确排除的条款。[7] 根据2000年《仲裁法》,如果一项成文法规定通过仲裁来裁决某一事项,无论是否符合与仲裁有关的法律,根据该成文法规定即将或已经提出须经仲裁的索赔的人将被视为该仲裁协议的一方。[8] 根据《国家诉讼法》的规定,2000年《仲裁法》适用于赞比亚国家为一方当事人的任何仲裁协议,但不适用于赞比亚国家与外国政府之间的仲裁协议,或赞比亚国家与由外国政府全资拥有或唯一控制的任何企业之间的仲裁协议(除非赞比亚共和国与该企业另有约定)。[9]

(二)2000年《仲裁法》的补充立法

2001年,赞比亚颁布《仲裁(承认和仲裁机构)条例》(2001年第73号法律文书),该条例主要规定了向法院申请执行外国裁决的程序,规定了申请承认令、提供补充资料和文件、认可顺序、拒绝签发承认令的通知,撤销承认令的意向通知,

[1] 2000年《仲裁法》序言。
[2] 2000年《仲裁法》第2条第3款。
[3] 同上。
[4] 2000年《仲裁法》第3条。
[5] 同上。
[6] 2000年《仲裁法》第5条第1款。
[7] 2000年《仲裁法》第5条第3款。
[8] 2000年《仲裁法》第5条第2款。
[9] 2000年《仲裁法》第4条。

更改名称、地址、章程、规则的通知,年度汇报以及刑罚等内容。同年,赞比亚也颁布了2001年《仲裁(法院诉讼)规则》(2001年第75号法律文书),该规则规定了停止诉讼、请求采取临时保护措施、仲裁员的指定、对仲裁员或仲裁庭的管辖权提出异议的程序、执行援助的请求、裁决的执行、撤销裁决、确保仲裁保密性的规定、送达程序等。2007年《仲裁(行为准则和标准)条例》(2007年第29号法律文书)规定了仲裁员的行为守则,其中包括接受任命、职业操守、信息披露、保密、遵守管辖权、遵守仲裁程序等义务性规定,避免利益冲突、委托助理行使职能、擅自届时仲裁裁决、干涉裁决执行等限制性规定,以及承担责任的相关规定。

(三)其他适用于仲裁的议会法案和法院规则

除《仲裁法》外,还有其他议会法案和法院规则构成赞比亚仲裁法律框架的一部分,其中一项法案是《投资争端公约法》,该法的颁布是为了落实赞比亚签署的《华盛顿公约》。该法规定了在高等法院登记通过公约规定的仲裁程序作出的裁决。第4条和第5条规定了在高等法院登记裁决的程序和这种登记的效果。第6条规定了为促进这种登记而制定的法院规则,任何寻求承认或执行裁决的人都有权在满足该法的要求后,在高等法院登记该裁决。如果要求在高等法院出示的文件是外国语言,则申请人有义务提供该文件的认证翻译。《华盛顿公约》进一步规定,通过以国际调解和仲裁中心为基础的仲裁法庭解决缔约方和其他缔约方国民之间的投资争端,并设有调解员和仲裁员小组。赞比亚《私有化法》第47条规定,私有化过程中产生的任何争议都将根据《仲裁法》通过仲裁解决。除这些规定外,高等法院的规则还规定了将一些事项提交仲裁的条款。《高等法院规则》规定,在最终判决之前,经诉讼当事人申请,可将事项提交仲裁。需要注意的是,只有在2001年《仲裁程序规则》没有对任何特定事项作出规定,或没有作出充分规定使法院能够处理其面前的事项或使一方当事人能够起诉时,才能适用《高等法院规则》。然而,这种法院规则不应违背2001年《仲裁(法院诉讼)规则》的任何规定。如果存在这种不一致,则以2001年《仲裁(法院诉讼)规则》的规定为准。下级法院规则中有关将案件提交仲裁的规定,与《高等法院规则》的规定相似。在最终判决前的任何诉讼阶段,如果当事人愿意,下级法院诉讼中的分歧事项可以提交仲裁。

(四)其他专业领域的法规规定以仲裁作为争议解决机制

此外,专业领域的法规规定以仲裁作为争议解决机制。例如,赞比亚《发展机构法》(2006 年第 11 号)规定,因该法而产生的任何争议均应根据《仲裁法》解决。同样,根据《矿山和矿产开发法》(2015 年第 11 号),矿业总监可以要求争议各方签订《仲裁法》意义上的协议。

三、赞比亚参与的国际仲裁法律框架

(一)1985 年联合国国际贸易法委员会《示范法》

《示范法》于 1985 年 6 月 21 日由联合国国际贸易法委员会在第十八届年会闭幕时予以通过。大会在其 1985 年 1 月 11 日第 40/72 号决议中建议"所有国家鉴于统一仲裁程序法的需要和国际商事仲裁实际执行的具体需要,对国际商事仲裁示范法给予适当的考虑"。《示范法》为充分协调与改进各国不充分不协调的国内仲裁法奠定了国际基础,能够为世界各个地区及适用不同法律或经济制度的国家所接受。《示范法》涉及仲裁过程的各个阶段,即从仲裁协议到仲裁裁决的承认和执行,反映了世界各国就国际仲裁工作的原则与重大问题所达成的协商一致的意见。南部非洲地区组成南部非洲发展共同体的大多数成员也通过了《南部非洲发展共同体和贸易法委员会示范法》,即安哥拉、博茨瓦纳、斯威士兰、莱索托、马达加斯加、马拉维、毛里求斯、莫桑比克、纳米比亚、南非、赞比亚和津巴布韦等。虽然南部非洲地区在立法和实践中仍然存在巨大差距,受《示范法》影响的仲裁立法的水平相对较低,但还是可以看出近年来仲裁实践的真实和有希望的变化。关键进展之一是,南非自南非法律委员会首次提议通过《示范法》以来,于 2017 年通过了基于《示范法》的国际争端立法,这意味着该地区迈出了一大步,使该地区基于《示范法》的司法管辖区多达 5 个。总部位于约翰内斯堡的南非仲裁基金会(AFSA)通过其以中国为重点伙伴关系的中非联合仲裁中心(CAJAC),于 2021 年通过了国际争端的新规则,并于 2020 年通过了应对新冠疫情的远程听证会议定书。然而,该地区存在的差距仍然很明显,非洲立法者和仲裁机构仍有待进行有价值的工作。

在赞比亚,《示范法》是在 2000 年《仲裁法》生效时引入的,结合赞比亚立法与司法实际,赞比亚 2000 年《仲裁法》也对《示范法》作出具体规定。赞比亚采用《示范法》,意味着国内和国际仲裁都将在赞比亚得到承认。

(二)1958 年《纽约公约》

赞比亚是 1958 年《纽约公约》的缔约方,该公约被用于处理外国仲裁裁决的承认和仲裁条款的执行问题,公约于 1959 年 6 月 7 日生效。《纽约公约》一直被认为是国际私法领域承认及执行外国仲裁裁决最为重要的国际公约，同时是国际商事仲裁争端解决方式迅速发展的基石，非洲也有多个国家加入了该公约。非洲在以仲裁作为争议解决机制和寻求更多“安全席位”方面也有明显增长。只有建立国际仲裁的现代立法框架，加入《纽约公约》，建立信誉良好的仲裁机构和可靠的法院来支持仲裁程序，且非必要不干预仲裁程序，南部非洲才能充分享有将争议解决扩展到国家法院之外的便利。

《纽约公约》的主要宗旨是，国外和国内仲裁裁决不会受到区别对待，并要求各缔约方确保这类裁决在其法域内同国内裁决一样得到承认并能够得到强制执行。附带宗旨是，为充分执行仲裁协议，要求各缔约方法院拒绝当事人在违反将其有关事项提交仲裁庭处理的约定的情况下诉诸法院的请求。《纽约公约》适用于被要求承认和强制执行裁决的国家以外的任何国家所作的裁决，还适用于“不被视为国内裁决”的裁决。一国在同意受该公约约束时，可声明将仅对在另一缔约方领土上作出的裁决和仅对被其国内法律认为是“商业性”的法律关系适用该公约。公约中也有关于仲裁协议的条款，这是因为一项裁决有可能因其所依据的协定可能得不到承认而被拒绝强制执行。对各缔约方规定的中心义务是，承认这一体制内所有仲裁裁决均具有约束力并在收到请求时根据诉讼地法院强制执行。对于公约没有规定的，各缔约方可自行确定应当遵循的程序机制。该公约定义了5种情况，在这5种情况下，可依当事人的要求拒绝承认和强制执行，包括当事人无行为能力、仲裁协议无效、适当程序、仲裁协议的范围、仲裁庭的管辖权以及裁决在裁决地所在国或裁决所依据法律的国家被撤销或停止执行。该公约还定义了2种情况，在这2种情况下，法庭可主动拒绝承认和强制执行裁决，包括涉及可仲裁性和公共政策。该公约鼓励在尽可能多的案件中承认和强制执行裁决。为实现这一目的，该公约第7条取消了国内法律中对承认和强制执行所规定的比该公约还要严苛的条件，同时允许继续适用给予强制执行裁决申请方特别权利或较优惠权利的任何国家条文。该公约承认任何相关人均有权援用裁决地所在国的法律或各项条约，其中包括此类法律或条约所提供的制度比该公约更为优惠的情形。

中国和赞比亚均是《纽约公约》缔约方，若中方企业选择在赞比亚进行仲裁，则当仲裁裁决需要在其他国家申请承认和执行时，不会遇到太大障碍。这区别于执行外国法院的判决，如果是执行外国法院的判决，赞比亚《外国法院判决法案》

(Foreign Judgment Act)第76章作出了详细规定,在赞比亚申请执行外国判决的外国投资者需要在赞比亚登记。如果作出判决的法院所在国在赞比亚《外国法院判决法案》的规定中,外国法院判决可以进行较方便的登记,利益相关人仅可根据前述法案规定的特定理由反对判决的登记;登记后的判决即可在赞比亚获得执行。如果法院所在国并不在赞比亚《外国法院判决法案》的规定中,外国投资者(即便已经在国外胜诉)仍需要以该外国法院判决为诉因在赞比亚法院提起一个全新的诉讼,赞比亚法院将在该新诉讼中对外国法院判决进行审查。

(三)1965年《华盛顿公约》

由于在国际投资中,外国投资者一般不愿将它和东道国之间的投资争端提交到东道国的法院进行解决,担心东道国法院会受到来自该国政府的干预,而不能作出公正的判决。因此,他们更青睐通过中立的仲裁机构来解决此类争端。非洲国家的实际情况会加剧外国投资者的这种担心。为消除外国投资者的忧虑,赞比亚加入了1965年《华盛顿公约》。

《华盛顿公约》由世界银行于1965年所创议并于1966年生效,旨在为国家与他国国民之间的投资争议提供便利。依据该公约,世界银行还成立了世界上第一个专门解决国际投资争议的常设性仲裁机构——ICSID,当外国投资者和《华盛顿公约》缔约方发生争端后,就可将争端提交给根据该公约设立的ICSID通过仲裁解决,这为仲裁裁决的承认和执行铺平了道路。ICSID总部设在美国华盛顿特区的世界银行内,是一个绝对的国际性法人组织,享有缔约能力、取得及处理财产的能力和法律诉讼能力。ICSID的组织机构有理事会和秘书处,理事会是最高权力机关,职责包括制定调解和仲裁程序的规则等,由各成员派一名代表组成,每年举行一次会议,世界银行行长为理事会主席。秘书处是处理ICSID日常事务的机构,对争端当事人提交ICSID管辖的案件进行预先审查,认为符合条件者,立即予以登记受理,并负责组建调解委员会或仲裁庭,其本身并不直接承担调解和仲裁工作。ICSID设立的目的在于增加发达国家投资者向发展中国家进行投资的信心,并通过仲裁和调解方式来解决投资争议。中国于1993年成为《华盛顿公约》的缔约国,并提出仅对将“因征用和国有化的补偿而产生的争议”提交中心仲裁作出保留。

非洲共有48个国家和地区签署了该公约,赞比亚便是其中之一。赞比亚成为《华盛顿公约》的缔约方,意味着外国投资者与赞比亚之间的投资争端可以由中立的 ICSID 解决,以此增加了外国投资者对争议解决的信心。希望在 ICSID 采取仲裁程序的任何缔约方或缔约方的任何国民,应就此向秘书长提出书面请求,由秘书长将该项请求的副本送交另一方。请求应包括有关争端事项、双方的身份以及他们同意依照交付调解和仲裁的程序规则提交仲裁等内容。除非秘书长根据请求的内容认为此项争端显然在中心的管辖范围之外,否则应及时登记请求,并立即将登记或拒绝登记的结果通知双方。仲裁庭在请求登记之后应尽快组成,由双方同意任命的独任仲裁员或任何非偶数的仲裁员组成。如果仲裁庭由 3 名仲裁员组成,则由每一方各任命仲裁员 1 名,第三人由双方协议任命,并担任首席仲裁员。在秘书长发出已予以登记的通知后 90 日内,或在双方可能同意的其他期限内未能组成仲裁庭的,主席经任何一方请求,并在尽可能同意双方磋商后,可任命尚未任命的仲裁员或数名仲裁员。主席任命的仲裁员不得为争端一方的缔约方的国民或其国民是争端一方的缔约方的国民。仲裁员多数不得为争端一方的缔约方国民和其国民是争端一方的缔约方的国民,但独任仲裁员或仲裁庭的每一成员经双方协议任命也可以成立。仲裁庭应是其本身权限的决定人,若争端一方提出反对意见,认为该争端不属于中心的管辖范围,或因其他原因不属于仲裁庭的权限范围,则仲裁庭应加以考虑,并决定将其作为先决问题处理,或与该争端的是非曲直一并处理。仲裁庭依照双方可能同意的法律规则对争端作出裁决,如果没有,仲裁庭应适用争端一方的缔约方的法律(包括其冲突法规则)以及可能适用的国际法规则,不得借口法律无明文规定或含义不清而暂不作出裁决。仲裁庭认为情况需要的,应当及时建议采取任何临时措施以维护任何一方的权利。仲裁庭以其全体成员的多数票对问题作出决定,裁决以书面形式作成,并由仲裁庭投赞成票的成员签字。仲裁庭的任何成员可以在裁决上附上他个人的意见(无论其是否同意多数人的意见),或陈述其不同的意见。裁决作出后,秘书长应迅速将裁决的核证无误的副本送交双方。裁决应视为在发出上述副本之日作出。

赞比亚还缔结了双边投资条约(BIT),这些条约对以下国家生效:法国(2014 年 3 月 3 日生效)、德国(1972 年 8 月 25 日生效)、意大利(2014 年 12 月 2 日生效)、毛里求斯(2016 年 5 月 6 日生效)、荷兰(2014 年 3 月 1 日生效)、瑞士(1995 年 3 月 7 日生效)和土耳其(2020 年 5 月 6 日生效)。它还与下列国家和组织签署了尚未生效的双边投资条约:比利时 – 卢森堡经济联盟(2001 年 5 月 18 日签署)、中国(1996 年 6 月 21 日签署)、古巴(2000 年 1 月 22 日签署)、埃及(2000 年 4 月

28日签署)、芬兰(2005年9月7日签署)、加纳(2001年5月18日签署)、摩洛哥(2017年2月20日签署)和英国(2009年11月27日签署)(见表4-1)。

表4-1 南部非洲国家参与仲裁国际条约情况

序号	国家	南共体条约	《纽约公约》	《ICSID公约》
1	安哥拉	1992年8月17日	2017年6月4日	—
2	博茨瓦纳	1992年8月17日	1972年3月19日	1970年2月14日
3	斯威士兰	1992年8月17日	—	1971年7月14日
4	莱索托	1992年8月17日	1989年9月11日	1969年8月7日
5	马达加斯加	2006年2月21日	1962年10月14日	1966年10月14日
6	马拉维	1992年8月17日	2021年6月2日	1966年10月14日
7	毛里求斯	1995年8月28日	1996年9月17日	1969年7月2日
8	莫桑比克	1992年8月17日	1998年9月9日	1995年7月7日
9	纳米比亚	1992年8月17日	—	1998年10月26日签署(未生效)
10	南非	1994年8月29日	1976年8月1日	—
11	赞比亚	1992年8月17日	2002年6月12日	1970年7月17日
12	津巴布韦	1992年8月17日	1994年12月28日	1994年6月19日

第二节 赞比亚的主要仲裁机构

在赞比亚,有两个公认的替代性争议解决机构,即赞比亚仲裁员协会(Zambia Association of Arbitrators,ZAA)和赞比亚特许仲裁员协会(Chartered Institute of Arbitrators Zambia Branch,CIArb)。2001年成立的赞比亚争议解决中心(Zambia Centre for Dispute Resolution Limited),也随着2011年CIArb的成立逐渐被取代。

一、赞比亚的主要仲裁机构

（一）ZAA

ZAA 是根据 2000 年《仲裁法》第 23 条设立的，该条赋予其部长承认仲裁机构的权力，应当与 2001 年《仲裁（承认和仲裁机构）条例》第 4 条一起解读。该条款还规定了向部长申请承认的程序。为了保护公众，部长在批准承认之前必须对机构进行筛选。部长必须确信该机构有良好的意图，而且仲裁员、调解员是在社会上有良好声誉的人，并具备必要的资格。根据 2001 年第 599 号公报，该协会于 2001 年 11 月 16 日获得认可，它是根据《社团法》注册的一个规范调解员、仲裁员执业的机构。仲裁员的执业行为受司法行为准则的约束。

创建 ZAA 的主要目的是保护公众免受提供仲裁服务的不法分子的侵害。ZAA 与 CIArb 一起为仲裁员和调解员提供培训。仲裁是一种国际惯例，因此，所提供的培训应符合国际标准。该协会得到了国际机构的认可并与之有联系，确保了仲裁员具有国际视野。ZAA 的主要成就是缓解了法院的案件拥挤状况，该协会一直在向法院宣传涉及仲裁条款的案件，之后它将协助当事人选择一名仲裁员。该协会的另一项成就是起草了仲裁员的行为准则，通过规定仲裁员的行为准则来维护其标准。该协会遇到的主要挫折是，它没有很多仲裁案件需要处理，因为商业界还没有完全理解仲裁或调解的好处，因此没有在合同中加入仲裁条款。多年来，律师对替代性争议解决方式的态度并没有很大的改善，即使在其可以解决的情况下，大多数律师仍然倾向于将问题提交诉讼。为鼓励使用该协会提供的服务，该协会一直在开展外联方案。该协会还加强了与司法机构的联系，鼓励司法机构将涉及仲裁条款的案件以及需要调解的案件提交给协会。

（二）CIArb

ZAA 曾经是唯一被认可的仲裁机构。但后来，CIArb 也得到了认可，可以说 CIArb 是赞比亚的主要仲裁机构。CIArb 有一个全职的秘书处和一个常设办公室，该办公室位于赞比亚的首都卢萨卡。CIArb 为仲裁员、调解员和裁决员提供教育和培训。它还作为从业人员、政策制定者、学术界和商界人士的全球中心，支持所有替代性争议解决方式的全球推广、促进和发展。CIArb 提供一系列的资源，包括指导、支持、建议、网络和推广机会，以及听证会、会议和其他活动的设施。它是一个非营利性的英国注册慈善机构。

关于 CIArb 的治理，研究所的董事会是根据《皇家特许仲裁员协会宪章》第 8

条设立的。其权力和职能载于该条,并在附则2中被进一步详细说明,其授权自由载于附则17。仲裁院管理委员会是根据该宪章第13条设立的,其权力和职能载于附则5。执行委员会是根据该宪章第6条设立的,其权力和职能载于细则第8条。根据上述条款并根据该宪章第8.1条和《英格兰和威尔士慈善法》对受托人职责的规定,研究所的所有权力和战略政策都归属于董事会。对争端解决方案的政治支持程度和来源是决定非诉讼纠纷解决方案是否成功的一个重要因素。它在选择适当的非诉讼纠纷解决系统的设计中也起着一定的作用。重要的是要有足够的政治支持,以确保立法支持,以确保该方案的管辖权和权威。赞比亚已经提供了立法支持,通过了2000年《仲裁法》,该法是进行仲裁必须遵守的法律框架,有政治支持的方案也更容易获得支持以维持其发展。[1]

仲裁的发展需要支持性的文化规范,特别是在农村方案中,习俗和传统起着非常重要的作用。[2] 同时招募和培训良好的仲裁员,足够数量的合格的和受到良好监督的仲裁员对于方案的成功至关重要。[3] 就仲裁人员的甄选来说应该是择优录取,而不是基于政治或其他不必要的原因。充足的人力资源是一个重要的因素,因为有足够的熟练的和受尊重的调解员或仲裁员,是有效地管理案件的前提条件。不熟练的劳动力将导致案件的积压和低效率,人们将开始回避使用该计划。就参与者对仲裁结果的满意度来说,工作人员的质量比仲裁成本、所需时间或其具体程序都要重要。[4] 同时要加大反腐败的力度,增强人们对仲裁制度的信心。

(三)赞比亚争议解决中心

赞比亚争议解决中心作为一家私人公司于2001年成立。赞比亚争议解决中心是伦敦特许仲裁员协会(London Chartered Institute of Arbitrators)的附属机构,负责培训赞比亚当地的仲裁员,以及为赞比亚构建其他争议解决机制的组织。2001~2011年,它与伦敦特许仲裁员协会提供仲裁课程培训。随着CIArb的成立

---

〔1〕 N. A. MIPUNGA(2003). What does Alternative Dispute Resolution Entail. Are view of the success of the Alternative dispute resolution programme simple mentedin Zambia and the institutions that facilitate the use of the ADR programmes. A Dissertation submitted to the University of Zambia, p. 32.

〔2〕 Ibid., p. 33.

〔3〕 Ibid.

〔4〕 Ibid., p. 34.

赞比亚争议解决中心不再参与培训。由于与其管理相关的问题,赞比亚争议解决中心目前不活跃并且它一直没有提供其成立时所承诺的任何服务。

二、主要仲裁机构规则

(一)仲裁庭的组成

《特许仲裁员协会仲裁规则》第 7 条规定了仲裁员的人数,各方当事人事先未约定仲裁员人数,且在被申请人收到仲裁通知后 30 日内,各方当事人未约定只设 1 名仲裁员的,应指定 3 名仲裁员。因此在当事人没有约定的情形下,仲裁员人数为 3 人。该仲裁规则第 8 条至第 10 条规定了仲裁员的指定,如果要指定 3 名仲裁员,每一方当事人应指定 1 名仲裁员,这样指定的两名仲裁员应选择第三名仲裁员担任仲裁庭的首席仲裁员。如果在收到一方当事人指定仲裁员的通知后 30 日内,另一方当事人没有将其指定的仲裁员通知对方当事人,则对方当事人可以要求 CIArb 指定第二名仲裁员。如果在指定第二名仲裁员后的 30 日内,两名仲裁员未就首席仲裁员达成一致,则首席仲裁员由 CIArb 指定,其方式与指定独任仲裁员的方式相同。如果各方当事人同意指定独任仲裁员,并且在所有当事人收到指定独任仲裁员的建议后 30 日内,各方当事人未就此达成一致,则应根据一方当事人的请求,由 CIArb 指定独任仲裁员。CIArb 应尽快指定独任仲裁员,在进行指定时,CIArb 应遵循下列程序:(1)CIArb 应向每一个当事人发送一份相同的名单,其中至少包括 3 个名字。(2)在收到名单后的 15 日内,每一方都应在删除其反对的名字并将名单上的其余名字按其偏好的顺序编号后,将名单退回给 CIArb,在上述期限届满后,CIArb 应从退回给它的名单上批准的名字中,按照双方表示的优先顺序进行任命。(3)如果出于任何原因不能按照该程序进行任命,CIArb 可以重复该程序,或者直接任命仲裁员。双方当事人同意不遵循上述程序,或 CIArb 认为遵循上述程序不适合该案件时 CIArb 可以不再遵循上述程序。仲裁员通常从 CIArb 的主席仲裁员小组中选出,但在有需要的情况下,CIArb 也可以指定一名不在 CIArb 的主席仲裁员小组内的仲裁员。

《特许仲裁员协会仲裁规则》第 11 条至第 13 条规定了仲裁员的披露和对仲裁员的异议。当某人因可能被任命为仲裁员而与当事人有接触时,他或她应披露任何可能导致对其公正性或独立性产生合理怀疑的情况。仲裁员自其被指定之时起,在整个仲裁程序中,应毫不拖延地向各方当事人和其他仲裁员披露任何此类情况,除非他们已经被仲裁员告知这些情况。如果存在对仲裁员的公正性或独立性产生合理怀疑的情况,可对任何仲裁员提出质疑。一方当事人只有基于在指定仲裁员后得知的情况,才可以对其指定的仲裁员提出异议。如果仲裁员不作为或事实上无法履行其职责,则应适用该规则第13条规定的关于对仲裁员提出异议的程序,该程序如下:如果一方当事人拟对一名仲裁员提出异议,应在收到被异议的仲裁员的任命通知后15日内,或在第11条和第12条所述情形为该当事人所知后15日内,发出异议通知。异议通知应送达所有其他当事人、被异议的仲裁员、其他仲裁员和CIArb。异议通知应说明提出异议的理由。仲裁员被一方当事人质疑时,所有当事人可同意该质疑,仲裁员也可在异议提出后,退出仲裁庭,但上述情况并不意味着提出异议的理由是成立的。如果自异议通知发出之日起15日内,所有当事人不同意异议,或者被异议的仲裁员没有退出仲裁庭,则提出质疑的一方可以选择继续质疑。在这种情况下,自异议通知发出之日起30日内,应寻求CIArb对质疑作出决定。向CIArb提交的对质疑作出决定的请求应附有行政费用的支付,该费用以支票或转账方式汇入CIArb的银行账户,该费用在请求提交之日生效的《特许仲裁员协会仲裁规则》附录三中有规定,在支付该费用之前,CIArb不得作出决定。

(二)仲裁庭的权限

2000年《仲裁法》第14条第1款规定,除非各方当事人另有约定,仲裁庭可应一方当事人的请求,命令任何一方当事人就争议标的采取仲裁庭认为必要的临时保护措施,仲裁庭可要求任何一方当事人就任何此类措施提供适当的担保。第14条第2款规定,除非各方当事人另有约定,仲裁庭有权下达临时禁令或其他临时命令,各方当事人应为仲裁的费用、成本和开支交纳保证金。《示范法》第17条明确了仲裁庭采取的临时措施的种类。

临时措施是以裁决书为形式的或另一种形式的任何短期措施,仲裁庭在发出最后裁定争议的裁决书之前的任何时候,以这种措施责令一方当事人实施以下任何行为:(1)在争议得以裁定之前维持现状或恢复原状;(2)采取行动防止目前或即将对仲裁程序产生的危害或损害或可能造成这种危害或损害的行动;(3)提供一种保全资产的手段以执行后继裁决;或(4)保全可能具有相关性和重要性的证据。

为了使仲裁庭有权采取《示范法》第17条规定的临时措施,《仲裁法》第14条第3款规定了仲裁庭的权力:(1)作出它认为适当的任何命令,强迫证人到它面前作证或出示文件;(2)命令任何证人在仲裁庭前,或在仲裁庭官员或任何其他人面前进行宣誓或接受确认的询问,以便提供信息或证据供仲裁庭使用;(3)命令披露文件和质询;(4)发出委托或要求在管辖范围外取证;(5)扣留、保存或检查一方当事人保管、占有或控制的在仲裁程序中存在争议的任何财产或物品,并为上述任何目的授权任何人进入一方当事人占有的任何土地或任何建筑物,或授权任何人提取任何样本或进行任何观察或试验,以获得充分的信息或证据。

在履行上述职能时,仲裁庭可以向法院请求执行援助。2001 年《仲裁(法院诉讼)规则》指出执行援助包括:(1)法院指示一个人服从或遵守仲裁庭的命令或指示的命令;(2)法院指示赞比亚郡长、副郡长或法院法警或警察执行仲裁庭指示的命令;(3)法院强制证人出示文件的命令,或由法院发出的传票或作证传票;或(4)法院的任何其他命令,以确保仲裁庭的命令不会失去效力。

《特许仲裁员协会仲裁规则》也对仲裁庭的权限作出了规定。在仲裁庭组成之前,任何一方需要采取保全或紧急临时措施的,可向 CIArb 提出申请,要求根据本规则附录 1 规定的程序指定一名紧急仲裁员。仲裁庭可应一方当事人的请求,准许采取临时措施。

(三)仲裁裁决的作出

《特许仲裁员协会仲裁规则》第 4 部分规定了裁决的作出、裁决的形式和效力等事项。如果有一名以上的仲裁员,仲裁庭的任何裁决或其他决定应以仲裁员的多数作出。对于程序问题,如果没有多数仲裁员或者有仲裁庭的授权,首席仲裁员可单独作出决定,如有必要仲裁庭可以对决定进行修改。

关于仲裁裁决的形式与效力,仲裁庭可以在不同时间就不同问题分别作出裁决,所有裁决都应以书面形式作出,并应是最终的,对各方都有约束力,各方应毫不拖延地执行所有裁决。当事人对该规则的适用表明各方均放弃了任何形式的上诉或向法院及其他司法机构寻求救济的权利,只要这种放弃不违反所适用法律的效力性规定。仲裁庭应说明裁决所依据的理由,除非当事人约定不说明理由。裁决书应由仲裁员签名,其中应载明作出裁决的日期并注明仲裁地点。如果有一名以上的仲裁员,而其中任何一名仲裁员没有签字,裁决书应说明没有签字的原因。经所有各方同意,或在法律义务要求一方披露的情况下,为保护或追求法律权利,或与法院或其他主管当局的法律程序有关的,则可以公开裁决。仲裁庭应将仲裁员签署的裁决书副本送交当事人和 CIArb。

关于作出仲裁裁决所适用的规则,仲裁庭应适用当事人指定的适用于争端实质的法律规则,如果当事人未作此指定,仲裁庭应适用其认为适当的法律。只有在各方当事人明确授权仲裁庭时,仲裁庭才可作为友好协商人公平善意地进行裁决。在所有情况下,仲裁庭应根据合同条款(如果有)进行裁决并应考虑到适用于该交易的任何贸易惯例。

关于仲裁程序的提前终止,如果在作出裁决之前,各方就争端的解决达成协议,仲裁庭应发出终止仲裁程序的命令或者经当事人的要求同意以仲裁裁决的形式记录当事人商议后认可的解决方案,仲裁庭没有义务说明这种裁决的理由。在作出裁决之前,各方就争端的解决未达成协议,而基于某种原因仲裁程序没有必要或不可能继续进行的,仲裁庭应将终止仲裁程序的意图通知各方当事人。仲裁庭应有权发出终止仲裁程序的命令,除非还有其余事项可能需要裁决,且仲裁庭认为宜于这样做。终止仲裁程序的命令或按当事人均认可的解决方案作出的仲裁裁决的副本,经仲裁员签字后,应由仲裁庭送达各方当事人和 CIArb。

关于对裁决的解释与更正,一方当事人在收到裁决书后 30 日内,在通知其他当事人后,可要求仲裁庭对裁决书作出解释。解释应在收到请求后 45 日内以书面形式作出。解释应构成裁决的一部分,并应适用有关裁决的形式与效力的规定。一方当事人在收到裁决书后 30 日内,在通知其他当事人后,可请求仲裁庭纠正裁决书中的任何计算错误、任何笔误或印刷错误,或任何类似性质的错误或遗漏。如果仲裁庭认为该请求是合理的,它应在收到请求后 45 日内进行更正。仲裁庭可在裁决书送达后 30 日内主动更正裁决书,应以书面形式进行更正,更正的内容应构成裁决书的一部分。

关于补充裁决,一方当事人在收到终止令或裁决书后 30 日内,在通知其他当事人后,可请求仲裁庭就在仲裁程序中提出但仲裁庭未作裁决的事项作出裁决或补充裁决。如果仲裁庭认为裁决或补充裁决的请求是合理的,它应在收到请求后 60 日内作出或完成裁决。仲裁庭可在必要时延长其应作出裁决的期限。

(四)仲裁程序

在不违反《特许仲裁员协会仲裁规则》的情况下,仲裁庭可按其认为适当的方式进行仲裁,但须平等对待各方当事人,并在程序的适当阶段给予每一方当事人合理的机会陈述案情。仲裁庭在行使其自由裁量权时,应避免不必要的拖延和费用,并为解决当事人的争议提供公平和有效的程序。仲裁庭组成后,在邀请各方当事人发表意见后,应在实际可行的情况下尽快确定仲裁的临时时间表。仲裁庭在邀请各方当事人发表意见后,可随时延长或缩短《特许仲裁员协会仲裁规则》规定的或各方当事人同意的任何期限。在程序的适当阶段,如果任何一方当事人提出请求,仲裁庭应举行听证会,由证人包括专家证人出示证据,或进行口头辩论。在没有这种请求的情况下,仲裁庭应决定是否举行这种听证会,或是否在文件和其他材料的基础上进行仲裁程序。一方当事人向仲裁庭发出的所有函件应由该方当事人转达给所有其他当事人,且应在同一时间进行,除非仲裁庭根据所适用的法律可另行允许。

如果各方当事人事先没有约定仲裁地点,仲裁庭应考虑案件的具体情况,然后确定仲裁地点。裁决应被视为在仲裁地作出。仲裁庭可在其认为合适的任何地点开会进行审议。除非各方当事人另有约定,仲裁庭也可在其认为适当的任何地点开会,以达到其他任何目的,包括开庭。在各方当事人达成协议的情况下,仲裁庭应迅速确定程序中使用的一种或多种语言。

申请人应在仲裁庭确定的期限内将其申请书以书面形式送交被申请人和每位仲裁员。索赔声明应包括以下细节:(1)各方的姓名和联系方式;(2)支持该索赔的事实声明;(3)争论的焦点;(4)寻求的救济或补救措施;(5)支持该索赔的法律依据或论据。申请书应附有引起争议的或与之有关的任何合同或其他法律文书的副本以及仲裁协议的附件。索赔声明应尽可能附上索赔人所依赖的所有文件和其他证据,或包含对这些文件和证据的参考。被申请人应在仲裁庭确定的期限内将其答辩书以书面形式送交申请人和每位仲裁员。被申请人可选择将其对《特许仲裁员协会仲裁规则》第 4 条所述仲裁员通知的答复视为答辩书,前提是对仲裁员通知的答复也符合该条第 2 款的要求。被告可在其答辩书中,或在仲裁程序的稍后阶段(仲裁庭裁定在当时情况下延迟是合理的)提出反诉。第 20 条第 2 款至第 4 款的规定应适用于反诉、第 4 条第 2 款 e 项下的索赔以及为抵消目的而依赖的索赔。在仲裁程序中,一方当事人可以修改或补充其申请或答辩,包括对反请求或为抵消目的的请求,除非仲裁庭考虑到修改或补充的延迟或对其他当事人造成损害或造成任何其他情况,认为不应允许这种修改或补充。但是,对申请或答辩,包括对反请求或为抵消目的的请求的修改或补充,不得超出仲裁庭的管辖权。

每一方都有责任证明支持其索赔或辩护的事实。当事人提出的就任何事实或专业知识问题向仲裁庭作证的证人，包括专家证人或任何个人，无论该个人是仲裁的一方当事人或与一方当事人有任何关系，除非仲裁庭另有指示，包括专家证人在内的证人的陈述可采用书面形式并由其签名。在仲裁程序中的任何阶段，仲裁庭可要求各方当事人在仲裁庭确定的期限内出示文件、证物或其他证据，仲裁庭应确定所提供证据的可接受性、相关性、实质性和重要性。如果是口头审理，仲裁庭应将审理的日期、时间和地点提前通知各方当事人。证人，包括专家证人，可以按照仲裁庭规定的条件和方式进行听证。除非各方当事人另有约定，否则听证会不应公开举行。在其他证人作证期间，仲裁庭可要求任何一名或多名证人，包括专家证人退庭，但原则上不得要求仲裁一方的证人，包括专家证人退庭。

如果第三人是仲裁协议的一方当事人，仲裁庭可应任何一方当事人的请求，允许一个或多个第三人加入仲裁程序，除非在给予包括第三人在内的所有各方当事人陈述意见的机会后，仲裁庭认为该第三人的加入会损害当事人的权利。仲裁庭可对参与仲裁的所有当事方作出单一裁决或若干裁决。

（五）仲裁庭的管辖权

仲裁庭应有权对自己的管辖权作出裁决，包括对仲裁协议的存在或有效性提出的任何异议。为此目的，构成合同一部分的仲裁条款应被视为独立于合同的协议。仲裁庭关于合同无效的决定，不应自动导致仲裁条款的无效。关于仲裁庭无管辖权的抗辩，最迟应在答辩书中提出，如果是反请求或为抵消目的的请求，则在对反请求或为抵消目的的请求的答复中提出。一方当事人不因其已指定或参与指定一名仲裁员而不能提出这种抗辩。仲裁庭可将上述提及的抗辩作为初步问题或在关于案情的裁决中加以裁定。仲裁庭可继续进行仲裁程序并作出裁决，尽管有任何对其管辖权的质疑有待法院处理。

（六）仲裁机构的承认

2001 年《仲裁（承认和仲裁机构）条例》为专业团体或组织向部长申请承认令提供了一个框架，以便这些机构可以作为仲裁机构。专业团体或组织在被授予承认令之前需要满足一些要求，这些要求包括以下内容：(1)提交完整的申请表格。(2)支付法定申请费。(3)提交其管理章程。(4)提交有关动产或不动产的信息，以及申请人的财务状况。(5)提交申请人在申请前一个财政年度或任何其他财政年度的资产负债表。(6)提交申请人或其委员会任何的成员和办公室负责人的名单。(7)提交申请人的账本。(8)提交申请人或其管理执行机构或其委员会任何的会议记录或书面记录。(9)提交申请人持有的任何财产的产权文件。(10)提交申请人的成员登记册。(11)提交部长为确定申请可能需要的任何其他信息。

虽然2001年《仲裁(承认和仲裁机构)条例》中没有详细说明“专业机构”一词的含义,但2000年《仲裁法》规定,专业机构或组织,是指规范专业实践的机构或组织。总的来说,2001年《仲裁(承认和仲裁机构)条例》为部长提供了广泛的权力。这种广泛的权力在一些情况下可能被滥用,如果与政府关系不融洽的申请人提出申请,则其不太可能获得承认令,因为2000年《仲裁法》第24条第1款规定:……部长可根据正式提出的申请……并在获得可能要求的所有信息后……作出或拒绝作出承认令。

此外,如果部长认为,已经存在一个或多个与解决争端有关的其他机构或组织,没有必要承认某个机构或组织时,他可以拒绝对其作出承认令。每当部长拒绝作出承认令时,他必须向申请人发出书面通知,说明拒绝的理由。然而,2000年《仲裁法》并没有说明部长提供的理由不应出于恶意。这里的空白为部长提供了广泛的权力来促进其获得政治利益。除非部长根据申请人提供的信息以及其所掌握的任何信息确信,申请所涉及的机构或组织在以下方面具有令人满意的规则,否则他将不会作出承认令:(1)担任仲裁机构成员的人员资格。(2)仲裁员的认证。(3)有效监测对规定的仲裁标准的遵守情况。(4)仲裁员的诚信、行为、纪律和控制。(5)诉讼当事人对仲裁员的投诉。(6)遵守适当仲裁标准的任何其他要求。

如果部长在任何时候认为有关的仲裁机构没有遵守应承担的任何义务,其可以撤销承认令。撤销承认令应说明撤销的理由,并可包含部长认为适当的过渡性条款。

在撤销承认令之前,部长应向仲裁机构发出他打算这样做的书面通知,并以他认为适当的方式公布该通知,以引起可能受撤销影响的人的注意。该通知应阐明部长提议撤销承认令的理由。被送达通知的仲裁机构可以在送达日期后的两个月内或部长允许的更长时间内,向部长提出申诉。然而2000年《仲裁法》和2001年《仲裁(承认和仲裁机构)条例》都没有提及受害方是否可以对部长的撤销和审查决定提出上诉。如果存在某种上诉管辖权的空间,受害方应向谁上诉?而且,这种上诉是应该只关注部长是否严格遵循了程序,还是应该延伸到案件的实质性方面?受害方可以上诉要求对行政行为进行司法审查,以便法院可以对部长决定的合理性作出宣判。法院的重点应更多地倾向于审查案件的程序性问题,只有进行监管的上诉机构应被授权调查案件的实质性问题。

第三节　司法协助与监督

虽然争议双方约定通过仲裁来解决纠纷将排除法院的管辖,但是没有司法系统的协助,仲裁裁决就是一张“空头支票”,争议双方的愿望仍然无法实现。同时,虽然仲裁具有高度自治性和自由裁量性,但是法院对仲裁活动的监督是必不可少的。本节将探讨赞比亚法院对仲裁活动的司法协助与监督。

一、赞比亚法院对仲裁的监督权

根据1933年《仲裁法》的规定,当仲裁员自身具有不正当行为或者不当作出仲裁裁决时,高等法院有权撤销仲裁裁决的效力,此外如果仲裁员出现不当行为时,法院可以将其免职。由于1933年《仲裁法》并未准确定义“行为不当”和“不正当作出”,法院在行使撤销仲裁裁决的权力时出现了很多问题,例如在什么情形下可以认定仲裁员存在不当行为?在何种情形下可以认定仲裁裁决是不正当作出的?当仲裁员没有审查所有争议方和所有证人的证据时,仲裁员是否存在不当行为?或者不当行为是否指向的是仲裁员的个人行为,例如仲裁员决定收受一方当事人的贿赂,如果是这样,“仲裁员行为不当”的案件与“不正当作出”仲裁裁决的案件有何不同?在2000年《仲裁法》的法律框架下,当事人应当通过向法院申请的方式撤销仲裁裁决,法院收到撤销仲裁裁决的申请后,应根据《仲裁法》的规定撤销仲裁裁决。《仲裁法》第17条第2款a项规定,申请人若提供存在以下情形的证据,则法院可以撤销仲裁裁决,这些情形包括:(1)一方当事人在订立仲裁协议时丧失行为能力,或者根据当事人约定适用的法律或者赞比亚的法律该仲裁协议无效;(2)未以正当方式通知申请人选任仲裁员或者未告知申请人仲裁程序,以及其他导致申请人无法陈述案情的情形;(3)裁决所处理的争议不在提交仲裁的考虑范围内,或不符合提交仲裁的条件,或包含对提交仲裁范围以外的事项的决定,但如果对提交仲裁的事项的决定可以与未提交仲裁的事项分开,则可以只撤销仲裁裁决中有关未提交仲裁的事项的决定;(4)仲裁庭的组成或者仲裁程序不符合当事人的约定或者违反本仲裁法或者仲裁地国家法律;(5)仲裁裁决尚未对双方产生约束力,或者裁决已经被仲裁地所在国或者根据有关法律作出裁决的国家的法院撤销或中止。根据2000年《仲裁法》第17条第2款b项的规定，如果法院发现：(1)根据赞比亚法律，争议标的不属于仲裁事项的；(2)仲裁裁决违反公共利益的；(3)裁决是在欺诈、腐败或者虚假陈述下作出的，则法院也可以撤销裁决。2000年《仲裁法》第17条第3款和第4款规定了申请撤销裁决的程序，申请人应在收到仲裁裁决后3个月内提出撤销仲裁裁决的申请。如果当事人根据2000年《仲裁法》附表1第33条提出了修改裁决的请求，而且该请求已被仲裁庭处理的，法院将不再受理撤销仲裁裁决的申请。此外当事人一方可以请求法院暂时中止对仲裁裁决的审查程序，以便让仲裁庭恢复仲裁程序或采取能够消除撤销裁决事由的其他措施。

二、赞比亚法院对仲裁裁决的承认和执行

仲裁建立在双方当事人自愿的基础上，当事人理应及时履行仲裁庭作出的仲裁裁决。然而，在实践中，败诉方不履行仲裁裁决的情形时有发生。法院对仲裁裁决的承认和执行是仲裁裁决效力的保障，这种保障以国家强制力为后盾并直接影响当事人的切身利益。法院对仲裁裁决的承认和执行分为对国内仲裁裁决的承认和执行以及对国外仲裁裁决的承认和执行，两者的法律依据和实现程序有所差异。

在赞比亚国内作出的仲裁裁决可能需要赞比亚法院的承认和执行，也可能需要外国法院的承认和执行。在前一种情形下，赞比亚法院应当根据《仲裁法》承认和执行仲裁裁决，《仲裁法》第20条规定，仲裁裁决的执行方式与法院强制执行方式相同。在通常情况下，赞比亚法院的执行方式包括以下几种：(1)财物扣押令(writs of fieri facias)，即在债务或损害赔偿纠纷中，法院签发的扣押并拍卖债务人财产以清偿债务的执行令状。(2)扣押托管债务财产令(garnishee proceedings)，即法院通过财物扣押令冻结第三人代被告保管的财产，在诉讼未决期间，不得处分该部分财产(第三人不得向债务人支付款项或转移财产的所有权)。(3)扣押偿债令(charging orders)，即在英联邦国家的司法实践中，法院根据胜诉债权人的申请，在债务人的财产上设定偿债担保，债务人逾期未偿付债权的，债权人可以诉请变卖已设定担保的财产。[1]

---

〔1〕 参见《企业境外法律风险防范国别指引》系列丛书编委会编：《企业境外法律风险防范国别指引(赞比亚)》，经济科学出版社2014年版，第164页。

当国内仲裁需要外国法院的承认和执行时,其法律依据有所不同。赞比亚是《纽约公约》的缔约方,根据《纽约公约》的规定,在赞比亚国内进行的仲裁,就其裁决结果可以在公约缔约方境内申请执行,该公约位于赞比亚《仲裁法》附录。此外,《示范法》已被采纳,并且提供了与1958年《纽约公约》相同的承认和执行途径。许多国家已经接受了这一公约,因此国内仲裁裁决可以在加入《纽约公约》和《示范法》的其他国家的司法机构中得到执行。

关于域外仲裁裁决在赞比亚的承认和执行问题,《仲裁法》第31条规定,赞比亚承认及执行外国仲裁裁决,但相关仲裁裁决都必须:(1)确认对当事人有约束力;(2)按照《示范法》第35条和第36条的规定具有强制执行力。赞比亚承认在《纽约公约》缔约方境内作出的商事仲裁裁决。如果仲裁地并非《纽约公约》缔约方,赞比亚同样承认仲裁的效力,但当事人需要向赞比亚高级法院递交执行申请,同时申请人必须提供经公证或有效认证的裁决的正本或副本,以及原始仲裁协议的正本或副本。如果裁决或协议未使用赞比亚的官方语言(英语),申请人还必须提供经正式认证的裁决书翻译,赞比亚法院有权根据本国法律拒绝执行相关裁决。对赞比亚来说,在《纽约公约》缔约方境内作出的裁决比其他外国仲裁裁决更容易获得执行。

在仲裁裁决的执行程序方面,大多数商业仲裁裁决可以通过赞比亚商事法庭(Zambian Commercial Court)得到执行。该法庭有案件的快速处理程序,有助于申请的高效解决。申请执行仲裁裁决通常只需要两个星期。如果出现某些干预事宜,如被执行人的抵制等,执行则可能最长需要6个月。一旦作出裁决,仲裁员的权力将因任务的完成而失效。败诉方可以自愿遵守该裁决。在败诉方不遵守的情况下,裁决只能被称为“纸老虎”,无法给胜诉方带来任何利益。为了赋予不被遵守的裁决以价值,胜诉方应该采取另一个步骤,该步骤涉及裁决的登记。通过承认和执行程序使裁决产生效力,这与作出裁决的国家无关。

在承认一项裁决后,向主管法院提出的书面申请应使该裁决得到执行。主管法院的问题涉及集体谈判事项,则不能将其提交给高等法院,因为集体谈判事项由劳资关系法院管辖。这也涉及金额过低的问题,因为下级法院对此类问题有管辖权。当事人选择哪一个法院来登记执行裁决是很重要的,因为这涉及该法院是否有管辖权的问题。

首先应理解“管辖权”一词。从某种意义上说,它是一个法院拥有的决定其诉讼事项的权力;在另一种意义上,它是一个法院拥有的承认以正式方式提交其决定的事项的权力。赞比亚每个法院的权力限制都规定在适当的立法中。这种限制可能涉及特定法院承认的行动和事项的种类和性质,或涉及管辖范围内的地区,或两者都涉及。面对类似的管辖权问题,两位大法官在"Codron v. Macintyre and Shaw 案"中是这样说的:首席法官特雷德戈尔德告诫说"必须牢记获得救济的权利与获得这种救济的程序之间的区别。前者是实体法的问题,后者则是程序法的问题";首席法官布里格斯说"管辖权"一词的两种不同含义可能会引起混淆。在英国,在申请强制执行时,法庭可能会因为某个事实而认为在这种情况下,没有授予其强制执行的管辖权。这指的是妨碍申请成功的实体法或程序法的障碍,而不是指对法院审理和裁定申请的一般管辖的任何限制。在这种情况下必须牢记,获得救济的权利和如何向法院申请救济的程序之间是有区别的。在作出上述选择时,一方必须看清此事是否与劳资关系有关,或实际上是不是那些通常属于高等法院管辖的事项。

赞比亚 2000 年《仲裁法》第 18 条第 2 款规定:"依赖裁决或申请执行裁决的一方应提供经正式认证的裁决书原件或经正式认证的副本,以及仲裁协议原件或经正式认证的副本,如果裁决或协议不是以官方语言作出的,该当事方应提供经正式认证的官方语言译本。"该条款规定了能够执行裁决的必要条件,该条款多次使用了"应"字,这表明申请人在提出请求时没有选择的余地,因此违反这一条规定就会使执行裁决的申请在法庭上被驳回。2001 年《仲裁(法院诉讼)规则》第 16 条第 1 款规定,在申请登记裁决以执行裁决而向法院提出申请时,必须通过向法院书记官发出原诉传票的方式在庭外提出。2000 年《仲裁法》第 19 条规定了法院拒绝承认或执行仲裁裁决的情形,该情形与 2000 年《仲裁法》第 17 条规定的撤销仲裁裁决的情形相似。[1]

三、法院介入仲裁的程序

《仲裁法》第 11 条规定,当地法院,特别是高级法院,可以有条件地介入仲裁程序。任何一方在仲裁程序启动前或进行时等阶段,可以请求法院采取"临时保护"措施。具体条件和形式包括:(1)对任何争议标的采取财产保全、临时保管、出

---

〔1〕 Sianondo, C., Arbitration Practice in Zambia: the Process and Its Legal Impediments, University of Cape Town, 2016.

售或监管等措施;(2)划扣争议解决或仲裁程序的费用及开支;(3)发布临时强制令或其他临时命令;(4)发布确保仲裁裁决执行的任何其他命令。除非遇到下列情况,法院不得根据《仲裁法》第11条的规定发出命令或禁令:(1)仲裁庭尚未获委任,且事态紧急;(2)仲裁庭没有资格发布某类命令或禁令;(3)情势紧迫,来不及寻求仲裁庭的命令或禁令。在任何情况下,法院都须尊重仲裁庭及其程序。如果仲裁庭在其权限内发布了命令或禁令,法院则不得再行介入该事项。[1]

四、赞比亚2000年《仲裁法》减少了法院对仲裁程序的干预

相较于1933年《仲裁法》,2000年《仲裁法》的特点之一在于限制了法院对仲裁程序的权力,以减少法院对仲裁的干预。如果法院对仲裁干预过多,不但影响仲裁的顺利进行,也会在某种情况下导致争端不能通过仲裁解决。2000年《仲裁法》序言部分就写道,要“重新界定法院在仲裁过程中的监督作用”,这一点可以通过两部仲裁法的对比来加以展现。1933年《仲裁法》第3条规定,除非得到法院的许可,否则提交的材料是不可撤销的;第7条规定了法院在某些情况下任命仲裁员的权力;第13条规定了法院延长裁决时间的权力;第14条规定了法院发还仲裁裁决并要求仲裁员在法定期限内重新审议并作出裁决的权力;第15条规定了法院撤销裁决的权力;第16条规定了裁决提交后应当像法院的法令一样可以得到执行;第17条规定了法院撤销仲裁员或公断人的权力。2000年《仲裁法》第6条规定,法院对于刑事事项或刑事诉讼以及与婚姻诉讼相关的事项,有权准许该争议事项通过仲裁决定,否则上述事项是不应当通过仲裁来确定的;第11条规定了法院准许采用临时保护措施的权力;第12条规定了法院在法定情形下指定仲裁员的权力;第14条规定了经仲裁庭或经仲裁庭批准的一方当事人的申请,法院可以协助仲裁庭行使权力;第17条规定了法院撤销仲裁裁决的权力;第18条规定了法院承认和执行仲裁裁决的权力。单从条文的数量上看,1933年《仲裁法》赋予法院的权限较大,法院甚至可以发还仲裁裁决并要求仲裁员在法定期限内重新审议并作出裁决,法院对仲裁程序的过度干涉,不仅不利于仲裁程序的顺利进行,也严重妨碍了当事人的自治权,因为当事人之所以签订仲裁协议,其目的就是排除法院的管辖并通过仲裁的方式解决他们之间的纠纷。

---

〔1〕 参见《企业境外法律风险防范国别指引》系列丛书编委会编:《企业境外法律风险防范国别指引(赞比亚)》,经济科学出版社2014年版,第161页。

从法条的内容上来看,2000 年《仲裁法》对法院的权力增加了更多限制,以免其过分干预仲裁程序。1933 年《仲裁法》第 15 条规定:"如果仲裁员或公断人行为不当,或者仲裁或裁决是以不正当手段作出的,法院可以撤销裁决。"但本条并未准确定义"行为不当"和"不正当手段作出",这意味着法院在撤销仲裁裁决方面具有更多的裁量空间。2000 年《仲裁法》第 17 条详细规定了法院撤销仲裁裁决的情形,该条第 2 款规定:"只有在以下情况下,法院才可以撤销仲裁裁决……"通过对撤销仲裁裁决情形的限定,限制了法院的自由裁量权,更好地发挥了法院对仲裁程序的监督作用。此外,1933 年《仲裁法》第 17 条规定:"如果仲裁员或公断人有不当行为,法院可将其撤职。"第 13 条规定:"无论作出裁决的时间是否已经超过时限,法院都可以通过命令不时地延长裁决的时间。"第 14 条规定:"(1)法院可不时将裁决发回给仲裁员或公断人重新审议。(2)如果裁决被发回,除非法院另有指示,否则仲裁员或公断人应在发回裁决的命令发出之日起三个月内作出新的裁决。"在 2000 年《仲裁法》的框架下法院不享有上述条文规定的权力。

第四节　赞比亚特色仲裁制度分析

一、赞比亚《仲裁法》采纳《示范法》中的突出规定

联合国国际贸易法委员会于 1985 年 6 月 21 日通过了《示范法》。在赞比亚,《示范法》是在 2000 年《仲裁法》生效时引入的。赞比亚采用联合国国际贸易法委员会的《示范法》,意味着国内和国际仲裁裁决都将在赞比亚得到承认。因此,在另一个加入《示范法》的国家作出的仲裁裁决在赞比亚同样具有效力。

《示范法》的突出规定包括第 1 条、第 4 条、第 5 条、第 7 条、第 11 条、第 12 条、第 17 条、第 19 条、第 35 条。《示范法》第 1 条规定了适用范围,它规定该法应适用于国际商事仲裁。其也符合赞比亚与任何其他国家之间的任何有效协议。第 4 条规定,如果一方当事人知道要求没有得以遵守,但该当事人没有在无故拖延的情况下或在规定期限内对不遵守情况提出异议而继续进行仲裁,则应视为放弃异议的权利。第 5 条和第 6 条,并结合其他相关条款,构成了该示范法非常有特点的一项重要法律原则,即"法院最低限度干预"的原则。《示范法》第 5 条规定,由本示范法所规范的事项,任何法院不得干预,除非本示范法有相反的规定。"法院最低限度干预"原则是《示范法》确立的仲裁地法院对待国际商事仲裁的基本原则,

立法明确规定当地法院可以介入国际仲裁,履行法定的特定职能,而这些职能的履行仅限于在限定的领域,如仲裁员的指定和移除,管辖权问题的司法审查和举证方面的协助。第7条关于仲裁协议的规定及第11条关于指定仲裁员的规定均与2000年《仲裁法》第2条第1款相同。第12条强调了仲裁员的独立性和中立性,规定在被询及有关可能被指定为仲裁员之事时,被询问人应披露有可能对其公正性或独立性产生合理怀疑的任何情况。第12条还规定,除非各方当事人已被告知,否则仲裁员应从其被任命之时起至仲裁程序结束,及时向各方当事人披露任何可能对其公正性产生合理怀疑的情况。第12条还规定,只有当存在的情况使人有理由怀疑仲裁员的公正性或独立性,或者其不具备当事人约定的资格时,才能对其提出异议。第12条还规定,一方当事人只有在指定仲裁员后才可对其指定的仲裁员或其参与指定的仲裁员提出异议。第17条赋予了仲裁庭权力,仲裁庭可命令任何一方当事人采取仲裁庭认为必要的临时保护措施,仲裁庭可要求任何一方当事人为任何此类措施提供适当担保。第19条规定,在不违反《示范法》规定的情况下,各方当事人可自由商定仲裁庭进行诉讼的程序,如果各方当事人未能就程序达成一致,仲裁庭可以以其认为适当的方式进行仲裁,但这必须遵守《示范法》的其他规定。最后,《示范法》第35条对国际仲裁的适用作出了规定,无论裁决是在哪个国家作出的,仲裁裁决应被承认具有约束力,在向主管法院提出书面申请后,仲裁裁决应根据第35条和第36条的其他规定得到执行。

二、赞比亚《仲裁法》对《示范法》的修改完善

赞比亚采纳了1985年《示范法》,2000年《仲裁法》对《示范法》进行了以下修改:第一,该法第3条将《示范法》的适用范围扩大到赞比亚的所有仲裁,无论是国内、国际,商业还是其他仲裁。第二,该法第2节定义了《示范法》中没有具体定义的“裁决”、“仲裁机构”、“仲裁程序”、“当事人”和“争议”等术语。第三,该法第2条和第9条修改了《示范法》第7条,允许以口头方式订立仲裁协议。第四,该法第10条修改了《示范法》第8条,允许一方当事人在诉讼的任何阶段请求法院将事项提交仲裁。第五,该法第11条修改了《示范法》第9条,具体规定了法院可以给予的临时救济以及它不会给予此类救济的情况。第六,该法第12条修改了《示范法》第11条,规定在任命仲裁员的过程中不得因国籍而进行区别对待;应将仲裁员的任命权限制在各方当事人手中,只有各方当事人和仲裁机构不采取行动时,才能诉诸法院。第七,该法第13条超越了《示范法》第15条,指出在替换仲裁

员之前举行的哪些听证会应重新举行。第八,该法第 14 条超出了《示范法》第 17 条,具体规定了仲裁庭可能采取的临时措施。还授权仲裁庭就仲裁成本和开支以及仲裁庭费用发布命令。第九,该法第 15 条修改了《示范法》第 25 条,在申诉人未能在合理时间内起诉时,授权仲裁庭作出裁决,驳回申诉,或作出指示,以迅速确定申诉的效力。第十,该法第 16 条超越了《示范法》第 31 条,要求仲裁庭确定和分配哪一方承担仲裁费用,并确定利息是单利还是复利。还授予了仲裁庭作出临时、中间或部分裁决的权力。第十一,该法第 17 条修改了《示范法》第 34 条,提供了撤销裁决的额外理由,即该裁决尚不具有约束力或已被该国或原籍国的法院撤销;以及如果法院认为裁决是在欺诈、腐败或虚假陈述下作出的。第十二,该法第 19 条修改了《示范法》第 36 条,提供了拒绝执行裁决的额外理由,即该裁决尚不具有约束力或已被该国或原籍国的法院撤销;以及如果法院认为裁决是在欺诈、腐败或虚假陈述下作出的。[1]

第五节 对赞比亚仲裁制度的整体评价及中方参与的建议

赞比亚是南部非洲政治稳定的国家之一,因而吸引了较多外国投资者。近年来,中国与赞比亚之间的投资贸易一直呈增长态势,投资贸易争端也时有发生。能否有效解决这些争端,将影响中国与赞比亚投资贸易的进一步发展。本节内容对赞比亚仲裁制度的优势与不足进行整体评价,旨在为中国当事人提供参与赞比亚仲裁的建议,以期帮助中国当事人更好地维护自身利益。

一、赞比亚仲裁的优势之处

(一)赞比亚具备较完善的仲裁制度环境

从赞比亚仲裁制度的发展历史及其参与国际条约的情况来看,赞比亚已经形成了较为完善的国内外仲裁法律制度体系。赞比亚的第一部《仲裁法》于 1933 年颁布,受到了英国《仲裁法》的深远影响,距今有近百年的历史。20 世纪 90 年代以来,赞比亚为吸引外资、扩大国际贸易、增强投资者和商人在该地区进行投资贸易的信心,以《示范法》为模本制定新的 2000 年《仲裁法》,距今也已有 20 余年的实

---

〔1〕 Sydney Chisenga, *Chapter 1. 11: Zambia*, *in Lise Bosman*, *Arbitration in Africa: A Practitioner's Guide*, 2nd edition, Kluwer Law International, 2021, p. 123 – 128.

践经验,此外还加入了《纽约公约》《华盛顿公约》,逐步形成了《仲裁(承认和仲裁机构)条例》《仲裁(法院诉讼)规则》《仲裁(行为准则和标准)条例》等补充立法,及《赞比亚发展机构法》《矿山和矿产开发法》等专业领域立法中对仲裁制度的具体规定,对仲裁实践进行现代化并在减少法院对仲裁的干预方面取得了不同程度的成功。

(二)赞比亚具备较规范的仲裁机构

在赞比亚,仲裁被认为是一种高效、快速和有效的非诉讼争端解决方式,具有巨大的价值。随着 ZAA 的成立,以及在英格兰和威尔士特许仲裁员协会以及南非共和国和美国的类似机构的监管下,越来越多的外国的训练有素的仲裁员加入仲裁队伍,仲裁机构也实现了规范化、国际化发展。CIArb 是英国特许仲裁员协会在赞比亚的分支机构,也是目前赞比亚的主要仲裁机构,该协会的办公室位于赞比亚的首都卢萨卡。CIArb 为仲裁员、调解员和裁决员提供教育和培训,其也是从业人员、政策制定者、学术界和商界人士的全球中心,推广了非诉讼争端解决方式。这样国际化的仲裁机构,能够为国外投资者在赞比亚的纠纷解决提供安心的制度环境。

(三)赞比亚具备较为国际化的仲裁环境

赞比亚是《纽约公约》的缔约方,《纽约公约》是世界上最成功的有关外国仲裁裁决承认和执行的公约,非洲也有30个国家加入了该公约。如果外资企业选择在赞比亚进行仲裁,当仲裁裁决需要在其他国家申请承认和执行时,不会遇到太大障碍。赞比亚也加入了《华盛顿公约》,非洲共有48个国家和地区签署了该公约。[1] 赞比亚加入《华盛顿公约》意味着外国投资者与赞比亚之间的投资争端可以由中立的 ICSID 解决,以此增加了外国投资者对争议解决的信心。因为在国际投资中,外国投资者一般不愿将它和东道国之间的投资争端提交到东道国的法院进行审理,担心东道国法院会受到来自本国政府的干预而不能作出公正的判决。因此,赞比亚加入《ICSID 公约》,会吸引更多的外国投资者通过中立的仲裁机构来解决此类争端。

---

〔1〕 张燕霞:《中国在非洲投资争端仲裁机制研究》,华东政法大学2015年博士学位论文,第14页。

二、赞比亚仲裁的不足之处

(一)赞比亚仲裁法律制度仍有待完善

从1933年赞比亚第一部《仲裁法》颁布以来,仲裁制度已经获得了当事人的极大认可,且在仲裁程序方面的很多成就大多是在现行2000年《仲裁法》颁布后取得的,但2000年《仲裁法》仍存在一些不合理的条款,削弱了仲裁程序的优势,导致了仲裁程序的倒退。一是《仲裁法》中并未提及当事人服从仲裁庭的命令和指示的一般义务,难以确保当事人毫不拖延地遵守仲裁庭关于程序或证据事项的任何决定,或遵守任何其他命令或指示。二是缺乏启动仲裁程序的时间限制。《仲裁法》要求当事人自行启动仲裁程序,这对当事人中的任何一方来说可能都不方便,也缺乏灵活性。且《仲裁法》规定仲裁程序开始于被申请人收到将该争端提交仲裁的请求之日,但没有规定启动程序的时间限制,这会在一定程度上造成程序的拖延。三是不合并争端。《仲裁法》规定,由于仲裁的合意性,如果没有双方当事人的同意,仲裁员一般不能将诉讼合并。如果同一当事人之间的争议涉及不同的合同,而这些合同又未受制于同一仲裁协议,则这类争议可能不得不由两个仲裁庭或一个仲裁庭和一个法院解决,从而导致费用增加,并作出两个不同的决定。

(二)赞比亚仲裁机构仍有待改革

ZAA、CIArb在赞比亚争端解决中发挥了重要作用,但在解决法院案件积压等问题上仍需持续发力,以更好地服务赞比亚国家各项民商事争端解决。多年来,司法机关、法官与律师对仲裁的态度并没有很大的改善。举个例子,即使在通过仲裁可以解决的情况下,大多数律师仍然倾向于将问题提交诉讼,以确保他们在最后能得到丰厚的律师费。为了提高仲裁机构的知名度和影响力,司法和政府部门可加大对仲裁机构的宣传力度。为了提高仲裁机构的工作效率,司法和政府部门可加大对仲裁机构的人力与财力支持。

(三)赞比亚司法协助与监督仍有待改进

仲裁的理想目的包括避免诉讼的费用和时间,但在赞比亚商业纠纷解决实践中,由于各种原因,仲裁变得越来越冗长和低效,甚至不一定是比诉讼更快、更经济的选择。一是从《仲裁法》第11条可以看出,在仲裁程序之前或期间,一方当事人可以请求法院采取临时保护措施,法院可以批准这种措施。类似的仲裁程序之前或期间提出的申请会拖延仲裁程序的时间,所以赞比亚国内仲裁程序和国际仲裁程序往往不能够严格按照仲裁员预先确定的时间表推进,会有延后的情况发生。二是仲裁员的任命。根据《仲裁法》第12条的规定,如果当事人无法指定仲裁员,也可能需要法院干预。事实上当事人可能别无选择,只能求助于法院。这种法院干预会使程序复杂化,并构成仲裁的潜在不利因素,因为法院系统会有大量的积压案件,从而造成延误。三是仲裁没有上诉权。大多数人都希望在裁决不利于他们的情况下能够上诉。在诉讼过程中,这种上诉的选择是很有可能的,然而在仲裁中,上诉的可选择性几乎为零。四是仲裁未必更经济。一方面,一方或双方当事人可能对结果不满意,从而选择不同的仲裁员进行新的仲裁程序,因而会产生更多的费用。另一方面,若一方当事人对仲裁裁决不满意而求助于国家法院,也会导致费用的增加。

三、对中方参与赞比亚仲裁的建议

仲裁无疑是目前解决中赞投资贸易争端的最佳方式,充分有效地利用这一争端解决方式,可以减少中国投资者或商人开展对赞比亚投资,或进行贸易时所存在的顾虑,增强他们在赞比亚进行投资和贸易的信心。中国政府相关部门应采取积极措施,通过举办讲座、论坛等形式介绍赞比亚的仲裁法律制度和仲裁环境,鼓励中方企业在同赞比亚发生贸易争端时采用仲裁解决方式。作为中国与赞比亚投资贸易的主体,中国企业在选择仲裁解决同赞比亚的投资贸易伙伴的争端时,应注意以下几点。

(一)了解赞比亚仲裁法律制度的特殊性

虽然许多非洲国家根据《示范法》制定了本国仲裁法,但非洲不同国家的仲裁法律制度之间仍存在一些差异。应了解赞比亚具体的仲裁法律制度,明确其与《示范法》的差异,例如,2000年《仲裁法》第2条和第9条修改了《示范法》第7条,允许以口头的方式订立仲裁协议;第10条修改了《示范法》第8条,允许一方当事人在诉讼的任何阶段请求法院将事项提交仲裁;第19条修改了《示范法》第36条,提供了拒绝执行裁决的额外理由;等等。只有明确赞比亚仲裁法律制度的特殊性,才不会造成所签订的仲裁协议或参与的仲裁程序因违反赞比亚《仲裁法》的规定而无效,才不会使利用仲裁方式解决争端的期望落空。

(二)全面比较并慎重选择赞比亚仲裁机构

建议当事人选择在常设仲裁机构进行仲裁,因为常设仲裁机构有自己的管理机构,有完备的仲裁程序规则,有利于仲裁的顺利进行。国际上有一些比较著名的仲裁机构,如巴黎国际商会仲裁院、伦敦仲裁院等。中方当事人可与赞比亚当事人谈判,约定将争端提交给这些常设仲裁机构,同时约定仲裁在赞比亚进行。当然,中方当事人也可与非洲国家当事人约定,将争端提交给非洲地区的常设仲裁机构,如开罗地区国际商事仲裁中心、拉各斯地区国际商事仲裁中心或南非仲裁基金会等。也可以选择赞比亚的仲裁机构 ZAA 和 CIArb,这样既可以节省一定的费用,也有利于争端得到高效公正解决。

(三)明确需要司法协助与监督的环节

明确《仲裁法》中要求必须进入法院的事项,能够尽量减少进入法院程序导致仲裁程序整体效率降低,甚至遭受巨大的经济损失的问题。一是明确仲裁的管辖权属于法院,而非属于仲裁庭本身。二是明确在仲裁程序之前或期间,一方当事人若有需要,可以请求法院采取临时保护措施,法院可以批准这种措施。三是明确法院任命仲裁员的权力,这意味着公众(包括媒体)可能会接触争议及其文件,使保密规则面临挑战,当事人面临声誉风险。四是明确仲裁没有上诉权,这可以被视为一种优势或劣势。优势在于这确保了"一裁终局",败诉方不能通过启动耗费时间和成本的上诉程序来拖延执行。劣势在于如果不能让另一个法庭审查有缺陷的裁决,会让当事人正当利益受损。因此,不能对仲裁裁决提出上诉这一点,只有在仲裁庭作出有充分依据的裁决的情况下才是一种优势。五是明确执行仲裁裁决的途径是向法院起诉,这会导致仲裁效率大打折扣,因此要做好执行过程中打"持久战"的准备。

四、如何在赞比亚申请成为仲裁员

赞比亚 2000 年《仲裁法》第 12 条规定,在任命仲裁员的过程中不得因国籍不同而进行区别对待;应将仲裁员的任命权限制在各方当事人手中,只有各方当事人和仲裁机构不采取行动时,才能诉诸法院。赞比亚 2007 年《仲裁(行为准则和标准)条例》也规定了任何人不分肤色、性别或宗教信仰,都有资格成为仲裁员。以赞比亚境内最主要的仲裁机构即 CIArb 为例,成为外籍仲裁员的前提条件是,向仲裁机构提供有关教育背景、培训和经验的准确信息,拥有并维护确保仲裁质量所需的专业技能和能力,必须经过协会的培训。需要注意的是,仲裁员可以宣传自己的专业知识,但不得积极争取被任命为仲裁员。仲裁员可以是不同领域的专业人士,如医生、律师、建筑师、会计师和其他专业人士,这确保了有足够多的专家能够在其专业领域提供建议或解决争端。例如,建筑师仲裁员能够处理涉及建筑的合同的纠纷。CIArb 还通过举行研讨会的方式提供内部培训。

CIArb 的成员资格是酌情决定的,不是一提出申请就一定会成为仲裁员,也有些申请人实际上被拒绝了。仲裁员负有对行业的责任,应维护本职工作的尊严,努力为当事人提供有效的服务,并及时了解仲裁实践中的相关原则、惯例和发展情况。经验丰富的仲裁员应配合培训新的仲裁员。仲裁员不能从事会损害仲裁员公正性的行为,不得在宣传时作出虚假或误导性陈述,也不得在未征得仲裁机构同意的情况下履行专属于仲裁机构的职能。仲裁员在发布广告之前,应获得 CIArb 对拟发布广告的书面批准。如果仲裁员出现了不当行为,如违反了《仲裁法》的规定,非法披露当事人的信息,有不诚实、欺诈性的行为,实施了有损于仲裁程序适当性的行为,按照仲裁机构规定的或法院确定的标准以外的标准收取工作费用,违反仲裁原则性规定使行业声誉受损,试图直接或间接不公平地影响仲裁的裁决,通过受贿或行贿等任何不正当手段兜售或取得仲裁员任命,为了影响仲裁员指定结果试图诋毁另一名仲裁员,以及犯有刑事罪行等情况,都会失去仲裁员资格,甚至承担相应的刑事责任。

CHAPTER 05 >>

第五章

阿根廷

阿根廷共和国(西班牙语:República Argentina,英语:the Republic of Argentina),简称"阿根廷",位于南美洲东南部,东临大西洋,南与南极洲隔海相望,西邻智利,北与玻利维亚、巴拉圭交界,东北与乌拉圭、巴西接壤,国土面积278.04万平方公里,是由23个省和联邦首都(布宜诺斯艾利斯)组成的总统制联邦共和制国家。2022年,阿根廷总人口4604万人,16世纪前为印第安人居住地,16世纪中叶沦为西班牙殖民地,1810年5月25日,爆发了反对西班牙殖民统治的五月革命,成立了第一个政府委员会。1812年何塞·弗朗西斯科·德·圣马丁·马托拉斯率领阿根廷人民抗击西班牙殖民军,并于1816年7月9日宣布独立。[1] 1853年建立联邦共和国,1994年第四次修改后的宪法规定阿根廷为联邦制国家,实行代议制民主。阿根廷是拉美地区综合国力较强的国家,工业门类较齐全,农牧业发达。国际货币基金组织数据显示,2022年阿根廷经济总量为6322亿美元;人均GDP为12,655美元。[2]

中阿建交以来,双边贸易额不断增长,经贸合作日益深化。据中国海关总署统计,2023年第一季度,中阿双边贸易额46.47亿美元,同比增长6.6%。其中,我国出口23.56亿美元,同比下

---

〔1〕 参见中华人民共和国外交部:《阿根廷国家概况》,2023年7月。

〔2〕 参见国际货币基金组织:GDP and Components,2023年4月。

降19.3%;我国进口22.91亿美元,同比增长58.7%。[1] 阿根廷是我国在拉美第六大贸易伙伴,中国是阿根廷在全球的第二大贸易伙伴。中国主要出口机械设备、电器和电子产品、计算机和通信设备、摩托车、纺织服装等商品,主要进口大豆、原油、皮革等商品。

双向投资规模稳步扩大,既涉及水电、铁路、能源、通信等传统领域,又在清洁能源等新能源领域投资合作项目中不断涌现。仲裁是备受欢迎的解决国际民商事争议的方式,而阿根廷司法环境的复杂性使仲裁在解决国际民商事争议中更具优势。法院的人员与设施不足以进行有效的司法管理,诉讼程序时间长,诉讼成本高,使得很多当事人因为对阿根廷法院的不满而将争议提交仲裁解决。例如,一项争议要在阿根廷法院得到解决,需要在诉讼费之外缴纳标的额3%的正义税。[2] 诸如此类的问题使很多在阿根廷经商的外国人对阿根廷法院系统特别失望。阿根廷法院存在的这些问题和阿根廷自身对工业化与外国投资的需求,共同推动了国际商事仲裁在阿根廷的发展。

第一节 阿根廷商事仲裁制度概况

一、阿根廷法律制度概况

阿根廷属大陆法系国家,国会制定的法律和国际条约是国家最高法律。阿根廷包括两种立法体系:联邦立法和地方立法。阿根廷国内主要法律渊源包括:宪法、国际条约、联邦法律、总统颁布的法令、部委和政府机构发布的决议以及省级宪法、法律和决议。国际条约作为重要的法律渊源,《阿根廷宪法》第31条[3]明确将其列为国家最高法律,当地方立法与之发生冲突时,各省仍然需要遵守。

阿根廷整体法律制度是建立在1853年颁布的《阿根廷宪法》基础之上的,该法部分参考自美国宪法。1971年1月1日生效的《阿根廷共和国民法典》第一次

---

[1] 参见中华人民共和国商务部:《2023年第一季度中国阿根廷贸易情况》,2023年4月29日。

[2] 参见黄文旭:《阿根廷国际商事仲裁制度探析》,载《上海商学院学报》2010年第6期。

[3] 《阿根廷宪法》第31条规定,本宪法、国会根据本宪法而颁布的国家各项法律和阿根廷同外国签署的条约均是国家最高法律,各省政府必须切实遵守。即使国家的最高法律同本省的法律或宪法中的某些条款发生抵触,各省仍应遵守。唯一例外是布宜诺斯艾利斯市在1859年11月11日协议以前签订的条约不受本条款约束。

有意识地将权利义务和真正的财产权分开,西班牙的法律传统、1851 年《西班牙民法典》(草案)、《法国民法典》以及《智利民法典》均对其产生重要影响。国会 2014 年通过的《阿根廷民商法典》于 2015 年 8 月 1 日起实行,作为一项基本法,其涉及的诸多改革和法律变化对经济活动可能产生较大影响。阿根廷司法机构由最高法院和各联邦法院组成,最高法院由正副院长和 5 名大法官组成,院长和法官由总统提名后经参议院批准任命,任期 3 年,可连选连任。联邦法院由 23 个联邦和布宜诺斯艾利斯自治市(首都)法院组成。阿根廷每个地方政府都有自己的行政结构、法院系统和立法机构。

二、国内仲裁的法律渊源

阿根廷国内仲裁体系由历史文化传统、法律传统、政治力量对比等因素共同决定,最终形成具有本国特色,符合本国国情的仲裁法律制度。总而言之,阿根廷国内仲裁主要的法律渊源如下:

(一)《阿根廷宪法》[National Constitution(CN)]

根据《阿根廷宪法》(第 75 条第 12 款〔1〕和第 121 条至第 126 条〔2〕)的规定,

---

〔1〕《阿根廷宪法》第 75 条第 12 款规定,在统一或单独的机构中颁布民事、商业、刑事、采矿、劳工和社会保障法律法规,只要这些法律法规改变地方管辖权,其执行应符合联邦或省级法院对人或事的管辖权;特别是为了阿根廷的利益,根据出生国籍或选择国籍的原则,为整个国家颁布归化和国籍的一般法律;以及关于破产、伪造国家货币和公共文件的法律;以及可能需要建立陪审团审判的法律。

〔2〕《阿根廷宪法》第 121 条规定,各省保留本宪法未授予联邦政府的所有权力,以及在成立时由特别条约明确保留给自己的那些权力。第 122 条规定,他们决定自己的地方机构并受其管理。他们选举自己的州长、议员和其他省级官员,不受联邦政府的干预。第 123 条规定,如第 5 节所述,每个省颁布自己的宪法,确保市政自治,并规定其体制、政治、行政、经济和财政方面的范围和内容。第 124 条规定,各省有权建立经济和社会发展区,并为实现其目的建立实体,在国会知情的情况下,它们还有权缔结国际协定,条件是这些协定符合国家外交政策,并且不影响授予联邦政府的权力或国家的公共信用。布宜诺斯艾利斯市将为此目的建立登记制度。各省对其领地内的自然资源拥有原始支配权。第 125 条规定,各省可在联邦议会知情的情况下,为司法、经济利益和共同利益的目的缔结部分条约;并可能促进他们的工业、移民、铁路和通航运河的建设,省国有土地的殖民化;引进和建立新的工业,引进外国资本和开发他们的河流,通过法律保护这些目的和使用他们自己的资源。各省和布宜诺斯艾利斯市可以继续保留自己的公务员和专业人员社会保障实体;并可促进经济进步、人类发展、创造就业、教育、科学、知识和文化。第 126 条规定,各省不行使授予国家的权力。各省在任何情况下都不得缔结任何带有政治性质的片面条约;颁布处理商业、内陆或外国航行的法律;建立省级海关;硬币钱;建立有权在没有联邦国会授权的情况下发行货币的银行;在国会颁布民事、商业、刑事或矿业法规后,颁布这些法规;颁布关于公民身份和归化、破产、伪造货币或国家文件的特别法律;征收吨位税;供应军舰或征召军队,除非遇到外国入侵或迫在眉睫的危险,不得延误,立即通知联邦政府;委派或接待外国代理人。

诉讼程序规则必须由每一个省政府和联邦地区(布宜诺斯艾利斯市)政府制定。这种立法权的划分类似于美国的联邦制度。因此,阿根廷的23个省和联邦首都(布宜诺斯艾利斯市)有各自不同的民事诉讼规则。然而,这些程序规则都是相似的,都建立在共同的原则和制度之上。《阿根廷宪法》第75条第12款规定,一些法律必须由国家立法机关,即联邦政府的立法部门制定,并在全国生效,这些法律是民法、商法、刑法、劳动法和采矿法。然而,行政法、税法(部分)、环境法和诉讼法则由各省政府的立法部门制定。

(二)《国家民事和商事诉讼法典》(National Code of Civil and Commercial Procedure, NCCCP)

阿根廷省法院遵循的民事和商事诉讼规则被编入23个省的《国家民事和商事诉讼法典》中,其中大多数都严格遵循《国家民事和商事诉讼法典》。《国家民事和商事诉讼法典》适用于布宜诺斯艾利斯市联邦区的"国家"法院以及全国所有联邦法院。由于适用于仲裁的法律大体上是程序性的,每一部《民事和商事诉讼法典》都规定了管辖国内仲裁的仲裁规则。具体内容为:在国内仲裁程序上,《国家民事和商事诉讼法典》第736条至第773条及其经修订的省级对应条款中的规则。

(三)《国家民商事法典》(National Civil and Commercial Code, NCCC)

2015年,阿根廷通过了新的《国家民商事法典》时,国会借此机会通过了"仲裁协议"立法。因此,阿根廷的国内仲裁法受《国家民商事法典》中的规则管辖。在与国内仲裁协议的订立和执行有关的事项上,管辖的法律依据的是《国家民商事法典》第1649条至第1665条。

(四)《地方民商事诉讼程序法典》(Local Codes of Civil and Commercial Procedure)

一般情况下,阿根廷的仲裁由一系列条款管辖,这些条款合并在阿根廷各省民事和商事程序法之下。在2018年通过《国际商事仲裁法》(International Commercial Arbitration Law, ICAL)之前,国内仲裁规则也适用于符合"国际(涉外)"条件的仲裁案件当中。

三、国际仲裁的法律渊源

国际仲裁,是指由争端当事国共同选任的仲裁人审理有关争端并作出有拘束力的裁决,是国际争端的法律解决方法之一。阿根廷国际仲裁的法律渊源主要包括《国际商事仲裁法》和各种国际条约。

（一）《国际商事仲裁法》

国际商事仲裁由不同的规则管辖。根据《阿根廷宪法》第 75 条第 13 款的规定，阿根廷国会的立法管辖权扩大到所有涉及外国和省际贸易的事项。2018 年之前，阿根廷的国际商事仲裁仍受国内仲裁规则的约束。自 2018 年 8 月起，国际商事仲裁开始受阿根廷《国际商事仲裁法》的调整，原因是《国际商事仲裁法》第 1 条明确且独特地规定，本法规"仅适用于国际商事仲裁，以及在阿根廷生效的相关双边和多边条约"。"排他性"一词与《国际商事仲裁法》第 7 条第 1 款一起被强调，该条规定了解释和填补国际商事仲裁相关事项空白的规则，阿根廷法院应考虑国际商事仲裁的特殊政策以及促进其统一适用的必要性来解释其规则。对于《国际商事仲裁法》中国际商事仲裁规定但未明确解决的事项，阿根廷法院必须依据《国际商事仲裁法》的一般原则来处理。

（二）国际条约

除《国际商事仲裁法》外，阿根廷的国际仲裁还受双边和多边仲裁条约调整，其中，最重要的是《纽约公约》（The 1958 NYC）和《巴拿马公约》。值得注意的是，阿根廷法律制度是其 1994 年《宪法》中明确规定国际条约优先于国内法的法律制度之一［《阿根廷宪法》第 75(22)条］。其他偶尔与国际仲裁有关的国际条约包括 1889 年和 1940 年《蒙得维的亚民事诉讼条约》（Montevideo Treatieson Civil Procedure in 1889& 1940）、1979 年《美洲外国判决和仲裁裁决域外效力公约》（Montevideo Foreign Judgments Convention in 1979）和 1998 年《南方共同市场国际商事仲裁协定》（以下简称《南方共同市场仲裁协定》，Mercosur Arbitration Agreement in 1998）。

1.《纽约公约》

阿根廷于 1958 年 8 月 26 日加入《纽约公约》。30 年后，其国会于 1988 年 9 月 28 日批准了《纽约公约》。1989 年 3 月 14 日，行政部门向联合国秘书长交存了批准书。《纽约公约》于 1989 年 6 月 12 日对阿根廷生效。

阿根廷对《纽约公约》作出了"商事保留"。因此，阿根廷只对根据阿根廷法律被视为"商事"的法律关系所产生的争议适用《纽约公约》。《国际商事仲裁法》第 6 条在国际商事仲裁的背景下采用了"商事"的广义概念，规定对于"商事"，应理解为主要受阿根廷法律管辖的任何私法关系，无论为合同或非合同。解释应宽泛，如有疑问，法律关系应被视为商事关系。根据"互惠保留"条款，阿根廷法院将依据《纽约公约》的规定承认和执行由该公约的其他缔约方作出的裁决。

2.《巴拿马公约》

1995 年 1 月 5 日,阿根廷批准了《巴拿马公约》。《巴拿马公约》和《纽约公约》管辖相同的问题,即承认和执行仲裁协议和仲裁裁决。事实上,《巴拿马公约》第 5 条承认和执行外国仲裁裁决的理由与《纽约公约》第 5 条所列的理由相同。迄今为止,《巴拿马公约》的所有缔约方(共 19 个)也是《纽约公约》的缔约方。

3. 1998 年《南方共同市场仲裁协定》和 1992 年《拉斯莱尼亚斯议定书》(1992 Las Leñas Protocol)

1998 年,南方共同市场成员国(阿根廷、巴西、巴拉圭和乌拉圭)以及两个南方共同市场联系国(玻利维亚和智利)缔结了《南方共同市场仲裁协定》。2000 年 1 月 5 日,阿根廷批准了该协定。1992 年,南方共同市场成员还缔结了《拉斯莱尼亚斯议定书》。《南方共同市场仲裁协定》和《拉斯莱尼亚斯议定书》在某些方面规定了比《纽约公约》更严格的承认和执行外国仲裁裁决的要求。

4.《外国投资法》(Investment Law and Investor-State Arbitration)

虽然阿根廷在 20 世纪 70 年代中期通过了一部外国投资法,但涉及阿根廷共和国、其任何中央机构或其专门机构的投资争端,事实上更有可能根据许多双边投资条约以及阿根廷共和国缔结的具有投资条款的其他条约加以解决。

第二节　阿根廷仲裁法律制度概述

仲裁法律制度,是指民商事争议的双方当事人达成协议,自愿将争议提交选定的第三者根据一定程序规则和公正原则作出裁决,并有义务履行裁决的一种法律制度。具体包括仲裁庭与仲裁员、仲裁协议、仲裁当事人、仲裁程序和仲裁管辖制度。

一、仲裁庭与仲裁员

(一)仲裁庭的组成

仲裁庭的组成是仲裁程序中重要的阶段之一。关键是,适用的制度需要确立明确的规则,以确保快速指定程序,尊重和承认当事人意思自治,并保障仲裁员的独立性和公正性。按照《示范法》,阿根廷法律规定的仲裁员甄选和任命程序是国际仲裁的标准程序。通过遵守国际惯例和规则,阿根廷法律为仲裁庭的组成带来了确定性和可预测性。然而,适用的法律制度因仲裁是否为国际仲裁而有所不同。

在国际商事仲裁中,阿根廷的《国际商事仲裁法》规定了仲裁庭的组成以及仲裁员的任命、异议和更换。《国际商事仲裁法》的相关章节反映了2006年修订的《示范法》第三章,但增加了两处内容:分别为在第24条规定了在指定仲裁员方面给予一方当事人特权地位的条款无效和第28条中的导致仲裁员缺乏独立性和公正性的具体情形。在国内仲裁中,《国家民商事法典》和《国家民事和商事诉讼法典》规定了以下规则:仲裁庭的组成、仲裁员的回避和更换。

在阿根廷,通常每一个仲裁庭都有调整仲裁庭的组成与仲裁程序的仲裁规则。阿根廷知名的仲裁庭有布宜诺斯艾利斯证券交易仲裁庭、谷物交易仲裁庭、消费者仲裁庭、布宜诺斯艾利斯调解与仲裁商业中心仲裁庭、首都律师协会仲裁庭以及布宜诺斯艾利斯经济学专业协会仲裁庭。

(二)仲裁员的选择

1. 当事人意思自治

根据阿根廷法律的规定,当事方自主权是仲裁庭组成的主要特征。当事方在选择和指定仲裁员方面的自由是仲裁程序的核心,也是当事人在仲裁中的一项基本权利。《国际商事仲裁法》第24条规定:"各方当事人可自由约定指定一名或多名仲裁员的程序。"同样的原则适用于《国家民商事法典》下的国内仲裁。因此,各方当事人有充分的自主权就仲裁员人数、资格标准和遴选程序等事项达成一致。按照惯例,当事各方可同意根据机构规则进行仲裁,在这种情况下,除非当事各方另有规定,应适用根据这些规则设立的仲裁庭的组成规定。

对于国内仲裁,《国家民商事法典》也承认当事人将争议提交机构仲裁的权利,其第1657条规定:"双方可以指定民间协会或其他外国或国内实体来管理仲裁和仲裁员的指定。行政实体的仲裁规则管辖整个仲裁程序,并构成仲裁协议的一部分。"

然而,法律对当事人意思自治设置了一些限制。如前所述,在指定仲裁员方面给予一方当事人特权地位的任何合同条款都被视为无效。在这种情况下,应适用选择和指定仲裁员的程序。

在一个案件中,阿根廷一家法院以仲裁庭组成不当为由撤销了一项仲裁裁决,在该案件中,双方当事人对由一名独任仲裁员组成的仲裁庭是否适当提出了争议。仲裁协议规定了一个三人仲裁庭,规定如果被申请人未能在收到申请人的申请信后15日内指定其仲裁员,申请人指定的仲裁员将担任独任仲裁员。仲裁程序由申请人指定的独任仲裁员推进,尽管事实是被申请人在仲裁协议规定的时限内指定了一名仲裁员。阿根廷商事上诉庭认定,仲裁庭的组成不当,侵害了正当程序的宪法权利,因此构成了诉讼程序中的一个重大缺陷。

2. 默认程序

如果双方未就仲裁庭的遴选和指定程序达成一致,或者双方就该事项达成的协议无效,则适用《国际商事仲裁法》的默认程序。这一程序遵循了《示范法》第11条中规定的程序。《国际商事仲裁法》第24条规定,在有3名仲裁员的仲裁中,各方应指定一名仲裁员,由指定的两名仲裁员指定第三名仲裁员;如果一方未能在收到另一方的请求后30日内指定仲裁员,或者如果两名仲裁员未能在指定后30日内就第三名仲裁员达成一致,则应一方的请求,由主管法院根据第13条予以指定;在由独任仲裁员进行的仲裁中,如果各方无法就仲裁员达成一致意见,则应根据第13条的规定,经一方当事人请求,由主管法院指定仲裁员。

与《示范法》非常相似,《国际商事仲裁法》也规定,法院参与协助当事人组成仲裁庭。一方当事人未能按照商定的程序或法律规定的程序要求行事,或仲裁员未能就仲裁庭的组成达成预期的一致意见,或第三方(包括机构)未能履行此种程序赋予它的任何职能,任何一方当事人均可请求仲裁员根据仲裁程序的规定履行其职责。主管法院采取必要措施,除非关于指定程序的协议提供了确保指定的其他手段。对于国内仲裁,《国家民商事法典》沿用了《国际商事仲裁法》的措辞,同时考虑了多方当事人仲裁中仲裁庭的组成程序。其第1659条规定:“当争议涉及两个以上的当事方,并且他们不能就仲裁庭、仲裁管理人的组成形式达成一致时则必须由仲裁庭指定一名或多名仲裁员。”在指定仲裁员时,法院应适当考虑各方当事人协议所要求的任何资格。此外,法院将采取必要措施,保证任命一名独立、公正的仲裁员。在独任仲裁员或存在第三名仲裁员的情况下,法院还应考虑指定一名与各方当事人国籍不同的仲裁员,并不得对这方面的任何法院判决提出上诉。在《国际商事仲裁法》颁布之前,阿根廷法院就已经采取行动支持仲裁。例如,上诉法院认为,如果双方当事人未能就仲裁庭的组成达成一致,并且在这方面没有约定的,一方当事人有权在仲裁庭的组成方面求助于法院。

3. 仲裁员人数

根据阿根廷法律，当事人可以自由选择仲裁员的人数。在没有协议的情况下，默认由 3 人构成。《国际商事仲裁法》第 22 条的相关部分规定：“各方当事人可自由决定仲裁员的人数。如果无法确定，仲裁员人数应为三人。”由于《国际商事仲裁法》建立在权利平等原则的基础上，各方不得就仲裁员人数规定不平衡的权利。此外，根据《国际商事仲裁法》的规定，赋予一方当事人选择和指定独任仲裁员或仲裁庭多数成员的权利的条款将被视为无效。对于国内仲裁，《国家民商事法典》还规定了在当事人未达成协议的情况下由 3 名成员组成仲裁庭的规则。该法还规定，仲裁庭必须由奇数名仲裁员组成，这暗示了这样一个事实，即各方当事人可能无法自由商定，如由两名仲裁员组成的仲裁庭。

4. 选择仲裁员的标准

阿根廷法律规定，仲裁员必须保持独立和公正。阿根廷法律制度没有关于仲裁员资格或应当遵循的标准的进一步规定或标准，这属于当事人意思自治的范畴，是仲裁当事人(及其律师)极为重要和极具战略性的责任之一。在选择仲裁员时，各方当事人在进行此类选择时应铭记标准做法考虑因素，如能力、诚信、法律资格、国际仲裁经验、语言能力、与争议相关的特定行业的知识以及可用性。阿根廷法律没有关于仲裁员面试的规定，但应遵守道德准则和一般准则，以免影响未来仲裁员的公正性和独立性。在阿根廷，当事人和律师联系潜在的仲裁员是一种常见的做法，并且不违背阿根廷的法律原则，只要他们这样做不影响他们的独立性和公正性(如通过就争议问题的实质寻求意见)。面谈流程必须仅限于获取有关潜在仲裁员的可用性、适合性和对案件的兴趣的信息，或向潜在仲裁员提供利益冲突检查的详细信息，但不应涉及有关案件是非曲直的讨论。

5. 仲裁员的资格

《国家民商事法典》第 1660 条规定，任何具有完全法律行为能力的人都可以担任仲裁员。当事人可以规定仲裁员符合国籍、职业或经验的某些条件。这项规定产生了两个法律后果：只有自然人可以担任仲裁员，这在阿根廷最近关于人工智能软件能否作为仲裁员发出有效裁决的讨论中可能暂时变得没有实际意义；法律后果是当事人可以自由约定指定仲裁员的资格标准，如国籍、职业或经验。然而，任何被任命为仲裁员的人都必须符合法律规定的最低资格，除要求仲裁员独立和公正之外，任何此类人员都必须拥有充分的法律行为能力，以便履行其职责。

这一要求防止未成年人和其他缺乏法律行为能力的人被任命为仲裁员。此外,国家产品总分类可能存在一些主观局限性。例如,第765条规定,“除非国家或省是当事方,否则法官和司法官员不得接受仲裁员或友好调解人的任命,否则将被判无效”。

6. 仲裁员的权利和义务

根据阿根廷法律的规定,仲裁员的任命与争议各方建立了一种合同关系。这种关系的合同性质是在《国家民商事法典》确立的:“接受其任命的仲裁员与每一方当事人订立合同。”关于法律规定的义务,《国际商事仲裁法》规定,仲裁员必须平等对待各方当事人,并尊重对抗式诉讼的原则,据此,他们应当给予各方当事人陈述案情的充分机会。《国际商事仲裁法》没有明确规定仲裁员的额外职责。就国内仲裁而言,《国家民商事法典》明确规定了任何仲裁员在接受其任命后通过与各方当事人签订合同而需进一步承担的义务。《国家民商事法典》第1662条规定了这些义务,该条要求仲裁员:披露接受之前或之后可能影响其独立性和公正性的任何情况;在仲裁终止前留在仲裁庭,除非存在某种障碍或有正当的辞职理由;尊重诉讼的保密性;确保有足够的时间努力进行仲裁;亲自参加听证会;与其他仲裁员商议;及时合理地做出裁决。额外的义务反映了国际惯例,应被视为《国际商事仲裁法》中隐含的义务,因此也适用于国际仲裁。合同谈判的另一面是仲裁员获得报酬,他们的费用和确定费用的方法由双方当事人和仲裁员商定,且没有预先设定的最低费用。当事人和仲裁员可以直接约定,也可以参照某些仲裁机构的规则来约定(LCIA、国际商会、斯德哥尔摩商会等),这些内容将是仲裁协议的一部分。为了不影响仲裁员的独立性和公正性,所有当事人和每个仲裁员之间必须就费用达成协议。在没有任何此类协议的情况下——无论是直接协议还是间接的管理机构规则——仲裁员可以诉诸阿根廷法院,要求对其费用进行司法裁决。

(三)仲裁员的异议

1. 质疑的理由

作为一般原则,仲裁员可能因缺乏独立性或公正性而受到质疑。当事各方可自由商定对仲裁员提出异议的程序,或参照适用的仲裁机构规则提出异议。当就某人可能被指定为仲裁员的问题与该人接触时,该人应披露任何可能对其公正性或独立性产生合理怀疑的情形。仲裁员自被指定之时起并在整个仲裁程序中,应毫不迟延地向各方当事人披露任何此种情况,除非他已将此种情况告知各方当事人。只有在对仲裁员的公正性或独立性产生合理怀疑的情况下，或者在仲裁员不具备各方当事人约定的资格的情况下，才可以对仲裁员提出异议。一方当事人可以对其指定的仲裁员或其参与指定的仲裁员提出异议，但只能基于其在指定之后才知道的理由。

与《示范法》不同，《国际商事仲裁法》第 28 条规定了可能导致仲裁员缺乏独立性和公正性的其他具体情形，而《示范法》对此没有进一步的规定。仲裁员（或其律师事务所、咨询机构或其参与的类似组织的成员）以下列身份参与其他仲裁或法院程序：一方当事人的律师或代表，无论争议的问题是什么；或在同一案件中或为同一目的担任第三方的律师或代表，因缺乏公正性和独立性而构成质疑的理由，而不承认相反的证据。

《国际商事仲裁法》第 28 条进一步规定，如果仲裁庭驳回异议，可以对此种异议提出上诉，仲裁程序可以继续，仲裁员可以在上诉裁决之前作出裁决。如果法院支持异议，正在进行的上诉期间发布的仲裁裁决将无效。

对于国内仲裁，对仲裁员提出异议的理由与适用于法官的理由相同。根据适用于国家一级的《刑事诉讼法》，法官可因以下理由受到质疑：与任何一方当事人、其代表或律师的家庭关系（第四亲等和第二亲等以内）；如果法官（或其第四亲等和第二亲等内的亲属）与当前诉讼或另一类似诉讼有利害关系，或者与任何一方当事人、律师或律师有合伙关系或共同关系，但有限责任合伙关系除外；法官与当事人有未决的法律纠纷；法官是或曾经是针对一方当事人的争议中的原告，或者任何一方的债权人、债务人或担保人；其中一方已申请解除该法官的职务，条件是最高法院已决定继续进行指控；法官在诉讼开始前担任过一方当事人的律师或向一方当事人提供过法律意见；法官从任何一方当事人那里获得重大利益；法官与一方当事人有密切关系或友谊，证明他们非常熟悉或经常交往；法官对一方当事人怀有敌意、仇恨或众所周知的怨恨。在她或他开始审理争议后，对攻击或侮辱法官的质疑将不会继续进行。

通过提供可能导致对仲裁员提出异议的情形的详尽清单，《国家民事和商事诉讼法典》并未涵盖仲裁员的公正性或独立性可能受到影响的所有情形。更灵活的办法更可取，如 2014 年 IBA 利益冲突准则所遵循的办法。

2. 质疑仲裁员的期间

《国际商事仲裁法》为仲裁员的异议提供了一个默认时限，该时限适用于双方未就任何替代程序达成一致的情况,无论是直接还是通过提及方式纳入的机构规则。根据《国际商事仲裁法》第 30 条的规定,对仲裁员的任何异议必须在仲裁庭组成后或在意识到《国际商事仲裁法》第 28 条提及的任何情形后 15 日内提出。除非另有约定,一旦 15 日期限过去,原则上,双方将被视为放弃根据触发上述期限的情况对仲裁员提出异议的权利。

3. 程序、证据标准和对质疑的决定

《国际商事仲裁法》规定了适用于对仲裁员提出异议的默认程序。这一程序授权仲裁庭就异议作出决定,允许仲裁程序继续进行,并在法院就异议作出决定之前作出裁决,并且不得对主管法院就该事项作出的决定提出任何进一步的上诉质疑。程序可概括如下:(1)有意对仲裁员提出异议的一方当事人,应在知道仲裁庭的组成或知道法律规定的影响仲裁员公正性或独立性的任何情况后 15 日内,向仲裁庭提交书面陈述,说明提出异议的理由。(2)除非被提出异议的仲裁员辞职,或另一方当事人同意该异议,仲裁庭应就该异议作出决定。(3)如果根据双方商定的任何程序或根据第 30 条的程序提出的异议不成功,提出异议的一方可在收到驳回异议的决定的通知后 30 日内请求主管法院就该异议作出决定,对此决定不得上诉。(4)在此种请求未决期间,仲裁庭,包括被提出异议的仲裁员,可继续仲裁程序并作出裁决。这一规定不同于阿根廷法院以前采取的解决办法,在阿根廷,仲裁程序是在仲裁庭提出异议之前通过禁令暂停的。取消仲裁员资格的证明标准是“合理怀疑”。《国际商事仲裁法》沿用了《示范法》的措辞,规定只有在存在对仲裁员的公正性或独立性产生合理怀疑的情形下(或者如果仲裁员不具备当事人约定的资格),才可以对仲裁员提出异议。“合理怀疑”标准并不要求证据确凿证明仲裁员缺乏独立性或公正性,只要表明对仲裁员的独立性或公正性有足够的怀疑,就有理由不任命或罢免他。这是一个较低的举证标准,而不是要求证据显示有很高的偏袒或缺乏独立性。这一较低举证标准的理由是确保仲裁庭和仲裁程序的完整性。在阿根廷,仲裁机构就对仲裁员的异议作出的决定是否必须合理以保障当事人享有正当法律程序的权利,一直存在很大争议。成功的质疑对仲裁程序的影响如果对仲裁员的异议成立,该仲裁员将被替换。在这方面,当一名仲裁员离职时,将按照指定相同程序指定一名新的仲裁员。剩下的问题是,为了新仲裁员的利益,仲裁程序是否必须重复,或者是否从新仲裁员参与之前案件已经进行到的位置继续。阿根廷法律没有提供答案,因此,是否必须重复任何程序步骤取决于当事方的协议或法庭的酌处权,例如,《国际商会仲裁规则》第 12.4 条和大多数其他机构规则。

二、仲裁协议

(一)仲裁协议的概念

仲裁协议是仲裁的基石或“基础”,因为仲裁是同意的产物。州法院的管辖权(“司法权”)一般源于州行使公共司法的规定。相比之下,仲裁管辖权仅基于两个或多个当事人之间达成的协议,将他们现有的或未来的争议提交仲裁。

争议各方的同意是仲裁的法律基础,仲裁的参与人在协议中表明了他们同意将争议交由不属于国家司法权的其他私人当事人(仲裁员)解决。因此,仲裁协议处于仲裁程序的核心,它是仲裁大厦赖以建立的基础,没有这个基础,就没有仲裁。

我们现在普遍所说的“仲裁协议”可能包括两种类型的协议:双方承诺将未来可能出现的关于合同或法律关系的争议提交仲裁的条款(仲裁条款);已发生争议的各方同意将争议提交仲裁的协议(提交协议、妥协)。仲裁协议的效力一直是仲裁史上比较相关的问题之一。直到最近,大多数以仲裁关系的程序性(而非契约性)概念为基础的立法制度,都要求只有在发生争议后,才可以在提交协议中表达对仲裁的同意。即使在争端发生前已订立仲裁协议,但一旦争端发生,往往也要求当事各方批准该协议。因此,从历史上看,仲裁条款不足以触发仲裁。故而,仲裁条款和妥协之间的主要区别在于双方当事人订立仲裁协议的时间。因此,仲裁条款具有面向未来(合同)的根源也就不足为奇了,而提交协议则源于程序根源,因为它们反映了争议发生后对仲裁地的选择,很像诉诸法院解决现有争议的程序决定。今天看来晦涩难懂的东西曾是仲裁实际发展的一个重大障碍:法律未能承认将未来争议提交仲裁的协议具有约束力。一旦出现实际的争议,就必须签订一项新的协议,即妥协协议,通过仲裁来解决争议,这使仲裁远不像今天那样无处不在。可以理解的是,现代仲裁制度为了解决当前或未来的争端而不区分协议之间在概念上或定义上的区别。今天,我们统称“仲裁协议”,而不是分开地谈论“仲裁条款”或“妥协”。仲裁协议反映了双方同意将争议提交仲裁,无论该争议是将来会出现还是已经存在。

只要争议属于仲裁事项的范围,双方就有义务将争议提交有约束力的仲裁。该协议的有效性不取决于该协议是否属于构成争议的合同的一部分,也不取决于该协议生效的时间,甚至不取决于该争议是否具有合同性质。仲裁协议的有效性或约束力取决于它是否满足适用法律制度的形式和实质性要求。在仲裁的漫长历史中,淡化仲裁条款与提交协议的区别是相对近期的事情。1923 年《日内瓦议定书》首次广泛地提出了仲裁条款。该议定书第 1 条规定:“缔约各方承认一项协定的有效性,无论涉及分别受不同缔约方管辖的当事方之间现有的或未来的分歧,根据该协议合同各当事方同意将与该合同有关的商业事项或能够通过仲裁解决的任何其他事项可能产生的全部或任何分歧提交仲裁,无论仲裁是否在任何一方均不受管辖的国家进行。”该议定书第 4 条同样规定,缔约双方的法庭在审理第 1 条所适用的人之间所订立的合同的争议,其中包括一项仲裁协议,无论该仲裁协议是指目前的或未来的分歧,该仲裁协议根据该条有效并能够生效时,应将当事各方就其中一方的申请提交仲裁员裁决。1958 年的《纽约公约》通过了这一原则,使这一原则变得很普遍。第 2 条将《日内瓦议定书》中引用的段落纳入其第 1 款与第 3 款。最后,该原则转移到《示范法》中,并反映在 1985 年版本的第 7.1 条中,然后也反映在 2006 年版本中。因此,单一和自给自足的仲裁协议的概念成为了主流,因为大多数司法管辖区的市政法律都纳入了这一模式,抛弃了原先规范仲裁程序的程序法中锚定的陈旧限制。在阿根廷,《国际商事仲裁法》采用了第 14 条的原则:仲裁协议是当事人就双方之间已发生或可能发生的特定法律关系,将其全部或某些争议提交仲裁的协议。仲裁协议可以采用合同中的仲裁条款的形式,也可以采用单独协议的形式。

(二)仲裁协议的效力

仲裁协议有两种主要效力——一种是“消极的”,另一种是“积极的”。负面效果:阻断法院管辖权。仲裁协议使法官无法解决当事人约定提交仲裁的事项,如果一方当事人就这些事项提起诉讼,另一方可以以法院的管辖权在合同上已被放弃为由对法院的管辖权提出质疑。法院无管辖权不是自动的,也不能依职权宣布。相反,必须由被告在规定的时限内提出,一般不迟于提交实质性答复时。之所以如此,是因为仲裁管辖权是可放弃的,如果原告提出申诉,而被告未能挑战法院的管辖权或以其他方式允许司法行动继续进行,则可以推定被告放弃了仲裁管辖权。仲裁协议总是可以被后来的不仲裁协议所修改,这可以从行为中合理地推断出来,即从没有人反对涉及先前同意提交仲裁的事项的司法程序出发。总而言之,一旦仲裁协议所包含的任何事项发生冲突,法院将没有管辖权来解决该冲突,除非双方明确或默认放弃仲裁协议。在积极效果方面,仲裁协议积极地赋予仲裁员管辖权。我们所说的"管辖权",是指授予仲裁员的权力,即通过作出有约束力的裁决来解决提交给他们的事项。仲裁协议的负面影响是普遍接受的,不取决于协议的种类。相比之下,积极效应则与适用法律有着千丝万缕的联系。简言之,一旦存在具有约束力的仲裁协议,双方当事人便有义务诉诸仲裁,并听从私人决策者来解决争议,同时得到当地和国际司法制度的支持,使私人决策在法律上可执行。

(三)仲裁条款的独立性

历史上,仲裁条款一直被视为包含它的合同的从属或"附属"。根据这种观点,仲裁条款的合同效力取决于包含该仲裁条款的合同的效力、存在和法律效力。这往往给试图反对或拖延仲裁程序的当事人提供了这样做的工具,即质疑包含受质疑条款的更大合同的有效性或存在性。解决这一困境的方法是仲裁协议与基础合同之间的"自主性"("可分离性")原则,旨在确保仲裁条款继续有效。在2015年《国家民商事法典》颁布之前,阿根廷立法没有明确规定"可分离性"原则,尽管偶尔有判例法会借鉴更现代的仲裁立法承认这一原则。《国家民商事法典》第1653条规定:"仲裁协议独立于与其相关的合同。合同无效不影响仲裁协议的效力,因此即使在合同无效的情况下,仲裁员仍有权确定当事人各自的权利,并对他们的主张和论点作出裁决。"从本条的语言可以推断,仲裁的效力并不要求基础协议的有效性,该条寻求与现代制度的一致性,保护仲裁管辖权不受门槛挑战。同样,《国际商事仲裁法》第35条规定了可分离性原则和能力—能力原则或时间顺序优先原则。可分离性原则使仲裁员可以在主合同无效时对争议作出裁决,但前提是该无效不影响仲裁本身;能力—能力原则允许仲裁员根据自己的管辖权作出裁决,排除法院的干涉。仲裁庭可就其本身的管辖权作出裁决,包括对仲裁协议的存在或有效性的任何异议。构成合同一部分的仲裁条款应被视为独立于合同其他条款的协议。仲裁庭作出的合同无效的决定,不应在法律上导致仲裁条款的无效。这两项原则,即能力—能力原则和可分离性原则,是仲裁法的支柱,它们维护仲裁的完整性,防止司法部门过早介入。然而,每一种制度都有其自身的特点,这些特点在其他地方已作了充分的讨论。《国家民商事法典》也制定了能力—能力原则,其第1654条规定:"除有相反协议外,仲裁协议赋予仲裁员决定其管辖权的权力,包括对仲裁协议的存在或有效性提出质疑,或任何其他可能妨碍达成是非曲直的事项。换言之,除非当事人另有约定,仲裁员有权决定自己的管辖权,甚至可对仲裁的有效性、管辖权协议本身或任何其他可能妨碍审议是非曲直的门槛事项提出质疑”。但是,它不是绝对的,因为如果当事人作出相反的规定,这一原则就不适用。因此,仲裁管辖权受到完全符合现代仲裁原则的保护。

(四)支持仲裁的解释方法

《国家民商事法典》第1656条对仲裁协议的效力作了如下规定:仲裁协议强制当事人遵守,并排除对提交仲裁事项的司法管辖权,除非仲裁庭尚未介入争议,仲裁协议似乎明显无效或不适用。在有疑问的情况下,仲裁协议的效力必须享有特权。在国际学说中,效力问题涉及仲裁协议范围的解释。这种有利于仲裁协议效力的推定有助于强制执行当事人的假定意图,即将争议交由仲裁庭裁决。出于同样的原因,可以认为第1656条所载的推定包含了有利于有效性的原则,当对仲裁协议的有效性有疑问时,必须适用这一原则。这一原则要求对仲裁协议进行善意解释,并维护了它们的有效性。仲裁协议的效力要求符合适用法律规定的具体条件。这一点至关重要,因为仲裁协议的无效是要求撤销仲裁裁决或质疑其执行的理由之一。

(五)仲裁协议有效性条件

根据阿根廷法律,仲裁协议效力的最常见要求如下:

1. 合意

根据《国家民商事法典》的规定,仲裁协议显然是另一种类型的合同。因此,仲裁协议必须符合合同成立且有效的一般条件。首先,它是订立合同的意图的结果。此处,合同的一般条件还包括能力、最低年龄(第261条)、无错误(第265条及以后)、无欺诈(第271条及以后)、自由意志或无胁迫(第276条及以后)。简言之,仲裁协议有效的一个条件是,它是自由合同达成合意的结果,而且这种合意是明示的。因此,合意要求当事人有意将争议提交仲裁,并且不存在其他相互矛盾的迹象可能对当事人的共同意图产生怀疑。

2. 当事人能力

同意仲裁还要求有订立合同的能力。在阿根廷法律中,不能处分争议权利的人不得同意仲裁,这些限制规定了所谓的“事实无行为能力”或“行为无行为能力”。因此,仲裁协议只能由具有行使仲裁所涉权利处分权的人签订。

3.“书面”要求

《国际商事仲裁法》第 15 条规定仲裁协议应当采用书面形式。这一要求对《国际商事仲裁法》来说既不是新的也不是特有的,因为“书面”要求是大多数仲裁制度的一项条件。有人说,这不仅是一个证明问题,而且其他论点都是不实质性的,或同样适用于任何其他承诺。对于书面要求给出的其他理由还包括:它剥夺了当事人享有“开庭日”的“基本权利”,以及需要为此类协议“穿上书面手续的外衣”,以提醒当事人注意该承诺的重要性,从而避免轻率地订立此类协议。但是,证据功能是书面要求的核心,特别是对协议的存在或有效性提出质疑可能会对整个仲裁产生决定性影响的过程。《纽约公约》第 2 条第 1 款要求签署国承认将争端提交仲裁的“书面”协议。在这方面的理解是,“书面”是指在签署的协议或信件或电报交换中包含的仲裁条款(第 2 条)。然后,这一要求转移到 1985 年联合国《示范法》中,1958 年《纽约公约》规定了更多现代可用的其他文字形式。甚至在修订《示范法》之前,人们就广泛讨论了书面要求和其他“形式”要求是否已经过时,提出相关建议以避免订正后的《示范法》与更“古老”的《纽约公约》之间发生冲突。2006 年《示范法》修正案在第 7 条中提出了两种选择,以便每一个司法管辖区可以选择它认为最好的一种。选择一保留了 1985 年版本第 7.2 条的结构,要求采用书面形式,但它指出可按以下方式灵活地满足条件:如果协议以任何格式记录或通过其他方式确认;如果协议包含在可以保存的电子通信中;如果协议反映在单独的要约和接受/回答中,在未答复的书面通信中,或通过引用另一种书面形式纳入。第 7 条备选方案二在仲裁协议的定义中没有提及仲裁同意的反映形式,包括书面要求。当然,到 2006 年,必须反映和纳入自 1985 年《示范法》以来,甚至自 1950 年中期讨论《纽约公约》以来,商业惯例和通信方面的许多迅速变化。2006 年《示范法》第 7.3 条最后一句话的宽泛性意味着不再需要签名或“以书面形式”表示同意仲裁协议才有效。仲裁协议可以以任何形式表示同意,即使协议是以口头或其他方式订立的。根据这一现代办法,贸易法委员会还就《纽约公约》的解释书面要求发表了一项建议,指出其第 2 条(信件和电报)所述的情况清单并非详尽无遗。

《国际商事仲裁法》在其第 15 条中大致采用了《示范法》第 7 条的选择一,这与 2006 年修正后颁布仲裁立法的大多数司法管辖区的做法一样。第 15 条与第 7 条的细微区别在于:第 15 条规定,无论仲裁协议或合同是否通过口头、行为或其他方式订立,以任何形式记载其内容的,均为书面形式。《示范法》第7条第3款中以斜体文字列明的段落未编入《国际商事仲裁法》。事实上,《国际商事仲裁法》第15条规定,当仲裁协议的内容以“任何形式”记录时,书面要求就得到满足。因此,《国际商事仲裁法》第16条至第18条完全遵循了《示范法》第7条第4款至第6款,说明除第15条中提到的“任何形式”记录要求外,可以通过各种方式满足“书面”要求。此外,《国际商事仲裁法》第17条确认,根据阿根廷法律的规定,如果存在对仲裁条款无异议或不否认的断言,则满足“书面”要求。这确认了仲裁条款可以通过行为或事实来证明,而不仅仅是书面形式,并且在这方面完全符合阿根廷法律规定的合同的一般证据原则。《国际商事仲裁法》第18条同样确认,书面要求可以通过引用单独的仲裁协议(本身)来满足书面要求,如主协议、一般条件或分包合同。《国际商事仲裁法》要求此类引用应表明仲裁条款实质上应该成为第一份合同的一部分。仅参考一份合同是不够的,必须有一个所谓参照纳入来表明第二份合同中的仲裁条款是要纳入其中的,仍存在一个相当的争议:引用(参照)的有效性是否必须只能狭义地关注仲裁条款本身,或一般地提及基础合同就可以了。多数意见认为,一般的提法就足够了,但在这方面还远未达成明确的共识。在国内层面,《国家民商事法典》第1015条承认合同形式的自由,除非法律另有规定。就仲裁协议而言,唯一的强制性要求是必须采用书面形式。《国家民商事法典》第1650条规定采用书面形式。它还规定,在合同中对载有仲裁协议的文件的任何引用均构成仲裁协议,前提是该合同为书面形式,并且该引用明确意味着所引用的仲裁协议是合同的一部分。如前所述,这种安排与《国际商事仲裁法》不一致。

4. 明确的法律关系

《国际商事仲裁法》第14条规定:“争议是‘基于一种明确的法律关系而产生的,无论是合同关系还是非合同关系’。”这试图阻止“过于宽泛”的仲裁协议,从而构成对司法管辖权的普遍剥夺。虽然需要仲裁的争议不必在仲裁协议中狭义地规定,但必须确定争议可能产生的法律关系。从理论上讲,如果当事人同意将“他们之间可能产生的任何争议”提交仲裁,就不能满足这一要求。这样的条款可能是有问题的,因为它将导致以过于笼统和不分青红皂白的术语放弃法院的管辖权。当事人之间必须有一种法律联系,这种联系已经或可能会引起争议。尽管这种法律关系通常是合同性质的,但只要能够加以识别和界定,它也很可能是非合同性质的。可以肯定的是,在合同外的情况下,可能很难求助于已经存在的仲裁条款,因此在非合同情况下进行仲裁可能是不寻常的。这就解释了为什么大多数仲裁发生在合同关系中,仲裁条款可能在争议发生之前就已达成一致。在这方面,《国际商事仲裁法》反映了国际准则:《纽约公约》(第2条第1款)和《示范法》(第7条第1款)都规定,仲裁协议必须提及在确定的法律关系方面已经产生或可能产生的分歧,无论这种法律关系是否合同关系。可仲裁性,是指根据适用法律将特定标的物提交仲裁的可能性,也是使有关某一标的物的争议能够被仲裁的性质。当然,可仲裁的主题要求决策权不能完全归属于司法系统。可仲裁的争端类型可能因管辖区而异,它取决于每个州为自己做出的政策选择。《国际商事仲裁法》没有关于实质性可仲裁性的规则,其第5条规定:"本法不应影响任何其他阿根廷法律,根据这些法律,某些争端不能提交仲裁,或只能根据本法以外的规定提交仲裁。"因此,可仲裁性是"排他性"的例外;《国际商事仲裁法》第1条规定:"因为它要求根据阿根廷法律秩序的一般规则进行裁决,这些规则决定哪些争议可以仲裁。"如果在阿根廷,国内法实际上规定了什么是可仲裁的,那么《国际商事仲裁法》的适用范围可能比其他司法管辖区更窄。

(六)附加相关事项

1. 保密

众所周知,保密性是仲裁较有用和较有吸引力的特点之一。然而,在大多数仲裁制度或法律中,这个问题并没有得到真正广泛的解决。一些国内法或机构规则载有这方面的规定,但法定或监管规则是一般性的,可能无法满足当事人的具体需求,特别是《国际商事仲裁法》在这个问题上保持沉默。在没有协议或法律规则处理保密问题的情况下,是否存在在仲裁中对事项保密的"隐性"义务,这仍是一个争论激烈的问题。一些评注和一些判例法认为,保密是仲裁的固有特征,即使在没有协议或缺少强制性法律规范的情况下,保密也是强制性的。然而,另一些人的观点恰恰相反。即使在需要保密的情况下,适用的法律或法规也很少明确规定什么事情是保密的、谁应受保密义务的约束以及违反保密义务的后果。鉴于上述情况,确保保密的唯一真正工具是一份精心起草的协议,无论是在争议发生之前或之后,还是在仲裁开始之后。

2. 仲裁所在地

仲裁协议通常会注明"仲裁所在地",但这并不会影响仲裁协议的有效性。仲裁的“地点”不一定是一个地理位置,而是一个法律概念。仲裁地的选择并不意味着仲裁员必须在那里会面或出席,也不意味着仲裁的程序步骤必须在那里进行。仲裁地的选择建立了仲裁与仲裁地之间的司法联系,以及仲裁地的法律制度和司法制度。如上所述,这种联系并不要求仲裁机制在该地点进行,尽管仲裁机制经常在该地点进行。由选择仲裁地而引发的司法联系将仲裁地的仲裁法与仲裁联系起来,不应与管辖争议是非曲直的法律相混淆。对仲裁所在地的选择会产生某些法律后果,其中最重要的是:该仲裁地享有所谓的主要管辖权,其法庭支持和控制仲裁;所在地的仲裁法管辖仲裁的进行,没有相反的协议;裁决被认为是在所在地发出的(《国际商事仲裁法》第 88 条)。鉴于这种选择所带来的后果,选择仲裁所在地是必要的。当然,在没有明确选择的情况下,《国际商事仲裁法》授权仲裁员自己做出选择。但只有当事人可以确保他们对仲裁地点的选择符合他们的目标。重要的是,仲裁所在地为裁决提供了一个“国籍”,这对于确定裁决的废止和执行的适用规则很重要。大多数机构规则规定,裁决应视为在指定的仲裁所在地作出,仲裁地的选择将决定仲裁是否“国际性”。仲裁所在地的选择将决定有权撤销裁决的唯一司法制度。地点的选择将决定是否可以在新法令下进行强制执行《纽约公约》。因此,与别有用心的幽默相反,仲裁地点不应根据听证会期间使用的酒店或餐馆的质量来选择。在口头程序中仲裁所在地选择带来的重要影响往往超于当事人、证人或仲裁员的短暂便利,故而选择权不应留予仲裁员或机构。《国际商事仲裁法》在其第 65 条中认识到仲裁所在地选择的重要性,其第 65 条规定,“当事人可以自由商定仲裁地点”。在没有协议的情况下,“仲裁地点应由仲裁庭根据案件的情况,包括当事人的方便程度来决定”。

3. 仲裁语言

与所有现代立法一样,进行仲裁的语言(或多种语言)是由阿根廷法律下的当事人自行选择的问题。但是这并不是一项可能影响仲裁协议有效性和可执行性的基本要求。这是因为当事人没有选择仲裁语言的情况,可以在以后由仲裁庭予以纠正,也可以通过当事人的协议予以纠正。在此无须详述选择仲裁语言的重要性,以及这种选择可能对成本、仲裁员选择和程序效率产生的影响。《国际商事仲裁法》特意提到仲裁的“语言”,因此考虑在一个仲裁程序中可以选择一种以上的语言,尽管出于几个原因,这种多样性可能并不总是可取的,尤其是为了避免裁决中的歧义和导致诉讼效率低下。

4. 总结

本章的目的是阐明仲裁协议的实际重要性,这远远超出了任何学术讨论的范围。我们讨论了为什么仲裁协议实际上是仲裁程序和允许程序进行的管辖权的"源泉"。一份仲裁协议如果没有精心规划,并且在起草时完全了解它必须在其中发挥作用的商业和法律背景,就像"querer tomar la sopa con el tenedor"(试图用叉子喝汤)。如果在某些人看来,仲裁协议是无效的,而这些人将无限仔细地阅读仲裁协议,以确认或挑战这种剥夺了法院解决争议权力的"例外"管辖权,那么任何谅解都将是真正有用的。

作为仲裁的使用者,我们应该使用仲裁协议,以实现其中的本质,即有机会在当事人选择的论坛上私下、迅速和有效地解决具体争议。一种法律制度能否成功地培养有用的、令人满意的仲裁经验,不仅取决于积极的法律框架,关键还取决于从业者和法院支持仲裁并与之合作的智慧、审慎和实用性。实在法可能会更快地改变支持仲裁制度的习俗或态度,正如最近颁布的《国际商事仲裁法》和《国家民商事法典》。这一事实情况为预测阿根廷法律制度将如何有效地支持国际仲裁提供了背景。

三、仲裁当事人

(一)当事人的能力

根据阿根廷法律的规定,仲裁协议被视为"合同",因为它们是双方当事人作为更广泛的合同中的一项条款或作为一项单独的协议而订立的协议的结果。作为一般规则,合同的有效性取决于是否满足了可能因各国法律制度而异的要求。除几个次要的细节之外,国家和国际法规普遍要求当事方的能力的存在是有效缔结仲裁协议的必要因素。因此,不满足管辖法律规定的能力要求将影响仲裁协议的有效性,从而影响对所作裁决的承认和执行。

根据《国家民商事法典》和《示范法》的规定,能力是仲裁协议有效性的一个要求。一般来说,任何能够签订合同的人都可以签订仲裁协议。然而,重要的是要区分国内仲裁和国际仲裁,以便确定在每种情况下适用哪种法规。在国内仲裁中,仲裁协议的有效性必须根据 NCCC 和仲裁所在地省的相关民事和商事诉讼法典中包含的规则进行检验。根据 NCCC,如果程序涉及自然人,则属于 NCCC 第22 条至第 24 条的范围。然而,如果涉及法律实体,必须根据 NCCC 第 141 条和第147 条检验其能力。关于自然人方面,一般原则是人人有权享有权利和义务

(NCCC 第 22 条),并自行行使权利和义务(NCCC 第 23 条)。没有能力自己行使权利的人可以通过法律代表或法律提供的其他支持系统行使权利。如果仲裁协议涉及公共实体,其行为能力受其注册地的法律和法规管辖(NCCC 第 147 条),NCCC 对私人法律实体有类似的规定(NCCC 第 150 条;《阿根廷公司法》第 19.550 号第 118 条)。重要的是,一般的行政管理和代表权不足以有效地约束公司遵守仲裁协议。与事实相对应,根据 NCCC 规则,一般代表权仅包括授权实施属于普通行政范围的行为。根据 NCCC 第 375 条的规定,仲裁协议的订立超出了这一范围的界限。此外,第 375 条还规定,代表权必须严格解释。出于这些原因,为了防止不必要的实际后果,代表一家公司的人必须拥有特殊的代表权,以便在缔结仲裁协议或包含仲裁条款的合同时约束被代表的公司。最后,NCCC 明确规定了对仲裁协议采取注重有效性的解释方法。NCCC 第 1656 条具体化了有利于仲裁的原则,规定“如有疑问,必须承认仲裁合同的效力”。除 NCCC 外,各州和布宜诺斯艾利斯市颁布的程序规则也提及当事人签订仲裁协议的能力。然而,这些程序规则并没有真正确立关于能力的新规定,而是参照了 NCCC 中的规定。因此,如果仲裁地点在布宜诺斯艾利斯市,则必须考虑《国家民事和商事诉讼法典》第 738 条,因为它规定“不能解决争议的人不能任命仲裁员”,并且它还规定“当法律要求执行处置行为的司法授权时,所述授权对于签订协议也是必要的”。尽管《国家民事和商事诉讼法典》第 738 条提到了对签订仲裁协议的授权和对解决争端的授权,但有必要加以区分。虽然和解协议消除了当事人之间的争议,但仲裁协议仅限于取代解决争议的法庭。在国际仲裁程序中,鉴于《示范法》没有对仲裁协议当事人的资格作出任何规定,因此,NCCC 第 2616 条具有相关性,因为该条规定自然人当事人的资格受其住所地法律管辖。此外,该规则规定,一旦获得身份,住所的改变不会影响他们的身份。然而,如果一项法律行为的一方根据其居住地的法律不享有行为能力,但根据该行为发生地所在国的法律,则后者优先,除非另一方知道或应该知道这种情况。如果诉讼涉及私人实体,所有与其存在和形式(包括能力)有关的事项都受其“组织”所在地的法律管辖。但是,如果在国外组建的公司在阿根廷设有营业地,或者其主要目的是在阿根廷实现,那么其行为能力受阿根廷法律管辖。从阿根廷法律制度的角度分析仲裁协议当事方的能力问题时,必须考虑这些规则。

(二)仲裁协议的当事人

正如威廉·W.帕克所承认的,仲裁取决于双方的同意。这一说法得到了国际仲裁公约普遍且无可争议的承认[《纽约公约》第2条;《巴拿马公约》第1条;《欧洲公约》第2(a)条],体现在国家仲裁立法(《示范法》第7.1条——共有111个法域中的80多个国家遵循)以及法院判决、仲裁裁决和学术著作之中。

根据这一原则,仲裁程序植根于仲裁协议。同时,仲裁协议只能由那些按照法律规定的要求签署了仲裁协议的人达成和援引。正如NCCC第959条所规定的,合同是当事人必须遵守的法律规则。因此,作为一般规则,仲裁协议只能约束那些"同意"将其争议提交仲裁的人。当事方决定将他们之间已经发生或可能发生的关于某种法律的、契约的或非契约的私法关系的全部或部分争议提交一名或多名仲裁员裁决时,就有了仲裁合同,在这种关系中不损害公共秩序。在国内仲裁的情况下,NCCC第1650条规定了书面要求。在合同中提及载有仲裁协议的另一份文件也视为仲裁协议,条件是这种合同已以书面形式签署,而且这种提及意味着仲裁条款构成合同的一部分。根据《刑事诉讼法》第739条的规定,仲裁协议可采取公开或私人文书的形式,或在法官面前记录。同样,《民事诉讼法典》第2条要求与法院或仲裁有关的法院协议采用书面形式。此外,《刑事诉讼法》第349条要求存在"文件",以承认缺乏基于仲裁协议的管辖权抗辩。关于国际仲裁,《示范法》第15条反映了2006年《示范法》第7条备选案文一。因此,它还要求以书面形式订立仲裁协议。然而,与《国家民商事法典》和《国家民事和商事诉讼法典》相比,它承认了更大的灵活性,规定"如果其内容以任何形式记录,则承认书面形式"。一些权威人士指出,这可以解释为法律不承认口头、行为或其他方式缔结的仲裁协议。此外,《示范法》承认电子通信(第16条)和申请书与答辩书交换——其中一方声称存在协议,而另一方没有否认——中所载的仲裁协议(第17条)。此外,它还规定了"以提及方式纳入"(第18条)。此外,根据《纽约公约》和《巴拿马公约》(均已得到阿根廷批准)的规定,在其范围内的仲裁协议如果包含在电报、电传和传真中,或包含在任何其他新形式的技术中,则必须被视为有效。因此,根据阿根廷法律,如果符合这些正式要求,仲裁协议必须被视为有效和可执行的。

(三)仲裁协议的非签署方

在没有明示同意仲裁的情况下,最大的挑战或"难题"是确定谁可能受仲裁协议的约束,或谁可以援引仲裁协议。人们认为,这一有争议的问题的答案必须"逐案处理,需要对达成协议的情况进行仔细分析”。应当区分参与受到质疑的一方当事人希望受仲裁协议约束的情况和其他当事人要求将其适用于非签署方的情况。这种办法旨在从常识的角度考虑有争议的问题,因为加入愿意参与程序的非签署国似乎比反过来更有可能成功。牢记这一区别很重要,因为它可以产生重要的实际差异。无论哪种方式,确定仲裁协议所强制的内容被认为是“国际商事仲裁中最微妙和复杂的问题之一”。普遍的理解是,在某些情况下,仲裁协议可以延伸至非签署方。在这样做时,法院和学者依赖于一些现有的理论:默示同意、揭开公司面纱、以提及方式纳入、禁止反言和公司集团等内容,视适用的法律制度而定,在它们的运作方面找到一些差异是可行的。普通法法院已经承认了延伸仲裁协议给非签署方,主要依据以下理论:以提及方式纳入、承担、代理、揭开面纱或改变自我以及禁止反言。一般来说,这些也为一些大陆法系国家所接受。当仲裁协议不是合同的一部分,但明确提及包含范围足够广的仲裁协议的合同(“以提及方式纳入”)时,非签署方可以强迫或被强迫进行仲裁。在没有签字的情况下,如果一方当事人随后的行为或不明确的声明表明其正在承担仲裁义务(“承担”),则该当事人可能受仲裁协议的约束。非签署方也可受代理人代表其签署的合同中所包含的仲裁协议的约束;在同样的情况下,委托人也可以执行仲裁协议(“代理”)。在公司及其子公司之间存在欺诈、滥用或误用控制权的情况下,如“改变自我”关系,法院已经找到了揭开公司面纱并让一家公司对另一家公司的行为承担法律责任的正当理由(“揭开面纱或改变自我”)。同样,根据法律原则,防止在特殊情况下,法院不允许当事人依赖先前的矛盾行为或声明,也不允许他们否认仲裁争议的义务(“禁止反言”)。

大陆法系法院也认可了非签署方可以执行仲裁协议的其他理论。从这个意义上说,“陶氏化学诉圣戈班案”(国际刑事法院第4.131号)为所谓的公司集团理论奠定了基础,根据这一理论,公司可以援引合同中的仲裁条款或受其约束。此外,它要求非签署方积极参与合同的履行和终止,其经济集团中的一家公司必须是正式当事方。此外,为了将仲裁条款延伸至非签署方,判例法也承认有利于第三方的条款、担保条款或普遍或个别转让(合并、更替、继承、合同或债务转让等)的效力。

四、仲裁程序

(一)仲裁程序概述

1. 仲裁程序与《国际商事仲裁法》

仲裁员的主要任务是依据案情作出一项或多项裁决来解决双方提交的争议。然而,尽管这是赋予仲裁意义的使命,但这并不是仲裁员的唯一任务或责任,除此之外,他们还负责诉讼的进行。这是因为仲裁作为一种私人司法手段,会产生一种对抗性程序,需要双方(以及仲裁庭)就各自的主张进行讨论。为了能够对提交的争议作出裁决,仲裁员必须听取各方的意见。而且,即使听证会的方式既不僵化,也不受严格的手续限制,但也应该遵循某些基本准则。因此,仲裁程序涉及如何听取当事人的意见,并包括仲裁员能够发出有效和可执行裁决所需采取的所有步骤。

阿根廷《国际商事仲裁法》以联合国国际贸易法委员会《示范法》为基础,除尊重正当程序的必要性外,并未对当事人选择程序规则的自由或仲裁员进行仲裁的权力施加重大限制。一些阿根廷律师和仲裁员,特别是在国内仲裁中,继续使用与法院程序有关的规则和标准,国际仲裁协会制定的原则和规则对于参与国际仲裁的人来说并不陌生。此外,在许多情况下,这些原则已经被适用,因为这些原则是缔约方提交的国际机构条例所设想的。就正在讨论的主题而言,《国际商事仲裁法》将产生两个主要后果:首先,这些做法将有一个更合适的法律基础,法院将不会如此不情愿地确认行动和措施,尽管这些行动和措施不同于法院诉讼中采取的行动和措施;其次,它们将有助于教育律师和仲裁员如何进行更符合国际标准的仲裁程序。

2. 仲裁——作为合同与程序

伸张正义的职能——尤其是在仅涉及私人当事人的争端中——不是也不必完全由国家机构执行。即使几个世纪前,国家作为自己的机构承担了这一职能,并为此建立了一个结构,但私人当事方可以选择一种私人司法手段,委托仲裁员通过一项强制性和有约束力的裁决来判断和解决提交给仲裁员的争端。仲裁员和法官履行着相同的职能,尽管他们的权力来源不同,他们所遵守的规则也不同。关于前者,州法官的权力来自宪法以及组织司法机构运作的法律。相反,仲裁员的权威来自双方的思想交流。正如拉扎列夫在其著作中所解释的法官的权力来自法律。这种权力具有制度性,他或她不必向各方解释他或她的统治权来自何方。法官代表人民、国王或共和国作出裁决,但无论如何,法官代表的是一个主权,而正义是其基本属性。他或她的权力是永久授予的……相比之下,仲裁员只是被赋予了一种特定的权限,其混合性质导致了他或她的权力来源的模糊性,一部分是法律,另一部分是当事人的意愿。这意味着,尽管仲裁员不是公职人员,但他们拥有管辖权,这些管辖权来自仲裁协议(而不是直接来自法律),并代表自己行使(而不是以国家名义)。因此,仲裁是混合性质的,由于其起源,仲裁是合同性的,但由于其影响,仲裁具有管辖权。关于仲裁的性质有很多争论,一些人说这是一个合同,而其他人则声称这是程序。我们认为,仲裁是同时进行的。它是一种合同,因为它产生于两个或多个当事人之间的思想会议,产生了权利和义务。但这也是诉讼程序,因为一旦被赋予管辖权,为了对当事人的索赔作出有效裁决,仲裁员必须遵循程序。这一程序即判断当事方所需的一系列行动和步骤,只不过是对立双方在公正的第三方面前进行辩论的辩证方法。

3. 仲裁程序的一般特征和来源

法庭和仲裁程序都是对抗性质的,基于相同的理由。在这两种情况下,当事双方都讨论事实和权利,向法官提出相反的主张,法官为了作出决定,必须了解双方的论点,并通过客观公正的证据手段核实支持有争议权利的事实。这些操作受到某些规则的制约,这些规则决定了法官何时以及如何得知当事人的论点,以及他或她如何核实事实。尽管其结构相似,但法院和仲裁程序的主要区别在于此类规则的来源和性质。法院诉讼程序由国家诉讼法规定,诉讼法是国家颁布的规则,其特点是严格和不可抛弃;当事人和法官不能忽视他们。相反,仲裁程序主要由当事方自己(在没有明确规定的情况下,由仲裁员)约定,并且通常是灵活和可支配的,除构成程序性公共政策的某些基本原则外,当事方可以自由地就程序规则达成一致,甚至可以在以后通过新的协议对其进行修改。仲裁程序的这些特点是公认的最大优势,显然源自阿根廷法律。在国际商事仲裁的情况下,《国际商事仲裁法》适用第 62 条及以后条款,在尊重正当程序的前提下,向各方提供建立程序的可能性。第 63 条规定了一般规则:“根据本法的规定,当事各方可自由商定仲裁庭在进行仲裁程序时应遵循的程序。”第 62 条规定了第 63 条的例外情况:“双方应平等对待,每一方应有充分的机会陈述自己的案情。”后来,通过若干规则,《国际商事仲裁法》规定了一般原则及其例外情况的具体适用:当事人的自由包括就仲裁地点达成协议的自由(第 65 条)、仲裁程序开始日期(第 67 条)、在仲裁程序使用的一种或多种语言(第68条)、提交索赔和辩护陈述的期限(第70条),以及举行听证会以提交证据(第71条)。《国际商事仲裁法》还规定了弥补当事方之间缺乏协议的方式:在与之相同的限制(尊重正当程序)内,仲裁庭可以其认为适当的方式进行仲裁。授予仲裁庭的权力包括确定任何证据的可接受性、相关性、重要性和权重的权力(第64条)。国内仲裁受程序守则所载的仲裁规则管辖,这些规则也允许当事各方就适用仲裁程序的规则达成一致。在法律仲裁中,只有当双方未能确定另一方时,仲裁员才必须遵守法院程序规则(第751条);在善意仲裁中,仲裁员应"不遵守任何法律手续",将自己限制于当事人可能提交的背景或文件中,并作出其认为合适的解释(第769条)。

(二)关于程序规则的权力和限制

如上所述,各方可就适用的程序达成一致,否则将由仲裁员决定。尽管如此,当事双方和仲裁员都没有绝对的自由去这样做。尽管他们有广泛的自由裁量权,但他们受到与尊重正当程序相关的某些限制。

1.同意程序的方式及其效果

在实践中,当事方很难直接就程序规则达成一致,因为这将需要就广泛的细节达成一致,而这些细节与仲裁条款是不同的。因此,他们通常同意遵守一套包含进一步程序细节的规则。在机构仲裁中,即由提供仲裁服务的实体管理的仲裁中,通常采用该实体的规则。而且,在临时仲裁的情况下,当事方可就联合国国际贸易法委员会《示范法》的适用达成一致仲裁规则。在任何情况下,双方提交的规则均视为双方之间的直接协议。根据《国际商事仲裁法》第7(e)条的规定,"如果本法的一项规定是指双方已达成协议或可能达成协议,或以任何其他方式是指双方达成的协议,则该协议包括该协议中提及的任何仲裁规则"。当事方自由制定适用于仲裁程序的规则的后果之一是限制仲裁员的权力,他们必须遵守商定的规则。否则将危及裁决的有效性或可执行性。应当记住,如果"仲裁程序不符合当事方的约定,除非该协议与本法中当事方不能减损的条款相冲突"[《国际商事仲裁法》第99(a)(Ⅳ)条],则法院可以撤销仲裁裁决,其承认或执行可能被拒[《国际商事仲裁法》第104(a)(Ⅳ)条]。在这方面,一些作者区分了当事方制定程序规则的权力和仲裁员确定在进行诉讼时将采取的具体程序措施的相对自由。前者意味着当事方可以选择规则的来源,但仲裁庭保留在尊重正当程序的前提下决定如何以及何时采取程序步骤的权力。尽管这可能会引发有趣的理论讨论,但在国际仲裁实践中,这个问题相对没有意义,因为当事人几乎总是会选择一套规则作为程序规则。此外,除少数具体规定外,这套规则通常赋予仲裁员合理广泛的自由裁量权,以确定进行诉讼的最有效方式。这确保了在事实上,仲裁员通常具有广泛的权力来进行仲裁,这是仲裁的特点之一。但这些权力也不是无限的,仲裁员一方面必须遵守商定的规则,另一方面必须满足正当法律程序的最低要求。

2. 正当程序对程序灵活性的限制

《国际商事仲裁法》第 64 条规定,作为一项默认规则,如果双方未能达成协议,仲裁庭可以其认为适当的方式进行仲裁。然而,这受到限制,因为仲裁员必须遵循某些原则。第 63 条和第 64 条中的“受本法规定约束”一词意味着双方当事人就程序规则达成一致的自由以及仲裁员以其认为适当的方式进行仲裁的权力均须符合某些最低标准。第 62 条规定了对双方当事人的限制,仲裁庭应平等对待双方当事人,并给予他们充分的陈述机会。这意味着,尽管承认仲裁程序具有灵活性,但仲裁程序必须遵循正当法律程序中固有的原则:辩护权、当事各方平等、听证机会和矛盾。仲裁法律和法规中普遍规定的“平等待遇和充分机会陈述案情”规则是对当事人自治和仲裁庭进行仲裁程序的权力的限制,其目的是保证仲裁程序的平等和有效进行,以及确保仲裁庭不会以任意或反复无常的方式进行仲裁。正当程序是任何司法程序的共同要求,无论是由法官还是仲裁员进行。然而,在仲裁中,这一概念有其自身的内容,必须符合其基本特征:当事人自由意志的行使和程序规则的更大灵活性。因此,仲裁正当程序是一项最低标准,包括:诉诸仲裁的权利,聘请独立和公正的仲裁员的权利,以及执行裁决的权利。这最终归结为三大原则:倾听、矛盾和平等。当事方必须有机会提出论点和提交证据,以及对对方当事人的论点提出质疑,仲裁庭必须在不受外部影响的情况下作出裁决。尊重正当程序是程序和最终裁决有效性的先决条件,仲裁庭也必须避免只承认拖延的索赔,以免裁决被宣布无效。在解决仲裁过程中可能出现的程序性问题时,仲裁庭不仅必须确保这一原则得到尊重,而且还必须避免给予当事人不合理的权利,以避免在仲裁过程中出现不必要的延误。这些情况在仲裁员的两项同样重要的职责(发布有效和可执行的裁决,同时确保有效性、快速性和程序经济性)之间造成了紧张关系,只有在仲裁庭采取谨慎和常识的情况下才能令人满意地处理。

（三）仲裁程序的设立和主要程序步骤

1. 一般步骤

仲裁程序是一系列步骤，通过这些步骤，当事方将其案件提交给仲裁员。仲裁程序再现了任何对抗性程序的基本顺序：索赔、辩护、证据和裁决。然而，由于仲裁庭通常是针对每一个案件组成的，因此这一顺序不能完全照搬法院程序的模式。出现案件后，双方任命仲裁员组建仲裁庭。因此，仲裁中的辩论阶段通常不像在法庭诉讼中那样由单一步骤组成，而是通过不同的主张来表达，每一个主张都有特定的目的（和不同的效果）。一般来说，仲裁从原告的仲裁请求开始（由被告回答），一旦指定了仲裁员，当事方和仲裁庭（或审理后的仲裁庭）将确定何时以及如何采取程序步骤。只有在这之后，按照之前的规定，双方才会提交完整的辩论摘要。仲裁请求或仲裁通知旨在启动仲裁程序，索赔人提供了最低限度的细节，以告知当事方争议是什么，并使他们能够组成仲裁庭，但既没有阐述其事实和法律指控，也没有阐述支持其索赔的证据。在答复该通知时，答辩人仅简单地提出了其对索赔人索赔的立场，并介绍了其希望提出的任何管辖权异议或反诉。仲裁庭成立后，在组织会议后确定的期限内，各方提交各自的书面陈述，详细说明事实、法律论点和证据。这些意见书通常被称为诉状（索赔诉状和反诉状），如果双方同意或仲裁庭作出决定，双方可提交第二轮书面陈述，称为答辩状和答辩状。《国际商事仲裁法》第 71 条规定，除非当事各方另有约定，任何一方均可修改或补充其索赔或辩护，除非仲裁庭考虑到修改的延迟而认为不适宜。这是仲裁程序与法院程序不同的另一个方面。在后一种情况下，禁止反悔原则更加严格，修改索赔和辩护的可能性非常有限。在仲裁中，这项权利不受如此严格的规则约束，但是仲裁庭可以接受或拒绝修正案。为此它必须权衡可能需要进行此类修改的情况，以及可能对诉讼程序产生的影响。

2. 组织会议

仲裁程序的灵活性、关于程序进行方式的法律规则（甚至监管规则）的相对普遍性、阐明具体规则以使当事方能够确定何时和如何采取程序性步骤的可取性、根据每个案件的具体情况调整规则的必要性，以及在尽可能多的当事人协商一致的情况下这样做的便利性，使仲裁员和当事人之间有必要举行一次会议，讨论程序的组织细节。事实上，一旦仲裁庭成立，它通常会联系当事人并邀请他们参加会议，以便听取他们关于仲裁进行方式的意见。在该会议期间，仲裁员寻求了解当事方在组织方面和某些具体议事规则方面的需要或愿望。尽管本次会议的内容将根据具体情况而有所不同,但仲裁庭通常会询问当事方对某些未预先确定的问题的偏好。例如,考虑到只有两方当事人且没有反诉的仲裁的最基本方面,仲裁庭可能有兴趣了解当事人对以下事项的意见:提出索赔的条款辩护;可能存在关于案情的第二轮书面陈述(答复和答辩);提交人证和专家证据的方法;当事一方要求出示另一方持有的文件时应遵循的程序;整个诉讼过程中的沟通方法;举行证据听证会的暂定期和地点。但是,变化是多种多样的,会议的组织需要关注其他主题。例如,如果提出了管辖权异议或仲裁庭要解决任何其他问题,将就此类情况应遵循的程序,包括仲裁庭解决该问题的时间,与各方进行协商。如果已提出反诉,审裁处必须决定何时以及如何提交与此相关的意见书。在多方仲裁的情况下,有必要组织所有当事方交换书面意见。总之,本次会议对某些人来说是整个仲裁中最重要的会议,为仲裁的所有参与者(包括仲裁员)建立了一个相互了解的环境,主要是组织仲裁程序。在国际商会为更有效地进行仲裁所建议的技巧中,仲裁庭要求当事方在会议之前联合或单独提交其提案是比较多采用的。仲裁庭有时可以选择在会议之前提交一份载有仲裁庭建议的所有措施的草案,供各方分析和审议。草案甚至可能附有一项建议,即各方应努力达成协议。在与当事方的会议期间,仲裁员将就尽可能多的问题寻求共识,以促进当事方商定的程序。如果未能达成共识,仲裁员将在行使诉讼程序的权力时采取其认为适当的措施。上述所有内容最终在程序令中列出,通常是仲裁员发布的第一份程序令,其中包含各方的协议和仲裁员作出的决定,并附有一份临时日历,说明不同的程序步骤以及何时采取这些步骤。

3. 仲裁的证据阶段

仲裁程序虽然是灵活的,不受严格的形式要求的限制,但却是真正的程序,目的是让所有当事方以事实和法律依据支持其主张,并让仲裁庭收集必要的信息,以便就此作出合理的决定。证据阶段是诉讼程序的一个阶段,在这个阶段,证据手段,即当事方用来证明其指控正确性的工具,以及法官用来定事实指控是真是假的工具,都被启动。

(1)举证责任

尽管这种做法可能因诉讼所依据的法律制度而异,但人们普遍认为,在仲裁和民事法庭诉讼中,每一方都有责任证明其索赔所依据的事实。该规则并未在

《国际商事仲裁法》中规定,而是源自《联合国国际贸易法委员会仲裁规则》,该规则规定"每一方均有责证明其主张或辩护所依据的事实"(第27.1条)。这意味着,除了善意地合作和参与诉讼程序的一般义务外,当事方不承担同样的责任。仲裁程序具有决定性,需要各方不同程度的合作。尽管被申请人可能不应该保持绝对被动,只是否认索赔人所声称的事实,但索赔人的主要任务是在仲裁程序中声称其索赔得到承认的充分证据。然而,这一一般规则至少有两种例外情况:当事实是公开的和众所周知的,或者当适用的规则导致一种推定被相反的证据推翻时。这个问题还涉及仲裁庭本身在证据面前的作用。众所周知,仲裁员有权自行采取证据措施。例如,《联合国国际贸易法委员会仲裁规则》规定,"在仲裁程序的任何时候,仲裁庭可以要求当事方在仲裁庭决定的期限内出示文件、证据或其他证据"(第27.3条),"双方或任何其他人任命的专家"(第25.3条),以及"传唤任一方提供额外证据"(第25.5条)。他们仍然承认,仲裁员和州法官有责任根据案件事实作出公正裁决。尽管在任何司法制度中,寻求真相都是可取的目的,但这一目的可能无法通过改变某些规则来实现,这些规则是民事诉讼的基础,已成为构成正当程序的基本原则。这意味着,仲裁员应极其谨慎地行使其公认的采取证据措施的权力,因为仲裁员不仅致力于真相,而且致力于遵守正当程序原则,如给予双方平等待遇。换言之,是仲裁庭进行诉讼,其职能是为当事人提供司法服务。但仲裁程序是决定性的,而不是探究性的。因此,尽管有能力采取当然证据措施,以澄清一个不够明确的事实,但这种能动性受到维护程序平等的必要性的严格限制。这意味着仲裁庭不得使用证据措施来弥补负有举证责任的一方当事人的过失。

(2)听证会

根据《国际商事仲裁法》第72条的规定,仲裁庭有权决定是否举行口头听证会或诉讼程序是否应完全以书面形式进行。然而,这一权力取决于双方的任何协议。法律规则似乎建议至少举行一次听证会,如果双方未能同意不举行听证会,且如果其中一方提出要求,则仲裁庭应召开听证会。国际仲裁中的听证概念比法庭诉讼中的听证要广泛得多。出于快速和经济的明显原因,通常避免了当面听证的激增,而且一般来说,只有一次听证会集中了对仲裁庭和当事方亲自出席至关重要的行动和步骤。这并不意味着各方在会议过程和不同主题中通常通过电信方式进行会议。在通常情况下,由仲裁庭召开听证会,主要目的是听取证人和专家的口头证词,尽管当事人意见也会被听取。国际仲裁中的典型听证会开始于各方当事人的初步陈述(开场陈述),然后是对证人和专家的讯问和交叉询问,最后是各方当事人对听证会上提供的证据的实质性总结(结束陈述)。尽管有上述规定,在与各方协商后,仲裁庭也可以要求以书面形式提交最终陈述。

《国际商事仲裁法》第73条规定了基本原则:仲裁庭在任何听证会上都应提前充分通知当事人。实际上,该原则的作用远远不止于此。一般来说,仲裁庭寻求在几个月前与各方达成协议,不仅包括听证会的日期和地点,还包括其组织细节:分配给每一方的期限,证人和专家的讯问顺序,讯问和盘问规则,记录听证会上发生的事情的方式,以及最初如何承担费用等。这通常在与当事方的会议上进行讨论,随后在程序令中进行设想,该程序令系统化并规定了适用于听证会的规则。

(3)证据的一般规则

每一个争端解决系统都必须有规则,能够确定待解决争端的真相。特别是,仲裁庭的作用是权衡证据并决定索赔是否有充分的依据。《国际商事仲裁法》没有详细的证据规则,它只规定了显而易见的一点:“仲裁庭有权确定任何证据的可采性、相关性、重要性和权重(第64条),并且任何纳入诉讼记录的证据都应传达给当事方(第74条)。”第一条规则只是更一般规则的派生规则,该规则授权仲裁员以其认为适当的方式进行仲裁,其目标是实现法院诉讼程序的有效管理。众所周知,在所有管辖权诉讼中,最关键的阶段、需要更多资源的阶段以及通常对诉讼时间长度影响最大的阶段恰恰是证据阶段。实践表明,证据出示程序守则中规定的条件很少得到满足,这一阶段是诉讼程序拖延的主要原因之一。此外,现实表明,当事方提供的证据中有很大一部分是多余的和无关紧要的,制作这些证据需要时间和资源。这就是为什么仲裁庭的主要职责之一是事先对当事人提供的证据进行彻底分析。作为分析的结果,仲裁庭可以驳回旨在证明无争议事实或与诉讼结果无关的事实的证据,并命令出示实际需要的证据。然而,仲裁庭必须确保这样的决定不会影响当事人的陈述权,包括出示足够证据证明其主张所依据的事实的权利。因此,审查当事方提供的证据的相关性和重要性是仲裁庭要执行的微妙的任务之一。如果仲裁庭在没有对这些因素进行核实的情况下承认证据,它就有可能不必要地拖延诉讼程序,使诉讼费用增加,并使其中一方的拖延做法得到证实。如果它不这样做,裁决的有效性可能会受到损害,而这种困境在实践中并不容易解决。只有仲裁庭的良好裁决和这些权力的平衡行使才能使仲裁尽可能有效,对裁决的有效性或可执行性的风险最小。当然,仲裁程序要求在证据评估方面尊重仲裁员的良好判断。事物的本质和现代程序科学赋予了仲裁员良好的判断力,使他或她摆脱了法律、加权证据的局限性和神秘性,从而将决策者变成了机器人。但良好的判断并不与仲裁相混淆,这意味着必须在裁决中解释,说明作出此类判断的原因。尽管一般而言,证据评估由仲裁庭自由裁量,但这种自由裁量权并不是无限的,因为当事各方希望得到一份高质量裁决,以消除对任意决定的任何可能怀疑,如果仲裁裁决中没有明确表示,证据评估过程将失去实质性和可信度。第 74 条规定的第二条规则也源自仲裁庭尊重正当程序的一般义务(第 62 条)。其表现形式之一是双边原则,要求所有程序性步骤都在当事方的参与下进行,并可能产生矛盾(反对所取步骤的权利)和控制(核实其规则性的权利)。双边原则不仅在法律论点方面是必要的,而且在事实和证据方面也必须遵守,它假定双方当事人都参与了仲裁过程中所涉及的步骤,即为仲裁提供证据或背景材料。总之,仲裁员有义务遵守和执行这一原则,这一原则被认为是国际仲裁的基本原则。

(4)《IBA 规则》

尽管某些惯例和规则现在可能被视为标准,但在国际仲裁中,采取某些程序性步骤并不是唯一方法。双方可能有不同的期望,特别是如果他们来自不同的法律文化。如上所述,法律、法规通常不包含在仲裁中出示证据的重要细节。这也是一个承认多种细微差别的问题,双方很难事先达成一致,仲裁员也很难事先确定。缺乏涵盖所有相关因素和所有可能情况的普遍接受的规则,通常会给当事人和仲裁员开展仲裁带来不确定性。一般而言,各方希望得到关于所采取步骤和规则的具体指示适用于作为证据的关键方面。如果仲裁员的决定是基于一些预先存在的规则,而这些规则不会给人一种他们仅仅依赖自由裁量权的印象,那么人们会感到更加舒适。为了帮助当事人和仲裁员,IBA 起草了《IBA 规则》,该规则为参与仲裁的人广泛接受。这些规则最初起草于 1999 年,2010 年进行了更新。

根据其序言,这些规则"为国际仲裁取证提供了一个高效、经济和公平的程序,特别是当当事人来自不同的法律文化时"。这些规则旨在补充适用于仲裁进行的机构规则、临时规则或其他规则,可以全部或部分采用,也可以更改或用作指南。在相关部分,该规则规定,仲裁庭应与当事各方协商,并邀请他们相互协商,以期就有效、经济和公平的取证程序达成一致(第2.1条)。这种协商可包括证人陈述和专家报告的制备和提交等问题;听取口头证词;适用于文件编制的要求、程序和格式;以及保密准则(第2.2条)。在仲裁庭承认的权力中,该规则规定仲裁庭应“始终完全控制证据听证会”(第8.2条);仲裁庭可要求任何人就仲裁庭认为与本案相关的任何问题以及对其结果至关重要的任何问题提供口头或书面证据(第8.5条);它“应确定证据的可采性、相关性、重要性和权重”(第9.1条)。接受不同法系(大陆法系与英美法系)训练的仲裁员对仲裁程序方面的不同文化做法通常会给来自相异法律文化的当事人、律师或其他仲裁员带来困难。如克莱蒙德斯[Cremades(Jr.)]所解释:民法法官将采用询问制度,即决策者负责确定争议中的主要事实或法律问题的程序。在这一制度下,几乎没有空间对对方证人或专家进行审查(因为审查是裁决者进行的)以及进行冗长的听证会,这是因为当事方有义务在诉讼中尽快以书面形式提交其案件以及所有必要的文件。因此,案情基本上是根据当事人的书面陈述以及所附的书面证据作出的。事实上,无论我们如何看待这一现实,今天的国际仲裁都采用了这两种体系的要素:在盎格鲁撒克逊体系中,国际仲裁采用了对对方证人和专家的审查(交叉审查)和要求出示文件(发现)。尽管如此,在国际仲裁中允许要求出示文件,但其范围与美国普通法院不同。相比之下,国际仲裁没有采用美国程序的其他方面,如听证会前的证词和质询(没有裁决者),举行过长听证会的倾向,或提交无数动议的做法(动议实践)。《IBA规则》在许多国际仲裁用户看来,在民法和普通法程序传统之间实现了合理的综合。他们的规则在实践中目前被普遍应用,甚至在仅涉及来自罗马民法的当事人的仲裁中。

(四)国际仲裁中的取证

一般来说,任何证据手段在仲裁中都是可接受的。然而,出示或获取证据的方式与法庭诉讼中的通常方式不同。阿根廷的法律制度,特别是管辖国际商事仲裁的法律制度,对取证并未设置障碍,正如本章结论中所解释的那样,法院程序规则不适用于仲裁,当事各方可能同意或仲裁员可能决定上述规则以外的规则。

1. 证人证言

关于证人证言,《IBA规则》体现了国际仲裁中的惯例,而不是法庭诉讼。例如,他们规定,任何人都可以作为证人出示证据,包括当事人(或当事人的代表、官员或雇员)(第4.2条);当事人或其律师会见其证人并与其讨论其未来的证词并无不妥(第 4.3 条);其他当事人可提交其他证人陈述,以反驳一方提交的陈述,包括先前未被指定为证人的人的证言(第 4.6 条)。当然,尽管有书面陈述,当事人(尤其是反对提交陈述的当事人)或仲裁员可以要求证人在听证会上作证。因此,可以确定,如果被要求出庭的证人在没有正当理由的情况下未能出庭作证,仲裁庭应无视其证人陈述。然而,如果未要求证人出庭,则不应视为同意证人证言的正确性,其证明效力应由仲裁员评估。这些规则与国际仲裁惯例一致,证人越来越多地通过当事方提交的书面材料作证。当事人的律师会见证人并参与准备其书面陈述是完全合法的。尽管从当地的法律实践来看这很奇怪,但事实是,律师为证人做准备受到道德、法律和实践方面的限制。在一些司法管辖区,在仲裁庭作证的证人说谎作伪证属于犯罪。此外,让证人以书面形式说出其他事实会带来重大风险,即在听证会上接受盘问时,他或她的可信度会崩溃。应当记住,在国际仲裁中,证人的概念不仅限于了解其作证事实的第三方,还包括当事人本人。《IBA 规则》第 4.2 条规定,"任何人都可以作为证人出示证据,包括一方或一方的官员、雇员或其他代表"。这与民事诉讼规则形成鲜明对比,即与当事人或其配偶没有直系血亲或亲缘关系的人不得作为证人(阿根廷《国家民事和商业诉讼法典》)。尽管如此,在仲裁中这是合乎逻辑的,不仅因为仲裁程序的灵活性更大,证人可能不会被取消资格,而且还有另外两种情况。首先,仲裁庭有广泛的权力评估证人陈述的证明效力。其次,如果对方提出要求,证人有义务在听证会上出庭作证,这使得对方能够在盘问中暴露书面陈述中的任何矛盾或虚假。与民事诉讼中对证人证词的贬低不同,仲裁中证人证词是常用的证据手段之一,甚至被认为除对证人所知事实的证言外,还有附带的好处。尽管上文提到的风险在仲裁中与在法庭诉讼中一样重要,但有两个因素大大降低了风险:其一,仲裁与诉讼的亲历性;其二,律师在审查准备与交叉询问方面得到了更好的训练。此外,应当指出,在阿根廷进行的仲裁中,证人的虚假陈述构成了《阿根廷刑法》第 275 条所述的伪证罪。我们认为,其中使用的广义"主管当局"、仲裁程序和裁决的管辖性质,以及受法律保护的利益,表明这类刑事犯罪不限于司法或行政框架。尽管仲裁员是私人的,但严格意义上讲,仲裁员是法官,并具有这样的权威,而且该规则并未提及在其面前作证的权威的公共性质。因此,仲裁员不仅可以听取证人陈述,还可以评估其证明价值。该规则的目的是维护在证人作证的程序中通过的判决的完整性,从而防止判决受到虚假陈述的影响,伪证的潜在损害在仲裁中与在法庭程序中一样重要,保护裁决完整性的必要性与在法庭判决中一样重要。总之,如果《阿根廷刑法》没有要求接受证人证词的人是公共当局,且该陈述意在影响具有与法院判决相同效力的决定,那么根据该决定是由州法官还是仲裁员作出的区分似乎是不合理的。尽管并非一致,在仲裁程序中作证的任何人都适用刑事犯罪类型的立场得到了专门研究刑事问题的阿根廷法律学者的支持。比较法中的解决方案也各不相同。在英国,《伪证法》适用于在司法程序中合法宣誓为证人或口译员的任何人,该人在“任法院、法庭或依法有权听取、接收和审查宣誓证据的人”(第1节第1条和第2条)之前作出了他或她知道虚假或不相信真实的陈述。对仲裁员要求证人宣誓的权力的任何质疑都被1996年英国《仲裁法》压制,该法明确承认“仲裁庭可指示对当事人或证人进行宣誓或确认,并可为此目的进行任何必要的宣誓或作出任何必要的确认”(第38节第5条)。《瑞士刑法》明确将“民事诉讼”中伪证的刑事责任(第306条)扩大到仲裁程序中提供证词的范围(第309. a条),根据证词是否经过宣誓,并考虑虚假证词可能对法庭作出的决定产生影响改变处罚。此外,在奥地利,尽管伪证罪只适用于在司法机构提供的证词,但证人在仲裁中的虚假陈述可能会受到对某种欺诈定罪的惩罚。同样明显的是,在西班牙,这一罪行只能在法院诉讼的框架内实施,尽管法律学者主张将其扩大到仲裁程序,以及巴塞罗那省法院提出了相应修订《刑法典》的倡议。

2. 专家证据

国际仲裁和法院诉讼在取证方面的另一个区别是专家证据或意见。根据规定,除非当事各方另有约定,仲裁庭可指定一名或多名专家就具体问题向其报告,在这种情况下,当事各方应向专家提供其可能需要的任何相关信息,以编写专家报告。此外,除非当事各方另有约定,应任何当事方的请求或仲裁庭本身的决定,专家可在听证会上发表意见,当事各方应有机会质询他或她,也可出示专家证人,就争议点作证。在国际仲裁中产生专家证据的最常见方式不是由仲裁庭指定一名专家。在通常情况下,索赔人和被申请人提交各自聘请的专家的书面报告,以及各自的索赔和辩护。在提交答复或答辩后,每一方通常会添加补充报告进行反驳。专家应该在听证会上对他们的报告进行审查。这种产生专家证据的方式可能被视为使这种证据手段变性,因为专家的意见永远不会完全中立。然而,在实践中,情况并非如此。专家由当事人选择和聘请的事实并不直接决定他们的公正性与独立性。另外,由于可信度和说服力的考虑,仲裁庭要判断仲裁员对这些条件的看法。即使专家的意见很少与指定方的意见不同,并且专家可以为该方的立场辩护,但为了有效,辩护应基于专家自己的判断,因为他或她不会为任命方辩护,而是为自己的技术观点辩护。此外,由于须考虑到另一方指定的专家的意见,仲裁庭通过比较能够确定哪一种意见具有更多的技术支持和更具说服力。而且,在最坏的情况下,法庭将始终能够征求指定专家的意见。在这方面,《IBA 规则》规定,"一方可依赖一方指定的专家的意见作为特定问题的证据",该专家将提交书面专家报告(第 5.1 条)。该报告应包含专家的详细信息,关于他或她与任何一方其法律顾问和仲裁庭的当前和过去关系的陈述,以及他或她的背景、资质、培训和经验的描述;说明其提供意见和结论所依据的指示;独立声明,陈述其专家意见和结论所依据的事实;他或她的专家意见和结论,包括得出结论所使用的方法、证据和信息的描述(包括专家所依赖的尚未提交的文件);如果报告已经翻译,则提供一份关于报告最初编写语言的声明,以及专家预计在听证会上作证的语言;确认他或她对报告中表达的意见的真实信念;专家签字及其日期和地点(第 5.2 条)。这些规则还规定,如果提交了专家报告,任何一方都可以提交经修订的或补充的报告,包括以前未指明的人的报告或陈述,只要任何此类修订或补充仅针对另一方证人陈述中的事项、专家报告或以前未在仲裁中提交的其他意见书(第 5.3 条)。与证人有关的规定类似,该规则规定,如果被要求出庭的一方当事人指定的专家在无正当理由的情况下未能出庭作证,仲裁庭应无视该方当事人指定专家的任何专家报告,除非特殊情况下仲裁庭另有决定(第 5.5 条)。如果未要求专家出庭,则不应视为接受报告内容的正确性,其证明效力应由仲裁庭评估(第 5.6 条)。

《IBA 规则》第 5.4 条在实践中非常有用。根据该规定,仲裁庭可命令任何一方指定的专家就相同或相关问题提交专家报告,并就此类问题进行讨论。在该会议上,专家应试图就其报告范围内的问题达成一致,并应书面记录他们达成一致的任何此类问题、任何未决的分歧领域及其原因。

《IBA 规则》还规定了仲裁庭在与当事方协商后任命独立专家的权力(第 61 条)。如果独立专家的意见被认为是必要的,仲裁庭应确定任何与各方协商后的专家报告,并将最终职权范围告知各方。根据该规则,在接受任命之前,专家应提交其资格说明和独立性声明,双方应告知仲裁庭是否有异议(第 6.2 条)。仲裁庭指定的专家可要求一方提供任何相关和必要的信息,以编制专家报告,其权限与仲裁庭的权限相同。双方应有权接收任何此类信息并参加专家决定进行的任何检查(第 6.3 条)。专家报告应符合与当事方指定的专家报告(第 6.4 条),并应由仲裁庭传达给双方,当事人可审查专家审查的任何信息,并对各方提交的报告作出答复,或通过另一方指定专家的证人陈述或专家报告作出答复(第 6.5 条)。应一方的请求或仲裁庭的决定,仲裁庭指定的专家应出席听证会。仲裁庭、当事方甚至任何一方指定的专家都可能对其进行询问(第 6.6 条)。显然,专家报告对仲裁没有约束力,仲裁应“充分考虑案件的所有情况”评估其结论(第6.7条);仲裁庭指定的专家的费用和开支,由仲裁庭决定,应构成仲裁费用的一部分(第 6.8 条)。

最后,值得强调的是,在国际仲裁中,专家证据并非只针对事实或技术问题,通常会提交法律专家报告,目的是说明仲裁庭在法律问题上的情况,特别是在适用实体法方面的情况,而仲裁员所接受的培训可能不同。

3. 书面证据

当然,在仲裁中,当事人可以依靠文件。应当指出,在仲裁的背景下,文件的概念包括书面、通信、图片、绘图、程序或任何类型的数据,无论是保存在纸上,还是通过电子音频、视频或任何其他方式。尽管将文件纳入仲裁程序的最常见方式是每一方提交其持有的文件,但在许多情况下,当事人在其未持有但由第三方或甚至交易对手持有的文件中找到支持其案件的证据。这意味着,为了证明其案情,该方应能够将这些文件纳入仲裁流程。在民事法庭诉讼中,也可能要求对方或第三方出示文件。除一般规则外,即拥有对解决案件至关重要的文件的当事方和第三方有义务按照法院的命令,在没有进一步提交材料的情况下出示这些文件或指明其中包含这些文件的文件(第 387 节)之外,《国家民事和商事诉讼法典》还规定,“如果文件由当事方之一持有,应要求该方在法院规定的期限内提交”(第 388 节)。同样,法院可要求第三方提交其拥有的文件,除非文件由第三方独家拥有,而出示文件可能对其不利(第 389 节)。然而,《国家民事和商事诉讼法典》仅规定了提交特定文件,由提供方指定并为其所知。第 333 节规定,如果相关方无法获得文件证据,则该方“应指定文件证据,说明其内容、位置、公职或持有文件的人”。相比之下,在盎格鲁撒克逊法律下的法庭诉讼中,要求出示文件(以及一般证据)的范围要大得多。发现作为联合王国的一种程序惯例,可追溯到 18 世纪,主要基于程序诚信原则:当事人不应隐瞒证据或将其意外地纳入诉讼程序。在美国,《联邦民事诉讼规则》(Federal Rules of Civil Procedure)以“披露和发现”为标题,规定了很多类型证据的文件制作。发现被认为是一个程序步骤,旨在准备证据听证会，以便各方能够提前知道对方将提交的证据。可能受盎格鲁撒克逊惯例的影响，并根据仲裁员应给予当事人充分机会陈述其案件的一般规则，在国际仲裁中，出示文件的请求，特别是对方拥有的文件，通常比《民事和商事程序法典》授权的文件要广泛得多：请求的内容不涉及明确指定的特定文件，而是文件类别。然而，正如下文所述，人们普遍认为，它必须是一个“狭窄而具体”的文件类别，必须提供“足够详细”的描述，必须由请求方说明其相关性。

IBA 关于文件制作的规则在实践中被证明对限制夸大的文件要求非常有用。该规则规定了一方当事人向另一方当事人要求出示文件所需满足的条件，以及在出示请求所针对的一方当事人提出异议时应遵循的程序：被要求出示文件的一方应以书面形式提出异议；应将反对通知请求方和任何其他方；如果争议持续，仲裁庭应裁定该请求是否可受理。

由于制作文件的请求在实践中通常是一个复杂的事件，国际商会仲裁委员会关于仲裁中控制时间和成本的技术的报告包含了一些旨在更有效地管理制作和制作请求的建议。例如，出示文件的请求应限于与案件结果相关的材料，避免涉及无争议的事实（第 50 项）；如果文件确实是必要的，应建立一个明确和有效的提交和交换程序，并规定适当的时限（第 51 项）；避免附加或要求已备案的文件（第 53 项）；并选择向仲裁庭提供的文件（第 54 项）。

此外，尽管有可能与缔约方举行会议，试图限制文件制作请求的范围，但一个常用的工具是“Redfern Schedule”，它只是一份文件——通常为 Word 格式，内容有 5 栏：第一栏，请求方确定已向另一方请求的文件或文件类别；第二栏，其中请求方解释每个请求的原因；第三栏，在该栏中，提交请求的当事人对该请求采取立场；第四栏，其中请求方答复对方提出的异议；第五栏，仲裁庭就每项请求作出决定。这种格式的主要优点之一是简化了文件制作程序，而且由于篇幅限制，当事双方和仲裁庭都必须简要地表达自己的意见。

4. 法庭协助取证

《国际商事仲裁法》第 78 条规定了法院干预仲裁的一种情况。在仲裁庭承认或下令采取证据措施的情况下，这是为了配合仲裁程序合作而进行的必要干预。事实上，当一方当事人不遵守仲裁庭的命令时，使用不利的推论是通常（有效）的做法。《示范法》工作组的一个关切是，防止一方当事人在仲裁程序中恶意利用这种法院干预作为拖延做法。因此，在讨论了几个备选方案后，委员会最终决定在自身的控制下请求法院协助。鉴于仲裁庭始终会做出裁决,国际仲裁院故意将请求法院协助的方式留给仲裁庭自己决定。在阿根廷进行的仲裁中,仲裁庭可求助于主管法院,并根据第22172号法律通过法院间通信系统请求其协助。这样做的一个优点是该法第4条限制了法院审查措施的权限及其适用。然而有时,利害关系方向法院提交请求更为可取:例如当从第三方寻求有关请求方自身的信息时,这可能更为有效,因为保密原因,这些信息可能受到保护。

(五)程序的不当行为对裁决的有效性的负面影响

仲裁的有效性主要取决于仲裁庭对仲裁程序的谨慎进行。缓慢和形式主义的程序试图破坏仲裁的快速性和经济性;不遵守正当程序会危及裁决的有效性或可执行性。《国际商事仲裁法》第99(a)(Ⅱ)条规定,如果申请撤销裁决的当事方提供证据证明“未向其发出仲裁员任命或仲裁程序的适当通知,或以其他方式无法陈述其案情”,则可撤销裁决。根据第104(a)(Ⅱ)条的规定,“如果被援引仲裁裁决的一方没有得到关于仲裁员任命或仲裁程序的适当通知,或以其他方式无法陈述其案情,则可以拒绝承认或执行仲裁裁决”。这些规则取自《示范法》,而《示范法》又取自《纽约公约》——一般而言是指违反正当程序。尽管这是主要人权公约中规定的宪法原则,因此违反该原则的裁决可能被视为违反公共政策,但《纽约公约》的起草者选择将其作为一项具体依据,因为这一点很重要,而且符合1927年《日内瓦公约》。尽管案文在起草方面有所不同,但其含义基本相同。这项规则有两个主要目标:首先,确保当事各方在仲裁程序过程中达到公平竞争的最低标准,并保证正当程序,这是任何对抗性争议解决机制的基础;其次,保护用户对仲裁作为争议解决方法的透明度的普遍信心,这是仲裁当事方的主要关切点之一。规则的第一部分涉及一个相对具体的案例,即未向一方当事人发出适当通知。这是一个本质上的事实问题,其范围从最坏的情况(也是罕见的情况)到(更可能的情况)未正确发出通知的情况,即完全没有传达仲裁程序的存在或指定仲裁员。《国际商事仲裁法》第99(a)(Ⅱ)条第二部分设想了一项关于无法行使辩护权的一般原则,涵盖仲裁中的任何严重违规行为以及任何违反程序平等原则的行为。这一规则构成对当事方自主权和仲裁庭进行仲裁程序的权力的限制,其理由是,即使仲裁程序更加灵活,当事方的基本权利也必须得到保护,以便保证仲裁程序的平等和有效进行,确保仲裁庭不会以任意或反复无常的方式进行仲裁。尽管仲裁程序的进行要受当事方在仲裁协议中的约定可能采用的常规规则或可能遵守的监管规则的制约,但这方面的自由并非无限:他们不得采用改变当事方平等的程序规则,或影响审判辩护的宪法保障,正如仲裁员不能忽视为实现司法功能而须遵守的基本原则。由于"无效本身"不存在无效性,因此要撤销裁决,利益相关方实际上必须毫无防备。例如,在仲裁程序中使用的语言没有明确协议的情况下,由位于乌克兰的仲裁庭以俄语进行仲裁,则不存在防不胜防的情况。只有明显违反平等待遇原则的情况下的裁决才有资格成为该规则的依据:"并不是任何违规行为都会自动成为拒绝承认和执行外国裁决的理由……这一定违反了法律制度的基本原则,以不可容忍的方式限制了正义的概念。"这一理由当然不足以让法院审理撤销复审裁决的申请。阿根廷最高法院(CSN,西班牙语首字母缩略词)最近解释了《国家民事和商事诉讼法典》第 760 节中规定的"实质性程序失败"的理由,并解释说,无论这表述的适用范围如何,很明显,其中一方当事人仅仅对仲裁庭如何解决第一个裁决问题提出异议,可能不会被视为这样。如果仲裁庭考虑并解决了该问题,并以法律上可能的方式之一解决,则撤销裁决的判决意味着"明显超出了赋予法院管辖权的监管框架",因为通过直接审查仲裁庭就该问题作出的决定的是非曲直,法院的行为就像是在分析上诉一样,从而大大超出法律对法院权限的限制。实质性程序失败的理由包括仲裁裁决因形式上的缺陷而无效,这些缺陷可能影响了对程序正常性的保证。换言之,所谓的实质性程序失败要想被受理,其理由中提及的程序缺陷应当与辩护权及相应权益实质相关。这是因为撤销申请的目的无非是保护辩护权的适当行使。如果偏差不影响其行使基本保证,则没有理由因正式缺陷而撤销。任何基于所称缺陷或不合规的撤销申请,必须具体说明并表明其已造成实际和不可弥补的损害。

《国际商事仲裁法》中的用语一般包括任何严重违反正当程序的行为。这是因为仲裁程序主要受当事方在仲裁协议中可能采用的常规规则管辖,或受不改变当事方平等或不影响宪法规定的审判辩护的程序规则管辖。并非所有在法庭程序中盛行的规则和原则都适用于仲裁。法院诉讼程序的形式更加严格,这与仲裁的性质不符,因此有必要仔细分析这一理由可能适用的案件,并使裁决被撤销或拒绝承认。基于"仲裁程序的反形式主义性质",应"从实质而非形式的角度"分析这一理由。因为其所保障的不是程序利益,而是某些宪法主观权利,在任何法律中都不得侵害这些权利哪怕是最低限度。如果当事人选择使用仲裁解决争议而非提交司法机关,他们就不能指望仲裁员遵循与法院完全相当的程序,而仲裁程序更大的灵活性往往也是他们放弃国家管辖权的原因之一。如上所述,仲裁员在程序适用时具有广泛的自由裁量权,如果未能达成一致,则可以遵循某些基本原则,即“以他们认为适当的方式进行仲裁”(《国际商事仲裁法》第 64 条)。他们的核心任务是根据对仲裁过程中产生的相关证据的权衡,根据是非曲直解决争议。这就是为什么只有在未满足最低合法标准时才能认为违反了正当程序(适当的通知和辩护和陈述案件的机会,以及法庭的公正性)。换言之,要以此为由撤销裁决,必须证明仲裁员滥用了其相对自由裁量权,以确定哪些证据是相关的或必要的。尽管应谨慎地并考虑到每一案件的具体情况作出决定,但仲裁员不必采纳当事方提供的所有证据。《国际商事仲裁法》第 64 条承认他们有权“确定证据的可采性、相关性、重要性和权重”。因此,为了适用这一理由,“必须充分证明仲裁员公然滥用其特权”。该规则实际上假定仲裁员在进行仲裁时应不越过最低限度,合理行使自由裁量权。该最低限度要求仲裁员适当权衡仲裁的有效管理与尊重向当事人提供的基本保障的需要,以便在辩护权和效力这两个对仲裁同样重要的价值观之间取得适当的平衡。

阿根廷法院驳回了撤销根据美洲商事仲裁委员会(CIAC)规则在布宜诺斯艾利斯进行的仲裁中作出的裁决的申请。在该仲裁中,被申请人声称被拒绝查阅仲裁程序记录副本,这违反正当程序。根据上诉法院发布的判决,为了让被申请人能够获得副本,仲裁庭要求其预付若干款项作为仲裁的费用与开支,而被申请人拒绝支付。在驳回撤销裁决的申请时,法院认为,申请人从未对所确定的金额提出异议,而在根据此类规则同意仲裁时,申请人实际上已同意该金额,这就是为什么“其后来提出的金额过高的申诉不可受理”。

商业事务上诉法院最近的一项裁决表明,阿根廷法院将“实质性程序失败”的理由归于《国家民事和商事诉讼法典》第 760 节所述的范围狭窄。在“Emaco 案”中,法院驳回了申请人的指控,该指控旨在以违反正当程序为由撤销裁决,申请人已同意在听证会上就结案陈词所采取的步骤,并默认终止证据阶段,没有提出异议,这一事实阻止了申请人根据禁止反悔原则申请以该理由撤销裁决。另外,它重申了已确定的判例法,即这一理由仅能适用于可能影响到程序正规性的形式缺陷,其可采性取决于申请所需的程序要求。即在正式缺陷或无效行为(这必须是必要的,并影响审判辩护)、声明中的法律利益和未经确认的诉讼,不包括作为撤销任何司法错误的理由,如果当事方未放弃此类补救,则只能通过上诉予以补救。

此外,法院驳回了申请人的指控,即仲裁庭剥夺了其适当出示专家证据的权利,并且没有根据其对专家的意见和要求采取行动,该裁决只是验证了部分专家证据和第三方报告,因此只评估了部分证据。根据法院的说法,无论是因为这些指控涉及已获同意的程序方面,还是因为它们涉及证据的选择和权衡,这些指控都应予以驳回,因为仲裁员不必权衡所有证据,而只需权衡解决案件所需的信息。考虑到申请人对证据评估的异议可能不被视为撤销的理由,否则任何裁决都可以通过撤销申请提出上诉,这显然是不可接受的。

程序平等原则部分与矛盾原则相联系,在其最基本的表述中,要求所有当事方都有相同的机会陈述自己的案件。平等待遇原则规定仲裁员在作出程序性决定时,以相同的标准来评判双方。双方可以享有相同的权利、机会和负担,以捍卫各自的利益,其中一方不会被剥夺另一方在相同条件下获得的权利。换言之,所要求的平等可能不能以绝对的方式理解,大意是无论在何种情况下,所有当事方都应得到相同的对待。这一概念包含这样一种观点,即任何人都不得被任意地给予他人以外的待遇,只有相同的情况才应给予相同的待遇。

应当指出的是,尽管违反正当程序被明确规定为,在利益相关方将援引和证明的一组人中排除的自主理由[《国际商事仲裁法》第99(a)条],但在某些情况下,其中所包含的某些情况可能属于违反公共政策的更一般的理由,仲裁庭其实可以将其作为裁判依据[《国际商事仲裁法》第99(b)(Ⅰ)条]。一般理解是,所谓的程序性公共政策涉及裁决发布前诉讼程序的基本方面,并与尊重正当程序、公正司法、适当通知当事人有关程序步骤以及当事人陈述案件的机会平等原则一起发挥作用。如最高法院所述,《阿根廷宪法》第18条所载的适当原则是阿根廷国际公共政策的一个组成部分,不仅在刑事诉讼中发挥作用,而且在涉及金融权利的诉讼中发挥作用,不仅必须管辖在阿根廷进行的任何司法诉讼,而且包括以外国法院当局发布的判决或命令结束并在阿根廷共和国具有域外效力的任何诉讼。

(六)结论

在阿根廷,提起仲裁的方式因律师对仲裁实践的熟悉程度以及当事方遵守的法规而异。在纯粹的国内仲裁中,一些法规仍然维持与法院诉讼规则类似的规则,一些律师继续遵循这些做法。尽管如此,在《国际商事仲裁法》生效之前,许多仲裁,特别是国际性质的仲裁,都遵守国际仲裁规则和惯例。只要双方当事人就仲裁程序的约定合理,管辖国内仲裁的诉讼法典的规则则不会干预其自由。

本章所述的法院程序规则或惯例不适用于仲裁。如上所述,在国内仲裁中,仍然会发现引用《诉讼法》规则或默认纳入其规则的规定,以及遵循这些惯例的律师和仲裁员。然而在国际仲裁中,《国家民事和商事诉讼法典》的规定在默认情况下不适用:《国际商事仲裁法》本身规定“本法适用于国际商事仲裁,国际商事仲裁仅受其管辖”(第1条);它规定:在解释和组成本法时,应考虑到本法的国际渊源、其特殊性以及促进统一适用和遵守诚信的必要性。本法未明确解决的与本法管辖事项有关的问题,应根据本法所依据的一般原则予以解决[第7(g)条]。这意味着立法者打算将《国际商事仲裁法》作为一个封闭的、独立的系统,它不需要参考法律系统的其他规则或规定,特别是其中的真空或疏漏由既没有计划也不适用国际仲裁实践的地方规则予以填补。鉴于此,在阿根廷进行的国际商事仲裁中,根据真正的国际原则和规则进行诉讼是完全合法的,因为《国际商事仲裁法》对如何采取程序步骤或取证没有任何重大限制或手续。总之,尽管仲裁员的核心任务是根据当事人提交的案情解决争议,但他们进行仲裁的方式同样重要。当然,作为根据案情作出裁决的先决条件,仲裁庭必须听取当事人的意见,故而,它必须遵循一个程序。在仲裁中,此类程序必须主要由当事各方自行商定,或者由仲裁庭在其进行程序的权力范围内确定。但当事双方和仲裁员都必须遵守一般强制性规则,即必须遵守正当程序原则,这是保证裁决有效性和可执行性的一个条件。为了确保有效性,该程序不能是官僚主义的或形式主义的。仲裁员必须始终遵守正当程序,找到当事人能够在相对灵活的情况下陈述其案的最准确和最具成本效益的方法。仲裁程序本身并不是目的,而是仲裁庭收集必要信息的一种手段,以便根据提交的案情解决争端。

总之,有效地进行仲裁程序需要仲裁员谨慎行事,以便在采取所有必要步骤为当事方提供适当程序时尽可能迅速和经济有效地进行。

五、仲裁管辖

(一)仲裁管辖概述

本部分介绍并讨论了阿根廷仲裁管辖权的一些突出问题。尽管该国的仲裁法律框架有一些特殊性,但毫不奇怪,与其他司法管辖区一样,在阿根廷,仲裁不是解决争端的默认机制。管辖权是仲裁法和实践的核心。一般来说,仲裁要求特定法律关系的当事人达成协议,以通过仲裁解决其现有或未来的争议。仲裁是国际商业和投资争端的首选争端解决机制,但其运作只能在同意的情况下进行。因此,仲裁庭审理和裁定实质性争议的权力必然取决于所涉各方之间是否存在有效和可执行的仲裁协议,争议必须在协议范围内。管辖权异议的理由可能大相径庭。虽然一方当事人可能认为实质性争议必须通过仲裁解决,但对方当事人可能辩称这是不可能的,因为不存在仲裁协议;它也可能辩称,即使存在仲裁协议,它也不是该协议的一方,或者当前的争议不在其范围之内。抵制仲裁的一方也可以对协议无效、不起作用或不能履行提出异议。可能还有其他可以想象的当事人可以提出否认仲裁管辖权的论据。本部分不涉及其中的实质性方面,而是涉及根据阿根廷法律建立和质疑仲裁庭管辖权的程序性考虑。

阿根廷的立法根据仲裁的起源(国内或国际)以及仲裁决定的依据或来源(法律或衡平法)对仲裁进行分类。第一个区别与本章的目的相关,因为不同的立法适用于国内仲裁和国际仲裁。第二个区别,即仲裁庭应根据相关法律还是根据公平善意原则作出裁决,在这里并不相关,因为它并不直接影响当事各方进行仲裁或就其实质性争议提起诉讼的义务。国内仲裁受《国家民商事法典》以及相关的程序规则管辖。国内仲裁分两级,在联邦一级,由《国家民事和商业诉讼法典》规定,在地方一级,由各省颁布的法律规定;国际仲裁受《国际商事仲裁法》管辖。

(二)管辖权裁定原则

"Kompetenz – Kompetenz"原则承认仲裁庭有权依据自己的管辖权作出裁决,这一原则没有争议,并已得到仲裁立法、机构仲裁规则、公约和判例法的普遍承认。它最近才在阿根廷获得了法定承认,但其实法院已经承认了一个多世纪。《国际商事仲裁法》以类似《示范法》的措辞阐述了该原则,仲裁庭可就其自身的管辖权作出裁决,包括对仲裁协议的存在或有效性提出的任何异议。《国家民商事法典》也在国内仲裁中承认了该原则。第 1654 条规定:"除非另有规定,仲裁协议赋予仲裁员自行决定权限的权限,包括就与仲裁协议的存在或有效性有关的任何异议或其评估妨碍仲裁员对争议的是非曲直作出判断的任何其他异议作出决定。"南方共同市场的规定也对阿根廷的仲裁有影响,因为阿根廷是其成员之一。与《国际商事仲裁法》和《国家民商事法典》一样,《南方共同市场仲裁协定》第 8 条也规定了"Kompetenz – Kompetenz"原则:"与仲裁协议的存在或有效性有关的问题应由仲裁庭依职权或应各方当事人的请求作出裁决。"其第 18 条规定仲裁庭有权决定自己的管辖权,并根据第 8 条的规定,决定与仲裁协议的存在和有效性有关的异议。

（三）仲裁可分离性

为确定仲裁管辖权，较大合同或基础合同中所载的仲裁协议被推定为独立自主的协议。虽然“Kompetenz – Kompetenz”原则承认仲裁员有权决定自己的管辖权，但可分离性隔离了仲裁条款，并保护其免于自动遭受主合同的同样命运。

在承认分离性推定时，《国际商事仲裁法》反映了《示范法》第 16 条第 1 款的措辞，其第 35 条规定，为了确定其存在或有效性，构成合同一部分的仲裁条款应视为独立于合同其他条款的协议。如同“Kompetenz – Kompetenz”原则一样，仲裁条款的可分离性得到了广泛的承认，即使在没有采纳《贸易法委员会示范法》的司法管辖区也是如此。例如，英国《仲裁法》（1996 年）第 7 节规定：“除非当事人另有约定，构成或意图构成另一协议（无论是否为书面形式）一部分的仲裁协议不得因该另一协议无效、不存在或变得无效而被视为无效、不存在或无效，为此，该仲裁协议应被视为一个单独的协议。”同样，瑞士法律规定：“不能以主合同无效或仲裁协议涉及尚未发生的争议为由对仲裁协议提出异议。”法国法律规定：“仲裁协议独立于与之相关的合同，该合同无效并不影响。”所有这些法律都明确规定了可分离性推定的直接法律后果。也就是说，基础合同的无效并不自动影响仲裁条款。在这方面，语言也遵循《示范法》，《国际商事仲裁法》第 35 条第 3 款规定：“仲裁庭关于合同无效的决定不应必然导致仲裁条款在法律上无效。”管辖国内仲裁的立法与之相似，它也承认可分离性的假设，它还规定了仲裁条款的成立及执行不受该条款所属合同效力的影响。《国家民商事法典》第 1653 条规定：“仲裁协议独立于与之相关的合同。”合同的无效并不影响仲裁协议的有效性，因此即使在合同无效的情况下，仲裁员仍有权确定双方各自的权利，并就其主张和论点作出决定。

分离原则的另一个后果与仲裁协议适用的法律有关。鉴于其独立于基础合同，仲裁条款可能由不同的法律管辖。虽然这是仲裁协议自主性的自然结果，但它在阿根廷也被法定规范性承认。《国家民商事法典》第 2651 条第 1 款规定了一般原则：“合同受双方就其内在有效性、性质、效力、权利和义务所选择的法律管辖。这种选择必须是明示的，或者是根据合同条款或案件的具体情况以明确的方式产生的。这种选择可能指合同的全部或部分。”阿根廷的仲裁立法未规定仲裁协议适用法律的认定，《示范法》也是如此。尽管可以从其分析性评注中得到一些指导，该评注表明，适用的法律与仲裁所在地法院在对裁决提出异议时将适用的法律相同,因为这些程序“构成法院对仲裁庭裁决的最终控制”。在南方共同市场的规定中可以找到一种不同的处理方式,它明确规定了适用于仲裁协议有效性的法律。根据《南方共同市场仲裁协定》第 6 条的规定,其形式有效性受协议签订地的法律管辖;相反,仲裁协议的实质有效性受仲裁发生地成员的法律管辖,仲裁协议当事人的行为能力受其住所地的法律管辖。

对于法院来说,与许多国家一样,阿根廷法院在《国家民商事法典》及《国际商事仲裁法》立法承认前便已经开始使用分离原则了。一个很好的例子是上诉法院 1988 年的一项裁决,该裁决认为,分离原则是一项“普遍接受的原则”,即使阿根廷没有实施这一原则的具体法规,它也适用于本案。法院基于《示范法》将那些普遍接受的仲裁原则编入法典,认为仲裁条款的自主性原则是国际公认的,因此已纳入《示范法》(第 16 条第 1 款)。虽然《示范法》尚未在阿根廷获得通过,但它总体上反映了这方面的公认原则,可以加以考虑,以弥补具体国家规范的缺失。此外,法院承认,仲裁协议通常是基础文书中的一项条款,但它指出,仲裁协议也可以被记录为单独的合同。法院认为,无论仲裁协议是作为一项更大的合同的一部分还是作为一项单独的合同,都“不会改变其自主公约的性质,它不取决于主合同的有效性,适用的法律或解决潜在争议且有国际管辖权的法院”。

在另一项判决中,上诉法院解释说,仲裁条款的自主权不仅在仲裁法中得到承认,有时甚至在实体法中也得到了承认。在这个意义上,法院援引了《国际货物销售公约》(CISG)。该公约第 81 条第 1 款规定:“宣告合同无效解除了双方在合同项下的义务,但可能造成的任何损害赔偿除外。宣告合同无效不影响合同中关于解决争议的任何规定,也不影响合同中关于双方因宣告合同无效而产生的权利和义务的任何其他规定。”与仲裁法中的可分离性推定一样,CISG 的这一条款将争议解决条款与基础合同其他部分的法律后果隔离开来。最后,上诉法院承认,可分离性可以基于当事人的自主权发挥作用,只要当事人选择的仲裁规则载有这方面的规定。

承认仲裁协议自主权的判例法在阿根廷并不总是一致的。例如,在“Nidera 案”中,最高法院将仲裁条款视为主合同的附属条款,而不是独立、单独、自主的条款。在该案中,其中一项争议涉及双方当事人之间合同的存在及其法律性质,该合同包含一项仲裁条款。在一个国家法院和一个仲裁法庭都行使管辖权后,争端被提交到最高法院。尽管这是一个独特的问题,但注意到最高法院对权限—权限原则的处理是有趣的。在确认法院的管辖权时,最高法院认为:“如果要澄清的问题恰恰在于确定当事方之间所产生的关系的性质……所涉事项超出了仲裁庭的管辖范围……属于司法机关的权力范围。”最高法院将该问题视为管辖权冲突,而不是优先权规则。管辖权冲突的前提是承认一个法院(司法或仲裁)而排斥另一个法院,优先权规则并不取代法官或仲裁员的管辖权,它只是决定了谁有权先决定这个问题。

(四)管辖权异议的时间

对仲裁庭管辖权的异议必须及时提出。一般来说,未能这样做即视为放弃,从而失去在以后阶段对其提出质疑的权利。在阿根廷,《国际商事仲裁法》采用了《示范法》第16条的措辞,明确规定了提出管辖权争议的时限。它规定对仲裁庭无管辖权的抗辩应在不迟于提交答辩书的期限内提出。一方当事人并不因其指定或参与指定仲裁员而不能提出此种抗辩。一旦在仲裁程序中提出据称超出其权限的事项,即应提出仲裁庭超越其权限的抗辩。在这两种情况下,仲裁庭如果认为迟延是合理的,均可承认后来的抗辩。不能从逾期的管辖权异议中推断出放弃或默认仲裁,例如,异议是基于实质性可仲裁性问题。这是因为当事人意思自治不能推翻将某些实质性争议的解决留给国家法院的强制性规定。管辖权问题不仅会出现在仲裁庭面前,而且会出现在一方当事人违反仲裁协议提起诉讼的情况下,例如《纽约公约》和《示范法》规范了这些情况。《国际商事仲裁法》第19条重复了《示范法》的措辞,规定:如果当事一方在不迟于提交其关于争议实质的第一份陈述时提出请求,受理仲裁协议标的诉讼的法院应将当事各方提交仲裁,除非法院认定该协议无效、不起作用或无法履行。在这种情况下,一方当事人未对法院的管辖权提出异议也将被解释为放弃由仲裁员审理和裁决争议的权利。《国际商事仲裁法》第20条的明确目的是防止当事人将诉讼作为拖延解决争议的策略,该条规定:如已提起第19条所述的诉讼,仲裁程序仍可启动或继续,并可作出裁决,而该问题仍有待法院审理。在通过《国际商事仲裁法》第19条和第20条时,立法者错过了一个消除围绕两难困境的众所周知的争议的机会,普拉卡什(Prakash)法官(新加坡高等法院)认为这是“问题中的一个古老而熟悉的脑筋急转弯:先有鸡还是先有蛋?”即管辖权问题应首先由仲裁庭抑或是法院确定。换言之,澄清法院在确定声称的仲裁协议是否无效、不起作用或无法执行时应采用的审查标准。阿根廷的一些权威人士似乎建议,在将当事人提交仲裁之前,法院将对仲裁协议进行全面审查,并核实管辖权异议是否及时提出。一些判例法似乎倾向在仲裁开始时对管辖权异议进行有限的审查,例如,上诉法院在"Peruzzotti 案"和"Camuzzi 案"中的结论是,一旦法院(初步)确定当事方同意仲裁,就应由仲裁庭来解释并确定其有效性和范围。这一有利于仲裁员的优先权规则类似于法国国际仲裁立法采取的做法,其中规定:当涉及仲裁协议的争议提交法院时,该法院应拒绝管辖,除非仲裁庭尚未处理该争议,且仲裁协议明显无效或明显不适用。

根据法国和阿根廷的立法,对优先权规则的豁免要求是累积性的。法院只有在下列情况下才能受理和裁定该问题:没有仲裁庭;仲裁协议明显"有缺陷"。第二项要求,即仲裁协议明显无效或不适用,不同于《纽约公约》第 2 条第 3 款的措辞,《示范法》第 8 条第 1 款和《国际商事仲裁法》第 19 条,后三者都提到"无效、不起作用或不能实施"。"无效"一词表示合同本身存在缺陷,以及在订立协议时双方当事人对仲裁的同意无效的情况。这是由虚假陈述、非法行为、一方的无行为能力、错误、胁迫或不当影响等原因造成的。"不生效的"一词是指在当事方签订协议时有效,但此后不再有效的协议。当障碍阻止程序启动时,仲裁协议"无法执行"。《国家民商事法典》第 1656 条中使用的"不适用"一词含义模糊。这可能意味着,尽管仲裁协议有效且可操作,但不适用于争议各方,或者它可能不适用于当前的争议。随着时间的推移,判例法将确定"明显无效或不适用"例外的范围。

(五)关于管辖权的决定

在行使其管辖权时,仲裁庭可以将管辖权争议作为初步事项或在裁决中决定实质性争议。仲裁庭的裁决不是最终裁决,因为它受司法控制。在国际仲裁中,《国际商事仲裁法》规定:"如果作为一个初步问题,仲裁庭裁定其拥有管辖权,任何一方当事人可在收到该裁定的通知后 30 日内请求第 13 条所规定的法院就该事项作出裁决,该裁决不得上诉;在此类请求未决期间,仲裁庭可继续仲裁程序并作出裁决。"《国家民事和商事诉讼法典》对国内仲裁没有类似的规定。据塔维尔里维拉的说法,法庭行使管辖权初步决定不会立即受到司法控制。相反,受害方将不得不等待并对最终裁决提出质疑。这是上诉法院在拒绝审理对国际商会仲裁庭在"Procuracióndel Tesorodela Nación 诉仲裁庭案"中作出的管辖权决定的质疑时采取的办法。在作出这一决定时,法院认为仲裁庭的初步裁决不构成裁决,也没有解决实质性争议,也没有妨碍仲裁的继续进行。如果仲裁庭被反对意见所说服,并裁定自身缺乏管辖权,它将结束仲裁程序,而不对实质性争议作出裁决。在决定管辖权问题时,另一个相关问题涉及对仲裁协议的解释方法。在审查和确定管辖权异议的过程中,决策者应注意维护当事方仲裁其争议的意图,即使这一意图没有明确表达。为此目的,阿根廷立法者倾向于支持仲裁的立场,从法律上承认广义的解释方法,支持仲裁。《国家民商事法典》第 1656 条第 2 款规定,"如有疑问,仲裁合同必须尽可能有效"。这种"有效解释"的方法,加上已经被接受的有利于仲裁协议可执行性的推定,符合这样一种理解,即法院和法庭应当旨在尊重并最大限度地实现当事人仲裁争议的意图。虽然第 1656 条没有明确这样说,但通常的理解是,有效解释原则适用于与仲裁协议范围有关的问题,而不适用于与仲裁协议的形成和存在有关的问题。

第三节　阿根廷仲裁裁决的司法监督

根据阿根廷法律的规定,仲裁员和友好仲裁员都无权强制执行他们作出的裁决,所以在当事人一方不遵守仲裁裁决时,另一方当事人可以向对该案件有管辖权的法院申请强制执行,仲裁裁决的执行程序和法院判决的执行程序相同。

一、对国内仲裁裁决的上诉与撤销

可以对法院判决提出的上诉同样可以对仲裁裁决提出,除非当事人在仲裁确认书中放弃了上诉权。即使当事人已经放弃了上诉权,当事人仍可请求法院澄清或撤销仲裁裁决。上诉应在 5 个工作日内以书面形式向仲裁庭提出,并附有正当理由。如果上诉权已经被放弃,上诉将被自动驳回。如果提起了上诉,仲裁员则必须在 5 个工作日内通知另一方当事人,然后把仲裁文书提交给有管辖权的法院。对仲裁裁决的上诉与撤销应由对争议有管辖权的法院的上级法院管辖,但仲裁确认书规定由其他仲裁员对上诉进行审理的除外。仲裁裁决可以上诉是阿根廷国际商事仲裁制度中的一个重要特征。

对仲裁裁决的撤销申请可基于以下几点理由:程序上有重大错误;该裁决是在时效期间届满以后作出的;裁决超出了当事人提交仲裁的范围。在裁决超出了仲裁范围的情况下,如果裁决可以分开,法院可以宣告裁决部分无效。法院对仲裁裁决的澄清或撤销可以不开庭,而只审查案卷材料。

二、对外国仲裁裁决的承认与执行

与世界上所有其他国家一样,外国仲裁裁决要在阿根廷得到承认与执行,也必须满足一定的条件。是否符合承认与执行的条件通过一个被称作“承认外国仲裁裁决的申请”的程序得到证明。外国仲裁裁决的执行必须提交给有管辖权的法院,且申请执行外国仲裁裁决的一方必须提交经翻译的仲裁申请书以及仲裁裁决。提交“承认外国仲裁裁决的申请”之后,法官通常会将其送达给被告。被告可以提出异议,但通常仅限于形式要件,此外还可以提交一些证据。值得一提的是,被告提出一些证据和提出异议的可能,并不意味着可以对该争议重新提起仲裁。

为了承认或拒绝“承认外国仲裁裁决的申请”,法官会分析是否存在法律规定的承认和执行外国仲裁裁决的形式要件。这些要件是:有既判案件的效力,必须是终局裁决、具有约束力且不能再提起上诉。正当法律程序的权力,通知必须送达给被告本人,当事人正当法律程序的权力应得到尊重。遵守阿根廷的公共政策,该外国仲裁裁决不得与阿根廷的公共政策相抵触。仲裁裁决的内容必须符合仲裁地的法律,该外国仲裁裁决不得同本地已经作出的仲裁裁决相矛盾。根据阿根廷法律,该争端是可以提交仲裁的,符合《海牙公约》。阿根廷从 1988 年 2 月起成为《海牙公约》的成员。如果这些文件是由其他语言作出的,则在将它们提交法院前须由一个本地的公共翻译者将其翻译成西班牙语。

如果“承认外国仲裁裁决的申请”被批准,该外国仲裁裁决则与阿根廷仲裁裁决具有相同效力,且能通过与本地仲裁裁决同样的程序被强制执行。此外,阿根廷还是 1958 年《纽约公约》、1975 年《美洲国家间国际商事仲裁公约》、1979 年《美洲国家间关于外国判决和仲裁裁决的域外效力的公约》的成员,外国仲裁裁决可根据这些条约在阿根廷得到承认与执行。

第四节　仲裁制度在特定仲裁纠纷中的适用——以能源仲裁为例

在很大程度上,能源纠纷中经常显现的各种程序问题与其他类型的纠纷并无二致。然而,基于能源纠纷项目往往具备长期与高价值的特征,合作与纠纷解决的即时性是其根本,由此也衍生出一些特色的仲裁程序。阿根廷能源种类丰富,上中下游产业链完备,监管体系较健全,其能源仲裁纠纷规模可观且种类丰富。本节选取典型仲裁类型,扩充读者对阿根廷能源领域纠纷的认知并对相关特色仲裁程序进行简要介绍。

一、能源纠纷概述

自然资源与能源是一个国家经济发展乃至个人福祉的重大决定因素，就个体而言，能源生态链的组建与维系是几乎所有人类活动的重要组成部分，在很大程度上决定了人们的生活方式。从纸张或电子设备的制造再到最先进工业综合体的建造推出，我们消费的每一种商品或服务的背后都有能源。宏观层面同理，能源和自然资源的获取、管理和利用是一个国家经济增长的根本动力，能源矩阵不仅影响经济生产力和工业增长，还影响一个国家发展的方方面面。近几十年来，关于全球能源利用与可持续发展的争论持续发酵，国际能源署发布的《2023 年世界能源投资报告》预计 2023 年全球能源投资总额将达到 2.8 万亿美元，超过 2022 年的 2.6 万亿美元，主要分布在电力供应和油气投资领域，其中，清洁能源投资高于化石燃料。

这些投资基于其内容特殊性、投资背景和经营环境，普遍存在较大的风险。首先，能源领域的项目普遍具有更高的技术与创新风险，项目周期长、技术复杂、资金需求量大。与此同时，由于它们通常依赖支持性的监管框架才能取得进展，能源项目也特别容易受到政治不稳定和公共政策变化的影响。此外，能源价格波动也会产生潜在问题，影响这些投资的预期回报。因此，基于各种类型的风险，能源领域的纠纷十分频繁且类型复杂多变，在争议解决方面，能源合同通常会有多层次的解决机制，例如，规定当事人之间进行直接谈判或将调解作为强制性义务，各方尤其重视在不需要诉诸正视法律程序的情况下解决其冲突的可能性。然而，当发生当事人不可能或无法预见的事由时，仲裁则是所有能源部门最广泛接受的争议解决方式。根据一项调查，78% 的业内人员赞同仲裁非常适合解决能源领域的国际纠纷。约 85% 的从业者认为，随着能源纠纷复杂性的不断提升，需要有更多的专门仲裁机构。[1]

能源纠纷案件中技术性强，仲裁程序的灵活性与潜在的保密性，强大的可执行性都使能源行业无论是在规模上还是数量上都是仲裁案件最多的部门之一。

阿根廷丰富的自然资源，加上利用可再生能源发电的潜力，使该国在国内和

---

〔1〕 Queen Mary, *2018 International Arbitration Survey*: *The Evolution of International Arbitration*, White & Case 1, p. 7 – 8 (2018).

国际能源市场上处于有利地位。无论是不可再生能源还是可再生能源，阿根廷的自然资源都非常丰富，从大量的页岩油气资源到异常有利的风力，以及介于两者之间的一切。阿根廷能源潜力的最佳代表是世界著名的非常规油气地层 Vaca Muerta。这个地层的数据说明了一切，如果开采成功，该国已探明储量将增加 8 倍以上，确保其未来 150 年的天然气消费量和未来 85 年的石油消费量。阿根廷能源潜力开发面临的最大挑战是该国的经济和监管波动，阿根廷能源部门的监管变化一直在持续。考虑能源项目的规模和复杂性，稳定性显然是吸引投资者的基本资产。因此，阿根廷的多次危机对能源部门造成了严重打击。然而，这些缺陷并没有阻止投资者对阿根廷巨大的能源生产能力的兴趣。尽管并非没有波动，但能源项目投资在阿根廷经济中仍然占据非常重要的地位。

二、阿根廷能源监管框架

得益于其丰富的自然资源，在大约 1 个世纪以前，阿根廷是世界上最富有的国家之一。在 20 世纪 90 年代，阿根廷许多经济部门处于广泛自由化与私有化的阶段，从受到严格监管的国有公用事业和公司向私人主导和更加自由的市场结构转变。但随着 2001 年社会、政治以及经济危机的到来，阿根廷政府使其比索贬值，并在能源工业中更多地采取了干预主义，种种措施降低了整个能源工业部门对投资的吸引力，挫伤了私人投资者的积极性，阿根廷也首次成为能源净进口国。近年来，阿根廷重新制定其能源政策，确定监管架构，巩固原有能源发展基础，增加对碳氢化合物勘验和生产的投资，提升旧有装置的发电能力，促进能源矩阵多样化。本节以下将针对阿根廷的主要能源生产部门(石油和天然气、电力以及可再生资源)进行介绍。

(一)石油和天然气

阿根廷原油储量丰富，其碳氢化合物尤其是天然气在阿根廷的能源矩阵中占比很大。在非常规碳氢化合物方面，拥有第二大页岩气储量和第四大页岩油资源。

碳氢化合物工业的主要监管来自第 17.319 号《碳氢化合物法》，它为勘探和生产活动建立了基本的法律框架。此外，第 24.076 号《天然气法》为天然气的分销和运输制定了基本框架。与某些油气法规不同，在阿根廷，油气资源与一般的财产所有权是分开的。[1] 在现行的特许权使用费制度下,每个省拥有其领土内自然资源的原始领域以及底土中的碳氢化合物。[2] 对于许可证持有人和特许经营者来说,一旦碳氢化合物从底土中开采出来,这些碳氢化合物将被转移到他们的领域。

阿根廷政府可以决定油气行业的国家政策,并对上游、中游和下游业务进行监管。在两个或两个以上省份之间运行的天然气运输和分配系统属于联邦的专属管辖范围。[3] 原油运输、碳氢化合物下游活动(炼油)和液化石油气行业也受联邦政府的专属管辖。然而,各省(通过地方机构)保留管辖范围,以规范和管理与授予、执行、控制和延长碳氢化合物许可证和特许权以及其领土内的环境问题有关的事项。[4] 12 海里以外的海上勘探和生产活动受到联邦政府的专属管辖。

为了在适用期限和勘探区域内进行油气勘探、开发和生产活动,需要在竞争性招标过程中获得勘探许可证或生产特许权。特许权的期限取决于其类型:常规特许经营权的期限为 25 年,非常规特许经营权的期限为 35 年,海上特许经营权的期限为 30 年。在任何情况下,特许权均可连续延长 10 年。

在开采碳氢化合物的过程中,特许经营者和许可证持有人必须向授权的州(联邦或省)支付特许权使用费。《碳氢化合物法》还允许陆上和海上地面侦察活动。各省在其领土内颁发许可证和特许权,而阿根廷政府则颁发离岸许可证和 12 海里以外的特许权。勘探许可证的持有人拥有在许可证所覆盖的区域内进行勘探碳氢化合物所需的作业的专有权。

为了通过管道运输碳氢化合物,《碳氢化合物法》《天然气法》要求,联邦或省执法机构通过公开招标的方式授予特许权或许可证。这些框架将运输服务定义为公共服务,这意味着承运人不得限制或中断运输服务,除非发生事件影响运营

---

[1] Bruno Luis Cardinali, Federico Lescano, *Ownership and Jurisdiction over Hydrocarbons in the Argentine Republic*, 17 Revista Argentina de Derecho de la Energía, Hidrocarburos Minería (RADEHM) 41, p. 42 - 46 (2018).

[2] Francisco A. Macías, Lorena M. Schiariti, *A New Chapter in the Oscillations of Federalism in the Hydrocarbons Sector*, 3 Revista Argentina de Derecho de la Energía, Hidrocarburos y Minería (RADEHM) 15 (2015).

[3] Articles 2 and 50 of Law No. 24.076.

[4] Daiana Perrone, *Power Generation*, *Mining Law and Hydrocarbons*: *Coexistence of Exploitation of Renewable Resources and Non-renewable Resources*, 19 Revista Argentina de Derecho de la Energía, Hidrocarburos y Minería (RADEHM) 35 (2019).

条件,使运输无法进行(如不可抗力)。[1] 此外,运输服务受到开放准入和管制关税的制约。

(二)电力

阿根廷的电力部门可以垂直划分为3个子部门,分别为发电、输电与配电,每个子部门均有其适配的监管框架。其中,虽然配电和输电被认为是一项公共服务,但发电是一项普遍利益的活动。

发电采取市场竞争机制,商户于电力批发市场内开展竞争发电活动。根据相关法律,用户有权直接从发电机或贸易商处购买电力。然而,由于2001年经济危机后政府的干预,这一权利已被大大削弱,尤其是对传统能源来说。

在输电层面,阿根廷当局向私营公司授予输电设施特许权。经营高压和中压的特许经营者必须在支付服务费用后向第三方提供输电网接入,并禁止发电或配电。[2]

最后,分配是由公用事业公司根据特许经营权进行的。相关特许协议赋予经销商在其特许区域内的垄断权,要求他们以一定的质量服务标准满足需求,并为他们的服务设定最高关税。一般而言,经销商是由省级地方机构监督的。在布宜诺斯艾利斯大都会区(AMBA),两个主要的分销商由国家监管机构(ENRE)控制。

(三)可再生资源

阿根廷拥有丰富的可再生资源,例如,布宜诺斯艾利斯市以及巴塔哥尼亚省稳定的风能,偏远西北地区有持续的阳光、河流以及广泛的农田提供水电、生物能等,大大提升了阿根廷可再生能源的投资与部署机会。

2015年阿根廷政府更新了《利用可再生能发电促进制度》,新法规代表了对可再生能源监管框架的全面改革,力图深化开发、挖掘资源潜力。为实现诸多战略目标,阿根廷政府启动了一个名为“翻新计划”的公开招标程序并以公共信托基金作为支持,预计在不久的将来还会迎来更多的融资。

三、能源仲裁中的特色仲裁程序

多样的能源矩阵,较完整的能源生态链条等诸多因素都使阿根廷商业能源纠纷规模与类型日益膨胀,例如,天然气供应纠纷中便存在供气故障、气体加工、运

[1] Article 9 Decree No. 44/1991.

[2] Articles 22 and 30 of Law No. 24.076.

输等多种类型，与此同时，联合经营协议纠纷、能源建设纠纷等也是层出不穷，因此，如何快捷有效的解决纠纷便成为各方关注的焦点。基于能源纠纷的特殊性，仲裁往往是优先的争议解决机制，其关键议题在于多层次程序的使用以及专家和仲裁员的选择。

(一)能源领域中的多层争议解决条款

正如我们所见，在能源领域，仲裁是比法院诉讼更受欢迎的争端解决机制，越来越普遍的是，能源相关合同中的多层条款(也称“多步骤”或升级条款)规定了其他替代性争议解决方式作为仲裁的先决条件。这一趋势是广泛接受的国际建筑合同相互作用的结果，因为这些合同通常包括多步骤的争议解决程序。此外，在投资仲裁的背景下，多步骤条款也是普遍适用的。

多层条款涉及两种不同类型的替代性争议解决方式：协商一致的方法和准裁决的方法。[1] 在前者中，典型的争议解决程序通常从谈判阶段开始，在这个阶段，双方的代表必须在规定时间内试图在没有第三方干预的情况下解决他们的争议。有些条款还规定在谈判之后进行调解或调解，由无权对双方施加有约束力的决定的中立第三方鼓励他们自愿解决争端。最后，一些条款还规定了所谓的准裁决阶段，如专家裁定或争议委员会，特别是当争议涉及特定的复杂和技术问题时。

公司选择多层条款的原因有很多：首先，它们为当事人提供了相对而言时间和成本效益更高的纠纷解决可能性。此外，与正式的对抗性诉讼程序相比，替代性争议解决方式创造了一个合作基础，在促进双方业务关系维系的同时，探索在没有诉讼负担的情况下解决分歧的潜在方案。故而多层条款可以起到“过滤器”的作用，只让最根深蒂固的争议诉诸仲裁，从而实现风险的有效管理。[2] 能源交易如基础设施建设、天然气供应等无疑是长期且资本密集的，在这种情况下合作双方的稳定性与持续合作至关重要，任何延误、暂停或意料之外的支出都可能导致重大损失。因此，多层条款被能源从业者广泛接受也就不足为奇。

(二)仲裁员的选择

“仲裁的好坏取决于仲裁员。”当事人自主参与选择仲裁员提升了仲裁程序的

[1] Ewelina Kajkowska, *Enforceability of Multi-Tiered Dispute Resolution Clauses* 6, Bloomsbury Publishing, 2017.

[2] Gabriel C. Salvia, Verónica Repond, A 20 años de la privatización de YPF. Su debate legislativo y el trámite parlamentario de la reciente estatización, 194 CADAL 2, p.7 (2012).

可预见性，并且与诉讼相比，大大保障了其专业性，降低了潜在风险。在能源仲裁中，仲裁员的慎重选择尤为关键，能源项目通常由多个合同构成，涉及多个供应商与子供应商来完成各种工作，很多时候由于主体位于不同国家，一个争议会引起多方以及多个司法管辖区的纠纷。此外，能源纠纷涉及的金额往往很高，因此仲裁各方会谨慎寻找在该领域具备相关经验的个人来处理棘手的实质性和程序性问题。仲裁员不仅需要了解能源技术，还需要掌握合同实体法、程序法乃至诉讼语言等关键技能。最后，独立和公正是两个不可或缺的要求。

（三）专家在能源纠纷中的作用

能源仲裁的技术性不仅影响仲裁员的选择，也影响诉讼中所提供的证据。无论仲裁员在该事项上的经验多么丰富，能源纠纷通常都需要使用专家证人来评估所涉及的高度行业特异性的问题。即使仲裁员对这些问题非常精通，引入一个拥有“专家对专家”方法的人也可能是一个优势。此外，当当事人同意通过专家裁定或裁决来解决争议时，专家也起着至关重要的作用。

1. 专家证据与审查

专家证据规则在大陆法系和英美法系法律传统之间存在很大差异。在英美法系中，专家通常由当事人自由选择，而在大陆法系中，专家则是由法官在正式名单中任命。此外，在大陆法系，程序主要以书面形式进行，与普通法相比其质证是相当有限的。

尽管文化差异仍然存在，但在国际仲裁中英美法系和大陆法系传统之间的差距被认为成功地缩小了。国际准则的采用，如《IBA 规则》《特许仲裁员协会关于在国际仲裁中使用当事人指定的专家证人的议定书》在这方面作出了巨大贡献。这些准则规定了关于提供专家证据的国际证据程序标准，是民法和普通法共同影响的结果。

在能源仲裁的背景下，需要专家证据的问题可以分为两个主要领域。首先，由于能源仲裁经常涉及特别具有挑战性的经济理性问题，因此通常会任命专家协助法庭量化损害赔偿。能源项目通常是长期的，前期需要大量投资，因此赔偿不仅涉及确定损害发生时投入的资本，还涉及估计已实现投资的价值，这个过程需要使用很多专业性的经济学估值方法。[1] 与此同时,能源行业问题专业性强,故而在复杂的能源纠纷中,当事人和法庭同时任命能源专家和经济专家共同撰写联合报告的情况并不少见。其次,第二类专家意见涉及对案件是非曲直的事实以及法律问题的评估。能源项目通常的跨境性质也可能导致多方司法管辖纠纷,因此,法律专家的意见会有助于复杂法律事项的解释。

2. 专家判定

在多层条款的语境下,能源合同约定通过专家认定来解决某类争议的情况并不少见。一般而言,由专家裁决的问题往往是具有特定技术性质的分析,涉及很少或者直接的法律问题。这一程序不同于仲裁,也不同于专家在其他情况下的作用。仲裁通常涉及包括法律问题在内的更广泛的争议,而专家裁决则仅涉及更狭义的技术问题。此外,仲裁涉及更正式的法律程序,而专家裁决允许专家依靠自己的经验和调查。当专家裁决先于仲裁时,当事人应具体约定说明专家裁决是否具有约束力。

第五节　中国人参与阿根廷仲裁的警示

中国与拉丁美洲的民间交往源远流长,据说可以追溯至5世纪中国僧人远渡拉美传教。据中外文献记载,明朝万历年间的海上“丝绸之路”促进了中国与拉美人民的交往。新中国成立以来,中拉关系从纯粹的民间交往到建立外交关系,再到新世纪的跨越式发展,其速度、深度、广度都是前所未有的,呈现全方位、多层次、宽领域、官民并举的局面。

阿根廷是拉美第二大国,也是南美洲仅次于巴西的第二大经济体,与巴西一道成为南方共同市场的“战略轴心”。自1972年中国与阿根廷建交以来,两国一直保持着良好的经贸合作关系。据中国海关统计,2011年,中国与阿根廷双边贸易总额为147.8亿美元,同比增长12.6%。其中,中国对阿根廷出口85亿美元,自阿根廷进口62.8亿美元。2011年,经中国商务部批准或备案,中国在阿根廷完成非金融类直接投资金额1.3亿美元。2011年,中国公司在阿根廷完成承包工程营

〔1〕 Richard E. Walck, *Damages in Energy Disputes*, 4(2) Journal of Damagesin International Arbitration, p.41–44 (2017).

业额 1.9 亿美元,中国公司累计派出各类劳务人员 278 人。从商务部各类统计数据可以明显看出,阿根廷是中国在拉美的第三大贸易伙伴,仅次于巴西和墨西哥;中国则是阿根廷世界范围内的第二大贸易伙伴,仅次于巴西。如此大的贸易往来,难免会产生很多商事纠纷。

一、阿根廷卡尔沃主义的复兴

关于法院在仲裁程序中起到的作用,独立后的阿根廷经历了一个"螺旋式下降"的过程。阿根廷原本是"卡尔沃主义"的诞生地,其司法程序包括前文所述的仲裁程序带有强烈的地域属性,先天地具有排斥国际商事仲裁与国际民事诉讼的特性,这使其他国家在和阿根廷进行民商事交往的过程中,不可避免地会产生一些本该避免的矛盾。这类矛盾就根源于纠纷解决的国际性与阿根廷司法管辖的本地主义的矛盾,是司法地方主义倾向的有力借口。而到了 20 世纪中后期,发展中国家(地区)纷纷积极吸纳发达国家的投资,以使本国(地区)能够在外力的推动下更快地发展起来,"亚洲四小龙""四小虎""新四小龙"纷纷脱颖而出,他们利用发达国家向发展中国家(地区)转移劳动密集型产业的机会,吸引外国大量的资金和技术,迅速走上发展道路,成为发展中国家(地区)的典范。

拉美国家坚持的卡尔沃主义排斥了当时国际社会流行的包括 ICSID 与多边投资担保机构体制在内的所有国际争端解决机制,这导致了拉美吸纳外国投资严重不足,很大程度上限制了拉美发展中国家的经济发展,阿根廷是其中的代表。面对这种困境,作为南方共同市场战略轴心之一的阿根廷开始积极尝试以双边投资协定为突破口,《布宜诺斯艾利斯议定书》首次规定了"岔路口"条款,投资者既可以选择将投资争端提交东道国法院审理,也可以选择提交国际商事仲裁。此外,阿根廷紧接着签署、批准了《纽约公约》,卡尔沃主义在阿根廷似乎已经穷途末路。但发生在 21 世纪初的"阿根廷国际投资仲裁危机"事件,让我们对于阿根廷国际商事仲裁制度以及卡尔沃主义的复活有了全新的认识。

此次事件的直接原因虽然是 20 世纪末 21 世纪初的经济危机,但其根本原因却是阿根廷背离卡尔沃主义,对于外资的渴求甚至超越对本国经济安全的考虑,比如,美国与阿根廷的双边投资协定根本放弃了当地救济,完全依赖国际商事仲裁;英国与阿根廷的双边投资协定规定了附期限的当地救济,只要期限届满就可以提交国际商事仲裁,而不要求用尽当地救济。虽然阿根廷经济危机在 2002 年开始逐渐好转,并紧接着连续八年经济增长幅度高达 8%,但是对于阿根廷的投资也只是集中在2002～2006年。截至2013年3月，在ICSID共有未决的172起案件中，涉及阿根廷投资争端的就有45起之多，所占比例之高位居全球之冠。阿根廷对于这些案件均提出了包括管辖权抗辩、仲裁员异议在内的程序抗辩以及包括间接征收条款抗辩、公平公正待遇抗辩、重大安全例外抗辩、保护伞条款抗辩在内的实体抗辩，可惜这些抗辩均未能收到效果。鉴于ICSID对于阿根廷提出的各项抗辩的漠视，阿根廷对ICSID仲裁庭的裁决极度不满，认为其忽视了阿根廷经济危机的实际情况，过分地偏袒投资者，对作为东道国的阿根廷国家利益造成了严重的损害，因此对其中部分裁决提出了撤销申请并同时申请暂停执行。但是，由于ICSID仲裁的撤销制度只对程序性问题进行审查，无法对实体性问题进行救济，即使面对阿根廷确实存在的经济危机等诸多因素，仍旧无法改变其仲裁裁决。

基于以上的“两难”困境，阿根廷只好再次走上卡尔沃主义之路。2005年3月2日，时任阿根廷总统的科奇纳在阿根廷第123次国会上，公开言辞质疑国际仲裁庭对阿根廷境内外商状告东道国的索赔案件作出的终局裁决。紧随其后，国会正式通过立法，作出明确规定：(1)设置严格条件，从严限制把本国境内涉外投资争端提交国际仲裁。(2)即使国际仲裁庭已经作出裁决，当事人仍可向阿根廷本国联邦法院提起上诉。这就完全否定了国际仲裁庭裁决的终局性，把最后的决定权收回阿根廷自己手中。(3)指示阿根廷政府通知各有关缔约方，申述阿根廷的意向，将废除先前接受国际仲裁管辖权的国际条约。(4)授权阿根廷政府及其所属机构和企业发布命令与决定，废除先前订立或作出的与本法案相抵触的各种协议或决定。

由此可见，阿根廷这一“螺旋式下降”的过程走得既艰辛又烦琐，法院对于国际商事仲裁先是极度排斥，后来又放任自流，最后还是回归到严格监督，这一过程非常值得我们认真思考。

二、关于仲裁协议的警示

仲裁条款的独立性，又称为仲裁条款的自治规则，是指在现代商事仲裁中，仲裁条款应当独立于包含仲裁条款的协议而存在，绝大部分国家的国内立法以及国际条约都认可此项原则，该原则已成为现代国际商事仲裁的理论基石。《仲裁法》第19条第1款规定：“仲裁协议独立存在，合同的变更、解除、终止或者无效，不影响仲裁协议的效力。”由此可见，我国《仲裁法》规定了仲裁条款的独立性，但是缺少了合同自始无效的情形下仲裁条款效力的规定，这与中国国际经济贸易仲裁委员会和中国海事仲裁委员会的仲裁规则是矛盾的,因为两个涉及仲裁机构的仲裁规则认为合同自始无效不影响仲裁条款的效力,这与国际社会通行的做法是一致的。

阿根廷仲裁法则完全忽略了这一原则,从本质上抛弃了仲裁条款的独立性原则,以仲裁协议的再确认来强化法院在仲裁程序中的作用。仲裁协议效力的再次确认,让当事人无法对仲裁条款的效力有一个明确的认识和合理的预期,实际上是司法地方主义倾向在阿根廷仲裁程序中的具体体现。仲裁本身就是一种高度意思自治的、民间性质的纠纷解决方式,它的本质是国际或者国内的社会力量对于受到损害的权利进行救济的手段,倘若任由代表国家强制力的司法权硬生生地渗透其内,不但不会对仲裁有所帮助,反而会得到南辕北辙的效果。仲裁制度在发展的过程中曾一度走向被司法严密监督的绝路,仲裁协议的再确认,可以联想到中世纪因为惧怕社会力量的强大而在法院严格监督下几乎消失的仲裁制度。我国民事诉讼法的修改与正在酝酿之中的仲裁法的修改,都正在使仲裁和诉讼走向一个良性的互动,与阿根廷相比,这一点值得骄傲。

三、关于承认和执行仲裁裁决的警示

中国和阿根廷都是1958年《纽约公约》的缔约方,承认和执行外国仲裁裁决必须符合公约的要求。《纽约公约》中第1项拒绝承认与执行的理由是仲裁协议无效。仲裁协议的效力在阿根廷仲裁法中反而成为一项可有可无的规定,因为即使事先已经订立了仲裁协议,在仲裁程序开始之前,法院也会让当事人双方重新确认仲裁协议的效力,这个时候无论当事人是否适格,无论仲裁条款外的协议是否有效,无论仲裁条款的形式要件和实质要件是否完备,都不是问题。这个确认就是要确保仲裁协议没有效力瑕疵,因此在阿根廷国内的仲裁也根本不可能因存在这一项理由而遭到拒绝承认与执行。

我国对于仲裁协议无效则规定了3类情形:约定的仲裁事项超出了仲裁范围,订立仲裁协议的行为人能力不适格,一方采取胁迫手段迫使对方签订仲裁协议。《纽约公约》中第2项拒绝承认与执行的理由是缺乏正当程序。这一项理由虽然合情合理,却很难对其进行量化,因为不仅是每个国家,甚至每个法院、每个法官对于正当程序都会有不同的理解。对公约原文中所提到的"适当通知"和"公平聆讯"进行扩大解释,即只要考虑当事人能够得到平等的对待,给予陈述的机会就足够了,不必苛求仲裁程序像本地法院的诉讼程序一样严格,否则仲裁裁决很

难在异地得到承认与执行。

《纽约公约》中第3项拒绝承认与执行的理由是超越仲裁权限。如果当事人约定了仲裁的事项,而仲裁庭裁定的事项并不是约定的事项。换言之,仲裁庭越权处理了本没有提交仲裁的事项,因仲裁的意思自治原则,当然可以拒绝承认和执行。

《纽约公约》中第4项拒绝承认与执行的理由是仲裁庭的组成或仲裁规则与当事人协议不符,或没有协议时与仲裁地法律不符。需要注意的是,阿根廷仲裁法中规定,如果仲裁协议或仲裁条款以及法院要求当事人再次确认仲裁协议效力的时候没有确定仲裁规则,那么就由仲裁员基于争端的性质与经济效率的考虑,适用一般规则或简易程序规则,且这种选择是终局的,这意味着选择程序的权力在仲裁员手中而且不允许上诉。与我国截然相反的是,阿根廷只规定了当事人选择仲裁员组成仲裁庭这一方式,没有承认依据特定仲裁规则进行的机构仲裁的存在和效力。当事人在没有就仲裁规则达成协议的时候,只能使用法院程序规则,仲裁员是没有权利适用其他仲裁规则的,包括任何一个仲裁庭的仲裁规则或《示范法》。这不仅是对当事人的一种限制,而且是对仲裁员的一种限制。

《纽约公约》中第5项拒绝承认与执行的理由是裁决没有约束力。这一条恰恰对应阿根廷仲裁制度中最不合理的一个特点,即仲裁裁决没有终局性,可以就裁决进行上诉。因此,在与阿根廷进行商事交往活动中必须有足够的警惕,一旦选择适用仲裁来解决争端,那么必须在仲裁协议中明确放弃上诉的权利,否则会因此陷入阿根廷本地司法程序的泥潭,之前进行的仲裁将功亏一篑。本项理由的另一方面:倘若该裁决已经由作出裁决的国家或据其法律作出裁决的国家的管辖当局撤销或停止执行,也会引起在本国的不予承认与执行。这一问题是有争议的,但是越来越多的国家倾向于无视这一理由。我们如果在协议中声明放弃上诉的权利,则不需要因为第二个方面的理由而对阿根廷国内对其本国仲裁裁决的不予承认与执行感到无所适从,因为阿根廷本国国内法对于承认执行外国仲裁裁决没有足够的重视,甚至没有明确规定承认与执行仲裁裁决的管辖法院。另外,可仲裁事项以及公共政策也是各国对于拒绝承认与执行外国仲裁裁决的有力理由。但在中阿贸易中,这项理由并不能成为限制我们的障碍,因为阿根廷法律规定的可仲裁事项远远宽于我国仲裁法律所规定的可仲裁事项。阿根廷仲裁法认为,除不能调解与和解的争端外,所有争端都可以通过仲裁解决,而且允许在诉讼程序的任何阶段提交仲裁。而我国对于可仲裁事项的规定显然要严格许多,首先是限定为平等主体之间的合同及其他财产纠纷,其次是排除婚姻、收养、监护、扶养、继承纠纷以及依法应当由行政机关处理的行政争议。

虽然阿根廷与我国的国际商事仲裁制度有如此多的差异,并且还存在不少矛盾与缺陷,但是由于阿根廷法院系统被冗长的诉讼程序、高昂的诉讼费用、匮乏的法官基本保障所困扰,很多法官甚至频繁地宣布法律违宪,这让诉讼程序变得更加复杂,因此,国际商事仲裁仍旧是中阿双边贸易中较为明智的选择。而深入了解国际商事仲裁制度,并且利用它为我国的经济实体服务,则是法律人应尽的责任和义务。

CHAPTER 06 >>

第六章

克罗地亚

克罗地亚共和国(The Republic of Croatia,以下简称克罗地亚),位于欧洲中南部,巴尔干半岛西北部。1991 年 6 月,克罗地亚脱离前南斯拉夫独立。1992 年 5 月 22 日,克罗地亚加入联合国。2009 年 4 月,克罗地亚成为北大西洋公约组织成员,2013 年 7 月,克罗地亚加入欧盟,成为其第 28 个成员。克罗地亚国土面积 56,594 平方公里,全国共设 20 个省和 1 个特别市,下辖 128 个市、428 个区、6757 个村庄。省、市、区均为克罗地亚地方自治机构。

克罗地亚国体为共和国,政体为议会内阁制。议会是国家最高权力和立法机构,实行一院制。议员通过直选产生,任期 4 年。总统是国家元首、克罗地亚武装力量最高统帅,由全民直选产生,任期 5 年,连任不得超过两届。总统的主要职权是宣布议会选举和召集新一届议会的第一次会议;根据宪法宣布举行全民公决;提名总理;发布法令和赦免令;颁发法定的嘉奖和表彰;与政府共同制定和执行外交政策;与政府共同决定在国外设立外交机构和派出大使;接受外国使节递交国书等。政府是克罗地亚最高权力执行机构,对议会负责。总理为政府首脑,由总统提名,议会任命。政府的主要职权是向议会提出议案;提出国家预算和决算建议;执行议会通过的法律;执行国家内外政策;指导和监督国家行政当局的工作;推动国家经济发展;指导公共部门的工作等。克罗地亚设宪法法院和最高法院等。最高法院是克罗地亚最高审判机关,下辖最高商业法院、省级法院、高等刑事法院和行政法院,各高等法院又下设基层法院。最高法院院长由总统提名,议会任命,任期4年。最高法院的主要职能是保障法律的统一实施和公民的平等权利;研究司法工作中的迫切问题;对基层法院一审判决不服的上诉作出决定;解决法院间的权限纠纷等。

中国和克罗地亚1992年5月13日建交,2005年建立全面合作伙伴关系。多年来双方政治互信加深,高层互访不断,经济合作、人文交流等广泛深入发展。克罗地亚位于"一带一路"沿线地区,也是中国巩固发展经贸关系、深化利益交融格局的欧盟成员国之一。克罗地亚企业在华的投资与贸易等经济合作迅猛发展,克罗地亚领导人和工商界人士积极参加中国国际进口博览会、中国－中东欧国家博览会、地方省市交流对接会等重大经贸活动,两国农业合作、卫生抗疫合作与金融合作不断取得新进展,旅游合作潜力巨大,中国在克罗地亚投资合作继续深化与扩大。在经济全球化的趋势下,中国需要加强与克罗地亚在仲裁方面的跨国合作,研究该国仲裁的特点并以此为指引,以便为争议的解决提供更便利的途径。

第一节　克罗地亚仲裁法律制度历史沿革及仲裁实践概述

克罗地亚近年来开展了一场强有力的运动,引导当事方寻求替代性争议解决方式(主要是调解和仲裁)解决争议。克罗地亚替代性争议解决的趋势正在增长。

一、克罗地亚仲裁法律制度历史沿革

克罗地亚于1991年获得独立,因此其当时的仲裁法植根于前南斯拉夫的联邦法律之中。前南斯拉夫的联邦法律中关于仲裁的大多数规定都包含在两部法律中:《民事诉讼法》和《法律冲突法》。在克罗地亚,这两部法律都作为国家立法通过,并在整个20世纪90年代一直有效且几乎没有改变。然而,始于20世纪90年代初、持续了5年多的全面改革准备工作让包括仲裁在内的替代性争议解决领域的法律规范发生了重大变化。

进入21世纪后,克罗地亚议会(Sabor)于2001年9月28日通过了《仲裁法》,并于2001年10月19日生效。克罗地亚的仲裁法律制度由《仲裁法》确立,这项专门针对仲裁的新法摒弃了先前两部法律的双重性(这两部法律将仲裁规定为一个边缘问题)。

《仲裁法》与之前的法律相比,体现了一种显著的态度转变。尽管南斯拉夫的之前的仲裁法律规范比其他社会主义国家的法律对仲裁宽容得多(如允许通过仲裁解决国内争议),但它在很大程度上仍然具有限制性。它从国家家长主义的角度观察仲裁,将其视为解决争议的二流机制。立法者怀疑“私人司法”的模糊关系,在先前立法的几个领域中有所反映,但这方面的规定在2001年《仲裁法》中被删除或大大减少。新《仲裁法》试图创造一个“仲裁友好”的环境,这不仅仅是容忍仲裁,还极大促进了仲裁的发展。《仲裁法》通过在一部法律中颁布一套仲裁规范,实现了对所有仲裁问题的透明处理。

《仲裁法》不依赖任何特定区域或国家的仲裁法,主要遵循1985年联合国国际贸易法委员会《示范法》的文本和方法。贸易法委员会秘书处密切关注并评论了改革进程,承认克罗地亚新《仲裁法》是以《示范法》为基础的法律之一。然而,新法律的一些条款也受到其他国家立法变化的影响,特别是那些也想要实施《示范法》的国家(如德国、英国)。旧立法中的一些规定被保留为国内传统和法律文化的一部分(如国家和国际争议的定义以及法官被排除为当事方指定的仲裁员的理由)。然而,由于《仲裁法》是在2006年《示范法》修正案之前5年颁布的,虽然其意图和精神与后者相似,但这两部法律的文本和表述方式部分不同。无论如何,国内法与经修订的《示范法》之间的实际差异并不显著,因此克罗地亚没有迫切改变法律的需要。自2001年以来,该法律的适用切实促进了克罗地亚仲裁的发展。尽管该法律被指出来一些有待改进的条款和原则,如减少法院对仲裁事项的干预,但是目前克罗地亚官方并没有迫切的修改计划。

虽然克罗地亚的《仲裁法》基本上遵循了《示范法》的立法体系,但值得注意的是,其与《示范法》仍存在诸多不同之处:《仲裁法》适用于国内和国际仲裁,同时适用于非商业纠纷;《仲裁法》对国际和国内争议的法律定义与联合国国际贸易法委员会的定义不同,其遵循了欧洲大陆习惯法的当事人所在地或居住地原则;《仲裁法》对国内和国际争议的处理几乎完全遵循了《示范法》(包括自由选择外国法律和外国仲裁员),唯一显著的区别是,在国内争议(没有国际性质的争议)中,不允许当事人就克罗地亚境外的仲裁地达成仲裁协议,因此在这种情况下,国家法院保留了在纯国内争议中撤销仲裁的权力,以实现普遍控制。

然而,《仲裁法》的范围不包括其他争议解决方式,如替代性争议解决方式。近年来,克罗地亚的商事主体对商业调解以及可能的法院附属调解方案的兴趣有所增加。2003 年,克罗地亚议会通过了第一部《调解法》(2009 年进行了修订),并于 2011 年被新的《调解法》取代,这两部调解法的部分内容均基于《联合国贸易法委员会国际商事调解示范法》。

此外,关于仲裁当事人的协议自由,《仲裁法》有几点特殊之处。当事人可以通过协议自由约定排除《仲裁法》的大部分规定,但有关法院诉讼和法院干预的规则除外(这些规则主要是强制性的)。当事人就仲裁和仲裁程序达成协议的自由在几个方面受到限制:首先,程序平等和当事人获得公平待遇的权利存在限制,即当事人不得约定排除有关当事人平等待遇的规定、仲裁员的独立性和公正性规则、当事人被通知参加听证会的权利以及将一方的文件和诉状传达给另一方的权利;其次,禁止代理法官担任当事人指定的仲裁员的规则,仲裁协议的形式和有效性规则以及裁决的书面形式和组成规则等强制性规定;再次,当事人也不能排除对裁决提出质疑的规定,通常也不能改变撤销裁决的理由;最后,禁止在国内争议中就外国仲裁达成仲裁协议,关于可仲裁性的规定同样属于强制性规定。

二、克罗地亚仲裁实践情况概述

克罗地亚的仲裁传统由来已久,尽管其实践在历史的某些阶段受到压制或抵触。仲裁的使用在 19 世纪非常重要,1852 年,克罗地亚商会成立了一个仲裁法庭,主要裁决较小的商业纠纷。在 20 世纪的前几十年里,该法庭每年都有数百起仲裁案件,主要是商会成员之间的争议。从 20 世纪 50 年代开始,南斯拉夫奉行不结盟国家政策。因此,该国从未成为《莫斯科公约》成员方。即使在社会主义时期,仲裁也普遍被认为是一种基于双方协议的自愿争议解决方式。直到 20 世纪 90 年代,该国的仲裁实践一直限制在被许可进行仲裁的机构的狭窄边界内。对于国际仲裁,南斯拉夫唯一的机构是贝尔格莱德的对外贸易仲裁法庭。对于国内仲裁,南斯拉夫共和国商会设立了仲裁法院。

今天,克罗地亚的仲裁实践正在逐步演变。自宣布脱离前南斯拉夫独立以来,克罗地亚商会常设仲裁院继续进行国内和国际仲裁,克罗地亚商会常设仲裁法院成为克罗地亚最重要的地方仲裁机构。

第二节　克罗地亚仲裁法律制度概述

克罗地亚仲裁法律制度主要包括《仲裁法》以及克罗地亚加入关于仲裁规则

的国际公约和其与单一国家签订的双边条约等。以下将分别对克罗地亚仲裁法的国内法渊源和国际法渊源予以介绍。

一、国内法渊源

在克罗地亚,与仲裁程序以及承认和执行仲裁裁决有关的主要国内法律渊源是《仲裁法》。克罗地亚《仲裁法》涵盖了在克罗地亚的仲裁程序、仲裁裁决的承认和执行以及法院对于仲裁的管辖权和程序。克罗地亚《仲裁法》取代了克罗地亚《民事诉讼法》《法律冲突法》关于仲裁规定的有关内容。因此,克罗地亚《仲裁法》不仅修改了仲裁条款,而且将仲裁的规定统一为一个单一的法案。将仲裁条款组织成一个法案,为仲裁创造了一个更有条理和可识别的环境,并促进了对这一法律实践领域更好的理解。克罗地亚《仲裁法》于2001 年10 月19 日正式实施,主要目的是制定一部现代仲裁法,并纳入《示范法》的主要特征和 1958 年《纽约公约》。克罗地亚《仲裁法》颁布之前,不允许在国内争议中进行临时仲裁。主要的机构仲裁论坛、常设仲裁院,于 1853 年在克罗地亚经济商会内成立,此后一直在那里运作(1945 年至 1965 年中断)。在克罗地亚《仲裁法》之前,它也处理调解问题,但 2002 年克罗地亚设立了一个单独的调解中心。克罗地亚《仲裁法》颁布后,通过了新的《克罗地亚商会常设仲裁法院仲裁规则》和《调解规则》。

克罗地亚《仲裁法》的结构遵循《示范法》(1985 年)。共有 5 个部分,依次分为以下章节:

第一部分载有关于适用范围和定义的一般规定。

第二部分分为六章:可仲裁性的一般规定;仲裁协议的规定;组建仲裁庭,对仲裁员和管辖权提出质疑;与仲裁进行有关的规定;作出裁决;撤销裁决。

第三部分规定了与国内裁决的执行以及外国裁决的承认和执行有关的规则。

第四部分分两章对与仲裁有关的法院程序进行了规定:第一,总则;第二,关于承认和执行裁决的程序的规定。

第五部分列出了临时和最终条款的规则。

以下将主要结合克罗地亚《仲裁法》介绍克罗地亚仲裁的相关规则。

(一)克罗地亚仲裁法的适用范围和一般原则

1. 克罗地亚仲裁法的适用范围

克罗地亚《仲裁法》的规定适用于国内仲裁、裁决的承认和执行以及法院在仲裁方面的权限和运作。克罗地亚的国内仲裁被定义为位于克罗地亚的任何仲裁,这并不意味着这种仲裁不能是具有国际要素的仲裁,因为仲裁程序的一方可能是居住在国外的人或根据外国法律成立的法律实体。如果仲裁地为克罗地亚,则该仲裁被视为国内仲裁。因此,根据克罗地亚《仲裁法》进行的仲裁可以有两种形式:有或没有国际因素,取决于当事方。

在克罗地亚国际仲裁被理解为在外国仲裁地的仲裁,不属于克罗地亚《仲裁法》的范围。克罗地亚《仲裁法》允许在具有国际因素的争议中进行此类仲裁,除非有克罗地亚特别法规定,争议只能在克罗地亚法院解决,不能适用仲裁。

如果争议没有国际因素(居住在克罗地亚的自然人或根据克罗地亚法律成立的法律实体之间),则只能商定国内仲裁(仲裁地在克罗地亚)。因此,两家克罗地亚公司之间的仲裁协议只能规定国内仲裁——即使这些公司的所有权结构可能是外国的。

2. 克罗地亚仲裁法的一般原则

克罗地亚《仲裁法》以若干原则为基础,其中包括:当事人自治、法院不干预和当事人平等。

第一,当事人自治。由于克罗地亚《仲裁法》中的许多条款优先考虑仲裁协议和当事人在仲裁协议中达成的协议(如下文所述的仲裁庭组成和法律选择规则),当事人自治可被视为克罗地亚仲裁的基本原则。

第二,法院不干预。克罗地亚《仲裁法》规定,除非在特别规定的情况下,法院不得干预。在介入仲裁程序时,法院必须按照克罗地亚《仲裁法》规定的限制和程序规则行事。关于撤销裁决的请求的诉讼受克罗地亚《仲裁法》管辖,所有其他法庭程序均受非诉讼程序规则的管辖(如法官具有更多调查权力的概括程序,如剥夺法律行为能力的程序)。

第三,当事人平等。克罗地亚《仲裁法》第 17 条明确规定了"双方平等"的原则。根据这一原则,各方应能够对对方的指控和要求作出回应。为了使平等条款有效,仲裁员应尽力向双方提供充分的解释,并与双方一起讨论所有争议中的相关问题。

(二)仲裁协议

1. 仲裁协议的形式和实质要件

仲裁协议是当事人之间就合同或非合同性质的特定法律关系而产生或将来可能产生的所有或某些争议提交仲裁的协议。仲裁协议可以以合同中的仲裁条款或单独的仲裁协议的形式订立。

克罗地亚《仲裁法》规定仲裁协议应采用书面形式。如果协议包含在双方分配的文件中,或包含在提供协议记录的信件、电传、传真、电报或其他电信手段的交换中,无论是否由双方签署,协议均为书面协议。然而在《示范法》中,书面形式的定义很宽泛,包括当事方指定的文件中包含的协议,或以信函、电传、传真、电报或其他电信方式交换的协议,无论双方是否签字。除这一宽泛的定义外,还有许多情况被视为构成有效的书面协议。根据克罗地亚《仲裁法》第 6 条第 3 款的规定,在下列情况下,仲裁协议应视为以书面形式订立:(1)它包含在一方的书面要约中,或者如果第三方向双方发送了这样的要约,但前提是对该要约没有及时提出异议,并且根据交易惯例,未提出异议可被视为接受该要约。(2)在口头达成仲裁协议后,一方当事人向另一方当事人发出书面通知,提及先前口头达成的仲裁协议,而另一方未及时提出异议,根据商业惯例,此类未及时提出异议可被视为接受要约。因此,法律明确规定的仲裁协议的书面形式包括默认接受书面要约或口头要约的书面确认。合同中提及包含仲裁条款(合同条款、其他协议文本或类似内容)的文件,即构成仲裁协议,但前提是提交文件的目的是使该条款成为合同的一部分。这同样适用于签发提单所包含的仲裁协议——如果提单明确提及租船合同中的仲裁条款,则该协议有效。然而,消费者合同中的仲裁协议的形式要求要严格得多,对于此类合同,仲裁协议必须包含在由双方签署的单独文件中,该文件除涉及仲裁程序的协议外不包含其他协议。

如果被申请人未能及时反对仲裁庭的管辖权,即最迟在答辩书中提出与争议实质相关的问题,则仲裁协议的所有形式上的不足都可以得到纠正。

除形式有效性外,《仲裁法》还规定了仲裁协议的实质有效性。由于仲裁协议的有效性是适用实体法的问题,在确定法律规则的选择时,该法遵循当事人意思自治原则。因此,适用于协议实质有效性的法律是当事方指定的法律,如果未指定,则适用争议实质的法律或克罗地亚法律。

2. 仲裁协议当事人

就性质而言,仲裁协议属于合同一类,这意味着仲裁当事人应具备完整的民事行为能力,这是保证仲裁协议有效成立的主体要件。根据克罗地亚《仲裁法》第 7 条的相关规定,克罗地亚自然人或法人诉诸仲裁的能力适用克罗地亚的法律。如果适用克罗地亚法律,每个具有法人资格的克罗地亚实体都可以签订仲裁协议并成为仲裁的一方，则实际上没有任何限制，即现行法律不再要求当事人具有特定的素质（如从事商业活动的专业人员）。

除自然人和法人外，国家和国家机构也可以诉诸仲裁。尽管克罗地亚理论上长期以来承认国家和国家机构诉诸仲裁的能力，但是直到《仲裁法》颁布之后，关于国家实体的仲裁能力才得以明确。根据克罗地亚《仲裁法》第 7 条的规定，克罗地亚以及地方和地区政府和自治政府单位（省、市和区）可将其争议提交仲裁。一些引起公众关注的争议是其中一方是国家私有化机构（如克罗地亚私有化基金）。此类案件属于国内案件，但国家和国有实体也有能力并愿意在国际案件中进行仲裁，也可以在外国仲裁庭进行仲裁。在双边投资协定中也出现了一些案例，国家和地方政府单位毫无异议地参与其中。

3. 可仲裁性

在过去几十年中，克罗地亚仲裁领域逐渐扩大。在 1990 年之前，只有商业纠纷（特定当事方之间的纠纷）可以仲裁。1990 年后，一般来说，"涉及当事人可以自由处置的权利"的每一项争议都可以提交仲裁，但有一些不透明的限制。如果规定了克罗地亚法院的专属管辖权，则标的不能进行仲裁。专属管辖权规则实际上排除了：不动产（土地和建筑物）产权纠纷的仲裁；许多住房纠纷和财产租赁纠纷（甚至是营业场所租赁纠纷）的仲裁；关于飞机、船舶和内河船舶的争议的仲裁；与军方关系引起的争议的仲裁；破产程序或强制执行程序引起的或与之相关的争议的仲裁；一些贸易公司的股东争议的仲裁。

2001 年后，克罗地亚对可仲裁性规则进行了调整。一方面，以前区分国内和国际案件可仲裁性的做法被克罗地亚境内仲裁（《仲裁法》第 2 条中定义的"国内仲裁"）和克罗地亚境内被视为外国的仲裁之间的区别所取代。对于在克罗地亚境内进行的仲裁，几乎没有规定任何主题限制，除非要求争议的主题必须涉及当事人可以自由处置的权利。因此，所有能够解决的争议，包括专利和商标争议，都可以在克罗地亚进行仲裁。另一方面，克罗地亚境内被视为外国的仲裁，当事人可以在克罗地亚境外进行仲裁，但是如果法律规定此类争议只能由克罗地亚法院管辖，当事人就不能将争议提交国外仲裁。例如，如果现在应当接受一方破产案件中的争议应提交克罗地亚仲裁，那么这种案件不太可能提交外国仲裁。相比之下，1996 年和 2015 年的《破产法》（Insolvency Act）已经允许破产法庭的法官将有争议的索赔提交仲裁，即根据债权人的请求，命令当事方在克罗地亚的某个常设仲裁院通过仲裁解决其争议。然而,自那时以来,这项规定从未在实践中适用过。

就反垄断争议而言,没有具体的法律规则或法院判例,因此必须在上述条件下评估其可仲裁性,特别是自由处置此类权利和义务的能力。

克罗地亚《仲裁法》也没有规定公司内部纠纷的可仲裁性问题。

4. 仲裁协议的可分性

仲裁协议的可分性,是指仲裁条款虽然从属于主合同,但与主合同是相互独立或可分离的两个契约。这意味着,如果主合同无效,作为从合同的仲裁条款或仲裁协议,具有寻求司法外救济权利的性质,具有法律自主性,其有效性不受主合同的影响。

仲裁条款与主合同其他部分可分离的原则在克罗地亚法律中得到了很好的验证。《仲裁法》第 15 条第 1 款规定了可分离性:“仲裁庭可就其管辖权作出裁决,包括对仲裁协议的存在或有效性的任何异议。为此,构成合同一部分的仲裁条款应视为独立于合同其他条款的协议。仲裁庭作出的合同无效的裁决不应导致仲裁条款失去法律效力。”

在任何情况下,对仲裁庭管辖权的异议应在提交答辩书之前提出,答辩人在答辩书中提出与争议实质相关的问题。一方当事人不因其已指定或参与指定仲裁员而不能提出此类抗辩。仲裁庭在仲裁程序中提出超出其权限范围的事项后,各方当事人应立即提出仲裁庭超出其权限的抗辩。在任何一种情况下,如果仲裁庭认为延迟是合理的,则可在以后的答辩中予以承认。

5. 仲裁协议的效力

如果向克罗地亚法院提交诉讼,而被申请人在适当时候援引了仲裁协议,除非法院认定仲裁协议无效或无法履行,否则法院必须以正式理由驳回诉讼。法院对诉讼没有任何自由裁量权。对于所有有效的仲裁协议,法院应以同样的方式行事,也适用于《纽约公约》第 2 条未涵盖的仲裁协议。

克罗地亚《仲裁法》中关于仲裁协议的法院审查中并没有关于仲裁协议有效性调查标准的明确判例。一般来说,虽然这是一个程序性问题,但标准应该只是表面证据审查。

对管辖权的异议必须在就案情进行辩论之前提出,即在预备听证会上,或者如果没有举行听证会,则在口头陈述答辩书结束前的第一次主要听证会上。在此之后,被申请人被视为默认同意法院的管辖权(默认中止)。

仲裁员为了避免不当延误，向法院提交诉讼并不排除在同一案件中进行仲裁的可能性。在法院程序对管辖权异议作出裁决之前，仲裁员可继续仲裁程序并作出裁决，如果在仲裁程序中提出对管辖权的异议，仲裁员有两种选择：他们可以发布单独的管辖权裁决，或者继续仲裁程序，并在最终裁决中处理对其管辖权的反对。如果仲裁员裁定仲裁庭有资格审理案件，仲裁程序中的任何一方在收到仲裁庭的裁定之后30日内可以要求主管法院对此问题作出最终裁决。要求法院就管辖权作出裁决并不妨碍仲裁员继续进行仲裁并作出裁决。

（三）仲裁员

1. 仲裁员的资格要件

克罗地亚法律不要求仲裁员具有任何特定资格，一般来说，每个心智健全的成年人都可能成为仲裁员。对于仲裁员的资质、经验、律师资格或其他资格，不要求其具备特定的法律资格，对于仲裁机构也采取同样的做法。

然而在实践中，绝大多数仲裁是由具有高度法律专业知识的人进行的。除法律知识外，仲裁员的国籍或居住地也存在争议。直到2001年，这个问题还没有具体的规定。《仲裁法》现在规定了一项从《示范法》中采纳的明确规则，即"任何人不得因其国籍而被排除担任仲裁员"。然而这不是一项强制性规则，双方可以在协议中另行约定。尽管本规则的措辞与《示范法》第11条第1款相同，但其适用范围更广，因为《仲裁法》既适用于国际仲裁，也适用于国内仲裁。

关于仲裁员的限制条件，克罗地亚《仲裁法》延续先前法律的传统，克罗地亚法院的法官只能被任命为首席仲裁员或独任仲裁员，即他们不能担任当事方指定的仲裁员。上述关于仲裁员一般资格的所有规则适用于仲裁员能够在特定情况下履行其任务和职责的情形。

具体而言，仲裁员必须具备双方商定的素质，以及以适当速度处理案件所需的具体能力。《仲裁法》规定，仲裁员有义务以适当的速度进行仲裁，并及时采取措施以避免诉讼延误。如果仲裁员未能履行任何一项职责，双方可经其同意解除仲裁员的职务，这也可能成为质疑仲裁员的理由。

仲裁员个人素质的最基本特征是其公正性和独立性，这两种性质都被视为正当程序仲裁的基本特征。与任命仲裁员有关的每一个人都有义务披露可能对其公正性或独立性产生怀疑的事实，这一义务不会随着任命而终止。因此，如果以后出现任何新情况，仲裁员必须尽可能向双方当事人披露。

2. 仲裁员的委任

克罗地亚《仲裁法》第 10 条规定,双方可自由决定指定仲裁员的程序。在实践中,这通常是通过参考仲裁机构的规则来完成的。然而《仲裁法》规定了一种任命仲裁员的制度,如果双方在这方面没有达成直接或间接协议,根据第 10 条的默认规则,在由 3 名仲裁员进行的仲裁中,每一方应指定一名仲裁员,指定的两名仲裁员应指定第三位仲裁员作为首席仲裁员。如果一方未能在收到任命通知和请求任命仲裁员后 30 日内任命仲裁员并将任命通知另一方,或者如果两名仲裁员未能在任命最后一名仲裁员后的 30 日内就第三名仲裁员达成一致,则应一方的要求,由《仲裁法》第 43 条第 3 款规定的指定机构指定仲裁员。在由独任仲裁员进行的仲裁中,如果双方未能就仲裁员达成一致,则应根据一方的要求,由第43 条第 3 款规定的指定机构指定该仲裁员。《仲裁法》第 43 条第 3 款规定的指定机构在指定仲裁员时,应充分考虑当事各方协议要求的仲裁员资格以及可能确保任命独立公正的仲裁员的考虑因素,并且在与国际因素发生争议时,如果是独任仲裁员或首席仲裁员,还应考虑指定一名非当事方国籍的仲裁员的合理性。

3. 仲裁员的人数

双方可自由决定仲裁员的人数,如果他们没有就仲裁员的人数作出任何指定,法律规定任命 3 名仲裁员。《仲裁法》放弃了以前要求指定奇数仲裁员的规则。然而在实践中,任命 1 名或 3 名仲裁员是惯常做法。2015 年《克罗地亚商会常设仲裁院仲裁规则》中规定了 1 名或 3 名仲裁员的替代方案,默认规则是,最高 200,000 欧元的争议必须由 1 名独任仲裁员裁决,而超过该金额的争议将由 3 名仲裁员组成的小组审理。

4. 对仲裁员的质疑

可基于与仲裁员素质相关的 3 个理由提出质疑仲裁员的请求。此类理由包括:对仲裁员的公正性或独立性的合理怀疑;缺乏双方同意的资格;未能及时进行仲裁。质疑程序可由双方商定,然而默认规则是,质疑应由仲裁庭自己决定,包括被质疑的仲裁员。当然,如果仲裁员辞职,则无须作出质疑决定。如果双方未提供任何其他时间限制,质疑程序必须在知道此类理由后 15 日内通过书面请求启动,并附上质疑理由。

如果仲裁庭拒绝质疑,在收到驳回质疑的决定通知后 30 日内,或如果仲裁庭在提出质疑后 30 日之内未对质疑作出决定,提出质疑的一方可要求克罗地亚《仲裁法》第43条第3款规定的指定机构在前30日期满后的30日内就质疑作出决定。在此类请求未决期间，仲裁庭、包括被质疑的仲裁员可以继续仲裁程序并作出裁决。

5. 仲裁员的解除

仲裁员的授权可以几种方式终止。首先，仲裁员的授权在最终裁决发布后终止。然而，仲裁员的授权在最终裁决发布后终止并非当然的一般规则。在撤销裁决的情况下，如果裁决因不导致仲裁协议无效的原因而撤销，则仲裁员的授权可以恢复。因此，根据《仲裁法》第37条第2款的规定，撤销裁决的法院可应当事方的请求，在认为可能且适当的情况下，将案件移交仲裁庭重新审理。仲裁员的一些其他剩余义务在最终裁决后仍然存在，例如，发布额外裁决或费用裁决的义务；解释或更正裁决的义务。

其次，仲裁员的授权也可通过仲裁庭的命令终止。根据《仲裁法》第32条第1款的规定，此类命令应在若干情况下发出。如果索赔人撤回索赔，仲裁庭可终止诉讼程序并因此终止其授权。但是，如果被申请人反对这种撤回，并且仲裁庭承认其在争议中获得最终裁决的合法利益，则也可以继续仲裁。如果当事各方同意终止诉讼程序，仲裁庭也将通过其命令终止诉讼程序。

最后，如果仲裁庭认为诉讼程序因任何其他原因变得不必要或不可能继续，则仲裁庭也可以自行终止诉讼程序。如果仲裁员在其无法履行职责或因其他原因未能履行职责后，双方同意将其免职或其被成功质疑，则仲裁员的任期也将终止。在所有此类情况下，必须根据适用于被替代仲裁员任命的相同程序任命替代仲裁员，这些规则基本上与《示范法》包含的规则相同，差异很小。

原则上，有关终止仲裁员职务的所有决定和行为均不受法院审查。然而，这并不妨碍职务终止的仲裁员请求因其职务终止而可能导致的费用或损害赔偿。

6. 仲裁员的责任

克罗地亚法律中没有关于仲裁员责任的明确规则，这也没有判例法。克罗地亚将当事人与仲裁员之间的关系视为合同关系，要求每位仲裁员接受书面任命，也可以简单地签署仲裁协议。因此，仲裁员可能因未能履行职责而被起诉，最终也可能被责令赔偿因其未能履行职责、能力不足、缺乏资格或明显偏见而造成的损害。

(四)仲裁程序

1. 仲裁地点

根据《仲裁法》第 19 条的规定,当事人意思自治原则也适用于仲裁地点的选择,双方可通过协议自由确定仲裁地点,这个地点可能在克罗地亚境内,也可能在克罗地亚境外。但是如果当事方在国外确定仲裁地点,《仲裁法》将不适用于仲裁程序规则的来源,因为其范围仅限于在克罗地亚境内进行的仲裁。

《仲裁法》引入了纯粹的属地原则,以确定仲裁将被视为外国仲裁还是国内仲裁。因此,仲裁地点是确定仲裁裁决性质的唯一标准。如果双方选择了克罗地亚的仲裁地点,则其裁决为国内裁决,否则视为外国裁决。

由于选择仲裁地点的重要性和后果,当事人不太可能直接或参照某些仲裁规则来确定仲裁地点。因此,法律规定“仲裁地点将由仲裁庭根据案件的情况,包括对当事人的便利性来确定”。如果仲裁员在仲裁程序中未明确提供此类裁决,则推定仲裁地点为裁决书中指定的裁决地点。在任何情况下,都有必要根据本规则在裁决中明确指定仲裁地点。否则,可能会无法确定裁决是在国内还是国外作出的,从而导致裁决执行出现问题。

仲裁地点的确定是一个法律问题,而不是事实问题。当事方和仲裁员可在克罗地亚境内或境外的任何其他适当地点举行会议,进行协商,听取证人、专家或当事方的意见,或检查货物或文件。

2. 一般仲裁程序

仲裁程序的规则可由当事方自由选择,当事方可直接或参考一套规则(如克罗地亚商会常设仲裁院的仲裁规则或临时仲裁规则)使用该权力。确定程序规则的自由仅受《仲裁法》的强制性规则的限制,但此类规则很少。最重要的限制包含在第 17 条关于平等对待当事人的一般规定中,当事方商定的规则不得导致仲裁协议未涵盖的当事方或问题被包括在内。如果双方未能确定仲裁规则,或如果此类规则未涉及某些程序细节,仲裁程序规则可由仲裁员根据仲裁庭以其认为适当的方式进行仲裁的原则制定。赋予仲裁员的这种权力可以通过多种方式行使,比如,直接和详细地确定适用规则;引用机构规则或特别规则中包含的一套规则;某些国家立法或任何其他适当方式。仲裁员决定仲裁程序进行方式的权利限制与当事方的限制大致相同,但有一些例外情况是关于程序启动和语言以及口头听证的单独规则。

仲裁庭成立后,仲裁庭可能希望确认其义务。2015 年《克罗地亚商会常设仲裁院仲裁规则》第 33 条规定,仲裁庭可编写一份文件,界定其职权范围。该文件草案应发送给各方,各方有权在合理期限内提出意见。为了就文件内容达成共识,仲裁庭可召开特别听证会或会议。如果当事方在仲裁协议中或之后达成一致,则必须发布职权范围,在当事方未达成一致的情况下,也可以由仲裁庭发布职权范围。如果仲裁庭成员未能在其成立后两个月内就是否应发布职权范围达成一致,则视为不发布职权范围。

职权范围(如有)必须在仲裁庭成立后 2 个月内由各方和仲裁员起草并签署,克罗地亚商会常设仲裁院主席或授权人员可应仲裁庭的合理要求延长该期限。如果其中一方拒绝参与第 30 条的编制或签署职权范围,则应将本文件提交克罗地亚商会常设仲裁院批准,其批准应由克罗地亚商会常设仲裁院主席或主席团的特别授权成员决定。

关于诉讼程序的启动,《仲裁法》规定了适用于当事方未另行约定的默认规则。这些规则是区分临时仲裁和机构仲裁的特殊规定,对于后者,仲裁程序是通过向仲裁机构提交申请书来启动的(根据以前模拟仲裁程序的惯例)。对于前者,临时仲裁从被申请人收到书面申请声明(包括任命仲裁员的通知和任命另一名仲裁员的邀请或关于任命独任仲裁员的建议)之日起算。因此,在绝大多数情况下,书面诉状的交换将在诉讼开始时进行,此类诉状应包含事实指控、争议点以及寻求的救济或补救措施。

只有当事方提供了启动仲裁程序的其他方式时,才有可能不适用该规则。书面诉状可在仲裁程序过程中进行修改或补充,除非双方另有约定或仲裁庭因可能的不当延误而认为不适当。

《仲裁法》还规定了仲裁程序语言的选择规则。当事人可以决定诉讼的语言,如果双方未能这样做,该问题可由仲裁员解决。在这两种情况下,在确定语言之前,可以用主合同的语言、仲裁协议的语言或克罗地亚语交换意见书。如果双方和仲裁员未能就诉讼语言达成一致,克罗地亚语将成为默认语言。

如果当事方提出要求,仲裁庭必须在仲裁的适当阶段安排口头听证会,除非当事方同意仲裁只能根据书面证据进行。在大多数情况下,仲裁程序将涉及举行一次或多次口头听证会。双方可另行约定,仲裁员也可决定是否应进行口头听证以提供证据或进行口头辩论,或是否应仅根据文件进行仲裁。除非双方同意不举行听证会,否则任何一方提出要求,仲裁员均有义务举行听证会。例外情况是,如果仲裁员在交换申请书和辩护陈述的基础上发现案件事实没有争议,那么其有权在不举行口头听证会的情况下发布裁决。此时,仲裁庭需要告知当事方其作出裁决的理由,并给予他们作出答复的机会。

在实践中,仲裁员大多举行口头听证会,而且往往倾向于举行过多的听证会(这是州法院的惯例),而不是在不听取当事人意见的情况下决定案件。

3. 证据规则

克罗地亚法律明确规定,仲裁庭有权决定任何证据的可采性、相关性和重要性,并有权决定程序规则(克罗地亚的法律传统信奉自由评估证据的原则)。因此,克罗地亚仲裁员一般不受克罗地亚法院适用的证据规则的约束,到目前为止,克罗地亚法院的此类规则很少。

仲裁员可决定在仲裁中听取证人证词的方式。《仲裁法》规定,证人证词一般应在口头听证会上听取。但是,经证人同意,他们也可以在口头听证会之外接受询问。克罗地亚《仲裁法》没有关于听取证人证词方法的规则,如是否由仲裁员直接询问或是否交叉询问,仲裁员可在咨询各方并考虑其他相关情况后自行决定。

仲裁庭还可以要求证人在一定时间内以书面形式回答问题,因此允许使用书面证词。在克罗地亚法院的诉讼中,证人陈述通常不被使用。克罗地亚《仲裁法》第25条第3款明确规定,证人应在未经宣誓的情况下接受询问,由于这涉及仲裁程序,如果仲裁员请求法院协助,理论上证人仍应宣誓。然而,在克罗地亚的法律实践中,证人宣誓几乎完全被放弃,即使在法律允许的法庭诉讼中也是如此。仲裁庭没有强制要求证人出庭并在仲裁中陈述的任何强制手段,但是,《仲裁法》第45条第1款规定:“仲裁庭或经仲裁庭批准的当事方可请求主管法院提供法律援助,以获取仲裁庭无法获取的证据。”通常,主管法院会传唤证人,并对协议进行陈述。如果证人拒绝出庭,可利用法庭诉讼中的所有法律手段(警察协助、罚款和监禁)迫使其出庭并提供信息。仲裁员有权出席应其要求举行的法庭听证会,并可向接受询问的证人提问。

克罗地亚只有少数法律规定涉及书面证据的出示。相关法律规定,当事人可以在交换书面诉状的阶段提交文件,与案件相关的每份文件都必须传达给另一方。对于为检查文件而举行的任何听证会,必须提前充分通知各方。除此之外,没有关于文件发现或披露的规则,仲裁员不能使用任何强制手段来执行出示文件的命令。然而,文件未被出示或披露的事实可以得出否定拒绝遵守仲裁员命令的一方的请求的推论。

4. 仲裁庭委任的专家

克罗地亚的法律建议使用受委托裁决案件的机构任命的中立专家。因此,《仲裁法》规定仲裁庭可任命一名或多名专家就仲裁员确定的具体问题提出报告。当事人也有权出示自己的专家证人。双方可就《仲裁法》第 26 条第 1 款和第 2 款达成其他协议。平等待遇原则要求在任何情况下双方有机会阅读专家的意见并发表意见。《仲裁法》明确规定,当事双方可以要求举行口头听证会,以便能够与专家、另一方和仲裁员讨论所有相关问题。

专家应该是独立和公正的,因此仲裁员质疑规则适用于对专家的质疑。这至少适用于仲裁庭指定的专家,而当事人指定的专家,即使他们可能不完全独立于指定他们的当事人,可以在仲裁中作为证人进行听证,并可能因他们的意见而获得报酬。

5. 临时保全措施

2001 年克罗地亚《仲裁法》的一个新特点是,对仲裁员决定临时保护措施的能力持积极态度。由于先前的法律不允许仲裁员发布任何临时措施。新《仲裁法》第 16 条第 1 款规定,除非双方另有约定,否则仲裁员有权命令任何一方就争议标的采取仲裁庭认为必要的临时保护措施。2001 年《仲裁法》没有详细规定临时保护措施的类型。一般而言,国家诉讼法承认各种类型的临时措施,但法院下令将临时措施分割和系统化的方式不一定适用于仲裁程序。

由于克罗地亚仲裁法在 2006 年《示范法》修正案之前 6 年进行了改革,因此并未纳入《示范法》新的规定。但是,《示范法》的新条款可以用来填补《仲裁法》第 16 条粗略起草所造成的空白。

通常而言,被命令采取保护措施的一方会自愿采取保护措施,如以某种方式保存易腐货物,或将其出售并将其存入特定账户。但是,如果一方当事人未能这样做,对方当事人可以要求主管法院执行仲裁庭发布的措施。法律没有对临时措施作出任何正式要求,但 2011 年《克罗地亚商会常设仲裁院仲裁规则》引入了一项新规则,规定法庭应以裁决的形式发布临时措施决定。被要求执行措施的法院的权限和程序将根据《执行法》的一般规则确定,即与初步措施相关的法院必须执行其保护措施的相同规则行事。

在任何情况下,仲裁员下令采取临时措施的权利并不妨碍当事人请求法院下令采取临时性措施。如《仲裁法》第 44 条规定,一方当事人在仲裁程序之前或期间向法院请求保护并由法院批准的仲裁请求的临时措施,并不违反仲裁协议。《仲裁法》没有改变以前向国家法院请求临时补救的方式,因此在仲裁过程中,当事方现在可以选择是否向仲裁员请求采取初步措施,或者是否向主管法院请求采取同样的措施。

《仲裁法》的措辞没有区分仲裁员或法院可能要求的特定类型的初步措施。然而,仲裁庭认为,对争议标的物采取必要的临时保护措施似乎包括旨在保护特定财产价值的措施、银行担保请求和扣押令。此外,对于决定初步措施要求的程序也没有规定。法院经常被要求就临时措施作出单方面决定。

6. 代理和法律援助

克罗地亚《仲裁法》没有关于当事人在没有代理的情况下参加仲裁程序的权利或关于代理人的选择的强制性规则。当然,如果一方在没有法定代理人的情况下无法参与商业和其他交易,则该方必须在仲裁中有适当的代理人。缺乏适当的代理人可能是撤销裁决的理由。克罗地亚《律师法》中包含了另一项明确的法律规则,规定外国律师可以在国际仲裁案件中代理当事人,来自欧盟的正式注册律师除外,他们在克罗地亚提供某些法律服务的权限有限。然而,对于使用其他类型的代理没有限制,仲裁程序的当事人通常由其内部律师或其他专家代理。通常,特别是当一方决定不聘请律师时,法律实体的代理人不是律师。

尽管对在诉讼中代理当事人的人通常没有限制,但通常需要有效的授权书来证明代理人的授权和能力。根据惯例,可以出具简单的书面形式。

7. 缺席

根据《仲裁法》第 24 条的规定,通知方未能出席仲裁庭或采取某些行动,并不妨碍仲裁员继续仲裁程序。在实践中这种情况越来越常见,仲裁员可以自行决定是否有充分的缺席原因。根据 2015 年《克罗地亚商会常设仲裁院仲裁规则》的规定,仲裁庭有权在国内案件中以付款令的形式发布裁决。根据第 57 条的规定,如果满足国内法关于发出付款令的要求,在没有国际性质的案件中,法院院长应根据申请人的动议,作为唯一仲裁员发出付款令。如果被申请人在短时间内(8 日或特殊情况下 3 日)反对仲裁付款令,则将指定仲裁庭,并根据相同的规则继续进行仲裁。

就申请人而言，如果他未能及时传达其申请声明，仲裁庭可终止仲裁程序。对于被申请人来说，其未能传达答辩书不会妨碍仲裁员作出裁决。在任何情况下，默认都不会自动被视为出席，《仲裁法》中没有关于“缺席裁决”的规定。此外，一方当事人未出席听证会或未出示书面证据，不应妨碍仲裁员继续仲裁。在这种情况下，仲裁员可以根据现有证据作出裁决。缺席规则也是可选的，双方应另行约定。

8. 裁决和程序的保密性

尽管保密性在很久以前就被认为是仲裁程序的优点之一，但只有新《仲裁法》明确规定，如果双方当事人未另行约定，程序不公开。这是《仲裁法》中关于保密的唯一规定。如果向法院提起承认和执行法庭程序或撤销仲裁裁决的诉讼，法庭程序通常是公开的。

在法律诉讼中提交的文件也是诉讼记录的一部分。查阅法院诉讼记录的权利并非自动授予第三人，而是仅授予在查阅法院档案方面具有合法利益的人。关于查阅法院档案（或其特定部分）权利的决定由审判法官作出，或在法院诉讼结束后由法院院长作出。然而，根据克罗地亚《民事诉讼法》第 307 条的规定，如果需要保守商业秘密，即特定企业宣布为机密的文件和数据，法院可以对公众全部或部分关闭口头听证会。然而，这种限制或排除法律程序的公开性质的命令只能在法院认为公开会损害司法利益的情况下作出。

（五）仲裁裁决

1. 仲裁裁决的类型

根据克罗地亚《仲裁法》的规定，除非各方另有约定，仲裁庭不仅可以作出最终裁决，还可以作出部分和临时裁决。因此，仲裁员可以同时处理所有问题，也可以将这些问题分开，首先对那些已经成熟的仲裁请求作出裁决，剩下的留给最终裁决。

然而，应当强调的是，“裁决”一词（克罗地亚语：“pravorijek”）在法律上被定义为“……根据争议的是非曲直作出的决定”。关于程序问题的决定可以以程序命令的形式定期作出（zaklju čak）。仲裁员关于适用法律或管辖权的决定被视为临时性的程序性决定，一般不需要任何强制执行。克罗地亚《仲裁法》第 30 条中提到的“临时裁决”一词与临时措施无关，而是与货币索赔基础的实质性决定有关（如关于损害赔偿责任的决定，其中损害赔偿金额将留给最终裁决）。与部分裁决不同,这些临时裁决最终决定了争议中的一项或多项索赔(但不是全部),或一项可分割的索赔的一部分,此类临时裁决不是独立裁决。也就是说,与部分裁决不同,这些裁决不能直接执行,只有在对索赔作出最终决定时才能执行。从这个意义上讲,部分裁决也可以被视为《仲裁法》第40条定义的“最终裁决”。部分裁决应遵循独立的撤销程序,并且只有在撤销最终裁决的申请中,才能对部分裁决提出质疑。

2. 裁决的作出

《仲裁法》第28条规定,除非双方另有约定,仲裁庭应以其所有成员的多数作出决定。如果未达到多数,仲裁员应重复审议每项意见的理由。如果在反复投票后仍不能达到多数,则应由首席仲裁员作出裁决。在仲裁庭联席会议之外,程序问题可由首席仲裁员决定,除非与当事各方的协议或仲裁庭的决定不符。仲裁员小组可委托一名成员进行某些事实调查活动。

《仲裁法》中没有作出裁决的时间限制,也没有关于仲裁裁决异议的规则。在实践中,异议被视为仲裁员决策的内部事项,仲裁庭应以一种声音向各方发出意见。仲裁员或仲裁机构通常不会告知当事人裁决是一致作出还是多数表决通过,也不会向当事人发送任何异议意见。

3. 裁决的形式

根据《仲裁法》第30条第3款的规定,裁决应以书面形式作出,必须在仲裁地点进行,并且必须注明日期。尽管裁决中缺少地点和日期以及裁决不正确且确实违反了仲裁法的强制性规则,但它们本身并不构成撤销裁决的充分理由。根据《仲裁法》第34条第1款的规定,如果裁决不是以书面形式作出的(甚至不是以电子记录的形式作出的),则很难纠正裁决。在没有书面记录的情况下,人们应该假设根本没有作出裁决。裁决还必须说明其依据的理由,除非双方同意不提供任何理由或裁决是根据商定条款作出的。对理由的充分性没有具体要求,这应由法院逐案评估。裁决的原件和所有副本必须由仲裁庭所有成员签字,如果一名或多名仲裁员未能签署裁决,则该裁决仍然有效,前提是仲裁庭的大多数成员已签署裁决,且裁决中写明一名或多位仲裁员未能签字。

4. 管辖权

仲裁庭有权对自己的管辖权作出裁决。如果被申请人以未达成有效仲裁协议为由对仲裁员的管辖权提出异议,仲裁员可以在初步裁决中对该问题作出裁决,也可以将该问题留待以后在裁决中根据案情作出裁决。对于仲裁员具有管辖权的初步裁定,当事各方可向法院提出质疑。此类请求应在初步裁定仲裁员具有管辖权后 30 日内提出。然而,正如已经提到的,当法院决定这个问题时,仲裁员可以继续仲裁,甚至作出最终裁决。同时,在仲裁员对其管辖权作出裁决之前,法院就仲裁员缺乏管辖权提出的质疑请求不可受理。同样,如果仲裁员为最终裁决留下关于管辖权的决定,则只有在撤销此类裁决的程序中才会提出缺乏有效仲裁协议的问题,不可能事先对仲裁员的管辖权进行司法程序。

仲裁员不具有管辖权的抗辩应最迟在答辩书中提出,如果被申请人在就实质内容进行辩论之前未能反对仲裁庭的管辖权,则被视为接受仲裁管辖。未提出异议的行为构成《仲裁法》第 6 条规定的有效仲裁协议。

5. 适用的法律

根据《仲裁法》第 27 条的规定,仲裁庭应根据双方选择的适用于争议实质的法律规则对争议作出裁决。除非另有说明,否则对某一特定国家的法律或法律制度的任何指定均应解释为该国的实体法,而非其法律冲突规则。如当事各方未根据本条第 1 款作出任何指定,仲裁庭应适用其认为与争议最密切相关的法律。只有当事各方明确授权仲裁庭作出公正或友好的裁决时,仲裁庭才能作出公正或友好的裁决。在任何情况下,仲裁庭应根据合同条款作出决定,并应考虑适用惯例。

6. 仲裁中的和解

仲裁的一个主要优点是,与司法程序相比,仲裁的气氛更友好、诉讼更少。在克罗地亚的实践中,当事方在仲裁期间,在仲裁员的协助下,试图达成友好解决方案的情况并不罕见。如果当事人达成和解,法律提供了两种选择:第一,仲裁员将通过程序命令终止仲裁,其中和解的形式和可执行性将完全留给双方;第二,双方可以要求仲裁员按照和解协议以裁决的形式记录和解。在后一种情况下,裁决将与任何其他基于案情的裁决具有同等效力。

仲裁员无权检查和解内容是否适当。但是,他们必须拒绝以违反公共政策的和解为基础作出裁决。根据和解作出的裁决与其他类型的裁决具有相同的正式要求,如前所述,不需要说明理由。

关于撤销按照和解协议作出的裁决,克罗地亚《仲裁法》没有明确的规定,但原则上,与其他裁决一样,这些裁决也可以被撤销。然而,由于根据和解协议作出的裁决是当事人协议的直接产物,因此一些撤销理由将不适用。此外,从按和解协议作出的裁决的性质来看,可能某些其他理由也将被排除在外,例如,仲裁协议的缺乏或无效、无法陈述自己的情况或不属于提交仲裁的范围。其他撤销按照和解协议作出的裁决的理由,如违反公共政策、标的物的不可仲裁性或当事人的无行为能力或不当代理,当事人应当在撤销诉讼程序中提出。根据在法庭诉讼中提出和解要求的惯例,如果和解协议是基于欺诈、胁迫作出的,当事人也可以申请撤销。

7. 裁决的更正和解释

根据《仲裁法》第 34 条的规定,当事各方可要求更正任何书面错误、计算错误或其他文书错误或类似错误。如果双方同意,也可以要求仲裁员对裁决的某一点或部分作出解释。在这两种情况下,请求必须在收到裁决后的 30 日内提出,并且必须向另一方发出通知。如果仲裁员认为请求是合理的,他们应在收到请求后的 30 日内作出更正或解释,向当事人提供的更正或解释应构成裁决的一部分。在作出裁决后 30 日内,仲裁庭也可以自行纠正文书错误,无须当事人主动。

如果仲裁员未对提交仲裁的一个或多个实质性问题作出裁决,则当事各方可在收到裁决后 30 日内,在通知另一方的情况下,要求作出额外裁决。额外裁决规则的适用方式与裁决更正或解释的适用方式相同。但是,仲裁员不得自行发布额外裁决,在双方的期限届满后,遗漏的请求只能由仲裁员通过新的仲裁程序决定。上述关于额外裁决的法律规定可经当事人协议修改。

对于提供额外裁决的费用没有具体规定。通常而言,仲裁员的疏忽会导致需要作出额外裁决,因此仲裁员不适宜要求承担由此产生的费用和开支。关于向当事方和第三方追加裁决所产生的费用,克罗地亚程序法的一般做法是此类费用属于诉方将承担的总费用的一部分。

8. 仲裁费用和成本

《仲裁法》第 35 条明确规定,仲裁员有权根据一方的要求决定仲裁费用。该授权包括在各方之间分摊费用以及在必要时命令一方向另一方偿还全部或部分费用。法律规定由仲裁员根据其自由裁量权决定费用的标准,费用通常包括律师费和仲裁费。关于费用的决定可以是裁决的一部分,也可以是终止仲裁程序的程序命令。如果仲裁庭没有就费用作出决定,或者只有在仲裁程序终止后才可能作出这样的决定,仲裁员可以就仲裁费用另行作出裁决。

根据《仲裁法》的规定,仲裁员有权要求服务费,并报销参与仲裁所产生的费用，除非其已书面放弃这些权利。在行政仲裁的实践中，仲裁员的费用通常由适当的机构条例预先确定。费用主要取决于争议金额，然而其他因素，如案件的复杂性，也可能影响费用。

至于临时仲裁的费用，费用的数额或确定标准通常由当事人和仲裁员事先直接商定，仲裁结束时，仲裁员可确定其自身费用的确切数额。并且，除非双方接受该决定，否则该决定对双方均不具有约束力。如果双方反对仲裁员在这方面的决定，则费用和开支的金额应由《仲裁法》第43条第3款规定的机构（通常是主管州法院院长）决定。

如前所述，法律规定的仲裁费用通常包括法律援助费用，因此此类费用也必须由败诉方承担。此类费用的报销申请几乎总是在仲裁程序中提出的。如果克罗地亚律师参与仲裁，仲裁员会参考克罗地亚律师协会的规定。仲裁员通常会在考虑当事人代表的动议和其他活动的情况下决定法律援助的费用，这些活动被认为是有用和有意义的，并根据当事人在仲裁中的成功程度来分摊这些费用。仲裁员还可以考虑案件的其他情况，并在仲裁的必要费用的分配方面享有广泛的自由裁量权。

二、国际法渊源

在仲裁领域，克罗地亚已经缔结了一系列管理仲裁机构以及执行仲裁裁决的多边国际协定。鉴于这些国际规范在仲裁以及仲裁从业人员的日常实践方面发挥着重要作用，本文就适用于克罗地亚的最常见的协议进行介绍。

（一）《纽约公约》

《纽约公约》是成功的国际协议之一，它是出于对1923年《日内瓦议定书》和1927年《执行外国仲裁裁决的日内瓦公约》的不满而成立的。《纽约公约》认识到国际仲裁作为解决国际商事纠纷的手段日益重要，因此寻求为承认仲裁协议以及法院承认和执行外国和非国内仲裁裁决提供共同的立法标准。《纽约公约》主要宗旨是，外国和非国内仲裁裁决不会受到区别对待，并要求各缔约方确保这类裁决在其法域内同国内裁决一样得到承认并普遍能够强制执行。公约的一个附带宗旨是，为充分执行仲裁协定而要求各缔约方法院拒绝当事人在违反其将有关事项提交仲裁庭处理的约定的情况下诉诸法院。

《纽约公约》第1条规定了本公约适用范围、仲裁裁决内涵等内容。依据该条第1款的规定，本公约适用于在被申请承认和执行裁决的国家之外的其他国家领土范围内作出的仲裁裁决的承认和执行。该仲裁裁决可以是因自然人或法人之间的纠纷而作出的仲裁裁决,也可以是在被申请承认和执行裁决的国家不被视为国家裁决的仲裁裁决。其第 2 款规定,仲裁裁决是指由为特定案件指定的仲裁员作出的裁决,以及由各方当事人所属的常设仲裁机构作出的裁决。其第 3 款还规定,在签署、批准、加入或发出延期通知时,任何国家均可在互惠的基础上声明适用本公约,仅对在另一缔约方领土内作出的裁决承认和执行。同时可以声明,只将本公约适用于由根据其国内法被视为商业性的合同或非合同法律关系引起的纠纷。

《纽约公约》第 2 条对仲裁协议的效力进行了规定。依据该条规定,各缔约方均承认书面的仲裁协议。“书面”仲裁协议包括当事人签订的仲裁协议,以及当事人签订的合同中的仲裁条款。根据书面仲裁协议,各方当事人有义务将当事人之间就某一特定合同或非合同法律关系而产生或可能产生的所有或部分纠纷提交仲裁。其还规定,缔约方法院在审理当事人已签订仲裁协议的纠纷时,应当根据任何一方当事人的请求,将该纠纷提交仲裁,除非该仲裁协议被法院认定为无效或不可执行。

《纽约公约》第 3 条对被申请国的承认及执行裁决行为进行规定。依据该条规定,适用于本公约的仲裁裁决的承认及执行,不得被施加比承认及执行其本国作出的仲裁裁决更严格的条件,也不得被索要比承认及执行其本国作出的仲裁裁决更高的法律费用。

《纽约公约》第 4 条规定了申请承认及执行裁决时应当提交的材料。依据该条规定,申请承认及执行裁决的一方当事人在提交申请书时,还应当提供以下材料:(1)经正式认证的仲裁裁决原件或者符合其真实性要求的原件副本;(2)符合本公约第 2 条规定的仲裁协议原件或者符合其真实性要求的原件副本。其第 2 款还规定了,若上述仲裁裁决或仲裁协议不是以被申请国的正式语言起草的,申请承认及执行裁决的一方当事人必须提交该语言的译文,并且该译文必须是由官方或陪审团翻译的,或者由外交官员或领事官员认证的。

《纽约公约》第 5 条规定了被申请国拒绝承认和执行仲裁裁决的情形。该条第 1 款规定,当被申请的一方当事人向被申请国的主管当局提供以下证据时,被申请国可以拒绝承认及执行仲裁裁决:(1)依据作出仲裁裁决的国家的相关法律,签订仲裁协议的当事人丧失行为能力,或者仲裁协议无效;(2)被申请的一方当事人没有收到关于指定仲裁员或与仲裁程序相关的适当通知，或者被申请的一方当事人由于其他原因无法陈述案件案情；（3）仲裁裁决涉及了仲裁协议或条款未涵盖的纠纷，或者仲裁裁决中包含了超出仲裁协议或条款的裁决事项，但是仲裁裁决书中符合规定的仲裁事项的裁决可以与不符合规定的相分离的除外；（4）仲裁庭的组成或相关仲裁程序不符合当事人签订的仲裁协议的约定，或者在无约定的情况下不符合作出仲裁裁决的国家的相关法律规定；（5）仲裁裁决尚未对当事人产生约束力，或者仲裁裁决已经被作出该裁决的国家或主管当局撤销或暂停。其第 2 款还规定，若被申请国的主管当局发现以下情形，也可以拒绝承认和执行仲裁裁决：（1）依据被申请国的相关法律，纠纷的标的物不得通过仲裁处分；（2）承认和执行该仲裁裁决将违反被申请国的公共政策。

《纽约公约》第 6 条针对本公约第 5 条第 1 款最后一项的情形作出进一步规定。依据该条规定，出现这一情形时，被申请国的主管当局可以提出撤销或暂停该仲裁裁决的请求。而作出仲裁裁决的国家的主管当局可以在其认为适当的情况下，中止执行该仲裁裁决的程序；或者主管当局还可以根据申请执行仲裁裁决的一方当事人的请求，要求另一方当事人提供适当的担保。

《纽约公约》第 7 条规定本公约的生效对其他协定效力的影响。依据该条第 1 款的规定，本公约的相关规定不影响各缔约方为承认和执行仲裁裁决而缔结的其他多边或者双边协定的有效性；也不剥夺任何利益相关方援引仲裁裁决的权利，但其必须在被申请国的法律或签署的条约所允许的范围内以规定的方式援引。其第 2 款还规定，1923 年《日内瓦议定书》和 1927 年《执行外国仲裁裁决的日内瓦公约》应当在各缔约方之间停止生效。

《纽约公约》第 8 条规定本公约缔约方的组成。依据该条第 1 款的规定，本公约自通过起至 1958 年 12 月 31 日，允许联合国任何会员国、《国际法院规约》的缔约方，以及目前或将来成为联合国一个或多个专门机构成员的任何国家签署。其第 2 款明确规定，本公约应当得到联合国的批准，并且批准书交由联合国秘书长保存。

《纽约公约》第 9 条对第 8 条规定的内容进行了补充规定。依据该条规定，本公约第 8 条规定中所指的所有国家均可以加入本公约，并且其加入书应当交由联合国秘书长保存。

《纽约公约》第 10 条规定，缔约方可通过声明的方式，自行决定本公约在其领土的适用范围。依据该条第1款的规定,任何国家都可以在签署、批准或加入时声明,本公约适用于其在国际上代表的其中一个或多个或所有领土范围,该声明与本公约一同对该国生效。其第2款规定,任何此类延期均应当通知联合国秘书长,并自联合国秘书长收到通知之日起第90日生效,或者本公约对该国生效之日起生效,以上述两者中较晚的日期为准。其第3款还规定,针对在签署、批准或加入时声明的本公约不适用的领土范围,各缔约方应当采取适当措施,并在必要情况下,选择将本公约适用于这些领土范围,但必须经过这些领土范围内的政府的同意。

《纽约公约》第11条针对联邦制缔约方和非联邦制缔约方的义务作出规定。依据该条第1款的规定,针对本公约中规定的联邦制国家立法权限的条款而言,非联邦制缔约方的义务应当与联邦制国家的义务相同。其第2款规定,针对本公约中规定的属于每个组成州或省立法管辖范围的条款,依据联邦制缔约方宪法制度可知,这些条款并不需要采取相应立法行动,联邦制缔约方政府应当尽快将经其同意的上述条款通知至组成州或省的主管当局。其第3款还规定,联邦制缔约方应当根据联合国秘书长转交给其的任何其他缔约方的请求,提交一份关于联邦制缔约方政府及其组成州或省的主管当局的立法行为或其他行为的说明,以证明其使本公约的任何条款生效。

《纽约公约》第12条对本公约的生效进行规定。依据该条第1款的规定,本公约自第3份批准书或加入书交由联合国秘书长保存之日起第90日生效。其第2款还规定,对在本公约生效后才批准或加入的缔约方来说,本公约应当在该缔约方交存批准书或加入书之日起第90日生效。

《纽约公约》第13条规定缔约方退出本公约的方式。依据该条第1款的规定,任何缔约方均可采用书面通知联合国秘书长的方式,声明退出本公约。该退出声明应当在联合国秘书长收到书面通知之日起1年后生效。其第2款规定,依据本公约第10条作出声明或通知的任何缔约方均可以在发出第1款规定的书面通知之后,再次通知联合国秘书长。本公约将在联合国秘书长收到通知之日起1年后停止适用于有关领土范围。其第3款还规定,虽然缔约方已经发出了退出本公约的书面通知,但是本公约仍将继续适用于在退出声明生效前就已经开始的承认和执行程序的仲裁裁决。

《纽约公约》第14条规定缔约方可对其他缔约方援引本公约的范围。依据该条规定，缔约方仅在其有义务适用本公约的范围内，对其他缔约方援引本公约的相关规定。

《纽约公约》第 15 条规定联合国秘书长的通知义务。依据该条规定，联合国秘书长应当将以下事项通知至本公约第 8 条规定所述的所有国家：(1) 本公约第 8 条规定所指的签署和批准；(2) 本公约第 9 条规定所指的加入；(3) 本公约第 10 条、第 11 条规定所指的声明、通知及说明；(4) 本公约第 12 条规定所指的生效日期；(5) 本公约第 13 条规定所指的退出书面通知。

《纽约公约》第 16 条规定本公约文本的保存方式。依据该条第 1 款的规定，本公约应当保存在联合国档案馆，并且其中文、英文、法文、俄文以及西班牙文的文本具有同等的效力。其第 2 款还规定，联合国秘书长应当将本公约的核证副本送交至本公约第 8 条规定所述的所有国家。

(二)《欧洲国际商事仲裁公约(1961 年)》(以下简称《欧洲公约》)

《欧洲公约》是在 1961 年 4 月 21 日于日内瓦签订的条约，自 1964 年 1 月 7 日起生效。该公约适用于解决自然人或法人之间进行的国际贸易所引起的争议的仲裁协议以及根据该仲裁协议进行的仲裁程序和作出的裁决，并且在达成协议时，该自然人或者法人在不同的缔约方境内有其惯常居住地或所在地。

《欧洲公约》第 1 条规定，公约适用于自然人或法人为解决其相互间在国际贸易中发生的争议而缔结的仲裁协议，但以签订协议时，该自然人或法人的常住地或所在地以各缔约方为限。同时适用于根据上述协议而进行的仲裁程序和作出的裁决。

《欧洲公约》第 2 条规定公法法人提请仲裁的权利。在本公约第 1 条第 1 款规定的情况下，被其所适用的法律视作“公法法人”的法人，有权缔结有效的仲裁协议。

《欧洲公约》第 3 条规定外国人被指派为仲裁员的权利。在根据本公约进行的仲裁中，外国人可被指派为仲裁员。

《欧洲公约》第 4 条规定仲裁组织。仲裁协议的当事人，可自行决定将其争议提交于：(1) 常设仲裁机构。在这种情况下，仲裁程序应按该机构的规则进行。(2) 临时仲裁。在这种情况下，当事人自行决定指派仲裁员和确定仲裁地点以及规定仲裁员遵循的程序。当事人已协议一致把争议提交临时仲裁，在申请仲裁的通知书送达被诉人后的30 日内，如当事人一方没有指派仲裁员，无其他规定时，依另一方当事人的请求,仲裁员由未指派仲裁员的一方当事人在提请仲裁时的常住地或所在地的国家的主管商会会长指定。本款规定也适用于由一方当事人所指派的或由上述商会会长所指派的仲裁员的更换。当事人已协议一致将争议提交由一名或数名仲裁员进行临时仲裁,但仲裁协议中没有规定如《欧洲公约》第 4 条第 1 款所规定的仲裁组织,除当事人能就此取得协议并不违反上述第 2 款规定外,业已指派的仲裁员应采取必要的措施。如果当事人未能就指派独任仲裁员达成协议,或者被指派的数名仲裁员未能就采取的措施达成协议,申诉人可自由选择向协议同意的仲裁地(如果当事人就仲裁地点达成了协议)的商会会长或者向被诉人在提请仲裁时的常住地或所在地的主管商会会长,请求采取必要的行动。如果没有就仲裁地点达成协议,申诉人有权选择向被诉人在提请仲裁时的常住地或所在地的国家的主管商会会长,或者向专门委员会(其机构和程序见本公约附件规定),请求采取必要的行动。如果申诉人没有行使本款赋予的权利,被诉人或者仲裁员(们)有权提出请求。专门委员会会长接受请求后,有以下权力:(1)指派独任仲裁员、主任仲裁员、首席仲裁员或鉴定人;(2)在本条第 2 款规定外的其他任何程序,更换原指派的仲裁员;(3)在仲裁员可以确定另一仲裁地点时,确定仲裁地点;(4)直接制定或者参考常设仲裁机构的规则和章程制定仲裁员(们)遵循的程序规则,假如当事人之间没有此项协议,而仲裁员也没有制定这项规则;(5)如果当事人协议一致将其争议提交常设仲裁机构,但没有选定这一机构,也未能就此达成协议,申诉人可按上述第 3 款规定的程序,请求确定这一机构。如果当事人协议一致将其争议提交仲裁,但仲裁协议没有对仲裁方式(由常设仲裁机构仲裁或依临时仲裁程序仲裁)作出规定,当事人也未能对此达成协议,申诉人有权就此案件按上述第 3 款规定的程序决定。主管商会的会长或专门委员会,有权令当事人向常设仲裁机构提出申请,或者要求当事人在主管商会会长或专门委员会所规定的期限内指定仲裁员,并协商仲裁活动的必要措施。后一种情况,可适用本条第 2 款、第 3 款、第 4 款的规定。依据本条第 2 款至第 6 款的规定被委以职责的商会会长,在接受完成上述各款规定中的一项活动的请求后的 60 日内,没有完成此项活动时,提出请求的当事人有权要求专门委员会完成这项活动。

《欧洲公约》第 5 条规定关于仲裁管辖权的抗辩。当事人根据不存在仲裁协议或仲裁协议无效、已失效等事实,对仲裁员的管辖权提出抗辩时,此项抗辩应在发出仲裁请求书或提出争议实体答辩之前提出;基于仲裁员超越其职权范围的事实提出抗辩,应在仲裁员被认定无管辖权的问题在仲裁程序中发生后立即提出。抗辩延迟提出时,仲裁员如认为其延迟有正当理由应宣布准许其抗辩。上述对管辖权的抗辩,如未在上述期限内提出,随后既不能在仲裁的下一阶段提出(在此阶段,这种抗辩依仲裁员所适用的法律,只能由当事人自行决定),也不能在以后对裁决的实质或执行进行审理的法院诉讼中提出(在法院程序中,这种抗辩只能由当事人依审理裁决的实质或执行的法院的冲突规则决定)。仲裁员对不按时提出抗辩的裁决,须受司法监督。管辖权有问题的仲裁员,有权继续进行仲裁,并对自己的管辖权作出决定,也能决定仲裁协议或者包括此协议在内的合同是否存在或有无效力,但应受仲裁地法所规定的以后的司法监督。

《欧洲公约》第 6 条规定法院管辖权。依据存在仲裁协议这一事实,仲裁协议的一方当事人向法院就该法院无管辖权提出的抗辩,必须在被诉人提出他的实质性答辩之前提出(否则应受关于禁止反言原则的限制)。缔约方的法院在作出关于仲裁协议是否存在或有效的决定时,应从各方面审查这一协议的有效性。关于双方当事人的能力,根据适用于他们的法律,至于其他问题,则应:(1)根据当事人的仲裁协议所依据的法律;(2)如未就此点确定,根据裁决地国家的法律;(3)如无当事人的仲裁协议所依据的法律,并且在向法院提出问题时,还不能确定将在哪一国作出裁决,就根据受理争议的法院的冲突规则所确定的法律。如果按照法院地国家的法律,该争议是不能通过仲裁解决的,法院也可拒绝承认仲裁协议。如仲裁协议一方当事人在向法院起诉之前,已经提请仲裁,缔约方的法院之后在审理该当事人间的同事项,或审理该仲裁协议是否存在或无效、已失效等问题时,在仲裁裁决作出之前应停止对仲裁员的管辖权作出裁决,有正当而真实的相反理由者除外。向司法当局请求临时处分或保全处分,不应看作同仲裁协议不相一致,也不应看作就案件实质问题向法院提出申诉。

《欧洲公约》第 7 条规定适用的法律。当事人可通过协议自行决定仲裁员就争议所适用的实体法;如果当事人没有决定应适用的法律,仲裁员可按照其认为可适用的冲突规则的规定,适用某种准据法。在上述两种情况下,仲裁员均应考虑到合同条款和商业惯例。如当事人作出此种决定,而且仲裁员依照仲裁所适用的法律可以进行"友谊仲裁"时,仲裁员可进行"友谊仲裁。"

《欧洲公约》第 8 条规定裁决理由。除有下列情况外,当事人被认为已协商同意对裁决应附具理由:(1)当事人明确表示不必附具理由;(2)当事人已赞成采用习惯上不需要裁决理由的仲裁程序,但以在审理结束前或者在裁决作出前(如没有审理程序)双方当事人都没有要求附具裁决理由为限。

《欧洲公约》第9条规定仲裁裁决的撤销。一缔约方撤销按本公约作出的仲裁裁决,只有在下列情况下,才构成另一缔约方拒绝承认和执行裁决的理由,即裁决在该国或按该国法律作出裁决予以撤销并具备下述理由,该国才能拒绝承认和执行裁决:(1)仲裁协议的当事人,按对其适用的法律规定是无行为能力人;按当事人所依据的法律,协议是无效的;如协议中未规定此项法律,依裁决地国家的法律规定,这项协议无效。(2)请求撤销裁决的当事人,没有得到关于仲裁员任命或仲裁程序的正式通知,或者有其他理由未能出席仲裁。(3)裁决涉及仲裁申请中没有提及的或不属于仲裁申请项目的一种争议,或者裁决中包含了超出仲裁申请范围的裁决事项;如果仲裁申请范围内的裁决事项可以同仲裁申请范围外的裁决事项分开,则申请范围内的裁决事项可以不予撤销。(4)仲裁机构的组成和仲裁程序不是按照当事人的协议办理的,或者如无此项协议,不是按照本公约第4条的规定办理的。缔约方同时是1958年6月10日关于承认和执行外国仲裁裁决的《纽约公约》的参加一方时,在缔约方的关系中,本条第1款对《纽约公约》第5条第1款第5项,仅在按本条第1款规定撤销裁决的情况下,予以限制。

《欧洲公约》第10条最后条款。凡欧洲经济委员会成员国,均可签署或加入本公约,依该委员会规章第8条被承认为该委员会咨询机构的国家也可签署或加入本公约。凡按欧洲经济委员会规章第11条规定,可以参加该委员会一定活动的国家,在本公约生效后,也可以加入本公约,成为本公约的缔约方。本公约在1961年12月31日以前,公开接受国家签署;在这以后,公开接受加入。本公约应经批准,批准或加入,将在向联合国秘书长交存文件后生效。缔约方在签署、批准或加入本公约时,应向联合国秘书长报送一份关于他们国家内商会或其他能履行本公约第4条所规定的商会会长职责的机构名单。本公约的规定不影响本公约缔约方之间缔结的其他多边或双边协定的效力。本公约在有本条第1款所述5个国家交存其批准或加入的文件后的第90日起开始生效。若有的国家嗣后批准或加入,本公约将自该国交存其批准或加入的文件后的第90日起开始对该国生效。任一缔约方可以通知联合国秘书长,退出本公约。退出自秘书长收到退出通知之日起1年后生效。在本公约生效之后,如由于有国家退出,缔约方减少到5个以下,则将从最后退出公约的国家的退出生效之日起,本公约停止生效。联合国秘书长应将下列事项通知本条第1款所述国家,以及按本条第2款规定成为缔约方的国家:(1)按本公约第2条第2款规定提出的声明;(2)按本条第1款和第2款规定提出的批准或加入;(3)按本条第6款执行时报送来的名单;(4)按本条第8款规定本公约开始生效的日期;(5)按本条第9款规定的退出;(6)按本条第10款规定本公约的停止生效。

(三)《华盛顿公约》

《华盛顿公约》1965年3月18日缔结于华盛顿,1966年10月14日生效。《华盛顿公约》是在国际复兴开发银行(世界银行)主持下缔结的、为解决缔约方与其他缔约方国民间的投资争议的多边国际公约。

《华盛顿公约》包括一个序言和10章75条。其目的在于提供解决国家和外国私人投资者争议的调节和仲裁的便利,促进相互信任的气氛,并鼓励私人资本的国际流动。该公约决定在华盛顿成立ICSID,作为解决缔约方与其他缔约方国民争议和实施公约的常设机构。1966年,ICSID成立,该中心具有独立的法人资格,并享有公约规定的特权和豁免权。

《华盛顿公约》第1条规定建立解决投资争议国际中心的宗旨。依据该条规定,建立解决投资争议国际中心的宗旨,是依照本公约的规定,为各缔约方和其他缔约方的国民之间的投资纠纷,提供调解和仲裁的便利。

《华盛顿公约》第3条规定中心的组织构成。依据该条规定,解决投资争议国际中心应当设有一个行政理事会和一个秘书处,并且还应当有一个调解员小组和一个仲裁员小组。

《华盛顿公约》第4条对行政理事会的组成进行规定。依据该条规定,行政理事会由各缔约方各派一人代表组成,并且在首席代表未能出席会议或未能执行任务时,由副代表担任代表。如无相反任命,各缔约方所指派的国际复兴开发银行的理事和副理事当然地成为各该国的代表和副代表。

《华盛顿公约》第6条对行政理事会的职权进行规定。依据该条第1款的规定,行政理事会在不影响本公约其他条款赋予的职权的情况下,应当负责以下工作:(1)通过解决投资争议国际中心与行政和财政相关的条例;(2)通过提交调解和仲裁的程序规则;(3)通过调解规则和仲裁规则;(4)批准与银行达成的关于使用其行政设施和服务的协议;(5)确定中心秘书长及任何副秘书长的服务条件;(6)通过中心的年度收支预算;(7)批准关于中心的活动的年度报告。其中(1)

(2)(3)(6)所指的决定,应当经行政理事会成员的2/3多数票通过。其第2款规定,行政理事会可以根据需要设立其认为必要的委员会。其第3款还规定,行政理事会还应当行使为履行本公约规定所必需的其他职权。

《华盛顿公约》第9条规定秘书处的组成。依据该条规定,秘书处由秘书长一人、副秘书长一人以及若干工作人员组成。

《华盛顿公约》第10条针对秘书长及副秘书长的选举、职责等进行规定。依据该条第1款的规定,秘书长和副秘书长均应当由行政理事会主席提名,并经行政理事会成员的2/3多数票选举产生。秘书长和副秘书长的一届任期不超过6年,可以连任。其第2款规定,秘书长和副秘书长的职责不得与任何政治任务相关。需要注意的是,除行政理事会批准外,秘书长和副秘书长不得担任其他任何职务,也不得从事其他任何职业。其第3款还规定,在秘书长缺席或无法履行职责时,或者秘书长职位空缺时,由副秘书长担任秘书长。若有若干副秘书长,则由行政理事会决定其担任秘书长的顺序。

《华盛顿公约》第12条、第13条对调解员小组和仲裁员小组的组成进行规定。依据第12条的规定,调解员小组和仲裁员小组应当由合格的人员组成,这些人员应当根据相关规定指派,并愿意提供服务。依据第13条的规定,各缔约方可以分别向调解员小组和仲裁员小组指派4人,且其指派人员可以但不必是该缔约方国民。行政理事会主席可以分别向调解员小组和仲裁员小组指派10人,且其所指派人员应当具有不同国籍。

《华盛顿公约》第18条针对解决投资争议国际中心所具有的完全的国际法律人格进行规定。依据该条规定,解决投资争议国际中心具有的法律能力包括缔结契约的能力、取得和处置动产和不动产的能力以及起诉的能力。

《华盛顿公约》第23条对解决投资争议国际中心的地位予以肯定。依据该条规定,解决投资争议国际中心的档案不论在何处,都不得受到侵犯。并且,各缔约方给予中心的官方通信的待遇,不得低于其给予的其他国际组织的待遇。

《华盛顿公约》第25条对解决投资争议国际中心的管辖范围进行规定。依据该条第1款的规定,该中心可以管辖缔约方(或缔约方向中心指定的该国任何组成部分或机构)与另一缔约方国民之间因投资关系而产生的并经协商书面同意提交给中心仲裁或调解的任何法律纠纷。特别强调,当各方当事人协商一致表示同意提交中心后,任何一方当事人不得单方面撤销该同意。其第2款对“另一缔约方国民”进行了定义。依据该款规定,“另一缔约方国民”包括:(1)在双方同意将纠纷交付调解或仲裁之日以及根据第 28 条第 3 款或第 36 条第 3 款登记请求之日,具有作为纠纷一方的国家以外的某一缔约方国籍的任何自然人,但不包括在上述任一日期也具有作为纠纷一方的缔约方国籍的任何自然人;(2)在纠纷双方同意将纠纷交付调解或仲裁之日,具有作为纠纷一方的国家以外的某一缔约方国籍的任何法人,以及在上述日期具有作为纠纷一方缔约方国籍的任何法人,而这一法人因受外国控制,各方当事人为了实现本公约的目的,应将其看作另一缔约方国民。

《华盛顿公约》第 26 条规定仲裁可排除其他救济。依据该条规定,除另有规定外,各方当事人同意依据本公约交付仲裁,应当被视为其同意排除其他任何救济方法。但是,缔约方可以要求以用尽该国行政救济或司法救济作为其同意依据本公约交付仲裁的条件。

《华盛顿公约》第 27 条规定缔约方对提交仲裁纠纷的禁止性行为。依据该条第 1 款规定,缔约方针对其国民与另一缔约方依据本公约同意交付或已交付仲裁的纠纷,不得给予外交保护或提出国际要求,除非该另一缔约方未能遵守和履行中心对此项纠纷作出的裁决。其第 2 款对第 1 款中所提到的“外交保护”作出了限制。依据该款规定,外交保护不包括纯粹为了促进纠纷解决而进行的非正式的外交上的交往。

《华盛顿公约》第 28 条对请求调解进行程序性规定。依据该条第 1 款的规定,意欲将纠纷提交调解程序的缔约方或缔约方国民,应当向秘书长提出书面请求,并由秘书长将这一书面请求的副本送至其他当事人。其第 2 款对书面请求的内容作出了进一步规定。依据该款规定,书面请求应当包括纠纷事项、各方当事人身份以及其同意提交调解等内容。

《华盛顿公约》第 33 条规定调解程序。依据该条规定,除当事人另有约定外,任何调解均应当按照本条所规定的程序进行,且应当依据当事人同意提交调解之日有效的调解规则进行。若出现任何本条或调解规则或当事人约定规则未规定的程序问题,则应当由调解委员会决定如何解决。

《华盛顿公约》第 36 条对请求仲裁进行程序性规定,与第 28 条对请求调解的程序性规定相似。《华盛顿公约》第 44 条对仲裁程序的规定,与第 33 条的调解程序规定相似。

除上述规定外,《华盛顿公约》还进一步针对解决投资争议国际中心的调解工作、仲裁工作以及调解员和仲裁员的更换和取消资格等作出了较为详细的规定。

第三节　克罗地亚代表性仲裁机构

一、克罗地亚商会常设仲裁院简介

克罗地亚商会常设仲裁院(the Permanent Arbitration Court at the Croatian Chamber of Commerce)是克罗地亚代表性仲裁机构。克罗地亚商会(CCC)内设有常设仲裁院(the Permanent Arbitration Court,PAC)和调解中心。常设仲裁院提供国内、国际的商事仲裁程序管理服务。克罗地亚商会内的第一个仲裁机构成立于1853年,1945年仲裁被法律禁止之前,该机构一直在发挥作用。1965年,常设仲裁院重建,被赋予管理国内仲裁程序的权力。1991年后,仲裁院取得国际案件的管辖权。2015年,常设仲裁院颁布并实施《克罗地亚商会常设仲裁院仲裁规则》。

克罗地亚商会常设仲裁院无疑是克罗地亚的核心仲裁机构。它的历史可以追溯到1853年,可以说是欧洲最古老的仲裁机构之一,在南斯拉夫时代,它在解决国内商业纠纷方面有着丰富的实践经验。虽然克罗地亚商会常设仲裁院从1991年才开始活跃在国际仲裁领域,但其影响力也不容小觑。在1991~2001年,国际仲裁的比例达到40%~50%(其余为国内仲裁),大约有300起仲裁案被提交至该仲裁院,涉及来自25个不同国家的当事人。仲裁标的的累计总价值超过7亿德国马克,这表明了该仲裁机构在商事贸易中的重要性以及作为解决复杂和重要商业纠纷的高度专业机构所享有的声誉。统计数据显示,该仲裁机构主要受理争议金额在10万至50万德国马克的案件,虽然该机构仍受理了一些低于这一水平的、较小的仲裁案件,但是近年来其受理的仲裁案件的标的价值呈增长趋势,特别是国内仲裁案件。

尽管案件数量相对较少(每年30~40起),但数据表明,在2000年之后,该仲裁机构受理的仲裁案件总数变得相当可观。提交仲裁的案件种类繁多,包括但不限于简单的销售合同、复杂的建筑纠纷和与国有资产私有化进程有关的纠纷。外国当事人也非常多样化,有来自大约30个国家的外国当事人,具有普遍代表性的是克罗地亚的主要贸易伙伴国家(意大利、德国、奥地利和前南斯拉夫)。

二、克罗地亚商会常设仲裁院职能

常设仲裁院的主要职能是依其仲裁规则管理国内商事仲裁和国际商事仲裁。常设仲裁院设立不具约束力的仲裁员名册,分为带有国际因素争议的仲裁员名册和无国际因素争议的仲裁员名册。克罗地亚商会的管理委员会根据仲裁院主席团的建议确定仲裁员名册,任期 4 年。仲裁院的行政管理工作、实质性工作和财务工作由克罗地亚商会进行监督,并提供必要经费。

尽管负责国际争议的仲裁员名单由具有高度专业水准的仲裁员个人组成,但该名单对当事人双方均没有约束力——他们可以在该名单之外任命一名合适的仲裁员。

三、克罗地亚商会常设仲裁院的学术活动

除解决商业纠纷这一主要职能外,克罗地亚商会常设仲裁院还积极出版仲裁相关的学术资料,促进商事仲裁的普及和发展。克罗地亚商会常设仲裁院与克罗地亚仲裁协会合作,于 1993 年开始每年出版一份英文仲裁报告,即《克罗地亚仲裁年鉴》。从那时起,定期出版了 29 卷超过 5800 页的学术论文、报告、评论、判例和其他材料。另一出版物《中欧和东欧仲裁评论》于 2000 年开始出版,其第 1 卷专门讨论了匈牙利和克罗地亚的仲裁,提供了关于这两个国家的最完整的仲裁材料(法律、规则、判例)。

四、克罗地亚商会常设仲裁院的内部分工

克罗地亚商会常设仲裁院的内部机构分为常设仲裁院的主席团、院长和秘书处,以及负责解决具体争议的仲裁庭。

克罗地亚商会常设仲裁院主席团负责对其活动进行总体监督,确保常设仲裁院的规则和其他一般法律的正确实施,决定并参与与权限问题有关的事项,决定常设仲裁院财政资源的正确分配和使用,审查和批准常设仲裁院的年度报告和下一年的计划,并从事常设仲裁院规则和其他法案规定的其他工作。

克罗地亚商会常设仲裁院院长代表常设仲裁院,在符合《克罗地亚商会常设仲裁院仲裁规则》的规定下任命仲裁员和仲裁庭庭长,决定对仲裁员的质疑,保障常设仲裁院与其他机构有利合作的维持和发展,并开展其他常设仲裁院和院长职权范围内的活动。

常设仲裁院秘书长辅助常设仲裁院主席团和院长的工作,并执行其决定。秘书长从事组建仲裁庭和准备听证会所需的所有行政工作,确保适当执行仲裁庭的

裁决和其他决定,管理秘书处的工作,编写常设仲裁院年度工作报告、年度财务报告和下一年的计划,并负责常设仲裁院管理规章确定的其他活动。

五、其他仲裁机构

除设立克罗地亚商会常设仲裁院的成功实践外,克罗地亚其他的仲裁机构几乎消失在司法的视野之中。但是,随着《仲裁法》的放宽,设立专门仲裁机构的呼声越来越高。到 2023 年 10 月止,虽有其他已经成立的仲裁机构,如国家奥委会体育仲裁法庭,但受理的仲裁案件非常少。此外,还存在一个利用仲裁机制专门解决互联网域名争议的新仲裁庭。该仲裁庭仍在组建中,将在克罗地亚国家域名的主管管理机构下运作,处理该领域内有关网络域名的争议。其进行仲裁的规则主要源于互联网名称与数字地址分配机构(The Internet Corporation for Assigned Names and Numbers,ICANN)发布的国际标准。

第四节　克罗地亚代表性仲裁机构的仲裁规则

克罗地亚商会常设仲裁院最新适用的仲裁规则包括《克罗地亚商会常设仲裁院仲裁规则》(以下简称《规则》),以下分别对其内容进行介绍:

一、一般规定

《规则》规定了克罗地亚商会常设仲裁院(以下简称本院)的管辖权、本院仲裁庭的组成和设立以及仲裁庭的仲裁规则。

(一)适用范围

本规则应适用于根据《规则》的规定已同意本院或本院的仲裁庭具有管辖权的所有争议,除非某些规定明确只适用于不具有国际性质的争议。除《规则》第 26 条和第 53 条以及适用于仲裁程序的国际法律强制性规则的规定外,当事人可以商定不适用《规则》的规定。各方可同意法院只执行《规则》规定的部分活动,特别是:在临时仲裁和其他仲裁机构进行的仲裁中担任指派机构;根据其他仲裁规则提供行政和其他服务;组织听证会并提供进行仲裁的场所和设备。

本院与其他仲裁机构缔结的关于合作解决争议的双边或多边协定的规定应视为《规则》的组成部分,但前提是当事人在仲裁协议中或其后同意适用这些条款。当这些规定或适用于该仲裁程序的法律涉及当事人之间的协议或双方就某一问题达成协议的可能性时,此类协议还应包括该协议中涉及的仲裁规则的所有规定或涉及的法律中的所有条文。如果当事各方在其仲裁协议中约定本院或本院仲裁庭的权限,但同时约定仲裁程序应当按照其他仲裁机构的规则或根据其他机构确定的仲裁规则进行,则这些规则不适用于本院仲裁庭的成立和组成以及本院各机构在组织和进行仲裁程序时的权限,除非双方另有约定。当事各方的约定同时不适用于支付登记费的义务,也不适用于确定支付行政费用的数额和方法。那些其他仲裁机构确定的关于预付仲裁员费用和报销费用的议定规则和程序相关的当事人约定,只有在根据这些规则仲裁员有权获得更高的费用和更高的费用报销的情况下才适用。

上一段所指的当事人协议可以以订立仲裁协议所规定的任何方式订立。这种协议也可以通过当事人在仲裁庭开庭时作出的同意声明而订立,在这种情况下,必须记录在庭审记录中,当事人应审阅并签署。

(二)仲裁管辖

本院和本院仲裁庭的管辖权应依据仲裁协议确定。如果仲裁地点在克罗地亚境内,当事各方可以约定本院和本院仲裁庭享有解决与当事各方可自由处置的权利有关的争议的管辖权。如果仲裁地点在克罗地亚境外,当事各方可以约定本院和本院仲裁庭享有解决与当事各方可自由处置的权利有关的争议的管辖权,但前提是其中至少有一方当事人是在国外永久居留的自然人或根据国外法律设立的法人主体,除非特别法规定此类争议只能由克罗地亚法院解决。

双方当事人在约定了本院解决其部分争议的管辖权时,应视为约定了根据本规则而设立的仲裁庭的管辖权。另外,在特别法令规定的情况下,应相应确立本院和本院仲裁庭的管辖权,但不得减损前款的规定。除非仲裁协议另有明确规定,在约定本院对当事人争议享有管辖权时,应视为当事人也同意本院机构对下列事项享有管辖权:任命仲裁员并决定对其提出回避和撤销的程序命令;制定临时措施和发出付款令;执行本规则规定的其他职责。

(三)拒绝管辖

如果所缔结的仲裁协议涉及当事人不能自由处理的权利,或者存在《规则》中其他条款所述的不能触发本院仲裁庭管辖权的理由,即使是已商定由本院管辖的争议,本院主席团也应最迟在仲裁庭成立之前以程序命令的形式拒绝审理这些争议。

如果当事人各方约定的地点、语言、组成、设立仲裁庭的方式或仲裁程序规则,使得本院仲裁庭只能在面临不成比例的困难或费用的情况下进行仲裁,或者这些约定基本上偏离了本规则所规定的解决争议的方式,则本院主席团也可以拒绝管辖。当本院主席团依照前述的事由以程序命令拒绝管辖时,应视为不存在关于本院仲裁庭享有管辖权的有效协议。

本院书记处和本院院长可根据前段事由向本院主席团提出拒绝管辖的申请,本院主席团可以就管辖权问题作出决定。

(四)争议标的的价值确定

如果仲裁申请书或仲裁答辩书包含若干主要请求,则争议标的价值应分别确定。利息、仲裁费用和其他附带请求如果不是主要请求的一部分,则不应予以考虑。要求支付违约金的请求被视为主要请求。

如果仲裁请求是要求对方支付一定金额的款项,则该争议标的物的价值应根据该金额确定。请求与支付款项无关的,以申请人和被申请人在仲裁申请书或者仲裁答辩书中所注明的争议标的物的价值为准。

如果根据本院秘书长、对方当事人或仲裁庭的建议,本院院长裁定争议标的物的价值明显过高或过低,在给予各方表达意见的机会后,本院院长应通过程序命令确定与索赔相关的争议标的物的价值。在集体雇佣纠纷和“强制仲裁”中,争议标的的价值不得低于3,000,000克罗地亚库纳。

(五)法庭程序中仲裁程序的中止

如果同一当事人就同一事项已经提起诉讼或者以其他形式向法院提起诉讼,仲裁庭认为有特别重要的理由,可以裁定中止仲裁程序,直至法院审理的诉讼结束。在仲裁程序中,当事人一方提起破产前和解或者破产程序的,应当中止仲裁程序或者依照有关仲裁法、破产法的规定发生其他法律效力。仲裁程序的继续及其效力也应适用本规则。

(六)仲裁地

对于不具有国际性质的争议,双方可在克罗地亚境内商定仲裁地点;对于具有国际性的纠纷,当事人可以约定在另一个国家进行仲裁。仲裁程序启动后,当事人不得在协议中约定在仲裁程序启动时再指定克罗地亚境外的地点为仲裁地。此外,未经双方当事人达成协议,仲裁庭无权自行确定仲裁地。

除非双方当事人另有约定,仲裁地应为本院所在地。如果当事人在本院所在地之外指定了仲裁地点,则只有在当事人应本院秘书长的要求支付了预付款以支付由此产生的费用的情况下，仲裁才可以在约定的地点进行。如果当事人未在规定的期限内支付预付款，其应当被视为已同意在本院所在地进行仲裁。

除非当事人协商一致反对，仲裁庭有权决定在仲裁地点以外举行听证会。只有在双方当事人应本院秘书长的要求，支付额外的预付定金以支付因此而产生的费用的情况下，听证会才应在仲裁地点以外举行。当事人未在规定的期限内支付定金的，不在仲裁地以外举行听证会。

仲裁庭作出的仲裁裁决和其他决定，应视为在仲裁地作出。

（七）仲裁语言

当事人可以约定进行仲裁的一种或几种语言；没有协议的，由仲裁庭决定以何种语言进行仲裁。除非另有规定，当事方的协议或仲裁庭关于仲裁语言的决定应适用于当事方的所有书面陈述、口头程序、仲裁庭的所有决定和其他通知，以及本院秘书和其他机构的通信交流。

仲裁庭可命令将所有书面证据随附以双方同意或仲裁庭决定的一种或多种语言的译本。在确定仲裁程序的语言之前，仲裁申请书、仲裁答辩书和其他文件均可以以当事人之间主协议的语言、仲裁协议的语言或克罗地亚语提交。当事人各方提交和附有的未翻译成按前款规定要求应译成的语言的文件，本院仲裁庭不予接受。

用于支付仲裁庭听证会口译费用、仲裁庭裁决和其他文件的翻译费用以及本院秘书长和其他机构的来文的翻译费用的资金应应本院的请求，由有义务预付仲裁程序费用定金的一方提前支付。如果在规定期限内，有关当事人没有支付该等预付款，本院应通知各方仲裁程序无法进行，届时应从该等预付款中支付仲裁员工作的报酬，并且他们还将获得与该等预付款有关的任何费用的补偿。报酬的数额和费用的偿还应由本院院长决定。

如果仲裁庭认为，考虑当事方或其代表的公民身份，将所有文件中的不同语言翻译成所要求的语言将大大增加程序费用、减缓程序的进行或使程序更加困难时，则可裁定仲裁协议中有关以两种或两种以上语言进行仲裁的约定不适用，但前提是该决定不会导致各方参与程序的权利遭受重大损害。各当事方可在 8 日内对仲裁庭的这一决定提出异议，并由本院主席团决定。

（八）当事人代表

双方可自行选择委任仲裁代理人及仲裁顾问，其姓名和地址，包括电子邮件地址,必须以书面形式发送给本院和另一方当事人。此通知应指明该委任人是属于仲裁代理人或是仲裁顾问。

二、仲裁申请

(一)仲裁申请文件

仲裁各方和相关主体(Intervenors)应按照本院的地址向本院秘书长提交足够数量的仲裁申请书及其答复,以及其他意见书和书面通知,包括这些文件的附件。秘书长、对方当事人、相关主体和仲裁庭成员均应收到足够数量的此类文件。除非他们有联合代表人,如果有若干人作为共同仲裁人参加仲裁,则各方和参与人应为每个共同仲裁人提交足够数量的意见书副本并附上附件,无论他们属于仲裁的哪一方。仲裁的其他参与人应将其书面文件按本院地址提交给本院秘书长。

在本院保存的文件副本中,仲裁庭审议和裁决所依据的每一份文件均应有至少一份副本。应当事各方或仲裁庭的要求,秘书长应从保存在本院的档案中印发某些文件的副本。秘书长或仲裁庭还可以要求当事各方以电子形式向本院提交文件和附件。

(二)对“仲裁申请书”的答复

只有经本院秘书长批准,或在仲裁庭成立后经仲裁庭批准,仲裁程序的当事方、相关主体和其他参与者才可以直接相互传送具体的仲裁申请书及附件等文件。除非当事各方一致反对,本院秘书长和仲裁庭可以命令当事各方在仲裁程序期间将其提交的文件连同附件直接通过有交付记录的挂号信(registered mail)相互传送到指定地址。根据前述规定的命令行事的当事人,应在向本院提交的意见书中附寄给对方当事人的挂号信证明原件或副本,并应本院秘书长或仲裁庭的要求,附寄证明已正确送达的送达记录。

(三)送达

除非当事人另有约定,仲裁庭的文件及其附件(视情况而定)在按收件人的邮寄地址或被授权接收文件的人移交之日起视为送达。

邮寄地址是当事人在仲裁协议、主要协议或界定仲裁庭职权范围的文件中所表明的作为送达地址的地址,具体取决于当事人为此目的所指定的地址。当事人还可以在随后的仲裁程序、提交文件或听证会中表明其接收文件的地址。如果双方当事人未按照上述的规定表明文件接收地址,则应将其送达至其永久或经常住所的注册地址或其业务的注册办事处,或送达至登记接收文件的另一地址(如果该地址可以通过识别地址的通常措施识别,或如果无法识别,则送达至最后为人所知的地址)。

如果挂号信连同寄件向前段所述地址送达均不成功,即使连续两次投递间隔30日,仍须通知当事人再次投递和可以从邮局领取该文件的时间,另一方当事人从邮局领取该文书的期限届满,视为送达。

当事人在仲裁协议中约定或嗣后送达的地址为特定的人,如公证员、律师等,由于该人已不存在或者拒绝接收当事人的通信而在该地址送达不成功的,应当继续依照前述条款的规定送达。

经当事人同意,本院书记或仲裁庭书记可以在仲裁程序期间命令使用邮局以外的其他交付服务。必要时,仲裁送达也可以通过公证员进行,以公证员送达完成证书为有效证明。

在听证会上,当辩论已经结束,并且所有当事人及其团队的人都在场时,仲裁庭可以发布一项程序性命令,决定在一定时间内将裁决于本院秘书长办公室送达给当事人。在这种情况下,双方均有义务在该期限届满后8日内领取裁决。如果当事人未能按时领取,则应视为在上述8日期限届满时,裁决已送达于当事人。

(四)电子文件的交换

双方当事人可以在仲裁协议中或随后在仲裁程序中同意通过电子邮件将其提交的文件或任何附件发送给本院,以及让本院亦以电子邮件发出交换文件或发送全部或部分文件(如听证会传票等)。在前款所述的情况下,当事各方应应本院或另一当事方的要求,以纸张/硬拷贝的形式提交材料及其附件。电子通信的可能性和方式也可在仲裁庭的职权范围内确定。

在上段所述的情况下,各方应以电子邮件确认收到了具体的提交材料和附件。无论争议结果如何,未履行本条前款规定的义务的一方应向因此遭受费用损失的对方当事人偿还费用。仲裁庭在决定偿还仲裁费用时应考虑到这一点。因未能履行上段前几项规定的义务而引起的费用数额应由仲裁庭自行决定。

三、仲裁员及仲裁庭

(一)仲裁员的任命

当事人可以约定由仲裁庭或者独任仲裁员进行仲裁。在争议标的的价值不超过200,000欧元的争议中,如果双方未就仲裁员人数事先达成协议,仲裁应由一名独任仲裁员进行,而在其他争议中,仲裁应由3名仲裁员组成的仲裁庭进行。

当事人也可以指定一名不在本院仲裁员名单上的人担任仲裁员。本院委任机关只能从本规则第4条所述的有关仲裁员名单中指定一名独任仲裁员或仲裁庭庭长。

如果双方同意只任命一名仲裁员,则应将该唯一仲裁员的姓名通知本院秘书长。独任仲裁员的名字可以在仲裁协议中、在后续协议中或者在仲裁程序中确定。如果当事人在本院秘书长规定的适当期限内(自对仲裁申请书的答复提交本院之日起或自未对仲裁申请书作出答复之日起不少于15日)没有按照前述的规定行事,则由本院委任机关指定独任仲裁员(第19条)。

如果仲裁将由3名仲裁员组成的仲裁庭进行,双方应各自指定一名仲裁庭成员。对于此种仲裁庭,则由被选择的两位仲裁庭成员来选择第三名成员,该成员应为本次仲裁庭庭长。如果申请人没有在仲裁申请书中指定仲裁员担任仲裁庭成员,或者如果被申请人在对仲裁申请书的答复中或在随后被邀请去指定仲裁员的15日内没有指定仲裁员担任仲裁庭成员,则应由本院委任机关而非当事人指定仲裁庭成员(第19条)。

如果按照前述规定任命的两名仲裁庭成员在应当指定另外一名仲裁员担任本仲裁庭庭长的15日内未将仲裁庭庭长的挑选情况通知本院秘书长,则仲裁庭庭长应由本院委任机关指定(第19条)。在任命通知和接受任命的声明中,仲裁庭成员应被告知如果他们未能在上述期限内任命一名仲裁庭庭长,则仲裁庭庭长应由本院委任机关任命。

对于有多个仲裁申请人作为共同仲裁申请人参与的案件,他们有义务事先就共同仲裁员的任命达成协议。如果共同仲裁申请人在15日内未达成一致,则应由本院委任机构(第19条)从本院仲裁员名单中指定仲裁员。

在同一案件中,如果有多个仲裁被申请人参与,且就争议标的物而言,这些被申请人属于同一个法人团体,或者作为争议标的物的权利和义务基于相同的事实和法律依据,则这些被申请人有义务在答复仲裁申请书时或收到通知后15日内指定一名共同仲裁员,否则,仲裁员应由本院委任机关(第19条)从本院的仲裁员名单中指定。

就同一争议的争议事项而言,多个被告方不属于同一个法人团体,或者其权利和义务并非基于相同的事实和法律依据,而在被邀请指定共同仲裁员后15日内未指定的,无论申请人是否指定了一名仲裁员,或者申请人是否指定了一名共同仲裁员，都应由本院委任机关指定仲裁庭的所有成员（第19条）。

本节所指的本院委任机关可以由仲裁当事人双方协商确定，如果当事人双方未达成一致或者指定的委任机关拒绝承担委任责任，则应当将本院院长视为委任机关行使委任权。被指定的委任机关有义务在规定期限内指定仲裁员。委任机关应当依据程序清单（list procedure）作出任命仲裁员的决定，即在当事人明确同意的情况下，或在委任机关认为适当的情况下作出决定。

前段所指的程序清单应为：应一方当事人或双方当事人的要求，委任机关应向双方当事人送交至少载有3个人的相同名单；各方在收到名单之日起15日内，在划掉他们不接受的一个或多个名字并按所需的顺序用数字标出名单上其余的名字后，将名单交回指定当局；前项所述期限届满后，委任机关应按照当事人指定的顺序，从送回的名单上已获批准的人员中指定一名仲裁员；不能按照上述方式指定的，委任机关可以根据自己的评估指定仲裁员。在任命仲裁员时，委任机关有义务考虑所有情况，以确保任命一名独立和公正的仲裁员，以及任命一名与当事人国籍不同的仲裁员。

若指定的仲裁员不在本院仲裁员名单上，并且其永久或经常居所不在仲裁地，应当预先支付该名仲裁员前往仲裁地的旅费和住宿费所需的额外资金（除非本院秘书长认为这种指定导致该仲裁员参与仲裁程序存在有关的不适当支出）。当事人未在本院秘书长要求的期限内预付前述所要求的款项的，视为未在规定的期限内指定仲裁员。前述所造成的额外费用应当纳入仲裁费用。

（二）仲裁庭的成立

本院收到指定的独任仲裁员或仲裁庭全体成员关于其独立性和接受其职责的陈述之日，即视为仲裁庭已成立。本院应将此日期通知独任仲裁员或仲裁庭成员及当事人。

（三）仲裁员的披露义务

被聘请为仲裁员的人应披露所有可能使其独立性或公正性受到质疑的情况。即使这些情况发生在任命之后，仲裁员也有义务立即将这种情况通知当事人，除非他或她已经通知了当事人。

（四）仲裁员的更换

在仲裁过程中，因任何原因需要更换仲裁员的，应当依照本规则在指定仲裁员时适用的相关规定来指定替代的仲裁员。上述情况同样适用于当一方当事人没有参与指定被替换的仲裁员的任命程序。

(五)对仲裁员的回避请求

一方当事人质疑仲裁员的独立性和公正性时,可以向本院院长提出回避请求并附上质疑的理由,本院院长认为回避请求合理的,则应将该仲裁员排除在仲裁庭成员之外。只有在回避的理由发生于该仲裁员被任命为仲裁庭成员之后或者在该仲裁员被任命为仲裁庭成员后一方当事人才知晓回避的理由时,一方当事人才可对该名仲裁员提出回避请求。回避请求应当以书面形式提出,并说明提出回避的理由。提出回避的一方当事人应当在知晓该仲裁员被任命为仲裁庭成员之日起或知晓回避理由的情况之日起30日内提出请求。

如果被请求回避的仲裁员没有回避,或者另一方当事人不同意回避请求,则委任机关应当在被请求回避的仲裁员或另一方当事人就此发表意见后,才可就该回避请求作出决定,这种决定应予以实质论证。主动回避的仲裁员或者被要求回避的仲裁员,在仲裁程序中无权获得报酬和报销费用。仲裁员应事先签署公正仲裁和接受相关责任的声明,同意接受退出仲裁或回避的后果。

(六)仲裁员的撤销

当仲裁员不履行其义务和职责时,一方当事人可以请求本院院长启动规定程序以下达撤销该名仲裁员的决定。前项所述的下达撤销决定所需的规定程序可以由本院院长或者本院主席团依据职权制定。基于仲裁员不履行其义务和职责而下达的撤销其仲裁员身份的程序命令(a procedure order)应当由本院主席团基于本院院长或其指定的副院长的提议而作出。

本院主席团应当在被申请撤销的仲裁员就本院院长的撤销提议作出相关陈述后,再决定是否作出撤销该仲裁员的决定。被撤销的仲裁员的任期于本院主席团下达的撤销决定送达当事人时终止。

被撤销的仲裁员只有在有正当理由而未能履行其职责和义务的情况下,才有权报销其在仲裁程序中产生的费用,并就其所做的工作获得适当的报酬。仲裁员有义务在收到撤销其身份的决定后15日内提出报销费用和适当报酬的请求,否则,他/她将失去要求报销费用和适当报酬的权利。除本院主席团另有决定外,由本院院长和两名副院长组成的审核组就被撤销的仲裁员的有关报销费用和适当报酬的申请作出决定。

所有仲裁员均应签署公正仲裁和执行义务、职责的声明,并表示同意本节规定的适用。

(七)仲裁庭组成发生变更时的重复陈述

仲裁庭的组成发生改变的,应当再次进行开庭陈述。如果当事人同意,仲裁庭可以决定不进行重新陈述。但如果选择或指定了新的独任仲裁员,则必须重新开庭陈述。

四、仲裁程序

(一)仲裁申请书和仲裁答辩书

除非当事人另有约定,否则仲裁程序应当通过仲裁申请书启动。仲裁申请人提交至本院的仲裁申请书应当包括以下内容:各方当事人的名称和地址,包括其电子邮件地址;仲裁申诉内容;申诉所依据的事实陈述;证明事实陈述的相关证据;对已订立仲裁协议的说明;关于指定仲裁员的声明;表明争议标的的价值。仲裁申请书还必须附上主协议和仲裁协议(如果主协议中未载有仲裁协议)的副本。本院的仲裁程序应于收到仲裁申请书之日开始。

本院秘书长须将仲裁申请书及其附件转交仲裁被申请人,并设定就仲裁申请书提交书面答复的期限。仲裁答辩书应提交至本院,本院秘书应将仲裁答辩书及其附文转交至仲裁申请方。对仲裁申请书的提交要求经必要修改后适用于仲裁答辩书。但是,如果仲裁申请人未预先支付仲裁费用,则该仲裁法院规定不得将仲裁申请书送达给被申请人。

值得注意的是,一方当事人知道或应当知道适用于仲裁的法律中有一项内容是双方当事人不得放弃的,或者仲裁协议中产生的一项条件没有得到满足,但是其仍继续参加仲裁,并且没有立即对此疏忽提出异议,或者没有在合理期限内提出异议,其将丧失援引此疏忽作为抗辩的权利。

(二)反申请书

被申请人可以在仲裁答辩书中向法院提出反申请,但是反申请书的请求权基础应当源于原仲裁协议所涵盖的法律关系。在仲裁期间至仲裁庭辩论结束,经申请人同意,被申请人都可以提交反申请书。《规则》中关于仲裁申请书的规定也比照适用于反申请书。

(三)抵销抗辩

被申请人可以在仲裁答辩书中提出抵销答辩,要求仲裁庭确认抵销答辩中的主张,并将其与申请人的主张相抵销,但前提是仲裁庭认为仲裁申请人的主张有充分依据。在仲裁期间至仲裁庭辩论结束,经申请人同意,被申请人都可以提交抵销抗辩。此外,被申请人只能根据前述规定提出抵销抗辩,并且该抗辩是由原仲裁协议所涉及的法律关系引起的,但是如果申请人对于仲裁庭在就本案进行辩论之前先行审理和裁定该抵销抗辩没有提出异议,则该抗辩应被视为产生于原仲裁协议所涵盖的法律关系。

仲裁庭认为适当的,可以决定将仲裁申请程序和抵销抗辩程序分开进行,并规定一个被申请人将其抵销答辩变更为反申请的期限。分开进行仲裁申请程序和抵销抗辩程序之前,当事人需要预先支付程序费用。进行仲裁程序的仲裁庭保留了在程序分离后对基于抵销抗辩产生的争议进行仲裁的管辖权。如果被申请人在仲裁庭规定的期限内没有提出抵销抗辩而提起反申请,则应视为被申请人已撤回抵销抗辩,此时被申请人有义务向申请人偿还相关费用。

(四)仲裁庭审查依据的确定

仲裁庭成立后,可以起草一份确定本次仲裁审查依据范围的文件。该文件包含:各方当事人的名称和资料;各方当事人及其代表的邮政地址和电子地址,作为向其发送仲裁程序相关通知的地址;仲裁员的姓名、资料、邮政地址和电子地址;关于仲裁庭组成的相关资料;仲裁庭对当事人争议享有管辖权的依据,如当事方之间的仲裁协议;仲裁地点;仲裁语言;有关实体法的资料;有关仲裁程序规则的资料;关于仲裁庭作出程序性决定的方式的资料;关于向仲裁庭提出证据的形式和方式的规则;关于在仲裁程序中听取证人和专家证人的方式的规则;关于当事方提交材料的内容和形式以及向本院和当事方提交材料的方式的规则;当事人双方的陈述和主要请求的摘要;仲裁庭需要解决的争议问题;表明仲裁员已接受任命,双方接受仲裁庭管辖,且仲裁庭有权根据本文件解决争议的声明;当事各方对任何仲裁员没有异议、相信仲裁员是公正和独立的、仲裁庭是正确成立的声明;表明当事人双方存在关于管辖权争议的文件;进行仲裁程序的初步时间表。

仲裁庭会将前段所述的文件草案转交给各方当事人,并规定各方当事人就此发表意见的合理期限。仲裁庭可能会举行特别听证会来起草该文件,并就其内容与各方当事人达成共识。双方当事人达成共识的,仲裁庭应尽快拟定仲裁庭的审查依据范围。如果双方一致认为没有必要起草所述文件的,则不起草。

对于决定起草审查依据文件的,该文件最终适用版应有仲裁员和当事人双方的签名。该文件必须在仲裁庭组成后2个月内拟定和签署。如果仲裁庭在组成后2个月内没有作出关于起草其审查依据范围的程序性命令,则应视为其已决定不起草该文件。但是这一时限可由仲裁院院长或其授权的人在仲裁庭提出请求并附有合理理由的情况下予以延长。如果一方当事人拒绝参与起草该文件或拒绝签字,则该文件应送交本院审查,仲裁院院长或其指定的仲裁院主席团成员应就该审查作出裁决。

(五)一般程序规定

如果《规则》未作其他规定,仲裁庭可以以其认为适当的程序方式进行仲裁。如果仲裁庭认为根据案件的情况确定仲裁程序的基本时间表是适当的,并且依据前款程序制定的审查依据文件中遗漏了时间表,仲裁庭可以在双方当事人就此发表意见之后立即制作相关时间表。

仲裁庭原则上应当在仲裁庭组成之日起60日内举行首次开庭,除非满足不开庭作出裁决的条件。此外,仲裁庭有义务在仲裁庭组成之日起1年内完成仲裁程序。但是如果本院院长认为存在正当理由,可应仲裁庭的附合理解释的请求延长仲裁程序时限。

如果当事人双方因相同或不同的法律关系而相互提起了独立的仲裁申请,且当事人双方已就仲裁庭的管辖权达成一致、合并仲裁对于解决争议有积极意义,仲裁庭秘书长倾向于将这些仲裁的辩论环节和最终裁决合并在一起,乃至合并在同一仲裁庭进行审理。

在存在多个仲裁被申请人的仲裁中,如果根据法律或法律关系的性质不需要完全平等地解决争议,则仲裁庭可以根据任何一方当事人的请求,在某一段时间内不对其中一个或几个被申请人进行仲裁程序,也可以决定中止其中一些被申请人的仲裁程序。

在存在多个仲裁申请人的仲裁中,如果根据法律或法律关系的性质不需要完全以平等的方式解决争议,则仲裁庭可以应任何一方当事人的请求,决定对几个申请人共同提起的仲裁程序进行分开仲裁,即在某一段时间内不对其中一个或几个申请人进行仲裁,或者可以决定对其中几个申请人的程序进行分割,除非双方当事人共同对此表示反对。

对于分开进行存在多个仲裁申请人或多个仲裁被申请人的仲裁程序,相关当事人有义务为其单独进行的程序支付额外的登记费用和仲裁预付费用,如同这些仲裁程序原本就是作为独立提起的仲裁程序一样。如果这些款项没有在法院秘书长规定的时限内支付,上述共同仲裁将不会被分开进行。仲裁庭可以决定在分开的仲裁程序中是否重复进行分开之前已经在原仲裁程序中完成的程序性环节。在分开仲裁的理由不复存在后,分开的仲裁可以重新合并审理。

《规则》还对共同仲裁申请人和共同仲裁被申请人作出了特别规定。数位争议当事人可以作为共同仲裁申请人申请仲裁或作为共同仲裁被申请人参与仲裁,但前提是他们在争议的主体方面归属于同一法人团体(in a legal community),或者他们的权利义务关系基本上源于同一事实和法律依据,尤其是该争议根据法律或法律关系的性质必须以平等的方式得到解决。连带债权人和连带债务人可以作为共同诉讼人被包含在同一诉讼中。值得注意的是,在仲裁中仲裁申请人一次最多能申请两位被申请人承担责任,当仲裁申请人对第一位被申请人的主张被驳回时,如果两位被申请人均同意,则可以向仲裁庭请求执行后一位被申请人的主张。

此外,还存在第三方加入当事人其中一方的特殊规则,即经双方同意,对于加入争议一方而享有法律利益的人可以作为介入人(intervenor)加入该方当事人。

双方当事人可以协商延长《规则》规定的当事人履行某些程序性事务的期限,也可以协商延长仲裁庭下达程序命令的期限。本院秘书长和仲裁庭也可以在其管辖范围内,对具有合理事由的案件,延长履行《规则》或仲裁庭程序命令规定的某些程序性事务的时限,但是应当注意防止不必要的拖延。仲裁庭应当综合考虑各种情况,评估当事人在规定期限届满后承担的程序性事务的可接受性。但是前述协商延长期限规则不适用于未在规定期限内对支付令提出异议的情形。

原则上,仲裁庭经审理认为案件已经过充分辩论并能依此作出裁决的,应当宣布辩论终结。但是为完善程序或者需要澄清重要事实的,仲裁庭认为有必要,可以决定在辩论结束后重新开始辩论。

(六)关于仲裁庭管辖权的决定

仲裁庭可以就其自身的管辖权作出决定,包括对是否存在有关仲裁协议以及有关仲裁协议效力的任何异议作出决定。然而,作为合同组成部分的仲裁条款应被视为独立于该合同其他条款的条款,仲裁庭关于该合同本身是否无效的决定并不意味着仲裁条款也无效。

一般而言,被申请人若对管辖权存在异议需要在提交仲裁答辩书的时候提出,或者在反申请书或抵销答辩申请中提出。一方当事人指定了一名仲裁员或者实际参与了指定仲裁员的程序并不意味其提出管辖权异议权利的丧失。如果仲裁庭在仲裁程序中存在超出其管辖范围的行为,任一当事方均可以在仲裁程序中提出对仲裁庭管辖范围的异议。当事人对于这两种情况没有及时在《规则》规定的异议期限内提出异议的,并不意味着仲裁庭不予受理该异议。相反,当事人如果能充分说明其迟延提出异议的合理性,并经仲裁庭审查认为迟延是合理的,则可以允许受理该异议。管辖权异议并不会中止仲裁程序,仲裁庭可以对上述异议作出初步决定,也可以就争议的相关问题作出认定。在异议审查期间,无论是否存在法院对仲裁庭管辖权进行审理的诉讼活动,仲裁庭都可以继续进行仲裁程序并作出裁决。

(七)证据

当事人双方所提交的证据的可采性、重要性和证明力以及由哪一方当事人对某些事实主张承担举证责任均由仲裁庭依规则进行审查并作出决定。仲裁庭认为有必要的,可以要求当事人在仲裁庭规定的期限内向仲裁庭和对方当事人提交该当事人仲裁申请书或仲裁答辩书中涉及争议事实有关的文件和其他证据的简要概述。在仲裁过程中,仲裁庭可以依职权要求当事人在其指定的期限内提交相关文件和证据。仲裁庭可以决定委托担任仲裁庭庭长的仲裁员或者仲裁庭的其他成员提取证据。任何一方当事人均有权要求本院秘书长提供质证笔录,仲裁庭也可以要求本院秘书长采取记录质证过程的必要措施,包括但不限于速记笔录、录音以及以外文书写的取证记录,但前提是当事人必须预先支付该费用。如果预付款没有在仲裁庭规定的时限内交存,或者根本没有交存,则本院秘书长不承担记录质证过程的义务。

关于证人证言,原则上由仲裁庭决定听取证人证言的方式,但是当事人双方对于证人证言的形式要求另有约定的除外。仲裁庭在听取其他证人证言时,可以命令其中一名或多名证人暂时离开听证会。

在当事人就某一事实问题发表意见后,仲裁庭可以指定一名或多名专家证人就仲裁庭必须作出决定的具体事实问题提供调查结果和意见。仲裁庭应向当事各方发送一份关于指定专家证人及其职权范围的决定副本。仲裁庭收到专家的调查结果和意见后,应将报告副本送交各方当事人。当事各方有权审查专家证人在其报告中提及的每一份文件,并就该意见报告提出书面意见。此外,仲裁庭还可以就具体的法律问题指定专家证人并邀请其发表意见。

值得注意的是,当事人一方若想申请调取证据、申请专家证人等,则必须在被要求的期限内按时足额提交预付款。因为《规则》规定仲裁庭安排听证会证人、专家证人或者提取其他证据时,应当与本院秘书长协商,以程序命令的方式确定取证费用的预付款并规定支付预付款的期限,逾期不支付该款项的,不予取证。

(八)口头听证会

口头听证会原则上不公开进行,但是当事人双方均要求公开进行的除外。仲裁庭应当将举行口头听证会的日期、时间、地点及时通知双方当事人。在举行口头听证会之前,每一方当事人均应当至少提前15日向仲裁庭以及对方当事人提交陈述书,告知其拟提请的证人的姓名和地址,并说明拟出庭的证人证言涉及的主要事项和表达的语言形式,但在前次听证会时已经提交的除外。仲裁庭根据案件的具体情况认为有必要或当事各方已同意并通知仲裁庭的,应在开庭前15日内与本院秘书长商定提供对将在听证会所作的口头陈述的解释以及听证会主要内容的翻译。

(九)临时措施

原则上,当事人约定了由约定仲裁院仲裁庭对其争议享有管辖权时,即赋予了约定仲裁院和仲裁庭均享有根据《规则》的规定对该争议事项采取临时措施的权力。

除非当事各方另有约定,仲裁庭可以应任何一方当事人的请求,命令任一当事方采取仲裁庭认为必要的某种措施,特别是下列措施:责令一方当事人在仲裁过程中采取具体行动,以维持或保障某一事项的某种状态;禁止一方当事人采取某一具体行动;允许一方当事人采取某一行动,以维持现有权利状态或根据争议的性质确立先前法律地位;下令扣押某些财产,或委托申请人或第三方保管;暂时调整各方之间的关系;命令一方当事人交纳保证金,作为下令采取某种其他临时措施的先决条件,或作为不下令采取某种措施的先决条件,或作为加强所采取的其他措施的效力的措施,或作为申请临时措施的当事人能够提供用以解决其仲裁申请请求的担保,其中包括偿还仲裁费用的部分;下令和进行取证。

当事人同样有权申请仲裁前临时措施。如符合在仲裁庭组成之前下令采取临时措施的条件,可由作为独任仲裁员的本院院长或由本院院长任命的本院仲裁员名单中的一名仲裁员根据本规则的规定下令采取这些措施。在仲裁庭组成之前,本院院长和被指定的仲裁员应享有仲裁庭在仲裁程序中所拥有的下令执行和维持临时措施的一切权力。在特别紧急的案件中,法院院长或院长指定的仲裁员,经一方当事人申请,甚至可以在该当事人向本院提起仲裁申请之前,根据前述的规定下令采取临时措施。此时应在下达临时措施令的决定中规定提起仲裁申请的时限,逾期不申请仲裁的,本院将解除临时措施。仲裁庭组成后,可以继续执行按照前述规定所采取的临时措施。

提出临时措施申请的当事人一方应当应本院秘书长的请求,支付采取此种措施所需要的行政费和预付定金,包括执行本院秘书长、本院院长、指定仲裁员或仲裁庭将采取的措施的费用,该项费用同时适用关于本院仲裁费用的相关规定。在当事人支付管理费或支付临时措施令和执行费用的预付款之前,本仲裁院不会对临时措施令采取任何执行行为。

(十)裁决

仲裁庭应在主要争议点相关的听证会结束后60日内,或在满足发布裁决书的其他先决条件之前,考虑到本规则第35条所述完成仲裁程序的时间限制,将裁决书草案提交至本院秘书长处进行审阅和核准(第55条)。应仲裁庭的要求和合理理由,本院院长可以将提交裁决草案的时限再延长30日。终局裁决应在仲裁院秘书长确定双方已结清仲裁程序的所有费用时送达双方当事人。既判力证明和裁决的可执行性应由仲裁院秘书长签发。

本院的仲裁裁决具有最终效力,《规则》不允许更高一级的仲裁庭对该裁决采取任何救济措施。

(十一)仲裁庭的权力

本院秘书长可以出席进行争议辩论的听证会。如果独任仲裁员或仲裁庭中至少有一名成员不是法学专业毕业的,则本院秘书长有义务参加听证会进行辩论。本院秘书长还有权提请仲裁员注意与仲裁过程有关的法律问题,特别是与正在进行的程序性事项的内容和形式有关的问题,但同时应充分尊重仲裁庭就争议的事实和法律问题作出裁决的权力。

在签署与程序管理有关的裁决和程序命令之前,仲裁庭应向本院提交一份草案。

本院可下令修改所提交草案的形式和内容。本院在尊重仲裁庭就争议的法律问题和事实问题独立作出裁决的情况下,可以提请仲裁庭注意与争议相关的法律和事实问题。对裁决草案和程序命令的审查应由本院院长或本院院长指定的本院主席团成员代表本院进行。如果仲裁庭不接受关于需要修改其所提交的草案的警告,本院院长可以就这些警告所涉及的事项直接作出裁决。在经本院院长授权本院主席团成员批准之前,仲裁庭的裁决不得送达给当事各方。

(十二)未经开庭审理作出的裁决

如果仲裁庭根据仲裁申请书和仲裁答辩书,以及申请书中附上的事实确凿无疑的证明,即根据当事人提交的文件可以确定事实的,仲裁庭可以不举行听证会而作出裁决,但因其他情形不能作出裁决的除外。在前述情况下,仲裁庭有义务事先将其关于无须举行听证会而作出裁决的条件已经满足的决定以及将作出裁决所依据的事实提前通知双方当事人。收到通知的任何一方当事人可以就仲裁庭的决定要求举行听证会,该请求必须在前述的仲裁庭通知送达当事人后 8 日内提出。

(十三)付款令

如果符合克罗地亚《民事诉讼法》中有关发出付款令条件的规定,本院院长应当根据仲裁申请人的请求发出付款令。付款令应连同仲裁申请书及其附件一并送交被申请人。被申请人可以在付款令送达之日起 8 日内对付款令提出异议,如涉及本票、支票的,可在 3 日内提出异议。在异议中,被申请人有义务根据《仲裁法》和《规则》的规定指定一名仲裁员。被申请人在上述规定的期限内提出异议的,本院秘书长应尽快完成设立仲裁庭所需之事,之后组建成的仲裁庭应按照本规则的规定继续进行仲裁程序,以便作出最终裁决。在终局裁决中,仲裁庭应决定保留全部或部分有效的付款令,或撤销该付款令。

(十四)仲裁费用

应一方当事人的请求,仲裁庭应在裁决书或终止仲裁程序的裁决中指定一方当事人有义务向另一方偿还其进行仲裁程序所预付的必要费用以及在多大程度上偿还该费用,包括仲裁程序费用和支付仲裁员的费用,并自行承担自己的费用。仲裁庭应根据案件的全部情况,尤其是仲裁的结果,来决定费用的承担。如果仲裁庭未能就费用作出决定,或者只有在仲裁程序终止后才能作出相应决定,则仲裁庭应就费用问题另行作出决定。

如果仲裁程序在仲裁庭成立前终止,如因申请人撤回仲裁申请而终止,本院院长应被视为独任仲裁员,根据仲裁程序的进行情况,对当事人各方提出的报销仲裁程序费用的请求作出裁决。

关于本院仲裁费用(仲裁程序费、行政费用、预付费用、取证和其他开支)的规则,除非载于本规则内,否则应由克罗地亚商会管理委员会决定。

(十五)程序相关规则

双方当事人享有特定的程序规则选择权。如果双方当事人达成了由本院仲裁庭进行仲裁的协议,原则上即表示接受本规则的规定。在不违反有关《仲裁法》或《规则》的情况下,双方当事人可自行制定或选择其他规则或法律,或以其他适当方式商定仲裁员应遵循的程序规则。如果双方当事人未就仲裁程序规则达成一致,则仲裁庭应在全面考虑与本次争议性质有关的法律规则的情况下,按照本规则的规定进行仲裁程序。对于本规则或与仲裁有关的法律规则未涉及的内容,应视为当事人双方授权仲裁庭自行确定仲裁程序规则,或参考其他具体规则、法律或以其他适当方式确定仲裁程序规则。

五、快速仲裁程序的特殊规则

(一)适用范围

效率高是商事纠纷当事人选择仲裁而不是向法院提起诉讼的重要衡量因素。同样,本院为了加快商事贸易争议解决的速度,设立了以标的价值为主要衡量标准的快速仲裁制度。快速仲裁程序适用于如下案件:其标的价值不超过10万欧元或对应价值的、不具有国际性质的争议,除非当事人双方在其仲裁协议中另有约定;对于标的价值超过10万欧元的不具有国际性质的争议以及具有国际性质的争议,当事人在仲裁协议中约定应当按照快速仲裁程序进行的。

除本规则另有规定外,快速仲裁程序参照适用本规则第1章至第4章的规定。

(二)仲裁庭的组成

快速仲裁程序的仲裁庭应由独任仲裁员组成。如果双方当事人在仲裁协议中或在提交仲裁申请书之前没有就选择哪一名仲裁员来担任独任仲裁员达成一致,则应由本院委任机关,自当事人支付完仲裁程序费用的预付定金之日起的8日内,从本院提供的有效仲裁员名单中选出一名担任本案的独任仲裁员。

(三)仲裁申请和送达

快速仲裁程序的送达以电子方式为原则。仲裁申请书、仲裁答辩书和其他材料,以及本章规定的程序中所需要的材料应当以纸质和电子形式提交。申请人和被申请人有义务在其仲裁申请书和仲裁答辩书中注明以电子方式送达的电子邮件地址,这些电子邮件地址会成为仲裁程序中当事人身份识别的一部分。仲裁庭和独任仲裁员有义务将其文件以电子和纸质形式送达给当事人双方,除非当事人双方放弃以电子/纸质形式送达。独任仲裁员应以电子方式向所有当事方送达其文书。法院应以电子方式向所有当事方送达文书,并同时将其送达独任仲裁员。

在前段所述的情况下,当事各方均有义务在3日内以电子方式确认收到对方当事人、仲裁院和独任仲裁员发送的文件及其所附文件。确认送达的电子形式应由本院在特别的决定中予以确定,或适用欧洲委员会《电子数据规则》中关于以电子方式送达文件的规定。

一方当事人以电子方式发送给另一方当事人文件的同时应以电子方式发送给仲裁院,仲裁院应以同样的方式将其转发给有关当事人和独任仲裁员。同样地,独任仲裁员以电子方式发送给当事人各方的文件也应发送给仲裁院。

仲裁院以电子方式将当事人一方、仲裁院和独任仲裁员的文件转交给对应主体的,尽管对应主体未进行送达确认,当3日确认期限届满时,应视为该文件于第3日到期时送达给对应主体。

不履行或不完全履行前述规定义务的一方当事人,不论最终该争议的仲裁结果如何,均有义务应对方当事人的请求,赔偿对方当事人由此产生的费用。在决定当事人请求偿还仲裁程序费用的过程中,独任仲裁员也应考虑当事人上述不履行义务的行为。

仲裁院或独任仲裁员可以确定一种双方当事人有义务使用的特殊电子格式。因未履行或未适当履行上述规定的义务而产生的费用由独任仲裁员自行决定费用的分担。裁决书的送达,依照本规则第12条的规定执行。

仲裁院和独任仲裁员应以电子方式进行沟通。仲裁院应在其网站上公布其收到的本节所指的仲裁申请书以及本程序中其他所需文件的电子邮件地址。

(四)仲裁答辩书

被申请人可以在15日内对仲裁申请书作出答复。对于未及时提交的仲裁答辩书,独任仲裁员将在作出终局裁决时不予考虑。如果被申请人没有根据前述内容按要求提交仲裁答辩书,则应视为授权独任仲裁员根据仲裁申请书中的主张以及所附证据作出裁决。如果仲裁申请书中的主张以及所附证据不能表明仲裁申请人的主张是有依据的,独任仲裁员应以仲裁申请没有依据为由作出驳回仲裁申请的裁决。

仲裁被申请人及时对申请书提出答复的,应当将仲裁答辩书及其所附文件同时送交至仲裁申请人,仲裁申请人可以在15日内提出意见。仲裁申请人有义务附上其认为与解决争议有关的所有文件及其意见,并且应当送达至仲裁被申请人。被申请人可以在送达后的15日内提出自己的意见,并有义务附上其认为与解决争议有关的一切文件。在前述规定的15日期限届满后,当事人双方只有在对方当事人和独任仲裁员均同意的情况下,才可以提出新的事实和证据。但是存在例外情况,即如果独任仲裁员认为有必要确保公正仲裁,即使对方当事人反对,也可以允许该当事人提交新的事实和证据。

(五)反申请和抵销抗辩

被申请人的反申请和抵销抗辩只能在其仲裁答辩书中一并提出。但是存在例外情形,即被申请人提交答辩书后,如对方当事人和独任仲裁员同意,也可以提交反申请书和抵销抗辩书。此外,如果独任仲裁员认为有必要确保公正仲裁,即使对方当事人反对,也可允许该当事人提交反申请书和抵销抗辩书。

(六)未经开庭而作出的裁决

原则上,在快速仲裁程序中,独任仲裁员可以直接选择是否采用不开庭审理的方式,即独任仲裁员可以不经开庭审理,而是根据当事人在仲裁申请书中的陈述、对仲裁申请书的答辩、本规则第65条第4款和第5款所指的当事人陈述(当事人双方对对方所提交至仲裁院的文件的书面意见),以及随同仲裁申请书和仲裁答辩书一并提交的证据和其他文件等内容作出裁决,除非仲裁申请人在仲裁请求书中另有表示,或者被申请人在仲裁答辩书中另有表示。

如果独任仲裁员认为某一快速仲裁案件符合不开庭审理的条件,独任仲裁员应当在8日内将其决定通知送达双方当事人,双方当事人有权自收到通知后8日内提出通过举行听证会来讨论独任仲裁员关于不开庭审理的条件是否满足,并讨论决定争议相关事实和法律问题。

与此同时,存在独任仲裁员可自行决定进行不开庭审理的情形,即如果他/她认为根据案件的情况和公平仲裁原则需要这样做,则可决定在本节第1段所述的情况下,举行一次听证会。在听证会上,独任仲裁员应当根据《仲裁法》(第88/01号政府公报)第17条第3款的要求,向当事人各方就争议的实质内容陈述其立场。

上述第2段和第3段所指的听证会应当在第2段所指当事方提出请求之日起30日内,或者在独任仲裁员最后一次收到本规则第65条第4款和第5款所指的文件之日起30日内进行。

(七)证人证言

为查明争议焦点有关事实,需要对证人或者当事人进行询问的,由独任仲裁员决定是否为取证而专门举行听证会,或者仅要求当事人、证人进行书面作证。独任仲裁员如果决定要求上述人员提交书面证词,则应邀请当事人各方在8日内提供证人或另一方当事人需要回答的问题清单。由一方当事人起草的问题清单应在8日内送交对方当事人,对方当事人可以在其问题清单的基础上补充其他问题。

原则上,证人的证言应当进行公开质证,但当事人双方同意不需要公开质证的除外。证人和当事人的证言应由独任仲裁员送达当事人和对方当事人,并允许当事人在8日内发表意见。根据这些意见,独任仲裁员可以要求证人或当事人对其证词进行补正。通常而言,证人的书面证词应当由主张将其作为证据的当事人取得,如果一方当事人未能在规定的期限内取得证人的证词,则应视为未曾对此证人举行过听证会。但是存在例外情形,即独任仲裁员如果认为当事人是基于正当理由而无法取得证人证言的,则可以直接决定要求证人提供书面证言。在这种情况下,本节有关证人证言的规定均可以比照适用该例外情形。如果认为有必要,独任仲裁员可以根据克罗地亚法律援助规则,决定采取通过国家法院来获取证人证言的方式。

独任仲裁员在听取完证人、当事人的证言和当事人对证言的意见后,为了明晰听证会证人、当事人的意见,或者为了明晰争议焦点问题,可以决定继续举行听证会。

独任仲裁员有义务在收到上述最后一份证人证词或当事人最后一份证言意见后30日内举行听证会。

(八)专家证人

当事人可以提出专家证人出席的申请,独任仲裁员认为为确定事实问题确有必要鉴定的,除当事人另有约定外,应当在8日内指定一名有相应资质的自然人或者法人承担鉴定任务,并确定鉴定的期限。在这种情况下,独任仲裁员有权决定由当事人双方中的哪一方承担预先支付取证所需资金的义务,以及确定鉴定费用的数额和支付期限,该期限不得超过15日。被要求提供本节第1段所确定的专家证人鉴定预付资金的当事人未按时支付的,不得进行专家证人鉴定工作。

专家证人有义务在仲裁庭规定的期限内履行职责。专家证人应当作出书面声明,承担事实鉴定责任。

独任仲裁员可以同意各方当事人将所要鉴定的事实问题委托给他们自行选择的专家证人。在这种情况下,独任仲裁员会对当事人的选取工作设定一个合理期限,以及对其最终提交的委任名单给予意见。专家证人的鉴定意见和调查报告最早可以于当事人提交仲裁申请书或仲裁答辩书之前向仲裁院或独任仲裁员提交。

在前段所述的情况下,各方当事人均有权在收到对方委托的专家证人所提交的调查结果和意见后 8 日内,对该调查结果和意见提出书面意见,并可以向其提出问题。取得调查结果和意见的一方当事人有权在独任仲裁员指定的期限内向提供调查结果和意见的人索取其发问问题的答案。当事人收到答案后,可以在 8 日内再次提出意见。

尽管当事人之间可以就专家证人的报告和意见互相发问,但独任仲裁员应自行判断或评估专家证人的调查结果和意见,包括当事人对这些调查结果和意见的意见、专家证人对调查结果和意见的补充说明,以及其对当事人所提问题的回答情况等。

独任仲裁员认为必要时,可以决定举行听证会,对自己指定或者当事人委托进行鉴定的专家证人进行开庭质证。该听证会应由独任仲裁员在收到本节第 5 段所述各方意见之日起 30 日内举行。

(九)裁决

对于不开庭审理的仲裁案件,独任仲裁员应当在符合作出裁决条件(《规则》第 67 条,即关于不开庭审理的内容)之日起 15 日内作出裁决。对于开庭审理的仲裁案件,独任仲裁员应当在取得证人、当事人、专家证人的证言和当事人意见后的 15 日内作出裁决。但是,经独任仲裁员附有合理理由的请求,本院院长可以准许作出裁决的期限延长 30 日。对于已经举行了听证会的仲裁案件,前述内容规定的作出裁决的期限,应自听证会辩论结束之日起计算。

(十)仲裁程序性事项期限

独任仲裁员在确定当事人进行仲裁程序性事项的期限时,应当考虑快速仲裁程序的紧迫性。除非另有规定,有义务从事某些程序性事项的当事人想要延长期限的,需要在该期限届满之前提出延期申请,而且前提是独任仲裁员认为该申请有充分正当的理由。

独任仲裁员在作最终仲裁裁决时不予考虑当事人未在要求期限内完成的程序性事项,并由该当事人承担相应的不利后果。

六、过渡性规定

(一)本规则的适用

在本仲裁规则生效后订立的仲裁协议,适用本仲裁规则。除非双方同意将本规则或其他一些规则适用于已经进行的程序,否则仲裁协议缔结时生效的《规则》应适用于该等程序。通过减损《规则》第 72 条第 1 款和第 2 款的规定,《规则》第 26 条也应适用于本院目前审理的所有程序。

(二)本规则的生效时间

本规则在官方公报公布 8 日后生效。目前《规则》已生效。

第五节　司法协助与监督

一、仲裁裁决的承认和执行

(一)国内仲裁裁决的执行

对于国内裁决和外国裁决,执行规则有所不同。对于在国家领土内进行仲裁的裁决,法律规定裁决可直接执行,即不需要特别的执行许可(exequour)。执行许可(仅适用于外国裁决)可通过另一项承认裁决的诉讼获得,或者法院可以在执行过程中准予执行许可,在该过程中,外国裁决的承认将作为程序中的一个初步问题来处理。

对于具有约束力的最终法院判决,必须向主管法院提交执行申请。在申请执行时,法院应下令执行,只有两种情况下应拒绝执行:法院认定争议的标的物不能提交仲裁,或者执行会违反公共政策。如果法院已经基于上述理由拒绝执行裁决,或者法院已经在单独的程序中认定这两个理由不存在,则不能提出这两个理由。

在商业仲裁案件中命令强制执行的主管法院是萨格勒布的商事法院(Trgovački sud),在非商业案件中萨格勒布县法院具有管辖权。执行的管辖权根据《执行法》的规则确定。在执行程序中,必须听取另一方的意见,除非这会危及所请求执行的成功实施,即如果被告知另一方可能隐瞒财产或以其他方式阻碍执行程序,则可以作出单方面决定。

关于执行的决定可以上诉,但上诉原则上不会中止执行。根据当事人的申请,如果向主管法院提出撤销申请,法院可以暂停执行裁决。只有当申请人提供证据证明强制执行会造成无法弥补或难以弥补的损害,或有必要防止暴力时,法院才会下令暂停执行。只有在对方有机会发表意见后,法院才能下令暂停,并以提供足够的担保为条件。

(二)国外仲裁裁决的执行

自 1991 年 10 月 8 日起,克罗地亚成为以下公约的缔约方:1961 年《欧洲公约》,1958 年《纽约公约》以及 1965 年《华盛顿公约》。这些国际文书中最重要的是 1958 年《纽约公约》,克罗地亚保留了前南斯拉夫在 1981 年批准该条约时提出的保留意见。因此,1958 年《纽约公约》将:(1)仅适用于承认和执行在另一缔约方领土内作出的裁决(互惠);(2) 仅适用于克罗地亚法律下被视为商业关系的合同或非合同法律关系产生的分歧;(3) 仅适用于《纽约公约》生效后通过的仲裁裁决(无追溯效力)。

商业案件的执行程序在萨格勒布商事法院进行,当根据国际公约的规定需要强制执行时,该公约的规定应优先于相关国内立法的规定。

在执行外国仲裁裁决时,法院将干预限制在各自国际文书中规定的要求,例如,在《纽约公约》中,是否提供了第 4 条中提到的文件,以及是否存在第 5 条中的一些障碍。

法院关于承认和执行的决定可以上诉。关于执行决定的上诉与关于国内裁决的上诉受到同样的监管。在承认被认定为主要问题的诉讼中,当事方可直接向最高法院提起上诉。上诉可在收到承认决定后 15 日内提出。

如果没有公约或条约适用,则《仲裁法》规定了适用于承认和执行国外仲裁裁决的规则,裁决应被视为具有仲裁地国家的国籍,该程序通过提交承认和执行外国仲裁裁决的申请(prijedlog za priznanje i ovrhu)启动。申请书必须附有裁决书和仲裁协议(均为原件或公证副本),如果裁决不是用克罗地亚语作出的,当事人必须提交经认证的译文。除非对方当事人成功证明存在《仲裁法》第 40 条第 1 款规定的理由,否则法院应承认并执行裁决。如果争议的标的不可仲裁,或者承认和执行违反公共政策,法院应根据职权拒绝承认和执行。与《纽约公约》一样,《仲裁法》也规定,如果已向主管法院提出撤销或中止裁决的申请,则可暂缓执行裁决。法院还可应要求执行裁决的一方的申请,命令另一方提供适当的担保。

法院必须允许被告对承认申请作出答复,但如果执行申请可能危及执行,该权利可能会受到限制。关于承认和执行外国仲裁裁决的决定必须合理。双方可在作出承认决定后15日内向克罗地亚最高法院提出上诉。对强制执行的决定没有提出此类上诉。

违反公共政策始终是拒绝承认和执行外国裁决的理由。根据克罗地亚法律的规定,对争议是非曲直的控制只能通过公共政策理由实现。关于公共政策问题的判例非常缺乏,然而理论上,在国际案件中应适用严格的规则,尽管人们可能会认为法院可能倾向适用克罗地亚的公共政策标准。解释公共政策的判例法主要与撤销诉讼有关。

二、仲裁裁决的司法监督

撤销申请是在法庭诉讼中针对仲裁裁决的唯一可用补救措施。然而,这无助于重新审理案件并控制仲裁员对争议是非曲直的决定。因此,原则上,事实错误或实体法适用中的错误都不能作为撤销的理由。

作为一个例外,在《仲裁法》之前,如果发现新的事实或证据,并且这些事实已被知晓或证据已在听证会上出示,则根据这些事实或证据作出对一方更有利的裁决可以被撤销。根据现行《仲裁法》的规定,只有当事各方在其仲裁协议中明确同意,才能提出新的事实和证据作为撤销的理由。否则,《仲裁法》第36条中的撤销依据基本上遵循《示范法》第34条的规定。与《示范法》和《纽约公约》第5条一样,这些理由分为两类:一类是只有在诉讼一方提出请求时才可审查,另一类是法院可以依职权审查。为简洁起见,总结如下:

(1)只有申请人才能提出的理由是:第一,没有达成仲裁协议或仲裁协议无效;第二,仲裁协议的一方不能加入仲裁协议,或者不能成为仲裁争议的一方,或者一方没有正式代表;第三,提出撤销申请的当事方未收到仲裁程序开始的适当通知,或因其他原因无法向仲裁庭陈述其案件;第四,裁决处理的争议不在提交仲裁的条款范围内或包含关于提交仲裁的范围以外事项的决定,但如果提交仲裁的事项的决定可以与未提交的事项分开,只有裁决中包含关于未提交仲裁的事项的决定的部分可以被撤销;第五,仲裁庭的组成或仲裁程序不符合本法或双方允许的协议,且该事实可能会影响裁决的内容;第六,裁决没有理由或未按照《仲裁法》第30条第3款和第5款的规定签署。(2)可以依职权考虑的理由是:根据克罗地亚法律的规定,争议标的物不能通过仲裁解决或裁决不符合克罗地亚的公共政策。如前所述,在执行裁决的过程中也考虑了公共政策问题。然而一般认为,公共政策规则必须狭义地解释,特别是在国际案例中。这方面的实践正在逐步建立,但是成功撤销仲裁裁决的案例很少。

关于撤销的规定是《仲裁法》中为数不多的强制性规定之一。《仲裁法》第36条第6款明确规定,当事人不得通过申请撤销而预先减损其对裁决提出异议的权利。因此,当事方不能通过协议排除一个或多个撤销理由,至少不能在撤销行动启动之前排除。

根据《仲裁法》第36条第3款的规定,撤销申请必须在申请人收到裁决后3个月内向法院提出。如果要求撤销额外裁决或裁决的更正或解释,则该日期从收到裁决之日起计算。上述规定期满后,无论如何均不得申请撤销。然而,在克罗地亚的执法程序中,任何时候都可能提出公共政策异议。因此,在3个月期限到期后,国内裁决可能变得无可辩驳,但不可执行。

在决定撤销申请时,如果法院认为适当或一方当事人要求,法院可以在其确定的时间内暂停撤销程序,以便仲裁庭有机会恢复仲裁程序或采取仲裁庭认为将消除撤销理由的其他行动。如果裁决被撤销,在适当情况下,仲裁协议仍然是仲裁的有效依据。因此,如果一方当事人提出要求,法院可以在适当情况下将文件交回仲裁庭进行重复仲裁,以便仲裁庭有机会消除撤销的理由。

被撤销的仲裁裁决无效。关于撤销的决定具有法律效力,即认为从未作出裁决,同样的影响也适用于主管外国法院撤销外国仲裁裁决的决定。根据《仲裁法》第40条第1款的规定,如果裁决在作出裁决的国家或根据裁决的法律被撤销或中止,则应根据一方的要求拒绝承认和执行外国裁决,而无须进一步调查外国法院的裁决是否正确。外国法院关于撤销裁决的决定不需要在单独的程序中得到承认,因为撤销外国裁决的抗辩可能会在寻求承认和执行的程序中作为附带问题提出。

三、仲裁裁决的上诉

在克罗地亚的实践中,人们经常强调,与法院裁决相比,仲裁程序速度相对较快的一个主要原因是,当事人双方通常不会对裁决提出上诉。在起草仲裁法草案的准备工作中,一些草案甚至计划排除上诉的可能性。然而,在该法的最后文本中,保留了向第二仲裁庭提出上诉的可能性,但前提是当事各方明确同意裁决可向更高一级的仲裁庭提出异议。这种安排在实践中极为罕见,因此在迄今为止的所有仲裁案件中,“一审”作出的裁决都是最终的,具有约束力。

在克罗地亚仲裁法中,任何法院对仲裁裁决的上诉都是不可受理的。《仲裁法》明确规定,除撤销申请外,不得在法院诉讼中针对裁决寻求其他法律救济,这是一项严格的规则,因此,当事双方同意将裁决提交给克罗地亚法院的上诉程序的约定将是无效的。

第六节　中国人参与克罗地亚仲裁的建议

一、仲裁地选取

中国当事人与克罗地亚当事人的仲裁属于克罗地亚仲裁法语境下的国际仲裁案件,即当事人双方可以自由约定克罗地亚境内或境外的地区作为仲裁地。一般而言,在约定了克罗地亚商会常设仲裁院作为争议解决的仲裁机构时,当事人双方将仲裁地约定在克罗地亚境内是最经济的方式,因为该仲裁院对于仲裁费用的自由裁量权较大,尤其是对于需要奔赴外地的仲裁,旅费和场地费等费用估值可能较高。

二、仲裁协议效力问题

克罗地亚法律对于仲裁协议的效力性存在一些特殊规定,中国当事人在签订仲裁协议时应充分保障协议的有效性。

应尽量避免不可仲裁的争议事项和存在不能仲裁风险的争议事项。克罗地亚法院明确认为下列争议不可仲裁:解除劳动合同和复工的争议;工资纠纷;质疑股份公司股东大会决议的争议;土地、房屋租赁纠纷。克罗地亚商会常设仲裁院于2022年1月12日回复一份电子邮件的声明表示,克罗地亚商会常设仲裁院仲裁中作出的裁决没有涉及过知识产权和/或竞争法纠纷。尽管克罗地亚法院的判例和相关文献表明,竞争损害索赔、股份公司股份交易的纠纷很可能是可仲裁的,但是,克罗地亚法院没有就知识产权、反托拉斯法、竞争法、证券交易和公司内部纠纷的可仲裁性表明立场。企业破产本身并不会使仲裁协议不可执行,但是克罗地亚法院没有就已故自然人的继承人和已清算解散的法人是否受仲裁协议约束的问题表明立场。

成为合同一部分的仲裁条款在通常情况下,被视为独立于包含该仲裁条款的合同中的其他条款,包含仲裁条款的合同的终止不意味着仲裁条款的终止,无相应行为能力人签订的仲裁协议可导致仲裁协议不可执行。

三、第三人参与仲裁的风险提示

克罗地亚法院没有就第三人或非仲裁协议签署方在继承、破产、代理和转让权利义务的案件中是否受仲裁协议约束的问题表明立场。然而,克罗地亚法院认为,在权利转让或合同转让的情况下,第三人或非签署人可以援引仲裁协议。

在2021年的一项裁决中,克罗地亚高级商事法院(VTSHR)确认了萨格勒布商事法院自2019年起的一项裁决,即第三方受益合同中的第三方实际受益人不得援引该合同中包含的仲裁条款(VTSHR裁决)。这是克罗地亚法院第一次根据第三方受益人原则处理仲裁协议的延期问题。

克罗地亚司法实践认为,如果仲裁的当事人和仲裁员一致同意,则允许第三方参与仲裁。此外,值得注意的是,克罗地亚《破产法》允许参与破产诉讼的破产债权人请求克罗地亚商会常设仲裁院解决有关破产的纠纷。如果法院同意破产债权人的这种请求,则任何一个破产债权人以及破产债务人都可以作为单一的仲裁当事人参与仲裁。

四、关于"公司集团"原则

"公司集团"原则,是指仲裁协议应当扩展到签署公司的非签署母公司或子公司,前提是该非签署方以某种方式参与了争议合同的缔结、履行或终止。克罗地亚法院没有就是否可以根据"公司集团"原则延长仲裁协议的问题表明立场。但是,克罗地亚商会常设仲裁院对于相关询问邮件的回复表示,克罗地亚商会常设仲裁院仲裁中没有裁决涉及该问题。所以该原则能否被克罗地亚商会常设仲裁院吸收存在一定的不确定性。中国当事人若与克罗地亚集团类公司进行商务来往,应与可能与其发生业务来往的所有公司分别签订仲裁协议。

五、多方仲裁协议效力问题

克罗地亚法律中没有任何明确表明多方仲裁协议效力的条款。但是,克罗地亚商会常设仲裁院在回复相关询问的电子邮件中表示,其不执行任何由多方仲裁协议引起的仲裁。

六、申请承认或执行仲裁

申请承认或执行国内裁决的一方当事人,必须提供裁决原件或经适当核证的原始裁决副本,并且同时提供仲裁协议原件或经适当核证的原始仲裁协议副本。

此外,还必须提交一份经正式核证的裁决书以及仲裁协议的克罗地亚语言译本。关于承认或执行的决定必须是合理的,否则,可以向高级商事法院提起对承认决定的上诉。

七、仲裁强制执行的非保密性

仲裁程序不公开,除非当事人另有约定。仲裁程序的保密适用于争议本身、仲裁程序、提交的材料、披露的信息以及裁决。但是,如果裁决由克罗地亚法院执行,那么其后的执行将不会被保密。

八、关于仲裁员的选取

克罗地亚商会常设仲裁院有两份仲裁员名单,一份针对有国际因素的仲裁,另一份针对没有国际因素的仲裁。克罗地亚商会常设仲裁院通常会充分考虑到每个案件的特点将法官、法学教授或律师任命为仲裁员,但是当事人双方并非必须从这两份名单中选择仲裁员。这是因为,任何具有完全法律行为能力和合同行为能力的自然人,只要满足仲裁员的独立性和公正性要求,都可以被任命为仲裁员。在职或退休法官均可担任仲裁员。但是克罗地亚法院的现任法官只能担任独任仲裁员或首席仲裁员。

克罗地亚《反歧视法》允许基于国籍歧视的仲裁员选任,前提是这种歧视是依据克罗地亚的具体法律。在这方面,克罗地亚法院可能会承认《仲裁法》第 10 条第 1 款和第 6 款所允许的基于国籍的歧视,但是克罗地亚法院不太可能认可仲裁协议中基于宗教原因特别约定的有关选任仲裁员的要求。

同时,克罗地亚法院很可能不认可仲裁协议中有关仲裁员性别的歧视性要求。克罗地亚商会常设仲裁院在关于性别多样性的电子邮件询问的国家中表示,它遵循平等机会的标准,根据这一标准,仲裁员的任命需要基于平等的机会。在这方面,克罗地亚商会常设仲裁院认为平等机会标准的目标是确保仲裁员中男性和女性的比例适当。

九、重视对于实体法和补充性程序规则的选取

克罗地亚《仲裁法》和《克罗地亚商会常设仲裁院仲裁规则》充分尊重当事人选择法律的意思自治,即在不违反克罗地亚强制性法律的前提下当事人可以自由选取进行国际仲裁的实体法依据和其他程序规则。这种情况既可能是中国当事人能最大维护自己权益的盾,也可能是仲裁中攻向中国当事人的矛。因此,中国商事主体在商定仲裁相关条款时对于涉及选择实体法和其他程序规则的内容应

秉持十分谨慎的态度。在详细了解各方面规定后,中国商事主体应选择最能保护自身利益的法律,对仲裁程序作出有利的约定。即使不能确定哪个国家的实体法律对自己更有利,也应该尽力去选择自己熟悉的法律制度。只有这样,中国商事主体才能高效率、高收益地处理与仲裁相关的法律问题,从而降低仲裁成本,维护自身最大利益。

十、关于仲裁费用的提示

仲裁的程序费用主要取决于是独任仲裁员还是三人仲裁庭、案件的复杂程度和行政费用。此外,不同仲裁员的薪酬、程序性耗费、仲裁协议和争议标的价值、文件数量、证人数量以及是否需要聘请专家证人对于仲裁总费用也有很大的影响。在克罗地亚商会常设仲裁院中,仲裁员在决定仲裁费用方面有很大的自由裁量权,而且在实践中,仲裁费用的决定往往取决于案件的结果,有关仲裁费用的最终决定通常不会完全参照法定标准来确定。

第七节　整体评价

仲裁作为解决商业纠纷的一种手段,在中欧和东欧国家越来越受欢迎,在这些国家中,克罗地亚占有突出的地位。克罗地亚曾经是前南斯拉夫的仲裁理论和实践中心,在30多年前获得独立后继续向前发展。虽然该地区历史上存在的多年战争和不稳定局势没有为商业和国际贸易的发展提供有利环境,然而,尽管困难重重,克罗地亚的仲裁却葆有积极态势,因此,克罗地亚及其首都萨格勒布是当今仲裁机构区域地图上的重要地点。2000年以来,克罗地亚政治环境有了很大改善,经济也在向好发展,为克罗地亚的仲裁提供了发展基础。

克罗地亚的仲裁案件受2001年颁布的克罗地亚《仲裁法》管辖。该法的目的是在《示范法》的基础上制定一部现代法律,并纳入了1958年《纽约公约》的相关内容。总体来说,克罗地亚的仲裁程序以各方平等和自治、终局性、法院不干预以及仲裁程序保密的原则为特点。

克罗地亚法律根据仲裁地的不同,将国内仲裁和国际仲裁区分开来。争议的当事人双方可选择国际仲裁,即在克罗地亚境外进行仲裁,但只有在属于国际争议的仲裁中当事人才可以选择国际仲裁。如要将争议归类为国际争议,则必须至少有一方当事人的住所或经常居所地在克罗地亚境外,或者至少一方当事人是根据国外法律设立的法人实体。

克罗地亚只有一个主要的仲裁机构,即1853年成立的克罗地亚商会常设仲裁院。克罗地亚商会常设仲裁院制定了仲裁规则,该规则在很大程度上遵守《联合国国际贸易法委员会仲裁规则》的规定。

当事人一般可以将涉及其可自由处置的权利的所有争议提交仲裁,但是可仲裁的争议不包括某些家庭法相关纠纷、刑法问题、行政法问题和某些竞争法问题。此外,对于仲裁地设于克罗地亚境外的仲裁程序,除上述权利的可处置性要求外,当事人不得对涉及属于克罗地亚法院专属管辖的争议进行仲裁,如涉及克罗地亚领土范围内房地产的争议。

根据克罗地亚法律的规定,仲裁协议可以以单独的文件形式存在,也可以以仲裁条款的形式被包含在双方的基础合同中,但在这两种情况下都必须采用书面形式。书面形式的要求可以通过信件交换、传真、电报或其他能提供协议书面记录的通信方式来满足。值得注意的是,书面文件没有要求必须包含双方的签名。克罗地亚法律还规定,以书面形式提出订立仲裁协议的要约,或者对口头达成的仲裁协议向对方发出书面确认书,没有异议的,符合仲裁协议的书面形式要求。但是这只适用于在通常的贸易习惯下要约或书面确认书被视为已被另一方当事人接受的情况。此外,如果提单中提及载有仲裁条款的运输合同,同样符合书面形式要求。如果在仲裁程序中被申请人对仲裁庭的管辖权没有提出异议(至少在对仲裁申请书的答复中没有提出异议),仲裁协议将被有效执行。克罗地亚的仲裁裁决与终局判决具有同样的法律效力,《克罗地亚商会常设仲裁院仲裁规则》否定了克罗地亚商会常设仲裁院作出的裁决的可上诉性,但是克罗地亚的司法实践和学者观点曾表示当事各方明确同意的,可以向更高一级的仲裁庭提出对裁决的异议。

当事人双方可以自由指定适用于其争议事项的实体法律和其他程序性规则,如仲裁语言、仲裁员人数和选择仲裁员的方法。在国际仲裁程序中,当事人也可自由指定仲裁地。但是,对于克罗地亚的国内仲裁,其仲裁地必须位于克罗地亚境内。

克罗地亚商会常设仲裁院对于临时措施的规定较灵活。除非双方另有约定,仲裁庭可根据一方当事人的请求,就仲裁的争议标的,下令采取仲裁庭认为有必要的临时措施或保护措施(针对仲裁协议的另一方)。要求采取这种措施的当事人一方也可以向有管辖权的国家法院申请执行这些措施。一方当事人在仲裁程序之前或仲裁期间向国家法院申请的临时保全措施,或法院批准的这类请求,与仲裁协议的效力并不矛盾。

附录

主要仲裁立法

附录一　委内瑞拉主要的仲裁立法

(一)委内瑞拉《商业仲裁法》(1998年)

Arbitraje y Otros Procedimientos Alternativos de Solución de Controversias Comerciales

VENEZUELA-Ley de Arbitraje Comercial
Gaceta Oficial N° 36.430 de 7 de abril de 1998

EL CONGRESO DE LA REPUBLICA DE VENEZUELA
Decreta la siguiente,
Ley de Arbitraje Comercial

Capítulo I: Disposiciones Generales

Artículo 1. Esta Ley se aplicará al arbitraje comercial, sin perjuicio de cualquier tratado multilateral o bilateral vigente.

Artículo 2. El arbitraje puede ser institucional o independiente. Es arbitraje institucional el que se realiza a través de los centros de arbitraje a los cuales se refiere esta Ley, o los que fueren creados por otras leyes. Es arbitraje independiente aquel regulado por las partes sin intervención de los centros de arbitraje.

Artículo 3. Podrán someterse a arbitraje las controversias susceptibles de transacción que surjan entre personas capaces de transigir. Quedan exceptuadas las controversias：

a. Que sean contrarias al orden público o versen sobre delitos o faltas, salvo sobre la cuantía de la responsabilidad civil, en tanto ésta no hubiere sido fijada por sentencia definitivamente firme；

b. Directamente concernientes a las atribuciones o funciones de imperio del Estado o de personas o entes de derecho público；

c. Que versan sobre el estado o la capacidad civil de las personas；

d. Relativas a bienes o derechos de incapaces, sin previa autorización judicial；

ye. Sobre las que haya recaído sentencia definitivamente firme, salvo las consecuencias patrimoniales que surjan de su ejecución en cuanto conciernan exclusivamente a las partes del proceso y no hayan sido determinadas por sentencia definitivamente firme.

Artículo 4. Cuando en un acuerdo de arbitraje al menos una de las partes sea una sociedad en la cual la República, los Estados, los Municipios y los Institutos Autónomos tengan participación igual o superior al cincuenta por ciento（50%）del capital social, o una sociedad en la cual las personas anteriormente citadas tengan participación igual o superior al cincuenta por ciento（50%）del capital social, se requerirá para su validez de la aprobación de todos los miembros de la Junta Directiva de dicha empresa y la autorización por escrito del ministro de tutela. El acuerdo de arbitraje especificará el tipo de arbitraje y el número de árbitros, el cual en ningún caso será menor de tres（3）.

Artículo 5. El "acuerdo de arbitraje" es un acuerdo por el cual las partes deciden someter a arbitraje todas o algunas de las controversias que hayan surgido o puedan surgir entre ellas respecto de una relación jurídica contractual o no contractual. El acuerdo de arbitraje puede consistir en una cláusula incluida en un contrato, o en un acuerdo independiente. En virtud del acuerdo de arbitraje las partes se obligan a someter sus controversias a la decisión de árbitros y renuncian a hacer valer sus pretensiones ante los jueces. El acuerdo de arbitraje es exclusivo y excluyente de la jurisdicción ordinaria.

Artículo 6. El acuerdo de arbitraje deberá constar por escrito en cualquier documento o conjunto de documentos que dejen constancia de la voluntad de las partes de someterse a arbitraje.

La referencia hecha en un contrato a un documento que contenga una cláusula arbitral, constituirá un acuerdo de arbitraje siempre que dicho contrato conste por escrito y la referencia implique que esa cláusula forma parte del contrato. En los contratos de adhesión y en los contratos normalizados, la manifestación de voluntad de someter el contrato a arbitraje deberá hacerse en forma expresa e independiente.

Artículo 7. El tribunal arbitral está facultado para decidir acerca de su propia competencia, incluso sobre las excepciones relativas a la existencia o a la validez del acuerdo de arbitraje. A ese efecto el acuerdo de arbitraje que forme parte de un contrato se considerará como un acuerdo independiente de las demás estipulaciones del mismo. La decisión del tribunal arbitral de que el contrato es nulo no conlleva la nulidad del acuerdo de arbitraje.

Artículo 8. Los árbitros pueden ser de derecho o de equidad. Los primeros deberán observar las disposiciones de derecho en la fundamentación de los laudos. Los segundos procederán con entera libertad, según sea más conveniente al interés de las partes, atendiendo principalmente a la equidad. Si no hubiere indicación de las partes sobre al carácter de los árbitros se entenderá que decidirán como árbitros de derecho. Los árbitros tendrán siempre en cuenta las estipulaciones del contrato y los usos y costumbres mercantiles.

Artículo 9. Las partes podrán determinar libremente el lugar del arbitraje. En caso de no haber acuerdo al respecto, el tribunal arbitral lo determinará, atendiendo a las circunstancias del caso, inclusive la conveniencia de las partes. No obstante, el tribunal arbitral podrá, salvo acuerdo en contrario de las partes, reunirse en cualquier lugar que estime apropiado para celebrar deliberaciones, oír las declaraciones de los testigos, los peritos o a las partes, o para examinar mercancías, otros bienes o documentos.

Artículo 10. Las partes podrán acordar libremente el idioma o los idiomas que hayan de utilizarse en las actuaciones arbitrales. A falta de tal acuerdo, el tribunal arbitral determinará el idioma o los idiomas que hayan de emplearse. Este acuerdo será aplicable, salvo que ellos mismos hayan acordado otra forma, a todos los escritos de las partes, a todas las audiencias y al laudo, decisión o comunicación de otra índole que emita el tribunal arbitral. El tribunal arbitral podrá ordenar que los documentos presentados para su consideración, estén acompañados de una traducción al idioma o los idiomas acordados por las partes o determinados por el tribunal arbitral.

Capítulo Ⅱ : Del Arbitraje Institucional

Artículo 11. Las cámaras de comercio y cualesquiera otras asociaciones de comerciantes, así como las asociaciones internacionales existentes, las organizaciones vinculadas a actividades económicas e industriales, las organizaciones cuyo objeto esté relacionado con la promoción de la resolución alternativa de conflictos, las universidades e instituciones superiores académicas y las demás asociaciones y organizaciones que se crearen con posterioridad a la vigencia de esta Ley que establezcan el arbitraje como uno de los medios de solución de las controversias, podrán organizar sus propios centros de arbitraje. Los centros creados antes de la vigencia de esta Ley, podrán continuar funcionando en los términos aquí establecidos y deberán ajustar sus reglamentos a los requerimientos de la misma.

Artículo 12. En el arbitraje institucional todo lo concerniente al procedimiento arbitral, incluyendo las notificaciones, la constitución del tribunal, la recusación y reemplazo de árbitros y la tramitación del proceso, se regirá de conformidad con lo dispuesto en el reglamento de arbitraje del centro de arbitraje al cual las partes se hayan sometido.

Artículo 13. Todo centro de arbitraje ubicado en Venezuela tendrá su propio reglamento, el cual deberá contener:

a. Procedimiento para la designación del Director del centro, sus funciones y facultades;

b. Reglas del procedimiento arbitral;

c. Procedimiento de elaboración de la lista de árbitros, la cual será revisada y renovada, por lo menos cada año; los requisitos que deben reunir los árbitros; las causas de exclusión de la lista; los trámites de inscripción y el procedimiento para su designación;

d. Tarifas de honorarios para árbitros; y tarifas de gastos administrativos, las cuales serán revisadas y renovadas cada año;

e. Normas administrativas aplicables al centro; y

f. Cualquier otra norma necesaria para el funcionamiento del centro.

Artículo 14. Todo centro de arbitraje contará con una sede permanente, dotada de los elementos necesarios para servir de apoyo a los tribunales arbitrales, y deberá disponer de una lista de árbitros, cuyo número no podrá ser inferior a veinte (20).

Capítulo Ⅲ: Del Arbitraje Independiente

Artículo 15. Cuando las partes no establezcan sus propias reglas de procedimiento para llevar a cabo un arbitraje independiente, las reglas aquí establecidas serán las aplicables. Asimismo, estas reglas podrán aplicarse a un arbitraje institucional, si así lo estipulan las partes.

Artículo 16. Las partes determinarán el número de árbitros, el cual será siempre impar. A falta de acuerdo los árbitros serán tres.

Artículo 17. Las partes deberán nombrar conjuntamente a los árbitros o delegar su nombramiento a un tercero. Si no hubiere acuerdo entre las partes en la elección de los árbitros, cada parte elegirá uno y los dos árbitros designados elegirán un tercero, quien será el Presidente del tribunal arbitral. Si alguna de las partes estuviere renuente a la designación de su árbitro, o si los dos árbitros no pudieren acordar la designación del tercero, cualquiera de ellas podrá acudir al Juez competente de Primera Instancia con el fin de que designe el árbitro faltante. A falta de acuerdo entre las partes, en el arbitraje con árbitro único, la designación será hecha a petición de una de las partes, por el Juez competente de Primera Instancia.

Artículo 18. Los árbitros deberán informar por escrito a quien los designó, dentro de los diez (10) días hábiles siguientes a su notificación, si aceptan o no el cargo.

Si guardan silencio se entenderá que no aceptan. El árbitro que no acepte, renuncie, fallezca, quede inhabilitado, o sea recusado será reemplazado en la misma forma establecida para su nombramiento.

Capítulo Ⅳ: Del Proceso Arbitral

Artículo 19. Aceptado el cargo por cada uno de los árbitros, se instalará el tribunal arbitral y se notificará a las partes de dicha instalación. En el acto de instalación se fijarán los honorarios de los miembros del tribunal, así como la suma que se estime necesaria para gastos de funcionamiento. Las partes podrán objetar cualquiera de los montos antes señalados, dentro de los cinco (5) días hábiles siguientes a la notificación de la providencia que los fijó, mediante escrito en el que expresarán las sumas que consideren justas. Si la mayoría de los árbitros rechaza la objeción, el tribunal arbitral cesará en sus funciones.

Artículo 20. Decidida la fijación de gastos y honorarios, cada parte consignará, dentro de los diez (10) días siguientes lo que le corresponda por tal concepto. El depósito se hará a nombre del Presidente del tribunal arbitral, quien abrirá una cuenta especial para tal efecto. Si una de las partes consigna lo que le corresponde y la otra no, aquella que hubiere consignado podrá hacerlo por la otra dentro de los quince (15) días hábiles siguientes. Las costas del arbitraje serán fijadas por el tribunal arbitral en el laudo en el cual también se decidirá a quien corresponde cubrir dichas costas y en cuál proporción. Vencidos los términos previstos para efectuar la consignación total, si ésta no se realizare, el tribunal arbitral podrá declarar concluidas sus funciones, quedando las partes en libertad de acudir a los jueces de la República o de reiniciar el procedimiento arbitral.

Artículo 21. Efectuada la consignación, se entregará a cada uno de los árbitros una porción no mayor de la mitad de los honorarios correspondientes y el resto quedará depositado en la cuenta abierta para tal efecto. El Presidente del tribunal arbitral distribuirá el saldo una vez terminado el arbitraje por voluntad de las partes, o por ejecutoria del laudo arbitral o de la providencia que lo aclare, corrija o complemente.

Artículo 22. Si en el acuerdo de arbitraje no se señalare el término para la duración del proceso, éste será de seis (6) meses contados a partir de la constitución del tribunal arbitral. Este lapso podrá ser prorrogado por dicho tribunal una o varias veces, de oficio o a solicitud de las partes o de sus apoderados con facultad expresa para ello. Al término antes señalado se sumarán los días en que por causas legales se interrumpa o suspenda el proceso.

Artículo 23. El tribunal arbitral citará a las partes para la primera audiencia de trámite, con diez (10) días hábiles de anticipación, expresando fecha, hora y lugar en que se celebrará. La providencia será notificada por comunicación escrita a las partes o a sus apoderados.

Artículo 24. En la primera audiencia se leerá el documento que contenga el acuerdo de arbitraje y las cuestiones sometidas a decisión arbitral, y se expresarán las pretensiones de las partes, estimando razonablemente su cuantía. Las partes podrán aportar, al formular sus alegatos, todos los documentos que consideren pertinentes o hacer referencia a los documentos u otras pruebas que vayan a presentar.

Artículo 25. El tribunal arbitral estará facultado para decidir sobre su propia competencia, incluso sobre las excepciones relativas a la existencia o a la validez del acuerdo de arbitraje. La excepción de incompetencia del tribunal arbitral deberá ser presentada dentro de los cinco (5) días hábiles siguientes a la primera audiencia de trámite. Las partes no se verán impedidas de oponer la excepción por el hecho de que hayan designado a un árbitro o participado en su designación. El tribunal arbitral podrá, en cualquiera de los casos, conocer una excepción presentada fuera del lapso si considera justificada la demora.

Artículo 26. Salvo acuerdo en contrario de las partes, el tribunal arbitral podrá dictar las medidas cautelares que considere necesarias respecto del objeto en litigio. El tribunal arbitral podrá exigir garantía suficiente de la parte solicitante.

Artículo 27. El tribunal arbitral realizará las audiencias que considere necesarias, con o sin la participación de las partes, y decidirá si han de celebrarse audiencias para la presentación de pruebas o para alegatos orales, o si las actuaciones se sustanciarán sobre la base de documentos y demás pruebas presentadas. En el procedimiento arbitral no se admitirán incidencias. Los árbitros deberán resolver sobre impedimentos y recusaciones, tacha de testigos y objeciones a dictámenes periciales y cualquier otra cuestión de naturaleza semejante que pueda llegar a presentarse. La pendencia de cualquier procedimiento de tacha no impide la continuación del procedimiento arbitral.

Artículo 28. El tribunal arbitral o cualquiera de las partes con aprobación del tribunal arbitral podrá pedir asistencia al Tribunal de Primera Instancia competente para la evacuación de las pruebas necesarias y para la ejecución de las medidas cautelares que se soliciten. El Tribunal atenderá dicha solicitud dentro del ámbito de su competencia y de conformidad con las normas que les sean aplicables.

Artículo 29. El procedimiento arbitral culminará con un laudo, el cual será dictado por escrito y firmado por el árbitro o los árbitros miembros del tribunal arbitral. En las actuaciones arbitrales con más de un árbitro bastarán las firmas de la mayoría, siempre que se deje constancia de las razones de la falta de una o más firmas y de los votos salvados consignados.

Artículo 30. El laudo del tribunal arbitral deberá ser motivado, a menos que las partes hayan convenido lo contrario, y constará en él la fecha en que haya sido dictado y el lugar del arbitraje. El laudo se reputará dictado en el lugar del arbitraje.

Artículo 31. Dictado el laudo el tribunal arbitral lo notificará a cada una de las partes mediante entrega de una copia firmada por los árbitros, y el mismo será de obligatorio cumplimiento.

Artículo 32. El laudo arbitral podrá ser aclarado, corregido y complementado por el tribunal arbitral de oficio o solicitud presentada por una de las partes, dentro de los quince (15) días hábiles siguientes a la expedición del mismo.

Artículo 33. El tribunal cesará en sus funciones: 1. Cuando no se haga oportunamente la consignación de los gastos de honorarios prevista en esta Ley. 2. Por voluntad de las partes. 3. Por la emisión del laudo, o de la providencia que le corrija o completamente. 4. Por la expiración del término fijado para el proceso o el de su prórroga.

Artículo 34. Terminado el proceso, el Presidente del tribunal deberá hacer la liquidación final de los gastos, entregará a los árbitros el resto de sus honorarios, pagará los gastos pendientes y, previa cuenta razonada, devolverá el saldo a las partes.

Capítulo V : De la Recusación o Inhibición de los Arbitros

Artículo 35. Los árbitros son recusables y podrán inhibirse de conformidad con lo establecido al efecto en las causales de recusación e inhibición en el Código de Procedimiento Civil. Los árbitros nombrados por acuerdo de las partes no podrán ser recusados sino por causales sobrevivientes a la designación. Los nombrados por el Juez competente o por un tercero, serán recusables dentro de los cinco (5) días hábiles siguientes a la fecha en que se notifique la instalación del tribunal arbitral, de conformidad con el procedimiento señalado en esta Ley.

Artículo 36. Cuando exista o sobrevenga alguna causal de inhibición, el árbitro deberá notificarlo a los otros árbitros y a las partes; y se abstendrá, entre tanto, de aceptar el nombramiento o de continuar conociendo de la causa. La parte que tenga motivo para recusar a alguno de los árbitros por causales desconocidas en el momento de la instalación del tribunal arbitral, deberá manifestarlo dentro de los cinco (5) días hábiles siguientes a aquél en que tuvo conocimiento de la causal, mediante escrito presentado ante el tribunal arbitral. Del escrito se notificará al árbitro recusado quien dispondrá de cinco (5) días hábiles para manifestar su aceptación o rechazo.

Artículo 37. Si el árbitro rechaza la recusación o no se pronuncia al respecto, los demás árbitros la aceptarán o negarán mediante escrito motivado, y se notificará a las partes en la audiencia que para tal efecto se llevará a cabo dentro de los cinco (5) días hábiles siguientes al rechazo de la recusación. En dicha audiencia se decidirá sobre su procedencia. Aceptada la causal de inhibición o recusación de un árbitro, los demás árbitros lo declararán separado del procedimiento arbitral y comunicarán el hecho a quien hizo el nombramiento para que proceda a reemplazarlo. En caso de que el nombramiento no se realice dentro de los cinco (5) días hábiles siguientes a la notificación de la aceptación de la causal, el Juez competente de Primera Instancia nombrará al sustituto a solicitud de los demás árbitros. Contra esta providencia no procederá recurso alguno.

Artículo 38. Si sobre la decisión de inhibición o recusación de uno de los árbitros hay empate, o si el árbitro es único, las diligencias serán enviadas al Juez competente de la Circunscripción Judicial del lugar donde funcione el tribunal arbitral para que decida. Contra esta providencia no procederá recurso alguno.

Artículo 39. Cuando todos los árbitros o la mayoría de ellos se inhibieren o fueren recusados, el tribunal arbitral declarará concluidas sus funciones, quedando las partes en libertad de acudir a los jueces de la República o de reiniciar el procedimiento arbitral.

Artículo 40. El proceso arbitral se suspenderá desde el momento en que un árbitro declare su inhibición, acepte la recusación o se inicie el trámite de cualquiera de ellas. La suspensión durará hasta que sea resuelta la incidencia, sin que tal paralización afecte la validez de los actos ejecutados con anterioridad a la misma. Igualmente, el proceso arbitral se suspenderá por inhabilidad o muerte de alguno de los árbitros, hasta que se provea su reemplazo. El tiempo necesario para completar el trámite de la recusación o inhibición, la sustitución del árbitro inhibido o recusado o el remplazo del inhabilitado o fallecido, se descontarán del término señalado a los árbitros para que pronuncien el laudo.

Capítulo Ⅵ : De las Obligaciones de los Árbitros

Artículo 41. Es obligación de los árbitros asistir a todas las audiencias del procedimiento arbitral, salvo causa justificada. El árbitro que dejare de asistir a dos audiencias sin justificación, quedará relevado de su cargo, y estará obligado a reintegrar al Presidente del tribunal arbitral, dentro de los cinco (5) días hábiles siguientes, el porcentaje de sus honorarios que este último determine teniendo en cuenta la función desempeñada. El tribunal arbitral dará aviso a la parte que designó al árbitro relevado, para que de inmediato proceda a su reemplazo. Salvo acuerdo en contrario del tribunal arbitral, si un árbitro acumulare cuatro (4) inasistencias, aún cuando fueren justificadas, se considerará inhabilitado y quedará relevado de su cargo, y el tribunal arbitral procederá a notificar a la parte que lo designó para que proceda a su reemplazo. El árbitro deberá reintegrar al Presidente del tribunal arbitral el porcentaje de los honorarios que este último determine teniendo en cuenta la función desempeñada.

Artículo 42. Salvo acuerdo contraído de las partes los árbitros tendrán la obligación de guardar la confidencialidad de las actuaciones de las partes, de las evidencias y de todo contenido relacionado con el proceso arbitral.

Capítulo VII: De la Anulabilidad del Laudo

Artículo 43. Contra el laudo arbitral únicamente procede el recurso de nulidad. Este deberá interponerse por escrito ante el Tribunal Superior competente del lugar donde se hubiere dictado, dentro de los cinco (5) días hábiles siguientes a la notificación del laudo o de la providencia que lo corrija, aclare o complemente. El expediente sustanciado por el tribunal arbitral deberá acompañar al recurso interpuesto. La interposición del recurso de nulidad no suspende la ejecución de lo dispuesto en el laudo arbitral a menos que, a solicitud del recurrente, el Tribunal Superior así lo ordene previa constitución por el recurrente de una caución que garantice la ejecución del laudo y los perjuicios eventuales en el caso que el recurso fuere rechazado.

Artículo 44. La nulidad del laudo dictado por el tribunal arbitral se podrá declarar:

a. Cuando la parte contra la cual se invoca demuestre que una de las partes estaba afectada por alguna incapacidad al momento de celebrarse el acuerdo de arbitraje;

b. Cuando la parte contra la cual se invoca el laudo no hubiere sido debidamente notificada de la designación de un árbitro o de las actuaciones arbitrales que así lo ameriten, o no ha podido por cualquier razón hacer valer sus derechos;

c. Cuando la composición del tribunal arbitral o el procedimiento arbitral no se ha ajustado a esta Ley;

d. Cuando el laudo se refiera a una controversia no prevista en el acuerdo de arbitraje, o contiene decisiones que exceden del acuerdo mismo;

e. Cuando la parte contra la cual se invoca el laudo demuestre que el mismo no es aún vinculante para las partes o ha sido anulado o suspendido con anterioridad, de acuerdo a lo convenido por las partes para el proceso arbitral;

f. Cuando el tribunal ante el cual se plantea la nulidad del laudo compruebe que según la Ley, el objeto de la controversia no es susceptible de arbitraje o que la materia sobre la cual versa es contraria al orden público.

Artículo 45. El Tribunal Superior no admitirá el recurso de nulidad cuando sea extemporánea su interposición o cuando las causales no se correspondan con las señaladas en esta Ley. En el auto por medio del cual el Tribunal Superior admite el recurso se determinará la caución que el recurrente deberá dar en garantía del resultado del proceso. El término para otorgar la caución será de diez (10) días hábiles a partir de dictado dicho auto. Si no se presta la caución o no se sustenta el recurso, el tribunal lo declarará sin lugar.

Artículo 46. Cuando ninguna de las causales invocadas prospere, se declarará sin lugar el recurso, se condenará en costas al recurrente y el laudo se considerará de obligatorio cumplimiento para las partes.

Artículo 47. Admitido el recurso y dada la caución, el Tribunal Superior conocerá del mismo conforme a lo establecido en el Código de Procedimiento Civil para el procedimiento ordinario.

Capítulo Ⅷ: Del Reconocimiento y Ejecución del Laudo

Artículo 48. El laudo arbitral, cualquiera que sea el país en el que haya sido dictado, será reconocido por los tribunales ordinarios como vinculante e inapelable, y tras la presentación de una petición por escrito al Tribunal de Primera Instancia competente será ejecutado forzosamente por éste sin requerir exequatur, según las normas que establece el Código de Procedimiento Civil para la ejecución forzosa de las sentencias. La parte que invoque un laudo o pida su ejecución deberá acompañar a su solicitud una copia del laudo certificada por el tribunal arbitral, con traducción al idioma castellano si fuere necesario.

Artículo 49. El reconocimiento o la ejecución de un laudo arbitral, cualquiera que sea el país que lo haya dictado sólo se podrá denegar:

a. Cuando la parte contra la cual se invoca demuestre que una de las partes estaba afectada por alguna incapacidad al momento de celebrarse el acuerdo de arbitraje;

b. Cuando la parte contra la cual se invoca el laudo no hubiere sido debidamente notificada de la designación de un árbitro o de las actuaciones arbitrales que así lo ameriten, o no ha podido por cualquier razón hacer valer sus derechos;

c. Cuando la composición del tribunal arbitral o el procedimiento arbitral no se ha ajustado a la ley del país donde se efectuó el arbitraje;

d. Cuando el laudo se refiera a una controversia no prevista en el acuerdo de arbitraje, o contiene decisiones que exceden del acuerdo mismo;

e. Cuando la parte contra la cual se invoca el laudo demuestre que el mismo no es aún vinculante para las partes o ha sido anulado o suspendido con anterioridad, por una autoridad competente de acuerdo a lo convenido por las partes para el proceso arbitral;

f. Cuando el tribunal ante el cual se plantea el reconocimiento o la ejecución del laudo compruebe que según la ley, el objeto de la controversia no es susceptible de arbitraje o que la materia sobre la cual versa es contraria al orden público;

g. Que el acuerdo de arbitraje no sea válido en virtud de la Ley a la cual las partes lo han sometido.

Capítulo IX : Disposiciones Transitorias

Artículo 50. Los acuerdos de arbitraje en los cuales alguna de las partes sea una sociedad en la cual la República, los Estados, los Municipios y los Institutos Autónomos tengan participación igual o superior al cincuenta por ciento (50%) del capital social, o una sociedad en la cual las personas anteriormente citadas tengan participación igual o superior al cincuenta por ciento (50%) del capital social, suscritos antes de la fecha de la promulgación de esta Ley, no requerirá para su validez del cumplimiento de los requisitos señalados en el artículo 4° de esta Ley. Dado, firmado y sellado en el Palacio Federal Legislativo, en Caracas a los veinticinco días del mes de marzo de mil novecientos noventa y ocho. Años 187° de la Independencia y 138° de la Federación.

EL PRESIDENTE, PEDRO PABLO AGUILARLA VICEPRESIDENTA, IXORA ROJAS PAZLOS SECRETARIOS, JOSE GREGORIO CORREA YAMILETH CALANCHE

Palacio de Miraflores, en Caracas, a los siete días del mes de abril de mil novecientos noventa y ocho. Año 187° de la Independencia y 139° de la Federación.

Cúmplase,

(L. S.) RAFAEL CALDERA Refrendado El Ministro de Industria y Comercio (L. S.) HECTOR MALDONADO LIRA Refrendado El Ministro de Justicia (L. S.) HILARION CARDOZO

(二)《委内瑞拉仲裁协会临时仲裁规则》

Reglas de la Asociación Venezolana de ArbitrajeSobre el Arbitraje Independiente Presentación

Para el Consejo Directivo de la Asociación Venezolana de Arbitraje representa una gran satisfacción poder contribuir de manera prάctica con el desarrollo del arbitraje, tanto en Venezuela como internacionalmente. Durante el período 2019 – 2021, el Consejo Directivo se propuso poner a disposición de la comunidad arbitral nacional e internacional dos instrumentos que han sido desarrollados en el seno de la AVA, con la intensa participación de los miembros de los Grupos de Trabajo que se conformaron para la redacción de las "Reglas sobre Arbitraje Independiente" o "Reglas AVA sobre Arbitraje Independiente" y las "Reglas sobre la Actividad Probatoria en el Arbitraje" o "Reglas AVA sobre Pruebas".

Ambos Grupos fueron conformados por miembros de la asociación que se postularon para asumir lo que fue un verdadero reto intelectual en el que, con toda la intención, se vieron trabajando profesionales venezolanos con distintas ramas de especialidad, no solo formados en arbitraje. Esto, desde el punto de vista del debate, enriqueció mucho las discusiones de ambos grupos, pues pudo mantenerse el alto nivel de especialidad de estas normas por la importantísima influencia de los especialistas en materia de arbitraje, pero pudieron incorporarse elementos frescos e innovadores debido a la visión de los otros miembros especialistas de otras ramas del derecho, que mucho tienen que aportar.

El trabajo de todos los profesionales que trabajaron en la redacción de ambos instrumentos es algo que el foro venezolano debe celebrar. Los miembros de los Grupos de Trabajo dedicaron gran parte de su tiempo en la investigación, comparación de instrumentos similares, discusión de cada punto para determinar su utilidad, primero en el άmbito del ejercicio del Derecho en Venezuela, en cuya mejora estάn enfocadas ambas reglas, y luego en su adaptación a las mejores prácticas del arbitraje internacional, cuya importación a nuestro foro, sin perder nuestra identidad para poder hacerlas de uso común entre nosotros, fue uno de los más grandes retos que pudieron superar.

Luego de haber sometido ambas Reglas a la consulta de la comunidad arbitral y de haber discutido los aportes que llegaron durante el proceso, muchos de ellos incorporados, esperamos que ambas Reglas AVA tengan una buena recepción y que sean de utilidad a la comunidad arbitral nacional e internacional. Se trata de instrumentos que al ser aprobados por el Consejo Directivo podrán ser reformados de ser necesario. Tomando en cuenta las experiencias de otras reglas similares, hay que darles tiempo, estudiarlas, interpretarlas y, sobre todo, probarlas. Las novedades que tengan incorporadas podrán mantenerse, reformarse o eliminarse, solo si se puede contar con experiencias que pongan de relieve dónde están los puntos débiles que puedan tener.

Caracas, Venezuela 09 de julio de 2021

I. Disposiciones Preliminares

Artículo 1. Ámbito de Aplicación

1. Cuando las partes hayan acordado que las controversias que surjan entre ellas, en virtud de una determinada relación jurídica, contractual o no contractual, se sometan a arbitraje independiente de acuerdo con las Reglas sobre Arbitraje Independiente de la Asociación Venezolana de Arbitraje (en lo sucesivo “las Reglas”), tales controversias se resolverán de conformidad con las presentes Reglas.

2. Las normas contenidas en las presentes Reglas regirán el arbitraje, excepto cuando una de sus normas esté en conflicto con el acuerdo de arbitraje o una disposición del derecho aplicable al arbitraje que las partes no puedan relajar, en cuyo caso prevalecerá esa disposición específica.

3. Las partes en ejercicio del principio de la libre autonomía de la voluntad podrán adaptar las presentes Reglas según consideren pertinente.

Artículo 2. Reglas de Interpretación

1. A los efectos de las presentes Reglas：

a. Arbitraje：se refiere al procedimiento arbitral.

b. AVA：Asociación Venezolana de Arbitraje.

c. Comunicación：comprende todo escrito, carta, nota, correo electrónico o información dirigidos a, o enviado por, cualquiera de las partes y/o al Tribunal Arbitral.

d. Datos de contacto：comprende domicilio, residencia habitual, establecimiento, dirección postal, teléfono, fax y dirección de correo electrónico donde las partes recibirán las comunicaciones del arbitraje.

e. Declaración de Imparcialidad e Independencia：documento que deberán suscribir el árbitro único o los árbitros y secretario en cumplimiento de las normas previstas en estas Reglas.

f. Demandado：la parte que responde a la Solicitud de Arbitraje.

g. Demandante：la parte que presenta una Solicitud de Arbitraje.

h. Días Hábiles：se refiere a todos los días, salvo los sábados y domingos y aquellos determinados según el artículo 3.4 de las Reglas.

i. Laudo：es la decisión del Tribunal Arbitral mediante la que se decide el mérito de la controversia, cuyo carácter es final y definitivo. Formará parte del Laudo su aclaratoria, corrección o complemento, así como cualquier laudo parcial o interlocutorio.

j. Parte：las referencias en singular comprenden el plural cuando haya pluralidad de partes.

k. Por Escrito：a los efectos de las presentes Reglas, la expresión "por escrito" comprende cualquier documento, manuscrito, impreso o en forma digital o electrónica que forme parte del expediente.

l. Reglas：se refiere a las Reglas sobre Arbitraje Independiente de la AVA.

m. Secretario：se refiere a la persona designada por el tribunal arbitral de conformidad con el artículo 18 de las Reglas.

n. Tribunal Arbitral：hace referencia a uno o más árbitros debidamente nominados y constituidos para tramitar y resolver determinada controversia bajo las presentes

Reglas.

2. La sumisión a las Reglas sobre Arbitraje Independiente de la AVA, se entenderá hecha a las Reglas vigentes a la fecha de comienzo del arbitraje, a menos que las partes hayan acordado expresamente someterse a las Reglas vigentes a la fecha del acuerdo de arbitraje.

Artículo 3. Comunicaciones y Plazos

1. Las comunicaciones entre las partes, y entre estas y el Tribunal Arbitral, podrán realizarse por cualquier medio de comunicación que permita dejar constancia de envío.

2. Las comunicaciones se entenderán efectuada cuando haya sido recibida por la parte destinataria o por su representante. En el caso de que se envíe por correo electrónico o algún otro medio electrónico, se considerará efectuada el día de su envío, salvo prueba en contrario.

3. Los plazos comenzarán a contarse a partir del día hábil siguiente a aquel en que se reciba una comunicación conforme a las presentes Reglas.

4. Los plazos del arbitraje se computan por días hábiles. Son días no hábiles los días: sábados, domingos y demás acordados por las partes y/o el Tribunal Arbitral.

5. Excepcionalmente, el Tribunal Arbitral podrá habilitar, previa notificación a las partes, días no hábiles para llevar a cabo determinadas actuaciones.

II. Inicio del Arbitraje

Artículo 4. Solicitud de Arbitraje

1. Se considerará que el procedimiento arbitral se inicia en la fecha en que la notificación de la Solicitud de Arbitraje y sus anexos es recibida por el demandado, en los términos del artículo 5.

2. La parte que desee iniciar un arbitraje, deberá hacerlo mediante el envío de una Solicitud de Arbitraje a la parte demandada, que contendrá los siguientes requisitos:

a. La petición de que la controversia se someta a arbitraje;

b. Identificación y datos de contacto de las partes;

c. Identificación completa y datos de contacto de toda persona que represente a la demandada en el arbitraje;

d. Identificación del acuerdo de arbitraje que se invoca;

e. Identificación del contrato o acto jurídico que haya suscitado o al que se refiera a la controversia;

f. Una breve descripción de la controversia;

g. Estimación de la reclamación;

h. Indicar la materia u objeto que se demanda;

i. Salvo acuerdo previo de las partes, indicar la propuesta acerca del número de árbitros, el idioma, derecho aplicable y la sede del arbitraje;

j. La designación de árbitro y su información de contacto, en los casos en que corresponda;

k. Si existiera un tercero que hubiera facilitado financiación o fondos vinculados al resultado del arbitraje, deberá revelarse este hecho y la identidad del financiador;

l. La Solicitud debe presentarse en el idioma establecido en el acuerdo de arbitraje. A falta de estipulación, la Solicitud debe presentarse en castellano.

3. La Solicitud de Arbitraje deberá acompañarse, con al menos, los siguientes documentos:

a. Copia del acuerdo de arbitraje o de las comunicaciones que dejen constancia del mismo;

b. Copia de los contratos o instrumentos principales de que traiga causa la controversia;

c. Documento que acredite a las personas que ejercerán la representación del demandante en el arbitraje;

d. Cualquier otro documento que considere pertinente para la resolución efectiva de la controversia.

4. La constitución del Tribunal Arbitral no se verá obstaculizada por controversia alguna relativa a la suficiencia de los datos consignados en la notificación del arbitraje,

que deberá ser dirimida por el Tribunal Arbitral con carácter definitivo.

Artículo 5. Notificación de la Solicitud de Arbitraje

1. La parte que da inicio al arbitraje deberá remitir la Solicitud de Arbitraje y sus anexos al demandado. Dicha notificación se realizará en la dirección física, postal o de correo electrónico acordada o que hayan señalado expresamente en el acuerdo de arbitraje o el contrato respectivo.

2. Si alguna parte no ha señalado una dirección o correo electrónico para fines del arbitraje o la dirección señalada no existe o se trata de circunstancia análoga, la notificación se remitirá a su domicilio o residencia habitual o sede social.

3. Si no se pudieran entregar en ninguno de los lugares anteriores, se consideran válidamente recibidas si se envían a la última dirección conocida de la parte destinataria o de su representante mediante correo certificado o por algún otro medio que deje constancia de su entrega o del intento de entrega.

4. Si el demandado se niega a recibir la notificación física o no se encuentra en el domicilio, se deja constancia de esta circunstancia y se la considera notificada para todos los efectos el día en que se constata el hecho.

Artículo 6. Respuesta a la Solicitud de Arbitraje. Reconvención

1. Dentro de los diez (10) días hábiles siguientes a la recepción de la Solicitud de Arbitraje, el demandado deberá presentar por escrito su Respuesta a la Solicitud de Arbitraje, la cual contendrá la siguiente información, salvo que las partes hayan acordado algo distinto:

a. Identificación completa y datos de contacto de las partes;

b. Identificación completa y datos de contacto de toda persona que represente a la demandada en el arbitraje;

c. De ser el caso, la manifestación de voluntad de modificar los datos de contacto establecidos en el acuerdo de arbitraje;

d. Dirección en la recibirá todo lo relacionado con el arbitraje;

e. Toda excepción u objeción sobre la competencia del Tribunal Arbitral que constituirá de conformidad con las presentes Reglas;

f. Su posición sobre los hechos, alegaciones y peticiones presentadas por el demandante;

g. Su posición sobre la propuesta acerca del número de árbitros, el idioma, derecho aplicable y la sede del arbitraje presentadas por el demandante;

h. La designación de árbitro y su información de contacto, en los casos en que corresponda;

i. Si existiera un tercero que hubiera facilitado financiación o fondos vinculados al resultado del arbitraje, deberá revelarse este hecho y la identidad del financiador;

j. La Respuesta debe presentarse en el idioma establecido en el acuerdo de arbitraje. A falta de acuerdo debe presentarse en castellano.

2. La Respuesta a la Solicitud de Arbitraje deberá acompañarse, al menos, con los siguientes documentos:

a. Documento que acredite a las personas que ejercerán la representación del demandado en el arbitraje;

b. Cualquier otro documento o información que considere pertinente para la resolución efectiva de la controversia.

3. La constitución del Tribunal Arbitral no se verá obstaculizada por el hecho de que el demandado no responda a la Solicitud de Arbitraje, o por la respuesta incompleta o tardía que el demandado dé a dicha Solicitud, lo que será finalmente resuelto por el Tribunal Arbitral.

4. La falta de presentación de la Respuesta a la Solicitud de Arbitraje dentro del plazo conferido no suspenderá el procedimiento ni el nombramiento de los árbitros.

5. La demandada podrá presentar una Solicitud de Reconvención junto a la Respuestaa la Solicitud de Arbitraje, deberá cumplir con los requisitos del artículo 4. La parte demandante-reconvenida tendrá diez (10) días hábiles para presentar una Respuesta a la Reconvención en los términos del presente artículo.

Artículo 7. Efectos del Acuerdo de Arbitraje

1. El acuerdo de arbitraje es exclusivo y excluyente de la jurisdicción ordinaria, podrá adoptar la forma de una cláusula compromisoria incluida en un contrato o la for-

ma de un acuerdo independiente.

2. El acuerdo de arbitraje puede ser anterior o posterior al origen de la controversia y su validez dependerá de los requisitos previstos en la ley aplicable al arbitraje.

3. Si alguna de las partes se rehúsa o se abstiene de participar en el arbitraje o en cualquier etapa de éste, el arbitraje procederá no obstante dicha negativa o abstención.

4. Salvo estipulación en contrario, y siempre y cuando haya admitido la validez del acuerdo de arbitraje, el Tribunal Arbitral no perderá su competencia por causa de la pretendida nulidad o inexistencia del contrato. El Tribunal Arbitral conservará su competencia, aun en caso de inexistencia o nulidad del contrato, para determinar los respectivos derechos de las partes y decidir sobre sus pretensiones y alegaciones.

Ⅲ. Incorporación de Partes Adicionales, Multiplicidad de Contratos y Acumulación de Arbitrajes

Artículo 8. Incorporación de partes adicionales

1. Después de la constitución del Tribunal Arbitral, los árbitros podrán, a petición de cualquiera de las partes o de un tercero, y oídas todas ellas, admitir la intervención de partes adicionales como parte en el arbitraje:

a. Cuando así lo consientan por escrito tanto el tercero como todas las partes del arbitraje;

b. Cuando el tercero sea parte en el acuerdo de arbitraje, salvo que el Tribunal Arbitraldetermine, una vez escuchadas las partes y al tercero o terceros en cuestión, que esa intervención no debe ser permitida por poder resultar perjudicial para alguna de ellas.

2. Se entenderá que, con su aceptación, el tercero interviniente renuncia a sus facultades de intervenir en el nombramiento de los árbitros.

3. La parte adicional deberá presentar una Respuesta a la Solicitud de Arbitraje, en los términos del artículo 6.

4. El Tribunal Arbitral podrá dictar uno o más laudos respecto de todas las partes que intervengan en el arbitraje. Para estos efectos, toma en consideración la necesidad

o la conveniencia de que las disputas con la parte adicional sean resueltas dentro del mismo arbitraje, el estado de avance del proceso arbitral y otras circunstancias que estime relevantes.

Artículo 9. Multiplicidad de Contratos

1. Cuando el arbitraje se inicie por disputas relacionadas con más de un contrato, la parte demandante podrá:

a. Presentar una Solicitud de Arbitraje en relación con cada uno de los acuerdos de arbitraje invocados, presentando al mismo tiempo una solicitud de acumulación de los arbitrajes conforme al artículo 10; o,

b. Presentar una única Solicitud de Arbitraje en relación con todos los acuerdos de arbitraje invocados, justificando la concurrencia de los criterios establecidos para la acumulación en dicho artículo.

Artículo 10. Acumulación de Arbitrajes

1. El Tribunal Arbitral, a solicitud de una de las partes, podrá acumular dos o más procedimientos pendientes bajo estas Reglas, cuando no haya sido firmada el Acta de Misión y en los casos en que:

a. Las partes hayan acordado la acumulación;

b. Todas las demandas en los arbitrajes sean formuladas bajo el mismo acuerdo dearbitraje; o

c. Si las demandas en los arbitrajes son formuladas bajo más de un acuerdo de arbitraje, los arbitrajes sean entre las mismas partes, las controversias en los arbitrajes surjan con motivo a la misma relación jurídica y el Tribunal Arbitral considere que los acuerdos de arbitraje son compatibles entre ellos.

Ⅳ. El Tribunal Arbitral

Artículo 11. Número de Árbitros

1. El Tribunal Arbitral estará compuesto por un árbitro único o por más árbitros, siempre en número impar.

2. Si las partes no han acordado el número de árbitros, podrán ponerse de acuerdo dentro de un lapso común de cinco (5) días hábiles, contados a partir de la recepción de la respuesta a la Solicitud de Arbitraje o, cuando proceda, a partir de la recepción de la Respuesta a la Reconvención.

3. Si las partes no llegaren a un acuerdo en el lapso previsto en el punto anterior, el Tribunal Arbitral estará compuesto por tres (3) árbitros.

4. Con la aceptación del árbitro único o del presidente, el Tribunal Arbitral se considera válidamente constituido.

Artículo 12. Independencia e Imparcialidad. Deber de Revelación

1. Todo árbitro debe ser y permanecer independiente e imparcial durante el arbitraje y no podrá mantener con las partes relación personal, profesional o comercial.

2. Cuando se notifique al candidato a árbitro de su designación, el candidato a árbitro deberá revelar toda circunstancia que pueda dar lugar a dudas justificadas sobre su imparcialidad o independencia.

3. El candidato a árbitro deberá suscribir un documento en el que acepte su nombramiento, confirme su disponibilidad y revele cualquier circunstancia que pueda dar lugar a dudas justificadas sobre su imparcialidad o independencia. Asimismo, deberá suscribir una Declaración de Imparcialidad e Independencia.

4. A partir de su nombramiento y a lo largo de todo el procedimiento, todo árbitro revelará oportunamente y sin demora a las partes y a los demás árbitros cualquier circunstancia que pueda dar lugar a dudas justificadas sobre su imparcialidad o independencia, salvo que ya le hubiere informado al respecto.

5. Todo árbitro o candidato se abstendrá de mantener ninguna comunicación unilateral o ex parte sobre el caso con ninguna de las partes ni de sus abogados, salvo acuerdo en contrario de las partes. Este deber se prolonga desde la consideración de una persona como candidato a árbitro hasta la conclusión del procedimiento arbitral.

6. El árbitro, por el hecho de aceptar su nombramiento, se obliga a desempeñar su función hasta su término con diligencia y de conformidad con lo dispuesto en las presentes Reglas.

Artículo 13. Nombramiento de Árbitros

1. Cuando las partes hayan acordado que la controversia sea resuelta por un árbitro único, lo nombrarán de común acuerdo dentro del lapso de diez (10) días hábiles, contados a partir de la recepción de la Respuesta a la Solicitud de Arbitraje o de la Respuesta a la Solicitud de Reconvención, según sea el caso. A falta de acuerdo, cualquiera de las partes podrá presentar una solicitud de nombramiento ante la Autoridad Nominadora.

2. Cuando las partes hayan acordado que la controversia sea resuelta por tres (3) o más árbitros, cada una nombrará un (1) árbitro por separado, en la Solicitud y Respuesta de Arbitraje, respectivamente. Si una de las partes se abstiene de realizar el nombramiento, la otra parte podrá presentar una solicitud de nombramiento ante la Autoridad Nominadora.

3. El tercer árbitro, quien asumirá la presidencia del Tribunal Arbitral, será designado de mutuo acuerdo por los árbitros nombrados previamente por las partes, en un plazo no mayor de cinco (5) días hábiles, contados a partir de la fecha de aceptación del último de los árbitros postulado por las partes. En caso no haber acuerdo, las partes podrán presentar una solicitud de nombramiento ante la Autoridad Nominadora.

Artículo 14. Multiplicidad de Partes

1. Cuando exista multiplicidad de partes, el Tribunal Arbitral se constituye según lo acordado por las partes.

2. Cuando exista multiplicidad de partes y estas no hayan acordado el método para constituir el Tribunal Arbitral, las partes demandantes designarán conjuntamente un (1) árbitro; de la misma manera, las partes demandadas designarán conjuntamente un (1) árbitro, en el momento indicado en el artículo 13.2. Si una de las partes se abstiene de realizar el nombramiento, la otra parte podrá presentar una solicitud de nombramiento ante la Autoridad Nominadora.

3. El tercer árbitro, quien asumirá la presidencia del Tribunal Arbitral, será designado de conformidad con el Artículo 13.3.

Artículo 15. Recusación

1. Un árbitro podrá ser recusado cuando existan circunstancias de tal naturaleza que den lugar a dudas justificadas respecto de su imparcialidad o independencia.

2. También podrá ser recusado el árbitro que cumpliere sus funciones o que se viere imposibilitado de hecho o de derecho para cumplirlo.

3. Una parte no podrá recusar al árbitro nombrado por ella salvo por causas de las que haya tenido conocimiento con posterioridad al nombramiento.

4. La parte que desee recusar a un árbitro deberá presentar su solicitud de recusación dentro de los diez (10) días hábiles siguientes a la fecha en la que se le notificó la aceptación del nombramiento por dicho árbitro, o dentro de los diez (10) días hábiles siguientes a la fecha en que tuvo conocimiento de alguna de las circunstancias mencionadas en los apartes 1 y 2.

5. Toda recusación se notificará a las demás partes, al árbitro recusado y demás miembros del Tribunal Arbitral. La recusación deberá ser motivada.

6. Cuando un árbitro ha sido recusado, las demás partes podrán aceptar la recusación. El árbitro recusado podrá renunciar al cargo. En ningún caso se entenderá que esto implica la aceptación del árbitro de la validez de las razones en que se funde la recusación.

7. Si dentro de los diez (10) días hábiles siguientes a la fecha en que se notifique la recusación, todas las partes no dan su conformidad a la recusación o el árbitro recusado no renuncia, la parte que presente la recusación podrá mantenerla y solicitar a la Autoridad Nominadora una decisión sobre la recusación. En su decisión, la autoridad nominadora podrá tomar en cuenta los criterios establecidos en los Lineamientos sobre Conflicto de Interés en el Arbitraje de la International Bar Association (IBA).

Artículo 16. Sustitución

1. Un árbitro podrá ser sustituido en caso de fallecimiento, renuncia, inhabilitación o remoción, cuando prospere su recusación o cuando haya acuerdo entre las partes.

2. El árbitro que renuncie, fallezca, o por cualquier causa quede inhabilitado para continuar con el arbitraje, será reemplazado siguiendo el mismo procedimiento previsto en los artículos 13 o 14, según corresponda.

3. Con la aceptación del nombramiento por el árbitro sustituto se entenderá reconstituido el Tribunal Arbitral, quien luego de escuchar a las partes, decidirá el estado en el que se reanudará el arbitraje o la necesidad de repetir algunas de las actuaciones anteriores.

4. Cuando deba sustituirse un árbitro luego del cierre de la instrucción y se trate de un Tribunal Arbitral integrado por tres (3) o más árbitros, escuchadas previamente las partes, los árbitros restantes podrán decidir continuar con el arbitraje sin sustituir al árbitro.

Artículo 17. Aceptación de los Árbitros

1. Salvo acuerdo distinto de las partes, el árbitro único o los árbitros nombrados deberán comunicar su aceptación o no por escrito dentro de los diez (10) días hábiles siguientes a la notificación de su nombramiento.

2. Vencido el plazo sin que haya habido respuesta, se considerará que no ha aceptado su nombramiento, y se procederá conforme al numeral siguiente.

3. Cuando el candidato a árbitro no acepte el nombramiento, el promovente tendrá cinco (5) días hábiles siguientes a la notificación de la no aceptación, para nombrar a un nuevo árbitro.

4. Una vez producida la aceptación del árbitro único o del último de los árbitros, el Tribunal Arbitral se considerará válidamente constituido.

Artículo 18. Secretario del Tribunal Arbitral

1. Previo consentimiento de las partes, el presidente o árbitro único podrá designar un (1) único secretario, para que, siguiendo sus instrucciones y bajo su supervisión, realice ciertas tareas de carácter administrativo, organizativo y de apoyo.

2. El secretario es nombrado y destituido por el presidente o árbitro único y tiene los mismos deberes de confidencialidad, independencia e imparcialidad que los árbitros. El presidente o árbitro único propondrá un candidato y facilitará a las partes

un curriculum vitae que indique su nacionalidad, sus estudios y su experiencia profesional, y adjuntará un documento en el que el candidato a secretario confirme su independencia, imparcialidad y disponibilidad.

3. El secretario deberá firmar una Declaración de Imparcialidad e independencia. Su nombramiento será confirmado por escrito por ambas partes, dentro de los (3) días hábiles siguientes a su nombramiento. Si cualquiera de las partes se niega u omite firmar la confirmación del nombramiento del secretario, sin causa justificada, dicho nombramiento se entenderá confirmado.

4. Los trámites relacionados con el nombramiento, remoción, y/o sustitución del secretariono suspenderán el curso del procedimiento arbitral.

5. Los árbitros no delegarán en el secretario ninguna función decisoria ni valorativa de las posiciones de hecho o de derecho de las partes.

6. El secretario será remunerado directamente por el presidente o árbitro único con cargo a sus propios honorarios, salvo que las partes y los co-árbitros, antes de su designación, convinieran otro sistema. Se exceptúan los gastos de viaje del secretario con ocasión de audiencias y reuniones, que correrán a cargo de las partes.

Artículo 19. ResponsabilidadSalvo en caso de falta grave y/o falta intencional, en la máxima medida que permita la ley aplicable, las partes renuncian a cualquier reclamación contra los árbitros, el secretario, la Autoridad Nominadora, la Autoridad Designadora y cualquier persona designada por el Tribunal Arbitral por actos u omisiones relacionados con el arbitraje.

Artículo 20. Competencia del Tribunal Arbitral

1. El Tribunal Arbitral está facultado para decidir acerca de su propia competencia, incluso sobre las excepciones relativas a la existencia o a la validez del acuerdo de arbitraje.

2. El acuerdo de arbitraje que forme parte de un contrato se considerará como un acuerdo independiente del contrato.

3. La decisión del Tribunal Arbitral que anule el contrato no tendrá por efecto ipso iure la nulidad del acuerdo de arbitraje.

4. La excepción de incompetencia del Tribunal Arbitral podrá oponerse en cualquier momento antes de la celebración de la constitución del Tribunal Arbitral y podrá ser resuelta por éste como punto previo en el laudo definitivo o mediante un laudo parcial.

V. Autoridad Nominadora

Artículo 21. Ámbito de Aplicación

1. Las partes podrán acordar, bien en el acuerdo de arbitraje, o por acuerdo separado, o durante el arbitraje, la Autoridad Nominadora de su preferencia.

2. En caso de no haber acuerdo previo entre las partes, cualquiera de ellas podrá proponer, en cualquier momento, una institución o persona para que actúe como Autoridad Nominadora.

3. Si a los diez (10) días hábiles siguientes a la propuesta mencionada en el punto anterior, las partes no han llegado a un acuerdo sobre la Autoridad Nominadora, cualquiera de ellas podrá solicitar a una de las siguientes instituciones que actúe como Autoridad Designadora de la Autoridad Nominadora:

a. Una institución de arbitraje con más de 10 años de fundada;

b. Una institución académica que cumpla con alguna de las siguientes condiciones:

i. Cuente con una cátedra de pregrado o postgrado en estudios Medios Alternos de Solución de Conflictos; o,

ii. Se dedique a la investigación y estudio de los Medios Alternos de Solución de Conflictos.

4. Cuando por algún motivo la Autoridad Nominadora acordada por las partes rechace, niegue u omita la función solicitada por las partes, cualquiera de las partes podrá solicitar al Consejo Directivo de la AVA que actúe como Autoridad Desginadora del sustituto de la Autoridad Nominadora.

Artículo 22. Función

1. La Autoridad Nominadora tendrá por función, a requerimiento de parte:

a. Nombramiento de árbitros cuando las partes lo hayan acordado así expresamente.

b. Nombramiento del árbitro único en el supuesto previsto en el artículo 13.1.

c. Nombramiento de árbitro según lo previsto en el artículo 13.2.

d. Nombramiento del tercer árbitro en el supuesto previsto en el artículo 13.3.

e. Nombramiento de árbitro en el supuesto previsto en el artículo 13.4.

f. Decidir la recusación de uno o más árbitros, de acuerdo con lo previsto en el artículo 15.7.

g. Nombramiento del árbitro de emergencia, de conformidad con los artículos 42.6 y 44.2.

h. Consideración de honorarios de los árbitros de acuerdo con el artículo 50.4.2. Las partes pagarán en partes iguales todos los gastos derivados de la actividad de la Autoridad Nominadora.

Artículo 23. Solicitudes

1. Toda solicitud dirigida a una Autoridad Nominadora deberá acompañarse de:

a. Escrito contentivo de la solicitud;

b. Copia del documento donde conste la designación de la Autoridad Nominadora a quien se dirige la solicitud;

c. Copia de la Solicitud de Arbitraje que haya sido comunicada al demandado, con la fecha en la cual ésta fue enviada;

d. Cuando proceda, identificación de los árbitros nominados hasta la fecha de la solicitud;

e. Todo aquello que prevea como requisito la propia Autoridad Nominadora.

Artículo 24. Autoridad Designadora

1. El Consejo Directivo de la AVA podrá ser designada por las partes para fungir como Autoridad Designadora en los casos que:

a. Las partes así lo hayan acordado;

b. La Autoridad Nominadora falle en cumplir con la tarea encomendada por las partes, en los términos del artículo 21.4.

2. Las partes pagarán en partes iguales todos los gastos derivados de la actividad de la Autoridad Designadora.

Ⅵ. Procedimiento Arbitral

i. Disposiciones Generales

Artículo 25. Buena Fe

1. Las partes están obligadas a observar el principio de buena fe en todos sus actos e intervenciones en el curso de las actuaciones arbitrales y a colaborar con el Tribunal Arbitral en el correcto desarrollo del arbitraje.

Artículo 26. Idioma

1. El idioma del arbitraje será el acordado por las partes.

2. A falta de acuerdo, el idioma del arbitraje será definido por el Tribunal Arbitral tomando en cuenta las circunstancias específicas del caso.

3. Cuando las circunstancias lo justifiquen, y mediante resolución fundada, el Tribunal Arbitral podrá disponer que exista más de un idioma del arbitraje.

4. El Tribunal Arbitral podrá ordenar que cualesquiera documentos presentados durante las actuaciones arbitrales en su idioma original, se acompañen de una traducción oficial al idioma del arbitraje.

Artículo 27. Sede del Arbitraje

1. A falta de acuerdo entre las partes, la sede del arbitraje será determinado por el Tribunal Arbitral.

2. Salvo disposición previa de las partes, el Tribunal Arbitral determinará el lugar donde se realizarán las audiencias y reuniones, sin que esta circunstancia suponga, por sí misma, una modificación de la sede del arbitraje.

3. La ley de la sede del arbitraje será la ley aplicable al acuerdo de arbitraje y al

procedimiento arbitral en todo aquello no regulado por las Reglas, salvo que las partes hayan dispuesto otra cosa y siempre que este acuerdo de las partes no vulnere la ley de la sede del arbitraje.

4. El Tribunal Arbitral podrá celebrar sus deliberaciones en cualquier lugar que estime oportuno. Asimismo, y salvo disposición específica por las partes, el Tribunal Arbitralpodrá reunirse en cualquier lugar que estime oportuno para celebrar audiencias o con cualquier otro fin.

5. El laudo se considerará dictado en la sede del arbitraje.

Artículo 28. Confidencialidad

1. Salvo acuerdo contrario de las partes, el Tribunal Arbitral, el secretario y, cuando proceda, los testigos, peritos y cualquier otro que intervenga en las actuaciones arbitrales, están obligados a guardar confidencialidad sobre el arbitraje y el laudo arbitral.

2. Los árbitros podrán ordenar las medidas que estimen convenientes para proteger secretos comerciales o industriales o cualquier otra información confidencial.

3. Las deliberaciones del Tribunal Arbitral relacionadas con el escrutinio o revisión del laudo son confidenciales.

Artículo 29. Representación

1. Las partes podrán estar representadas y asesoradas por las personas de su elección.

2. En cualquier momento y cuando se estime necesario, el Tribunal Arbitral puede requerir que los representantes de las partes acrediten su representación.

3. Cualquier cambio o incorporación adicional en la representación de una de las partes debe ser comunicado inmediatamente al Tribunal Arbitral y a la otra parte.

Artículo 30. Custodia del Expediente

1. Corresponderá al Tribunal Arbitral la custodia y conservación del expediente arbitral. Los documentos, pruebas o informes que las partes presenten y las actuaciones relacionadas con el procedimiento, pasarán a formar el expediente arbitral. Si las

partes presentan documentos electrónicos, se deberá formar un expediente de esa naturaleza. En caso de que durante el procedimiento se forme un expediente físico y un expediente electrónico o digital, deberá haber identidad entre ambos.

2. Una vez notificado el laudo arbitral a las partes y vencido el lapso correspondiente para el ejercicio del recurso de nulidad u otro medio de impugnación previsto en la legislación aplicable, las partes podrán solicitar al tribunal arbitral, dentro de los noventa (90) días hábiles siguientes, la devolución de los documentos originales insertos al expediente y que hayan sido presentados por la parte que los solicita. Transcurrido el lapso anterior, cesará la obligación de conservación del expediente y sus documentos, a excepción del laudo, que se deberá conservar por un plazo de diez (10) años.

3. Cualquiera de las partes puede solicitar, a su costo, que las actuaciones en físico, electrónicas o ambas, sean remitidas en custodia a la institución arbitral que ofrezca servicios de conservación y archivo de actuaciones arbitrales.

4. Si se interpone el recurso de nulidad contra el laudo, el Tribunal Arbitral tiene la obligación de conservar las actuaciones originales y de expedir las copias pertinentes que solicite la parte interesada. La parte solicitante cubrirá el costo de dichas copias. Resuelto el recurso de nulidad, en definitiva, serán de aplicación los numerales 1 y 2 de este artículo, siempre que no deba reiniciarse las actuaciones o no deba entregarse copia certificada de estas a un nuevo Tribunal Arbitral o la autoridad judicial para que resuelva la controversia.

Artículo 31. Audiencias

1. Las audiencias podrán celebrarse a través de los medios digitales acordados previamente con las partes o establecidos por el Tribunal Arbitral.

2. Los árbitros podrán resolver la controversia de conformidad con los documentos y pruebas aportadas por las partes, salvo que alguna de las partes expresamente solicitare la celebración de una audiencia.

3. El Tribunal Arbitral puede celebrar audiencias para escuchar a las partes, los testigos, los peritos, realizar inspecciones, recibir alegaciones o cualquier otro fin que considere apropiado para resolver la controversia.

4. Para celebrar una audiencia, los árbitros convocarán a las partes con antelación razonable para que comparezcan el día, hora y en el lugar que determine.

5. Podrá celebrarse la audiencia, aunque una de las partes, convocada con la debida antelación, no compareciere.

6. Como regla general, la dirección de las audiencias corresponde al árbitro único o al presidente del Tribunal Arbitral.

7. Las audiencias pueden realizarse con la mayoría de los árbitros, siempre que todos los árbitros hayan sido convocados.

8. Con la debida antelación y tras consultar con las partes, el Tribunal Arbitral, mediante la emisión de una orden procesal, establecerán las reglas conforme a las cuales se desarrollará la audiencia, la forma en que habrá de interrogarse a los testigos o peritos y el orden en que serán llamados.

9. Las audiencias se celebrarán en privado y de forma confidencial, a menos que las partes acuerden lo contrario.

10. Las partes pueden comparecer a las audiencias personalmente o a través de representantes debidamente acreditados y pueden estar asistidas por asesores.

11. Las audiencias y otras actuaciones son registradas de la manera que disponga el Tribunal Arbitral.

12. Los resultados de las audiencias constarán en un acta que será suscrita por el Tribunal Arbitral y las partes asistentes, quienes se considerarán notificadas en dicho acto.

Artículo 32. Reglas de Procedimiento

1. Con sujeción a lo dispuesto en las presentes Reglas, el Tribunal Arbitral podrá dirigir el arbitraje del modo que consideren apropiado, observando siempre los principios de audiencia, igualdad de las partes y contradicción, y dando a cada una de ellas suficiente oportunidad de hacer valer sus derechos.

2. El Tribunal Arbitral dirigirá y ordenará el procedimiento arbitral mediante órdenes procesales.

3. De todas las comunicaciones, escritos y documentos que una parte traslade al Tribunal Arbitral deberá enviar simultáneamente copia a la otra parte. La misma regla

se aplicará a las comunicaciones y decisiones del Tribunal Arbitral dirigidas a las partes o a alguna de ellas.

4. Todos aquéllos que participen en el procedimiento arbitral actuarán conforme a los principios de confidencialidad y buena fe.

5. Las partes y sus abogados deberán evitar dilaciones innecesarias en el procedimiento y sus actuaciones podrán ser tenidas en consideración por el Tribunal Arbitral en la determinación de las costas.

6. El Tribunal Arbitral, previa consulta con las partes, podrá nombrar uno o varios peritos, definir su misión y recibir sus dictámenes. A petición de cualquiera de ellas, las partes tendrán derecho a solicitar la oportunidad de interrogar en audiencia a cualquier perito nombrado por el Tribunal Arbitral.

7. El Tribunal Arbitral podrá requerir a cualquiera de las partes que aporte pruebas adicionales en cualquier etapa del procedimiento arbitral.

8. El Tribunal Arbitral podrá pedir asistencia al tribunal competente para la evacuación de cualquiera de las pruebas.

Artículo 33. Normas Aplicables al Fondo de la Controversia

1. Los árbitros de derecho resolverán con arreglo a las normas jurídicas que las partes hayan elegido, o, en su defecto, con arreglo a las normas jurídicas que consideren apropiadas. En todo caso, los árbitros resolverán con arreglo a las estipulaciones del contrato y tendrán en cuenta los usos mercantiles aplicables al caso.

2. Los árbitros tendrán el carácter de árbitros de equidad cuando las partes expresamente así lo hayan acordado.

3. En supuestos de duda, el Tribunal Arbitral decidirá su carácter una vez constituido.

Artículo 34. Renuncia a la impugnación

Si una parte, conociendo la infracción de alguna norma de las Reglas, del acuerdo de arbitrajeo de las disposiciones acordadas para el procedimiento, siguiera adelante con el arbitraje sin denunciar prontamente dicha infracción, se considerará que renuncia a su impugnación.

ii. Actuaciones Arbitrales

Artículo 35. Demanda

1. Constituido el Tribunal Arbitral, el demandante contará con un plazo de veinte (20) días hábiles para presentar el escrito de Demanda.

2. La Demanda deberá contener:

a. Las peticiones concretas que formula;

b. Los hechos y fundamentos jurídicos en que funde sus peticiones;

c. Una relación de las pruebas de las que pretenda valerse.

3. Asimismo, a la Demanda se acompañarán todos los documentos, declaraciones de testigos e informes periciales que se pretendan hacer valer en apoyo de las peticiones deducidas.

Artículo 36. Contestación

1. La demandada contará con un plazo de veinte (20) días hábiles contados a partir del día hábil siguiente a la recepción de la Demanda para presentar su Contestación a la Demanda, cuyo contenido deberá ajustarse a lo dispuesto en los puntos 2 y 3 del artículo anterior sobre la demanda.

2. La falta de Contestación a la demanda no impedirá la regular prosecución del arbitraje.

Artículo 37. Reconvención

1. Cuando la demandada-reconviniente presentare una Demanda de Reconvención, deberá presentar dicha demanda en la misma oportunidad que el escrito de Contestación a la demanda. Su contenido deberá ajustarse a lo previsto en el artículo 35.

2. La parte demandante-reconvenida contará con un plazo de veinte (20) días hábiles contados a partir del día hábil siguiente a la recepción de la reconvención, para presentar un escrito de Contestación a la reconvención en los términos del artículo 36.

3. Salvo que el tribunal disponga otra cosa, tras la presentación de los escritos rectores (i. e. Demanda y Contestación o Reconvención y Contestación a la

Reconvención) ninguna de las partes podrá presentar alegaciones de fondo o aportar prueba alguna sin la previa autorización del tribunal.

Artículo 38. Nuevas Reclamaciones

La formulación de nuevas reclamaciones después de la firma del Acta de Misión requerirá la autorización del Tribunal Arbitral, quien, al decidir al respecto, tendrá en cuenta la naturaleza de las nuevas reclamaciones, el estado en que se hallen las actuaciones y todas las demás circunstancias que considere relevantes.

Artículo 39. Otros Escritos

1. Los árbitros decidirán si se requiere que las partes presenten escritos adicionales a los de demanda y contestación, tales como réplica y contrarréplica o cualquier otro que considere conducente dentro del arbitraje. Igualmente, fijará los plazos para la presentación de cada uno de dichos escritos.

2. El Tribunal Arbitral podrá conceder prórrogas o adecuar plazos acordados o establecidos, siempre que a su criterio sea por razones justificadas.

Artículo 40. Rebeldía

1. Si el demandante no presentara la demanda en el plazo previsto para ello, sin invocar causa suficiente, se darán por concluido el arbitraje. Sin perjuicio de que del derecho de la demandante a presentar en fecha posterior las mismas pretensiones en una nueva Solicitud de Arbitraje.

2. Si el demandado o el demandante reconvenido no presentare la contestación en el plazo previsto para ello, sin invocar causa suficiente, el arbitraje continuará su curso.

3. Si una de las partes, debidamente convocada, no compareciera a una audiencia sin invocar causa suficiente, los árbitros estarán facultados para proseguir el arbitraje.

4. Si una de las partes, debidamente requerida para presentar documentos, no lo hiciera en los plazos fijados sin invocar causa suficiente, el Tribunal Arbitral podrá dictar el laudo basándose en las pruebas que se dispongan.

Artículo 41. Acta de Misión

1. Una vez constituido el Tribunal Arbitral y consignados la totalidad de los hon-

orarios de árbitros, el Tribunal Arbitral deberá recibir el expediente de manos de las partes, éste elaborará un documento que precise su misión. El documento deberá contener:

a. El nombre completo, descripción, dirección y otra información de contacto de cada una de las partes y de toda persona que las represente en el arbitraje;

b. La dirección donde se podrán efectuar válidamente las notificaciones o comunicaciones durante el arbitraje y los medios de comunicación que habrán de emplearse;

c. Una exposición sumaria de las pretensiones de las partes y de sus peticiones, junto con la cuantía estimada y una estimación del valor monetario de todas las reclamaciones;

d. Clasificación de los hechos controvertidos, no controvertidos y aceptados;

e. Los nombres completos, dirección y otra información de contacto de cada uno de los árbitros;

f. El idioma y la sede del arbitraje;

g. Las normas jurídicas aplicables al fondo de la controversia o, cuando proceda, si debe resolverse en equidad.

2. El Acta de Misión deberá ser presentada a las partes dentro de los quince (15) días hábiles siguientes a la entrega del expediente al Tribunal Arbitral, para su firma.

3. Una vez dictada el Acta de Misión, ninguna de las partes podrá formular nuevas reclamaciones que estén fuera de los límites fijados en ella, salvo autorización del Tribunal Arbitral, que, al decidir al respecto, deberá tener en cuenta la naturaleza de las nuevas demandas, la etapa en que se encuentre el arbitraje y las demás circunstancias pertinentes.

4. Junto con el Acta de Misión, o inmediatamente a continuación, el Tribunal Arbitraldictará una primera orden procesal que recogerá, entre otros extremos, el calendario de las actuaciones, previa consulta a las partes.

5. El Tribunal Arbitral podrá modificar el calendario de las actuaciones, las veces y con el alcance que consideren necesario.

Artículo 42. Pruebas

1. Cada parte deberá asumir la carga de la prueba de los hechos en que se base para fundar sus acciones o defensas.

2. Salvo disposición distinta del Tribunal Arbitral, las pruebas deberán ser presentadas con la demanda, la reconvención y sus respectivas contestaciones. Cualquier prueba presentada con posterioridad los referidos escritos solo se aceptarán cuando, a discreción del Tribunal Arbitral, la demora se encuentre justificada.

3. En cualquier momento de las actuaciones, el Tribunal Arbitral podrá ordenar, dentro del plazo que determine, que las partes presenten documentos u otras pruebas que estime pertinentes.

4. El Tribunal Arbitral determinará la admisibilidad, la pertinencia y la importancia y valoración de las pruebas presentadas.

5. El Tribunal Arbitral puede prescindir de pruebas no evacuadas cuando se considere suficientemente informado o por cualquier otra razón motivada.

6. En caso de requerir la evacuación de una prueba anticipada, podrá solicitarse a la Autoridad Nominadora el nombramiento de un árbitro de emergencia, conforme a lo dispuesto en el artículo 22. 1. g. de las Reglas. La solicitud de anticipación de pruebas y su procedimiento deberán cumplir con lo dispuesto en el artículo 13 de las Reglas AVA para la Actividad Probatoria en el Arbitraje.

7. Si las pruebas fueren solo documentales, el Tribunal Arbitral podrá decidir la controversia sin necesidad de audiencias, salvo que alguna de las partes lo solicite expresamente.

8. Las partes podrán pactar o el tribunal podrá ordenar el uso de las Reglas AVA para la Actividad Probatoria en el Arbitraje.

Artículo 43. Cierre de la instrucción

Los árbitros declararán el cierre de la instrucción cuando consideren que las partes han tenido oportunidad razonable y suficiente para hacer valer sus derechos. Después de esa fecha no podrá presentarse ningún escrito, alegación o prueba, salvo que los árbitros, debido acircunstancias excepcionales, así lo autoricen.

Artículo 44. Medidas Cautelares

1. El Tribunal Arbitral podrá decretar cualesquiera medidas cautelares que considere apropiadas, mediante decisión motivada. El Tribunal Arbitral podrá subordinar el decreto de tales medidas, al otorgamiento de una garantía suficiente y eficaz para responder a la parte contra quien se dirijan las medidas, por los daños y perjuicios que estas pudieren ocasionarle.

2. Salvo acuerdo en contrario de las partes, cuando circunstancias de urgencia lo ameriten, cualquiera de las partes podrá, antes del nombramiento de los árbitros, solicitar a la Autoridad Nominadora para que nombre a un árbitro de emergencia que decidirá de manera motivada sobre las medidas solicitadas, inclusive inaudita parte cuando así lo considere debidamente justificado.

3. Salvo acuerdo en contrario de las partes, el Tribunal Arbitral podrá dictar un Laudo Arbitral contentivo de los acuerdos pactados entre las partes.

4. Por acuerdo de las partes, o cuando corresponda a la autoridad Nominadora su designación, el Tribunal Arbitral de Urgencia podrá ser designado como Tribunal Arbitral que conozca de los méritos del asunto.

VII. Terminación del Procedimiento

i. Laudo Arbitral

Artículo 45. Plazo para Dictar el Laudo

1. Salvo acuerdo previo por las partes, el Tribunal Arbitral cuenta con un plazo de tres (3) meses para dictar el laudo arbitral, contados a partir de la fecha del cierre de la instrucción.

2. El Tribunal Arbitral podrá prorrogar el plazo para dictar el laudo previsto en el punto anterior, por un período no superior a tres (3) meses adicionales, para concluir adecuadamente su misión. Los árbitros velarán por evitar dilaciones. En todo caso, el plazo para dictar laudo podrá ser prorrogado por acuerdo de todas las partes.

3. Si un árbitro fuere sustituido en el último mes del plazo para dictar laudo, éste

quedará prorrogado automáticamente por un (1) mes adicional. En el caso de que la sustitución haga necesario repetir algunas actuaciones del procedimiento, el plazo para dictar el laudo arbitral se computará de la manera dispuesta en el punto anterior.

4. El plazo para dictar laudo no vencerá por el mero transcurso del tiempo, sino que su vencimiento exigirá que una de las partes realice una solicitud de pronunciamiento al Tribunal Arbitral. Una vez recibida la solicitud por Tribunal Arbitral, este dispondrá de un plazo de gracia de quince (15) días hábiles adicionales para dictar en tiempo el laudo.

Artículo 46. Deliberación, Forma, Contenido, Voto Salvado y Notificación del Laudo

1. El Tribunal Arbitral decidirá la controversia en un solo laudo o en tantos laudos parciales como estimen necesarios. Todo laudo se considerará pronunciado en la sededel arbitraje y en la fecha que en su texto así lo indique.

2. El laudo deberá constar por escrito y ser firmado por los árbitros. Si el tribunal es colegiado, bastarán las firmas de la mayoría de los árbitros o, en su defecto, la de su presidente, siempre que se manifiesten las razones de la falta de las demás firmas.

3. El laudo deberá ser motivado, a menos que las partes hayan convenido otra cosa o que se trate de un laudo por acuerdo de las partes.

4. En tribunales colegiados, el laudo se adoptará tras un proceso de deliberación por unanimidad o por mayoría de los árbitros. Si no hubiera mayoría, decidirá el presidente.

5. Las deliberaciones del Tribunal Arbitral serán secretas. El deber de secreto continuará tras la terminación del procedimiento.

6. Una vez redactado un borrador de laudo y alcanzada una decisión por mayoría o por decisión del presidente, todo árbitro podrá expresar su parecer mediante un voto salvado que deberá enviar a los demás árbitros que integren la mayoría con al menos siete (7) días hábiles de antelación a la fecha fijada por el presidente para la publicación del laudo definitivo.

7. El laudo se emitirá en tantos originales como partes hayan participado en el ar-

bitraje y un original adicional, que quedará depositado en el expediente.

8. Los árbitros notificarán el laudo a las partes mediante la entrega física o digital, a cada una de ellas, de un ejemplar firmado. La misma regla se aplicará a cualquier corrección, aclaración o complemento del laudo.

9. Si se han presentado uno o varios votos salvados, y siempre que la ley de la sede del arbitraje no se oponga a ello y se haya cumplido lo dispuesto en el punto 6, el Tribunal Arbitral los notificará a las partes junto al laudo.

10. El laudo es definitivo y vinculante para las partes del arbitraje desde su notificación. Las partes se comprometen a ejecutar inmediatamente y sin demora cualquier laudo.

Artículo 47. Corrección, Aclaratoria y Complemento del Laudo

1. Dentro de los diez (10) días hábiles siguientes a la notificación del laudo, cualquiera de las partes podrá solicitar al Tribunal Arbitral la corrección, aclaratoria o complemento que consideren pertinente sobre el laudo.

2. La otra parte podrá hacer observaciones sobre la solicitud de corrección, aclaratoria o complemento presentado, dentro de los cinco (5) días hábiles siguientes a su notificación.

3. El Tribunal Arbitral se pronunciará sobre la o las solicitudes hechas por las partes dentro de los diez (10) días hábiles siguientes a la presentación del último de los escritos señalados en los puntos anteriores.

4. El Tribunal Arbitral podrá proceder de oficio a la corrección de errores a que se refiere el apartado el punto 1.

5. La rectificación, interpretación, integración y exclusión forman parte integrante del laudo. Contra esta decisión no procede ninguna solicitud de corrección, aclaratoria o complemento. La notificación de estas decisiones se sujeta a lo dispuesto artículo 42.8.

6. El Tribunal Arbitral cesará en sus funciones: (i) con la emisión del laudo final, o; (ii) en su caso, con las decisiones sobre rectificación, interpretación, integración y exclusión del laudo; o, (iii) finalizadas las actividades propias de

cualquier experticia complementarias ordenada en el laudo.

Artículo 48. Consecuencias de la nulidad del laudo

1. En caso de ser decretada la nulidad del laudo por una autoridad judicial competente, cualquiera de las partes podrá solicitar la constitución de un nuevo tribunal arbitral, conforme a estas Reglas, para que emita un nuevo laudo que tome en cuenta las razones por las cuales se haya declarado la nulidad del laudo anterior.

2. Antes de la emisión del nuevo laudo, el tribunal arbitral constituido, deberá otorgar un plazo no mayor a 10 días para que la parte que no ha solicitado la constitución del nuevo Tribunal, ejerza su derecho a la defensa. El Tribunal Arbitral podrá establecer un lapso probatorio en caso de que las razones de la nulidad así lo ameriten.

3. Los argumentos de las partes y las pruebas evacuadas durante el procedimiento arbitral que dio origen al laudo anulado serán valorados a discreción por el nuevo Tribunal Arbitral, siempre y cuando su evacuación no haya sido el motivo de la nulidad. Serán aplicables los artículos 45 al 47 de estas Reglas para la emisión del nuevo laudo. Esta disposición no será aplicable cuando la nulidad del laudo haya sido decretada con motivo de:

a. La invalidez del acuerdo de arbitraje;

b. La falta de jurisdicción del Tribunal Arbitral por no estar la disputa dentro del alcance del acuerdo de arbitraje; o,

c. La inarbitrabilidad de la disputa.

ii. Otras formas de Terminación

Artículo 49. Acuerdo entre las partes y Desistimiento

1. Si durante las actuaciones arbitrales las partes llegan a un acuerdo que resuelva la controversia en forma total o parcial, el Tribunal Arbitral dará por terminadas las actuaciones con respecto a los extremos acordados y, si ambas partes lo solicitan y el Tribunal Arbitral no aprecia motivo para oponerse, hará constar ese acuerdo en forma de laudo en los términos convenidos por las partes sin necesidad de motivación, te-

niendo dicho laudo la misma eficacia que cualquier otro laudo dictado sobre el fondo de la controversia.

2. Las actuaciones continuarán respecto de los extremos de la controversia que no hayan sido objeto de acuerdo.

3. El procedimiento arbitral podrá también terminar:

a. Por desistimiento del demandante, a menos que el demandado se oponga a ello y Tribunal Arbitral le reconozcan un interés legítimo en obtener una resolución definitiva del litigio;

b. Por desistimiento de mutuo acuerdo por las partes;

c. Cuando, a juicio de los árbitros, la prosecución de las actuaciones resulte innecesaria o imposible.

VIII. Costos del Arbitraje

Artículo 50. Costas

1. El Tribunal Arbitral fijará las costas del arbitraje en el laudo final y, si lo considera adecuado, en cualquier otra decisión.

2. El término "costas" comprende únicamente lo siguiente:

a. Los honorarios del árbitro de emergencia, cuando corresponda, y los del Tribunal Arbitral, que se indicarán por separado para cada árbitro y que fijará el propio tribunal de conformidad con el artículo siguiente;

b. Los gastos de viaje y otras expensas razonables realizadas por los árbitros;

c. El costo del asesoramiento pericial o de cualquier otra asistencia requerida por el Tribunal Arbitral;

d. Los gastos de viaje y otras expensas razonables realizadas por los testigos, en la medida en que dichos gastos y expensas sean aprobados por el Tribunal Arbitral;

e. Los honorarios profesionales de abogados y de otros profesionales en los que hayan incurrido las partes por el procedimiento arbitral y solo en la medida en que el Tribunal Arbitral decida que el monto de esos costos es razonable y procedente;

f. Cualesquiera honorarios y gastos de la Autoridad Nominadora, así como los gastos de la Autoridad Designadora.

Artículo 51. Honorarios y gastos de los árbitros y secretario del Tribunal Arbitral

1. Las partes deberán pagar por igual los conceptos referentes a los honorarios y gastos de los árbitros. Cuando alguna de las partes incumpla su obligación de sufragar su porción correspondiente a los costos del arbitraje, la otra parte lo hará en su lugar, sin perjuicio de que la parte que incumpla sea condenada en el laudo definitivo.

2. Los honorarios y los gastos del Tribunal Arbitral serán determinados por los árbitros teniendo en cuenta:

a. El monto en disputa;

b. La complejidad de la controversia; c. El tiempo a dedicar por los árbitros y cualesquiera otras circunstancias pertinentes del caso.

3. Constituido el Tribunal Arbitral, los árbitros comunicarán a las partes, dentro de los cinco (5) días hábiles siguientes, la cantidad fijada por concepto de sus honorarios incluyendo la metodología de cálculo. Las partes podrán presentar una solicitud de ajuste a dichos honorarios dentro de los tres (3) días hábiles siguientes. Los árbitros presentarán una nueva propuesta a las partes, tomando o no en consideración la solicitud de ajuste, dentro de los tres (3) días hábiles siguientes a la recepción de la mencionada solicitud. Esta última será definitiva.

4. En caso de que cualquiera de las partes no esté de acuerdo con los honorarios fijados por los árbitros, podrá someterlo a la consideración de la Autoridad Nominadora.

5. Los honorarios del Tribunal Arbitral podrán ser ajustados en el laudo arbitral cuando: a. En el laudo haya un ajuste en la cuantía; b. Considerando la complejidad del desarrollo del arbitraje y la cooperación o falta de ella por las partes para facilitar que el procedimiento se desarrolle de una forma eficiente, evitando dilaciones y costes innecesarios.

6. Las partes contarán con diez (10) días hábiles para la consignación de los honorarios de los árbitros, contados a partir de la determinación final prevista en los

puntos 3 y 4.

7. Vencido dicho plazo sin que las partes hayan realizado el pago, el Tribunal Arbitralpodrá ordenar la suspensión o la conclusión del procedimiento de arbitraje.

8. El secretario será remunerado de acuerdo a lo previsto en el artículo 18.6.

9. Los honorarios del Tribunal Arbitral podrán ser consignados por ante:

a. Una institución financiera especializada; o,

b. Una institución dedicada a la administración de procedimientos arbitrales que prevea la función de custodia de los mencionados honorarios.

10. Las instituciones mencionadas en el aparte anterior, pagarán los honorarios al Tribunal Arbitral, una vez este haya cesado sus funciones de conformidad con los artículos 47.6y 48.3.

Artículo 52. Gastos Probatorios

Los gastos que se originen en las actuaciones del procedimiento arbitral serán adelantados por la parte que realice o promueva la actuación. Cuando la actuación sea ordenada por el Tribunal Arbitral, los gastos deben ser pagados por ambas partes, sin perjuicio de que sean resarcidos mediante la condena en costas en el laudo definitivo.

Artículo 53. Financiación por parte de terceros

1. La parte que reciba financiamiento por parte de terceros para sufragar los costos del arbitraje, deberá notificar a la otra parte y al Tribunal Arbitral el nombre y dirección del tercero financiador. Dicha notificación deberá ser presentada en el momento del inicio del arbitraje, o tan pronto como sea posible cuando el acuerdo de financiación sea posterior. Así como cualquier modificación, cesión o novación del acuerdo de financiamiento que ocurra durante el arbitraje.

2. El Tribunal Arbitral podrá solicitar a la parte cualquier información adicional que sea relevante, incluyendo las condiciones económicas del acuerdo con el tercero y deberá dar a conocera las partes, por escrito, cualquier circunstancia susceptible de poner en duda su independencia e imparcialidad con motivo de la existencia del tercero financiador.

IX. Disposición Final

Artículo 54. Vigencia

Las presentes Reglas ha sido aprobadas por el Consejo Directivo de la Asociación Venezolana de Arbitraje, de conformidad con el artículo 23.9 de sus Estatutos Sociales en Caracas a los nueve (9) días del mes de julio del año 2021.

Anexos

I. Anexo 1: Modelos de Acuerdo de Arbitraje Independiente

La Asociación Venezolana de Arbitraje recomienda cualquiera de las siguientes cláusulas para cuando las partes deseen acordar el uso del arbitraje independiente como medio de solución de controversias:

Modelo 1: Acuerdo Arbitral básico

Toda controversia que verse sobre la existencia, extensión, interpretación y cumplimiento deeste contrato, será resuelta definitivamente mediante arbitraje independiente en la ciudad de [ELEGIR CIUDAD], [ELEGIR PAÍS], de acuerdo con las disposiciones de las Reglas sobre Arbitraje Independiente de la Asociación Venezolana de Arbitraje. El Tribunal Arbitral estarácompuesto por [ELEGIR: 1,3 o número impar] árbitro(s) el (los) cual(es) decidirá(n) conforme a [ELEGIR: derecho o equidad]. Así mismo, acordamos designar a la entidad [ELEGIR ENTIDAD], como Autoridad Nominadora de conformidad con las mencionadas Reglas.

Modelo 2: Acuerdo post conflicto

Nosotros, [identificación de las partes] acordamos someter la siguiente controversia [descripción de la controversia] a arbitraje independiente de conformidad con las Reglas sobre Arbitraje Independiente de la Asociación Venezolana de Arbitraje. El-

Tribunal Arbitral estará compuesto por [ELEGIR: 1,3 o número impar] árbitro(s) el (los) cual(es) decidirá(n) conforme a [ELEGIR: derecho o equidad]. Así mismo, acordamosdesignar a la entidad [ELEGIR ENTIDAD], como Autoridad Nominadora de conformidadcon las mencionadas Reglas.

Ⅱ. Anexo 2: Modelos de aceptación, y declaración de Imparcialidad e Independencia

Modelo de aceptación, y declaración de Imparcialidad e Independencia sin revelación.

Yo, (NOMBRES Y APELLIDOS), titular del documento de identidad número: (DOCUMENTO DE IDENTIDAD), declaro que: acepto actuar como árbitro en el caso iniciado con motivo de la demanda incoada por (DATOS DEL DEMANDANTE) en contra de (DATOS DEL DEMANDANDO), bajo las Reglas sobre Arbitraje Independiente de la Asociación Venezolana de Arbitraje ("las Reglas"), las cuales declaro conocer, y cuyos términos me obligo a cumplir sin reserva alguna.

Confirmo, con base en la información de la cual dispongo en este momento, que puedo dedicar el tiempo necesario como árbitro durante toda la duración del caso de la manera más diligente, eficaz y rápida posible de conformidad con los plazos fijados en las Reglas. Entiendo que es importante la conclusión de este procedimiento tan pronto como sea razonablemente posible. Así mismo, dejo constancia de ser capaz de determinar los puntos o temas en disputa, y tener conocimiento adecuado del lenguaje de la materia que trata el caso.

Declaro, que no existe alguna relación pasada o presente, directa o indirecta, ya sea de carácter económico, profesional o de otro tipo, con las partes, sus abogados, representantes, ni entidades o personas relacionadas. No he tenido conocimiento previo del presente caso, y tampoco he asumido una posición pública respecto al mismo. Manifiesto ser imparcial e independiente y tengo la intención de seguir siéndolo. Según mi leal saber y entender, y habiendo efectuado la debida investigación, dejo constancias de que no existen hechos o circunstancias, pasadas o presentes, que necesiten ser reveladas por ser susceptibles de poner en duda mi independencia desde el punto de vista de cada una de las partes del procedimiento antes identificado, ni circunstancias que puedan dar lugar a dudas razonables sobre mi imparcialidad.

Por último, informo que cualquier notificación que se me desee realizar con motivo del presente caso, debe hacerse por medio del correo electrónico (INDICAR), o por medio de correspondencia privada a la dirección (INDICAR).

Lugar: (INDICAR).

Fecha: (INDICAR).

Firma: (INDICAR).

Modelo de aceptación, y declaración de Imparcialidad e Independencia con revelación

Yo, (NOMBRES Y APELLIDOS), titular del documento de identidad número: (DOCUMENTO DE IDENTIDAD), declaro que acepto actuar como árbitro en el caso iniciado con motivo de la demanda incoada por (DATOS DEL DEMANDANTE) en contra de (DATOS DEL DEMANDANDO), bajo las Reglas sobre Arbitraje Independiente de la Asociación Venezolana de Arbitraje ("las Reglas"), las cuales declaro conocer, y cuyos términos me obligo a cumplir sin reserva alguna.

Confirmo, con base en la información de la cual dispongo en este momento, que puedo dedicar el tiempo necesario como árbitro durante toda la duración del caso de la manera más diligente, eficaz y rápida posible de conformidad con los plazos fijados en las Reglas. Entiendo que es importante la conclusión de este procedimiento tan pronto como sea razonablemente posible. Así mismo, dejo constancia de ser capaz de determinar los puntos o temas en disputa, y tener conocimiento adecuado del lenguaje de la materia que trata el caso.

Manifiesto, ser imparcial e independiente y tengo la intención de seguir siéndolo. Sin embargo, consciente de mi obligación de revelar cualquier hecho o circunstancia susceptible de poner en duda mi independencia como árbitro desde el punto de vista de cada una de las partes de este procedimiento, o que puedan dar lugar a dudas razonables sobre mi imparcialidad, manifiesto sobre los hechos o circunstancias que hago constar a continuación: (Describir el hecho de manera detallada, incluyendo, fechas relevantes de inicio y final, acuerdos financieros, los detalles de las empresas y de los individuos, y cualquier otra información pertinente, respecto a cualquier relación pasada o presente, directa o indirecta, ya sea de carácter económico, profesional o de otro tipo, con las partes, sus abogados, representantes, entidades o personas relacionadas, o si ha tenido conocimiento del caso, y/o ha asumido una posición pública respecto al tema específico de la disputa) (INDICAR).

Por último, informo que cualquier notificación que se me desee realizar con motivo del presente caso, debe hacerse por medio del correo electrónico (INDICAR), o por medio de correspondencia privada a la dirección (INDICAR).

Lugar: (INDICAR).

Fecha: (INDICAR).

Firma: (INDICAR).

Modelo de no aceptación

Yo, (NOMBRES Y APELLIDOS), titular del documento de identidad número: (DOCUMENTO DE IDENTIDAD), por medio de la presente declaro que declino actuar como árbitro en el caso iniciado con motivo de la demanda incoada por (DATOS DEL DEMANDANTE) en contra de (DATOS DEL DEMANDANDO).

Lugar: (INDICAR).

Fecha: (INDICAR).

Firma: (INDICAR).

(三)《委内瑞拉仲裁协会证据规则》

Reglas de la Asociación Venezolana de Arbitraje para la Actividad Probatoria en el Arbitraje

Presentación

Estas Reglas AVA sobre Pruebas son producto del esfuerzo, compromiso, dedicación y estudio de muchos expertos en pruebas y arbitraje en Venezuela. Ese empeño puesto en la elaboración de estas Reglas, así como las discusiones llevadas a cabo para llevar a cabo la tarea de redactarlas, se ve recompensado con el producto que tenemos el honor de presentar a continuación.

Las normas aquí expresadas tienen dos propósitos fundamentales: abonar a la discusión práctica y doctrinal sobre pruebas en el arbitraje, tanto nacional como internacional; y permitir a las partes y a los árbitros una mejor conducción del procedimiento probatorio en el arbitraje, en donde tienen la posibilidad de tener unas reglas claras que se ajustan a la realidad jurídica venezolana.

En la elaboración de estas Reglas AVA sobre Pruebas se ha tenido mucho cuidado mantener la independencia del arbitraje, cuidando las particularidades probatorias, la libertad de las partes y las obligaciones que tienen los árbitros cuando llevan a cabo un arbitraje. En este sentido, se ha optado por no hacer una sobre regulación de las pruebas, sino diseñar unas normas que hagan del procedimiento arbitral uno expedito, eficiente y justo.

Las Reglas AVA sobre Pruebas están divididas en 13 artículos, divididos en 80 normas, las cuales contienen los Principios que ordenan las pruebas en el arbitraje; temas procedimentales en lo que concierne a la prueba; la regulación de 6 tipos de pruebas; y unas normas que son muy novedosas en el arbitraje: el adelantamiento y traslado de pruebas.

Durante las discusiones que llevaron a la elaboración de estas normas, siempre se tuvo

presente que estas son perfectibles, pero es necesario presentar esta versión para que en el futuro sean mejoradas por los expertos en la materia, eso sí, sin dejar de tener en cuenta que en Venezuela si tenemos algo que aportar a la comunidad jurídica con propuestas como la que aquí presentamos.

Caracas, Venezuela. 09 de julio de 2021

Preámbulo

Las Reglas de la Asociación Venezolana de Arbitraje para la Actividad Probatoria en el Arbitraje (las "Reglas AVA sobre Pruebas") tienen como objeto principal presentar a los sujetos vinculados en arbitraje en Venezuela un conjunto de normas que permitan llevar a cabo el procedimiento probatorio de forma más efectiva y eficiente, bajo un esquema que sea compatible con la cultura jurídica venezolana, y siempre manteniendo los principios, estándares y mejores prácticas arbitrales.

Así, las Reglas AVA sobre Pruebas buscan facilitar a los usuarios del arbitraje el procedimiento arbitral, específicamente en lo realtivo a las pruebas; de forma tal que todos los involucrados en el procedimiento arbirtal tengan el conocimiento suficiente respecto de las cargas probatorias de las partes y del tribunal arbitral, de cómo promover y ejercer el derecho de contradicción de las pruebas, cómo valorar las mismas, entre otros.

Mediante la inclusión de las Reglas AVA sobre Pruebas en su cláusula arbitral o en el acta de misión, las partes en un arbitraje tendrán la certeza de que estarán llevando a cabo el procedimiento probatorio de forma eficiente y expedita, con reglas claras y sin formalismos excesivos que hagan del procedimiento probatorio uno que evite retrasos e incomodidades, tanto a las partes como a los árbitros.

La Asociación Venezolana de Arbitraje, la comisión encargada de redactar las presentes reglas, y todos quienes estuvieron involucrados en su redacción, pretendieron ayudar a la promoción del arbitraje y a la mejor conducción del procedimiento; toca a las partes y a los árbitros hacer el mejor uso posible de estas Reglas, para que pueda lograrse una cultura arbitral basada en las mejores prácticas probatorias posibles.

Artículo 1 – Ámbito de Aplicación

1. Las Reglas de la Asociación Venezolana de Arbitraje para la Actividad Probatoria en el Arbitraje podrán referirse como las Reglas AVA sobre Pruebas.

2. El propósito de las Reglas AVA sobre Pruebas es permitir a las partes y al tribunal arbitral a conducir de forma eficiente el procedimiento arbitral relativo a las pruebas, por lo que, la interpretación de las Reglas AVA sobre Pruebas debe hacerse con el propósito de hacer eficiente y expedito el procedimiento arbitral.

3. Las Reglas AVA sobre Pruebas serán aplicables siempre y cuando:

(a) Las partes convengan en su aplicación, antes o durante el procedimiento arbitral; o

(b) Cuando no habiendo acuerdo entre las partes, el tribunal arbitral decida su aplicación.

4. Las Reglas AVA sobre Pruebas se aplicarán supletoria y preferentemente, en tanto no contravengan la lex arbitri aplicable o lo acordado expresamente por las partes. En todo caso, las Reglas AVA sobre Pruebas serán aplicables preferentemente sobre el resto de cualquier otro soft law aplicable, a menos que las partes establezcan lo contrario.

5. Las Reglas AVA sobre Pruebas podrán ser aplicadas como un todo, o podrá elegirse la aplicación de determinadas disposiciones.

6. La aplicación de las Reglas AVA sobre Pruebas debe hacerse siempre con sujeción y garantizando los derechos de todas las partes involucradas en el arbitraje, debiendo siempre el tribunal arbitral otorgar igual oportunidad a las partes a ejercer sus derechos.

7. En caso de que surja un asunto relacionado con la práctica de las pruebas que no esté regulado en las Reglas AVA sobre Pruebas, el tribunal arbitral resolverá de acuerdo con lo acordado por las partes, y en caso de no existir convenio entre estas, con sujeción a los principios de eficiencia, celeridad y justicia.

8. En el evento de cualquier discrepancia respecto del significado, interpretación o extensión de las Reglas AVA sobre Pruebas, el tribunal arbitral deberá interpretarlas de acuerdo con su propósito y en la forma que sea más adecuada para lograr la aplicación del derecho sustantivo.

Artículo 2 – De las pruebas en general

1. Las partes podrán valerse de cualquier medio de prueba obtenido lícitamente con el fin de demostrar sus afirmaciones de hecho. El tribunal arbitral deberá excluir medios de prueba obtenidos ilegalmente cuando lo considere pertinente.

2. Las partes tienen la carga de probar sus afirmaciones de hecho, quedando liberadas de esta obligación cuando:

(a) La otra parte convenga en el hecho afirmado. La falta de negativa expresa sobre un hecho alegado por las partes, se entiende negado tácitamente;

(b) El hecho forme parte razonablemente del conocimiento común de las personas, y conocido por el o los árbitros como por la generalidad de las personas del lugar del arbitraje o del lugar en el que ocurrieron los hechos en discusión, para el momento de la decisión, de forma que pueda estimarse su veracidad como si el hecho hubiese sido probado. Este tipo de hechos de conocimiento común siempre deberán alegarse, aun cuando estén exonerados de prueba. En estos casos el tribunal arbitral tendrá la facultad de averiguar los hechos una vez calificados como de conocimiento común.

3. Las partes tienen el derecho a acceder a los medios de prueba adecuados y de disponer del tiempo razonable para ejercer su defensa.

4. En todo momento en que se aporten, promuevan o evacuen pruebas, las partes tienen el derecho de imponerse de su contenido, y para ello el tribunal arbitral deberá tomar las medidas para garantizar ese derecho; en tal sentido se debe garantizar a las partes el derecho de contradicción y control de todas las pruebas que obren en el expediente.

5. En sus actuaciones probatorias las partes deben obrar con lealtad y buena fe, y en tal sentido tienen la obligación de colaborar en la práctica de todas las pruebas.

6. En todos los casos que las partes aporten medios de prueba, estas deben procurar señalar los hechos que desean probar con ellos.

7. En el procedimiento no pueden desistirse las pruebas una vez evacuadas.

Artículo 3 – Facultades del Tribunal Arbitral

1. El tribunal arbitral podrá solicitar la presentación de cualquier prueba que estime pertinente, estableciendo la forma y oportunidad para la presentación de dichas pruebas. Las partes tienen derecho a participar en el control de dichos medios probatorios, así como a hacer observaciones sobre las resultas de los mismos.

2. La solicitud de pruebas por parte del tribunal arbitral no releva a las partes de la carga de probar los hechos afirmados por estas en la oportunidad correspondiente.

3. El tribunal arbitral podrá solicitar a las partes que aporten al expediente el con-

tenido, interpretación y vigencia del derecho aplicable a la controversia.

4. Si una de las partes, debidamente requerida para presentar cualquier prueba, no lo hiciera en los plazos fijados sin invocar causa suficiente, el tribunal arbitral podrá dictar el laudo basándose en las pruebas de que disponga.

5. El tribunal arbitral, luego de consultar con las partes, podrá omitir la fase probatoria, cuando estime que puede decidir con los elementos probatorios que se encuentren en el expediente, o con las pruebas que se presenten hasta la oportunidad que fije el tribunal arbitral.

Artículo 4 – Admisión de las Pruebas y Valoración de las Pruebas

1. El tribunal arbitral decidirá sobre la admisión de las pruebas promovidas por las partes, aplicando criterios de conducencia para lograr la fijación del hecho y pertinencia con los hechos debatidos en el arbitraje.

2. El tribunal arbitral tendrá las más amplias libertades para hacer la fijación de los hechos, siempre con base en el derecho aplicable y la lex arbitri.

3. En caso de que una parte contravenga la orden del tribunal arbitral de consignar una prueba en el expediente, sin justificación razonable, el tribunal arbitral podrá hacer las inferencias a que hubiere lugar. Cada parte deberá indicar al tribunal las razones por las que el tribunal debe realizar una inferencia e indicar cuál es la inferencia que se deriva.

4. El tribunal arbitral, si lo considera necesario, o a petición de parte, fijará audiencia con la finalidad de debatir sobre la admisibilidad de las pruebas.

5. Las pruebas serán valoradas por el tribunal arbitral independientemente del resultado que produzcan a favor o en contra de la parte que las promueva.

Artículo 5 – Lapsos y momentos de instrucción

1. Salvo que las partes pacten lo contrario, el tribunal arbitral someterá a consideración de estas un calendario probatorio que comprenderá los lapsos y momentos para la promoción, admisión, oposición o impugnación y evacuación de las pruebas.

2. En el calendario probatorio se establecerán las formalidades que deban seguirse para llevar a cabo los actos y/o audiencias que sean requeridos.

3. El calendario probatorio sometido a consideración de las partes podrá ser modificado por estas de común acuerdo, incluso durante la sustanciación del procedimiento, en caso de desacuerdo (s) será el tribunal arbitral quien decidirá lo conducente.

Artículo 6 – Prueba Documental

1. Las partes deberán aportar todos los documentos que sustentan sus afirmaciones, preferiblemente en la fase de presentación de escritos o en el momento acordado por ellas o, a falta de acuerdo, en el momento establecido por el tribunal arbitral.

2. Los documentos aportados se tendrán por reconocidos, salvo que la parte a quien se atribuyen rechace su autoría. En caso de rechazo, la parte promovente deberá demostrar la autoría del documento.

3. Los documentos digitales sin firma electrónica se tendrán por reconocidos, salvo que la parte a quien se atribuyen rechace su autoría. En caso de rechazo, la parte promovente tendrá que demostrar la autoría de los documentos o renunciar a su eficacia probatoria. De tener firma electrónica la carga de destruir la autoría corresponderá a quien lo rechace.

Artículo 7 – Exhibición

1. Cualquiera de las partes podrá solicitar al tribunal arbitral que ordene a la otra la exhibición de documentos u otros bienes que estén en su poder.

2. En la solicitud la parte solicitante deberá justificar que:

(a) Hay motivos razonables para pensar que la parte requerida debe tener los documentos u otros bienes que se solicitan; y

(b) Lo que se pretenden demostrar.

3. En el acto de exhibición el tribunal arbitral dispondrá la forma en que se incorporará lo exhibido al expediente.

4. A criterio del tribunal arbitral, la exhibición documental puede ser hecha en forma electrónica, de lo que se dejará constancia en el expediente.

Artículo 8 – Declaración de parte y terceros

1. Cada parte podrá pedir que la contraria conteste, bajo fe de juramento, las

preguntas que tenga a bien formularle sobre hechos relevantes. El tribunal arbitral fijará oportunidad para el acto, y podrá dar por terminado el interrogatorio, si estima que está suficientemente ilustrado del asunto. En el acto, los árbitros podrán formular a las partes las preguntas que estimen pertinentes.

2. La parte que quiera valerse del testimonio de terceros, deberá presentar la declaración escrita del testigo en la fase de promoción de pruebas. La declaración del testigo debe contener:

(a) El nombre del testigo y su domicilio;

(b) La ocupación del testigo y las razones que justifican su testimonio;

(c) Una exposición clara y precisa en la que el testigo relate los hechos que presenció o conoce, o responda a las preguntas concretas que la parte promovente le haya formulado.

3. En la oportunidad fijada para la audiencia del testigo, el tribunal arbitral le tomará juramento y le pedirá que confirme ser suya la declaración presentada por la parte promovente. Seguidamente, la parte no promovente formulará al testigo las preguntas que tenga a bien, limitándo cada una de ellas a un solo hecho. Los árbitros podrán pedir que la pregunta sea reformulada, si estiman que no es clara, o eximir al testigo de contestarla, si consideran que la pregunta es ilegal o inconducente.

4. Durante el interrogatorio o terminadas las preguntas, el tribunal arbitral hará las que tenga a bien, y podrá autorizar a que las partes formulen preguntas adicionales. En todo caso, el tribunal arbitral podrá dar por terminado el acto en cualquier tiempo, si estimare que se encuentra suficientemente ilustrado con el testimonio rendido.

5. El tribunal arbitral podrá ordenar que los testigos promovidos por las partes, o los que decida llamar a declarar, concurran a la misma audiencia, para interrogarlos conjunta y simultáneamente.

Artículo 9 – Inspecciones

1. El tribunal arbitral, a solicitud de parte o de oficio, podrá realizar inspecciones en lugares, personas o cosas.

2. Las partes tendrán derecho a estar presentes y a hacer observaciones pertinentes que tengan a bien.

Artículo 10 – Experticia

1. La parte que quiera valerse de expertos, deberá presentar el informe del experto durante la fase de promoción de pruebas, el cual deberá contener:

(a) El nombre del experto y su domicilio;

(b) Las cualidades técnicas del experto; y

(c) Una exposición clara y precisa en la que el experto explique el método utilizado para llegar a las conclusiones expresadas en la declaración; las pruebas y evidencias utilizadas; y cualquier otra información relevante de la que se haya valido.

2. El experto debe tener conocimientos especiales sobre los temas de experticia, y en caso de serle requerido deberá acreditarlos.

3. La parte no promovente podrá objetar el nombramiento del experto, expresando las razones que tenga para ello, sobre lo que se pronunciará el tribunal arbitral.

4. En la audiencia de pruebas que se determine, se oirá tanto el informe de experticia como la exposición y conclusiones orales de los expertos, sin lo cual la prueba carecerá de eficacia. En esa misma audiencia las partes podrán realizar los interrogatorios que tengan a bien.

5. El tribunal arbitral podrá hacer los interrogatorios que considere necesarios a los expertos en la audiencia de pruebas.

6. La parte no promovente de la experticia, tendrá derecho a hacerse asesorar por un experto a los fines de hacer el interrogatorio de los mismos.

7. Al emitir su dictamen todo experto deberá manifestar bajo juramento de decir la verdad, que ha actuado de forma objetiva, tomando en consideración tanto lo que pueda favorecer como lo que sea susceptible de causar perjuicio a cualquiera de las partes.

8. Los honorarios que se causen por la contratación de los expertos designados por el tribunal arbitral serán sufragados por mitades por las partes, pudiendo el tribunal arbitral modificar la proporción en la determinación de las costas.

Artículo 11 – Pruebas Provenientes de Terceros

1. Si se requiriese un informe, documento, declaración, inspección, o cualquier otra prueba que se encuentre en posesión o bajo control de un tercero que no sea parte en el arbitraje, el tribunal arbitral requerirá por escrito al tercero que suministre o facilite la prueba, con los soportes que estime conveniente, garantizando la confidencialidad de la misma.

2. El requerimiento hecho por el tribunal arbitral deberá contener un plazo razonable para la remisión de la información.

3. Las partes coadyuvarán al tribunal arbitral a la obtención de las pruebas que sean requeridas por este a los terceros.

4. Si el tercero no proveyese oportunamente lo requerido por el tribuanl arbitral, este podrá solicitar la asistencia del tribunal competente, de conformidad con lo dispuesto en el derecho aplicable.

5. La dilación en la recepción de la prueba no suspenderá el curso del procedimiento, pero los árbitros, oída la opinión de las partes, podrán prorrogar el plazo para dictar el laudo.

Artículo 12 – Audiencias de Pruebas

1. El tribunal arbitral deberá convocar las audiencias, presenciales o virtuales, según considere, que prudencialmente sea necesarias para garantizar a las partes el control y contradicción de las pruebas, permitiendo además a cada una de las partes el tiempo necesario para exponer sus consideraciones sobre las pruebas.

2. Será facultad del tribunal arbitral llevar el control de las audiencias de pruebas, pudiendo hacer las preguntas y solicitudes que considere necesarias con el fin de obtener un mejor entendimiento de los hechos, las pruebas y afirmaciones de las partes.

3. El tribunal arbitral podrá ordenar cualquier medida para llevar a cabo las audiencias de prueba, garantizando en todo momento el equilibrio, oportunidad y justicia a todas las partes en el arbitraje.

Artículo 13 – Adelantamiento y traslado de Pruebas

1. La anticipación o adelantamiento de pruebas procederá cuando haya la posibili-

dad de que desaparezca alguna fuente de prueba y previa verificación de la existencia de una cláusula arbitral. También se podrá adelantar la prueba cuando ambas partes estén de acuerdo.

2. Es la urgencia lo que justifica el adelantamiento, tiene un carácter excepcional, y la parte que lo solicite debe acreditar las razones por las cuales el solicitante considera que no se puede esperar hasta la constitución del tribunal arbitral, y copia del convenio arbitral o de las comunicaciones que dejen constancia del mismo.

3. Podrá proponerse antes de la iniciación del arbitraje en el que se pretende hacer valer la prueba o durante la tramitación del mismo antes de la oportunidad procesal para la evacuación de pruebas, y en ese caso se seguirá el procedimiento para el decreto de medidas cautelares.

4. El adelantamiento de pruebas fuera del procedimiento de arbitraje, no implica renuncia o prejuzgamiento sobre la jurisdicción que tenga el tribunal arbitral.

5. Para el adelantamiento de pruebas se empleará el procedimiento establecido en los reglamentos o en la ley del arbitraje que regule las medidas cautelares, pero con la necesaria citación de la parte contra quien se la intenta hacer valer, y tendrá el mismo valor que las pruebas producidas en el procedimiento de arbitraje.

6. La solicitud deberá expresar sus fundamentos y tendrá por objeto solamente que se evacue inmediatamente la prueba. Las funciones del tribunal se limitarán a practicar las diligencias promovidas con citación de la parte contraria.

7. En el adelantamiento probatorio no se emitirá ninguna opinión sobre la eficacia probatoria de las diligencias elaboradas.

8. El árbitro que anticipe la prueba procurará que se preserven los principios de la oralidad, garantizando en cuanto sea posible la inmediación, mediante la reproducción de la evacuación de la prueba a través de medios audiovisuales.

9. Una vez sustanciado el procedimiento de anticipación de prueba, el expediente formado quedará bajo resguardo del centro de arbitraje o del árbitro que practicó el adelantamiento-en caso de ser ad hoc – , y las partes involucradas podrán solicitar copias de los actos realizados.

10. Instaurado el arbitraje en el que se pretende insertar la prueba evacuada de

forma anticipada, se pasarán los autos al tribunal que deba conocer dicha demanda.

11. Cuando la prueba se anticipe estando pendiente el procedimiento correspondiente donde se hará valer, se sustanciará en cuaderno separado del expediente principal.

(四)《加拉加斯商会仲裁中心仲裁规则》

REGLAMENTO GENERAL DEL CENTRO DE ARBITRAJE DE LA CÁMARA DE CARACAS (CACC)

ÍNDICE

Artículo 39. Oportunidad de la demandante-reconvenida para la consignación del pago.

Artículo 40. Archivo de la reconvención.

Artículo 41. Arbitraje en Rebeldía.

Artículo 42. Multiplicidad de contratos.

Artículo 43. Procedimiento arbitral pendiente y acumulación de procedimientos.

Sección Ⅱ El Tribunal Arbitral

Artículo 44. Número de árbitros.

Artículo 45. Carácter de los árbitros.

Artículo 46. Competencia del tribunal arbitral y separabilidad del acuerdo de arbitraje.

Artículo 47. Obligaciones de los árbitros.

Artículo 48. Procedimiento para la designación de árbitros.

Artículo 49. Independencia y deber de declaración de los árbitros.

Artículo 50. Nombramiento.

Artículo 51. Faltas de árbitro.

Artículo 52. Recusación.

Sección Ⅲ El Procedimiento Arbitral

Artículo 53. Buena fe.

Artículo 54. Sede del arbitraje.

Artículo 55. Idioma del arbitraje.

Artículo 56. Normas jurídicas aplicables al fondo de la controversia.

Artículo 57. Constitución del tribunal arbitral.

Artículo 58. Secretario del tribunal arbitral.

Artículo 59. El acta de misión.

Artículo 60. Imposibilidad de formulación de nuevas peticiones.

Artículo 61. Actividades de instrucción.

Artículo 62. Instrucción de la causa

Artículo 63. Suspensión, acuerdo y desistimiento de las partes en el transcurso del procedimiento.

Exposición de motivos

La revisión del Reglamento vigente encuentra justificación en la necesidad de examinar el contenido de su normativa con la finalidad de reformar aspectos puntuales, cuya regulación interesa modificar o incorporar atendiendo a los avances y tendencias regulatorias en esta especial materia.

En particular, sirvió de orientación la normativa contenida en el Reglamento de Arbitraje de la Corte Internacional de Arbitraje de la Cámara de Comercio Internacional (CCI) (marzo 2017) y en el Reglamento de Mediación de la Corte Internacional de Arbitraje de la Cámara de Comercio Internacional (CCI) (enero 2014). Igualmente, se consideraron las disposiciones del Reglamento y Estatuto de Arbitraje del Centro de Arbitraje de la Cámara de Comercio de Lima (enero 2017), el Reglamento de Arbitraje del Centro de Arbitraje y Conciliación de la Cámara de Comercio de Bogotá (septiembre 2019), el Reglamento de Arbitraje del Centro Internacional de Arbitraje de Madrid (CIAM) (enero 2020) y el Reglamento de Procedimientos de la Comisión Interamericana de Arbitraje Comercial (CIAC) (junio 2019).

Especial referencia debe realizarse de la imperiosa necesidad de adecuar la regulación relativa a los montos de las tarifas y honorarios de árbitros y mediadores contenidas en los actuales Anexos Ⅰ y Ⅱ del Reglamento General, que en orden a la realidad económica actual del país resultan claramente disociados. Por tanto, de la revisión y búsqueda de mecanismos o fórmulas de ajuste que permitan su adecuación a la economía nacional, se consideró conveniente extraer el contenido de tales anexos a un Reglamento Parcial Administrativo.

Así mismo, se consideró conveniente separar del texto del Reglamento General vigente, las disposiciones estatutarias del CACC, las cuales fueron recogidas en un instrumento normativo distinto, reservando el Reglamento General solo para la regulación de los procedimientos de arbitraje y mediación.

La elaboración del Proyecto de “Reglamento General del Centro de Arbitraje de la Cámara de Caracas” contó con un amplio y exhaustivo proceso de difusión y consulta a los árbitros integrantes de la Lista de árbitros del CACC. Es de resaltar el apoyo de los árbitros que amablemente respondieron a la consulta quienes con sus conocimientos y amplia experiencia en el área nos aportaron sus valiosas observaciones.

Igualmente, fue objeto de revisión el contenido del modelo de "Declaración de independencia" a ser suscrito por los árbitros, árbitro de emergencia y mediadores y fueron incorporadas modificaciones a fin de adaptarlo a las regulaciones del nuevo Reglamento General.

Se incorporó la regulación de las denominadas "Normas de Actuación y Ética" comodocumento contentivo de las normas de actuación y ética emitidas por el CACC que debe observar el árbitro, mediador y árbitro de emergencia.

De forma previa al texto del Reglamento, se incorporó la cláusula modelo de arbitraje del CACC y como novedad cláusula modelo de mediación. Siguiendo el orden de regulación del Reglamento General, las principales modificaciones o novedosas regulaciones en algunos casos, son las siguientes:

REGLAMENTO GENERAL
DEL CENTRO DE ARBITRAJE DE
LA CÁMARA DE CARACAS

LIBRO I
DISPOSICIONES GENERALES

Artículo 1. Del Centro de Arbitraje

De conformidad con lo establecido en la Ley de Arbitraje Comercial, el Centro de Arbitraje de la Cámara de Caracas (CACC) es el órgano de la Cámara de Comercio, Industria y Servicios de Caracas, que tiene por función la promoción, organización y administración del arbitraje, la mediación y cualesquiera otros medios alternativos para la solución de conflictos.

El Centro de Arbitraje de la Cámara de Caracas no resuelve controversias por sí mismo ni dicta laudos arbitrales. Su función es asegurar que en los procedimientos arbitrales, de mediación y en el desarrollo de cualquier otro mecanismo de resolución de conflictos se cumpla la normativa que rige las actividades del CACC.

Artículo 2. Definiciones

A los efectos de este Reglamento y de la normativa que rige las actuaciones del Centro de Arbitraje de la Cámara de Caracas, las siguientes expresiones tendrán los significados que a continuación se indican:

1. CACC. Se refiere al Centro de Arbitraje de la Cámara de Caracas.

2. CÁMARA DE CARACAS. Se refiere a la Cámara de Comercio, Industria y Servicios de Caracas.

3. COMITÉ EJECUTIVO DEL CENTRO DE ARBITRAJE. Se refiere al Comité nombrado de conformidad con los Estatutos la Cámara de Caracas.

4. COORDINADOR DE NEGOCIACIÓN. Se refiere a la persona designada por el CACC para desarrollar cualquier otro mecanismo de resolución de conflictos distinto al de arbitraje y mediación conforme a la normativa que se dicte al efecto.

5. CORREO EXPRESO. Corresponde al servicio de correspondencia ofrecido a través de una compañía especializada en envíos certificados.

6. DECLARACIÓN DE INDEPENDENCIA Y ACATAMIENTO DE NORMAS DEL CACC. Manifestación mediante la cual el árbitro, mediador, árbitro de emergencia o coordinador de negociación, declara que es independiente de las partes, se compromete a mantener la confidencialidad del procedimiento, acepta los términos de remuneración y deducciones establecidos en la normativa del CACC por el Comité Ejecutivo del Centro de Arbitraje, así como cualquier otra normativa que sea dictada.

7. DEMANDADA. Se refiere a la parte o las partes a las cuales se requiere que efectivamente se sometan a arbitraje.

8. DEMANDANTE. Se refiere a la parte o las partes que inicialmente solicitan arbitraje.

9. DÍA HÁBIL. Se refiere a todos los días, salvo los sábados y domingos y los días feriados nacionales previstos por Ley o los declarados no laborables por otras normas de obligatorio cumplimiento. No se considerarán días hábiles aquellos declarados

como días no laborables por la Dirección Ejecutiva del CACC.

10. DIRECCIÓN EJECUTIVA. Se refiere al órgano encargado de coordinar las funciones del CACC de conformidad con lo establecido en los estatutos de la Cámara de Caracas y los estatutos del CACC.

11. ESTATUTOS DEL CACC. Se refiere al documento que contiene las normas de organización y funcionamiento del CACC.

12. ESTIMACIÓN DEL VALOR DE LA SOLICITUD DE ARBITRAJE. Es el monto que fija el solicitante a los fines de la determinación de los costos iniciales del procedimiento arbitral.

13. ESTIMACIÓN DEL VALOR DE LA SOLICITUD DE MEDIACIÓN. Es el monto que fija la parte solicitante a los fines de la determinación de los costos iniciales de la mediación.

14. ESTIMACIÓN DEL VALOR DE LA RECONVENCIÓN. Es el monto que fija el reconviniente a los fines de la determinación de los costos iniciales de la reconvención.

15. FECHA DEL LAUDO. Se refiere a la fecha en la cual la Dirección Ejecutiva notifica el laudo a la última de las partes.

16. HORARIO DE ATENCIÓN AL PÚBLICO DEL CACC. Se entenderá por horario de atención al público del CACC el publicado por la Dirección Ejecutiva para la recepción física de solicitudes o escritos, sin perjuicio de la posibilidad de envío electrónico en un horario distinto, de conformidad con lo dispuesto en este Reglamento.

17. INICIO DE LA MEDIACIÓN. Se refiere a la fecha de recepción de la solicitud de mediación fijada por el personal autorizado del CACC, sobre el texto físico de dicha solicitud, junto con su firma. En el caso de solicitudes recibidas electrónicamente la fecha de inicio será la de recepción por parte del CACC de conformidad con lo establecido en el Reglamento para el Manejo de Procedimientos a través de Medios Electrónicos.

18. INICIO DEL PROCEDIMIENTO ARBITRAL. Se refiere a la fecha de recepción de la solicitud de arbitraje fijada por el personal autorizado del CACC, sobre

el texto físico de dicha solicitud, junto con su firma. En el caso de solicitudes recibidas electrónicamente, la fecha de inicio del procedimiento será la de recepción por parte del CACC, de conformidad con lo establecido en el Reglamento para el Manejo de Procedimientos a través de Medios Electrónicos.

19. JUNTA DIRECTIVA. Se refiere al órgano de la Cámara de Comercio, Industria y Servicios de Caracas encargado de la gestión y dirección de los asuntos ordinarios de esta.

20. LAUDO. Es la decisión parcial, interlocutoria o final dictada por el tribunal arbitral, mediante la cual se resuelve de manera definitiva la controversia. De igual forma, se considerará parte del laudo, cualquier aclaratoria, corrección o complemento del mismo.

21. LEY DE ARBITRAJE. Se refiere a la Ley de Arbitraje Comercial publicada en la Gaceta Oficial de la República de Venezuela N° 36.430 del 7 de abril de 1998.

22. LISTA DE ÁRBITROS Y LISTA DE MEDIADORES. Se refiere a la lista elaborada periódicamente por el Comité Ejecutivo e integrada por las personas que hayan aceptado la invitación para actuar como árbitro, mediador, o coordinador de negociación, según el caso.

23. NORMATIVA DEL CACC. Se refiere a los instrumentos normativos que rigen la actuación del CACC. La normativa del CACC está integrada por los Estatutos, el Reglamento General, el Reglamento Parcial Administrativo, el Reglamento del Secretario del Tribunal Arbitral, el Reglamento para el Manejo de Procedimientos a través de Medios Electrónicos y cualquier otro que a futuro se dicte.

24. REGLAS DE ACTUACIÓN Y ÉTICA. Documento contentivo de las normas de actuación y ética emitidas por el CACC que debe observar el árbitro, mediador, árbitro de emergencia o coordinador de negociación.

25. REGLAMENTO PARA EL MANEJO DE PROCEDIMIENTOS A TRAVÉS DE MEDIOS ELECTRÓNICOS. Se refiere al instrumento normativo así denominado, contentivo de regulaciones para la conducción por medios telemáticos de losprocedimientos administrados por el CACC.

26. REGLAMENTO PARCIAL ADMINISTRATIVO. Se refiere al instrumento

normativo así denominado, contentivo de la regulación de las tarifas, honorarios, costos y gastos de los procedimientos desarrollados en el CACC.

27. SECRETARIO DEL TRIBUNAL ARBITRAL. Se refiere a la persona que ha sido designada por el Tribunal Arbitral para desempeñar dicho rol. Sus actuaciones se rigen, salvo acuerdo distinto de las partes, según lo establecido en elReglamento del Secretario del Tribunal Arbitral.

28. SOLICITUD DE ARBITRAJE. Consiste en la solicitud de sometimiento de una controversia a arbitraje.

29. SOLICITUD DE COORDINACIÓN DE NEGOCIACIÓN. Se refiere a la solicitud de sometimiento de una controversia a coordinación de negociación.

30. SOLICITUD DE MEDIACIÓN. Se refiere a la solicitud de sometimiento de una controversia a mediación.

31. SOLICITUD DE MEDIDAS CAUTELARES DE URGENCIA. Se refiere a la petición efectuada por un interesado a la Dirección Ejecutiva antes del inicio del arbitraje, conjuntamente con la solicitud de arbitraje en escrito separado de esta, o, durante el transcurso del procedimiento arbitral y antes de la constitución del Tribunal Arbitral, para que designe un árbitro que conozca y decida sobre el decreto de una medida cautelar de urgencia.

32. TARIFA DE SERVICIO ADMINISTRATIVO. Se refiere al monto que las partes deben pagar por concepto de administración de los procedimientos del CACC de conformidad con lo establecido en el Reglamento Parcial Administrativo.

33. TARIFA DE SERVICIO DE REGISTRO. Se refiere al monto que el solicitante debe pagar destinado a cubrir los gastos operativos iniciales del procedimiento de que se trate de conformidad con lo establecido en el Reglamento Parcial Administrativo.

34. TRIBUNAL ARBITRAL. Se refiere a uno o más árbitros debidamente nombrados y constituidos para los efectos de tramitar y resolver un conflicto sometido a arbitraje institucional de conformidad con este Reglamento.

Artículo 3. Ámbito de aplicación de la normativa que rige al CACC

Los procedimientos arbitrales, medidas cautelares de urgencia, mediación y cualesquiera otros mecanismos de resolución de conflictos administrados por el CACC se encuentran sometidos a la normativa que rige sus actuaciones.

Artículo 4. Sometimiento al CACC

El consentimiento de las partes de someterse a arbitraje, medidas cautelares de urgencia, mediación o a cualquier otro mecanismo de resolución de conflictos administrado por el CACC, conlleva automáticamente su sometimiento a la normativa que rige la actividad del CACC.

Se entenderá que las partes someten sus controversias a la administración del CACC cuando la cláusula de arbitraje, mediación o cualquier otro mecanismo alternativo de resolución de conflictos se refiera al "Centro de Arbitraje de la Cámara de Comercio de Caracas", al "Centro de Arbitraje de la Cámara de Comercio, Industria y Servicios de Caracas", al "Centro de Arbitraje de la Cámara de Caracas", o utilicen cualquier otra expresión análoga que haga entender que hace mención al CACC.

Artículo 5. Forma de notificaciones o comunicaciones y cómputo de plazos

Las notificaciones o comunicaciones en el desarrollo de procedimientos administrados por el CACC, se considerarán válidamente efectuadas con su envío a las direcciones de correo electrónico que consten en el expediente. Las notificaciones de la solicitud de arbitraje y de mediación se regirán de conformidad con lo dispuesto en los artículos 32 y 101 de este Reglamento respectivamente.

Los plazos fijados o que deban fijarse de acuerdo con este Reglamento se computan por días hábiles y comenzarán al día hábil siguiente de aquel en que se dicte una providencia o se verifique el acto que dé lugar a la apertura del plazo.

Los plazos fijados o que deban fijarse en meses calendario de acuerdo con este Reglamento, se computarán a partir del día en que se dicte una providencia o se verifique el acto que dé lugar a la apertura del plazo. Dicho plazo concluirá el mismo día en que se dictó la providencia o se verificó el acto de que se trate en el mes de vencimiento. Si en el mes de vencimiento no hubiere día equivalente a aquel en que comienza el cómputo, se entenderá que el plazo expira el último día del mes. Las comunicaciones, notificaciones o actuaciones recibidas por el CACC hasta las 11:59 p. m. se considerarán efectuadas ese día. Parágrafo único: En caso de cómputo de plazos que deban fijarse en meses calendario, si el día previsto para el vencimiento del mismo coincidiere con un día no hábil, el cómputo de dicho plazo se entenderá finalizado el día hábil siguiente.

Artículo 6. Comunicaciones

Toda solicitud o comunicación de las partes será dirigida directamente al CACC a las direcciones de correo indicadas en el Reglamento para el Manejo de Procedimientos a través de Medios Electrónicos y este lo remitirá a la brevedad a su destinatario. La comunicación directa con los miembros del tribunal arbitral, árbitro de emergencia, mediador o coordinador de negociación es competencia exclusiva del CACC.

Artículo 7. Exoneración de responsabilidad

Ni el CACC ni su personal, son responsables frente a persona alguna de las decisiones, opiniones, hechos, actos u omisiones de los árbitros, mediadores o coordinador de negociación en los procedimientos administrados por el CACC.

Artículo 8. Reglamento aplicable

Cuando las partes se someten a arbitraje, mediación o a cualquier otro medio de resolución de conflictos administrado por el CACC, salvo convenio en contrario de las partes, están sujetas a la normativa que rige la actuación del CACC vigente a la fecha de inicio del procedimiento. Las partes pueden, mediante acuerdo entre ellas, decidir someter la controversia al Reglamento General que haya entrado en vigencia con posterioridad a la fecha de inicio del procedimiento. Parágrafo Único: El Reglamento Parcial Administrativo aplicable será siempre el vigente a la fecha de inicio del procedimiento, no pudiendo las partes acordar lo contrario.

Artículo 9. Representación o asistencia

En los procedimientos regulados por este Reglamento, las partes podrán comparecer representadas o asistidas por abogados de su elección. En caso de representación deberán consignar el poder que acredite tal carácter.

En el supuesto de asistencia, deberán identificar a los abogados que le asisten, con mención expresa de si esta será para cada actuación o en caso contrario, si lo asistirán durante todo el procedimiento. En ambos casos, deberán indicar los datos de contacto.

En cualquier momento después de iniciado el procedimiento, el tribunal arbitral, árbitro de emergencia o mediador, podrá requerir respecto de todo representante o asistente de las partes la prueba de dicha representación o asistencia. Parágrafo único: Las partes deberán informar a la Dirección Ejecutiva cualquier modificación de sus representantes o abogados que le asistan en el procedimiento, así como cualquier cambio en su estructura interna que pudiera afectar la representación o asistencia en dicho procedimiento. La Dirección Ejecutiva comunicará al tribunal arbitral, árbitro de emergencia o mediador según el caso, y a las partes la modificación planteada.

Artículo 10. Confidencialidad

Los árbitros, árbitro de emergencia, mediadores, coordinador de negociación, secretario del tribunal arbitral, expertos y personal del CACC tienen la obligación de guardar la confidencialidad de las actuaciones, documentos, evidencias y de todo contenido relacionado con cualquier procedimiento administrado por el CACC.

Además de las personas antes indicadas, solo podrán tener acceso al expediente las partes involucradas, sus representantes cuando acrediten su representación mediante poder, abogados que le asistan, o sin ser apoderado o asistente, que cuente con autorización de una de las partes, quienes están obligados a guardar la debida confidencialidad. Parágrafo Único: La Dirección Ejecutiva, puede con fines académicos, publicar laudos o decisiones relevantes una vez sea suprimida toda información considerada confidencial.

Artículo 11. De la custodia de los documentos

La custodia de los expedientes en físico y en electrónico será responsabilidad de la Dirección Ejecutiva del CACC. Diez (10) años después de la notificación del Laudo que puso fin al arbitraje, o cualquier otra resolución que haya determinado la conclusión del procedimiento de arbitraje o de mediación, la obligación de salvaguardar y mantener la custodia de la documentación cesará.

LIBRO II
MEDIDAS CAUTELARES DE URGENCIA

Artículo 12. Solicitud de medidas cautelares de urgencia

Cuando uno de los interesados requiera el decreto de medidas cautelares de urgencia antes del inicio del arbitraje, con la solicitud de arbitraje o durante el transcurso del procedimiento arbitral, antes de la constitución del tribunal arbitral, podrá dirigir una petición por escrito a la Dirección Ejecutiva para que esta designe un árbitro de emergencia.

Cuando la solicitud de medida cautelar de urgencia fuere presentada conjuntamente con la Solicitud de Arbitraje se requerirá su consignación en documentos separados. La solicitud de medida cautelar de urgencia debidamente firmada de conformidad con lo previsto en el artículo 9 de este Reglamento, podrá ser presentada en físico o vía correo electrónico a las direcciones de correo indicadas en el Reglamento para el Manejo de Procedimientos a través de Medios Electrónicos, mediante el envío en archivo adjunto no editable (PDF).

Si la solicitud fuere presentada por correo electrónico, la Dirección Ejecutiva procederá a la incorporación en el expediente electrónico y a la impresión de un ejemplar de la solicitud y sus anexos que reposará en el expediente físico. Los costos por concepto de impresión correrán por cuenta de la solicitante.

Artículo 13. Contenido de la solicitud. La solicitud de medida cautelar de urgencia deberá contener

1. La identificación de las partes y de sus representantes o abogados que les asisten, incluyendo direcciones físicas, electrónicas y números telefónicos. Si se trata de personas jurídicas deberá incluir la denominación social.

2. La estimación del valor y la descripción de la disputa a ser sometida a arbitraje.

3. La indicación de la medida cautelar solicitada y las razones que justifican su decreto previo a la constitución del tribunal arbitral.

4. El documento donde conste que las partes se han sometido a arbitraje, así como cualquier otro instrumento que fundamente su petición. Parágrafo único: Toda solicitud de medidas cautelares de urgencia deberá ir acompañada del Registro de Información Fiscal (RIF) del solicitante y del comprobante de pago de la tarifa de servicio de registro establecida en el Reglamento Parcial Administrativo. Dicho pago no es reembolsable y cubre los gastos operativos iniciales.

Artículo 14. Aceptación de la solicitud

Si la solicitud cumple con los requisitos previstos en el artículo anterior, la Dirección Ejecutiva deberá aceptarla a la brevedad posible y abrirá un cuaderno separado para tramitarla.

Artículo 15. Consignación de tarifa de servicio administrativo y depósito en garantía de honorarios de árbitro de emergencia

La Dirección Ejecutiva notificará a la solicitante conjuntamente con la aceptación de la solicitud, los montos que debe pagar por concepto de tarifa de servicio administrativo y depósito en garantía de honorarios de árbitro de emergenciaconforme al Reglamento Parcial Administrativo, así como el plazo para su consignación. Vencido el plazo sin que hubiere consignado estos montos, la Dirección Ejecutiva podrá ordenar el archivo del cuaderno especial, sin perjuicio del derecho de la parte solicitante a presentar una nueva solicitud de medidas cautelares de urgencia.

Artículo 16. Designación del árbitro de emergencia

Dentro de los dos (2) días hábiles siguientes a la consignación del pago por concepto de tarifa de servicio administrativo y depósito en garantía de honorariosdel árbitro de emergencia, la Dirección Ejecutiva procederá a la designación del árbitro de emergencia.

El árbitro seleccionado, una vez notificado de su designación, deberá informar por escrito a la Dirección Ejecutiva, dentro de los tres (3) días hábiles siguientes, si acepta o no el cargo.

El silencio del árbitro se entenderá como el rechazo a su designación. En todo caso, la aceptación o el rechazo del cargo por parte de un árbitro será notificado a la solicitante de la medida.

Artículo 17. Independencia y deber de declaración del árbitro de emergencia

La aceptación de la designación como árbitro de emergencia, supone el conocimiento previo de la totalidad de la normativa que rige las actuaciones del CACC. Una vez nombrado el árbitro, debe ser y permanecer imparcial e independientefrente a las partes en la causa que se ventila.

En caso de aceptar el cargo, deberá acompañar debidamente firmadas las "Reglas de actuación y ética", la "Declaración de independencia y acatamiento de normas del CACC". Parágrafo Primero: Si el árbitro designado hiciere observaciones o revelaciones de hechos o circunstancias que pudieren comprometer su independencia y objetividad en el caso, la Dirección Ejecutiva lo comunicará a la solicitante de la medida para que esta en un plazo de tres (3) días hábiles contados a partir del envío de la comunicación, manifieste por escrito su conformidad o no con la designación.

Si la solicitante de la medida objetare fundadamente la designación en atención a las revelaciones del árbitro, no procederá el nombramiento. En este caso, la Dirección Ejecutiva dejará sin efecto la designación y procederá a una nueva de conformidad con el procedimiento de designación establecido en este artículo.

De no haber objeción de la solicitante, o el silencio de esta al vencimiento del plazo, la Dirección Ejecutiva procederá al nombramiento del árbitro mediante comunicación.

dirigida al árbitro y a la solicitante de la medida. Parágrafo Segundo: Solo podrán ser nombrado árbitro de emergencia quien haya suscrito las "Reglas de actuación y ética" y la "Declaración de independencia y acatamiento de normas del CACC" sin reservas, o, aunque con reservas, estas no hayan sido objetadas por el solicitante de la medida.

Artículo 18. Constitución del Tribunal Arbitral de Emergencia

Se entenderá constituido el Tribunal Arbitral de Emergencia en la fecha en que la Dirección Ejecutiva comunique al solicitante el nombramiento del árbitro de emergencia.

Artículo 19. Decreto de la medida cautelar de urgencia

El árbitro de emergencia decidirá sobre las medidas cautelares solicitadas dentro de los quince (15) días hábiles siguientes a su constitución. El plazo de decisión del árbitro de emergencia podrá ser prorrogado por la Dirección Ejecutiva, a solicitud de éste, por una sola vez y por un plazo no mayor de cinco (5) días hábiles.

El árbitro de emergencia podrá solicitar al interesado la presentación de aclaratorias o la ampliación de las pruebas que demuestren la necesidad del decreto de la medida cautelar.

El decreto de la medida cautelar de urgencia se efectuará mediante decisión motivada, firmada, con expresa indicación del lugar y fecha del dictamen.

Artículo 20. Notificación del decreto de la medida cautelar de urgencia

El árbitro de emergencia comunicará a la Dirección Ejecutiva a la brevedad posible, su decisión sobre el decreto de las medidas cautelares de urgencia solicitadas y esta lo notificará de inmediato al solicitante y a la parte contra quien obre la medida.

Dicha notificación se efectuará en la forma y en las direcciones indicadas en el acuerdo de arbitraje, en su defecto, en las direcciones electrónicas o físicas indicadas en el contrato o documento que origine la disputa. Si nada se hubiere acordado, la notificación se realizará en las direcciones indicadas en la solicitud de medida cautelar o en comunicación posterior.

La notificación se hará en la o las direcciones de correo electrónico de la parte contra quien obre la medida de conformidad con lo antes dispuesto. Si en un plazo de dos (2) días hábiles contados a partir de la fecha del envío de la notificación electrónica no se recibiere acuse de recibo, se procederá a notificar en las direcciones físicas indicadas. No se considerará válida a los efectos de la notificación por correo electrónico la constancia de recepción automática. La Dirección Ejecutiva podrá diligenciar la notificación personal de manera directa o a través de correo expreso. Los gastos inherentes a la gestión por correo expreso en cualquier modalidad, correrán por cuenta de la solicitante.

De no ser posible la notificación personal, la Dirección Ejecutiva ordenará la publicación de un cartel en un diario de circulación nacional impreso o electrónico para los fines consiguientes. Con la publicación del este cartel se entenderá, en todo caso, efectuada la notificación. Los gastos inherentes a la publicación del mismo correrán por cuenta de la solicitante. Adicionalmente, podrá ser publicada una copia del cartel de notificación en la página web oficial del Centro de Arbitraje de la Cámara de Caracas. Parágrafo Primero: En la notificación a las direcciones de correo electrónico de la parte contra quien obra la medida, la Dirección Ejecutiva indicará el mecanismo de acceso al expediente donde reposarán todas las actuaciones, no siendo necesario el envío en archivo adjunto o entrega en físico de un ejemplar de los documentos que integren el expediente. En caso de notificación personal, solo se enviará copia del decreto de medida cautelar de urgencia, y se le indicará el mecanismo de acceso al expediente. Parágrafo Segundo: Una vez que la parte contra quien obre la medida haya sido notificada, las subsiguientes notificaciones o comunicaciones se considerarán válidamente efectuadas con la sola constancia del envío a la o las direcciones de correo electrónico indicadas, salvo que el árbitro de emergencia ordene practicar notificación de forma distinta.

Artículo 21. Constitución de caución

El decreto de las medidas cautelares de urgencia podrá estar supeditado a la constitución de una caución o de una garantía, a criterio del árbitro de emergencia. En este caso, el árbitro de emergencia fijará un plazo razonable para la constitución y presentación de la caución o garantía.

Artículo 22. Oposición al decreto de la medida cautelar de urgencia

Dictado el decreto de medida cautelar de urgencia, las partes podrán dentro del plazo de tres (3) días hábiles siguientes a su notificación, oponerse mediante escrito en el que expongan sus objeciones.

En caso de oposición al decreto de medida cautelar de urgencia de una de las partes o ambas, se abrirá un plazo de tres (3) días hábiles contados a partir del vencimiento del plazo para la oposición de la última de las partes notificadas, para la promoción y evacuación de las pruebas que estimen pertinentes. En este supuesto se podrá acordaruna sola prórroga no mayor de tres (3) días hábiles. Tanto la oposición al decreto de medida cautelar de urgencia como la promoción y evacuación de las pruebas, según su naturaleza, podrán ser presentadas en físico o vía correo electrónico, mediante el envío en archivo no editable (PDF) acompañadas de cualquier otro instrumento que fundamente su oposición, a los correos indicados en el Reglamento para el Manejo de Procedimientos a través de Medios Electrónicos. En todo caso, quien presente la oposición al decreto de la medida cautelar deberá acompañarla de los documentos que acrediten su cualidad.

Si la oposición fuere presentada vía correo electrónico, la Dirección Ejecutiva procederá a la incorporación al expediente electrónico y a la impresión de un ejemplar de la oposición y sus anexos que reposará en el expediente físico. Los costos por concepto de impresión correrán por cuenta de la parte que los consigne de manera electrónica.

El árbitro de emergencia, tendrá un plazo de cinco (5) días hábiles contados a partir del vencimiento del plazo previsto para promover y evacuar pruebas o de su prorroga si la hubiere, para confirmar, revocar, ampliar, modificar o anular el decreto.

Decidida la oposición, las partes podrán solicitar aclaratoria dentro de los (3) días hábiles siguientes a su notificación, de conformidad con lo establecido en el Parágrafo Segundo del artículo 20 de este Reglamento. El árbitro de emergencia tendrá tres (3) días hábiles para pronunciarse sobre las aclaratorias solicitadas. Parágrafo único: El tercero afectado por la medida cautelar de urgencia podrá oponerse hasta antes del cese de funciones del árbitro de emergencia de acuerdo a lo previsto en el artículo 26 de este Reglamento.

En este supuesto, se abrirá unplazo de tres (3) días hábiles contados a partir de la oposición, para promover y evacuar las pruebas que estime pertinentes.

El árbitro de emergencia tendrá un plazo de cinco (5) días hábiles siguientes contados a partir del vencimiento del plazo previsto para promover y evacuar pruebas, para confirmar, revocar, ampliar, modificar o anular el decreto que establece la medida. El árbitro de emergencia podrá solicitar al tercero afectado que otorgue una caución o una garantía a su entera y cabal satisfacción.

Artículo 23. Notificación del decreto de medida cautelar a los tribunales de ejecución y a los órganos de la Administración Pública o entidades privadas

El árbitro de emergencia podrá ordenar a la Dirección Ejecutiva notificar al tribunal judicial ejecutor de medidas el contenido del decreto de medida cautelar que fuere dictado.

Cuando se trate de medidas que no requieran el uso de la fuerza pública, el árbitro de emergencia ordenará a la Dirección Ejecutiva notificar a los órganos de la Administración Pública, incluyendo oficinas subalternas de registro inmobiliario o a entidades privadas el contenido del decreto de medida cautelar que fuere dictado.

Artículo 24. Facultades del árbitro de emergencia

El árbitro de emergencia tendrá dentro de sus facultades decretar la medida cautelar de urgencia, decidir lo conducente respecto a la oposición y a la aclaratoria si la hubiere.

En caso de acuerdo entre las partes, el árbitro de emergencia podrá, previa solicitud de estas, dictar un laudo arbitral contentivo de los acuerdos pactados.

Artículo 25. Decaimiento del decreto de la medida cautelar de urgencia

La medida cautelar de urgencia dictada con antelación al inicio del procedimiento arbitral decaerá si el solicitante no presenta la solicitud de arbitraje dentro del plazo de treinta (30) días hábiles siguientes a la fecha de su decreto. La medida cautelar deurgencia decretada decaerá de pleno derecho si luego de transcurridos noventa (90) días hábiles desde la fecha de su decreto, el tribunal arbitral no se ha constituido.

Artículo 26. Cese de las funciones del árbitro de emergencia

El árbitro de emergencia cesará en sus funciones en los siguientes supuestos:

1. Una vez dictado el decreto de la medida cautelar de urgencia y vencidos los

plazos de oposición al decreto y de solicitud de aclaratoria, sin que estas fueren presentadas; o,

2. Cuando resuelva la oposición planteada; o

3. Cuando resuelva la aclaratoria solicitada; o

4. Cuando se constituya el tribunal arbitral que conocerá el fondo de la controversia sin que el árbitro de emergencia hubiere decidido sobre la medida solicitada.

En ningún caso, el árbitro de emergencia podrá formar parte del tribunal arbitral que conozca de los méritos del asunto.

LIBRO Ⅲ
DEL ARBITRAJE

Sección I
Inicio del Arbitraje

Artículo 27. Solicitud de arbitraje

La parte que desee acudir al arbitraje podrá dirigir su solicitud debidamente firmada de conformidad con lo previsto en el artículo 9 de este Reglamento.

La solicitud podrá ser presentada en físico o vía correo electrónico. Si la solicitud fuere presentada vía correo electrónico, deberá ser enviada a las direcciones de correo indicadas en el Reglamento para el Manejo de Procedimientos a través de Medios Electrónicos, mediante el envío en archivo adjunto no editable (PDF). Recibida la solicitud y sus anexos, la Dirección Ejecutiva procederá a la incorporación en el expediente electrónico y a la impresión de un ejemplar que reposará en el expediente físico. Los costos por concepto de impresión correrán por cuenta de la solicitante.

Artículo 28. Contenido de la solicitud de arbitraje

La solicitud de arbitraje deberá contener:

1. La petición de que el litigio se someta a arbitraje.

2. La identificación de las partes y de sus representantes o abogados que les asisten, incluyendo direcciones físicas, electrónicas, números telefónicos y demás datos

relevantes para la identificación y contacto de las partes. Si se trata de personas jurídicas deberá incluir la denominación social.

3. El documento en el que conste el o los acuerdos de arbitraje, así como los instrumentos o documentos de los cuales se desprenden los derechos, acciones u obligaciones objeto de la solicitud.

4. La identificación de la materia que se demanda.

5. Toda indicación pertinente y cualesquiera observaciones en relación con la sede, las normas jurídicas aplicables y el idioma del arbitraje.

6. La indicación del número de árbitros y mecanismo de designación. Así mismo, podrá indicar, si fuere el caso, el árbitro que la parte postule.

7. La estimación del valor de la solicitud de arbitraje.

8. El Registro de Información Fiscal (RIF) del solicitante o cualquier otra exigencia establecida por el ordenamiento jurídico.

9. Comprobante de pago de la tarifa de servicio de registro, con la inclusión del documento que evidencie el pago de los impuestos que se causen o de obligaciones de retención o de percepción según el caso, de conformidad con lo establecido en el Reglamento Parcial Administrativo. Parágrafo único: Si la demandante omite cumplir cualquiera de estos requisitos, la Dirección Ejecutiva fijará un plazo atendiendo a la naturaleza del requisito pendiente, para que la solicitante proceda a su cumplimiento. En su defecto, al vencimiento del plazo otorgado, la Dirección Ejecutiva podrá ordenar el archivo del expediente, sin perjuicio del derecho de la solicitante a presentar en fecha ulterior las mismas pretensiones en una nueva solicitud de arbitraje.

Artículo 29. Costos iniciales del arbitraje

Los costos iniciales del arbitraje incluirán la tarifa de servicio administrativo y el depósito en garantía de honorarios de árbitros calculados de conformidad con lo dispuesto en el Reglamento Parcial Administrativo vigente a la fecha de inicio del arbitraje.

Artículo 30. Aceptación de la solicitud de arbitraje

Si la solicitud de arbitraje cumple con los requisitos establecidos en este Reglamento, la Dirección Ejecutiva deberá aceptarla a la brevedad posible, sin perjuicio del principio Kompetenz-Kompetenz contemplado en la Ley de Arbitraje y en el artículo 46 de este Reglamento.

Artículo 31. Oportunidad de la demandante para la consignación del pago

Dentro de los tres (3) días hábiles siguientes a la aceptación de la solicitud de arbitraje, la Dirección Ejecutiva comunicará a la parte demandante para que dentro de los diez (10) días hábiles siguientes consigne el pago del cincuenta por ciento (50%) del total de los costos iniciales conforme al Reglamento Parcial Administrativo.

La parte demandante podrá solicitar a la Dirección Ejecutiva una prórroga no mayor de diez (10) días hábiles o hacer una solicitud especial de pago al Comité Ejecutivo conforme al Reglamento Parcial Administrativo. Transcurrido este plazo, el de la prórroga si la hubiere o al vencimiento de algunas de las cuotas acordadas sin haber recibido el pago, la Dirección Ejecutiva podrá ordenar el archivo del expediente, sin perjuicio del derecho de la demandante a presentar las mismas pretensiones en una nueva solicitud de arbitraje.

Artículo 32. Notificación de la solicitud de arbitraje

La Dirección Ejecutiva procederá a la notificación de la parte demandada dentro de los cinco (5) días hábiles siguientes a la consignación del pago a que se refiere el artículo anterior.

En caso de ser aprobado el pago en cuota de los costos iniciales, dicha notificación se hará dentro de los cinco (5) días hábiles siguientes a la realización del pago de la primera cuota acordada.

La notificación se efectuará en la forma y en las direcciones electrónicas o físicas indicadas en el acuerdo de arbitraje, en su defecto, en las direcciones indicadas en el contrato o documento que origine la disputa. Si nada se hubiere acordado, la notificación se realizará en las direcciones indicadas en la solicitud de arbitraje o en comunicación posterior.

En caso de notificación en las direcciones de correo electrónico de la demanda, si en un plazo de tres (3) días hábiles contados a partir de la fecha de envío de la notificación electrónica de la solicitud no se recibiere acuse de recibo, se procederá a notificar a la parte demandada en las direcciones físicas indicadas. No se considerará válida a los efectos de la notificación por correo electrónico la constancia de recepción automática.

La Dirección Ejecutiva podrá diligenciar la notificación personal de manera directa o a través de correo expreso. Los gastos inherentes a la gestión por correo expreso en cualquier modalidad correrán por cuenta de la solicitante.

De no ser posible la notificación personal, la Dirección Ejecutiva ordenará la publicación de un cartel en un diario de circulación nacional impreso o electrónico para los fines consiguientes. Los gastos inherentes a la publicación del mismo correrán por cuenta de la demandante. Con la publicación del cartel en el diario de circulación nacional se entenderá, en todo caso, efectuada la notificación. Adicionalmente, podrá ser publicado en la página web oficial del Centro de Arbitraje de la Cámara de Caracas una copia del cartel de notificación. Parágrafo Primero: En caso de multiplicidad de partes demandadas, el plazo para la contestación de la demanda comenzará a partir del día hábil siguiente a la práctica de la notificación de la última de las codemandadas.

Parágrafo Segundo: En la notificación a las direcciones de correo electrónico de la demandada, la Dirección Ejecutiva indicará el mecanismo de acceso al expediente donde reposará la solicitud de arbitraje y los anexos a la misma, no siendo necesario el envío en archivo adjunto o entrega en físico de un ejemplar de los documentos antes indicados. En caso de notificación personal, solo se enviará copia de la solicitud de arbitraje, y se le indicará el mecanismo de acceso al expediente.

Parágrafo Tercero: Una vez que la parte haya sido válidamente notificada sobre el inicio del arbitraje, las subsiguientes notificaciones o comunicaciones se considerarán válidamente efectuadas con la sola constancia del envío a las direcciones de correo electrónico indicadas, salvo que el tribunal arbitral o este Reglamento ordene practicar la notificación de forma distinta.

Artículo 33. Contenido y plazo para la contestación

Dentro del plazo máximo de veinte (20) días hábiles contados a partir de la fecha de la notificación a que se refiere el artículo anterior, la demandada tendrá derecho a presentar su contestación en la que señalará:

1. Su identificación y la de sus representantes o abogados que les asisten, incluyendo direcciones físicas, electrónicas y números telefónicos. Nombre completo o razón social, domicilio, datos relativos a su creación o registro, y, de ser el caso, la manifestación de voluntad de modificar la dirección establecida en el acuerdo de arbitraje; así como la indicación de la dirección de correo electrónico a los fines de su notificación. Dicha dirección, teléfono y correo electrónico subsistirán para todos los efectos, hasta tanto el demandado no manifieste otro distinto.

2. Cualquier observación sobre el acuerdo de arbitraje, la sede del arbitraje, las normas jurídicas aplicables, el idioma del arbitraje y el número de árbitros y su mecanismo de designación.

3. Los argumentos en los que fundamente su defensa y petición, acompañado de los instrumentos o documentos que lo sustenten. La contestación a la solicitud de arbitraje debidamente firmada de conformidad con lo previsto en el artículo 9 de este Reglamento, podrá ser presentada en físico o vía correo electrónico a las direcciones de correo indicadas en el Reglamento para el Manejo de Procedimientos a través de Medios Electrónicos, mediante el envío en archivo adjunto no editable (PDF). Si la contestación fuere presentada vía correo electrónico, la Dirección Ejecutiva procederá a la incorporación en el expediente electrónico y a la impresión de un ejemplar y sus anexos que reposarán en el expediente físico. Los costos por concepto de impresión correrán por cuenta de la demandada.

Parágrafo Único: Excepcionalmente, la parte demandada podrá solicitar a la Dirección Ejecutiva, una prórroga no mayor de diez (10) días hábiles para la contestación. Dicho plazo podrá o no ser otorgado por la Dirección Ejecutiva de acuerdo a las circunstancias del caso. Recibida la contestación, la Dirección Ejecutiva lo comunicará a la parte demandante, pudiendo acompañar en archivos adjuntos la contestación y sus anexos o indicando su disponibilidad en el expediente electrónico y físico.

Artículo 34. Oportunidad de la demandada para la consignación del pago

Vencido el plazo previsto para la contestación o de la prórroga acordada si fuere el caso, la Dirección Ejecutiva comunicará a la parte demandada para que dentro del plazo de diez (10) días hábiles consigne el pago del cincuenta por ciento (50%) del total de los costos iniciales conforme al Reglamento Parcial Administrativo. La demandada podrá solicitar a la Dirección Ejecutiva una prórroga no mayor de diez (10) días hábiles o hacer una solicitud especial de pago al Comité Ejecutivo conforme al Reglamento Parcial Administrativo.

Si la demandada no consignare el pago de los costos iniciales que le corresponde dentro del plazo previsto o de la prórroga si fuere el caso, la demandante deberá consignar dicho pago dentro del plazo indicado por la Dirección Ejecutiva.

En el supuesto de una solicitud especial de pago acordada por el Comité Ejecutivo, vencido el plazo para consignar la primera cuota, la Dirección Ejecutiva comunicará a la demandante el plazo para que consigne la totalidad de los costos iniciales que le corresponde a la demandada.

En caso de falta de pago de cualquiera de las cuotas subsiguientes, la Dirección Ejecutiva comunicará a la demandante el plazo para que consigne los costos iniciales restantes que le corresponden pagar a la demandada.

Si la demandante no consignare el pago que le corresponde al vencimiento del plazo, la Dirección Ejecutiva podrá ordenar el archivo del expediente, sin perjuicio del derecho de la demandante a presentar las mismas pretensiones en una nueva solicitud de arbitraje.

Artículo 35. Oportunidad de la Reconvención

En caso de reconvención, la parte demandada-reconviniente podrá presentar en físico o vía correo electrónico, en documentos separados, la contestación y la reconvención a la solicitud de arbitraje, debidamente firmadas de conformidad con lo previsto en el artículo 9 de este Reglamento, en archivo adjunto no editable (PDF) a las direcciones de correo indicadas en el Reglamento para el Manejo de Procedimientos a través de Medios Electrónicos.

Si fueren presentadas vía correo electrónico, la Dirección Ejecutiva procederá a la incorporación al expediente electrónico y a la impresión de un ejemplar de las mismas y sus anexos que reposarán en el expediente físico. Los costos por concepto de impresión correrán por cuenta de la demandada-reconviniente.

La reconvención deberá venir acompañada del comprobante de pago de la tarifa de servicio de registro. Dicho pago no es reembolsable y cubre los gastos operativos iniciales.

Artículo 36. Contenido de la Reconvención

La reconvención deberá contener:

1. Descripción de la naturaleza y circunstancias de la controversia que origina la reconvención y de su fundamento legal, acompañado de los instrumentos o documentos que la sustenten.

2. Indicación de las pretensiones y de los montos reclamados.

3. La estimación del valor de la reconvención.

4. El Registro de Información Fiscal (RIF) de la demandada-reconviniente o cualquier otra exigencia establecida por el ordenamiento jurídico.

5. Comprobante de pago de la tarifa de servicio de registro, con la inclusión del documento que evidencie el pago de los impuestos que se causen o de obligaciones de retención o de percepción según el caso, de conformidad con lo establecido en el Reglamento Parcial Administrativo.

Parágrafo Único: A los efectos de la determinación de los costos iniciales de la reconvención, se considerarán la demanda original y la reconvención como dos procedimientos diferentes y se aplicará a cada uno de ellos lo establecido en el Reglamento Parcial Administrativo para el cálculo de la tarifa de servicio administrativo y de depósito en garantía de honorarios de árbitros.

Artículo 37. Oportunidad de la demandada-reconviniente para la consignación del pago

Dentro de los tres (3) días hábiles siguientes a la recepción de la reconvención, la Dirección Ejecutiva comunicará a la parte demandada-reconviniente para que dentro del plazo de diez (10) días hábiles consigne el pago del cincuenta por ciento (50%) del total de los costos iniciales de la reconvención conforme con el Reglamento Parcial

Administrativo.

La parte demandada-reconviniente podrá solicitar a la Dirección Ejecutiva una prórroga no mayor de diez (10) días hábiles o hacer una solicitud especial de pago al Comité Ejecutivo conforme al Reglamento Parcial Administrativo.

Parágrafo Único: Transcurrido este plazo, el de la prórroga si la hubiera o al vencimiento de la primera cuota acordada sin haber recibido el pago, la Dirección Ejecutiva ordenará el archivo de la reconvención.

Artículo 38. Réplica a la reconvención

Verificado el pago de la parte demandada-reconviniente de la totalidad de los costos iniciales o de la primera cuota acordada, la Dirección Ejecutiva notificará a la parte demandante-reconvenida para que dentro de un plazo de veinte (20) días hábiles pueda presentar una réplica a la reconvención. La réplica deberá cumplir los requisitos establecidos en el artículo 33 de este Reglamento y podrá ser presentada en físico o vía correo electrónico a las direcciones de correo indicadas en el Reglamento para el Manejo de Procedimientos a través de Medios Electrónicos, mediante el envío en archivo adjunto no editable (PDF).

Si la réplica fuere presentada vía correo electrónico, la Dirección Ejecutiva procederá a la incorporación al expediente electrónico y a la impresión de un ejemplar y sus anexos que reposarán en el expediente físico. Los costos por concepto de impresión correrán por cuenta de la demandante-reconvenida. Excepcionalmente, la parte demandante-reconvenida podrá solicitar a la Dirección Ejecutiva, una prórroga no mayor de diez (10) días hábiles para la presentación de la réplica. Dicho plazo podrá o no ser otorgado por la Dirección Ejecutiva de acuerdo a las circunstancias del caso.

Parágrafo Único: La Dirección Ejecutiva incorporará al expediente respectivo la reconvención y sus anexos, no siendo necesario el envío en archivo adjunto o entrega en físico de un ejemplar de los documentos antes indicados a las partes.

Artículo 39. Oportunidad de la demandante-reconvenida para la consignación del pago

Vencido el plazo previsto para realizar la réplica a la reconvención o de la prórroga acordada, la Dirección Ejecutiva comunicará a la parte demandante-reconvenidapara que dentro de los diez (10) días hábiles, consigne el pago del cincuenta por ciento (50%) del total de los costos iniciales de la reconvención conforme al Reglamento Parcial Administrativo. La demandante-reconvenida podrá solicitar a la Dirección Ejecutiva una prórroga no mayor de diez (10) días hábiles o hacer una solicitud especial de pago al Comité Ejecutivo conforme al Reglamento Parcial Administrativo.

Si la demandante-reconvenida no consignare el pago de los costos iniciales que le corresponde dentro del plazo previsto o de la prórroga si fuere el caso, la demandada-reconviniente deberá consignar dicho pago dentro del plazo indicado por la Dirección Ejecutiva.

En el supuesto de una solicitud especial de pago acordada por el Comité Ejecutivo, vencido el plazo para consignar la primera cuota, la Dirección Ejecutiva comunicará a la demandada-reconviniente el plazo para que consigne la totalidad de los costos iniciales que le corresponde a la demandante-reconvenida.

En caso de falta de pago de cualquiera de las cuotas subsiguientes, la Dirección Ejecutiva comunicará a la demandada-reconviniente el plazo para que consigne los costos iniciales restantes que le corresponden pagar a la demandantereconvenida.

Si la demandada-reconviniente no consignare el pago que le corresponde al vencimiento del plazo, la Dirección Ejecutiva podrá ordenar el archivo de la reconvención.

Artículo 40. Archivo de la reconvención

En caso de archivo de la reconvención, la Dirección Ejecutiva ordenará la apertura de un cuaderno separado donde reposarán los documentos relacionados con la tramitación de la reconvención.

Artículo 41. Arbitraje en rebeldía

Si alguna de las partes rehúsa o se abstiene de participar en el arbitraje o en cualquier etapa de este, el arbitraje continuará no obstante dicha negativa oabstención, siempre y cuando hayan sido debidamente consignados la totalidad de los costos iniciales del arbitraje.

La Dirección Ejecutiva notificará de conformidad con lo dispuesto en el artículo 32de este Reglamento a la parte en rebeldía la oportunidad para designar árbitros, el plazo para la firma del acta de misión, la solicitud de medida cautelar dentro delprocedimiento, su decreto, y la emisión del laudo. En estos supuestos no aplicará lo establecido en el parágrafo tercero del artículo 32.

Parágrafo Único: Cualquier otra comunicación o notificación distinta a las indicadas en este artículo, se considerará válidamente efectuada con la sola constancia del envío a las direcciones de correo electrónico indicadas.

Artículo 42. Multiplicidad de contratos

Las pretensiones que surjan de, o en relación con más de un contrato, podrán ser formuladas en un solo arbitraje, independientemente de si dichas demandas son formuladas bajo uno o más acuerdos de arbitraje.

Artículo 43. Procedimiento arbitral pendiente y acumulación de procedimientos

El Comité Ejecutivo podrá, a solicitud de una parte, acumular dos o más procedimientos pendientes bajo este Reglamento cuando no haya sido firmada el acta de misión y en los casos en que:

1. Las partes hayan acordado la acumulación, o;

2. Todas las demandas en los arbitrajes sean formuladas bajo el mismo acuerdo de arbitraje, o;

3. Si las demandas en los arbitrajes son formuladas bajo más de un acuerdo de arbitraje, los arbitrajes son entre las mismas partes, las controversias en los arbitrajes surgen en relación con la misma relación jurídica y el Comité Ejecutivoconsidera que los acuerdos son compatibles entre ellos. Al decidir sobre la acumulación, el Comité Ejecutivo podrá tomar en cuenta cualquier circunstancia que considere relevante, incluyendo si uno o más árbitros han sido nombrados en más de un arbitraje y, de ser el caso, si las mismas o diferentes personas han sido nombradas. Cuando los arbitrajes sean acumulados, lo serán en el arbitraje que haya comenzado primero, salvo que to-

das las partes acuerden algo diferente.

Sección II
El Tribunal Arbitral

Artículo 44. Número de árbitros

Las controversias serán resueltas por un tribunal arbitral compuesto por un árbitroúnico o por varios árbitros, siempre en número impar.

Si las partes no han fijado de común acuerdo el número de árbitros, la Dirección Ejecutiva les fijará un plazo antes de la oportunidad prevista para su designación para que lo hagan. En caso de falta de acuerdo entre las partes, el tribunal arbitral estará compuesto por tres árbitros.

Artículo 45. Carácter de los árbitros

Los árbitros tendrán el carácter de árbitros de derecho, salvo que las partes hayan acordado que sean de equidad. En supuestos de duda, el Tribunal Arbitral decidirá su carácter una vez constituido.

Artículo 46. Competencia del tribunal arbitral y separabilidad del acuerdo de arbitraje

El tribunal arbitral está facultado para decidir acerca de su propia competencia, incluso sobre las excepciones relativas a la existencia o validez del acuerdo de arbitraje. A tal efecto, una cláusula arbitral que forme parte de un contrato se considerará como un acuerdo independiente de las demás estipulaciones del contrato. La decisión del tribunal arbitral que anule el contrato no implicará de pleno derecho la nulidad de la cláusula arbitral. La excepción de incompetencia del tribunal arbitral podrá oponerse en cualquier momento antes de la celebración de la audiencia de constitución del tribunalarbitral y podrá ser resuelta por este como punto previo en el laudo definitivo o mediante un laudo parcial.

Artículo 47. Obligaciones de los árbitros

En el desempeño de sus funciones los árbitros están obligados a respetar la normativa que rige la actividad del CACC, la Ley de Arbitraje Comercial y cualquier otra normativa en cuanto aplique. Asimismo, están obligados a cumplir con las actuaciones procesales dentro de los plazos establecidos, a proceder en todo momento con la debida diligencia, a garantizar a las partes confidencialidad, ecuanimidad e imparcialidad; y a acatar las tarifas y deducciones de honorarios calculados para el caso, de conformidad con lo establecido en el Reglamento Parcial Administrativo.

Artículo 48. Procedimiento para la designación de árbitros

Los árbitros se designarán de acuerdo con las disposiciones siguientes:

1. Cuando las partes hayan convenido que la controversia sea resuelta por un árbitro único, lo postularán de común acuerdo dentro del plazo de cinco (5) días hábiles contados a partir de la fecha de notificación por parte de la Dirección Ejecutiva de la consignación de pago de los costos iniciales de la demanda original y de la reconvención, si la hubiere. Si no hubiere acuerdo entre las partes dentro del plazo indicado, el árbitro único será designado por el Comité Ejecutivode conformidad con lo establecido en los Estatutos del Centro de Arbitraje de la Cámara de Caracas.

2. Cuando se han previsto tres (3) o más árbitros, cada una de las partes propondrá un (1) árbitro por separado dentro del plazo de cinco (5) días hábiles contados a partir de la fecha de notificación por parte de la Dirección Ejecutiva de la consignación de pago de los costos iniciales de la demanda original y de la reconvención, si la hubiere.

Si una de las partes se abstiene, la designación del árbitro que le corresponde proponer lo hará el Comité Ejecutivo de conformidad con lo dispuesto en los Estatutos del Centro de Arbitraje de la Cámara de Caracas.

El tercer árbitro, quien asumirá la presidencia del tribunal arbitral, será propuesto de mutuo acuerdo por los árbitros nombrados previamente, en un plazo no mayor de cinco (5) días hábiles contados a partir de la fecha del último de los nombramientos. En este supuesto, los árbitros nombrados comunicarán a la Dirección Ejecutiva su propuesta para que esta lo comunique a las partes y notifique al árbitro propuesto, quien dentro de un plazo de cinco (5) días hábiles siguientes a su notificación deberá comunicar si acepta o no el cargo.

3. Si hay varias partes demandantes y/o demandadas y la controversia hubiere de someterse a la decisión de tres (3) o más árbitros, los demandantes conjuntamente y/o los demandados conjuntamente propondrán un (1) árbitro por separado dentro del plazo de cinco (5) días hábiles contados a partir de la fecha de notificación por parte de la Dirección Ejecutiva de la consignación de pago de los costos iniciales de la demanda original y de la reconvención, si la hubiere.

A falta de designación conjunta de las partes demandantes y/o demandadas, el Comité Ejecutivo los nombrará de conformidad con lo establecido en los Estatutos del Centro de Arbitraje de la Cámara de Caracas.

4. Las partes podrán postular un árbitro que no forme parte de la Lista de Árbitros del CACC, en cuyo caso corresponde a la Dirección Ejecutiva ratificar o no su designación, condicionado al cumplimiento de los requisitos exigidos en este Reglamento.

Parágrafo Único: El silencio de los árbitros al vencimiento del plazo respecto a esta notificación se entenderá como el rechazo a su designación. En todo caso, la aceptación o el rechazo del cargo por parte de un árbitro será notificado a todas las partes.

Artículo 49. Independencia y deber de declaración de los árbitros

La aceptación de la designación como árbitro, supone el conocimiento previo de la totalidad de la normativa que rige las actuaciones del CACC. Una vez nombrado el árbitro, debe ser y permanecer imparcial e independiente frente a las partes en la causa que se ventila.

Parágrafo Primero: El árbitro una vez notificado de su designación deberá firmar las “Reglas de actuación y ética” y la “Declaración de independencia y acatamiento de normas del CACC”. Con la aceptación, el árbitro deberá dar a conocer por escrito a la Dirección Ejecutiva cualquier circunstancia susceptible de poner en duda su independencia e imparcialidad, pudiendo considerar las directrices nacionales o internacionales en materia de conflicto de intereses que existieren.

Parágrafo Segundo: Sí el árbitro designado hiciere observaciones o revelaciones de hechos o circunstancias que pudieren comprometer su independencia eimparcialidad en el caso, la Dirección Ejecutiva lo comunicará a las partes para que estas en un plazo de tres (3) días hábiles contados a partir del envío de la comunicación, manifiesten por escrito su conformidad o no con la designación.

Si alguna de las partes objetare la designación en atención a las revelaciones del árbitro o, en ausencia de estas, alguna de las partes lo objetare fundadamente no procederá el nombramiento. En este caso, la Dirección Ejecutiva dejará sin efecto la designación y procederá a una nueva de conformidad con el procedimiento de designación que aplique o al orden de selección indicado. De no haber objeción por ninguna de las partes, o el silencio de estas al vencimiento del plazo, la Dirección Ejecutiva procederá al nombramiento del árbitro mediante comunicación dirigida al árbitro y a las partes.

Artículo 50. Nombramiento

Solo podrán ser nombrados como árbitros quienes hayan suscrito las "Reglas de actuación y ética" y la "Declaración de independencia y acatamiento de normas del CACC" sin reservas, o, aunque con reservas, estas no hayan sido objetadas por las partes.

Artículo 51. Faltas de árbitro

Cuando el árbitro no acepte, renuncie, fallezca, quede por cualquier causa inhabilitado o no cumpla con sus obligaciones, se procederá a la designación de un nuevo árbitro siguiendo el procedimiento previsto en el artículo 48 de este Reglamento.

Artículo 52. Recusación

Sin perjuicio de lo dispuesto en la Ley de Arbitraje Comercial, la recusación de uno o más árbitros fundada en su falta de independencia o en cualquier otro motivo, será presentada por cualquiera de las partes ante la Dirección Ejecutiva, precisando los hechos y circunstancias en que se fundamenta la petición. Los árbitros no podrán ser recusados sino por causales sobrevenidas a su nombramiento. Para que proceda la recusación deberá ser formulada por la parte interesada dentro de los cinco (5) días hábiles siguientes a la fecha en que la parte recusante haya tenido conocimiento de los hechos y circunstancias que fundamentan su recusación.

La Dirección Ejecutiva otorgará un plazo de cinco (5) días hábiles contados a partir de la fecha de la notificación de la recusación, para que el árbitro sujeto a la misma, las partes y los otros miembros del tribunal arbitral, en el caso de arbitrajes de tres (3) o más árbitros, formulen sus observaciones. Vencido el plazo, el Comité Ejecutivo decidirá lo conducente. Si procede la recusación, fijará un plazo para que las partes designen el o los árbitros sustitutos.

Parágrafo Único: Decidida la recusación de alguno de los árbitros, el árbitro recusado tendrá derecho al cobro de un porcentaje sobre los honorarios fijados. Dicho porcentaje será directamente proporcional a la fase del proceso en la cual se hubiere conocido la circunstancia que amerite su separación del cargo, y será fijado por la Dirección Ejecutiva de acuerdo a lo establecido en el Reglamento Parcial Administrativo.

Los honorarios del nuevo árbitro designado serán los que resulten de restar el porcentaje cobrado por el árbitro recusado.

Sección III
El Procedimiento Arbitral

Artículo 53. Buena fe

Las partes están obligadas a observar el principio de buena fe en todos sus actos e intervenciones en el curso de las actuaciones arbitrales y a colaborar con el Tribunal Arbitral en el correcto desarrollo del arbitraje.

Artículo 54. Sede del arbitraje

Salvo acuerdo en contrario de las partes, el tribunal arbitral fijará la sede del arbitraje.

El tribunal arbitral previa consulta a las partes, podrá celebrar las audiencias, reuniones y cualquier otro acto del procedimiento en un sitio distinto al de la sede del arbitraje o por vía telemática.

La ley de la sede del arbitraje será la ley aplicable al procedimiento en todo aquello no regulado por este Reglamento. El laudo se considerará dictado en la sede del arbitraje.

Artículo 55. Idioma del arbitraje

A falta de acuerdo entre las partes, el tribunal arbitral determinará el o los idiomas del arbitraje teniendo en cuenta cualesquiera circunstancias pertinentes, incluyendo el idioma del contrato.

Artículo 56. Normas jurídicas aplicables al fondo de la controversia

Las partes podrán acordar libremente las normas jurídicas que el tribunal arbitral deberá aplicar al fondo de la controversia. Se entenderá que toda indicación del derecho u ordenamiento jurídico de un Estado se refiere, a menos que se exprese lo contrario, al derecho sustantivo de ese Estado y no a sus normas adjetivas o a sus normas de conflicto de leyes. A falta de acuerdo de las partes, el tribunal arbitral aplicará las normas jurídicas que considere apropiadas debiendo dejar constancia de ello en la correspondiente acta de misión.

En todos los casos, el tribunal arbitral deberá tener en cuenta las estipulaciones del contrato y los usos y costumbres mercantiles aplicables.

Artículo 57. Constitución del tribunal arbitral

Dentro de los diez (10) días hábiles siguientes a la fecha en la que se haya notificado a las partes quiénes conforman el tribunal arbitral, la Dirección Ejecutiva convocará a los árbitros y a las partes para la audiencia de constitución del tribunal arbitral.

En dicha audiencia se revisará el expediente que haya preparado la Dirección Ejecutiva, que deberá estar a disposición de las partes y de los árbitros. Para celebrar la audiencia, se requerirá la presencia de la Dirección Ejecutiva o quien haga sus veces, del tribunal arbitral, y tendrán derecho a estar presentes las partes acompañadas del abogado que le asista o sus representantes.

Finalizada la audiencia se elaborará el acta de constitución del tribunal arbitral queserá firmada por la Dirección Ejecutiva o quien haga sus veces, el tribunal arbitral y las partes o representantes hayan asistido a la audiencia.

Artículo 58. Secretario del tribunal arbitral

El tribunal arbitral una vez constituido podrá designar de oficio a un secretario. La designación del secretario y las actividades que este puede realizar se regirán, salvo acuerdo en contrario de las partes, de conformidad con lo establecido en el Reglamento del Secretario del Tribunal Arbitral.

Artículo 59. El acta de misión

En la audiencia de constitución del tribunal arbitral, o dentro de los cinco (5) días hábiles siguientes, las partes deberán presentar un proyecto de acta de misión. Finalizado este plazo, el tribunal arbitral tendrá diez (10) días hábiles para preparar el acta de misión definitiva.

El acta de misión deberá contener lo siguiente:

1. Nombre de las partes y de sus representantes o asistentes.

2. Dirección física, correo electrónico y número de teléfono de cada una de las partes en las que se efectuarán válidamente las notificaciones y comunicaciones a que haya lugar.

3. Nombres completos, dirección física y correo electrónico de los árbitros.

4. Determinación del carácter de los árbitros. Si se trata de un arbitraje de derecho, precisiones en relación con las normas aplicables a la controversia.

5. Determinación de la materia litigiosa a resolver. Las partes dejarán constancia de los hechos admitidos y controvertidos.

6. Precisiones relativas a las reglas aplicables al procedimiento, incluyendo los plazos correspondientes.

7. Una exposición sumaria de las pretensiones de las partes y de las declaraciones y condenas solicitadas.

8. Cualesquiera otras menciones que, a juicio de los árbitros resulten necesarias. El acta de misión deberá ser firmada por las partes, sus representantes y por los árbitros. En caso de asistencia, el acta deberá ser firmada por la parte y quien le asista. La Dirección Ejecutiva comunicará a las partes para que dentro de un plazo de cin-

co (5) días hábiles siguientes a su comunicación firmen el acta de misión. Si una parte se rehúsa a firmarla deberá, dentro del plazo antes indicado, manifestar mediante escrito sus razones para no hacerlo.

Los árbitros se pronunciarán sobre tales alegatos y deberán ratificarla o modificarla dentro del plazo de diez (10) días hábiles. Después de aprobar el acta de misión o bien después de que sean incorporadas las enmiendas, el tribunal arbitral otorgará a la parte que se rehusó a firmarla, un plazo de cinco (5) días hábiles para su firma. Si aún rehúsa firmar el acta, se dejará constancia en el expediente y el procedimiento arbitral continuará sin más dilación.

La fecha del acta de misión será la fecha de su firma por la última de las partes, y si alguna de ellas rehúsa hacerlo, se considerará como fecha de la misma el último día del plazo máximo para firmarla.

Artículo 60. Imposibilidad de formulación de nuevas peticiones

Una vez que el acta de misión haya sido firmada por los árbitros y las partes, o se haya cumplido lo dispuesto en el artículo anterior si alguna de ellas se rehusara a firmarla, ninguna de las partes podrá formular nuevas peticiones sobre el mismo asunto, salvo que el tribunal arbitral así lo autorice, tomando en cuenta las circunstancias que sean pertinentes.

Artículo 61. Actividades de instrucción

Los árbitros podrán encomendar las actuaciones de instrucción a uno de ellos. Se presumirá tal autorización cuando la actuación de instrucción sea realizada por el presidente del tribunal arbitral sin oposición de los demás árbitros.

Artículo 62. Instrucción de la causa

El tribunal arbitral instruirá la causa dentro del plazo más breve posible por cualesquiera medios apropiados. Si las partes o el tribunal arbitral lo solicitan, se podrán realizar las audiencias que se consideren pertinentes.

El tribunal arbitral podrá decidir la audición de testigos, peritos o de cualquier otra persona, en presencia de las partes, o en su ausencia, siempre y cuando estas hayan sido debidamente convocadas a juicio del tribunal arbitral.

Parágrafo Primero: El tribunal arbitral previa consulta con las partes, podrá nombrar uno o varios peritos, definir su misión y recibir sus dictámenes. Las partes tendrán la oportunidad de interrogar en audiencia a cualquier perito nombrado por el tribunal arbitral, previa petición por escrito de estas.

Parágrafo Segundo: El tribunal arbitral podrá requerir a cualquiera de las partes que aporte pruebas adicionales en cualquier etapa del procedimiento arbitral.

Parágrafo Tercero: De conformidad con la Ley de Arbitraje Comercial, el tribunal arbitral podrá pedir asistencia al tribunal competente para la evacuación de cualquiera de las pruebas.

Artículo 63. Suspensión, acuerdo y desistimiento de las partes en el transcurso del procedimiento

1. Si la demandante solicita la suspensión del procedimiento con anterioridad a la notificación del demandado, y siempre que no hubiere consignado el pago que le corresponde por concepto de costos iniciales, deberá consignar el veinte por ciento (20%) de la tarifa de servicio administrativo que le corresponde pagar en un plazo de cinco (5) días hábiles siguientes a la comunicación que a estos efectos haga la Dirección Ejecutiva. Vencido este plazo sin que se hubiere verificado el pago indicado, la Dirección Ejecutiva podrá ordenar el archivo del expediente sin perjuicio del derecho de la demandante de presentar las mismas pretensiones en una nueva solicitud de arbitraje.

Si las partes solicitan la suspensión del procedimiento de mutuo acuerdo, con posterioridad a la notificación del demandado, deberá ser presentada la solicitud por ambas partes, o en su defecto, si fuere presentada por una sola de ellas, la otra parte deberá manifestar su conformidad o no con la suspensión en un plazo no mayor de tres (3) días hábiles. En caso de silencio de la parte o de no ratificar la suspensión se continuará con el procedimiento. Acordada la suspensión, la parte demandada deberá consignar el veinte por ciento (20%) de la tarifa de servicio administrativo que le corresponde pagar en un plazo de cinco (5) días hábiles siguientes a la comunicación que a estos efectos haga la Dirección Ejecutiva. Vencido este plazo sin que se hubiere verificado el pago, la parte demandante deberá consignar el monto que le corresponde pagar a la demandada dentro del plazo indicado por la Dirección Ejecutiva. Si la demandante no consignare el pago que le corresponde al vencimiento del plazo, la Dirección Ejecutiva podrá ordenar el archivo del expediente sin perjuicio del derecho de las partes de presentar las mismas pretensiones en una nueva solicitud de arbitraje.

Si la suspensión excede de seis (6) meses, la Dirección Ejecutiva podrá ordenar el archivo del expediente sin perjuicio del derecho de las partes de presentar las mismas pretensiones en una nueva solicitud de arbitraje.

2. Si las partes llegan a un acuerdo en el transcurso del procedimiento arbitral sedejará constancia de este hecho en un laudo, el cual se dictará tomando en cuenta lo acordado por las partes.

En caso de que las partes lleguen a un acuerdo con anterioridad a la designación de los árbitros que conformarán el tribunal arbitral, la Dirección Ejecutiva ordenará el reintegro del noventa por ciento (90%) del pago consignado por concepto de depósito en garantía de honorarios de árbitros a la parte o las partes que lo hayan consignado, de conformidad con lo previsto en el Reglamento Parcial Administrativo.

3. Si la parte demandante desiste con anterioridad a la contestación de la solicitud de arbitraje o con posterioridad a la contestación de la solicitud, en cuyo caso se requerirá el consentimiento de la demandada, la Dirección Ejecutiva ordenará el reintegro del noventa por ciento (90%) del pago consignado por concepto de depósito en garantía de honorarios de árbitros a la parte o las partes que lo hayan consignado, de conformidad con lo previsto en el Reglamento Parcial Administrativo.

Parágrafo Único: En ningún de los casos regulados en este artículo procederá el reintegro de la tarifa de servicio administrativo.

Artículo 64. Audiencias

Para celebrar una audiencia, la Dirección Ejecutiva a solicitud del tribunal arbitral, lo comunicará a las partes con antelación razonable, para que comparezcan el día, hora y en el lugar determinado.

Si una de las partes no comparece sin justificación válida a juicio del tribunal arbitral, éste podrá continuar con la celebración de la audiencia. El tribunal arbitral tiene a su entero cargo la dirección de las audiencias, en las cuales todas las partes tienen derecho a estar presentes. Salvo autorización del tribunal arbitral y de las partes, las audiencias no están abiertas a personas ajenas al procedimiento, con excepción de la Dirección Ejecutiva o quien haga sus veces y a los miembros del Comité Ejecutivo. Las partes podrán comparecer en persona o por medios electrónicos a través de representantes acreditados, asimismo, podrán acudir asistidas.

Parágrafo Único: Las audiencias a que haya lugar podrán ser celebradas por medios electrónicos, en cuyo caso, el tribunal arbitral comunicará a la Dirección Ejecutiva del CACC el día y la hora fijados para la celebración de la audiencia, de conformidad con lo dispuesto en el Reglamento para el Manejo de Procedimientos a través de Medios Electrónicos, así como cualquier otra información que se requiera para el acceso a la audiencia.

Artículo 65. Cierre de la instrucción

El tribunal arbitral declarará el cierre de la instrucción cuando considere que las partes han tenido la oportunidad suficiente para exponer su posición.

El tribunal arbitral, al declarar el cierre de la instrucción, deberá indicar a la Dirección Ejecutiva la fecha aproximada en que el laudo será dictado o cualquier aplazamiento de dicha fecha.

Sección IV
Medidas Cautelares

Artículo 66. Medidas cautelares

A partir de su constitución, el tribunal arbitral que conozca de los méritos del asunto podrá, de oficio o a solicitud de parte, decretar las medidas cautelares que considere necesarias respecto del objeto en litigio.

A los fines de su dictamen, el tribunal arbitral podrá solicitar al interesado, dentro del plazo que estime razonable, la presentación de escritos o la ampliación de las pruebas que demuestren la necesidad de su decreto, así como el otorgamiento de una caución o de una garantía que considere suficiente.

Parágrafo Único: El tribunal arbitral podrá de oficio o a solicitud de parte revocar, anular, ampliar o modificar el decreto de la medida cautelar de urgencia dictada por el árbitro de emergencia, a que se refiere el Libro II de este Reglamento. Sobre esta decisión las partes podrán solicitar aclaratorias de conformidad con lo dispuesto en el artículo 74 de este Reglamento.

Artículo 67. Decreto de medida cautelar

El tribunal arbitral decidirá sobre las medidas cautelares solicitadas, dentro de los quince (15) días hábiles siguientes a la notificación de la solicitud. Dicho plazo podrá ser prorrogado por la Dirección Ejecutiva, a solicitud de éste, por una sola vez y por un plazo no mayor de cinco (5) días hábiles.

Artículo 68. Oposición al decreto de medida cautelar

Dictado el decreto de medida cautelar las partes podrán dentro del plazo de tres (3) días hábiles siguientes a su notificación, oponerse mediante escrito en el que expongan sus objeciones.

En caso de oposición al decreto de medida cautelar de una de las partes o ambas, se abrirá un plazo de tres (3) días hábiles contados a partir del vencimiento del plazo para la oposición de la última de las partes notificadas, para la promoción y evacuación de las pruebas que estimen pertinentes. En este supuesto se podrá acordar una sola prórroga no mayor de tres (3) días hábiles.

Tanto la oposición al decreto de medida cautelar como la promoción y evacuación de las pruebas, según su naturaleza, podrán ser presentadas en físico o vía correo electrónico, mediante el envío en archivo adjunto no editable (PDF) acompañadas de cualquier otro instrumento que fundamente su oposición, a los correos indicados en el Reglamento para el Manejo de Procedimientos a través de Medios Electrónicos. En todo caso, quien presente la oposición al decreto de la medida cautelar deberá acompañarla de los documentos que acrediten su cualidad.

Si la oposición fuere presentada vía correo electrónico, la Dirección Ejecutiva procederá a la incorporación al expediente electrónico y a la impresión de un ejemplar de la oposición y sus anexos que reposará en el expediente físico. Los costos por concepto de impresión correrán por cuenta de la parte que los consigne de manera electrónica.

El tribunal arbitral tendrá un plazo de cinco (5) días hábiles contados a partir del vencimiento del plazo previsto para promover y evacuar pruebas, o de su prorroga si la hubiere, para confirmar, revocar, ampliar, modificar o anular el decreto. Decidida la oposición las partes podrán solicitar aclaratoria dentro de los (3) días hábiles siguientes a su notificación. El tribunal arbitral tendrá tres (3) días hábiles para pronunciarse sobre las aclaratorias solicitadas.

Parágrafo Único: El tercero afectado por la medida cautelar podrá oponerse hasta antes del cese de funciones del tribunal arbitral. En este supuesto, se abrirá un plazo de tres (3) días hábiles contados a partir de la oposición, para promover y evacuar las pruebas que estime pertinentes. El tribunal arbitral tendrá un plazo de cinco (5) días hábiles contados a partir del vencimiento del plazo previsto para promover y evacuar pruebas, para confirmar, revocar, ampliar, modificar o anular el decreto que establece la medida. El tribunal arbitral podrá solicitar al tercero afectado que otorgue una caución o una garantía a su entera y cabal satisfacción.

Artículo 69. Notificación del decreto de medida cautelar a los tribunales de ejecución y a los órganos de la Administración Pública o entidades privadas

El tribunal arbitral podrá ordenar a la Dirección Ejecutiva notificar al tribunal judicial ejecutor de medidas el contenido del decreto de medida cautelar que fuere dictado. Cuando se trate de medidas que no requieran el uso de la fuerza pública, el tribunal arbitral ordenará a la Dirección Ejecutiva notificar a los órganos de la Administración Pública, incluyendo oficinas subalternas de registro inmobiliario o a entidades privadas el contenido del decreto de medida cautelar que fuere dictado.

Sección V
El Laudo Arbitral

Artículo 70. Plazo para dictar el laudo

El plazo para que el tribunal arbitral dicte el laudo no excederá de seis (6) meses, contados a partir de la fecha del acta de misión. Dicho plazo podrá ser prorrogado por la Dirección Ejecutiva a solicitud del tribunal arbitral.

Artículo 71. Laudo por mayoría simple

Cuando se haya designado más de un (1) árbitro, el laudo se dictará por mayoría simple. Cuando no pueda lograrse la mayoría simple, prevalecerá la opinión del presidente del tribunal arbitral. En tal caso, bastará que el laudo esté firmado por dicho presidente. Las opiniones disidentes serán entregadas en documento aparte y suscritas por los disidentes.

Artículo 72. Forma y contenido del laudo

El laudo definitivo se dictará por escrito, pudiendo ser consignado en físico o por medios electrónicos al CACC en formato PDF, en el mismo deberá constar la firma de los árbitros y deberá contener las siguientes menciones:

1. Nombre de las partes y de sus representantes o asistentes.

2. Domicilio de las partes.

3. Nombre completo de los árbitros.

4. Indicación de la sede del arbitraje.

5. La indicación de si se trata de arbitraje de derecho o de equidad. Si se trata de un arbitraje de derecho, la indicación del derecho aplicable.

6. Una síntesis de los términos en que ha quedado planteada la controversia.

7. Motivación de la decisión contenida en el laudo, que deberá comprender cada uno de los asuntos planteados, salvo que las partes hayan convenido en que no se exprese la motivación del laudo.

8. Decisión expresa y precisa con arreglo a la pretensión deducida y a las excepciones o defensas opuestas.

9. Pronunciamiento sobre cuál de las partes deberá correr con los gastos y costas o la proporción en que éstos deberán ser repartidos entre ellas.

10. Lugar y fecha del laudo.

11. Cualquier otra previsión que el tribunal arbitral considere pertinente.

Artículo 73. Ajuste por laudo de los costos iniciales

El tribunal arbitral podrá ordenar en el laudo un ajuste de la tarifa de servicio administrativo y del depósito en garantía de honorarios de árbitros, como consecuencia de una subestimación del valor de la solicitud de arbitraje respecto de lo decidido en el laudo. En este supuesto, el tribunal arbitral deberá en la oportunidad de consignar el laudo, informar de ello a la Dirección Ejecutiva para que esta lo comunique a las partes, debiendo indicar que dentro del plazo de cinco (5) días hábiles siguientes al envío de dicha comunicación, deberán consignar las cantidades correspondientes. Las partes podrán solicitar una prórroga no mayor de diez (10) días hábiles para el pago, la cual podrá ser acordada a criterio de la Dirección Ejecutiva.

Si alguna de las partes no consignare el pago que le corresponde por concepto de ajuste de tarifa de servicio administrativo y depósito en garantía de honorarios de árbitro de acuerdo a lo ordenado en el laudo, la otra parte deberá consignar dicho pago dentro de los cinco (5) días hábiles siguientes a la comunicación que a tales efectos realice la Dirección Ejecutiva y podrá solicitar una prórroga no mayor de diez (10) días hábiles para el pago, la cual podrá ser acordada a criterio de la Dirección Ejecutiva. Hasta tanto no sea consignada la totalidad del pago por concepto de ajuste de tarifa de servicio administrativo y depósito en garantía de honorarios de árbitro de acuerdo a lo ordenado en el laudo, la Dirección Ejecutiva no ordenará la notificación del laudo.

Una vez consignada la totalidad de los montos requeridos por las partes o por una de ellas, debidamente ajustados a la fecha de pago, la Dirección Ejecutiva deberá notificar a las partes el laudo consignado.

Parágrafo Único: En caso de sobreestimación del valor de la solicitud de arbitraje, no procederá el ajuste por laudo de los costos iniciales pagados por las partes.

Artículo 74. Oportunidad para notificar el laudo

Una vez consignado el laudo ante la Dirección Ejecutiva o recibido vía electrónica, esta procederá a notificarlo a las partes de conformidad con lo dispuesto en el artículo 5 de este Reglamento, siempre y cuando se haya consignado, si fuere el caso, la totalidad del ajuste de tarifa de servicio administrativo y depósito en garantía de honorarios de árbitros, por las partes o por una de ellas.

Artículo 75. Aclaratoria, corrección y complementación del laudo

Dentro de los quince (15) días hábiles siguientes a la fecha de notificación del laudo, las partes podrán pedir su aclaratoria, corrección o complementación. La solicitud se hará a la Dirección Ejecutiva, quien deberá notificarla a la otra parte y al tribunal arbitral. La otra parte tendrá un plazo de cinco (5) días hábiles a contar de la fecha de la referida notificación, para hacer sus observaciones. Dentro de los diez (10) días hábiles siguientes al vencimiento de este último plazo, el tribunal arbitral se pronunciará sobre lo solicitado, aclarando, corrigiendo, complementando el laudo, o rechazando la solicitud.

El tribunal arbitral podrá, por iniciativa propia, dentro de los diez (10) días hábiles siguientes a la fecha del laudo, corregir cualquier error material, de cálculo, transcripción o cualquier otro error de naturaleza similar contenido en el mismo.

En ambos casos, la decisión tomada por el tribunal arbitral constará por escrito, tendrá la forma de addendum del laudo y constituirá parte del mismo.

Artículo 76. Carácter definitivo del laudo

Vencido el plazo de quince (15) días hábiles sin que el tribunal arbitral de oficio aclare, corrija o complemente el laudo o una vez resuelta la solicitud planteada por las partes conforme al artículo anterior, se considerará que el laudo arbitral es definitivo e inapelable conforme a las normas de este Reglamento.

El sometimiento de las partes al arbitraje, implica que las partes se comprometen a ejecutar sin demora alguna el laudo que se haya dictado y renuncian a cualesquiera recursos salvo lo previsto en la Ley de Arbitraje Comercial.

Parágrafo Único: En el supuesto de incumplimiento voluntario del laudo arbitral, la parte interesada podrá solicitar su ejecución forzosa ante los órganos jurisdiccionales competentes.

Sección VI
Impugnación del laudo

Artículo 77. Impugnación opcional del laudo

Si en el acuerdo de arbitraje, o en cualquier momento posterior, las partes lo hubiesen pactado, cualquiera de ellas podrá impugnar ante el CACC el laudo definitivo que recaiga en el procedimiento.

La impugnación del laudo sólo podrá fundarse en una infracción manifiesta de las normas aplicables al fondo de la controversia o en un error grosero en la apreciación de los hechos por parte del tribunal arbitral, siempre que una u otro hayan sido determinantes para el laudo.

A partir del sometimiento a la impugnación del laudo, las partes se obligan a no instar la ejecución en tanto su impugnación no se decida, dejando a salvo el derecho de las partes de interponer el recurso de nulidad del laudo ante tribunales competentes una vez sea decidida la impugnación.

Artículo 78. Obligaciones de la parte que desee impugnar el laudo

La parte que desee impugnar el laudo definitivo dictado en el procedimiento deberá:

1. Comunicar a la Dirección Ejecutiva del CACC su intención de hacerlo dentro del plazo de diez (10) días hábiles contados desde su notificación o, si lo hubiere, del addendum que lo aclare, corrija o complemente, manifestando en ese momento su expresa renuncia a interponer el recurso de nulidad contra el laudo ante los tribunales competentes hasta tanto la impugnación sea resuelta; y

2. Presentar el escrito de impugnación del laudo definitivo ante la Dirección Ejecutiva dentro del plazo de veinte (20) días hábiles contados desde la fecha de su notificación o, si lo hubiere, del addendum que lo aclare, corrija o complemente.

3. La parte impugnante podrá presentar en físico o vía correo electrónico, la solicitud de impugnación, debidamente firmada de conformidad con lo previsto en el artículo 9 de este Reglamento, en archivo adjunto no editable (PDF) a las direcciones

de correo indicadas en el Reglamento para el Manejo de Procedimientos a través de Medios Electrónicos.

La parte contraria tendrá derecho a presentar una contestación a la solicitud de impugnación, dentro de los veinte (20) días hábiles, contados a partir de la fecha de la notificación de la solicitud. La contestación podrá ser presentada en físico o vía correo electrónico, de conformidad con lo previsto en el numeral 3 de este artículo.

Artículo 79. Designación de árbitros de impugnación

Cada parte designará en su escrito un (1) árbitro de impugnación. Nombrados los árbitros por la Dirección Ejecutiva, se otorgará un plazo de cinco (5) días hábiles contados a partir de la fecha del último de los nombramientos para que los coárbitros designen al tercer árbitro de impugnación.

Parágrafo Único: La designación, nombramiento, faltas y recusación de los co árbitros y presidente del tribunal de impugnación se realizará de conformidad con lo previsto en los artículos 48, 49, 50, 51 y 52 de este Reglamento.

Artículo 80. Costos de la tarifa de servicio administrativo y depósito en garantía de honorarios de árbitros de impugnación

En los arbitrajes en los que se solicite la impugnación del laudo, la tarifa de servicio administrativo y depósito en garantía de honorarios de árbitros serán los previstos en la Sección Ⅲ del Reglamento Parcial Administrativo.

Artículo 81. Oportunidad de la solicitante para la consignación del pago

Una vez presentada la solicitud de impugnación del laudo definitivo, la Dirección Ejecutiva comunicará oportunamente el monto y el plazo dentro del cual la solicitante deberá consignar la tarifa de servicio administrativo y depósito en garantía de honorarios de árbitros.

Artículo 82. Trámite de la Impugnación

La Dirección Ejecutiva enviará el expediente al tribunal arbitral de impugnación, el cual resolverá en el plazo de treinta (30) días hábiles, sin perjuicio de que el tribunal arbitral de impugnación considere necesario acordar excepcionalmente la práctica de pruebas, en este caso valorarán la posibilidad de convocar a una audiencia para oír a las partes. Celebrada la misma, el tribunal arbitral de impugnación cerrará la instrucción y, salvo que la Dirección Ejecutiva autorice un plazo mayor, resolverá dentro de los treinta (30) días hábiles siguientes.

El tribunal arbitral de impugnación podrá confirmar o modificar los términos del laudo, incluida su parte dispositiva, y asignará las costas del procedimiento.

Artículo 83. Recurso de nulidad

Si una de las partes ejerce el recurso de nulidad contra el laudo arbitral y el expediente es solicitado por una autoridad judicial, la Dirección Ejecutiva del CACC expedirá copia certificada del expediente contentivo del procedimiento arbitral, previo pago de los gastos de fotocopiado por la parte recurrente. El expediente original se mantendrá bajo custodia del CACC.

LIBRO IV
PROCEDIMIENTO ARBITRAL ABREVIADO

Artículo 84. Ámbito de aplicación

Cuando el monto estimado de la solicitud de arbitraje no exceda de cincuenta mildólares estadounidenses (USD 50.000,00) o su equivalente en bolívares según el ordenamiento jurídico vigente a la fecha de su presentación, el arbitraje se regirá por las normas previstas en este libro.

Las partes también podrán acordar la aplicación del procedimiento abreviado para solicitudes de arbitraje cuando su monto exceda el establecido en este artículo, en cuyo caso aplicarán las tarifas y honorarios de árbitro previstas en el Reglamento Parcial Administrativo correspondientes al procedimiento arbitral regulado en el Libro Tercero de este Reglamento.

Artículo 85. Solicitud del arbitraje

La parte que desee acudir al arbitraje podrá dirigir su solicitud debidamente firmada de conformidad con lo previsto en el artículo 9 de este Reglamento. La solicitud podrá ser presentada en físico o vía correo electrónico. Si la solicitud fuere presentada vía correo electrónico, deberá ser enviada a las direcciones de correo indicadas en el Reglamento para el Manejo de Procedimientos a través de Medios Electrónicos, mediante el envío en archivo adjunto no editable (PDF). Recibida la solicitud y sus anexos, la Dirección Ejecutiva procederá a la incorporación al expediente electrónico y a la impresión de un ejemplar que reposará en el expediente físico. Los costos por concepto de impresión correrán por cuenta de la solicitante.

La solicitud de arbitraje deberá cumplir los requisitos señalados en el artículo 28 de este Reglamento.

Artículo 86. Aceptación de la solicitud de arbitraje

Si la solicitud de arbitraje cumple con los requisitos establecidos en el artículo 28 de este Reglamento, la Dirección Ejecutiva deberá aceptarla, sin perjuicio del principio Kompetenz-Kompetenz contemplado en la Ley de Arbitraje Comercial y en este Reglamento.

Artículo 87. Oportunidad de la demandante para la consignación del pago

Dentro de los tres (3) días hábiles siguientes a la aceptación de la solicitud, la Dirección Ejecutiva comunicará a la parte demandante para que dentro de los cinco (5) días hábiles siguientes, consigne el pago del cincuenta por ciento (50%) del total de los costos iniciales conforme al Reglamento Parcial Administrativo. La parte demandante podrá solicitar a la Dirección Ejecutiva una prórroga no mayor de cinco (5) días hábiles.

Solo cuando las partes hayan acordado la aplicación del procedimiento arbitralabreviado, no obstante que el monto de la estimación de la solicitud sea superior a cincuenta mil dólares estadounidenses (USD 50.000,00) o su equivalente en bolívares conforme al ordenamiento jurídico vigente, podrán hacer una solicitud especial de pago al Comité Ejecutivo conforme al Reglamento Parcial Administrativo.

Transcurrido este plazo, el de la prórroga si la hubiere o al vencimiento de laprimera cuota que corresponda según lo acordado por el Comité Ejecutivo en caso de solicitud especial sin que se hubiere consignado dicho pago, la Dirección Ejecutiva podrá ordenar el archivo del expediente, sin perjuicio del derecho de la demandante a presentar las mismas pretensiones en una nueva solicitud de arbitraje.

Artículo 88. Notificación de la solicitud de arbitraje

La Dirección Ejecutiva procederá a la notificación de la parte demandada dentro de los tres (3) días hábiles siguientes a la consignación del pago a que se refiere el artículo anterior. En caso de ser aprobado el pago fraccionado de los costos iniciales, dicha notificación se hará dentro de los tres (3) días hábiles siguientes a la realización del pago de la primera cuota acordada. La notificación se efectuará de conformidad con lo previsto en el artículo 32 de este Reglamento.

Artículo 89. Contestación

Dentro de los diez (10) días hábiles siguientes a la notificación de la solicitud de arbitraje la parte demandada presentará su contestación. Excepcionalmente, la parte demandada podrá solicitar a la Dirección Ejecutiva una prórroga no mayor de diez (10) días hábiles para la contestación. Dicho plazo podrá o no ser otorgado por la Dirección Ejecutiva de acuerdo a las circunstancias del caso. Recibida la contestación, la Dirección Ejecutiva lo comunicará a la parte demandante, pudiendo acompañar en archivos adjuntos la contestación y sus anexos o indicando su disponibilidad en el expediente electrónico y físico.

La contestación de la solicitud de arbitraje deberá cumplir los requisitos señalados en el artículo 33 de este Reglamento.

Artículo 90. Oportunidad de la demandada para la consignación del pago

Vencido el plazo previsto para la contestación o de la prórroga acordada si fuere el caso, la Dirección Ejecutiva comunicará a la parte demandada para que dentro del plazo de cinco (5) días hábiles consigne el pago del cincuenta por ciento (50%) del total de los costos iniciales conforme al Reglamento Parcial Administrativo. La demandada podrá solicitar a la Dirección Ejecutiva una prórroga no mayor de cinco (5) días hábiles o hacer una solicitud especial de pago al Comité Ejecutivo conforme al Reglamento Parcial Administrativo.

Si la demandada no consignare el pago de los costos iniciales que le corresponde dentro del plazo previsto o de la prórroga si fuere el caso, la demandante deberá consignar dicho pago dentro del plazo indicado por la Dirección Ejecutiva.

En el supuesto de una solicitud especial de pago acordada por el Comité Ejecutivo, vencido el plazo para consignar la primera cuota, la Dirección Ejecutiva comunicará a la demandante el plazo para que consigne la totalidad de los costos iniciales que le corresponde a la demandada.

En caso de falta de pago de cualquiera de las cuotas subsiguientes, la Dirección Ejecutiva comunicará a la demandante el plazo para que consigne los costos iniciales restantes que le corresponden pagar a la demandada.

Si la demandante no consignare el pago que le corresponde al vencimiento del plazo, la Dirección Ejecutiva ordenará el archivo del expediente, sin perjuicio del derecho de la demandante a presentar las mismas pretensiones en una nueva solicitud de arbitraje.

Artículo 91. Oportunidad de la Reconvención

En caso de reconvención, la parte demandada-reconviniente podrá presentar en físico o vía correo electrónico, en documentos separados, la contestación y la reconvención a la solicitud de arbitraje, debidamente firmadas de conformidad con lo previsto en el artículo 9 de este Reglamento, en archivo adjunto no editable (PDF) a las direcciones de correo indicadas en el Reglamento para el Manejo de Procedimientos a través de Medios Electrónicos. Si fueren presentadas vía correo electrónico, la Dirección Ejecutiva procederá a su incorporación en el expediente electrónico y a la impresión de un ejemplar de las mismas y sus anexos que reposarán en el expediente físico. Los costos por concepto de impresión correrán por cuenta de la demandada-reconviniente.

Artículo 92. Contenido de la Reconvención

La reconvención deberá contener:

1. Descripción de la naturaleza y circunstancias de la controversia que origina la reconvención y de su fundamento legal, acompañado de los instrumentos o documentos que la sustenten.

2. Indicación de las pretensiones y de los montos reclamados.

3. La estimación del valor de la reconvención.

4. El Registro de Información Fiscal (RIF) de la demandada-reconviniente o cualquier otra exigencia establecida por el ordenamiento jurídico.

5. Comprobante de pago de la tarifa de servicio de registro, con la inclusión del documento que evidencie el pago de los impuestos que se causen o deobligaciones de retención o de percepción según el caso, de conformidad con lo establecido en el Reglamento Parcial Administrativo. Dicho pago no es reembolsable y cubre los gastos operativos iniciales.

Parágrafo Único: A los efectos de la determinación de la tarifa de servicio administrativo y de depósito en garantía de honorarios de árbitros, se considerarán la demanda original y la reconvención como dos procedimientos diferentes y se aplicará a cada uno de ellos lo establecido en el Reglamento Parcial Administrativo para el cálculo de la tarifa de servicio administrativo y de depósito en garantía de honorarios de árbitros.

Artículo 93. Oportunidad de la demandada-reconviniente para la consignación del pago

Dentro de los tres (3) días hábiles siguientes a la recepción de la reconvención, la Dirección Ejecutiva comunicará a la parte demandada-reconviniente para que dentro del plazo de cinco (5) días hábiles consigne el pago del cincuenta por ciento (50%) del total de los costos iniciales de la reconvención conforme con el Reglamento Parcial Administrativo.

La parte demandada-reconviniente podrá solicitar a la Dirección Ejecutiva una prórroga no mayor de cinco (5) días hábiles o hacer una solicitud especial de pago al Comité Ejecutivo conforme al Reglamento Parcial Administrativo.

Parágrafo Único: Transcurrido este plazo, el de la prórroga si la hubiera o al vencimiento de la primera cuota acordada que corresponda sin haber recibido el pago, la Dirección Ejecutiva podrá ordenar el archivo de la reconvención.

Artículo 94. Réplica a la reconvención

Verificado el pago de la parte demandada-reconviniente de la totalidad de los costos iniciales o de la primera cuota acordada, la Dirección Ejecutiva notificará a la parte demandante-reconvenida para que dentro de un plazo de diez (10) días hábiles pueda presentar una réplica de la reconvención.

La réplica deberá cumplir los requisitos establecidos en el artículo 33 de este Reglamento y podrá ser presentada en físico o vía correo electrónico a las direcciones de correo indicadas en el Reglamento para el Manejo de Procedimientos a través de Medios Electrónicos, mediante el envío en archivo adjunto no editable (PDF).

Si la réplica fuere presentada vía correo electrónico, la Dirección Ejecutiva procederá a la incorporación al expediente electrónico y a la impresión de un ejemplar y sus anexos que reposarán en el expediente físico. Los costos por concepto de impresión correrán por cuenta de la demandante-reconvenida. Excepcionalmente, la parte demandante-reconvenida podrá solicitar a la Dirección Ejecutiva, una prórroga no mayor de diez (10) días hábiles para la presentación de la réplica. Dicho plazo podrá o no ser otorgado por la Dirección Ejecutiva de acuerdo a las circunstancias del caso.

Parágrafo Único: La Dirección Ejecutiva incorporará al expediente respectivo la reconvención y sus anexos, no siendo necesario el envío en archivo adjunto o entrega en físico de un ejemplar de los documentos antes indicados a las partes.

Artículo 95. Oportunidad de la demandante-reconvenida para la consignación del pago

Vencido el plazo previsto para realizar la réplica a la reconvención o de la prórroga acordada, la Dirección Ejecutiva comunicará a la parte demandante-reconvenida para que dentro de los cinco (5) días hábiles, consigne el pago del cincuenta por ciento (50%) del total de los costos iniciales de la reconvención conforme al Reglamento Parcial Administrativo. La demandante-reconvenida podrá solicitar a la Dirección Ejecutiva una prórroga no mayor de cinco (5) días hábiles o hacer una solicitud especial de pago al Comité Ejecutivo conforme al Reglamento Parcial Administrativo.

Si la demandante-reconvenida no consignare el pago de los costos iniciales que le corresponde dentro del plazo previsto o de la prórroga si fuere el caso, la demandada-reconviniente deberá consignar dicho pago dentro del plazo indicado por la Dirección Ejecutiva.

En el supuesto de una solicitud especial de pago acordada por el Comité Ejecutivo, vencido el plazo para consignar la primera cuota, la Dirección Ejecutiva comunicará a la demandada-reconviniente el plazo para que consigne la totalidad de los costos iniciales que le corresponde a la demandante-reconvenida.

En caso de falta de pago de cualquiera de las cuotas subsiguientes, la Dirección Ejecutiva comunicará a la demandada-reconviniente el plazo para que consigne los costos iniciales restantes que le corresponden pagar a la demandantereconvenida.

Si la demandada-reconviniente no consignare el pago que le corresponde al vencimiento del plazo, la Dirección Ejecutiva podrá ordenar el archivo de la reconvención.

Artículo 96. Archivo de la reconvención

En caso de archivo de la reconvención la Dirección Ejecutiva ordenará la apertura de un cuaderno separado donde reposarán los documentos relacionados con la tramitación de la reconvención.

Artículo 97. Designación del árbitro

Las controversias en el procedimiento arbitral abreviado serán resueltas por untribunal arbitral compuesto por un árbitro único, sin embargo, las partes podrán fijar de común acuerdo que sea por tres (3) o más árbitros.

Una vez que la Dirección Ejecutiva haya notificado a las partes que la totalidad de los costos iniciales ha sido consignada, éstas tendrán un plazo de cinco (5) días hábiles para designar de mutuo acuerdo al árbitro único. Si no hubiere acuerdo, el árbitro único será designado por el Comité Ejecutivo de conformidad con el Reglamento para la Designación y Nombramiento de árbitros por el Comité Ejecutivo del Centro de Arbitraje de la Cámara de Caracas.

Artículo 98. Notificación al árbitro

Una vez designado el árbitro único, la Dirección Ejecutiva lo notificará a la brevedad. Dentro del plazo de tres (3) días hábiles contados a partir de la notificación de su designación, el árbitro deberá indicar si acepta o no el cargo. Con la aceptación el árbitro deberá dar a conocer por escrito a la Dirección Ejecutiva cualquier circunstancia susceptible de poner en duda su independencia e imparcialidad, pudiendo considerar las directrices nacionales o internacionales en materia de conflicto de intereses que existieren y deberá firmar las "Reglas de actuación y ética" y la "Declaración de independencia y acatamiento de normas del CACC".

Si el árbitro hiciere observaciones, hubiere objeciones de las partes o se presentare recusación, aplicará el procedimiento previsto en la sección Ⅲ de este Reglamento.

Parágrafo Único: El silencio del árbitro al vencimiento del plazo respecto a esta notificación se entenderá como el rechazo a su designación. En todo caso, la aceptación o el rechazo del cargo por parte de un árbitro será notificada a todas las partes.

Artículo 99. Constitución del tribunal arbitral

Dentro de los cinco (5) días hábiles siguientes a la fecha en la que se haya notificado a las partes quién conformará el tribunal arbitral, la Dirección Ejecutiva convocará a los árbitros y a las partes para la audiencia de constitución del tribunal arbitral.

En dicha audiencia se revisará el expediente que haya preparado la Dirección Ejecutiva, que deberá estar a disposición de las partes y del árbitro. Para celebrar la audiencia, se requerirá la presencia de la Dirección Ejecutiva o quien haga sus veces, del árbitro y tendrán derecho a estar presentes las partes acompañadas del abogado que le asista o sus representantes. Finalizada la audiencia se elaborará el acta de constitución del tribunal arbitral que será firmada por la Dirección Ejecutiva o quien haga sus veces, el tribunal arbitral y las partes o representantes que hayan asistido.

Artículo 100. Acta de misión

En la audiencia de constitución del tribunal arbitral, o dentro de los cinco (5) días hábiles siguientes, las partes deberán presentar un proyecto de acta de misión. Finalizado este plazo, el tribunal arbitral tendrá diez (10) días hábiles para preparar el acta de misión definitiva. El acta de misión deberá contener los requisitos exigidos en el artículo 58 de este Reglamento.

El acta de misión deberá ser firmada por las partes o sus representantes y por los árbitros. En caso de asistencia, el acta deberá ser firmada por la parte y quien le asista. La Dirección Ejecutiva comunicará a las partes para que dentro de un plazo de cinco (5) días hábiles siguientes a su comunicación firmen el acta de misión. Si una parte se rehúsa a firmarla deberá, dentro del plazo antes indicado, manifestar mediante escrito sus razones para no hacerlo. Los árbitros se pronunciarán sobre tales alegatos y deberán ratificarla o modificarla dentro del plazo de cinco (5) días hábiles.

Después de aprobar el acta de misión o bien después de que sean incorporadas las enmiendas, el tribunal arbitral otorgará a la parte que se rehusó a firmarla un plazo de tres (3) días hábiles para su firma. Si aún rehúsa firmar el acta, se dejará constancia en el expediente y el procedimiento arbitral continuará sin más dilación. La fecha del acta de misión será la fecha de su firma por la última de las partes, y si alguna de ellas rehúsa hacerlo, se considerará como fecha de la misma, el último día del plazo máximo para firmarla.

Artículo 101. Plazo para dictar el laudo

El plazo para que el tribunal arbitral dicte el laudo no excederá de tres (3) meses contados a partir de la fecha del acta de misión. Dicho plazo podrá ser prorrogado, por la Dirección Ejecutiva a solicitud del tribunal arbitral.

Artículo 102. Aclaratoria, corrección y complementación del laudo

Dentro de los diez (10) días hábiles siguientes a la fecha de la notificación del laudo, las partes podrán pedir su aclaratoria, corrección o complementación. La solicitud se hará a la Dirección Ejecutiva, quien deberá notificarla a la otra parte y al tribunal arbitral. La otra parte tendrá un plazo de cinco (5) días hábiles a contar de la fecha de la referida notificación, para hacer sus observaciones. Dentro de los diez (10) días hábiles siguientes al vencimiento de este último plazo, el tribunal arbitral se pronunciará sobre lo solicitado, aclarando, corrigiendo, complementando el laudo o rechazando la solicitud.

El tribunal arbitral podrá, por iniciativa propia, dentro de los cinco (5) días hábiles siguientes a la fecha del laudo, corregir cualquier error material, de cálculo, transcripción o cualquier otro error de naturaleza similar contenido en el mismo.

En ambos casos, la decisión tomada por el tribunal arbitral constará por escrito, tendrá la forma de addendum del laudo y constituirán parte del mismo.

Parágrafo Único: Vencido el plazo de diez (10) días hábiles sin que el tribunal arbitral de oficio aclare, corrija o complemente el laudo o una vez resuelta la solicitud planteada por las partes conforme al artículo anterior, se considerará que el laudo arbitral es definitivo e inapelable conforme a las normas de este Reglamento.

Artículo 103. Aplicación del Reglamento General del CACC

Todo lo no previsto en este Libro respecto al procedimiento arbitral abreviado se regirá por las normas contempladas en el Libro Tercero de este Reglamento que rigen el procedimiento arbitral.

LIBRO V
DE LA MEDIACIÓN

Artículo 104. De la mediación

Mediación es el mecanismo por el cual las partes en conflicto buscan llegar a un acuerdo bajo la asesoría de un tercero neutral denominado mediador.

Artículo 105. De la solicitud de mediación

La parte que tome la iniciativa de acudir al procedimiento de mediación, dirigirá su solicitud debidamente firmada de conformidad con lo previsto en el artículo 9 de este Reglamento.

La solicitud podrá ser presentada en físico o vía correo electrónico. Si la solicitud fuere presentada vía correo electrónico, deberá ser enviada a las direcciones de correo indicadas en el Reglamento para el Manejo de Procedimientos a través de Medios Electrónicos, mediante el envío en archivo adjunto no editable (PDF).

Recibida la solicitud y sus anexos, la Dirección Ejecutiva procederá a laincorporación al expediente electrónico y a la impresión de un ejemplar que reposará en el expediente físico. Los costos por concepto de impresión correrán por cuenta de la solicitante.

Artículo 106. Requisitos de la solicitud de mediación.

La solicitud de mediación deberá contener:

1. La petición de que la controversia se someta a mediación.

2. La identificación de las partes y de sus representantes o abogados que les asisten, incluyendo direcciones físicas, electrónicas y números telefónicos.

3. Las diferencias o cuestiones objeto de la mediación. Documento en el que conste el o los acuerdos de mediación.

4. La estimación del valor de la solicitud de mediación.

5. Toda indicación pertinente y cualesquiera observaciones en relación con el lugar de celebración de la o las audiencias, y el idioma de la mediación.

6. Comprobante de pago de la Tarifa de Servicio de Registro.

Parágrafo Primero: Si el solicitante de la mediación omite cumplir cualquiera de estos requisitos, la Dirección Ejecutiva fijará un plazo para que proceda al cumplimiento; en su defecto, al vencimiento del mismo, la Dirección Ejecutiva ordenará el archivo del expediente, sin perjuicio del derecho de la solicitante a presentar en fecha ulterior las mismas diferencias o cuestiones objeto de la mediación en una nueva solicitud.

Parágrafo Segundo: Toda solicitud de mediación debe ir acompañada del Registro de Información Fiscal (RIF) y del comprobante de pago de la Tarifa de Servicio de Registro correspondiente de acuerdo a lo establecido en el Reglamento Parcial Administrativo. Dicho pago no es reembolsable y cubre los gastos operativos iniciales del procedimiento de mediación.

Artículo 107. Aceptación de la solicitud de mediación

Si la solicitud de mediación cumple con los requisitos establecidos en este Reglamento, la Dirección Ejecutiva deberá aceptarla. Una vez aceptada la solicitud, la Dirección Ejecutiva requerirá a la parte solicitante de la mediación, el pago del cincuenta por ciento (50%) que le corresponde por concepto de costos iniciales de la mediación, de conformidad con lo establecido en el Reglamento Parcial Administrativo.

Si la solicitante no consignare el pago de la parte de los costos iniciales de la mediación que le corresponden dentro del plazo fijado, la Dirección Ejecutiva ordenará el archivo del expediente.

Artículo 108. Notificación de la solicitud de mediación

Dentro de los cinco (5) días hábiles siguientes a la fecha de la consignación de pago del solicitante de la mediación, la Dirección Ejecutiva notificará a la otra parte del contenido de la mediación solicitada. Dicha notificación se realizará de conformidad con lo previsto en el artículo 32 de este Reglamento. Así mismo, indicará el plazo para que consigne el pago del cincuenta por ciento (50%) que le corresponde por concepto costos iniciales de la mediación de conformidad con lo establecido en el Reglamento Parcial Administrativo.

Si no consignare el pago de la parte los costos iniciales de la mediación que le corresponden dentro del plazo fijado, la Dirección Ejecutiva podrá ordenar el archivo de la mediación y el reintegro del noventa por ciento (90%) del pago consignado por concepto de depósito en garantía de honorarios del mediador a la parte que los haya consignado de conformidad con lo previsto en el Reglamento Parcial Administrativo.

Parágrafo Único: En caso de archivo de la mediación no procederá el reintegro de la tarifa de servicio administrativo.

Artículo 109. Designación del mediador

Consignado el pago de la totalidad de los costos iniciales de la mediación, la Dirección Ejecutiva procederá, salvo acuerdo en contrario, a la designación del mediador atendiendo a la especialidad del conflicto. La Dirección Ejecutiva comunicará por escrito a las partes la designación y fijará un plazo de tres (3) días hábiles para que éstas realicen sus observaciones. Una vez designado el mediador, la Dirección Ejecutiva lo notificará a la brevedad posible para que dentro del plazo de tres (3) días hábiles manifieste si acepta o no el cargo y acompañe debidamente firmadas, las "Reglas de actuación y ética”, la “Declaración de independencia y acatamiento de normas del CACC” y la revelación de cualquier circunstancia susceptible de poner en duda su independencia o imparcialidad frente a las partes. El silencio del mediador al vencimiento del plazo respecto a esta notificación se entenderá como el rechazo a su designación. En todo caso, la aceptación o el rechazo del cargo por parte del mediador será notificada a todas las partes.

Sí el mediador designado hiciere observaciones o revelaciones de hechos o circunstancias que pudieren comprometer su independencia y objetividad en el caso, la Dirección Ejecutiva lo comunicará a las partes para que éstas en un plazo de tres (3) días hábiles contados a partir del envío de la comunicación, manifiesten por escrito su conformidad o no con la designación. Si alguna de las partes objetare fundadamente ladesignación, no procederá el nombramiento. En este caso, la Dirección Ejecutiva dejará sin efecto la designación y procederá a una nueva de conformidad con el procedimiento que aplique o al orden de selección acordado. De no haber objeción por ninguna de las partes, o el silencio de estas al vencimiento del plazo, la Dirección Ejecutiva procederá a notificar su nombramiento.

Si las partes, de común acuerdo, postulan como mediador a una persona que no forme parte de la lista, le corresponderá a la Dirección Ejecutiva ratificar o no su nombramiento, siempre que firme las “Reglas de actuación y ética”, la “Declaración de independencia y acatamiento de normas del CACC” sin reservas, o, aunque con reservas, no provoque objeción alguna de las partes.

Artículo 110. Audiencia de mediación

El mediador procederá a la brevedad posible a comunicar a la Dirección Ejecutiva la fecha y hora para que tenga lugar la audiencia de mediación a fin de que esta lo notifique a las partes. El mediador podrá, de acuerdo con las partes, decidir efectuar más de una sesión.

La o las audiencias de mediación podrán celebrarse a través de medios electrónicos que se acuerden previamente con las partes, el mediador y el equipo del CACC de conformidad con lo establecido en el Reglamento para el Manejo de Procedimientos a través de Medios Electrónicos.

Si la audiencia no pudiere celebrarse por ausencia de una de las partes, previo informe del mediador, este podrá convocar para una nueva audiencia. Si esta tampoco pudiere realizarse por ausencia de alguna de las partes, se dejará constancia de la imposibilidad de la mediación, suscrita por los presentes y el mediador.

Artículo 111. Acta de mediación

En caso de lograrse un acuerdo entre las partes, se elaborará un acta de mediación para ser suscrita por las mismas y el mediador. Si hay acuerdo total o parcial, se señalarán de manera clara y definida en el acta los puntos de acuerdo, determinando las obligaciones de cada parte, el plazo para su cumplimiento, su monto y demás acuerdos.

El acta de mediación será transformada en laudo, salvo acuerdo en contrario de las partes. A tales efectos, la Dirección Ejecutiva nombrará al mediador del caso como árbitro único, quien deberá darle forma de laudo arbitral al acuerdo alcanzado, a los fines de que sea reconocido y ejecutado como laudo.

En caso de no acordar la celebración de audiencias adicionales, o de no lograrse un acuerdo entre las partes, se dará por concluida la actuación del mediador, caso en el cual se dejará constancia en acta suscrita por los presentes y el mediador.

Parágrafo único: En caso de ser nombrado como árbitro único a los efectos de la conversión en laudo del acta de mediación, la Dirección Ejecutiva ordenará a las partes a consignar dentro de los cinco (5) días hábiles siguientes a su nombramiento, el veinticinco por ciento (25%) del monto que corresponda a los honorarios como árbitro único calculados con base en la estimación del valor de la solicitud de mediación. No será elaborado el laudo hasta no ser consignado el pago de los honorarios correspondientes.

Artículo 112. Carácter confidencial de la mediación

Tanto los mediadores como las partes que participen en una mediación, deberán mantener la debida reserva y lo que en ella se ventile, no incidirá en procesos subsiguientes. El mediador queda inhabilitado para actuar en cualquier proceso judicial o arbitral relacionado con la desavenencia objeto de la mediación, ya sea como árbitro, ya sea como apoderado o asesor de alguna de las partes. Asimismo, las partes se comprometen a no citar al mediador como testigo en dichos procesos.

Este Reglamento General ha sido aprobado por la Junta Directiva de la Cámara de Comercio, Industria y Servicios de Caracas, en Caracas a los veintiún (21) días del del mes de mayo del año dos mes de abril del año dos mil veintidós (2022), y entrará en vigencia el veintiséis (26) mil veintidós (2022).

(五)《调解和仲裁商业中心仲裁规则》

CENTRO EMPRESARIAL DE CONCILIACIÓN Y ARBITRAJE CEDCA

Conciliation and Arbitration Rules

2020

Table of Contents

Article 9. Identification of the issues subject to conciliation

Article 10. Place and time of the conciliation

Article 11. The conciliation agreement

Title Ⅱ. Arbitration Rules

Chapter Ⅰ. General Provisions

Article 12. General Rule

Article 13. Effects of the arbitration agreement

Article 14. Joinder of additional parties

Article 15. Time periods and duration of the process

Article 16. Notifications

Article 17. Submission of documents

Article 18. Tacit waiver of the powers of challenge

Chapter Ⅱ. The Regular Procedure

Article 19. Commencement of the arbitration

Article 20. Request for arbitration

Article 21. Answer to the request for arbitration; counterclaim

Article 22. Conciliation hearing

Chapter Ⅲ. The Arbitral Tribunal

Article 23. Impartiality of the arbitrators

Article 24. Appointment of the arbitrators

Article 25. Multiple parties

Article 26. Challenge of arbitrators

Article 27. Secretary of the Arbitral Tribunal

Article 28. Replacement of arbitrators

Chapter Ⅳ. The Initial Procedures

Article 29. Act of Installation of the Arbitral Tribunal

Article 30. Place of arbitration

Article 31. Procedure hearing; terms of reference; procedural timetable

Article 32. Rules governing the proceedings

Article 33. Language of the arbitration

Article 60. Enforcement of these Rules

Code of Ethics

Standard Dispute Resolution Clauses

1. Special Recommendations

CEDCA suggests the adoption of any of the following clauses to promote, establish, and ensure the use of arbitration as a mean of solving disputes, mainly commercial disputes. CEDCA recommends the parties to be careful when drafting the arbitration clause, since an ambiguous or confusing text can cause delays that can hinder the arbitration process or even invalidate the arbitration agreement. It is recommended to use the standard basic clause of the CEDCA, preferably without introducing additional elements that may distort its content. Additionally, CEDCA highlights the importance of the parties ensuring that the person who signs the arbitration clause, or the contract that contains it, is expressly authorized to legally commit to arbitration, since the delegation of authority for such purposes is not implicit in the clause and cannot be inferred from the interpretation of the scope of the powers usually granted to legal representatives.

2. Standard Arbitration Clauses:

2.1. Basic arbitration clause:

In order for disputes, arising in connection with a particular contract may be solved through arbitration, we suggest that the dispute settlement agreement or clause indicates that: "Any controversy directly or indirectly related to this contract shall be entirely solved through arbitration, in accordance with the CEDCA Conciliation and Arbitration Rules".

2.2. Arbitration not previously foreseen:

For cases where the parties wish to submit a conflict to arbitration even if this mechanism had not been foreseen prior to the start of the controversy, the following agreement is recommended: "We, [identification of the parties] agree to submit the following dispute [description of the dispute] to arbitration in accordance with the CEDCA Conciliation and Arbitration Rules. ”

2.3. Extended arbitration clause:

In the event that the parties of a certain legal relationship or contract decide to submit a dispute to arbitration and wish to be more specific and detailed in the scope of the procedure, CEDCA suggests the use of the following clause: “Any controversy directly or indirectly related to this contract, shall be solved through arbitration [at law] [in equity], in accordance with the laws [that the parties determine], in [the city and place of arbitration that the parties determine], in language [agreed by the parties], in accordance with the CEDCA Conciliation and Arbitration Rules, by [one arbitrator] [three arbitrators] appointed pursuant to that Regulation. The arbitrators [may] [may not] issue interim measures, [even before the Arbitral Tribunal that will know the merits of the controversy is constituted]. The arbitral Award [shall] [shall not] be reasoned and [shall] [shall not] be the subject of the previous presentation provided in these Rules. ”

3. Standard Conciliation Clauses:

3.1. Basic conciliation clause:

In order for the controversies that arise in relation to a certain contract may be solved through conciliation before the CEDCA, the contract must include the following clause: “Any controversy directly or indirectly related to this contract shall be solved through conciliation, by a conciliator, appointed in accordance with the CEDCA Conciliation and Arbitration Rules”.

3.2. Conciliation not previously foreseen:

For cases where the parties wish to submit a conflict to conciliation even if this mechanism had not been foreseen prior to the start of the controversy, the following agreement is recommended. “We, [identification of the parties] agree to submit the following dispute [Description of the dispute] to conciliation in accordance with the CEDCA Conciliation and Arbitration Rules”.

4. Standard Dispute Resolution Staggered Clause

In the event that the parties have the interest to agree to a staggered dispute resolution procedureso that only the most complex disputes are solved in arbitration, CEDCA proposes the following clause: "Any controversy directly or indirectly related to this contract shall be solved in conciliation, by a conciliator, in accordance with the CEDCA Conciliation and Arbitration Rules. In the event that the conciliation does not prosper, the controversy shall be decided entirely through arbitration [at law] [in equity], in accordance with the laws [that the parties determine], in [the city and place of arbitration that the parties determine], in language [agreed by the parties], in accordance with the CEDCA Conciliation and Arbitration Rules, by [one arbitrator] [three arbitrators] appointed pursuant to that Regulation. The arbitrators [may] [may not] issue interim measures, [even before the Arbitral Tribunal that will know the merits of the controversy is constituted]. The Arbitral Award [shall] [shall not] be reasoned and [shall] [shall not] be the subject of the previous presentation provided for in these Rules".

Conciliation and Arbitration Rules of the Centro Empresarial De Conciliación Y Arbitraje-Cedca

Introductory Title

Preliminary Provisions and Organization

Article 1. Definitions

For the purposes of these Regulations, the following terms will have the meaning established below:

1.1. "Terms of Reference" makes mention to the document signed by the parties and the Arbitral Tribunal in the procedure hearing that contains the essential elements for the efficient operation of the arbitration.

1.2. "CEDCA" is the "Centro Empresarial de Conciliación y Arbitraje".

1.3. “Conciliation” o “conciliator” refers to mediation or mediator.

1.4. “Claimant” is one or more Claimants in the arbitration process.

1.5. “Respondent” is one or more subjects sued in the arbitration process.

1.6. “Award” refers to the decision that ends the arbitration in whole or in part, or that preliminarily solves a matter that is necessary to reach a final resolution. Likewise, any document that clarifies, corrects or complements the Award will be recognized as an integral part of it.

1.7. “Final List” refers to the list of arbitrators that make up the sum of the arbitrators nominated by the parties, either from the Official List or from the Reduced List.

1.8. “NumberedFinal List” refers to the Final List that indicates the order of preference of the parties respect to each nominated arbitrator.

1.9. “Official List” refers to the list of professionals formally inscribed on the lists of conciliator and arbitrators that CEDCA keeps for such purposes.

1.10. “Reduced List” refers to the list of arbitrators that results after each party has exercised its right of discretionary inclusion of at least sixty percent (60%) of the CEDCA Official List.

1.11. “Previous presentation of the Award” refers to the presentation of the Award by the Arbitral Tribunal to the parties and the Executive Director of CEDCA, before the Award is deposited, so that they can comment on matters of form or related to the merits of the dispute, respecting the freedom of decision of the Arbitral Tribunal.

1.12. “Expedited Procedure” refers to the brief procedure provided for in Title Ⅲ of these Rules.

1.13. “Regular Procedure” refers to the rules of general application for the processing of matters submitted to CEDCA, unless the parties agree on a different procedure.

1.14. “Rules” refers to this regulatory body, its appendixes, Code of Ethics and any other regulatory provisions issued by CEDCA.

1.15. “Arbitral Tribunal” refers to the arbitrator or arbitrators in charge of solving the controversy, or solving any preliminary matter necessary to reach a final result.

Article 2. Purpose and integration of CEDCA

2.1. CEDCA is a non-profit Civil Association, originally established according to a document registered before the Subalternate Office of Public Registry of the Chacao municipality in the state of Miranda, on August 2, 1999, under No. 9, Volume 8, First Protocol. Its purpose is to contribute to the settlement of disputes through the institutionalization of alternative means of dispute resolution, and for the fulfillment of its functions it will have the bodies provided in its corporate bylaws.

2.2. The direction and administration of CEDCA will be in charge of the Board of Directors.

2.3. The members of the Board of Directors will be elected by the General Assembly of CEDCA Members and will last in their positions three (3) years, being able to be re-elected up to two (2) terms.

2.4. The decisions of the Board of Directors will be adopted with the affirmative vote of the simple majority of its members. In the event of a tie, the President of the Board will have the deciding vote.

2.5. The General Assembly of CEDCA Members will designate among the members of the Board of Directors the people who will hold the positions of President and Vice President of the Board. The President of the Board of Directors will be the legal representative of CEDCA, will preside over the meetings of the General Assembly of Members and of the Board of Directors and will have the powers established in these Rules and in the corporate bylaws of CEDCA. Temporary or absolute absences of the President of the Board will be replaced by the Vice President.

2.6. The Board of Directors will exercise the administrative functions of the Association and will have general supervision of the provision of the services inherent to CEDCA.

2.7. CEDCA will not offer, under any form or modality, legal advice on matters that are or may be subject to arbitration administered by the Center. Nor may it issue any recommendation on the provision of legal services by specific lawyers or law firms.

2.8. The Board of Directors will designate the persons who will occupy the positions of Executive Director and Executive Secretary. The Executive Director will be the official executor of the decisions adopted by the Board of Directors and will have the powers established in these Rules and in the corporate bylaws of CEDCA. Temporary or absolute absences of the Executive Director will be filled by the Executive Secretary or by the person designated for this purpose by the Board of Directors. The Executive Secretary will have the functions established in these Regulations and in the corporate bylaws of CEDCA.

2.9. The functions of the Executive Director of CEDCA are:

a) To ensure that the provision of the CEDCA service is being carried out efficiently and in accordance with the rules of these Regulations;

b) To review each year the Official List of conciliators and arbitrators, and submit to the Board of Directors consideration the nominations of the candidates proposed as conciliators and/or arbitrators according to the procedure established in these Rules;

c) To propose to the Board of Directors the persons who will be appointed as conciliators when required by the parties;

d) To solve on temporary or accidental absences of the Executive Secretary;

e) The other functions specifically established in these Regulations.

2.10. The specific functions of the Executive Secretary of CEDCA are:

a) To carry the official books of conciliators and arbitrators of CEDCA;

b) To keep a record of the arbitration requests submitted to CEDCA;

c) To receive the nominations of candidates to join the Official Lists and ensure they meet the requirements of these Rules;

d) To organize and keep the CEDCA files containing the conciliation acts and the arbitration Awards;

e) To receive the claims, briefs, requests and other proceedings presented by the parties and report to the Arbitral Tribunal and / or conciliators;

f) To certify copies of the proceedings to the parties;

g) Others assigned by these Rules or assigned or delegated by the Executive Director.

Artícle 3. The conciliators and the arbitrators

3.1. Those who are approved or invited by the CEDCA Board of Directors will be inscribed in the Official List of conciliators and arbitrators, as long as they comply with all the formalities requested by the Executive Management, according to the procedure provided here. In the official List, according to the procedure provided in these Regulations, international arbitrators may be included.

3.2. In order to make up the List of conciliators and arbitrators of CEDCA, the Board of Directors will receive nominations from the organizations to which they belong or from the legal community regarding possible candidates, and after the appropriate researchs have been carried out, the accepted candidates will be informed. The decision will be made by the Board of Directors taking into account their professional training, specialty, integrity, reputation, experience, interest and availability to serve. The academic and practical training in Alternative Dispute Resolution of the candidate will be decisive in the analysis of the application, as well as the result of different evaluative tests. After reviewing the credentials of the candidates and admitting those deemed appropriate, the Board of Directors will notify them of their acceptance by a communication signed by the Executive Director of CEDCA, with the indication of the documents that must be included for their formal incorporation. The inscription or not in the List will be a discretionary decision of the CEDCA Board of Directors, it will not require any motivation and it will not be communicated to the rejected candidates, nor to the organizations to which the accepted or rejected candidates belong to, nor to the community that has postulated them.

3.3. Once admitted, applicants must complete an incorporation form in order to state that:

a) They agree to comply with the Conciliation and Arbitration Rules and the CEDCA Code of Ethics;

b) They understand that the members of the List of arbitrators and conciliators of CEDCA are freely appointed and removable, and their registration will be in force until the Board of Directors of CEDCA decides otherwise or the arbitrator decides to withdraw.

3.4. Third-party applications made by the organizations to which the interested parties belongs to or by the legal community in general must be addressed by the advocate to the President of the Board of Directors of CEDCA or to the Executive Director in a confidential document that clearly advises on its content. The application must contain:

a) a detailed explanation of how the applicant knows the candidate, and

b) the time he has known him and the reasons why he believes in the moral and professional suitability of the candidate, as well as his ability to be an arbitrator and / or conciliator.

3.5. The nominations of the candidates made by the organizations to which the interested parties belong or by the legal community in general will be reviewed with the broadest discretion by the CEDCA Board, which may approve, dismiss them or require more information. The Board of Directors may verify any information indicated in the applications through the legal means it deems appropriate.

3.6. The applications, as well as the observations of any person consulted in the process of reviewing them, may only be known by the Board of Directors and its advisers. Everything related to the admission or exclusion of applicants to enter as arbitrators and/or conciliators is strictly confidential, and applicants and whoever postulated them renounce to challenge them before anybody.

3.7. Without prejudice to the applications received, the Board of Directors may invite professionals who, in their opinion, comply with the experience and reputation necessary to be arbitrators and/or conciliators of CEDCA, who, if they accept, must provide the required documentation for formal incorporation.

Article 4. Ground for exclusion from the Official List of conciliators and arbitrators

4.1. It will constitute grounds for exclusion from the Official List of conciliators and arbitrators:

a) Failure to comply with their obligations as arbitrator or conciliator or with the provisions of these Rules and the Code of Ethics of CEDCA, as determined by the

Board of Directors of the Center;

b) Being found guilty in any deontological procedure before Bar Associations, Professional Associations of reputable trajectory or in a trial before the competent Courts;

c) Require from the parties fees or benefits different from those that are applicable in accordance with these Rules;

d) Failure to pay the annuity;

e) At the request of the arbitrator himself.

4.2. The decision to exclude a member from the Official List will be made by the Board of Directors. Said decision shall be notified in writing and it won't be challenged or questioned by the conciliators and/or arbitrators.

Title I
Conciliation Rules

Article 5. Commencement of the conciliation

5.1. Any interested party may request the CEDCA conciliation services at any time without the need for any arbitration process.

5.2. The party wishing to resort to conciliation must address their request for conciliation in writing to the Executive Director of CEDCA, accompanied by the initial payment provided in the Appendix of Costs and Fees in force at the beginning of the conciliation.

5.3. The request must contain:

a) The complete identification of those involved, name, address, data related to its creation or registration, if applicable, address and telephone number of the parties;

b) The purpose of the conciliation, its amount, any useful comments, especially the version or versions of the requesting party or parties;

c) The possible venue of the conciliatory acts;

d) The number of conciliators that it suggests, and the indication of some means of notification that could be used in the future to achieve its notification. If the number of conciliators is not specified, it is understood that the conciliation will be carried out by one (1) conciliator.

e) Any other relevant information for the purposes of conciliation.

5.4. The Executive Director of CEDCA, once it verifies that the request meets the requirements set forth herein, will notify the parties of the date and time that a hearing will take place where the parties or their attorneys will designate the conciliator. In the event that the parties are in different cities, or if the parties so agree, the appointment of the conciliator may be made by telephone conference, video conference, or any other means of communication agreed upon by the parties. In the event that the request for conciliation is made by only one of the parties involved, the Executive Director will notify the other by the means it deems most appropriate for the purpose of attending at the appointment hearing or participating in the manner previously stated.

5.5. At the respective hearing, the parties will proceed to the appointment of the conciliator. In the event that they fail to make this appointment, or do not establish a mechanism for such appointment, the Board of Directors of CEDCA will proceed, unless otherwise agreed by the parties, to the appointment of one (1) conciliator selected from the Official List of CEDCA.

5.6. The conciliation will be considered withdrawn by express manifestation of one of the parties or if one of them does not attend the conciliator appointment hearing. Likewise, the conciliation will be deemed withdrawn if any of the parties does not make the payment of the amounts established in the Appendix of Costs and Fees in force at the time set by the Executive Director of CEDCA, unless the other party pays them.

Article 6. The impartiality of the conciliator

No person may intervene as a conciliator in disputes in which he has or could have a personal or financial interest, unless the written consent of all parties is obtained. Before accepting his appointment as conciliator, or at any time within the process, if applicable, the designated candidate must notify the Executive Director of

CEDCA, in writing, any fact or circumstance that could create any doubt in the parties regarding his impartiality. Once said notification is received, the Executive Director will immediately proceed to communicate said circumstance to the interested parties. In the event that the parties do not reach an agreement regarding the designation, the Board of Directors of the Center, unless otherwise agreed by the parties, will proceed to designate a new conciliator under Title Ⅰ of the Conciliation Rules.

Article 7. Representation of the parties

During the conciliation, the parties do not need to be assisted by lawyers, counselors, or any other person. However, in the event that any of the parties decides to attend any of the conciliation acts in company of any person or persons, said party must notify the Executive Director of CEDCA, with at least three (3) business days in advance to the date of said act, the name, occupation and address of the companions, as well as the character with which they will appear. Once the notification has been received, the Executive Director will notify the other party of said circumstance immediately. The notified party may be accompanied by the same number of people of similar occupation.

Article 8. Powers of the conciliator

8.1. The conciliators must have recognized competence, either in the field of trade, industry, the conciliation process or the law, and inspire full confidence to the parties regarding their impartiality.

8.2. Only those who are registered as such on the Official List of CEDCA, may be designated as conciliators, unless the parties have unanimously agreed on the appointment of a conciliator who is not part of said Official List, and as long as, in the judgment of the Board of Directors of CEDCA, the designated person meets the same conditions of reputation, experience, interest and availability to serve, required to be part of the CEDCA Official List and sign the declaration of acceptance, impartiality and independence of the conciliator and its attachments.

8.3. The conciliator must act impartially, taking into account the arguments and points of view of the parties to facilitate and stimulate the search for effective forms and mechanisms for the peaceful resolution of the dispute.

8.4. The conciliator will try to help the parties obtain a satisfactory agreement according to the procedure he considers most appropriate, but will not have the authority to impose a solution on them. The conciliator, as he deems appropriate, shall be authorized to hold meetings jointly or separately with the parties, as well as to make recommendations to them. Likewise, when it deems it prudent, the conciliator may request assistance or recommendations from experts, in relation to technical aspects related to the dispute, as long as the parties agree to assume the expenses derived from said assistance.

8.5. All the acts carried out during the conciliation will be confidential. Consequently, neither party may invoke in any process, whether arbitration or judicial, or before any other authority, the considerations, statements, admissions of facts or compromise offers made by the other party in the conciliation process, nor the considerations or recommendations proposed by the conciliator, since they are all strictly confidential.

8.6. The Conciliator may not make any statement or comment regarding the matters dealt within the conciliation process; likewise, neither of the parties may present him as a witness in any arbitration or judicial process that arises on the occasion of the conciliation.

Article 9. Identification of the issues subject to conciliation

If the conciliator considers it convenient, he may request the parties to present, before the first conciliation hearing, a brief summary containing their respective positions in relation to the facts that gave rise to the dispute. Likewise, the parties may, if they consider it convenient, present in said summary the settlement formulas that they consider appropriate. In the judgment of the conciliator, and at the time determined by him, said summaries may be exchanged between the parties.

Article 10. Place and time of the conciliation

10.1. The conciliator, in coordination with CEDCA, and after consulting the parties, will be responsible for determining the logistical aspects of the hearings. Once appointed, it will proceed to prepare a calendar in which the place, date and time of the first conciliation hearing will be established. In case other hearings are needed, the place, date and time will be determined jointly between the parties and the conciliator, taking into consideration the logistical aspects needed in coordination with CEDCA. The conciliator may modify the place, date and time of the hearings when he considers it reasonable, taking into account the development of the process and the will of the parties. Likewise, the conciliator will proceed to prepare an agreement in writing for the parties to sign it in order to determine the matters object of the conciliation.

10.2. The conciliator will summon the parties for the hearings through a written notification that will be sent through CEDCA to the electronic addresses indicated by them. In such notifications, the persons who are called to the respective hearing will be clearly identified, as well as the place, date and time at which each conciliation hearing will take place. The parties will also be summoned to the next hearing if the call is made in the record of the previous session.

10.3. If any of the parties unjustifiably fails to attend a conciliation session or no agreement can be reached within the period established by them, the conciliator may declare the conciliation terminated, unless it considers it appropriate to call for a new session. In the event that the conciliation is declared terminated, any of the parties may request to initiate it again when it is deemed necessary.

10.4. Conciliation may be terminated at any time, at the request of one of the parties or ex officio by the conciliator, or by the Executive Director of CEDCA, after consultation with the conciliator, when it is determined that future efforts will not contribute to the resolution of the dispute between the parties.

10.5. The conciliator may, exceptionally, extend the conciliation if so required by the parties, with the prior opinion of the Executive Director of CEDCA.

Article 11. The conciliation agreement

11.1. In the event that the parties reach an agreement in conciliation, the conciliator, alone or jointly with the parties, will prepare a recordof the agreement reached, which will be signed by him and by the parties.

11.2. If an agreement has been reached in an independent conciliation process, or before the Arbitral Tribunal installation, the conciliation agreement will be transformed into an Award, unless otherwise agreed by the parties. For these purposes, the conciliator of the case will be appointed as sole arbitrator, who must give to the agreement reached the form of an Arbitral Award, in order for it to be recognized and executed effectively as an Award. The Executive Secretary of CEDCA will assist the conciliator in the drafting of the Arbitral Award.

11.3. In the event that a conciliation has been achieved within an arbitration process after the Arbitral Tribunal has been installed, the conciliator, unless otherwise agreed by the parties, will present the agreement to the tribunal in order to give it the form of an Award so that said agreement is recognized and executed as such. The Arbitral Tribunal may request such explanations, as it deems appropriate. If the arbitrators have no objections they will proceed without further delay to render an Award in accordance with the terms stipulated in said agreement. If the arbitrators have objections, they must state it in a reasoned way in a partial Award, from which the conciliation will cease and the arbitration will continue under these Rules. Those issues that do not form part of the record containing the agreements reached or that have not been upheld in the Award, will continue to be clarified in the arbitration process in progress.

Title II
Arbitration Rules

Chapter I
General Provisions

Article 12. General Rule

Matters that are not regulated by these Rules, or those in which there is doubt regarding their interpretation, will be solved by the Arbitral Tribunal, and if it is not yet installed, they will be solved by the Executive Director of CEDCA, adhering to the purpose and the intention of its rules and always striving to make the Award susceptible of recognition and enforcement.

Article 13. Effects of the arbitration agreement

13.1. When the parties have agreed to attend to arbitration under the CEDCA Rules, they are subject, by that fact alone, to the one in force on the date of commencement of the arbitration, unless they have agreed to submit to the Regulations in force on the date of the arbitration agreement. In any case, it will prevail the autonomy of the parties will to determine the rules applicable to the procedure.

13.2. If any of the parties refuses or refrains from participating in the arbitration at any stage, the procedure will continue notwithstanding said refusal or abstention.

13.3. The Arbitral Tribunal will not lose its jurisdiction due to the alleged nullity or non-existence of the contract containing the arbitration agreement. Even in the absence or nullity of the contract, the Arbitral Tribunal will retain its jurisdiction to determine the respective rights of the parties and rule on their claims.

13.4. Multiple contracts: requests for arbitration arising from, or in relation to more than one contract, may be formulated in a single arbitration, regardless of whether said claims are made under one or more arbitration agreements under the Rules.

Article 14. Joinder of additional parties

14.1. Either party may request one or more additional parties to join the arbitration.

14.2. To join an additional party, the interested party must submit a request for joinder before the Executive Director of CEDCA, which must contain a reference of the existing arbitration and the information required in article 20.2 of these Rules. Likewise, the request for joinder must be accompanied by the initial payment provided in article 19 of these Rules.

14.3. Once the request has been received, and the initial payment is verified, the Executive Director of CEDCA will notify the additional party under article 20.3. Likewise, it will notify the other parties that are incorporated in the file about the request. The additional party, once the notification has been received, must make the pertinent answer in the terms indicated in article 21 or article 47, depending on the type of procedure applicable to the arbitration.

14.4. The request for joinder must be submitted before the appointment of the Arbitral Tribunal unless all parties agree otherwise or the Arbitral Tribunal indicates otherwise.

14.5. The date on which the Executive Director of CEDCA receives the request for joinder will be considered the commencement date of the arbitration against the additional party.

14.6. The Arbitral Tribunal will be authorized to decide on the origin of the request of the joined party and any other decisions on this matter.

Article 15. Time periods and duration of the process

15.1. The processes managed by CEDCA are based on the principle of speed. The arbitrators will do their best to instruct the processes in the shortest possible time, avoiding any unnecessary delay. The Executive Director of CEDCA will ensure that the procedures administered by CEDCA are handled quickly and efficiently.

15.2. The terms established in these Rules will be computed from the business day following the reception of the summon, notification, or communication. If the last day of the period is a public holiday at the place where the notification or communication is received, it will be extended until the first following business day.

15.3. It will be considered Holidays or non-working days, in addition to Saturdays and Sundays, those days identified as such in the official calendar that CEDCA will annually promulgate for these purposes unless the Arbitral Tribunal or the Executive Director of CEDCA provide otherwise.

15.4. After consulting the Executive Director, the parties and / or the Arbitral Tribunal, may agree to reduce or extend the different periods provided for in these Rules, avoiding unnecessary delays in the process.

Article 16. Notifications

16.1. The notification of the commencement of the arbitration will be made in the manner and at the addresses indicated in the arbitration agreement. In the absence of the preceding, in those indicated in the contract referred to in the arbitration agreement or, in the absence of the above, in those indicated in the request for arbitration. Said notification shall be deemed to have been received on the day it was personally delivered to the recipient or on the day it was delivered to the address indicated.

16.2. In the event that the notification cannot be made under article 16.1, it will be made by certified mail, through a public notary or any other means that records its delivery, at the last address, habitual residence, address or known establishment of the recipient.

16.3. The CEDCA Executive Director will decide the most suitable way to make any notification to the parties, taking into account the particular circumstances of each case. Likewise, upon request from the party, the Executive Director may issue any notification to the parties or, failing that, to any of their representatives, directors, managers, attorneys-in-fact, commercial factors, or the recipient of the correspondence, through a Public Notary. Likewise, the Executive Director may agree that the Claimant itself manages the notification, in which case, once the management is completed, it must record the result of the proceedings in the file.

16.4. Any notification made by the Executive Director of CEDCA through a Public Notary, electronic, telematics, or other similar means that allows to send and receive writings and documents, will be valid, recording their submission and reception. Exceptionally, the Executive Director may agree on the corresponding notification or communication by publication in a printed media of national or regional circulation.

16.5. Once the party has been validly notified about the commencement of the arbitration and has been presented to it, subsequent notifications may be made by email or other technological means that said party indicates. In the event of arbitrations in the absence or default of a party, notifications to that party about the appointment of the arbitrators and the rendered of the Award will be made under article 16.1.

Article 17. Submission of documents

17.1. The CEDCA will be the intermediary and depositary of all the writings, documents and communications presented by the parties, the Arbitral Tribunal, or any other intervener.

17.2. All the writings and their attachments presented by any of the parties, as well as all the communications from the Arbitral Tribunal, must be submitted electronically under the conditions determined by the Executive Management of CEDCA. CEDCA will print a copy of each document or communication, and its annexes, to keep a physical file of each case.

17.3. If the parties and the Arbitral Tribunal agree, all the writings, documents, and/or communications must also be presented in physical form in the terms that they determine. The documents presented as documentary evidence must also be presented in physical form.

Article 18. Tacit waiver of the powers of challenge

A party shall be deemed to have waived its right to challenge when the arbitration continues even though that party is aware that it has not complied with a provision of these Rules, with any instruction of the Arbitral Tribunal, with any requirement or with any provision of the arbitration agreement, and not having immediately expressed its objection two (2) business days after the noncompliance.

Chapter II
The Regular Procedure

Article 19. Commencement of the arbitration

The party wishing to commence an arbitration procedure before CEDCA must address its request for arbitration to the Executive Director of CEDCA, accompanied by the initial payment provided in the Appendix of Costs and Fees of these Rules. The request for arbitration must be sent electronically in the terms indicated by the Executive Director. The Executive Director will notify the Respondent of the receipt of the arbitration request and its date, by the means it deems most appropriate under article 16 of these Rules.

Article 20. Request for arbitration

20.1. The arbitration start date will be, for all purposes, the reception of the request for arbitration by the Executive Director of CEDCA.

20.2. The request for arbitration shall contain, in particular:

a) The full name or company name, address, data related to its creation or registration, telephone number and email of each of the parties, and if applicable, the expression of the will to modify the address established in the arbitration agreement; as well as the indication of the email address to be used hereinafter to achieve its notification. Said address, telephone and email will subsist for all purposes, until the Claimant manifests a different one;

b) The agreements related to the operation of the arbitration, and particularly, the arbitration agreement, as well as any indication regarding the place of the arbitration, the applicable legal regulations, the language of the arbitration, and the number of arbitrators and their selection;

c) A summary presentation of the nature and circumstances of the controversy that originated the request for arbitration and its legal basis, in the case of arbitration at law;

d) An indication of the claims of the requesting party, and to the extent possible, of the amounts claimed.

20.3. The Executive Director, once the request for arbitration and the initial payment required has been received, and after verifying compliance with the requirements of these Rules for the introduction of the request for arbitration, will notify the Respondent for the purposes of its answer, accompanied by a copy of the request for arbitration and the documents attached to it by the means it deems appropriate, except when, together with it, interim measures have been requested, as referred to in article 38.2 of these Rules. In the latter case, the notification will be made at the time determined by the Emergency Arbitral Tribunal that hears the request.

Article 21. Answer to the request for arbitration; counterclaim

21.1. Within twenty (20) business days after the receipt of the notification of the request for arbitration, the Respondent must submit in writing its answer to the request for arbitration. In the case of several Respondents, they may act jointly or separately. The answer must contain, in particular:

a) The full name or company name, address, data related to its creation or registration, telephone number, and if applicable, the expression of the will to modify the address established in the arbitration agreement, as well as the indication of the email address for the purposes of its notification. Said address, telephone and email will subsist for all purposes, until the Respondent does not express another;

b) Any comment on the relevant agreements related to the operation of the arbitration, and particularly, the arbitration agreement, the seat of arbitration, the applicable legal regulations, the language of the arbitration, and the number of arbitrators and their selection;

c) Their comments on the nature and circumstances of the dispute that originates the request for arbitration and its legal basis, in the case of arbitration at law;

d) Their position on the claims of the Claimant and the defenses it deems appropriate to present.

21.2. The Executive Director will send a copy of the answer and the attached documents to the requesting party through email.

21.3. If there is a counterclaim, it must be presented together with the answer, and it must be accompanied by the initial payment indicated in the Appendix of Costs and Fees in force. The counterclaim shall contain:

a) A description of the nature and circumstances of the controversy that originates the counterclaim and its legal basis, in the case of arbitration at law; and

b) An indication of the claims, and to the extent possible, of the amounts claimed.

21.4. In the event that one or more counterclaims are made, the Executive Director may separately set provisions for expenses concerning the main claim and the counterclaim (s).

21.5. Within twenty (20) business days after the receipt of the notification of the counterclaim, the party requesting the arbitration may file a reply with the defenses it deems appropriate to oppose.

21.6. The Executive Director, upon written and motivated request and if he considers it justified, may extend these periods.

21.7. If the Respondent does not answer the request within the established period, the arbitration process will continue.

Article 22. Conciliation hearing

22.1. Once the period for the answer has expired and the period for the reply has expired, if the case, the Executive Director of CEDCA will invite the parties to participate in a preliminary conciliation phase, indicating the day and time when a hearing will take place so that they or their designate the conciliator.

22.2. The conciliator must determine the controversial issues and try to achieve an agreement between the parties according to the provisions of the conciliation rules established in these Regulations, within the time frame and in the manner agreed by the parties in that same act.

22.3. The previous conciliation phase will be considered withdrawn due to the express manifestation of one of the parties, or if one of them does not attend the conciliator appointment hearing.

22.4. The appointment of the conciliator will be made in accordance with the provisions of the conciliation rules of these Regulations.

22.5. Once the conciliator has been appointed, he must summon the parties as soon as possible for the first conciliation hearing.

22.6. The conciliation hearings will not suspend the course of the arbitration procedure, unless the parties, to facilitate the conciliation, agree to suspend the arbitration procedure for the period that by mutual agreement they consider convenient.

Chapter Ⅲ
The Arbitral Tribunal

Article 23. Impartiality of the arbitrators

23.1. Every arbitrator must be and remain impartial and independent of the parties. If the proposed arbitrator considers that there is any factual or legal impediment to the fulfillment of his functions, he must reject his appointment or immediately inhibit himself.

23.2. No party or no person acting on their behalf may establish separate communication with any of the arbitrators, except prior information to the other party, who will have the right to intervene in that communication.

23.3. The arbitrator must immediately inform the Executive Director of CEDCA, in writing, of any facts or circumstances that arise during the arbitration and that, although they do not warrant hisinhibition, may be capable of calling into question his impartiality and independence. In any case, the parties will always have the possibility to consent to the participation of the arbitrator who is inhibited. The party that consent to the participation of the arbitrator must express their will within four (4) business days following the date of receipt of the notification of inhibition made by the Executive Director of CEDCA.

23.4. By accepting his appointment, the arbitrator, agrees to carry out his function in accordance with these Rules, the Code of Ethics, and other CEDCA regulations.

23.5. The Arbitral Tribunal, at any stage of the process or at any opportunity it deems appropriate, must urge the parties to reach a friendly settlement of the dispute or on specific controversial issues. However, unless there is an express agreement between the parties, the Arbitral Tribunal shall not participate in any negotiation or conciliation between them.

Article 24. Appointment of the arbitrators

Once the payment of the advance of arbitration fees and expenses provided for in article 56 of these Rules has been verified, the Executive Director of CEDCA will notify the parties of the opportunity in which the appointment of the arbitrators will take place. In the same communication, the Executive Director will send the list of eligible arbitrators from the Official List of CEDCA in force at that time.

24.1. The parties may freely determine an odd number of arbitrators. In the absence of agreement, the Arbitral Tribunal will be constituted of one (1) arbitrator. Exceptionally, the Board of Directors of CEDCA will determine whether the Arbitral Tribunal will be constituted of one (1) or three (3) arbitrators, taking into account the amount and complexity of the matter.

24.2. Only those registered as such on the Official List of CEDCA may be appointed as arbitrators. People who are part of the Board of Directors or employees of CEDCA cannot be designated.

24.3. Exceptionally, by unanimously motivated request of the parties, arbitrators specialized in the matter of the dispute who are not part of the Official List of CEDCA may be appointed, as long as in the judgment of the Board of Directors of CEDCA, the designated person meets the same reputational conditions, experience, interest, and availability to serve, required to be part of the Official List of CEDCA, and sign the declaration of acceptance, impartiality and independence of the arbitrator needed by the Center.

24.4. Unless otherwise agreed by the parties, the selection of the Arbitral Tribunal, as well as its possible alternates, will be made in accordance with the provisions contained in this article.

24.5. The appointment of arbitrators of the Arbitral Tribunal will be made through a comparison system of the lists sent by the parties, based on the Official List of Arbitrators previously provided by the Executive Management of CEDCA. In the appointment of arbitrators, each party shall have the right to include a minimum of sixty percent (60%) of the names on the official CEDCA List, for which purpose the Executive Director shall communicate to the parties the exact number of candidates that can be included by each party.

24.6. The party wishing to use this right must communicate to the Executive Director within three (3) business days following the receipt of the Official List of CEDCA the names of the arbitrators included. By not doing so within this period, the party will lose its right of inclusion. The Executive Director shall keep confidential the inclusions of selected candidates from the Official List until all parties have shared their respective inclusions with the Executive Director.

24.7. The candidates included by each of the parties that have made use of their right of inclusion provided for in article 24.6 will constitute the Reduced List. The Executive Director of CEDCA will notify the parties of the Reduced List at least three (3) business days in advance of the date set for the act of appointment of the arbitrators.

24.8. When the parties have agreed that a single arbitrator would solve the dispute, they will designate it from the Reduced List by mutual agreement. If there is no agreement between the parties, the sole arbitrator will be appointed by the Board of Directors of CEDCA from the Reduced List.

24.9. When the parties have agreed that the dispute would be solved by three (3) arbitrators, in the act of appointment of the arbitrators set by the Executive Director of CEDCA, each party must nominate ten (10) possible arbitrators from the Reduced List. The candidates thus nominated by the parties will constitute the Final List.

24.10. The Arbitral Tribunal, at first, will be made up of the candidates who match in both nominations.

24.11. In the event that there are three (3) or more matching arbitrators in both lists, and the parties cannot agree on the appointment of the Arbitral Tribunal or its President, the Board of Directors of CEDCA will make the corresponding appointment of the matching arbitrators.

24.12. When there are two (2) matches between the arbitrators nominated by the parties, the two (2) matched arbitrators will be appointed, and the third will be chosen by mutual agreement by the parties from the Final List. To this end, each of the parties will deliver to the Executive Director of CEDCA, in the same act of appointment of the arbitrators, the enumerated Final List in the order of their preference. In the event that the parties do not reach an agreement, the third arbitrator will be chosen by the Board of Directors of CEDCA from the Final List. The third arbitrator so designated shall be the President of the Arbitral Tribunal.

24.13. When there is only one (1) match between the nominated arbitrators, the coincidence will be designated, and the remaining two arbitrators will be chosen by the parties, each one choosing one (1) arbitrator of the nominees by the opposing party. The match candidate nominated by both parties will be the President of the Arbitral Tribunal.

24.14. If there is no match between the nominated arbitrators, each party will choose one (1) of the nominees by the opposing party, and the third one will be selected by mutual agreement by the parties from the Final List. In the event that the parties do not reach an agreement, the third arbitrator will be chosen by the Board of Directors of CEDCA. The third arbitrator so designated shall be the President of the Arbitral Tribunal.

24.15. If any of the parties does not appear or does not nominate arbitrators in said act, the appointment of the remaining arbitrator, as well as the appointment of the President of the Arbitral Tribunal, will be made by the Board of Directors of CEDCA from the Official List or the Reduced List when it has been exercised the right of inclusion.

24.16. If after a period of three (3) business days counted from the act of appointment of the arbitrators, for any reason it has not been possible to designate any of the arbitrators in the case or the President of the Arbitral Tribunal, this appointment will be made by the Board of Directors of CEDCA from Final List.

Article 25. Multiple parties

25.1. When there are several subjects, either as Claimants or as Respondents, and if the controversy is submitted to the decision of three arbitrators, the Claimants, together, and the Respondents, together, shall proceed to the appointment of the arbitrators, as provided in the previous article.

25.2. In the absence of a joint appointment and if the parties have not been able to agree on the method to establish the Arbitral Tribunal, the Board of Directors of CEDCA will appoint each of the arbitrators and designate one of them as President of the Arbitral Tribunal.

Article 26. Challenge of arbitrators

26.1. The arbitrators can be challenged for any reason that is healthily appreciated and generates reasonable doubts regarding their impartiality or independence, and that has not been revealed in their declaration of impartiality and independence. The challenge must be presented to the Executive Director of CEDCA, in writing, and specifying the facts and the circumstances on which it is based.

26.2. The arbitrators appointed by agreement of the parties may not be challenged except on grounds arising from their appointment. Those set by the Board of Directors of CEDCA or by a third party shall be subject to challenge within five (5) business days following (i) the date on which their appointment is notified; or (ii) the date on which the fact that questions its impartiality is known.

26.3. The challenged arbitrator will have five (5) business days from the date on which he receives the challenge document to express his acceptance or rejection.

26.4. When an arbitrator is challenged, the non-challenging party may agree to accept the challenge, in which case the challenged arbitrator must resign. The challenged arbitrator may also resign its position in the absence of such agreement without such resignation implying acceptance of the provenance of the reasons for the challenge.

26.5. If the other party does not agree with the challenge, or if the challenged arbitrator or arbitrators reject it or do not rule on it, the Executive Director will send the relevant requirements to the Board of Directors of CEDCA for the purposes of resolution.

26.6. The Board of Directors of CEDCA, if it deems it appropriate, may request the opinion of the non-challenged arbitrator or arbitrators and/or the Advisory Council. Said opinion will be confidential and non-binding.

Article 27. Secretary of the Arbitral Tribunal

27.1. In order to contribute to the resolution of the controversy effectively and efficiently, and according to the circumstances of the case, the Arbitral Tribunal may notify the parties of their intention to appoint a Secretary of the Arbitral Tribunal, who will have the function of supporting the Tribunal in the administrative procedures of the case. The Arbitral Tribunal shall provide a resume of the candidate, and its appointment will be subject to the written approval of the parties.

27.2. The Arbitral Tribunal is responsible for selecting and adequately supervising the Secretary of the Arbitral Tribunal, to whom the decision-making or evaluative function of the factual or legal positions of the parties may not be delegated under any circumstances. In each arbitration procedure, only one (1) Secretary of the Arbitral Tribunal may be appointed, who must be a lawyer.

27.3. The fees caused by the professional service of the Arbitral Secretary will be discounted from the fees of the Arbitral Tribunal, the amount will be determined by the arbitrators in reasonably and proportionally to the circumstances of the case; This amount must be previously informed to the candidate who is proposed for the position. However, the parties may agree on something different. If the appointment of the Arbitral Secretary is originated at the request of the parties, the fees will be those provided for that purpose in the Appendix of Costs and Fees of these Regulations.

27.4. The procedures related to the appointment, removal, or replacement of the Secretary of the Arbitral Tribunal will not suspend the course of the arbitration procedure.

27.5. Before being appointed, the candidate proposed as Secretary of the Arbitral Tribunal must sign the declaration of acceptance, impartiality, and independence required by the Center. If the candidate considers that there is any factual or legal impediment to the fulfillment of his duties, he must reject his appointment or immediately inhibit himself.

27.6. Once appointed, and throughout the arbitration procedure, the Secretary of the Arbitral Tribunal shall report any circumstances that may give rise to justified doubts about his impartiality or independence.

27.7. The Secretary of the Arbitral Tribunal may resign his position at any time. The resignation must be in writing and notified to the Arbitral Tribunal, informing the parties and the Center.

27.8. The Arbitral Tribunal may, in its sole discretion and without having to justify its decision, dispense with the services of the Secretary of the Arbitral Tribunal. The removal must be notified in writing to the Arbitral Secretary, the parties, and the Center.

27.9. Any of the parties may request in a motivated way the removal of the Arbitral Secretary, in which case the Arbitral Tribunal will apply the procedure established in article 27.8 of these Rules.

27.10. Upon termination of his duties, the Secretary of the Arbitral Tribunal shall immediately deliver to the arbitrators all the documents in his possession related to the case.

27.11. The duties and obligations of the Secretary of the Arbitral Tribunal are as follows:

a) Perform its functions according to these Rules, the Code of Ethics, and other CEDCA regulations, and sign the declaration of acceptance, impartiality, independence required by the Center.

b) Excuse from participating as Secretary of the Arbitral Tribunal in the process for which he is appointed, if there are justified causes.

c) Comply with the same confidentiality and privacy obligations that correspond to the Arbitral Tribunal.

d) Assist the arbitrators in the administrative procedures necessary to process the files in their charge.

e) Coordinate with the arbitrators and with the CEDCA the schedule for conducting the hearings.

f) Coordinate with the Executive Secretary of CEDCA the organization of the documents, requests, and other proceedings presented by the parties.

g) Assist arbitrators with investigations of legal issues.

h) Attend private hearings and deliberations of the Arbitral Tribunal, and record the time invested.

i) The Secretary of the Arbitral Tribunal may not prevent or hinder the direct communication of the arbitrators with each other, nor between the Arbitral Tribunal and CEDCA.

j) Exercise the other administrative tasks assigned by the Arbitral Tribunal during the arbitration procedure abstaining at all times, from assuming a decision-making or evaluative function of the factual or legal positions of the parties.

Article 28. Replacement of arbitrators

28.1. An arbitrator will be substituted: (i) in the event of death; (ii) when his resignation or inhibition is accepted; (iii) when his challenge is declared admissible; and (iv) when all the parties so request it. The substitute arbitrator will be designated in the same way that the substituted arbitrator was chosen.

28.2. An arbitrator will also be substituted, at the initiative of the Executive Director of CEDCA, when it is objectively determined that there is a de facto or legal impediment to the performance of his functions, due to unjustified absence from hearings or because the arbitrator does not comply with the CEDCA Rules and other regulations. In this sense, the Board of Directors of CEDCA shall solve on this matter after said arbitrator, the parties, and, if applicable, the other members of the Arbitral Tribunal, have been allowed to submit their comments in writing, within a suitable term set by the Board of Directors of CEDCA and notified by the Executive Director. These comments must be communicated to the parties and the arbitrators.

28.3. When all or most of the arbitrators are inhibited, or their challenge is declared admissible, the Arbitral Tribunal will declare their functions concluded, and a new Arbitral Tribunal will be appointed, in accordance with the provisions of these Regulations.

Chapter Ⅳ
The Initial Procedures

Article 29. Act of Installation of the Arbitral Tribunal

As soon as the Executive Director of CEDCA receives the acceptance of the appointed arbitrators, it will notify the parties of the installation of the Arbitral Tribunal and will send each of the arbitrators a copy of the file electronically. The original will remain at the Executive Secretariat of CEDCA at the disposal of the parties and the Arbitral Tribunal.

Article 30. Place of arbitration

30.1. The parties, or failing that, the Arbitral Tribunal, will determine the place of the arbitration.

30.2. Unless the parties agree otherwise, the Arbitral Tribunal shall hold hearings, witness deposition, deliberations, and meetings at CEDCA facilities or any other place it deems appropriate.

Article 31. Procedure hearing; terms of reference; procedural timetable

31.1. The Arbitral Tribunal and the parties must make every effort to conduct the arbitration process in an expeditious and cost-effective manner, taking into account the complexity and amount of the dispute.

31.2. As soon as the Arbitral Tribunal is installed, the parties will be summoned for the first procedural hearing at least ten (10) business days in advance, expressing the date, time, and place in which it will be held.

31.3. Before the first procedural hearing, the parties will send the Arbitral Tribunal a summary written statement about their allegations, the controversial issues, and their claims.

31.4. The Arbitral Tribunal will prepare, based on the parties' briefs and taking into account what they have stated at the hearing, a record specifying the terms of reference. The Arbitral Tribunal shall send the parties a preliminary record three (03) business days before the first procedure hearing, for the purposes of its review and comments.

31.5. The Terms of Reference shall contain:

a) Full identification of the parties;

b) The address of the parties where notifications or communications must be validly made during the arbitration;

c) The complete identification and address of the arbitrators;

d) A summary statement of the nature of the dispute, the claims of the parties and of the requested declarations and sentences, and, to the extent possible, the indication of any amounts claimed;

e) The determination of the controversial issues to be solved, unless the Arbitral Tribunal provides otherwise;

f) The definition of the standards of the arbitration, namely: Place of arbitration; Language of the arbitration; In the case of arbitration at law, details regarding the rules applicable to the dispute;

j) The calendar intended to be followed to conduct the arbitration process, seeking to establish specific dates for the evidentiary hearings and the final debate. The calendar must be prepared in coordination with the parties and must contribute to the efficiency and effectiveness of the procedure. Any subsequent modification of the calendar must be communicated to the Executive Director and the parties;

g) In the case of an arbitration in equity, the mention of the powers conferred to the Arbitral Tribunal to act as equity arbitrators;

h) A summary of the evidence that each of the parties considers necessary for the purposes of preparing the provisional calendar of the evidentiary phase. The Arbitral Tribunal may question the parties about the purpose of each evidence in order to seek agreements that allow avoiding the examination of unnecessary evidence;

i) Determination of whether the Award will be motivated and whether there will be a previous presentation of the Award.

31.6. The parties and the Arbitral Tribunal must sign the Terms of Reference minute. If one of the parties refuses to participate in the drafting of the terms of reference or refuses to sign the record, said minute must be submitted to the Executive Director of CEDCA for approval. As soon as the Terms of Reference minute is approved, the arbitration will continue its course.

31.7. Once the Terms of Reference record has been signed or approved by the Executive Director, CEDCA will not consider controversial issues those not previously determined, unless otherwise stipulated by the parties and approved by the Arbitral Tribunal.

Article 32. Rules governing the proceedings

32.1. The procedure before the Arbitral Tribunal will be governed by the rules that the parties agree, in a supplementary way by the rules contained in these Regulations, and in case of silence, by those that the Arbitral Tribunal determines, either with or without reference to a legal provision or any other nature. The parties may agree on the use of rules other than those provided for in these Regulations as long as they notify the Arbitral Tribunal and said Tribunal, after reviewing those rules, determines that there are no legal or procedural impediments to its implementation.

32.2. The Arbitral Tribunal will carry out the arbitration in the shortest possible time in accordance with the agreed procedure and schedule.

32.3. In all cases, the Arbitral Tribunal must act fairly and impartially and ensure that each party has sufficient opportunity to exercise its defense.

Article 33. Language of the arbitration

In the absence of agreement between the parties, the Arbitral Tribunal will determine the language or languages of the arbitration, taking into account any circumstances of the case, such as the language used in the contract, in the correspondence of the parties, and any other relevant documents.

Article 34. Applicable rules of law

34.1. The Arbitral Tribunal shall apply to the merits of the dispute the law that the parties have agreed. If the parties do not agree on the applicable law, the Arbitral Tribunal will apply the law that it deems appropriate.

34.2. The Arbitral Tribunal will decide in equity (ex aequo et bono) only if the parties have expressly authorized it to do so, and if the law applicable to the arbitration procedure allows this type of arbitration.

34.3. In all cases, the Arbitral Tribunal must take into account the stipulations of the contract and the generally accepted commercial customs and uses applicable to the case.

Article 35. New claims

Once the terms of reference have been approved, neither party may formulate new claims, principal or counterclaim, unless the interested party has been authorized for that purpose by the Arbitral Tribunal, which, in deciding this regard, must take into account the nature of the new claims, the current stage of the arbitration procedure and other relevant circumstances.

Article 36. Evidentiary phase

36. 1. The Arbitral Tribunal shall endeavor to keep the evidentiary phase as short as possible in accordance with the procedure agreed by the parties. In the absence of such agreement, the Arbitral Tribunal may, subject to CEDCA regulations, lead the evidentiary phase in the manner it deems appropriate, and with the logistical support it deems suitable. This power conferred on the Arbitral Tribunal includes that of determining the admissibility, the way, place and time for the practice or examination of the evidence, as well as its evaluation and the establishment of deadlines for the presentation of all the evidence.

36. 2. After consulting the parties, the Arbitral Tribunal, may appoint one or more experts, define their terms of reference and receive their opinions. At the request of the parties, they will have the opportunity to question any expert appointed by the Arbitral Tribunal or by the parties in a hearing.

36. 3. At all times, the Arbitral Tribunal may require the parties to provide additional evidence and may make the interrogations it deems necessary.

36. 4. The Arbitral Tribunal may set the opportunity for the hearing of witnesses, experts appointed by the parties or the Arbitral Tribunal or any other person, in the presence of the parties, or in their absence, as long as they have been duly summoned.

36. 5. Once the arguments and evidence provided by the parties have been examined, the Arbitral Tribunal must hear them debate orally.

36. 6. The Arbitral Tribunal will declare the end of the evidentiary phase when it considers that the parties have had sufficient opportunity to demonstrate their allegations. Once the end of the evidentiary phase has been declared, new evidence will not be admitted, except as requested or authorized by the Arbitral Tribunal.

Article 37. Hearings

37. 1. The Arbitral Tribunal is in charge of directing the development of the hearings, and the parties have the right to be present. Unless authorized by the Arbitral

Tribunal and the parties, the hearings are not open to people outside the process.

37.2. To hold a hearing, the Arbitral Tribunal must summon the parties in advance for them to appear on the day, time, and place determined for that purpose.

37.3. The parties may appear personally, through representatives or attorneys.

37.4. Despite having been duly summoned, if one of the parties does not appear with a valid excuse on the date and time set, the Arbitral Tribunal may continue to hold the hearing.

37.5. All arbitrators must attend all evidentiary hearings. Exceptionally and in duly justified situations, the arbitrators may entrust the evidentiary acts to one of them.

Article 38. Interim measures

38.1. Unless otherwise agreed by the parties, from the moment the file has been delivered, the Arbitral Tribunal, at the request of one of the parties, may order any interim measures it deems appropriate. The Arbitral Tribunal may subordinate the decree of such measures to granting a sufficient and effective guarantee to respond to the party against whom the measures are directed, for the damages and losses that they may cause. The measures must be decreed by reasoned decision.

38.2. Unless the parties agree otherwise, when urgent circumstances warrant it, any of the parties may, before the appointment of the arbitrators and after paying the fees and expenses provided in the Appendix of Costs and Fees of these Regulations, request the Board of Directors of CEDCA to designate from the Official List of Arbitrators, an Emergency Arbitral Tribunal, composed, in the opinion of the Executive Director of CEDCA, by one (1) arbitrator, to exclusively solve on the decree of the requested interim measures. The appointment of this arbitrator will be made by the Board of Directors of CEDCA among those registered in the Official List of Arbitrators who are not acting at the time as such in an arbitration administered by CEDCA. Any measure decreed by said Emergency Arbitral Tribunal, may be subordinated to granting a sufficient and effective guarantee to respond to the party against whom the measure is brought for the damages and losses that it may cause.

38.3. These measures must be decreed through a reasoned decision and may be ex parte when the Emergency Arbitral Tribunal deems it justified, which will determine the opportunity, if it were the case, in which the request for arbitration or the precautionary measure or its rejection must be notified to the party against whom the interim measures are directed or requested.

38.4. The freezing order or the prohibition of disposition and encumber, or the unnamed interim measures shall not be decreed, or they shall be suspended if they have already been decreed, if the party against whom the measure is brought to gives sufficient and effective guarantee in the opinion of the Arbitral Tribunal.

38.5. Whoever is affected by the precautionary measure may oppose it in a writing that will be submitted electronically to the Executive Director of CEDCA. The Emergency Arbitral Tribunal that has issued the precautionary measure, will hear the opposition. Notwithstanding the previous, if the interested party requests it, the Arbitral Tribunal appointed under articles 24 and 25 of these Rules, will be in charge of reviewing the opposition. Likewise, it will be in charge of revoking, modifying, suspending or confirming the measure issued, or it will be in charge of demanding the extension of the guarantee granted, or declaring that this guarantee is no longer necessary.

38.6. The Arbitral Tribunal may take any measures aimed at protecting commercial or industrial secrets and confidential information.

Chapter V
Award

Article 39. Time limit for the award

39.1. The Arbitral Tribunal must render its Award without further delay, within a period not to exceed thirty (30) continuous days counted from the closing date of the evidentiary phase.

39.2. The Executive Director of CEDCA may extend said period at the request of the Arbitral Tribunal or ex officio, if he deems it necessary.

Article 40. Making and reasoning of the award

40.1. The Award will be made in writing and will be signed by the arbitrator or the arbitrators. When the Arbitral Tribunal is made up of more than one arbitrator, the Award will be made by simple majority and the signatures of the arbitrators that make up the majority will suffice, without prejudice to the dissenting arbitrator recording his saved vote. In the absence of a majority, the President of the Arbitral Tribunal shall render the Award.

40.2. The Arbitral Tribunal will concisely motivate the Award, except as otherwise provided by the parties, through a synthesis of the legal and factual reasons that determined the decision, without transcribing in it the acts of the process.

40.3. The Award must be comprehensive and self-sufficient, so it must contain all the information required for its recognition or execution. In this sense, it must contain the decision on the merits of the controversy as well as the results of all the expertise that has been required, and the expenses and costs to be paid, including interest and monetary adjustments, if applicable, avoiding the complementary expertise to the Award.

40.4. Unless otherwise agreed by the parties, if one or both of them owe any amount for arbitration costs, including Arbitral Tribunal fees, CEDCA expenses and administrative services, the Arbitral Tribunal may order the payment of interest on those amounts, setting the rate that it considers applicable, as well as the period during which they will begin.

40.5. The Arbitral Tribunal is authorized to render previous Awards or partial Awards in the course of the process.

Article 41. Previous presentation of the award

41.1. Before the Award is deposited and unless otherwise agreed by the parties, the Arbitral Tribunal must submit it to the consideration of the parties and the Executive Director of CEDCA who, respecting the freedom of decision of the Arbitral Tribunal, may, within five (5) business days after the receipt of the Award, make observations on matters of form or related to the merits of the dispute. The parties written observations must be sent by email to the Executive Director of CEDCA, who will be responsible for sending them to the Arbitral Tribunal and the parties. In turn, they can orally express their comments at a hearing set by the Arbitral Tribunal.

41.2. Once the term referred to in the preceding paragraph has expired without the parties or the Executive Director of CEDCA having made any observations, the Award will be considered final and binding.

41.3. If the parties or the Executive Director of CEDCA have made observations on the occasion of the previous presentation, and if the Arbitral Tribunal considers them appropriate, the latter will publish a final Award with the explanations, extensions or corrections that it deems appropriate, within a period that will not exceed five (5) business days from the hearing referred to in article 41.1 of these Regulations.

41.4. The prior knowledge of the Award in accordance with the provisions of this article, shall not constitute a cause to challenge the arbitrators.

Article 42. Deposit and notification of the award

42.1. Once the final Award has been rendered, the Arbitral Tribunal must send it electronically and deposit it in physical before the Executive Secretariat of CEDCA. It must deposit as many original copies as there are parts in the process.

42.2. The Executive Director of CEDCA will certify and authenticate the original copies of the Award signed by the Arbitral Tribunal and will notify the parties, giving each of them a copy.

42.3. Unless otherwise agreed, any action taken by the parties or evidence provided to the process will be confidential. Any interested person may request a copy of the Award, after paying the reproduction cost, unless the parties have expressly agreed to its confidentiality.

42.4. By submitting their dispute to arbitration according to the CEDCA rules, the parties are bound to comply without delay with any Award that is rendered and, specifically, they waive any remedies to which they may be entitled, without prejudice to those permitted in the law applicable to the arbitral procedure.

42.5. CEDCA will contribute to arbitral jurisprudence formation, making public once all confidential information has been deleted, the relevant Awards rendered under its Rules.

Article 43. Correction and interpretation of the award and additional award

43.1. Within ten (10) business days after notification of the final Award, unless the parties have agreed on another term, each of them may, after informing the other:

a) Request the Arbitral Tribunal to correct in the Award any calculation, copy or typographical error or any other error of a similar nature; and

b) Ask the Arbitral Tribunal to interpret a specific issue or part of the Award.

43.2. If the Arbitral Tribunal considers any of the above requirements to be justified, it shall correct or give the interpretation within ten (10) business days following receipt of the request. The corrections and interpretation will form part of the Final Award.

43.3. The Arbitral Tribunal may correct any error of the type mentioned in subsection a) of article 43.1 of these Rules on its own initiative, within ten (10) business days following the date of the Award.

43.4. Unless otherwise agreed by the parties, within ten (10) business days following the notification of the Award, either party, after informing the other, may request the Arbitral Tribunal to render an additional Award regarding petitions made by the parties in the arbitration process and omitted from the Award. If the Arbitral Tribunal deems the request justified, it will render the additional Award within ten (10) business days following the receipt of the petition.

43.5. The Executive Director of CEDCA, at the request of the Arbitral Tribunal, may extend the term to do the correction or interpretation of the Award, or to render the additional Award.

43.6. All the regulations provided in these Rules regarding the Award will apply to the corrections or interpretations of the Award or the additional Awards.

43.7. The Arbitral Tribunal shall endeavor to avoid complementary expertise to the Award. However, in the event that the decision of the arbitrators foresees the carrying out of a complementary expertise, it will be considered that it will form part of the award and that therefore the Award will not be concluded and completed unless the expertise supplements it. Consequently, the complementary expertise of the Award will be carry out in arbitration, and the arbitrators will not cease their functions until after the expertise.

Article 44. Transaction

If during the arbitration proceedings, whether precautionary or substantive, the parties reach a transaction that solves the dispute, the corresponding Arbitral Tribunal will terminate the proceedings, and unless otherwise provided by the parties, it will transform the terms agreed by them into an Award and in accordance with the provisions of these Rules, unless, in the opinion of the Arbitral Tribunal, they contravene public order or good customs. This Award will not be motivated and will have the same nature and effect as any other Award render on the merits of the litigation, being applicable, consequently, all the regulations provided in these Rules regarding the Award.

Article 45. Decision as to the cost of the arbitration

45.1. The costs of the arbitration will include the fees and expenses of the arbitrators, those of the Secretary of the Arbitral Tribunal if applicable, as well as the administrative services of CEDCA determined by the Executive Director, in accordance with the rates in force on the date of commencement of the arbitration process. They will also include the fees and expenses of the experts appointed by the parties and by the Arbitral Tribunal, and the reasonable legal expenses and other expenses incurred by the parties to act in the arbitration. The Arbitral Tribunal will also rule on the circumstance in which one of the parties has not appropriately deposited the advance payment of arbitration fees and expenses set by the Executive Director in accordance with the rates in force at CEDCA at the time of making the respective request, this pronouncement should be made under article 56.10 of these Rules.

45.2. The final Award will set the arbitration cost and will decide in what proportion they must be distributed between the parties, taking into account their attitude, honesty and good faith in the arbitration.

Title Ⅲ
The Expedited Procedure

Article 46. Applicability

46. 1. In the case of controversies that do not exceed the amount established in the Appendix of Costs and Fees in force at the time of the introduction of the request for arbitration and in which no more than one subject is involved as Claimant nor more than one subject as Respondent, The Expedited Procedure provided in this title will apply, unless otherwise agreed by the parties. The Expedited Procedure can also be applied to controversies of greater amounts or with multiple parties when they so agree.

46. 2. In order to determine the amount of the request for arbitration, the attorneys' fees and arbitration costs will not be taken into account.

46. 3. Even if the counterclaim exceeds the amount established for the Expedited Procedure in the Appendix of Costs and Fees in force at the time of its introduction, this circumstance will not modify the applicable procedure to the request for arbitration, unless the parties or the Arbitral Tribunal agree to continue processing the file by the Regular Procedure.

Article 47. Answer to the request, counterclaim and reply

47. 1. Within ten (10) business days after the receipt of the notification of the request for arbitration, the Respondent must submit its answer in writing, along with any counterclaim, if applicable.

47. 2. Within ten (10) business days after the receipt of the notification of the counterclaim by the Executive Director of CEDCA, the Claimant may submit the reply to the counterclaim.

Article 48. Conciliation hearing

48. 1. Once the period for the answer to the request of arbitration has expired and the period for the reply has also expired, if applicable, the Executive Director of CEDCA will invite the parties to conciliate, and will notify them the date and time when

the hearing will take place in which they or their attorneys will proceed to designate a conciliator, who must determine the controversial issues and try to achieve the settlement within the time and in the manner agreed in that same act, or according to the provisions of the conciliation regulations established in this Rules. The appointment of the conciliator will be made in accordance with the provisions of article 5 of these Rules.

48.2. The conciliation hearings will not suspend the course of the arbitration procedure unless the parties, in order to facilitate the conciliation, agree to suspend said procedure for the period that, by mutual agreement, they consider convenient.

Article 49. Appointment of the arbitrator

The expedited procedure will be instructed and solved by a single arbitrator. Within five (5) business days following the answer to the request, or the reply, or the expiration of the period of suspension of the arbitration procedure, and unless the parties have agreed on a different procedure for the appointment of the Arbitration Tribunal, the Executive Secretary of CEDCA will send the parties a list of ten (10) possible arbitrators chosen by the Executive Director from the Official List of CEDCA.

Each party may choose up to five (5) names from the sent list, and together, their choices will make up the Reduced List. The parties will use their best efforts to designate from the Reduced List the sole arbitrator who will solve the dispute, as well as the possible alternates. If the parties cannot mutually agree to appoint the sole arbitrator within five (5) business days after the list is sent, the Board of Directors of CEDCA will designate it from the Reduced List.

Article 50. The Arbitral Tribunal

50.1. The first hearing will be set within a period that will not exceed ten (10) business days following the date of acceptance of the appointment by the sole arbitrator.

50.2. In the first hearing, the parties will present their positions and claims, the Terms of Reference will be defined and a schedule for the presentation of evidence and hearings will be established for the evidentiary phase.

Article 51. Previous presentation of the award

51.1. Before the Award is deposited and unless otherwise agreed by the parties, the Arbitral Tribunal must submit it to the consideration of the parties and the Executive Director of CEDCA who may, respecting the freedom of decision of the Arbitral Tribunal, within the two (2) business days following the receipt of the Award, make observations on formal matters or related to the merits of the dispute. The written comments of the parties must be delivered to the Executive Management of CEDCA, who will be in charge of sending the observations to the sole arbitrator and to the parties so that they, in turn, can orally express their comments at the time and opportunity set by the Arbitral Tribunal.

51.2. Once the term referred to in the preceding paragraph has expired without the parties or the Executive Director of CEDCA having made observations, the Award will be considered final and binding. In the event that the parties or the Executive Director of CEDCA have made observations, the Arbitral Tribunal, within that period will notify the parties, make any clarifications, expansions or corrections that it deems appropriate, which will be notified and deposited according to article 42.2 of this Rules.

51.3. The prior knowledge of the Award in accordance with the provisions of this article, shall not constitute a cause to challenge the arbitrators.

Article 52. Award, correction, interpretation. Additional award

52.1. Within a period that will not exceed ten (10) business days from the closing of the evidentiary phase, the Arbitral Tribunal shall render the Award.

52.2. The Award will only be briefly motivated, unless, at the latest in the first hearing, both parties request a more in-depth treatment, in which case the arbitrator may earn additional fees that will be set by the Executive Director of CEDCA.

52.3. Within five (5) business days following the publication of the Award, the parties may request the Arbitral Tribunal:

a) To correct in the Award any calculation, copy or typographical error or any other error of a similar nature;

b) To give an interpretation on an issue or a specific part of the Award;

c) To make an additional Award regarding requests made by the parties in the arbitration procedure and omitted in the Award.

52.4. If the Arbitral Tribunal considers any of the above requirements to be justified, it shall make the correction or give the interpretation within five (5) business days following the receipt of the request. Corrections and interpretation will form part of the Award.

52.5. The Arbitral Tribunal may also correct any error of the type mentioned in this article on its own initiative, within five (5) business days following the date of the Award.

52.6. The Executive Director of CEDCA, at the motivated request of the Arbitral Tribunal, may extend the terms of the Expedited Procedure.

Article 53. Supplementary Rules

In everything not expressly regulated in this title, the provisions of these Rules for Regular Procedure shall apply.

Title Ⅳ
The Costs and Expenses of the Dispute Resolution Process

Article 54. Appendix of costs and fees

The Appendix of Costs and Fees defines the minimum, average and maximum values of the fees of conciliators, arbitrators and arbitral secretaries, of the administrative services of CEDCA and of the maximum amount of disputes that may be submitted to the Expedited Procedure. The amounts of the Appendix of Costs and Fees may be modified by the Board of Directors of CEDCA when it deems it appropriate without this implying a revision of these Rules.

Article 55. Conciliator's fees and success bonus

55.1. The basic cost of the conciliators' fees is covered by the initial payment provided for in articles 5 and 19 of these Rules and will be paid to the conciliator by the CEDCA in accordance with the amounts indicated in the Appendix of Costs and Fees.

55.2. When the conciliation efforts produce an agreement that fully or partially solves the dispute, a conciliation success bonus will be caused based on the amount of the dispute effectively solved, in accordance with the amount indicated in the Appendix of Costs and Fees in force at the time of the agreement. Said success bond must be delivered to CEDCA in the proportion agreed by the parties in the respective conciliation agreement or in the Award. In the absence of agreement, each of the parties must pay half of the success bonus.

Article 56. Arbitrator's fees and costs of the process

56.1. Before the act of installation of the Arbitral Tribunal, the Executive Director of CEDCA will estimate the advance payment of fees and expenses that the parties must deposit. Said advance shall include the estimate of the fees of the arbitrators and the administrative services of the CEDCA, generally set in accordance with the average term of the rates indicated in the Appendix of Costs and Fees in force, in addition to a prudential estimate of the expenses of the Arbitral Tribunal, as well as the costs of expert advice or any other assistance or statement that may be required.

56.2. Once the amount of the advance payment of expenses and fees is notified, each party will deposit, within the next five (5) business days, half of those funds. If one of the parties deposits half of its funds and the other does not, the one that has deposited may do so for the other within the following ten (10) business days. If this payment is not made, the party that has paid may request the suspension of the procedure for up to one year. If such request is not made, the Arbitral Tribunal or the Executive Director, if the Arbitral Tribunal has not yet been appointed, may, in their opinion, declare the suspension of the process or the conclusion of the arbitration.

56.3. When the appointment of an Arbitral Tribunal is requested for the purposes of the decree of interim measures provided for in article 38.2 of these Rules, the requesting party must deposit the provision of funds corresponding to the fees of arbitrators and expenses that for such purposes the Executive Director of CEDCA will set.

56.4. The Arbitral Tribunal will only be installed once the respective provision of funds has been deposited.

56.5. During the arbitration, the Executive Director of CEDCA, ex officio or at the request of the Arbitral Tribunal, may require additional deposits from the parties when extraordinary circumstances justify it.

56.6. The final fees and costs of the arbitration and the administrative services of CEDCA will be set by the Executive Director of CEDCA at the end of the process, generally starting from the middle point between the minimum and maximum limits indicated in the Appendix of Costs and Fees in force, and considering the time invested by the arbitrators, their diligence, the complexity of the matter, the efficiency and speed of handling the case, as well as any other relevant element for these purposes. If the exceptional circumstances of the case justify it, the Executive Director of the CEDCA may set the fees of the arbitrators and the administrative services of the CEDCA in an amount greater or less than that resulting from the application of the rates indicated in the Appendix of Costs and Fee.

56.7. In case of doubt regarding the amount of the matter or if it is undetermined, the Executive Director of CEDCA will set it for the purposes of determining the applicable rate. The Arbitral Tribunal may determine an amount other than that established in the request for arbitration or in the counterclaim, if it considers it unrealistic.

56.8. Once the Award is rendered, the Executive Director of CEDCA will deliver to the parties an account statement containing the actual final fees and costs and the deposits received, and will request the payment of any missing amount or reimburse any unused balance.

56.9. When the parties request the termination of the arbitration process before the Award is rendered, they will be entitled to a reimbursement of the portion of the advance payment of expenses and fees not used as determined by the Executive Director of CEDCA, who will take into account the work actually done by the arbitrators up to that point. Said refund in any case will be greater than seventy-five percent (75%)

nor less than twenty-five percent (25%) and the balance withheld will be charged to the services provided.

56.10. In the event that one of the parties has not paid the corresponding half of the advance payment of expenses and fees set by the Executive Director of CEDCA for the beginning of the arbitration procedure, under article 56.2 of these Rules, the Arbitral Tribunal shall have full power to order the reluctant party to pay a sum for compensation in favor of the party that has fully paid the costs and fees of the arbitration. To this end, the Arbitral Tribunal will enjoy the broadest powers to determine the amount to be paid, which will consider not only the amount left unpaid, but any other payment that in its opinion is reasonable to attempt the relevant and full compensation for the non-compliance.

Article 57. Treatment of the fees of the conciliators and arbitrators

It is totally contrary to the CEDCA rules for the parties and the arbitrators to enter into independent agreements regarding fees and expenses. Everything related to costs and fees must be dealt directly and exclusively with the Executive Director of CEDCA.

Title V
Miscellaneous

Article 58. The Liability

58.1. By submitting to arbitration in accordance with these Rules, the parties accept that CEDCA is only liable for damages caused by its own gross negligence or malice. Under no circumstances it will be liable for applying its opinions on matters of form or merits in relation to how the arbitration procedures have to be processed or decided. The parties exonerate CEDCA, its delegated bodies, directors, partners, officers, employees and dependents from any liability that could be attributable. Except for gross negligence or malice, the parties waive any claim against CEDCA or any person designated by CEDCA based on any action or omission connected to the arbitration.

58.2. By submitting to arbitration in accordance with these Rules, the parties accept that the arbitrators are only liable for damages that caused by their own gross negligence or malice. Under no circumstances will they respond for applying their opinions on matters of form or merits in relation to the way in which the arbitration procedures have to be processed or decided. The parties exonerate any responsibility that may correspond to the arbitrators. Except for gross negligence or malice, the parties waive any claim against the arbitrators and any person appointed by the Arbitral Tribunal based on any act or omission in relation to the arbitration.

Article 59. Custody of documents

The custody of the physical and electronic files will be the responsibility of the Executive Secretary of CEDCA. Ten (10) years after the notification of the Award that ended the arbitration, or any other resolution that has determined the conclusion of the procedure, the obligation to safeguard and maintain custody of the documentation will cease.

Article 60. Enforcement of these Rules

These Conciliation and Arbitration Rules have been approved by the General Assembly of CEDCA Members and its provisions will come into force on February nineteenth (19), 2020.

Code of Ethics

The application of arbitration as an ideal method of conflict resolution has increased considerably. Arbitration is part of our justice system, and society trust it as a fair solution to the problems that arise. For this reason, the arbitrators, parties, witnesses and CEDCA employees have certain responsibilities when carrying out an arbitration procedure. In most cases, the arbitrators have been characterized by having an attitude consistent with ethics. However, in order to guarantee such behavior, standards of ethical conduct must be established to serve as a guide for those involved in cases. This Code develops and establishes principles of conduct mandatory for arbitrators, parties and witnesses who participate in an arbitration procedure. The objective of said principles is to guarantee the development of a fair and practical arbitration procedure in accordance with the other characteristics of arbitration.

The principles originate from the responsibility that CEDCA has before the parties and the arbitration process to guarantee its correct development, for the fair solution of cases and the dissemination of arbitration as a functional dispute resolution mechanism.

1. Justice and Independence

The arbitration procedure must be carried out under the principle of justice. During the process, each participant in the process must carry out their respective function without external influences.

a) When the arbitrator has to decide in relation to a case, he must do so based on the principle of impartiality. In order to guarantee this, no personal or financial relationship should be established between the arbitrators and the parties. It must be guaranteed that the judgment of an arbitrator is not affected by anything other than the facts presented by both parties during the arbitration procedure;

b) The arbitrator must assert the right of each party to refute the allegations of the other party through evidence that gives validity to their arguments;

c) The arbitrator shall not establish any type of secret communication with the attorneys of any of the parties to exchange information related to the case. There must be transparency in the communication between the arbitrators and the parties to avoid any type of mistrust related to the impartiality of an arbitrator. The arbitrators may discuss the case with the parties only when all are present and aware of the discussion that takes place, except in any of the following circumstances:

c. 1 If the discussion is related to matters such as the establishment of dates and times of the hearings, having in mind that the absent party must be informed immediately of the discussion and their right to express their opinion on the matter must be respected. No decision will be taken into account in the absence of a unanimous agreement between the parties and the arbitrator (s);

c. 2 If one of the parties, despite being previously notified by CEDCA employees, misses a hearing, the case may be discussed with the party that is present.

d) The arbitrator (s) appointed to judge the case, before initiating an arbitration procedure, and the witnesses before being questioned, must disclose to both parties the possible direct or indirect interests that they may have in relation to the result of the decision. The arbitrator and witness must make them public to the parties, whatever the origin of these interests. The parties have the right to receive a fair trial, for this reason, they have the right to judge whether there is a possibility that the impartiality of an arbitrator or witness is affected by any of these interests. In the event that an interest arises during the arbitration procedure, the arbitrator must disclose it to both parties.

d. 1 In the event that the removal of an arbitrator is requested by unanimous decision of the parties, he must withdraw;

d. 2 In the event that all parties do not support the request to withdraw an arbitrator, the arbitrator must attend and verify if any of the following circumstances exist:

d. 2. 1 If an agreement between the parties, or the arbitration rules agreed by the parties, establish procedures for determining objections to the arbitrators, then those procedures must be followed;

d. 2. 2 If the arbitrator, after careful consideration of the matter, determines that the reason for the objection is not substantial, and that it can nonetheless continue to act and decide the case impartially and fairly, and that such withdrawal would cause an unfair delay or expense to another party or it would be contrary to the purposes of justice.

e) A lawyer must ensure the correct defense of the interests of his client, avoiding third party influences that can damage his actions. The lawyer cannot hold communications or enter into agreements with the counterpart, behind his client's back.

2. Commitment

Before committing to a procedure, each participant must ensure that they can fulfill their obligation, being that of the arbitrator to judge the case, that of the lawyer to defend the interests of the client, and that of the witness, to answer the questions.

a) An arbitrator before judging an arbitration proceeding, or a lawyer before assuming the responsibility of representing a party in a case, must ensure that they can fulfill their respective work from start to finish;

b) The procedure must be followed with the highest possible standards of diligence, having in mind at all times that the main duty of the arbitrator is to judge the case impartially and render the decision that concludes the arbitration procedure, and that of the lawyer is defend the interests of his client;

c) Both an arbitrator and a lawyer must refrain from committing to perform acts that they doubt they can perform;

d) At no time should a lawyer promise his client the outcome of the case.

3. Effectiveness of the Procedure

Arbitration is characterized for being a procedure based on practicality, for this, both the arbitrators and the lawyers of the parties, must ensure that the procedure is carried out in the shortest possible time. In this sense:

a) Arbitrators and lawyers must prevent acts that only seek to obstruct the procedure;

b) Although it is intended that the case is developed in the shortest possible time, actions that harm the final result should be avoided. For this reason, it should be taken into account that the acts to avoid are those that do not produce any effect on the final result and their sole purpose is to delay or hinder the arbitration procedure;

c) An arbitrator shall guarantee the right of the parties to participate in the arbitration procedure. However, if one of the parties does not appear after having been notified of the procedure by all possible means, the arbitrator must proceed without that party.

4. Confidentiality

During an arbitration procedure, arbitrators and lawyers must ensure that the information pertaining to the case won't be disclosed to third parties, unless the parties agree otherwise. In this sense:

a) For no reason the information of the case can be used for self-benefit or benefit of third parties, or to negatively affect the interests of third parties. For this reason, they have the responsibility to keep out of the reach of people outside the procedure, all content provided from the beginning to after the end of an arbitration procedure, ensuring that it is not made public because of their action or that of any other intervener;

b) In the event that the Arbitral Tribunal is made up of more than one arbitrator, they may not communicate to another person who does not belong to the Tribunal about the deliberations of the other arbitrators. As well as no arbitrator may communicate the decision of the Award before it is rendered;

c) Once an arbitration process has concluded, an arbitrator may not support the parties in post-arbitration proceedings, except as required by law.

5. Honesty

At all times during a procedure, there must be an exchange of accurate information between the arbitrators, attorneys, witnesses and employees of the CEDCA. That is why:

a) All those who intervene in a procedure should avoid incurring in the contribution of false allegations and documents. For this reason, all information must be truthful, they must not partially or absolutely hide the truth of any legal fact;

b) Incurring in the contribution of documents, allegations, evidence and testimonies, partially or absolutely false, constitutes a severe fault in the professional ethics of the lawyer, as well as the omission of the truth. It is also considered an offense against this principle to enter into agreements between arbitrators and lawyers to obtain special treatment during a procedure;

c) The relationship between the arbitrators and lawyers during the procedure must be strictly professional, it would be a serious fault to try to persuade someone during the procedure to act in benefit of another;

d) The parties should be cautious when preparing a witness so it does not affect their impartiality during the proceedings. Their testimony must be absolutely true, they must not be told what things can or cannot answer to. They should only be told how the procedure will be carried out, and that they should answer the questions clearly and honestly, based on their knowledge. If a witness does not know or doubts his answer, he may refrain from answering it.

6. Respectful Attitude

It is the attitude that an arbitrator, lawyer, witness or employee of CEDCA maintains towards other people during a procedure when communicating, either by any means or in person. That is why:

a) Participants must use polite and understandable language, which does not seek to encourage some type of inappropriate reaction from someone;

b) Dress must be formal, appropriate for a trial;

c) Punctuality with the delivery of documents, contribution of documents, arrival at the hearings, payment of the costs of the procedure, rendering of the Award, among other things is essential;

d) The arbitrators may ask questions during the hearings or request additional documents or witnesses if they deem it necessary. For this reason, the parties must follow exactly what the arbitrator indicates without debating it.

附录二　匈牙利主要的仲裁立法

(一)2017 年第 LX 号仲裁法案

Act LX of 2017 on Arbitration (as in force on 2 January 2018)

Chapter Ⅰ General Provisions

1. Scope of the Act

Section 1 (1) This Act shall apply to the arbitration if the seat of the proceeding permanent arbitration court or the place of the ad hoc arbitration is in Hungary.

(2) Unless otherwise provided by an international treaty, sections 9 to10, 28, 40, and53to54 shall apply to the international arbitration even if the seat of the proceeding permanent arbitration court or the place of the ad hoc arbitration is outside Hungary.

(3) No arbitral proceedings shall take place in legal disputes arising from consumer contracts and in cases which are to be settled in special procedures governed by Part Seven of Act CXXX of 2016 on the Code of Civil Procedure (hereinafter the "Pp.") or in procedures governed by Act I of 2017 on the Code of General Administrative Procedure.

2. The Nature of the Regulation

Section 2 The rules of the Hungarian permanent arbitration court, the arbitral tribunal and the parties to the arbitral proceedings may derogate from the provisions of this Act only if it is permitted by this Act.

3. Interpretative Provisions

Section 3 (1) For the purposes of this Act:

1. arbitration means deciding on legal disputes that arise in commercial relationships in proceedings, whether or not administered by a permanent arbitral institution, chosen by the parties instead of litigation before a state court.

2. the arbitration shall be deemed international if:

a) the parties to an arbitration agreement have, at the time of the conclusion of that agreement, their places of business in different States;

b) one of the following places is situated outside the State in which the parties have their places of business:

ba) the place of the arbitration if determined in, or pursuant to, the arbitration agreement;

bb) any place where a substantial part of the commercial obligations arising from the legal relationship of the parties is to be performed or the place with which the subject matter of the legal dispute is most closely connected; or

c) the parties have expressly agreed that the subject matter of the arbitration agreement relates to more than one country.

3. for the purposes of point 2:

a) if a party has more than one place of business, the place of business shall be the one that has the closest relationship to the arbitration agreement;

b) if a party does not have a place of business, references to it shall be construed as references to his habitual residence.

4. for the purposes of points 2 to 3, a party shall have a place of business in the State on the territory of which he is entitled to pursue a commercial activity.

5. arbitral tribunal means a sole arbitrator or a panel of arbitrators.

6. court means a body or organ of a State exercising the administration of justice; 1Act LX of 2017 on arbitration (as in force on 2 January 2018) This document has been produced for informational purposes only.

7. the term commercial means all commercial or economic, contractual or extra-

contractual legal relationships.

(2) Where

a) a provision of this Act, except section 41, leaves the parties free to determine a certain issue, such freedom shall include the right of the parties to authorise a third person or an organisation to make that determination;

b) this Act refers to the fact that the parties have agreed or that they may agree or in any other way refers to the agreement of the parties, such agreement shall also include any arbitration rules referred to by that agreement;

c) a provision of this Act, other than in sections 38 a) and 45 (2) a), refers to a claim, it shall also apply to the counter-claim, and where it refers to a defence, it shall also apply to a defence to such counter-claim.

(3) The provisions of this Act shall be interpreted in accordance with the requirement of exercising rights in good faith, and with regard to the Explanatory Note published by the United Nations Commission on International Trade Law (hereinafter "UNCITRAL") of the Model Law on International Commercial Arbitration, with amendments as adopted in 2006 by UNCITRAL, the Hungarian translation of which has been published on the website of the Permanent Arbitration Court attached to the Hungarian Chamber of Commerce and Industry (hereinafter "Court of Commercial Arbitration").

4. Service of Documents

Section 4 (1) Unless otherwise agreed by the parties, any written communication shall be deemed to have been received

a) if it delivered to the addressee personally; or

b) if it is delivered at the addressee's place of business, domicile, habitual residence or mailing address.

(2) If, despite reasonable inquiry, it cannot be ascertained whether the written communication is received in accordance with paragraph (1), unless otherwise agreed by the parties, the written communication shall be deemed to have been received if it is sent to the addressee's the last known place of business, domicile, habitual resi-

dence or mailing address by registered letter or any other means which provides a record of the attempt to deliver it. The written communication shall be deemed to have been received on the eighth day of its dispatch with respect to Hungarian recipients, and on the fifteenth day with respect to foreign recipients.

(3) The provisions of this section shall not apply to service in court proceedings.

5. Waiver of Right to Object

Section 5 A party who knows that any provision of this Act from which the parties may derogate or any requirement under the arbitration agreement has not been complied with and yet continues to participate in the proceedings without stating his objection to such noncompliance without delay or, if a time limit is provided therefor, within such period of time, shall be deemed to have waived his right to object.

6. Tasks of the Courts in Assisting and Reviewing Arbitration

Section 6 A court may proceed in cases to which the provisions of this Act apply only if it is permitted by this Act.

Section 7 (1) In cases under sections 53 to 54, the courts having material and territorial jurisdiction under Hungarian enforcement rules shall proceed. 2Act LX of 2017 on arbitration (as in force on 2 January 2018) This document has been produced for informational purposes only.

(2) In court cases under section 12 (3) and (4), section 14 (4), section 15 (1), section 17 (3), and section 47 (2) the regional court having territorial jurisdiction at the place of the arbitration or, for the proceedings of a permanent arbitration court, the regional court having territorial jurisdiction at the seat of the permanent arbitration court shall proceed.

(3) The court shall proceed in accordance with the litigation procedure in cases under section 9 (1) and (2), and section 47 (2), while it shall proceed in accordance with the noncontentious procedure in any other case, with the proviso that in cases under section 17 (3), it shall decide following the oral hearing of the parties.

(4) The provisions of the Pp. shall apply to the proceedings of the court in any

other respect, with the proviso that there shall be no legal remedy against the decision of the court, with the exception that an appeal against the termination of the proceedings under section 9 (1) and (2), and a petition for review against an order in the proceedings under section 17 (3) and against a decision on an action for the annulment of the arbitral award may be submitted.

(5) In an action for the annulment of the arbitral award, at the request of a party, the enforceability of the arbitral award may be suspended by the regional court until the end of the procedure, and by the Curia until the end of the review proceedings if

a) it can be substantiated that non-suspension results in a disadvantage that cannot be eliminated, and this disadvantage exceeds the one that the affected party will presumably suffer in the event of suspension; and

b) there is a reasonable possibility that the claim of the party requesting the suspension will succeed on the merits of the case. The determination on this possibility shall not affect the discretion of the court in making any subsequent determination.

(6) The regional court and the Curia shall send its decision adopted in the arbitration case to the proceeding permanent arbitration court or, in the event of ad hoc arbitration, to the proceeding arbitrator or arbitrators, simultaneously with it being served on the parties.

(7) In proceedings referred to in this section the court shall proceed as a matter of priority, except in the event of an action for the annulment of the arbitral award.

Chapter Ⅱ Arbitration Agreement

7. Definition and Form of the Arbitration Agreement

Section 8 (1) Arbitration agreement is an agreement between the parties to submit to arbitration all or certain specified disputes which have arisen or which may arise between them in respect of a defined legal relationship, whether contractual or extra-contractual. An arbitration agreement may be a part of a contract (hereinafter "arbitration clause") or in the form of a separate agreement.

(2) The arbitration agreement shall be in writing.

(3) An agreement concluded by electronic communication without electronic signature shall be deemed a written arbitration agreement if the data in the electronic communication are accessible by the other party and are suitable for later reference. Any communication that the parties make by means of data messages shall be deemed electronic communication. Data message means information generated, sent, received or stored by electronic, magnetic, optical or similar means, including, but not limited to, electronic data interchange, electronic mail (e-mail), telegram, telex or telecopy.

(4) The arbitration agreement shall also be deemed to be concluded in writing if a party alleges the existence of the arbitration agreement in its statement made with respect to choosing arbitration, or in the presentation of its claim, and this statement is not disputed by the other party. 3Act LX of 2017 on arbitration (as in force on 2 January 2018) This document has been produced for informational purposes only.

(5) The reference in a contract concluded in writing to a document containing an arbitration clause shall constitute an arbitration agreement in writing, provided that the clause therein is a part of the contract.

8. Court Enforcement of a Claim Subject to an Arbitration Agreement

Section 9 (1) A court to which an action is brought in a matter that is subject to an arbitration agreement, with the exception of an action for the annulment of the arbitral award, shall terminate the proceedings with respect to this claim if, in his written statement of defence submitted in response to the statement of claim at the latest, the defendant requests so, unless it establishes that the arbitration agreement is null and void, invalid, ineffective or impossible to be fulfilled.

(2) If an order for payment procedure was launched for the enforcement of a claim that is the subject of an arbitration agreement, the procedure that transformed into an action due to opposition shall be terminated upon the written statement of defence submitted by the defendant in response to the statement of claim at the latest, unless it establishes that the arbitration agreement did not come into existence, or is invalid, ineffective or impossible to be fulfilled.

(3) The commencement of the proceedings referred to in paragraphs (1) and (2) shall not impede the commencement or continuance of the arbitral proceedings and the making of the arbitral tribunal's award even while the proceedings are pending before the notary or the court.

9. Compatibility of the Arbitration Agreement with the Measures of the Court and the Notary

Section 10 The party's request made prior to the commencement of the arbitral proceedings for the issuance of an order of payment, or submitted to a Hungarian court prior to or during the arbitral proceedings for a preliminary taking of evidence (Chapter XXIV of Pp.), for a provisional measure (Chapter VIII of Pp.), for a security measure [Chapter X of Act LIII of 1994 on judicial enforcement (hereinafter "Vht.")], for the insertion of an enforcement clause into a document [sections 23/B (1) a) and 23/C of Vht.], or for the provision of a security [section 6:523 of Act V of 2013 on the Civil Code (hereinafter "Ptk.")], as well as his request submitted to any foreign court for a similar measure and the measure of the court granting such request shall not be deemed incompatible with the arbitration agreement.

Chapter III Composition of Arbitral Tribunal

10. Number of Arbitrators

Section 11 (1) The parties shall be free to determine the number of arbitrators; however, the number of arbitrators must be an odd number.

(2) Failing such determination, the number of arbitrators shall be three.

11. Appointment of Arbitrators

Section 12 (1) No person shall be precluded by reason of his nationality or the lack of it from acting as an arbitrator, unless otherwise agreed by the parties.

(2) The parties shall be free to agree on the rules of the procedure of appointing the arbitrator or arbitrators, subject to the provisions of paragraphs (4) to (8).

(3) Failing such agreement, 4Act LX of 2017 on arbitration (as in force on 2 January 2018) This document has been produced for informational purposes only.

a) if the arbitral tribunal consists of three arbitrators, each party shall appoint one arbitrator, and the two arbitrators thus appointed shall appoint the presiding arbitrator. If a party fails to appoint his arbitrator within thirty days of receipt of a request to do so from the other party, or if the two arbitrators fail to agree on the third arbitrator within thirty days of their appointment, the appointment shall be made, at the request of any party, by the court specified in section 7 (2) or, in cases falling within the jurisdiction of the Court of Commercial Arbitration, by the Presidium of the arbitration court from the list of recommended arbitrators published on the website of the arbitration court,

b) if the arbitral tribunal consists of a sole arbitrator and the parties are unable to agree on the arbitrator, he shall be appointed, at the request of any party, by the court specified in section 7 (2) or, in cases falling within the jurisdiction of the Court of Commercial Arbitration, by the Presidium of the arbitration court from the list of recommended arbitrators published on the website of the arbitration court,

c) if the arbitral tribunal consists of more than three arbitrators, the provisions of point a) shall apply accordingly, with the proviso that the parties shall appoint arbitrators in an equal proportion, and a majority vote of the elected arbitrators shall decide on the appointment of the last arbitrator.

(4) If in the course of an appointment procedure agreed upon by the parties:

a) a party fails to appoint its own arbitrator, or otherwise acts contrary to the agreement,

b) the parties or the arbitrators are unable to reach an agreement expected of them under such procedure, or

c) a third party fails to perform, within thirty days, any function entrusted to it under such procedure for the purpose of appointment, any party may turn to the court specified in section 7 (2), unless the agreement on the appointment procedure or the rules of the permanent arbitration court specified in the arbitration agreement provide other means for securing the appointment in such circumstances.

(5) In the process of appointing the missing arbitrator, the requirements set out in the parties' agreement concerning the arbitrator's professional qualifications or other characteristics shall be taken into account, along with all other aspects that are likely to secure the appointment of an independent and impartial arbitrator. In international arbitration, the sole arbitrator or the presiding arbitrator may only be appointed if his nationality is other than those of the parties. If, in a case falling within the jurisdiction of the Court of Commercial Arbitration, the list of recommended arbitrators does not contain any person with the professional qualification or other characteristics specified in the agreement of the parties, a person other than those contained in the list of recommended arbitrators may be appointed as sole arbitrator or presiding arbitrator. If, in an international case falling within the jurisdiction of the Court of Commercial Arbitration, the list of recommended arbitrators does not contain any person with a nationality other than those of the parties, a person other than those contained in the list of recommended arbitrators may also be appointed as sole arbitrator or presiding arbitrator.

(6) There shall be no legal remedy against the decision adopted under paragraphs (3) and (4) by a court, other person or organisation acting in accordance with this section.

(7) The following persons shall not serve as arbitrators:

a) persons under the age of twenty four,

b) persons excluded from participating in public affairs by a final and binding court judgment,

c) persons sentenced to imprisonment by a final and binding court judgment, until exonerated from the aggravating consequences of having a criminal record, 5Act LX of 2017 on arbitration (as in force on 2 January 2018) This document has been produced for informational purposes only.

d) persons placed under custodianship or supported decision-making affecting his capacity to act,

e) persons disqualified from a profession that is subject to a university degree in law, or

f) persons on probation by a final and binding court judgment, during the probation period.

(8) Persons formerly participating as a mediator, a representative of one of the parties or an expert in the legal dispute of the parties referred or related to arbitration shall not proceed as an arbitrator in the arbitral proceedings.

(9) The arbitrator shall communicate his acceptance of the appointment by a written statement addressed to the parties. The arbitrator's signing of the document containing his appointment shall qualify as acceptance.

12. Grounds for Challenge

Section 13 (1) When a person is approached in connection with his possible appointment as an arbitrator, he shall disclose any circumstances likely to give rise to justifiable doubts with respect to his impartiality or independence. An arbitrator, from the time of his appointment and throughout the arbitral proceedings, shall without delay disclose any such circumstances to the parties.

(2) An arbitrator may be challenged only if circumstances exist that give rise to justifiable doubts with respect to his impartiality or independence, or if he does not possess the professional qualifications or other characteristics agreed to by the parties. A party may challenge an arbitrator appointed by him, or in whose appointment he has participated, only for reasons of which he becomes aware after the appointment has been made.

13. Challenge Procedure

Section 14 (1) The parties shall be free to agree on a procedure for challenging the arbitrator, subject to the provisions of paragraph (4).

(2) Failing such agreement, a party who intends to challenge an arbitrator shall, within fifteen days after becoming aware of the constitution of the arbitral tribunal or after becoming aware of any circumstance justifying the motion, send a written statement of the reasons for the challenge to the arbitral tribunal.

(3) Unless the challenged arbitrator withdraws from his office or the other party agrees to the challenge, the arbitral tribunal shall decide on the challenge.

(4) If the motion for challenge under the procedure laid down in paragraphs (1) to (3) is not successful, the challenging party may request, within thirty days after having received the decision rejecting the challenge, the court specified in section 7 (2) or, in cases falling within the jurisdiction of the Court of Commercial Arbitration, the Presidium of the arbitration court to decide on the motion for challenge. If the motion for challenge is rejected by the Presidium of the Court of Commercial Arbitration, the challenging party may request, within thirty days after having received the decision rejecting the challenge, the court specified in section 7 (2) to decide on the motion for challenge.

(5) There shall be no legal remedy against the order of the court adopted in the proceedings under paragraph (4). Until the service of such order, the arbitral tribunal, including the arbitrator affected by the motion for challenge, may continue the arbitral proceedings and may adopt a decision.

14. Other Cases of the Termination of the Arbitrator's Assignment

Section 15 (1) If an arbitrator, for any reason, becomes unable to perform his functions or for other reasons he causes undue delay in the proceedings, and does not withdraw from his office, the parties may agree on the termination of his mandate. Failing that, any party may 6Act LX of 2017 on arbitration (as in force on 2 January 2018) This document has been produced for informational purposes only. request, by referring to the cause of the termination, the court specified in section 7 (2) or, in cases falling within the jurisdiction of the Court of Commercial Arbitration, the Presidium of the arbitration court to decide on the termination of the arbitrator's mandate. If the request is rejected by the Presidium of the Court of Commercial Arbitration, the requesting party may request, within thirty days after having received the decision on rejection, the court specified in section 7 (2) to decide on the termination of the arbitrator's mandate.

(2) There shall be no legal remedy against the order of the court adopted in the proceedings under paragraph (1).

(3) The termination of the arbitrator's mandate in accordance with paragraph (1)

or section 14 (2) and (3) shall not mean the acknowledgement of the existence of any of the reasons referred to in paragraph (1) or section (13).

15. Appointment of a New Arbitrator

Section 16 If the mandate of an arbitrator terminates for any reason, another arbitrator shall be appointed in accordance with the provisions that were applicable to the appointment of the arbitrator whose mandate terminated.

Chapter Ⅳ Decision of the Arbitral Tribunal with Respect to its Own Jurisdiction

Section 17 (1) The arbitral tribunal may rule on its own jurisdiction, including any objections with respect to the existence or validity of the arbitration agreement. For that purpose, an arbitration clause which forms part of a contract shall be treated as an agreement independent of the other terms of the contract. A decision of the arbitral tribunal declaring that a contract has not come into existence or is invalid shall not entail the invalidity of the arbitration clause.

(2) An objection concerning the arbitral tribunal's jurisdiction shall be presented not later than the submission of the defence. A party shall not be precluded from presenting such an objection by the fact that he has appointed, or participated in the appointment of, an arbitrator. An objection asserting that the arbitral tribunal is exceeding the scope of its authority shall be presented as soon as the presumed excess of authority occurs. The arbitral tribunal may admit a later objection if it considers the delay justified.

(3) The arbitral tribunal may rule on an objection referred to in paragraph (2) either as a preliminary question or in its award. If the arbitral tribunal rules as a preliminary question that it has jurisdiction, any party may request, within thirty days after having received the decision, the court specified in section 7 (2) to decide in an order on the objection, with the proviso that, until the service of the order, the arbitral tribunal may continue the arbitral proceedings and make an award.

Chapter V Interim Measures and Preliminary Orders

16. Interim Measures

Section 18 (1) Unless otherwise agreed by the parties, the arbitral tribunal may, at the request of a party, grant interim measures.

(2) By the interim measure the arbitral tribunal can, prior to the issuance of the award by which the dispute is finally decided, order a party

a) to maintain or restore the status quo pending determination of the dispute; 7Act LX of 2017 on arbitration (as in force on 2 January 2018) This document has been produced for informational purposes only;

b) to take action that would prevent, or to refrain from taking action that is likely to cause, damage or imminent threat of damage, or prejudice to the arbitral proceedings;

c) to take measures in order to keep available the assets serving as a basis for the satisfaction of the arbitral award, or to provide cover corresponding to their value; or

d) to preserve evidence that may be relevant to the resolution of the dispute.

Section 19 In cases under section 18 (2) a), b) and c), the party requesting the interim measure shall satisfy the arbitral tribunal that

a) harm not reparable by an award of damages is likely to result if the measure is not ordered, and such harm outweighs the harm that is likely to result to the party against whom the measure is directed if the measure is granted, and

b) the requesting party will succeed on the merits of the claim. The determination on this possibility shall not affect the discretion of the arbitral tribunal in making any subsequent determination.

17. Preliminary Orders

Section 20 (1) Unless otherwise agreed by the parties, the party may make a request for an interim measure together with an application for a preliminary order directing a party not to frustrate the purpose of the interim measure requested.

(2) The arbitral tribunal may grant a preliminary order provided it considers that prior disclosure of the request for interim measure to the party against whom it is directed would risk frustrating the purpose of the measure.

Section 21 (1) The arbitral tribunal shall give notice to all parties of the determination made in respect of an application for a preliminary order, and, at the same time, it shall provide information about the content of any oral communication between the parties and the arbitral tribunal in relation thereto.

(2) After having made a determination in respect of an application for a preliminary order, the arbitral tribunal shall give an opportunity to the party against whom a preliminary order is directed to present his case at the earliest practicable time.

(3) The arbitral tribunal shall decide promptly on any objection to the preliminary order.

(4) A preliminary order shall expire after twenty days from the date on which it was issued.

(5) The arbitral tribunal may issue an interim measure adopting or modifying the preliminary order, after the party against whom the preliminary order is directed has been given notice and an opportunity to present its case.

(6) A preliminary order shall be binding on the parties; however, it shall not be the subject of judicial enforcement.

18. Common Rules on Interim Measures and Preliminary Orders

Section 22 At the request of any party or, in exceptional circumstances, in the absence of a request and without prior notice to the parties, the arbitral tribunal may modify, suspend or terminate an interim measure or a preliminary order it has granted.

Section 23 (1) The arbitral tribunal may require the party requesting an interim measure to provide appropriate security in connection with the measure.

(2) The arbitral tribunal shall require the party applying for a preliminary order to provide appropriate security in connection with the order unless the arbitral tribunal considers it unnecessary to do so.

Section 24 (1) The arbitral tribunal may require any party to immediately disclose any substantial change in the circumstances on the basis of which the measure was requested or granted. 8Act LX of 2017 on arbitration (as in force on 2 January 2018) This document has been produced for informational purposes only.

(2) The party applying for a preliminary order shall disclose to the arbitral tribunal all circumstances that are likely to be relevant to the arbitral tribunal's determination whether to grant or maintain the order, and such obligation shall continue until the party against whom the preliminary order has been requested has had an opportunity to present his case. Thereafter, the provisions of paragraph (1) shall apply.

Section 25 The party requesting an interim measure or applying for a preliminary order shall be liable for any costs and damages caused by the measure or the order if the arbitral tribunal later determines that, in the circumstances, the measure or the order should not have been granted. The arbitral tribunal may award such costs and damages at any point during the proceedings.

19. Enforcement of Interim Measures

Section 26 (1) An interim measure issued by an arbitral tribunal shall be enforced in accordance with the rules on judicial enforcement, subject to the provisions of section 27 on refusal.

(2) The party who is seeking or has obtained enforcement of an interim measure shall immediately notify the court of the termination, suspension or modification of that interim measure.

20. Grounds for Refusing Enforcement

Section 27 Enforcement of an interim measure may be refused only

a) at the request of the party against whom it is invoked if the court is satisfied that:

aa) any of the grounds set forth in section 47 (2) a) exists; or

ab) the decision of the arbitral tribunal requiring the provision of security with respect to the interim measure has not been complied with; or ac) the arbitral tribunal terminated or suspended the interim measure; or

b) if the court finds that

ba) the interim measure is incompatible with the powers of the court; or

bb) with respect to the interim measure, any of the grounds set forth in section 47 (2) b) exists.

Chapter Ⅵ Proceedings of the Court

Section 28 In relation to arbitration proceedings, irrespective of their place, the Hungarian court shall have the same material jurisdiction to order a preliminary taking of evidence (Chapter XXIV of Pp.), a provisional measure (Chapter Ⅷ of Pp.), and a security measure (Chapter X of Vht.), as well as to insert an enforcement clause into a deed [sections 23/B (1) a) and 23/C of Vht.], and to require the provision of a security in a separate claim in accordance with the rules on litigation proceedings (section 6:523 of Ptk.) as it has in relation to proceedings in courts. In the course of this, the court having material and territorial jurisdiction shall proceed with due consideration of the characteristics of arbitration.

Chapter Ⅶ Conducting the Arbitral Proceedings

21. Equal Treatment of the Parties and the Determination of the Procedural Rules

Section 29 In the course of the arbitral proceedings the parties shall be treated with equality and each party shall be given an opportunity of presenting his case. 9Act LX of 2017 on arbitration (as in force on 2 January 2018) This document has been produced for informational purposes only.

Section 30 (1) Subject to the provisions of this Act, the parties shall be free to agree on the rules of the procedure to be followed by the arbitral tribunal.

(2) In the absence of such an agreement the arbitral tribunal may, subject to the provisions of this Act, determine the procedural rules in such manner as it considers appropriate. The powers of the arbitral tribunal shall include the power to determine

the admissibility, relevance and weight of any evidence.

22. The Place of Arbitration and the Initiation of the Proceedings

Section 31 (1) The parties shall be free to agree on the place of arbitration. In the absence of such an agreement, the place of arbitration shall be determined by the arbitral tribunal having regard to the circumstances of the case, including in particular the convenience of the parties.

(2) Notwithstanding the provision of paragraph (1), the arbitral tribunal may, unless otherwise agreed by the parties, meet at any place for consultation among its arbitrators, for hearing the parties, witnesses or experts, or for inspection of objects and documents.

Section 32 Unless otherwise agreed by the parties, the arbitral proceedings in respect of a particular dispute shall commence on the date on which a request for that dispute to be referred to arbitration is received by the respondent.

23. Language of the Proceedings

Section 33 (1) The parties shall be free to agree on the language or languages to be used in the arbitral proceedings. In the absence of such agreement, the arbitral tribunal shall determine the language or languages to be used in the proceedings.

(2) Unless otherwise agreed by the parties, the agreement on the language of the proceedings or the determination of the language of the proceedings shall apply to the submissions of the parties, the hearing, and the decision and any other communication of the arbitral tribunal.

(3) The arbitral tribunal may order that any documentary evidence shall be accompanied by a translation into the language agreed upon by the parties or determined by the arbitral tribunal.

24. Statement of Claim and Defence

Section 34 (1) Within the period of time agreed by the parties or determined by the arbitral tribunal, the claimant shall present his claim, the facts supporting it and the disputed issues, and the respondent shall present his defence in respect of these particulars, unless otherwise agreed by the parties with respect to the content of the procedural statements. Together with their statements the parties may also submit their evidence.

(2) Unless otherwise agreed by the parties, either party may amend or supplement his claim or defence in the course of the arbitral proceedings, unless the arbitral tribunal does not allow its submission on the grounds of the delay it would cause.

25. Participation in the Proceedings by a Person Who is not a Party to the Arbitration Agreement

Section 35 Unless otherwise agreed by the parties, a person who is not a party to the arbitral agreement may participate in the proceedings as a party, if the claim submitted by or against him can only be assessed jointly with the legal dispute that is the subject of the arbitration agreement, and if this person subjects himself to the jurisdiction of the arbitral tribunal by a written statement.

26. Hearings and Written Proceedings

Section 36 (1) Unless otherwise agreed by the parties, and subject to the exception provided for in paragraph (2), the arbitral tribunal shall decide whether to hold a hearing for the presentation of the standpoints and the evidence, or to carry out the proceedings without it.

(2) At the request of a party, the arbitral tribunal shall hold a hearing at an appropriate stage of the proceedings even if the parties have agreed that the legal dispute is to be settled without holding a hearing.

(3) The parties shall be given sufficient advance notice of the hearing and of any procedural acts taken by the arbitral tribunal for the purpose of inspection.

(4) Statements, documents or other information submitted to the arbitral tribunal

by one party shall be communicated to the other party; furthermore, any pieces of evidence that the arbitral tribunal may take into account in making its decision shall be communicated to the parties.

(5) The arbitral tribunal shall not impose a fine or apply any coercive measures against witnesses and experts.

(6) The arbitral tribunal shall draw up minutes of the arbitral proceedings, and a copy thereof shall be served on the party.

(7) Unless otherwise agreed by the parties, the proceedings of the arbitral tribunal shall not be public.

27. Intervention in the Proceedings

Section 37 (1) At the request of a party, the arbitral tribunal shall inform those having a legal interest in the outcome of the arbitral proceedings that they may intervene in the proceedings in order to facilitate the success of the party with the same interest.

(2) There shall be no legal remedy against the decision of the arbitral tribunal on whether to authorise intervention.

(3) The intervener may submit evidence, and may participate in the hearing and in procedural acts taken for the purpose of inspection.

28. Default of a Party

Section 38 Unless otherwise agreed by the parties, if, without showing sufficient cause,

a) the claimant fails to present his claim in accordance with section 34 (1), the arbitral tribunal shall terminate the proceedings;

b) the respondent fails to present his defence in accordance with section 34 (1), the arbitral tribunal shall continue the proceedings without treating such failure in itself as an admission of the claimant's allegations;

c) any party fails to appear at a hearing of the arbitral tribunal, or fails to produce evidence, the arbitral tribunal may continue the proceedings and make the award on the basis of the evidence before it.

29. Expert

Section 39 (1) Unless otherwise agreed by the parties, the arbitral tribunal

a) may appoint one or more experts to give expert opinion on issues determined by the arbitral tribunal for the assessment of which the arbitral tribunal lacks the necessary professional expertise;

b) may require a party to give the expert any relevant information or to produce, or to provide access to, any relevant objects for his inspection.

(2) Unless otherwise agreed by the parties, if a party so requests or if the arbitral tribunal considers it necessary, the expert shall, following the presentation of his written or oral 11Act LX of 2017 on arbitration (as in force on 2 January 2018) This document has been produced for informational purposes only. opinion, participate in a hearing where the parties have the opportunity to put questions to him and to present experts in order to testify on the issues under dispute.

(3) A person formerly participating as a mediator or a representative of one of the parties, or an expert in the legal dispute of the parties referred or related to arbitration shall not act as an expert in the arbitral proceedings.

30. Court Assistance in Taking Evidence

Section 40 The arbitral tribunal or a party with the approval of the arbitral tribunal may request from a court assistance in taking evidence. In the course of this the court shall proceed in accordance with the rules on the preliminary taking of evidence (Chapter XXIV of Pp.), except that the rules of section 334 of the Pp. shall not be applied, and the court does not need to hear the parties with respect to ordering the taking of evidence.

31. Applicable Substantive Law

Section 41 (1) The arbitral tribunal shall decide the legal dispute in accordance with the provisions of the law chosen by the parties as applicable to the assessment on the merits of the disputed matters. Unless otherwise agreed by the parties, any designation of the law or legal system of a State shall be construed as directly referring to the substantive law of the State concerned and not to its private international law rules.

(2) In the absence of a choice of law by the parties, the arbitral tribunal shall determine the applicable substantive law in accordance with the private international law rules which it considers applicable.

(3) The arbitral tribunal shall decide ex aequo et bono only if the parties have expressly authorised it to do so.

(4) In all cases, the arbitral tribunal shall decide in accordance with the terms of the contract, and shall take into consideration the commercial usages applicable to the transaction.

32. Decision-making by Panel of Arbitrators

Section 42 (1) Unless otherwise agreed by the parties, any decision of the arbitral tribunal shall ba made by a majority of the members of the panel; in the absence of a majority position, the presiding arbitrator shall decide.

(2) Procedural questions may be decided by the presiding arbitrator if so authorised by the parties or the members of the arbitral tribunal.

33. Settlement

Section 43 (1) If, during the proceedings, the parties settle the legal dispute, the arbitral tribunal shall terminate the proceedings.

(2) If so requested by the parties, the arbitral tribunal shall record the settlement in the form of an arbitral award on agreed terms, provided that the settlement is in compliance with the law.

(3) An award on agreed terms shall have the same effect as any other award on the merits of the case.

34. Form and Content of the Arbitral Award

Section 44 (1) The arbitral award and the order terminating the proceedings shall be drawn up in writing and shall be signed by the members of the arbitral tribunal. In arbitral proceedings with more than one arbitrator, the signatures of the majority of the members shall suffice, provided that the reason for any omitted signature is stated in the award. 12Act LX of 2017 on arbitration (as in force on 2 January 2018) This document has been produced for informational purposes only.

(2) The arbitral award shall include the reasons on which it is based, unless the award is an award on agreed terms under section 43.

(3) If so requested by a party, the award shall determine the amount of the costs of the proceedings and how these costs are to be borne.

(4) The arbitral award and the order terminating the proceedings shall state its date and the place of arbitration as determined in accordance with section 31 (1). The award and the order terminating the proceedings shall be deemed to have been made at the that place.

(5) After the arbitral award and the order terminating the proceedings is made, a copy signed by the arbitrators in accordance with paragraph (1) shall be sent to each party.

35. Termination of the Proceedings

Section 45 (1) The arbitral proceedings shall be terminated by the award of the arbitral tribunal or by its order terminating the proceedings in accordance with paragraph (2).

(2) The arbitral tribunal shall terminate the proceedings by an order if

a) the claimant does not present his claim in accordance with section 34 (1);

b) the claimant withdraws his claim, unless the respondent objects thereto and the arbitral tribunal recognises a legitimate interest on his part in obtaining a final settlement of the dispute;

c) the parties agree to terminate the proceedings; or

d) the arbitral tribunal finds that the continuation of the proceedings has for any other reason become unnecessary or impossible.

(3) The mandate of the arbitral tribunal shall terminate with the termination of the proceedings, but the arbitral tribunal shall proceed in cases specified in sections 46, 47 (4), and 50 to 52.

36. Correction, Interpretation and Supplementation of the Arbitral Award

Section 46 (1) Within thirty days of receipt of the award, unless another period of time has been agreed upon by the parties, a party, with notice to the other party, may request the arbitral tribunal to correct in the award any clerical or typographical errors or any errors in computation.

(2) Within thirty days of receipt of the award, unless otherwise agreed by the parties, a party, with notice to the other party, may request the arbitral tribunal to give an interpretation with respect to a specific part of the award.

(3) If the arbitral tribunal considers the request referred to in paragraphs (1) and (2) to be justified, it shall make the correction or give the interpretation within thirty days of receipt of the request. The interpretation shall become a part of the reasoning of the arbitral award.

(4) The arbitral tribunal may, even in the absence of a request, correct the error referred to in paragraph (1) within thirty days of the making of the award.

(5) Unless otherwise agreed by the parties, a party, with notice to the other party, may request, within thirty days of receipt of the award, the arbitral tribunal to supplement the award with respect to claims presented in the arbitral proceedings but not assessed in the arbitral award. If the arbitral tribunal considers the request to be justified, it shall make, based on a hearing if necessary, a supplementary arbitral award within sixty days.

(6) The arbitral tribunal may extend, if necessary, the period of time set in this

section for correction, interpretation and the making of the supplementary arbitral award by a maximum of an additional thirty days.

(7) The provisions of section 44 shall apply to the correction, interpretation and supplementation of the arbitral award. 13Act LX of 2017 on arbitration (as in force on 2 January 2018) This document has been produced for informational purposes only.

Chapter Ⅷ Annulment of the Arbitral Award

Section 47 (1) There shall be no appeal against an arbitral award. An arbitral award may be reviewed by a court only in an action for the annulment of the arbitral award.

(2) An arbitral award may be annulled by the court specified in section 7 (2) on the basis of an action brought against the other party only if

a) the plaintiff of the action for the annulment provides proof that

aa) a party to the arbitration agreement had no legal capacity or capacity to act; or the arbitration agreement is not valid under the law to which the parties have subjected it or, in the absence of such law, under Hungarian law; or

ab) the party was not given proper notice of the appointment of an arbitrator or of the proceedings of the arbitral tribunal, or was otherwise unable to present his case; or

ac) the arbitral award deals with a dispute not contemplated by or not falling within the terms of the submission to arbitration, or contains decisions on matters beyond the scope of the submission to arbitration, with the proviso that, if the matters submitted to arbitration can be separated from those not so submitted, only that part of the arbitral award which contains decisions on matters not submitted to arbitration may be annulled; or

ad) the composition of the arbitral tribunal or the arbitral procedure was not in accordance with the agreement of the parties, unless such agreement was in conflict with a mandatory provision of this Act, or, failing such agreement, was not in accordance with the provisions of this Act; or

b) the court finds that

ba) the subject matter of the dispute is not capable of settlement by arbitration under Hungarian law; or

bb) the arbitral award is contrary to the public policy of Hungary.

(3) The action for annulment may be brought within sixty days from the date on which the party bringing the action had received the award or, if a request had been made under section 46, from the date on which that request had been disposed of by the arbitral tribunal. Failure to keep this time limit shall result in the forfeiture of the right.

(4) At the justified request of either party, the court may suspend the hearing in the proceedings for the annulment of the arbitral award for a maximum of ninety days in order to give the arbitral tribunal an opportunity, subject to section 46, to resume the arbitral proceedings or to take such other procedural acts as in the opinion of the arbitral tribunal will eliminate the grounds for annulment. In this case, the arbitral proceedings terminated by the award shall continue for the purpose and duration determined by the court. The annulment of the award made in the resumed arbitral proceedings may be requested by an amendment of the claim or by a counter-claim within sixty days from the receipt of the award.

(5) If the arbitral award is annulled, the arbitral proceedings may be continued with the appointment of arbitrators in accordance with section 12.

Chapter Ⅸ Retrial

Section 48 Unless otherwise provided by this chapter, the rules on the main proceedings shall apply accordingly to the retrial.

Section 49 Unless otherwise agreed by the parties, retrial may be ordered within one year from receipt of the arbitral award if a party refers to a fact or evidence that he did not invoke 14Act LX of 2017 on arbitration (as in force on 2 January 2018) This document has been produced for informational purposes only. in the main proceedings through no fault of his own, provided that, if assessed, it could have resulted in an award more favourable to the party.

Section 50 (1) The arbitral tribunal that made the contested award shall decide on the admissibility of the request for retrial by an order. There shall be no legal remedy against this order.

(2) In the event of one of the members of an arbitral tribunal being prevented from attending, an arbitrator appointed in accordance with the procedure under section 12 shall take his place.

(3) The arbitral tribunal may hear the parties prior to deciding on admissibility.

(4) The request for retrial shall be rejected if

a) it has been submitted following the expiry of one year after receipt of the award,

b) the issues raised by the party submitting the request are not suitable for producing an award more favourable to that party, even if their truthfulness is proven, or

c) the party did not invoke in the main proceedings the fact or evidence raised in his request through his own fault.

Section 51 If the arbitral tribunal granted a retrial, and the request is likely to be successful, the arbitral tribunal may suspend the enforcement of the award.

Section 52 If retrial is granted, the proceedings shall be carried out within the scope of the request, and, depending on the outcome of the proceedings, the arbitral tribunal shall uphold the contested award or, wholly or partially, repeal it and make a new award.

Chapter X Enforcement of the Arbitral Award

Section 53 (1) An arbitral award shall have the same effect as a final and binding court judgment, and shall be enforced subject to the laws on judicial enforcement.

(2) The party relying on an arbitral award or submitting a request for its enforcement shall attach the original award or a certified copy thereof to the request.

Section 54 Enforcement of an arbitral award shall be refused if the court finds that:

a) the subject matter of the dispute is not capable of settlement by arbitration under Hungarian law; or

b) the arbitral award is contrary to the public policy of Hungary.

Chapter Ⅺ Other Rules

37. Enforcement of a Claim Subject to an Arbitration Agreement Following the Starting Date of the Liquidation

Section 55 If a liquidation procedure under Hungarian law was initiated against a party to the arbitration agreement, following the starting date of the liquidation, a pecuniary claim related to the assets under liquidation may only be enforced within the liquidation procedure, in accordance with the Act on bankruptcy procedure and liquidation procedure. This provision shall not exclude the enforcement of non-pecuniary claims in accordance with this Act.

38. Legal Succession in Arbitration Agreement

Section 56 Unless otherwise agreed by the parties, in the event of a legal succession or an assignment with regard to the arbitration agreement concluded by the legal predecessor, the scope of the arbitration agreement shall extend to the legal successor as well.

39. Relations Between the Arbitral Tribunal and the Parties

Section 57 (1) Withdrawal from the office of arbitrator or an agreement on the termination of an arbitrator's mandate by the parties shall become effective if all members of the arbitral tribunal and, with respect to the withdrawal, all parties are informed thereof.

(2) If an arbitral award is annulled, the arbitral proceedings terminated by the annulled award shall be free of arbitrator's fees, and the arbitral tribunal that made the annulled award shall not be entitled to a fee. In the continued proceedings following the annulment, the parties shall not be obliged to pay administrative costs.

(3) The rules of the permanent arbitration court or, in ad hoc arbitration, the agreement between the arbitral tribunal and the parties may exclude or limit the liability

of the permanent arbitration court, the arbitral tribunal and the arbitrators, except for liability for damage caused intentionally or due to gross negligence.

40. Mediation Procedure

Section 58 A permanent arbitration court may establish its own rules for the arbitral mediation procedure in accordance with this Act and the UNCITRAL Model Law on International Commercial Conciliation of 2002.

Chapter Ⅻ Permanent Arbitration Court

41. Institutional Arbitration in Hungary

Section 59 (1) The Court of Commercial Arbitration and the arbitral tribunal established in accordance with its rules of proceedings shall proceed as permanent arbitration court in Hungary.

(2) According to the provisions of the Act on sport, the Permanent Court of Arbitration for Sport or the arbitral tribunal established according to its rules of proceedings shall proceed in cases determined therein; while according to the provisions of the Act on the Hungarian Chamber of Agriculture, Food and Rural Development, and the Act on the detection and prevention of legal transactions aimed at circumventing the legal provisions limiting the acquisition of the ownership or use of arbitral land, the arbitration court operated by the agricultural chamber or the arbitral tribunal established according to its rules of proceedings shall proceed in cases determined therein.

42. Court of Commercial Arbitration

Section 60 (1) In the territory of Hungary, the Court of Commercial Arbitration shall carry out the tasks of the permanent arbitration court as determined in this Act and in its order of business and its rules of proceedings determined in accordance with this Act.

(2) The organs of the Court of Commercial Arbitration shall be:

a) the Presidium consisting of seven members, and

b) the Secretariat carrying out the administrative matters of the Court of Commercial Arbitration.

43. Presidium

Section 61 (1) The Presidium shall be the general decision-making organ of the Court of Commercial Arbitration.

(2) The President and two members of the Presidium shall be nominated by the Hungarian Chamber of Commerce and Industry, while one member shall be nominated by the Hungarian Energy and Public Utility Regulatory Authority, the Budapest Stock Exchange Ltd., the Hungarian Banking Association and the Hungarian Bar Association each. 16Act LX of 2017 on arbitration (as in force on 2 January 2018) This document has been produced for informational purposes only.

(3) The office of the Vice-President shall be filled by a member nominated by the Hungarian Energy and Public Utility Regulatory Authority, the Budapest Stock Exchange Ltd., the Hungarian Banking Association and the Hungarian Bar Association. The office of the Vice-President shall be rotated annually between the members nominated by the Hungarian Energy and Public Utility Regulatory Authority, the Budapest Stock Exchange Ltd., the Hungarian Banking Association and the Hungarian Bar Association, in this order.

(4) Members of the Presidium shall be persons having at least 10 years of professional expertise in a legal profession who passed the professional examination in law or the corresponding professional examination according to their national law, and have considerable experience in the application of the rules on arbitration.

(5) The term of office of the members of the Presidium shall be three years, and they may be re-nominated once.

(6) The mandate of the President shall be valid for three years and he may be re-nominated once.

(7) A member of the Presidium or the President may be dismissed at any time and without giving reasons by the organisation nominating him.

(8) A member of the Presidium shall not proceed as an arbitrator or as an expert

in proceedings falling within the jurisdiction of the Court of Commercial Arbitration, except for cases in which he accepted his appointment as arbitrator before his mandate as a member of the Presidium started, or in which he provided an expert opinion before his mandate as a member of the Presidium started, respectively. A member of the Presidium shall not proceed as a legal representative in proceedings falling within the jurisdiction of the Court of Commercial Arbitration.

(9) The Court of Commercial Arbitration shall be represented by the President and the VicePresident acting as his general substitute.

44. Tasks of the Presidium and the President

Section 62 (1) The Presidium

a) shall adopt the order of business and the rules of proceedings of the Court of Commercial Arbitration, and shall publish them on the website of the Court of Commercial Arbitration,

b) shall draw up a list of recommended arbitrators which it reviews at least every three years,

c) shall exercise its right to appoint arbitrators in accordance with this Act,

d) may give recommendations on procedural issues, with the proviso that such recommendations shall not bind the proceeding arbitral tribunal,

e) shall determine in the rules of proceedings the amount of the fee of main proceedings and retrial,

f) shall specify in the rules of proceedings the cases falling within the jurisdiction of the Court of Commercial Arbitration where the arbitrator is to be appointed from the members of the energy section and those where the arbitrator is to be appointed from the members of the financial and capital market section.

(2) The President

a) shall control the Secretariat,

b) shall ensure that six months after an arbitral tribunal proceeding in the framework of the Court of Commercial Arbitration made an award, an anonymised extract of the award and of the order terminating the proceedings that excludes the possibility of recognising the parties is published and to be found on the website of the Court of Commercial Arbitration in a searchable format. 17Act LX of 2017 on arbitration (as in force on 2 January 2018) This document has been produced for informational purposes only.

(3) The members of the Presidium shall be entitled to a monthly fee; the legal persons nominating members to the Presidium shall determine the amount of the fee and agree upon how the charges associated with their payment are to be borne.

(4) A person shall be considered to have the considerable experience referred to in section 61 (4) if his name has been indicated on the list of arbitrators of a Hungarian or foreign permanent arbitration court for at least five years or he has been providing legal representation in arbitration cases on a regular basis for at least five years. The President of the Hungarian Chamber of Commerce and Industry shall reject the nomination to the Presidium of any person who does not meet the nomination requirements laid down in this Act.

45. List of Recommended Arbitrators

Section 63 (1) The Court of Commercial Arbitration shall draw up a list of recommended arbitrators (hereinafter "list").

(2) As part of the list, the Court of Commercial Arbitration shall also prepare breakdowns

a) by the energy section according to the recommendations of the Hungarian Energy and Public Utility Regulatory Authority,

b) by the financial and capital market section according to the recommendations of the Budapest Stock Exchange Ltd. and the Hungarian Banking Association.

(3) The list shall consist of a general part and parts related to the sections.

(4) The general part of the list shall contain a minimum of 60 names, while the parts related to the sections shall contain a minimum of 30 further names each. The name of the same person may be included in both the general part of the list and in the parts related to the sections.

(5) The list may include the names of lawyers with excellent professional knowl-

edge

a) who request it,

b) who have at least 10 years of professional experience in a legal profession,

c) who passed the professional examination in law or the corresponding professional examination according to his national law,

d) who are capable of fulfilling the arbitrator's tasks according to the opinion of the majority of the Presidium, and

e) who have not yet reached the age of 70.

(6) The names of those

a) who have reached the age of 70, or

b) who request the deletion of their name shall be deleted from the list.

(7) The Court of Commercial Arbitration shall publish the list and its amendments on its website following the approval of the Hungarian Chamber of Commerce and Industry. The approval shall be subject to the agreement of the Hungarian Energy and Public Utility Regulatory Authority with respect to the members of the energy section, and to the agreement of the Budapest Stock Exchange Ltd. and the Hungarian Banking Association with respect to the members of the financial and capital market section.

(8) The Court of Commercial Arbitration shall revise the list every three years and, in the course of the revision, it shall request proposals from the Hungarian Energy and Public Utility Regulatory Authority with respect to the energy section, and from the Budapest Stock Exchange Ltd. and the Hungarian Banking Association with respect to the financial and capital market section.

(9) The body consisting of persons included in the list may express its opinion on issues determined in the order of business, in the way it is determined in the order of business. 18Act LX of 2017 on arbitration (as in force on 2 January 2018) This document has been produced for informational purposes only.

Chapter XIII Final Provisions

Section 64 (1) With the exception specified in paragraph (2), this Act shall enter into force on the eighth day following its promulgation.

(2) Sections 1 to 63, 65, 66, 68, and 69 shall enter into force on 1 January 2018.

Section 65 (1) The provisions of this Act shall apply to arbitral proceedings commencing on or after 1 January 2018.

(2) The cases that are pending on 1 January 2018 shall be settled in accordance with the procedural rules in force on the date of their commencement.

Section 66 The provisions of section 1 (3) and sections 8, 41 and 56 shall apply to arbitration agreements concluded after 1 January 2018.

Section 67 (1) The Permanent Court of Arbitration of the Financial and Capital Market and the Permanent Energy Arbitration Court (hereinafter jointly "terminating arbitration courts") shall cease to exist with effect from 31 December 2017.

(2) The assets of the terminating arbitration courts that remain following the full satisfaction of the creditors' claims shall be transferred to their founders by virtue of this Act.

(3) The term of office of the office-holders of the Court of Commercial Arbitration and the terminating arbitration courts shall terminate on 31 December 2017 by virtue of this Act.

(4) The members and the President of the new Presidium of the Court of Commercial Arbitration shall be nominated as of 1 January 2018.

(5) The presidiums of the terminating arbitration courts shall prepare a list of the pending arbitration cases, and shall transfer the documents thereof to the Court of Commercial Arbitration on 31 December 2017.

(6) If an agreement specified any of the terminating arbitration courts as the arbitration court with jurisdiction before it ceased to exist, the Court of Commercial Arbitration shall have jurisdiction to settle the legal dispute by arbitration after 1 January 2018. In such proceedings, the agreement on the jurisdiction of the terminating arbitration courts shall be considered to be an agreement on the jurisdiction of the Court of Commercial Arbitration.

(7) In pending cases that were commenced before the terminating arbitration

courts, the tasks of the arbitration court shall be performed by the Court of Commercial Arbitration as of 1 January 2018.

(8) By 31 January 2018, the Hungarian Chamber of Commerce and Industry shall amend its statute and the deed of foundation of the Court of Commercial Arbitration in accordance with this Act.

(9) By 31 January 2018, the Presidium of the Court of Commercial Arbitration shall adopt its order of business and its rules of proceedings, and shall publish the list.

(10) In order to prepare the text of the order of business and the rules of proceedings of the Court of Commercial Arbitration, as well as the list, a drafting commission shall be established on 1 October 2017, one member of which shall be nominated by the Hungarian Energy and Public Utility Regulatory Authority, the Budapest Stock Exchange Ltd., the Hungarian Banking Association and the Hungarian Bar Association each, while three further members shall be nominated by the Hungarian Chamber of Commerce and Industry. Sections 68 to 69.

(二)1991 年《中匈投资协定》

The Government of the Republic of Hungary and the Government of the People's Republic of China

Desiring to encourage, protect and create favorable conditions for investment by investors of one Contracting State in the territory of the other Contracting State for mutual benefit and for the purpose of the development of economic cooperation between both States,

Have agreed as follows:

Article 1

For the purpose of this Agreement:

1. The term "investments" means every kind of asset connected with economic activities in accordance with the laws and regulations of the Contracting State accepting the investment in its territory, including mainly:

a. movable and immovable property and other property rights;

b. shares in companies or other forms of interest in such companies;

c. a claim to money or to any performance having an economic value;

d. copyrights, industrial property, know-how and technological process;

e. concessions conferred by law, including concessions to search for or exploit natural resources.

2. The term "investors" means in respect of either Contracting State:

a. natural persons having the nationality of that Contracting State in accordance with its law;

b. economic entities established in accordance with the laws of that Contracting State and domiciled in the territory of that Contracting State.

3. The term "returns" means the amounts yielded by an investment, such as profits, dividends, interests, royalties or other legitimate income.

Article 2

1. Each Contracting State shall encourage investors of the other Contracting State to make investments in its territory and admit such investments in accordance with its laws and regulations.

2. Each Contracting State shall grant assistance in and provide facilities for obtaining visa and working permit to nationals of the other Contracting State to or in the territory of the Former in connection with activities associated with such investments.

Article 3

1. Investments and activities associated with investments of investors of either Contracting State shall be accorded equitable treatment and shall enjoy protection in the territory of the other Contracting State.

2. The treatment and protection referred to in Paragraph 1 of this Article shall not be less favorable than that accorded to investments and activities associated with such investments of investors of a third State.

3. The treatment and protection as mentioned in Paragraphs 1 and 2 of this Article shall not include any preferential treatment accorded by the other Contracting State to

investments of investors of a third State based on customs union, free trade zone, economic union, agreement relating to avoidance of double taxation or for facilitating frontier trade.

Article 4

1. Neither Contracting State shall expropriate, nationalize or take similar measures /hereinafter referred to as “expropriation”/ against investments of investors of the other Contracting State in its territory, unless the Following conditions are me: The expropriation is made;

a. in the public interest;

b. under domestic legal procedure;

c. without discrimination;

d. against compensation.

2. The compensation mentioned in Paragraph 1,/d/ of this Article shall be equivalent to the value of the expropriated investments at the time when expropriation is proclaimed, be convertible and freely transferable. The compensation shall be paid without unreasonable delay.

3. Investors of one Contracting State who suffer losses in respect of their investments in the territory of the other Contracting State owing to war, a state of national emegency, insurrection, riot or other similar events, shall be accorded by the latter Contracting State, if it takes relevant measures, treatment no less favorable than that accorded to investors of a third State.

Article 5

Each Contracting State shall, subject to its laws and regulations, guarantee investors of the other Contracting State the transfer of their ivestments and returns held in the territory of the one Contracting State, including:

a. profits, dividends, interests and other legitimate income;

b. amounts from total or partial liquidation of investments;

c. payments made pursuant to a loan agreement in connection with investment;

d. royalties in paragraph 1,/d/ of Article 1;

e. payments of technical assistance or technical service fee, management fee;

f. earnings of nationals of the other Contracting State who work in connection with an investment in the territory of the one contracting State.

Article 6

1. The transfer mentioned in Articles 4 and 5 of this Agreement shall be made at the official exchange rate of the Contracting State accepting investment on the date of transfer.

2. Market rate shall be applicable if no official exchange rate is available.

Article 7

If a Contracting State or its Agency makes payment to an investor under a guarantee it has granted to an investment of such investor in the territory of the other Contracting State, such other Contracting State shall recognize the transfer of any right or claim of such investor to the former Contracting State or its Agency and recognize the subrogation of the former Contracting State or its Agency to such right or claim. The subrogated right or claim shall not be greater than the original right or claim of the said investor.

Article 8

This Agreement shall apply to investments made after January 1, 1973 by investors of either Contracting State in accordance with the laws and regulations of the other Contracting State in the territory of the Latter.

Article 9

1. Disputes between the Contracting States concerning the interpretation or application of this Agreement shall, as far as possible, be settled by consultation through diplomatic channel.

2. If a dispute cannot thus be settled within six months, it shall, upon the request of either Contracting State, be submitted to an ad hoc arbitral tribunal.

3. Such tribunal comprises of three arbitrators. Within two months from the date on which either Contracting State receives the written notice requesting for arbitration

from the other Contracting State, each Contracting State shall appoint one arbitrator. Those two arbitrators shall, within further two months, together select a third arbitrator who is a national of a third State which has diplomatic relations with both Contracting States. The third arbitrator shall be appointed by the two Contracting States as Chairman of the arbitral tribunal.

4. If the arbitral tribunal has not been constituted within four months from the date of the receipt of the written notice for arbitration, either Contracting State may, in the absence of any other agreement, invite the President of the International Court of Justice to appoint the arbitrator/s/ who has or have not yet been appointed. If the President is a national of either Contracting State or is otherwise prevented from discharging the said function, the next most senior member of the International Court of Justice who is not a national of either Contracting State shall be invited to make the necessary appointment/s_1.

5. The arbitral tribunal shall determine its own procedure. The tribunal shall reach its award in accordance with the provisions of this Agreement, the laws of the Contracting State accepting investment and the principles of international law recognized by both Contracting States.

6. The tribunal shall reach its award by a majority of votes. Such award shall be final and binding on both Contracting States. The arbitral tribunal shall, upon the request of either Contracting State, explain the reasons of its award.

7. Each Contracting State shall bear the cost of its appointed arbitrator and of its representation in arbitral proceedings. The relevant costs of the Chairman and the tribunal shall be borne in equal parts by the Contracting States.

Article 10

1. Any dispute between either Contracting State and the investor of the other Contracting State concerning the amount of compensation for expropriation, may be submitted to an arbitral tribunal.

2. Such an arbitral tribunal shall be constituted for each individual case in the following way: each party to the dispute shall appoint an arbitrator, and these two shall

select a national of a third State which has diplomatic relations with the two Contracting States as Chairman. The first two arbitrators shall be appointed within two months of the written notice for arbitration by either party to the dispute to the other, and the Chairman be selected within four months. If within the period specified above, the tribunal has not been constituted, either party to the dispute may invite the Secretary General of the International Centre for Settlement of Investment Disputes to make the necessary appointments.

3. The tribunal shall determine its own procedure. However, the tribunal may, in the course of determination of procedure, take as guidance the Arbitration Rules of the International Centre for Settlement of Investment Disputes.

4. The tribunal shall reach its decision by a majority of votes. Such decision shall be final and binding on both parties to the dispute. Both Contracting States shall commit themselves to the enforcement of the decision in accordance with their respective domestic law.

5. Each party to the dispute shall bear the cost of its appointed member of the tribunal and of its representation in the proceedings. The cost of the appointed Chairman and the remaining costs shall be borne in equal parts by the parties to the dispute.

Article 11

If the treatment to be accorded by one Contracting State in accordance with its laws and regulations to investments or activities associated with such investments of investors of the other Contracting State is more favorable than the treatment provided for in this Agreement, the more favorable treatment shall be applicable.

Article 12

1. The representatives of the two Contracting States shall hold meetings from time to time for the purpose of:

a. reviewing the implementation of this Agreement;

b. exchanging legal information;

c. studying other issues in connection with investment.

2. If either Contracting State requests consultation on any matters of Paragraph 1

of this Article, the other Contracting State shall give prompt response and the consultation be held alternately in Beijing and Budapest.

Article 13

1. This Agreement shall enter into force on the first day of the next month after the date on which both Contracting States have received the written notice of the fulfll-ment of their respective internal legal procedures, and shall remain in force for a period of ten years.

2. This Agreement shall continue in force if either Contracting State fails to give a written notice to the other Contracting State to terminate it one year before the expiration specified in Paragraph 1 of this Article.

3. After the expiration of the initial ten years period, either Contracting State may at any time terminate this Agreement by giving at least one year's written notice to the other Contracting State.

4. With respect to investments made prior to the date of termination of this Agreement, the provisions of Article 1 to 12 shall continue to be effective for a further period of ten years from such date of termination.

In witness whereof, the duly authorized representatives of their respective Governments have signed this Agreement.

Done in duplicate in Budapest on 1991 in the Hungarian, Chinese and English languages all three texts being equally authentic, in case there is any divergence of interpretation of this Agreement, the English text shall prevail.

附录三　尼泊尔主要的仲裁立法

(一)尼泊尔《仲裁法》(1999 年)

Arbitration Act, 2055 (1999)

Act No. 1 of the year 2056 (1999)

An Act Made to Make Legal Provision on Arbitration

Preamble: Whereas it is expedient to update the prevailing legal provisions relating to arbitration.

Now, therefore, be enacted by the Parliament in the 27th year of the reign of His Majesty King Birendra Bir Bikram Shah Dev.

Chapter 1
Preliminary

1. Short Title and Commencement:

(1) This Act may be called as "Arbitration Act, 2056 (1999)".

(2) It shall come into force immediately.

2. Definitions: In this Act, unless the subject or the context otherwise requires,

(a) "Agreement" means a written agreement reached between the concerned parties for a settlement through arbitration of any dispute concerning any specific legal issue that has arisen or may arise in the future under a contract or otherwise.

Explanation: For the purpose of this clause, the concerned parties shall be deemed to have entered into a written agreement in case any of the following documents exists:

(1) Any contract containing provision for arbitration or any separate agreement

signed in that connection.

(2) Letter, telex, telegram or telefax message, or any other similar at time message exchanged through telecommunication media whose records can be maintained in a written form, between the concerned parties which provide for referring their disputes to arbitration.

(3) In case any party has presented a claim for referring any dispute to arbitration and the objection to that claim submitted by the party objecting to that claim without rejecting the proposal for referring the dispute to arbitration.

(b) "Party" means any party connected with arbitration.

(c) "District Court" means the District Court of the place prescribed in the agreement as the place of arbitration, if any, and if no such place has been prescribed, the place where the dispute has arisen or where the arbitration proceedings have been conducted and decisions taken, or the territorial jurisdiction over the place where any party generally resides.

(d) "Appellate Court" means the Appellate Court of the place prescribed in the agreement as the place of arbitration, if any, and if no such place has been prescribed, the place where the dispute has arisen or where the arbitration proceedings have been conducted and decisions taken, or the territorial jurisdiction over the place where any party generally resided.

(e) "Dispute" means a dispute which can be settled through arbitration under this Act.

(f) "Counter-claim" means a claim made by the Respondent on the Claimants.

(g) "Rejoinder" means a claim to the counter-claim by the Claimants.

(h) "Arbitrator" means an arbitrator appointed for the settlement of a dispute and the term also includes a panel of arbitrators.

Chapter 2
Settlement of Disputes through Arbitration

3. Disputes to be Settled through Arbitration:

(1) In case any agreement provides for the settlement of disputes through arbitra-

tion, the disputes connected with that agreement or with issues coming under that agreement shall be settled through arbitration according to the procedure prescribed in that agreement, if any, and if not, according to this Act.

(2) Notwithstanding anything contained in Sub-section (1), in case of concerned parties to a civil suit of a commercial nature which has been filed in a court and which may be settled through arbitration according to prevailing laws, file an application for its settlement through arbitration, such dispute shall also be settled through arbitration.

4. Cancellation of Records of the Suit:

(1) The court may order for cancellation of the records of a suit filed in connection with a dispute which the concerned parties have sought to settle through arbitration pursuant to Sub-section (2) of Section 3.

(3) Notwithstanding anything contained in Sub-section (1), the court shall not order for the cancellation of a suit in the following circumstances:

(a) In case it is deemed necessary to pronounce a decision on any issue which cannot be arbitrated together with an issue which can be arbitrated, or

(b) In case there appears any appropriate reason why the dispute cannot be settled through arbitration.

Chapter 3
Appointment of Arbitrators and Their Office

5. Number of Arbitrators:

(1) The number of arbitrators is as specified in the agreement. In case the agreement does not specify the number of arbitrators, there shall ordinarily be three arbitrators.

(2) In case the number of arbitrators appointed under the agreement is an even one, it shall be turned into an odd one by designating an additional arbitrator chosen by them.

6. Appointment of Arbitrator:

(1) Notwithstanding otherwise contained in the agreement, the process of ap-

pointing arbitrators must be started within 30 days from the date when the reason for the settlement of a dispute through arbitration arises.

(2) In case the agreement mentions the names of arbitrators, they themselves shall be recognised as having been appointed as arbitrators.

(3) In case the agreement has made any separate provision for the appointment of arbitrators, arbitrators shall be appointed accordingly.

(4) Notwithstanding otherwise contained in the agreement, each party shall appoint one arbitrator each and the arbitrators shall appoint the third arbitrator who shall work as the chief arbitrator.

7. Appointment of Arbitrators by Court:

(1) Any party may submit an application to the Appellate Court for the appointment of arbitrators in the following circumstances:

(a) In case no arbitrator can be appointed upon following the procedure contained in the agreement.

(b) In case the agreement does not mention anything about the appointment of arbitrators.

(2) The application to be filed pursuant to Sub-section (1) must explicitly mention the full name, address, occupation and the field of specialisation of at least three persons who can be appointed as arbitrator, and also be accompanied by a copy of the agreement.

(3) Upon receiving of an application pursuant to Sub-section (1), the Appellate Court shall notify all the parties and shall appoint arbitrators from the persons proposed by them in the case of consensus in that connection, and in the case of fail to consensus, the persons deemed appropriate by the Appellate Court, within 60 days from the date of receipt of the application. The decision taken by the court in that manner shall be final.

8. Fullfulment of Arbitrators in Special Circumstances:

(1) In case appointed arbitrator for the purpose of arbitration falls vacant by reason of his resignation or refusal to function in that capacity or of his/her death or any other reason, it shall be filled up by appointing another arbitrator ordinarily within 30

days from the date when the vacancy has occurred in the manner in which the arbitrator had originally been appointed.

(2) In case of vacant arbitrator was not filled up within the time limit mentioned in Sub-section (1), any party may apply to the Appellate Court within 15 days from the date of expiry of that time limit. In case such an application is filed, the Appellate Court shall appoint an arbitrator ordinarily within 15 days subject to section 7.

9. Arbitrators to Take Oath:

(1) Before starting the proceedings of arbitration, the arbitrator must affix his signature on two copies of a written oath as indicated in the schedule regarding impartiality and honesty and send one copy thereof to the Appellate Court and keep the other copy in the case-file.

(2) Before taking oath pursuant to Sub-section (1), the arbitrator must make clear matters, if any, which raise a reasonable doubt about his /her impartiality or independence in respect to the dispute which he/she has to settle.

10. Qualifications of Arbitrators: The following persons shall not be disqualified for appointment as arbitrators:

(a) Disqualified for entering into contracts as per prevailing laws.

(b) Punished by a court on criminal charges involving moral turpitude.

(c) Become insolvent or been declared bankrupt.

(d) Any personal interest in the dispute which has to be settled through arbitration.

(e) Not having any specific qualification specified in the agreement for becoming eligible for appointment as an arbitrator.

11. Removed of Arbitrators:

(1) The condition and procedure for removal of an arbitrator shall be as mentioned in the agreement.

(2) In case the condition and procedure has not been mentioned in the agreement pursuant to Sub-section (1), any party may, in any of the following circumstances, submit an application to the arbitrator requesting for permission to remove an arbitrator within 15 days from the date of 7 his/her appointment or from the date when the party

learns that the concerned arbitrator has failed to act:

(a) In case any arbitrator is clearly seen to have shown a bias toward or discriminated against any party instead of working in an impartial manner;

(b) In case any arbitrator engages in improper conduct or commits fraud in the course of arbitration;

(c) In case any arbitrator frequently commits mistakes or irregularities in the course of arbitration;

(d) In case any arbitrator does not attend arbitration meetings or refuses to take part in arbitration proceedings for more than three times without furnishing satisfactory reasons with the objective of prolonging or delaying the arbitration proceedings in an improper manner;

(e) In case any arbitrator takes any action which is opposed to the principles or rules of natural justice; or

(f) In case any arbitrator is found to be lacking the necessary qualifications, or to have ceased to be qualified.

(3) Upon received an application pursuant to Sub-section (2), the arbitrator whose removal has been demanded does not relinquish his/her post voluntarily, or other party does not agree with grounds on which his/her removal, the arbitrator must take a decision on the matter within 30 days from the date of application.

(4) A complain may be filed before the Appellate Court against the decision pursuant to Sub-section (3), and the decision of the Appellate Court shall be final.

12. Location of Office of the Arbitrator:

(1) The office of the arbitrator shall be located at the following place:

(a) At the place specified in the agreement, if any.

(b) If the agreement does not specify the location of the arbitrators office, at the place selected by the concerned parties.

(c) In case the concerned parties do not select such place within 15 days from the date of appointment of the arbitrator, or in case the concerned parties fail to reach an agreement in that connection, at the place specified by the arbitrator in the light of all the relevant circumstances.

(2) Notwithstanding anything contained elsewhere in this Section, the arbitrators may, except when any other arrangement has been made by the concerned parties, designate through mutual consultations the location of their office at any other appropriate place which is convenient for them to record the statements of witnesses, obtain the opinion of experts, and inspect any document, object or place.

13. Language to be used by Arbitrators in their Proceedings:

The language to be used by the arbitrators in the proceedings shall be as specified in the agreement, if any. In case the agreement does not specify any such language, they shall use the language determined by them through mutual consultations. In case the arbitrators fail to determine the language 9 to be used by them, the language used in the agreement shall be the language to be used by the arbitrators.

Chapter 4
Arbitration Proceedings and Powers of Arbitrators

14. Submission of Claims, Counter-Claims, Objections or Rejoinders:

(1) The claimant shall submit its claim to the arbitrator in writing explicitly mentioning the details of the subject-matter of the dispute and the remedy sought, along with evidence, and also supply a copy thereof to the other party within the time limit mentioned in the agreement, if any, and within three months from the date when a dispute requiring arbitration has arisen in case only the name of the arbitration has been mentioned in the agreement without mentioning any time limit, and from the date of appointment of the arbitrator in case the arbitrator has been appointed after the dispute has arisen.

(2) After a claim is filed pursuant to Sub-section (1), the other party shall submit its objection to it within 30 days from the date of receipt of the claim, unless otherwise provided for in the agreement.

(3) The other party shall submit its objection, as well as its counterclaim, if any, in that connection within the time limit mentioned in Subsection (2). In case it submits a counter-claim also, the arbitrator shall provide a time limit of 15 days to claimant submit its rejoinder over such counter-claim. In case a rejoinder is so submit-

ted a copy thereof shall be supplied to the party making the counter claim.

(4) In case any party fails to submit its ... objection, or rejoinder within the time limit mentioned in Sub-section (2) or (3) due to circumstances beyond its control, it may submit an application to the arbitrator for an extension of the time limit within 15 days from the date of expiry of the time limit, explicitly mentioning satisfactory reasons for its failure to do so. The arbitrator may, if he/she finds the reasons mentioned in the application to be satisfactory, extend the time limit for not more than seven days.

(5) While submitting claims, counter-claims, objections or rejoinders under this section, all documents, as well as evidence substantiating them, if any, shall also be submitted. In case the parties wish to substantiate any point through witness, they must mention the full name and address of such witnesses in their claims, counter claims, objections or rejoinders, and they shall themselves be responsible for presenting such witnesses before the arbitrator on the day prescribed by him/her.

(6) Each party submitting documents to the arbitrator in connection with arbitration proceedings under this Act shall supply copies thereof to the other party.

15. Circumstances in which Arbitration Proceedings shall Terminate or Continue: Except when otherwise provided for by the parties, arbitration proceedings shall terminate or continue in the following circumstances:

(a) The arbitration proceedings shall terminate in case the claimant does not submit his/her claim within the time-limit mentioned in Section 14 (1).

(b) Even if no objection is submitted within the time limit mentioned in Section 14 (2), this alone shall not be taken as the acceptance by the party not submitting its counter-claim to the claim made by the claimant, and the arbitrator shall continue proceedings in such a 11 manner as to evaluate the claimant's claim and the evidence submitted to substantiate the claim.

(c) The arbitrator may pronounce the verdict on the basis of the evidence that has been submitted or in case any party does not present itself or does not submit any written evidence at the time of hearing prescribed by the arbitrator. Arbitration shall send a copy of the verdict to the party not submitting its objection as well.

16. Power of the Arbitrator to Determine Jurisdiction:

(1) In case any party claims that the arbitrator has no jurisdiction over the dispute which has been referred to him/her for settlement, or that the contract because of which the dispute has emerged is itself illegal or null and void, it may claim so before the arbitrator. The arbitrator shall take a decision on his/her jurisdiction or the validity or effectiveness of the contract before starting the proceeding on the matter referred to him/her.

(2) Any party is not satisfied with the decision taken under Subsection (2) may file an appeal with the Appellate Court within 30 days from the date of decision, and the decision taken by that court on the matter shall be final.

(3) For the purpose of taking a decision on the validity or effectiveness of a contract pursuant to Sub-section (1), in case the contract contains provisions for the settlement of disputes through arbitration as its integral part, such provisions shall be taken as a separate agreement, and even if the arbitrator takes a decision holding the contract as null and void, such provisions shall not be held to be legally null and void for that reason alone.

(4) No claim may be made pursuant to Sub-section (1) after the expiry of the time limit for submitting objections prescribed pursuant to Sub-section (2) of section 14.

(5) No party shall be deemed to have been deprived of the opportunity to claim pursuant to Sub-section (1) simply for the reason of having appointed an arbitrator on its behalf, or participated in or agreed to the appointment of the arbitrator.

(6) The filling of a petition with the Appellate Court pursuant to Sub-section (2) shall not be deemed to have prejudiced the power of the arbitrator to continue the proceedings and pronounce the decision before the petition is finally disposed of by the court.

17. Procedure to be Adopted by Arbitrators:

(1) The procedure to be adopted by the arbitrator while taking a decision on a dispute shall be as mentioned in the agreement, and in case no such procedure has been mentioned in the agreement, it shall be as laid down in this Act. Provided that

the procedure not laid down in the Act shall be as prescribed by the arbitrator with the consent of the parties, and in case the parties fail to reach an agreement in that connection, it shall be as prescribed by the arbitrator him/herself.

(2) The arbitrator shall start arbitration proceedings immediately after receiving all such claims, objections, counter-claims or rejoinders as need to be received by him/her.

(3) The arbitrator must inform the parties about the type of proceedings to be held, and the day and time fixed for the purpose and also keep records thereof in the concerned case file.

(4) In respect to a dispute which has been referred to three or more arbitrators, the arbitrators who are present may conduct all arbitration proceedings other than taking the final decision or issuing the final order.

(5) The arbitrator may continue arbitration proceedings and pronounce his/her decision on the basis of the available evidence even if any party does not present itself on the day and at the time of arbitration proceedings after receiving a notice pursuant to Sub-section (3).

(6) After the completion of the process of hearing, the arbitrator shall issue an order with the effect that the hearing has concluded and keep a record thereof in the case file. No evidence may be examined or the parties heard thereafter.

(7) Notwithstanding otherwise claimant in the agreement, the arbitrator must read out his/her written decision within 30 days from the date of issue of an order pursuant to Sub-section (6).

18. Substantive Law to be followed by Arbitrators:

(1) The Nepal Law shall be the substantive law to be followed by the arbitrator, except when otherwise provided for in the agreement.

(2) The arbitrator may settle the dispute according to the principle of justice and conscience (*Ex aqua et bono*) or natural justice (amiable compositor) only when explicitly authorised by the parties to do so.

(3) Notwithstanding anything contained elsewhere in this act, the arbitrator shall settle the dispute according to the conditions stipulated in the concerned contract.

While doing so, arbitrator shall also pay attention to the commercial usages applicable to the concerned transaction.

19. Arbitration Hearings to be held in Camera:

Except when otherwise desired by the parties, arbitration proceedings shall be held in-camera.

20. Saving Notices and Summon:

(1) Notwithstanding anything contained in the prevailing law, any notice to be served in connection with arbitration, or any notice or summon to be furnished in the name of any party residing within or outside the Nepal in connection with the hearing by the arbitrator, or with the dispute under consideration of the arbitrator, may be delivered directly to the concerned party or sent to its telex, telefax or telegram address or to the address of any other communication media whose printed records can be maintained, if such address is mentioned in the agreement, or if the concerned parties have supplied such address to each other or to their respective arbitrators after signing the agreement, except when otherwise provided for in the agreement. In case the address of such communication media or any other address has not been supplied, such notices or summonses shall be served at the place of business or permanent residence of the concerned party. Notice or summon so served shall be deemed to have been duly served. Provided that notice or summon to be served by the postal service shall be served only after registering it.

(2) Notwithstanding anything contained in Sub-section (1), this provision shall have no prejudicial impact on the function and proceeding of the court.

21. Power of the Arbitrator:

(1) The powers of the arbitrator shall be as follows, except when otherwise provided for in the agreement:

(a) To direct the concerned parties to appear before him/her to submit documents, and record their statements as required.

(b) To record statements of the witness.

(c) To appoint expert and seek their opinion or cause examination on any specific issue.

(d) In case party is a foreign national so that the decision pronounced by the arbitrator is not likely to be implemente for that reason, to obtain a bank guarantee or any other appropriate guarantee as determined by the arbitrator.

(e) To inspect the concerned place, object, product, structure, production process or any other related matter which are connected with the dispute on the request of the parties or on his/her own initiative if he/she so deems appropriate, and in case there is any material or object which is likely to be destroyed or damaged, to sell them in consultation with the parties, and keep the sale proceeds as a deposit.

(f) To exercise any specific power conferred by the parties.

(g) To issue preliminary orders, or interim or inter locating orders in respect to any matter connected with the dispute on the request of any party, or take a conditional decision.

(h) To issue certified copy of document.

(i) To exercise the other power conferred by this Act.

(2) Any party which is not satisfied with the order issued by the arbitrator pursuant to Clause (g) of Sub-section (1) may submit an application to the appellate court within 15 days, and the decision made by the Appellate Court shall be final.

22. Parties to have Equal Opportunity:

(1) Each party shall be provided with an equal and adequate opportunity in the arbitration proceedings to present its case subject to this Act.

(2) Any party may attend the arbitration proceedings either in person or by proxy, and also designate a legal practitioner on its behalf.

23. Assistance of the Court May be Sought to Examine Any Evidence:

Notwithstanding anything contained in the prevailing law, in case the arbitrator requires the assistance of the court to examine any evidence concerning a dispute under the consideration, the arbitrator him/herself may, on his/her own or on the request of any party, request the District Court for such assistance. In case any such request is received, the District Court shall provide assistance in examining the evidence according to the prevailing law.

Chapter 5
Decision of the Arbitrator and Implementation

24. Period Within Which Decision Must Be Taken:

Except when otherwise provided for in the agreement, the arbitrator shall pronounce the decision ordinarily within 120 days from the date of submission of documents under Section 14 pursuant to Sub-section (7) of Section 17.

25. Circumstances in Which Decisions Must Not Be Taken:

(1) In case any issue requiring arbitration is found to be inextricably linked with any other issue on which the arbitrator cannot pronounce the decision, the arbitration shall not pronounce decision on that issue.

(2) In a situation in which the arbitrator cannot take a decision pursuant to Sub-section (1), the arbitration must in form the concerned parties accordingly.

(3) The concerned party may file a complaint to the Court within 35 days from the date of receipt of a notice pursuant Sub-section (2), Notwithstanding anything contained in the prevailing law.

26. Decision of Arbitrator:

(1) In case there are three more arbitrators, the decision of the majority shall be deemed to be the decision of arbitration.

(2) In case the arbitrators have dissenting opinions so that the majority (opinion) cannot be ascertained, the opinion of the chief arbitrator shall be deemed to be the decision of arbitration, except when otherwise provided for in the agreement.

(3) Every arbitrator must affix signature on the decision subject to Sub-section.

(4) Provided that in case there is any special reason why any arbitrator cannot affix signature on the decision, the other arbitrators shall affix their signatures explicitly mentioning the reason.

(5) In case any arbitrator does not agree with the decision of arbitration, he/she may express his/her dissenting opinion.

27. Matters to be mentioned in Decision: The arbitrator must explicitly mention the following matters in the decision, except when otherwise provided for in the agree-

ment:

(a) Brief particulars of the matter referred to for arbitration.

(b) In case any party had questioned the jurisdiction of arbitration, grounds for deciding that the matter falls under the jurisdiction of arbitration.

(c) The arbitrator's decision, and reasons and grounds for reaching that decision.

(d) Claims which must be realized or amounts which must be compensated.

(e) Interest on amount to be realized, and the additional rate of interest to be charged with after the expiry of the time limit for implementing the decision of the arbitrator in the event of the limit mentioned in section.

(f) Place and date of decision.

28. Decision to be Read Out:

The arbitrator shall read out the decision in the presence of the concerned parties, hand over a copy of that decision to each party, and keep evidence thereof in the case file. In case any party is absent at the time fixed for reading out the decision or refuses to accept a copy of the decision even after being present at the time fixed for reading out the decision, a notice shall be furnished to him/her along with a copy of the decision after indicating the same.

29. Prohibition to Rivision of Decision:

(1) Except the Appellate Court has issued an order under Section 30, the arbitrator shall not take another decision on the matter referred to him/her for arbitration after once reading out his decision on the matter, except correcting arithmetic, printing, typing or similar other minor errors and inserting omitted particulars without prejudice to the substance of the decision.

(2) In case any party observes that any mistake contained in the decision of the arbitrator needs to be corrected pursuant Sub-section (1) one must submit an application to the arbitrator within 30 days from the date of receipt of a copy of the decision. In case the arbitrator deems it appropriate to correct such mistakes or insert any omitted particulars, he/her may prepare a separate note thereof and have the omitted particulars inserted or mistakes corrected within 15 days from the date of receipt of the appli-

cation. In case the arbitrator the deems it appropriate to make such correction, he/she must do so by preparing a note thereof and informing the parties accordingly within 30 days from the date of decision.

(3) Notwithstanding anything contained elsewhere in this Section, in case the arbitrator has not taken a decision on any point from among the points contained in the claims made by any party, the concerned party may submit an application for a decision on the point to the extent of the matter covered by it after securing the approval of the other party within 30 days from the date of decision by the arbitrator. In case such an application is received, a supplementary decision may be taken by confining in to the matter covered by the point within 45 days from the date of application.

(4) If the parties so agree, any party may, by notifying the other party, request the arbitrator to explain any point contained in or any part of the arbitrator's decision which is not clear within 30 days from the date of decision. In case any such request is received, the arbitrator may explain and clarify any unclear point within 45 days.

30. Circumstances in which decision may be invalidated:

(1) Any party dissatisfied with the decision taken by the arbitrator may, if one wishes to invalidate the decision file a petition to the Appellate Court along with the related documents and a copy of the decision within 35 days from the date the decision heard or notice received thereof under this Act. Petition shall also supply a copy of that petition to the arbitrator and the other party.

(2) In case a petition is filed pursuant Sub-section (1) the Appellate Court may, in case the petitioner proves that the arbitration decision contains any of the following matters, invalidate that decision or issue an order to have a fresh decision taken as per necessity:

(a) In case any party to the agreement was incompetent for any reason to sign the agreement at the time of signing the agreement, or in case the agreement is not valid under the law of that the nation which governs jurisdiction over the parties, or in case such law is not clear and agreement is not valid under the laws of Nepal.

(b) In case the due petition was not given a notice to appoint an arbitrator or about the arbitration proceedings in time.

(c) In case the decision has been taken on a that disputed matter which had not been referred to the arbitrator, or in a manner contrary to the conditions prescribed for the arbitrator, or by acting beyond the jurisdiction prescribed for the arbitrator.

(d) Except when an agreement has been signed contrary to the laws of Nepal, in case the procedure of designation of arbitrators or their functions and actions do not conform to the agreement signed between the parties, or in case there is no such agreement it has not been done as per this Act.

(3) Notwithstanding anything contained in Sub-section (2), the Appellate Court may invalidate the decision of the arbitrator in the following circumstances in case a petition is filed pursuant to Sub-section (1):

(a) In case the dispute settled by the arbitrator cannot be settled through arbitration under the laws of Nepal.

(b) In case the decision taken by the arbitrator is likely to be prove detrimental to the public interests or policies.

31. Implementation of Award:

The concerned parties shall be under obligation to implement the award of the arbitrator within 45 days from the date when they receive a copy thereof.

32. Implementation of Award by Court:

In case a award cannot be implemented within the time limit prescribed in Section 31 of this Act, the concerned party may file a petition to the District Court within 30 days from the date of expiry of the time limit prescribed for that purpose to implement the award In case such a petition is filed, the District Court shall implement the award ordinarily within 30 days as if its was its own judgment.

33. Interest to be paid:

Except when otherwise provided for in the agreement, in case the arbitrator has taken a award providing for the payment of any amount by one party to another, the concerned party shall also pay interest at the rate prescribed by the arbitrator in the light also of the nature of the business related to the dispute and by ensuring that it is not higher than the rate of interest currently charged by commercial banks in respect to similar transactions. Provided that no interest shall be charged for the period between the date of decision by the arbitrator and the time limit prescribed for the implementation of the award under this Act.

34. Implementation of award Taken in a Foreign Country：

(1) A party which willing to implement an award made in foreign country in Nepal shall submit an application to the Appellate Court along with the following documents：

(a) The original or certified copy of the arbitrators award.

(b) The original or certified copy of the agreement.

(c) In case the arbitrators award is not in the Nepali Language, an official translation thereof in Nepali language.

(2) In case Nepal is a party to any treaty which provides for recognition and implementation of decisions taken by arbitrators in foreign countries, any decision taken by an arbitrator after the commencement of this act within the area of the foreign country which is a party to that treaty shall be recognised and implemented in Nepal in the following circumstances subject to the provisions of that treaty and the conditions mentioned at the time of entering into the treaty.

(a) In case the arbitrator has been appointed and award made according to the laws and procedure mentioned in the agreement.

(b) In case the parties had been notified about the arbitration proceedings in time.

(c) In case the decision has been taken according to the conditions mentioned in the agreement or upon confining only to the subject matters referred to the arbitrator.

(d) In case the decision has become final and binding on the parties according to the laws of the country where the decision has been taken.

(e) In case the laws of the country of the petitioner or the laws of the country where arbitration proceedings have been conducted, do not contain provision under which arbitration award taken in Nepal cannot be implemented.

(f) In case the application has been filed for the implementation of the award within 90 days from the date of award.

(3) In case the Appellate Court is satisfied that the conditions mentioned in Sub-

section (2) have been fulfilled in the an application filed pursuant to Sub-section (1) it shall forward the award to the District court for its implementations.

(4) Notwithstanding anything contained in this Section, no award made by an arbitrator in a foreign country shall be implemented in the following circumstances.

(a) In case the awarded settled dispute cannot be settled through arbitration under the laws of Nepal.

(b) In case the implementation of the award is detrimental to the public policy.

Charter 6
Miscellaneous

35. Cost of Arbitration Proceedings:

(1) Except when otherwise provided for in the agreement, the parties seeking arbitration must pay to the arbitrator the amount fixed their in consultation with parties for conducting the arbitration proceedings.

(2) Except the otherwise provided in the agreement, each party shall bear the expenses required for the arbitration proceedings in the proportion prescribed by the arbitrator taking into account the relevant circumstances.

36. Arbitrator's Remuneration:

(1) The arbitrator's remuneration shall be as prescribed in the agreement.

(2) In case the arbitrator's remuneration is not mentioned in the agreement, the concerned parties shall pay the remuneration fixed by the arbitrator in consultation with them. Such remuneration shall be paid as a full payment or in the form of advance payment as ordered by the arbitrator in consultation with the concerned parties.

37. Arbitrator To Refund Payments:

In case no hearing has been made on the dispute referred to the arbitrator, or the position of arbitrator falls vacant for any reason, the concerned arbitrator, if he/she has already received remuneration under Section 36, shall refund the balance left after deducting. The amount covering the period for which he has worked, in consultation with the parties. Provided that in case any arbitrator is removed under Section 11, he/she shall fully refund the remuneration amount received by him/she prior to that, if any.

38. Devolution of Rights and Liabilities:

In case any party dies, disappears or becomes insane after the commencement of arbitration proceedings under this Act, all his rights and liabilities shall devolve on his/her relative who is entitled to inherit his/her property upon the prevailing law.

39. Court to Have No Jurisdiction:

Notwithstanding anything contained in the prevailing law, no court shall have jurisdiction over any matter regulated by this Act, except when otherwise provided for in this Act.

40. Parties may Compromise:

In case the parties to a dispute which has been referred for arbitration under this Act desire to reach a compromise they may submit an application to the arbitrator explicitly mentioning the conditions under which they wish to do so. The arbitrator shall approve the application so filed, and no appeal may be filed against such award except on issues concerning actions not taken according to the condition for compromise.

41. Payment of Fees for Implementing the Award:

(1) Notwithstanding anything contained in the prevailing law, a fee amounting to 0.5 percent of the amount received through the implementation of the award of the arbitrator shall be paid to the concerned court in the form of a fee for having implemented the award. In case the award to be so implemented does not concern for payment of any amount, a fee amounting to 0.5 percent of the current market value or amount of the action to be taken or has to be taken according to the decision, if the same can be determined, and if not, a sum of Rs 500/ – shall be paid by the party requesting for the implementation of the award.

(2) In case any party who pays the fee mentioned in Sub-section (1) wishes to have it realized from the other party, the District Court shall have it realized from the other party as in the case of court fees according to the prevailing law.

42. Case Files Relating to Arbitrator:

(1) The arbitrator shall prepare a case file of the document, evidence, statement of the concerned persons award and all other documents connected with arbitration

mentioning date and time in a chronologically order.

(2) After the finalization of the arbitration proceedings, the arbitrator shall submit the concerned case-file to the District Court.

(3) The District Court shall keep the case-file received pursuant to Sub-section (2) as safely as it keeps the case-files of its judgments.

(4) Notwithstanding anything contained in the prevailing law, no copy of the award and documents related thereto shall be given to any person other than the concerned parties without their approval.

43. Power to Frame Rules:

The Supreme Court may frame necessary Rules in respect to the procedure of regulating the functions to be discharged by courts under this Act.

44. Repeal and Saving:

(1) The Arbitration Act, 2038 (1981) has been repealed.

(2) In the case of an arbitration whose proceedings have been started prior to the commencement of this Act, 2041(1984) the procedure laid down in the 1984 Arbitration Act itself shall be adopted.

(3) The Time limit and grounds for filing appeal against the award taken through arbitration under the Arbitration Act, 2038 (1981) shall be as mentioned in the Arbitration Act, 2038 (1981).

Schedule

(Relating to Section 9)

In the dispute referred to me/us for arbitration between ... and ...

I/we shall work in an impartial and honest manner without any bias toward any party.

Name Signature Date

(二)《尼泊尔仲裁委员会章程》(NEPCA)

Statute of The Nepal Council of Arbitration (NEPCA) 1991

(With the First Amendment, 1998 (2055) &
Second Amendment, 2013 (2069)&
Third Amendment 2020 (2077))

Preamble:

An institution by the name of Nepal Council of Arbitration has been established to administer arbitration and other alternative methods of dispute resolution in an expeditious and less expensive manner by arranging co-operation from the concerned sector and to do institutional development of acts and proceedings related thereto, for the settlement of national and international disputes of development, construction, industrial, trade and other nature which are to be resolved through arbitration.

Chapter 1
Preliminary

1. Short Title and Commencement:

(a) The name of this Statute shall be the Statute of Nepal Council of Arbitration, 2048 (1991).

(b) This Statute shall come into force on the date of registration of the Council.

2. Definitions:

Unless the subject or context otherwise requires, in this Statute:

(a) "Statute" shall mean the Statute of Nepal Council of Arbitration, 2048 (1991).

(b) "Rules" shall mean the rules of the Council framed or to be framed under this Statute from time to time.

(c) "Member" shall also include the institutional member of this Council.

(d) "Council" shall mean the Nepal Council of Arbitration, which shall be called “NEPCA” in acronym form.

(e) “Executive Committee” shall mean the executive committee of the Council.

(f) “Central Office” shall mean the head office of the Council.

(g) “Branch” shall mean and include any branch, sub-branch and offices established under the Central Office in various places.

(h) “General Meeting” shall mean the General Meeting of the Council.

(i) “Prescribed” or “as Prescribed” shall mean any matters prescribed in this Statute or by rules or bye-laws to be framed under this Statute.

(j) “Local Authority” shall mean the Chief District Officer.

(k) “Office Bearers” shall mean the Chairman, Vice-chairman, General Secretary, Secretary or Treasurer of the Executive Committee.

3. The Seal and Establishment of the Council:

(a) An association by the name of 'Nepal Council of Arbitration' shall be established after the commencement of this Statute.

(b) This Council shall be a corporate body having perpetual succession and it may acquire, possess and dispose of the movable and immovable properties, mortgage or pledge or use such properties for other purposes as required for the benefit of the Council, sue or be sued and perform or exercise other functions, duties and rights in this connection.

(c) The Council shall have its own seal and emblem pursuant to Schedule 1.

(d) This Council has been established with not-for-profit objective.

4. Address of the Council 's Office:

Central Office of the Council shall be located at Kathmandu and its branches shall be located at such places as decided by the Executive Committee. Such branches may be opened only with the approval of the Local Authority.

Chapter 2

5. Objectives of the Council:

(A) Main Objectives:

Subject to the prevailing laws, regulations and policy directives of His Majesty's

Government, the Council shall have the following objectives:

(1) To initiate, promote, protect and to institutionally develop activities relating to arbitration including other alternative methods of dispute resolution in Nepal.

(2) To provide necessary suggestions to the concerned agencies for the periodical amendment and alteration to and development of prevailing laws and regulations relating to arbitration, by undertaking 7 study, analysis and research on them; and to generate favourable public opinion for this purpose.

(3) To arrange and manage all kinds of services, facilities and instruments as required for the settlement of disputes, of national and international nature arose within the territory of Nepal, to be settled through arbitration and other alternative methods of dispute resolution with the assistance of this Council.

(4) To maintain relation with individuals and institutions involved in different profession and business, for arbitration of disputes of different subject matters and nature and to prepare the list of proper arbitrators.

(5) To prepare a code of conduct for arbitrators and to create proper environment for its implementation.

(6) As regards resolving disputes of national and international character occurring within the Nepalese territory that need to be decided by the Council through arbitration and other alternative means, to provide for and ensure all kinds of services, facilities and means, subject to prevailing laws, including framing internal work procedures concerning arbitration and internal rules for all kinds of proceedings including administrative, and to implement or cause to implement them.

(B) Supplementary Objectives:

Mainly the following functions shall be performed for achieving the objectives of the Council:

(1) To organize necessary training, instruction, symposium, workshop and talk programmes for the development of skilled Nepalese manpower needed for the resolution of all kinds of disputes through arbitration and other alternative methods.

(2) To establish a well equipped library having collected books, journals, and rules and regulations of national, international and regional institutions, on arbitration

and other alternative methods.

(3) To acquire membership of other national, international and regional institutions having similar objectives, to provide its membership to them and to maintain relationship, enhance understanding, explore cooperation, exchange experiences and views with such organizations and institutions.

(4) To receive, earn, acquire, possess and dispose of movable and immovable properties for the upliftment of the Council.

(5) To hire or give on rent land and building for the purpose of the Council.

(6) To encourage towards the development and promotion of provisions for the settlement of disputes, arising out of bilateral or multilateral contracts or agreements in the field of industries, trade and other business, through arbitration and other alternative methods of dispute resolution.

Chapter 3
Membership

6. Types of Membership:

(a) Any institution, individual, agency, law practitioner, engineer, jurist, judge, construction contractor etc., directly or indirectly engaged in the activities and proceedings relating to arbitration shall be eligible for the membership of the Council.

(b) Types of membership: The Council shall have the following three types of members.

(1) Individual member

a. Life member

b. Ordinary member

c. Honorary member

(2) Institutional member

a. Ordinary member

b. Permanent member

(c) Executive Committee may respectfully invite a renowned person directly or indirectly associated with the activities concerning arbitration as the Chief Patron of the

Council.

7. Qualifications for Membership:

(a) The Executive Committee may grant honorary membership to any person who has made an outstanding contribution on the basis of special study and experiences on activities relating to arbitration.

(b) An Individual who is a graduate and has been involved in activities relating to arbitration shall be eligible for individual membership of the Council.

(c) Individuals who are qualified under sub-section (b) and have attained the age of 40 years shall be eligible for life membership.

(d) Any institution established under the prevailing laws and associated directly or indirectly with the activities relating to arbitration shall be eligible for institutional membership.

8. Membership Fee:

(a) Life Membership for individuals

1. Entrance fee for Life individual's member shall be Rs. 25, 000.

(b) Ordinary membership fee.

1. Entrance fee for an ordinary member shall be Rs. 5, 000.

2. Annual fee for renewal ordinary member shall be Rs. 1, 000.

3. Entrance fee for an institutional member shall be Rs. 50, 000.

4. Annual fee for renewal institutional member shall be Rs. 25, 000.

(c) Executive Committee may increase or decrease the membership fee as per necessity.

(d) Annual membership fee shall have to be paid upto the last day of Ashadh. (mid-July) in each year. Members renewing their membership upto the last day of the month of Aswin shall have to pay an additional fee of 10% (ten percent) and 25% (twenty five percent) for another additional three months.

9. Provision for Membership:

Executive Committee may, in accordance with the Statute, grant membership to the individuals or institutions recommended by any two members of the Council.

10. Termination and Suspension of Membership:

(a) Membership of the Council shall be terminated in the following circumstances:

(1) If the resignation submitted to the Executive Committee is approved.

(2) If a member dies.

(3) If an institutional member is dissolved or merged with other institution.

(b) Membership of any member failing to pay the membership fee within the period as prescribed in paragraph (d) of Section 8 shall ipso facto be terminated. Such a member shall have to repay the entrance fee for re-acquiring the membership.

(c) Executive Committee may suspend the membership of any member, for a given period of time, if the member has committed any acts contrary to the interest of the Council, provided that such decision shall be required to be approved by the General Meeting of the Council.

Chapter 4
General Meeting and the Executive Committee

11. Constitution of General Meeting:

General Meeting shall comprise of all types of members of the Council.

12. General Meeting:

(a) The Annual General Meeting of the Council shall be held within 6 months from the end of each fiscal year.

(b) Notice of the Annual General Meeting shall have to be served to every member at least 21 days prior to such meeting. Such notice shall have to contain the place, date and time and agenda of the meeting.

(c) Executive Committee may call Extra-ordinary General Meeting at any time as and when it deems necessary.

(d) The Chairman shall, on a written requisition of 25% members of the total members of the Council, call an Extra-ordinary General Meeting within 15 days from the receipt of such a requisition.

(e) No subject matter, other than as prescribed, shall be discussed in Extra-ordinary General Meeting except with the prior permission of the Chairman.

(f) For the purpose of General Meeting or Extra Ordinary General Meeting, the presence of at least 25% of the total members shall be deemed to have constituted a quorum.

(g) In case of failure to hold a meeting due to the lack of quorum as per sub-section (f) the meeting shall be called again by giving 7 days notice and, in such a event, the presence of 10% of the total members will constitute a quorum.

13. Functions, Rights and Duties of the General Meeting:

Functions, Rights and Duties of the General Meeting shall be as follows:

(a) To present and discuss on previous progress report, and to discuss on the statement of income and expenditure.

(b) To elect the members of the Executive Committee.

(c) To formulate the policies of the Council.

(d) To give directions to the Executive Committee.

(e) To formulate the programmes of the Council for the forthcoming year.

(f) To approve the estimated budget of annual income and expenditure of the Council.

(g) To appoint an auditor for the forthcoming fiscal year.

(h) To amend the Statute.

(i) To carry out any other functions as prescribed.

14. Constitution of the Executive Committee:

(a) Members of the Council shall constitute, from among themselves, a nine-member Executive Committee. The Executive Committee shall elect Chairman, Vice-chairman, Secretary and Treasurer from itself. The secretary working at the time of third amendment to the Statute shall be general secretary ipso facto. The Executive Committee shall elect a secretary from among its members and the secretaries prior to this shall be automatically called general secretaries.

(b) Normally, the tenure of office of the Executive Committee shall be of three years.

(b) The tenure of members of the Executive Committee shall be of three years.

(c) Membership of the Executive Committee shall be terminated in the following circumstances:

(1) If he tenders a resignation in writing.

(2) If the General Meeting adopts a no-confidence resolution.

(3) If he fails to attend three consecutive meetings of the Executive Committee without giving reasonable notice. Provided that, for the purpose of this Sub-section, the concerned member shall not be deprived of an opportunity to give a clarification therefor.

(4) If he ceases to be a member of the Council.

(d) Even after resigning from their post in the Executive Committee, the member shall still remain as the member of the Executive Committee.

(e) If any seat of the office bearer of the Executive Committee is vacated as per Sub-section(c), the existing members of the Executive Committee shall appoint such office bearer from among themselves.

(f) No any member shall be elected in the same post of office bearer for more than two-year tenure.

15. Meetings of the Executive Committee:

(a) Meeting of the Executive Committee shall be held at such place and time as notified by the Secretary on the advice of the Chairman.

(b) Meeting of the Executive Committee shall be held at least twice in each fiscal year.

(c) The quorum of the Executive Committee shall be 51% (fifty-one percent) of the total number.

(d) The decisions of the Executive Committee shall be recorded.

16. Functions, Rights and Duties of the Executive Committee:

Functions, Rights and Duties of the Executive Committee shall be as follows:

(a) To implement the resolutions, policies and directives of the General Meeting.

(b) To appoint a returning officer.

(c) To nominate a member from among the members of the Council until the

General Meeting is held, in case any seat to the membership of Executive Committee falls vacant.

(d) To implement or cause to implement the objectives of the Council.

(e) To set programmes and to perform appropriate functions for the accomplishment of the objectives of the Council.

(f) To prepare and submit the budget of the Council to the General Meeting.

(g) To appoint officials and staff necessary for the Council or to dismiss them and to fix their terms and conditions of service and remuneration.

(h) To delegate all or some of the rights and duties of the Council to its branches or to any staff.

(i) To prepare a panel of experienced persons for arbitration of disputes of different subjects and nature.

(j) To frame and implement or cause to be framed and implemented rules and bye-laws necessary to perform the functions pursuant to the objectives of the Council.

(k) To appoint arbitrators upon petition by the parties concerned.

(l) In order to meet the Council's objectives, to constitute a committee or a subcommittee from among its own members deemed appropriate.

(m) In order to fulfill the objectives of Section 5(a)(3), to frame and approve required Regulations.

Chapter 5
Functions, Rights and Duties of the Office Bearers

17. Functions, Rights and Duties of the Chairman

(a) To call meetings of the Executive Committee and make necessary correspondence on behalf of the Council.

(b) To take responsibility of leadership as the chief of the Council.

(c) To implement or cause to be implemented the resolutions of the General Meeting.

(d) To chair the General Meeting or the Meetings of the Executive Committee, and to cast a deciding vote in case of even division of votes in the meetings.

(e) To perform other necessary functions in the interest of the Council.

Functions, Rights and Duties of the Vice-Chairman:

(a) To assist the Chairman in his functions or to perform other functions as delegated in writing by him.

(b) To perform and exercise all duties and rights of the Chairman in his absence.

(c) To examine the performance of the Council and to inform the Chairman of the same.

Functions, duties and powers of General Secretary:

a. To keep or cause to keep records of decisions passed by the Executive Committee and implement them.

b. To take responsibility for daily operation of the Council and supervise and control employees administration.

c. Carry out or cause to carry out other works as provided for in the Statute and Regulations.

d. To maintain coordination among different branch offices.

e. To perform all other works that benefit the Council as directed by the Executive Committee or with the consultation of the Chairperson.

Functions, duties and powers of Secretary:

a. To perform all works performed by the General Secretary in his absence.

b. To carry out other works as prescribed by the Executive Committee.

Functions, Rights and Duties of the Treasurer:

(a) To submit reports on income and expenditure to the Annual General Meeting and to the Meetings of the Executive Committee.

(b) To raise funds, to maintain and cause to be maintained the accounts of income and expenditure of the Council.

(c) To prepare and cause to be prepared annual budget of the Council and submit it to the Annual General Meeting through the Executive Committee.

(d) To perform and cause to be performed other functions as prescribed.

Chapter 6
Financial Provisions

18. Financial Resources:

(a) The Council shall have its own separate fund.

(b) The fund of the Council shall comprise of the following amounts:

(i) Membership fees of the members,

(ii) Grants, donations or any assistance made available to the Council by His Majesty's Government and any other national, international and regional organizations or agencies.

(iii) Any amount acquired from the tangible and intangible assets of the Council.

3.1 The administrative and other costs involved in the conduct of arbitration which the Council is entitled to.

(iv) Any other amounts.

19. Description of Tangible and Intangible Assets:

(a) The records of the tangible and intangible assets of the Council shall be maintained accurate and up-to-date.

(b) Expenditure on behalf of the Council shall be made as prescribed. Until such prescription, it shall be made as determined by the Executive Committee.

20. Operation of Fund:

(a) The accounts, to be opened in the name of the Council in different banks, shall be operated by joint signature of the Treasurer, and the Chairman or Secretary or any other person as decided by the Executive Committee.

(b) The financial year of the Council shall commence from the first day of Shrawan (mid-July) of each year and end on the last day of Ashadh (mid-July) of the next year.

21. Audit:

(a) Audit of income and expenditures including the balance of tangible and intangible assets of the Council of every year shall be carried out by an auditor recognized by His Majesty's Government and appointed by the General Meeting.

(b) The audit report of the auditor of the Council shall be submitted to the local authority in each year.

(c) Accounts of income and expenditures of the Council shall be maintained accurate and up-to-date under the supervision of the Treasurer.

(d) Statement of income and expenditure shall be submitted through Treasurer to the Annual General Meeting.

Chapter 7

22. Provisions Relating to Election:

The Executive Committee shall appoint a returning officer for the election of the Executive Committee. Procedures relating to election shall be as prescribed and, until such prescription, it shall be as determined by the returning officer.

22a. Provision of Election:

The Executive Committee shall appoint an Election Officer to conduct the election of the Executive Committee. The procedures for the election shall be as prescribed and until such prescription, the procedures shall be as determined by the Election Officer. The Election Officer shall administer an oath of office in accordance with Schedule 2 to the member of the Executive Committee constituted or elected pursuant to Article 14 (a).

23. Qualifications To Be a Candidate:

Individuals representing institutional membership or individual ordinary members or life members of the Council shall be eligible to take part and to be a candidate in the election of the Executive Committee.

23a. Observer May be Invited

An individual or government agency or non-governmental organisation associated with arbitration may be invited as decided by the Executive Committee as an observer in the meetings of the Executive Committee or General Meeting.

24. Vote of No-confidence:

(a) Any member of the Executive Committee of the Council may be removed from the membership of the Executive Committee by a no-confidence resolution passed by two third majority of the members attending the General Meeting.

(b) Vote of no-confidence shall only be discussed in an Extra-ordinary general meeting. A written application of at least 25% (twenty-five percent) of the other members from among the total members except honorary members of the Council or a decision of the Executive Committee shall be required to move a no-confidence motion under this Article.

25. Amendment to the Statute:

If it is required to amend this Statute, the Executive Committee or at least 25% (twenty-five percent) members of the total members of the Council may submit a motion to that effect to the General Meeting through the Executive Committee. A resolution to that effect shall be adopted by a two-third majority of the total members being present and having casted their votes in the General Meeting. The amended Statute shall come into force after getting approval from the Local Authority.

26. Power to frame Rules and Bye-laws:

The Executive Committee, subject to the Association Registration Act, 2034 (1977), Rules made thereunder and this Statute, may frame necessary rules, bye-laws and working directives for the fulfillment of the objectives of the Council and to regulate its internal working procedure.

27. Dissolution of the Council:

In the case of dissolution of the Council for being unable to run its activities under the Statute of the Council or by any reason whatsoever, all the properties of the Council shall be transferred to His Majesty's Government.

28. Special Provisions:

(a) The Executive Committee may delegate some of its authority to any office bearer, member of the Executive Committee, or to any employee of the Council. The terms of the service, and designation of the person to perform functions by obtaining such delegated authority shall be as prescribed by the Executive Committee.

(b) The Executive Committee may constitute different Committees and Sub-Committees from among the members for the fulfillment of the objectives of the Council.

(c) The Executive Committee constituted at the time of registration of the Council shall be deemed to have constituted under this Statute and the tenure of such committee shall remain until the first Annual General Meeting of the Council is held.

(d) Annual General Meeting shall be held within one year from the date of registration of the Council.

29. Secretariat:

The Executive Committee shall determine the provisions for the management of the Secretariat and for the appointment and other terms and conditions of service of the staff working therein.

30. Interpretation:

Interpretation of this Statute shall be made by the Executive Committee.

31. Savings:

In matters specifically provided for in this Statute, the provisions of this Statute shall prevail and in other matters, the provision of existing laws shall apply.

32. Scope of this Council shall be in accordance with the Association Registration Act, 2034 (1977).

(三)《尼泊尔仲裁委员会仲裁程序条例》

Arbitral Procedures Regulations of Nepal Council of Arbitration (NEPCA) 2072

Preamble:

Whereas, it is expedient to provide for necessary procedures in order to adjudicate disputes, of commercial natures, that can be settled through arbitration.

The Executive Committee of NEPCA has, in exercise of the power conferred by Section 26 of the Statute of Nepal Council of Arbitration (NEPCA), 1991, framed these Rules.

Chapter 1
Preliminary

1. Short Title and Commencement:

(1) These Rules may be called "Arbitral Procedure Regulations of Nepal Council of Arbitration, 2072" and as "NEPCA Arbitration Rules" in short.

(2) The Regulations shall come into force from the date of May 15, 2015.

2. Definition:

(1) Unless the subject or the context otherwise requires, in this Regulations:

a. "Act" means the Arbitration Act, 2055 (1999) of Nepal and the term also refers to amendments made to it from time to time.

b. "Executive Committee" means the Executive Committee of the Council.

c. "Claim" means a claim made by one party from another party.

d. "NEPCA" means the Nepal Council of Arbitration.

e. "Counter Claim" means a claim made by the respondent on the claimant.

f. "Rejoinder" means a claim to the counter-claim by the claimant.

g. "Respondent" means a person making counter-claims against the claimant.

h. "Council" means the Nepal Council of Arbitration.

i. "Council Regulations" or "Regulations" means the present Rules and the term also refers to amendments made to the Rules from time to time.

j. "Party" means any party connected with arbitration.

k. "Administrative Expenditure" means the administrative expenditure fixed by an arbitrator based on expenditures as determined in Schedule – 1 according to Rule 58.

l. "Dispute" means a dispute that can be settled through this Regulations or the prevailing Act.

m. "Statute" means the Statute of the Nepal Council of Arbitration, 2048.

n. "Arbitrator" means an arbitrator or chief arbitrator appointed for the settlement of a dispute and the term also includes a tribunal consisting of more than one arbitrator.

o. “Secretariat” means the Secretariat of the Council.

p. “Agreement” means the written agreement concluded between the parties concerned for the settlement of disputes that may have arisen or may arise in the future in respect of any definite legal relationship with or without contract,

Explanation:

For the purpose of this clause, the concerned parties shall be deemed to have entered into a written agreement if any one of the following instruments exists.

①Any contract reached with a provision for an arbitrator or any other separate agreement concluded to that effect,

②Letters, telegrams or tele-fax messages, or any other similar means of telecommunication containing written records exchanged between the parties concerned which have provisions for referring their disputes to arbitration,

③In case any party has presented a claim for referring any dispute to arbitration and opposition to that claim submitted by the party objecting to that claim without rejecting the proposal for referring the dispute to arbitration.

(2) Except the definitions contained in this Regulations, the terms or clauses used in this Regulations shall be defined pursuant to the Act.

(3) Unless the context requires otherwise, masculine gender shall also mean feminine gender or transgender and the words in singular shall also mean the words in plural or vice versa.

Chapter 2
Commencement of the Arbitration Process

3. Arbitration Process may be Initiated:

(1) Where a provision for arbitration has been made in a contract or in any other written agreement requiring the parties concerned to refer any disputes to arbitration under the Regulations, any one of the parties or both of the parties to a dispute may apply individually or jointly in writing to the Secretariat for initiating the process of arbitration.

(2) In the application referred to in Sub-Rule (1), the following particulars,

among others, shall be required to be mentioned:

a. Name and address of the parties to a dispute and the address for notice delivery

b. Nature and subject of the dispute

c. Request for arbitration

d. Nature and summary of the claim and estimated amount

e. Remedy sought,

f. In case any agreement has been reached between the parties concerned regarding the number of arbitrators, details thereof,

g. In case the number of arbitrators has not been mentioned in a contract, whether a sole arbitrator or multiple arbitrators are required should be stated,

h. If specific eligibility of an arbitrator is required, such eligibility should be mentioned,

i. If a separate agreement has been made regarding arbitration, that agreement and if no such agreement has been made, the arbitration-related provision of the agreement under which the process of arbitration has been initiated,

j. A photocopy of the agreement which has generated disputes.

(3) While applying for arbitration under this Rule, Rs 1000/ – in application fee and administrative expenses as determined by the Council shall have to be deposited in the Secretariat.

(4) In case the criteria set out in this Regulations are not met, the Council may reject the application submitted demanding initiation of the arbitration process.

(5) In connection with the application filed by any party upon fulfilling all criteria under this Rule, the Secretariat shall notify another party in writing as per Rule 8 and demand a reply to it.

4. Reply to be Submitted:

(1) In connection with a notification provided by the Secretariat pursuant to Sub-Rule (5) of Rule 3, the respondent shall be required to submit a reply to the Secretariat within thirty days of having received such notification by stating the details as below:

a. Full name, address and contact details of the respondent,

b. If there are any individuals representing the parties concerned in arbitration process, their full name, address and contact details,

c. Details of whether claims made by the claimant are appropriate or not,

d. If there are any reactions regarding the grounds of claims and the nature and circumstances of disputes that led to the rise of claims, details thereof,

e. Reactions to the remedies and demands of the claimant,

f. If there is any proposal or comment regarding the number of arbitrators and selection process as claimed by the claimant, details thereof,

g. If there is any proposal regarding the nomination of arbitrators, details thereof,

h. If there is any comment or proposal regarding the place of arbitration, related laws that the arbitration is expected to exercise and the language of arbitrators, details thereof,

i. Other additional information and documents deemed appropriate by him or her that may contribute to settling the disputes.

(2) One copy of the reply submitted to the Secretariat pursuant to Sub-Rule (1) shall be required to be handed over to the claimant also.

5. Extension of Time-limit:

(1) If the respondent demands that the time-limit be extended along with the reasons therefor by stating separate perspectives and proposals regarding the number of arbitrators, selection process or nomination of arbitrators, the Council may ordinarily extend the time-limit by 15 days for a reply, provided that the demand seems reasonable.

(2) If the respondent does not demand for the extension of time-limit or if his demand does not seem to be reasonable, the Council shall proceed under this Regulations,

(3) The Council shall, pursuant to Rule 8, inform the party concerned about the reply of the respondent and details therein.

6. Counter-claims may be Submitted:

(1) If the respondent needs to make any counter-claim, he or she must submit it

along with the reply submitted to the Secretariat and such counter-claims must include the following details:

a. State and nature of the dispute that may lead to counter-claims and the grounds to submit counter-claims,

b. Details of the remedy and relief sought and the measurable amount of counter-claims including the estimated figure of any other counter-claims to the extent possible,

c. Any other relevant agreement including the agreement on respondent,

d. If the counter-claims have been made in line with more than one agreement, the details of under which agreement these counter-claims have been made,

e. If there is any other document or information that may contribute to the efficient settlement of a dispute deemed to be appropriate, details thereof,

(2) Within thirty days of receiving counter-claims of the respondent from the Secretariat, the claimant must respond to the counter-claims.

(3) If the claimant makes a demand for an extension of time-limit citing satisfactory reasons, the Secretariat may, prior to forwarding the documents to an arbitrator, ordinarily extend the time limit by 15 days in order to give a reply pursuant to Sub-Rule (2).

7. Calculation of Time-limit of the Notice Served:

(1) While calculating the time-limit of the notice served under this Regulations, calculations shall be made in such a manner that the day when the notice is served shall not be calculated and the last day shall be calculated.

(2) In case the last day calculated pursuant to Sub-Rule (1) falls on a public holiday or there is a public holiday where the addressed person is residing, the time-limit shall ipso facto extend till the first day of the office opened immediately after the expiry of such holiday.

8. Means of Notice:

(1) The notices, information, notes, proposals or contact details to be provided by one party to the other or correspondence to be made with arbitration under this Regulations shall be required to be carried out in writing.

(2) While maintaining contact in writing pursuant to Sub-Rule (1), such con-

tact, except otherwise provided for, may be established by delivering letters by hand or through post office or through other electronic media also such as emails and faxes.

9. Notice Deemed to have been Received:

If any written notice, information on time-limit, note or proposal is delivered to the person concerned by fulfilling procedures as per Rule 8 or is sent by post or through electronic media such as email and fax in the address of correspondence or place of domicile or of transaction of such person as mentioned in the agreement, such notice, information or proposal shall be deemed to have been received by such person.

Provided that if the real address of such person is not found despite making necessary efforts, such notice, information, note or proposal shall be deemed to have been received duly on the date of delivery if it is delivered to the place of recent domicile or of recent transactions.

10. Process of Arbitration Deemed to have been Initiated:

(1) If an application has been submitted to the Secretariat under Rule 3, the process of arbitration shall be deemed to have been initiated from the date of another party receiving a written notice pursuant to Rule 3(5).

11. Jurisdiction of the Council:

(1) Where a provision has been made allowing any party to an agreement to submit disputes arisen out of the agreement to the Council for their settlement or where an agreement has been made between the parties concerned to submit the disputes arisen out of the contract to the Nepal Council of Arbitration (NEPCA), the Council shall be deemed to have jurisdiction over such disputes referred to him or her for settlement.

(2) While settling the disputes regarding matters over which the Council has jurisdiction pursuant to Sub-Rule (1), procedures as prescribed in this Regulations shall be adopted.

Provided that the parties concerned may, through a written understanding, make an arrangement in a manner that some of the provisions of this Regulations shall not be applicable to the disputes submitted by them or the disputes arisen between themselves.

(3) The parties concerned shall not be allowed to exercise the provision as per the

proviso of Sub-Rule (2) once a request is made to initiate arbitral proceedings.

12. The Council may Review:

Once an application is received to initiate arbitration process as per Rule 3, the Council may, prior to making appointment of arbitrators, review the related documents as to whether or not the dispute referred to arbitration comes under jurisdiction of arbitration, or whether or not it can be settled through arbitration, and offer advice to the parties thereon.

Provided that the parties to the dispute shall not be compelled to abide by such advice.

13. Representation of the Parties and Assistance:

(1) The parties may appoint a person as their representative to represent themselves or for assistance in the process of arbitration.

(2) Where any party appoints its representative or assistant pursuant to Sub-Rule (1), such party shall be required to inform the other party in writing, including the name and address of the representative or assistant thus appointed, specifying whether the person thus appointed has been appointed as a representative or as an assistant.

14. Effect of the Arbitration Agreement:

(1) Where the parties have agreed to commence arbitral proceedings under this Regulations, the Regulations on Arbitration of the Council which is in force at the time of commencement of the arbitration process shall be deemed to have been accepted by the parties. Provided that in case an agreement has been made ensuring that the Regulations existing at the time of signing the arbitration agreement shall remain in force, that shall be done accordingly.

(2) If an agreement has been made to commence arbitration under the Council's Regulations, the parties concerned shall be deemed to have agreed on administrative works to be done by the Council also.

(3) If any party against which a claim has been made does not submit an Answer, or raises one or more pleas concerning the existence, validity or scope of the arbitration agreement or concerning whether all of the claims made in the arbitration may be determined together in a single arbitration, the arbitration shall proceed and arbitration

shall decide on such matter.

(4) Unless the Council decides otherwise regarding jurisdiction, any question regarding the jurisdiction in Sub-Rule (3) or whether or not all claims can be settled together by the arbitrators shall be decided by the arbitrators themselves.

(5) The Council shall decide how and to what extent the arbitral proceedings will move ahead regarding any dispute submitted to the Council for arbitration and if the Council finds itself satisfied prima facie at the commencement of the process of arbitration as per the agreement, it shall decide to go ahead with the process of arbitration.

(6) Except otherwise decided by the Council itself that arbitral proceedings on claims cannot move ahead, the arbitrator himself or herself shall decide the jurisdiction of arbitration.

(7) Where the Council itself has notified the parties concerned that any disputes submitted to the Council for arbitration cannot be settled through arbitration, this Rule shall not be deemed to have obstructed the right of any party to file a petition by raising the issue at a competent court of law with the jurisdiction as per the prevailing law.

(8) In case the Council decides that arbitral proceedings regarding any disputes submitted to the Council cannot proceed, such decision shall not stand in the way of any party seeking to make the same claims in the arbitral proceedings to be held thereafter.

(9) In case any party refuses to participate or fails to participate in arbitral proceedings or in any stage thereof, such refusal or absence alone shall not prevent the arbitral proceedings from taking place.

(10) Except otherwise agreed upon between the parties concerned, in case of decisions made upon accepting the legality of arbitration agreement, the jurisdiction of arbitration shall not end just because of the argument served by any party that the agreement does not exist or the argument that it no longer remains valid.

(11) Even in circumstances in which the agreement doesn't exist or may be declared null and void, arbitration shall be deemed to have the jurisdiction over determining the rights of the parties concerned and taking decisions over their claims and counter-claims.

Chapter 3
Provisions for Appointment of Arbitrators

15. Number of Arbitrators:

(1) If the number of arbitrators is not specified in the agreement or if the parties fail to reach an agreement on the number of arbitrators, the dispute shall be heard and settled by a sole arbitrator. Provided that with regard to the nature and seriousness of the dispute, the Council may decide to form a tribunal consisting of up to 3 (three) arbitrators.

16. Appointment of Arbitrators:

(1) If the dispute is to be heard by a sole arbitrator, one of the parties to the dispute may propose names of one or more than one person as arbitrator to the other party.

(2) Out of the names proposed pursuant to Sub-Rule (1), person accepted by the other party or the first person in the list of priority, in the event of absence of such acceptance, shall be appointed as the sole arbitrator.

(3) If the parties concerned fail to reach an agreement for the appointment of the sole arbitrator within thirty days after the commencement of arbitral proceedings, any one of the parties concerned may make a request to the Council for appointment of a sole arbitrator.

(4) In case of agreement between the Parties to appoint more than one arbitrator, and in case the agreement or the Parties on mutual consent have fixed the time period, any party to the dispute fails to appoint an arbitrator within such time period or within 30 days from the date of commencement of the arbitration, the other party may request the Council to appoint an arbitrator on behalf of the party that failed to appoint the arbitrator.

(5) In case the agreement between the parties have provided for the appointment of Chief Arbitrator or the agreement has prescribed procedures for the appointment of the Chief Arbitrator, the Chief Arbitrator shall be appointed in accordance with such procedures and, if the procedure is not specified, the Chief Arbitrator shall be appoint-

ed by the arbitrators appointed by both the parties. Provided that any failure to appoint a Chief Arbitrator within 15 (fifteen) days after the appointment of the arbitrators by the parties, the Council may, on the request of either party, appoint the Chief Arbitrator.

(6) Notwithstanding anything stated elsewhere in these Rules, both the parties to the dispute may at any time request the Council for the appointment of arbitrator.

17. Details of Arbitrators:

(1) If any party has proposed a person to be appointed as an arbitrator, the proposer shall be required to provide personal details containing full name and address of such person including such things as his or her past and present professional or vocational status, his or her qualification and experience on arbitration to the other party.

(2) The Council shall appoint a person as an arbitrator or if so appointed, the Council shall be required to provide the information as per Sub-Rule (1) to all parties to a dispute.

18. Procedures for Appointment of Arbitrator by the Council:

(1) Upon receipt of a request from any one or both of the parties to a dispute under this Regulations, the Council shall appoint arbitrators from a panel of independent and impartial arbitrators maintained by the Council.

(2) While appointing arbitrators pursuant to Sub-Rule (1), the Council shall make available a list with names of at least three arbitrators to both the parties.

(3) Each party shall, within seven days of receiving the list pursuant to Sub-Rule (2), be required to remove the names of arbitrators it objects from the list and return the list to the Council with the names of the remaining arbitrators accepted by it in order of priority.

(4) Upon the expiry of the time-limit pursuant to Sub-Rule (3), the Council shall, out of the names of arbitrators in the list returned and approved by the parties, appoint a person whose name ranks first in the list of priority as arbitrator.

(5) In case the arbitrator could not be appointed as per Sub-Rule (4), the Council shall appoint an appropriate arbitrator bearing in mind the nature of the dispute, qualifications, impartiality and the related circumstances.

(6) In case there are more than one person representing the claimant or the respondent and there is a provision requiring constitution of a tribunal consisting of at least three arbitrators in order to adjudicate the dispute of such claimant or respondent, such claimant or respondent shall, subject to Rule 16, jointly appoint an arbitrator. If the arbitrator could not be appointed in this way, the Council shall appoint the arbitrator under this Regulations.

(7) The party demanding appointment of arbitrator pursuant to this Rule shall be required to deposit an amount of Rs 5,000/ – in the Council.

19. Appointment of Arbitrators in Special Circumstances:

(1) If an arbitrator appointed by the Council as per this Regulations shows unwillingness or refuses to act in such capacity or becomes unable to perform in such capacity or resigns or is removed from office by the order of a court or dies, the Council shall, on submission of an application to the Council by the party concerned together with evidences thereof, declare the office of such arbitrator vacant.

(2) Within 30 days of the declaration made pursuant to Sub-Rule (1), the Council shall be required to appoint another arbitrator in line with this Regulations to the vacant post following the same procedures that were applied to the appointment of the arbitrator being replaced.

20. Hearing during Vacancy of Arbitrators:

(1) Where a sole arbitrator, or presiding or chief arbitrator is to be replaced, as per Rule 16 or 19, any hearing previously held shall be repeated.

(2) In case of situation other than stated in Sub-Rule (1), any hearing previously held may be repeated at the discretion of the other continuing arbitrators.

21. Oath to be Taken by the Arbitrator:

(1) Each person shall, prior to appointment as an arbitrator, be required to affix his or her signature on three copies of a written oath that there is no existence of any circumstances where reasonable doubt may arise regarding his or her impartiality, neutrality and independence, that there is no conflict of interest involving him or her as to the dispute to be settled through arbitration, or that he or she will inform the parties to a dispute in case such circumstances exist before the arbitral proceedings come to an end.

(2) One copy of such written declaration shall be required to be sent to the Appellate Court, another one to the Council and the third one shall be kept in the case-file itself.

22. Independence and Impartiality of Arbitrators:

(1) An arbitrator appointed in accordance with this Regulations shall remain fully independent, neutral and impartial at all the time till the dispute is fully settled, and he or she shall not hold any discussion, advice or consultation with any party to the dispute in the absence of the other party, except in case of administrative procedures or oral hearings, or provisions made otherwise in the Rules.

(2) In case such a situation contrary to Rule 21 or a situation as stated in Sub-Rule (1) arises once the arbitrator appointed according to this Regulations begins his or her work, he or she shall be required to inform the Council and the parties concerned about this.

23. Arbitrators may be Removed:

(1) Removal of arbitrators and the procedures thereof shall be as stipulated in the agreement.

(2) If conditions and procedures have not been stipulated in the agreement for the removal of arbitrator pursuant to Sub-Rule (1), any of the parties concerned may, in any of the following circumstances, submit an application to the Arbitration Tribunal making a request for the removal of any arbitrator within 15 days of his or her appointment or of learning that his or her conduct or proceedings are not consistent with the Regulations:

a. In case there exists a reasonable ground to doubt his or her independence, neutrality or impartiality regarding the disputes to be arbitrated,

b. In case any arbitrator engages in improper conduct or commits fraud in the course of arbitration,

c. In case the arbitral proceedings are prolonged without satisfactory reasons,

d. In case the arbitrator refuses to take part in the arbitral meetings,

e. If the arbitrator frequently commits mistakes or irregularities in arbitral proceedings,

f. In case the arbitrator performs any work that is against the principle of natural justice.

(3) Any party seeking removal of the arbitrator as per Sub-Rule (1) shall be required to file an application citing details including reasons therefor to the arbitrator, the Council and other parties concerned.

(4) If an application is submitted for removal of an arbitrator engaged in the process of arbitration pursuant to Sub-Rule (1), the arbitrator may resign from the post of arbitrator voluntarily and in case he or she does not so resign, the Council shall take a decision over the application within fifteen days after the receipt of such application.

(5) If the arbitrator resigns pursuant to Sub-Rule (4) or is removed by the Council, his or her appointment shall be terminated.

(6) If any party intends to remove an arbitrator appointed by itself on the ground of Sub-Rule (2) (a) or (b), such party may submit an application for removal of such arbitrator only on the condition that it came to know the existence of the facts referred to in these clauses after appointing him or her.

(7) Notwithstanding anything contained elsewhere in this Regulations, the party seeking to remove a sole arbitrator shall be required to submit an application to the Council.

(8) Except otherwise ordered by the arbitrator, the Council or the court, arbitral proceedings shall not be postponed even in the situation when the actions over the application submitted by any party seeking to remove an arbitrator as per this Rule are under consideration or decisions to that effect are yet to be taken.

Chapter 4
Provisions Related to Arbitral Proceedings

24. Conduction of Arbitral Proceedings:

(1) Once the appointment process for arbitration is complete, the Secretariat shall be required to submit the related case-file to the arbitrator as early as possible.

Provided that the parties concerned shall be required to have the remuneration and expenses to be incurred in arbitration already deposited in the Secretariat pursuant to

Rule 59.

(2) The arbitrator and the parties concerned shall make every effort to conduct arbitration in a quick and frugal manner in view of the complexity and importance of the dispute.

(3) The arbitration may, upon holding consultations with the parties concerned, adopt procedural measures deemed appropriate to it to ensure effective management of the dispute.

Provided that such measures should not be contrary to any agreement concluded between the parties.

(4) The arbitrator may, at the request of any party concerned, issue an order on arbitral proceedings or confidentiality of any other subject thereof and take measures necessary to protect trade confidentiality and confidential information.

(5) The arbitrator shall perform sincerely and impartially in any dispute to be adjudicated by him or her, and ensure that each party has an equal opportunity to present evidences and written documents to support or rebut the dispute.

(6) The parties concerned shall be required to make commitments to abide by any order issued by the arbitrator.

25. Equal Opportunity to be Provided to All Parties:

The arbitrator may, subject to the agreement and this Regulations, conduct arbitral proceedings in a manner that he or she thinks appropriate and shall provide equal opportunity to all parties to a dispute allowing them to present their pleading, pleas, rebuttal and supportive evidences by treating them all equally.

26. Exchange of Documents:

(1) A copy of all documents including pleading notes, other written documents or correspondence, or the annexes thereof each must be provided by the party concerned to the Council, each arbitrator and each party, and a copy of correspondence made by the arbitrator with the parties concerned must be sent to the Council Secretariat.

(2) As notified by the party concerned, all the correspondences to be handled by the Secretariat or arbitration shall be sent to the latest address of the party concerned or his or her representative, and this may be done through hand-delivery (a receipt of

which could be taken), registered post, courier, email or any other means whose record can be maintained.

27. Location of the Arbitration Office:

In agreement with the parties concerned, except otherwise specified, the Office of Arbitration to be operated under this Regulations shall be located in the Council Secretariat.

Provided that in case any documents, goods and articles or properties are to be inspected or in case it is deemed necessary to record the statements of the parties to a dispute, to obtain the opinion of experts or to seek consultation, arbitral proceedings may be conducted in any other places.

28. The Language to be Used in Arbitral Proceedings:

(1) The language to be used in arbitral proceedings shall be as specified in the agreement, if any and if not specified, as determined by the arbitrator following mutual discussions with the parties concerned.

(2) In case the language fails to be determined pursuant to Sub-Rule (1), the language used in the agreement shall be the language of arbitral proceedings.

(3) If documents to be submitted to the arbitrator are not in the language referred to in Sub-Rule (1) in their original form, the arbitrator may order the submission of documents after making their authentic translations in the said language as determined by Sub-Rule (1).

29. Terms of Reference of Arbitration:

(1) Once the arbitration tribunal obtains a case-file of the dispute to be arbitrated from the Secretariat, the arbitration tribunal shall, in the presence of the parties concerned, prepare the terms of reference by specifying the duties to be covered on the basis of that document obtained and other documents submitted by the parties most recently.

(2) The following matters shall be included in the Terms of Reference pursuant to Sub-Rule (1):

a. Full name, address, professional details and other contact details of arbitrators,

b. Details of the address to be used for correspondence and for communicating information in connection with arbitral proceedings,

c. Place of arbitration,

d. Summary of the parties' claims, remedy and relief sought by each party, amount of measured claims and an estimated monetary value of other claims, if any, to the best possible extent,

e. Full name, address and contact details of each party and the person representing the party in arbitration,

f. Procedural Rules to be observed by the arbitrators,

g. If the tribunal has been empowered to take decisions on the basis of *ex aequo et bono* (according to the right and good) and *amiable compositeur* (honest arbitrator) details thereof,

h. A list of subjects to be adjudicated if the arbitrator deems it appropriate.

(3) The arbitrators and the parties concerned shall be required to affix signatures on the terms of reference prepared pursuant to Sub-Rule(2). And within two months of sending the related case-file by the Council to the arbitrator, details of the terms of reference signed by the arbitrators and the parties concerned shall be required to be sent to the Council.

Provided that the Council may extend this period at the request of the arbitrator with reasons and at the discretion of the Council.

(4) In case any party refuses to formulate or sign the terms of reference, details to this effect shall be sent to the Council for approval.

(5) Once the terms of reference is signed or approved by the Council pursuant to Sub-Rule (3) or (4), arbitral proceedings shall proceed.

(6) Once the terms of reference is signed or approved by the Council, no party can make new claims or counter-claims going beyond the bounds of such details of ToR.

Provided that the Arbitration Tribunal may grant permission allowing submission of new claims and counter-claims by taking into account the nature of new claims and counter-claims, phase of arbitration and other relevant circumstances.

30. Dispute Management Meeting and Procedural Time-Table:

(1) While formulating or after having formulated the terms of reference, the arbitration may hold consultations with the parties concerned on procedural measures for operation of arbitral proceedings by organizing an organizational meeting or a case management meeting as early as possible.

(2) The case management meeting shall approve a procedural time-table to be observed in the course of conducting arbitration.

(3) The arbitrator shall be required to inform the Council and the parties concerned about the procedural time-table approved as per Sub-Rule (2) and amendments, if any, to it.

(4) The arbitrator may, from time to time, adopt additional procedural measures or amend procedural time-table by organizing, depending on necessity, case management meetings or holding consultations with the parties concerned through any other means in order to ensure continuity of the effective case hearing management.

(5) Case management meetings may be held through personal visits or meetings, video conference, telephone or any other means of communication.

(6) In a situation where the parties concerned fail to agree on any of the measures as stated in Sub-Rule (5), the Council shall decide how arbitrators will hold a meeting.

(7) The arbitrator may, prior to the holding of a case management meeting, order the parties concerned himself or herself or through a representative to be present in the case management meeting and present a related proposal on case management there.

31. Measures Concerning Case Management:

(1) The arbitrator shall, while determining case management measures in line with this Regulations, consider the time required for hearing and the amount claimed in damages as the basis.

(2) While determining the dispute management measures as per Sub-Rule (1), in case of less complex and low cost dispute, the time and cost of arbitration shall be adjusted in proportion to the amount in dispute.

(3) While determining the case management measures, the arbitrator and the parties concerned may adopt one or more such measures as given below to control time

and expenditure:

a. To divide proceedings of arbitration into different phases or give more than one partial decision.

b. To identify the subjects that can be resolved through an agreement with the parties concerned or experts acting on behalf of them.

c. To identify the subjects that can be decided on the basis of the study of documents in the course of hearing rather than on the basis of oral evidences, legal arguments and pleas.

d. To ask for written documents.

e. Limiting the length and scope of written submissions and written and oral witness evidence (both factual witnesses and experts) so as to avoid repetition and maintain a focus on key issue.

f. Using telephone or video conferencing for procedural and other hearings, where attendance in person is not essential and use of IT to enable online communication among the parties, the arbitral tribunal and the Secretariat of the Council.

g. Organizing a pre-hearing conference with the parties in which arrangements for a hearing can be discussed and agreed and the arbitral tribunal can indicate to the parties issues on which it would like the parties to focus at the hearing.

32. Procedures on Submission of Written Documents:

Arbitration may adopt the following measures while obtaining written documents pursuant to Rule 31 (3) (d):

(a) Requiring the parties to produce along with their submissions the documents on which they rely;

(b) Not to deprive anyone, as far as possible, from the submission of document with due regard to control of time and cost;

(c) In those cases where requests for document production are considered appropriate, limiting such requests to documents as are relevant and material to the outcome of the case;

(d) Establishing reasonable time limits for the production of documents;

(e) Using a schedule of document production by maintaining the relevance of the document production with the resolution of disputes.

33. Low Claim Amount Dispute：

Notwithstanding anything contained elsewhere in this Regulations, while settling the disputes involving claims for 30 million rupees or less or claims involving matter of principle in which the amount is not specified, the terms of reference as per Rule 29, case management meeting and procedural time-table as per Rule 30 and case management measures as per Rule 31 shall not be mandatory to follow.

34. Submission of Claims, Defense, Counter-Claims and Reply：

(1) A written statement of claim setting out facts that are asserted to prove the claim, the subject-matter in dispute (points at issue) and the remedies sought shall be required to be submitted by the Claimant to the arbitral tribunal and the Council within such time-limit as is specified in the agreement for submission of claim and if not so specified, within 60 (sixty) days from the date of appointment of arbitrator, or within 90 (ninety) days from the date of the receipt of the approval of the Terms of Reference by the Council or within any other period agreed between the parties or directed by the tribunal in the Procedural Time Table, and a copy of the same shall also, at the same time, be furnished to the respondent.

(2) The respondent shall serve its written statement of defence on the matters as mentioned in the statement of claim by setting out counter-claim, if any, to the claimant, the arbitrator(s), and the Council within 30 (thirty) days after receipt of the statement of claim pursuant to Sub-Rule (1) or within the period agreed in the Procedural Time Table.

(3) The Claimant shall submit a written reply to the statement of defence and counter-claim, if any, to the arbitral tribunal, and shall, at the same time, furnish copies of the same to the respondent and the Council within 15 days after receipt of such statement of defence and/or counter-claim or within the period as agreed in the Procedural Time Table.

(4) Any party submitting a statement of claim or a statement of defence or counter-claim or reply to the statement of defence and/or counter-claim pursuant to Sub-Rule (1) or (2) or (3) shall also, at the same time as the submission is served, sub-

mit a list of documents that it relies upon. The document type, date, author and subject shall be set out in any such list.

(5) In case the respondent or claimant fails to submit his or her defence, counter-claim or reply within the time specified in Sub-Rules (2) or(3) or cannot do so under this Regulations due to circumstances beyond his or her control, he or she may submit an application to the arbitrator for an extension of the time-limit within seven days from the date of expiry of the time-limit, citing satisfactory reasons for his or her failure to do so.

(6) If the reasons mentioned in the application as per Sub-Rule (5) are deemed satisfactory, the arbitrator may extend the time-limit up to 15 days at the most.

(7) If the time-limit has been extended pursuant to Sub-Rule (6), the respondent or claimant shall be required to submit his or her defence, counter-claim or reply within such extended time period.

35. Claims may be Amended or Supplementary Claims Submitted:

If any party wants to make changes to a claim, defence or counter-claim or reply he or she has submitted in course of arbitral proceedings, he or she shall be required to submit an application to the arbitrator for that purpose and upon receiving permission from the arbitrator, he or she may submit a supplementary claim, defence, counter-claim or reply or may make amendments to that.

Provided, however, that if the arbitral tribunal considers the delay caused by making such amendment or supplement to claim, defence or counter-claim or reply, or if the arbitral tribunal considers it prejudicial to the other party or considers that such amendment or supplement goes beyond the agreement as referred to in Rule 6, the arbitral tribunal may refuse to allow such amendment, supplement to claim, defence, counter-claim or reply to the defence or counter-claim.

36. Documents may Cause to be Produced:

(1) The arbitral tribunal may, at the request of either party or at his own motion, order the other party to produce any document(s) so required to the arbitral tribunal within a specified time-limit.

(2) If any party wishes to inspect or to take copies of documents ordered pursuant

to Sub-Rule (1), the document upon which the party relies in respect of its claim or defence or any other evidences, the party shall be allowed to inspect such documentary evidences or take a copy thereof.

37. Decision on Jurisdiction of Arbitrator or Validity of Agreement:

(1) The arbitration panel formed pursuant to this Regulations shall have the powers to hear whether or not it has jurisdiction over the dispute for which it has been constituted and to take decisions on the validity or effectiveness of the agreement to that effect, or the validity of the provisions related to arbitration.

(2) If any party intends to make pleas for the purpose of Sub-Rule (1), it shall be required to make such pleas within the time-limit prescribed in Rule 34 (2) for submission of the statement of defence and such pleas cannot be made thereafter.

(3) While taking decisions on the validity of arbitration provision under any agreement pursuant to Sub-Rule (1), the arbitrator may also decide on the validity of the main agreement containing such provision.

(4) While taking decisions as per Sub-Rule (3), the arbitration provision of the agreement must be considered as an independent agreement.

(5) Even though the main agreement containing the arbitration provision is declared null and void according to the prevailing laws while taking decisions pursuant to Sub-Rule (3), the provision of arbitration which forms an integral part of that agreement shall not be deemed to be invalid or non-functional only for the said reason.

(6) No party shall be deemed to have been prevented from making pleas pursuant to Sub-Rule (2) only for the reason that such party has on its behalf appointed an arbitrator or has participated in the appointment of the arbitrator or has agreed to appoint the arbitrator.

(7) Prior to issuing an order or taking a decision by entering into other subjects after giving priority to the pleas made as per Sub-Rule (2) or while taking a decision on other subjects, the arbitrator shall be required to make a decision on that matter also.

38. Preliminary Hearing:

(1) Generally within fifteen days from the date of receipt of the documents pursuant to Rule 34, the arbitrator may, at his or her own discretion or at the request of ei-

ther party, hold a preliminary hearing with the parties or their authorized representatives and arbitrators to determine the issues of dispute, identify the points of agreement from there, and conduct any other work related to arbitral proceedings.

(2) In case the arbitrator does not call a meeting as per Sub-Rule (1) or a request is not made by the parties for that purpose, the Council itself may direct the arbitrator to call such meeting.

(3) The Council shall be required to notify the arbitrator and all parties concerned.

(4) The arbitrator may, in a preliminary hearing called as per Sub-Rule (1), determine the documents to be presented by the parties and the time-limit of the hearing to be held later.

(5) In case any party intends to produce a witness in arbitral hearing, such party shall be required to furnish details of the witness as per Rule 43 (2) also in such meeting.

(6) The arbitrator shall be required to keep a record of any agreement or understanding reached in course of the hearing held pursuant to Sub-Rule (1) and provide a copy of such agreement or understanding to all parties and the Council within seven days (7 days).

39. Points of Agreement:

The parties shall be required to identify and determine the points agreed between the parties out of the preliminary hearing held as per Rule 38 and inform the Council and the arbitrator about the points of such agreement.

40. Additional Written Statements:

(1) The arbitrator shall decide what kind of further written statements, in addition to the statement of claims submitted by the claimant or the statement of defence by the respondent, shall require to be submitted or may be submitted by the parties to a dispute.

(2) The arbitrator shall be required to fix the time-limit for written statements which should be or may be submitted by the parties concerned pursuant to Sub-Rule (1) and for providing an opportunity to the other party for review of the written statements thus submitted.

(3) Such time-limit fixed by the arbitrator for the purpose of Sub-Rule (2) shall not exceed fifteen days (15 days).

41. Hearing of Arbitration:

(1) The arbitrator shall be required to fix the date and time of oral hearing or a meeting and give the parties to a dispute a written notice of such hearing or meeting.

(2) The oral hearings shall be held in camera and all written documents shall be kept confidential unless otherwise agreed by the parties.

(3) The parties concerned or their authorized representatives, assistants and legal practitioners may be present in the hearing.

42. Submission of Evidence:

(1) Any party submitting a claim, defence or counter-claim pursuant to this Regulations shall have the onus of proving that claim, defence or counter-claim in respect of the dispute referred for arbitration.

(2) Relevance of evidence, offered to the arbitrator(s) pursuant to these Rules, the admissibility thereof, the materiality thereof and the weight to be given to it shall be decided by the arbitrator(s).

(3) Unless the party itself becomes absent by expiring the time-limit or waives its right to be present, the arbitrator shall examine all the oral evidences in the presence of all the parties.

(4) If either party intends to submit any document at the oral hearing, such party shall be required to assemble all such documents and communicate to the other party and arbitrator fifteen days before the holding of oral hearing.

(5) If the parties agree, the documents as mentioned in Sub-Rule (4) shall be deemed to have been submitted as evidence even without reading them out in course of the oral hearing or without submitting further evidences in that connection.

Provided that any party to a dispute that raises objections concerning admissibility of any document so submitted as evidence may provide a rebuttal to the evidence.

(6) If any party intends to submit a document which is not specified as per Rule 34 (4) within the period as prescribed in Sub-Rule (6) of the same Rule, the arbitrator may give it a permission for submission of such a document at the time of hearing.

Provided that while granting such permission, the arbitrator may take into account related laws and the reasons for not providing information of such document during that period.

43. Examination of Witnesses:

(1) The process, day and time for the arbitrator to examine witnesses shall be as prescribed in the time-table determined by a meeting held pursuant to Rule 30.

(2) If any party to a dispute intends to produce a witness, such party shall be required to furnish information containing name and address of the witness it wants to produce, language he or she is going to use, and subject of the witness's testimony to the arbitrator and other parties at least fifteen days before taking the testimony of such witness.

(3) If any witness has made a testimony before the arbitrator, a record of such testimony shall be kept in writing and if such testimony is in language different from that of Rule 28, it should be translated into a language as determined in Rule 28 and a record should be kept thereof.

(4) While any witness is giving evidence pursuant to this Rule and while the arbitrator is taking testimony of any witness, the arbitrator may prohibit other witnesses, save for the parties themselves and their representatives, from being present at the oral hearing.

(5) The witness may submit his or her testimony in writing with signature.

Provided that in case any witness submits testimony in writing, the other party may require such witness to be present in an oral hearing for cross-examination.

(6) In the course of arbitral proceedings, the arbitrator may call witnesses as appropriate as possible for testimony.

Provided that the other party shall require to be given an opportunity to cross-examine such witness called by the arbitrator(s).

(7) It shall be the responsibility of the concerned party to produce the witnesses to the be examined as per this Regulations.

44. Service of Experts:

(1) The arbitrator may appoint one or more than one expert for preparing a report on a particular subject in a special type of dispute to be settled by the arbitrator.

(2) The arbitrator may order the parties in dispute to provide necessary informa-

tion or access to any site, documents, goods or property for inspection to experts constituted as per Sub-Rule (1).

(3) In case an expert is appointed pursuant to Sub-Rule (1), the arbitrator shall be required to inform the parties about the terms of reference entrusted to such expert and in case any dispute arises between the experts and the parties as regards any notice or information or submission of any document, such dispute shall be submitted to the arbitrator for a decision.

(4) Upon receiving the report from the expert on the subjects as referred to in Sub-Rule (1), the arbitrator shall have to provide a copy of the report to the parties in dispute and the parties must be provided an appropriate opportunity to express their views in writing on the report.

(5) If any party makes a request for inspecting the documents, goods or property referred to in the report of the expert and possessed by him or her, the expert shall be required to provide such documents, goods or property to such party for inspection.

(6) The expert shall be required to provide, to such party, a list of documents, goods or property which are not in his or her possession but which were provided to them for preparing the report, and information about the location of such goods, property or document.

(7) Upon submission of the report in written or oral form, the expert shall be required to be present at an oral hearing on the request of any party or if the arbitrator considers it appropriate.

(8) If the expert is made present pursuant to Sub-Rule (7), the parties to the dispute may interrogate the expert or comment on his or her report.

(9) The costs and remunerations of the services of the expert appointed as per these Rules shall be as determined by the arbitrator in consultation with the parties concerned.

45. Interim Order may be Issued:

(1) The arbitrator may, at the request of any party, issue an order he or she considers appropriate for safety and protection of goods associated with the dispute.

(2) The arbitrator may issue an order pursuant to Sub-Rule (1) he or she consid-

ers appropriate including keeping such goods under the custody of a third party or selling them.

(3) The order issued as per Sub-Rules (1) or (2) shall remain in the form of an interim order and the arbitrator may demand the security of such goods from their custodian.

(4) If any party files a separate petition with a court seeking an interim order to postpone or stop the arbitral proceedings, such petition and the court's order to that effect shall not be deemed to be inconsistent with the arbitration agreement, and the party shall not be deemed to have waived the agreement or proceedings for the reason of such petition and order only.

(5) In addition to Sub-Rule (1), the arbitrator may, at the request of any party, issue an interim order or make a conditional decision regarding any other matter relating to the subject matter of the dispute.

46. Effect of the Expiry of Time-Limit:

(1) If the claimant fails to present a statement of claim within the time-limit as prescribed in Rule 34 (1), the arbitrator shall declare the closure of all arbitral proceedings by issuing an order.

(2) If the respondent fails to present a statement of defence within the time-limit as prescribed in Rule 34 (2) without adequate reasons therefor, the arbitrator shall be required to continue with the arbitral proceedings without postponing them and if the respondent allows the time-limit to lapse, the arbitrator shall be required to give a decision on the basis of facts and evidences after obtaining necessary evidences from the claimant.

(3) If any party fails to appear at an oral hearing called by the arbitrator or produce any documents as ordered by him or her within the time-limit as prescribed in this Regulations, the arbitrator shall be required to continue with the process of arbitration without postponing them.

(4) The arbitrator may give a decision on the issues of dispute on the basis of evidences received by him or her even if any party fails to appear or produce documents as per Sub-Rule (3).

47. End of Arbitral Proceedings and Hearing:

(1) If the arbitrator considers that further hearings are not necessary or appropriate once the arbitration proceedings are completed, or if the parties to a dispute, upon consultation on that matter, advise the arbitrator that they have no evidences left to produce or present, the arbitrator may declare the hearings closed.

(2) Once the hearings come to an end pursuant to Sub-Rule (1), the arbitrator shall not examine additional evidences and hold hearings.

(3) Notwithstanding anything contained elsewhere in this Regulations, the parties concerned may, through a written understanding, waive oral hearings.

(4) If the parties fail to agree on the process of oral hearings, the arbitrator shall determine a fair and due process.

48. Additional Powers of the Arbitrator:

Unless otherwise provided for in the Act or agreement, the arbitrator shall have the following powers in addition to the powers provided by other Rules and Regulations under these Rules:

a. To order for inspection by visiting in person the place of evidence, documents or other property associated with the disputes,

b. To order for keeping a written record of oral hearings or provide a certified copy of document,

c. To exercise any specific power provided by the parties.

Chapter 5
Decision of the Arbitrator

49. Decision of the Arbitrator:

(1) Unless otherwise provided for in the agreement or in this Regulations, ordinarily the arbitrator shall be required to give his or her final decision within thirty days of the arbitration hearing coming to an end.

(2) The arbitral award pursuant to Sub-Rule (1) shall be in writing and a copy of such award shall be provided free of cost to each party and the original copy shall be enclosed with the case-file to be handed over to the Secretariat.

(3) Depending on the nature of the claim, prior to the final arbitral award, if the arbitrator considers it necessary to give a partial award, he or she may give such award citing reasons therefor.

(4) If the parties to a dispute are present at the time of delivering the award as per Sub-Rule (1) or (2), the arbitrator shall read out the award to such parties.

(5) The decision of the arbitrators, pursuant to this rule, shall be binding to the parties.

(6) The award shall not be made public without the consent of the parties to the dispute.

Provided that such consent shall not be necessary for research related work.

50. Period for Giving Final Awards:

(1) The arbitrator shall be required to give a final award within six months after completing necessary procedures.

(2) The period as referred to in Sub-Rule (1) shall commence from the date of final signature affixed on the terms of reference by the arbitrator or the parties concerned, or if the arbitrator is notified by the Secretariat that the Council has approved the terms of reference as per Rule 29 (4), from the date of such notice received by the arbitrator or if there does not exist the terms of reference, from the date of constitution of an arbitral tribunal.

(3) Notwithstanding anything contained elsewhere in this Regulations, the arbitrator may establish a separate procedural time table for the award on the basis of the procedural time table established as per Sub-Rule (2) of Rule 30.

(4) If the arbitrator requests the extension of the period of award citing reasons therefor or if the executive committee considers it necessary, the Council may extend such period.

51. Award of the Arbitrator to be Sent to the Council:

(1) The arbitrator shall send a draft of the award prepared by himself or herself to the Council prior to signing it.

(2) After studying the draft award received as per Sub-Rule (1) above, the Council may propose modifications as to the form of the award and, without affecting

the arbitral tribunal's liberty of decision, may also draw its attention to points of substance.

(3) In drawing the attention pursuant to Sub-Rule (2), the Council may draw the attention of arbitration tribunal to such subjects as whether the award of the arbitration has been made in accordance with the terms of reference approved pursuant to Rule 29 or not, whether the arbitration tribunal has made the award remaining within the bounds of its jurisdiction or not, whether the parties concerned have been duly informed regarding the arbitral proceedings or not, whether the award made is contrary to the terms of reference of the arbitration or not, and whether the issues raised concerning claims, counter-claims or defence have been addressed or not.

(4) No award shall be rendered by the arbitral tribunal until it has been approved by the Council as to its form as per Sub-Rule (2).

52. Method of Award:

(1) When the arbitration consists of more than one arbitrator, the decision of the majority of arbitrators shall be the decision d of the arbitrators.

(2) In case the majority decision pursuant to Sub-Rule (1) could not be reached amongst the arbitrators and the opinions are differing, the opinion of the chief arbitrator shall be deemed to be the decision of the arbitration, unless provided otherwise in the agreement.

53. Matters to be Specified in the Arbitral Award:

Unless otherwise provided for in the agreement, the following points shall be specified in the arbitral award pursuant to this Regulations:

a. Short descriptions of the issues referred for settlement and of the terms of reference approved as per Rule 29,

b. Ground to claim jurisdiction if any party raises question on the jurisdiction of arbitrator,

c. Summary of the expert's report if such expert has been appointed pursuant to Rule 44,

d. Decision of the arbitrator, and reasons and grounds taken to arrive at such decision,

e. If a partial award has already been made pursuant to Rule 49 (3), details thereof,

f. Things or amount to be recovered or compensated,

g. If there is interest chargeable on amount of Clause (f), details thereof,

h. Place of the Arbitration Office and date of the award,

i. Other necessary matters.

54. Substantive Laws to be Adopted by the Arbitrator:

(1) The substantive laws as stipulated in the agreement shall be applied in arbitral proceedings and if such law is not specified in the agreement, the laws of Nepal shall prevail.

(2) The arbitrator shall settle the disputes in accordance with the principle of ex aequo et bono or amiable compositeur if the parties concerned provide express authority to him or her.

(3) Notwithstanding anything written elsewhere in this Regulation, the arbitrator shall settle the disputes in accordance with the conditions of the agreement concerned and shall be required to pay attention also to the trade usages applicable to transactions while settling the disputes.

55. Settlement of Dispute through Consensus:

(1) Notwithstanding anything contained elsewhere in this Chapter, if the parties agree to settle the disputes through consensus or other measures prior to making a final award, they may request the arbitration with points of agreement.

(2) If the request made by the parties pursuant to Sub-Rule (1) is deemed appropriate by the arbitrator, he or she may declare the closure of arbitral proceedings by keeping a record of the disputes settled through consensus as an award of the Arbitration Tribunal.

(3) The arbitrator shall not be compelled to specify the reasons of such award made pursuant to Sub-Rule (2).

(4) In case it is unnecessary or impossible to continue the arbitral proceedings for any reasons other than those described in Sub-Rule (1) prior to making a final award by the arbitrator, the arbitrator shall be required to inform the parties concerned of his

or her intention to end the arbitral proceedings, and except when any party raises an objection to this information on a justifiable ground, the arbitrator shall have the right to issue such order.

(5) If the arbitration has made an award pursuant to Rule 49 (1) or ordered closure of proceedings as per Sub-Rule (2) of this Rule, the arbitrator shall be required to sign a copy of the award or order and give it to the parties in dispute and the Council each.

56. Correction of Minor Mistakes in the Award:

(1) The arbitrator may, in response to an application by any party or on his or her own initiative if the application is not submitted, correct minor mistakes as given below in the final award or interpret any aspect of such award:

a. Any typographical errors,

b. Any errors, lapses, oversight, differences in figure and word and other minor mistakes of similar nature that happened unknowingly,

c. Any errors in computation.

(2) While applying to correct minor mistakes in the final award of the arbitration as per Sub-Rule (1), the parties in dispute shall be required to apply within thirty days of receiving the award.

(3) On receipt of the application pursuant to Sub-Rule (2), the arbitrator shall be required to correct such errors, lapses, oversight or interpret any aspect of the award within 15 days of receiving such application.

(4) Prior to correcting errors or interpreting any aspect of the award pursuant to Sub-Rule (1), the arbitrator shall be required to notify the parties to dispute about this.

(5) Regarding the corrections or interpretations made as per this Rule, the arbitrator shall be required to make a separate decision and such decision shall be an integral part of the award as referred to in Rule 49 or 55.

57. Supplementary Award:

(1) Any party to a dispute may, within thirty days of receiving the award, request the arbitrator to make a supplementary award with regard to any matter which was presented as claims in the arbitral proceedings but was not mentioned in the final award.

(2) The requesting party shall be required to provide a notification of request as referred to in Sub-Rule (1) to the Council and the other party of the dispute also.

(3) Upon submission of such application pursuant to Sub-Rule (1), if the arbitrator(s) consider that it is appropriate to make such supplementary award, and that such supplementary award can be made without any further hearings, the arbitrator(s) shall, having invited the other party to comment upon the request made, make any supplementary award within 45 (forty-five) days after the receipt of the request.

(4) If a supplementary award is made in accordance with this Rule, the provisions of Rule 53 shall apply to such award.

Chapter 6
Expenses Involved in Arbitration

58. Remuneration of the Arbitrator and Administrative Cost:

(1) The remuneration of the arbitrator and administrative costs of arbitral proceedings shall be as determined by the arbitrator in consultation with the parties.

(2) While determining remuneration or administrative costs pursuant to Sub-Rule (1), the remuneration and administrative costs shall be determined by taking as guidelines the provisions made in Schedule 1 if it is administrative cost, provisions made in Schedule 3 if arbitration is of international nature or is in line with the agreement reached through international competitive bidding and provisions made in Schedule 2 if the arbitration is of other types.

(3) Notwithstanding anything contained elsewhere in this Regulations, the arbitrator may determine the amount of remuneration and other costs taking also into account the subject and complexity of the dispute, condition of the parties concerned and the existing circumstances, not exceeding the remuneration and costs as provided for in Sub-Rule (1) or (2).

59. Deposit of Amount for Arbitration:

(1) The Council may require the parties to a dispute to deposit an estimated cost and remuneration of the arbitrator pursuant to Rule 58 as an advance in the Secretariat in cash or through a cheque.

(2) In case either party fails to deposit the amount as demanded by the arbitrator pursuant to Sub-Rule (1) within fifteen days, the Council may give an order to the other party to deposit such amount, by providing information thereof to the parties.

(3) If no party deposits the amount as per Sub-Rules (1) and (2), the arbitrator may put on hold or declare the closure of arbitral proceedings.

(4) If the amount demanded from the parties is not deposited even within one month of putting on hold the arbitral proceedings as per Sub-Rule (3), the arbitrator may declare the closure of arbitral proceedings.

60. Payment:

(1) The Secretariat may meet the administrative costs for arbitral proceedings and make a payment of remuneration to the arbitrator out of the amount deposited as per Rule 59.

(2) After the final award has been made or arbitral proceedings have been closed, if any of amount deposited pursuant to Rule 49 remains in balance, the Secretariat shall be required to return such amount to the parties.

(3) After the conclusion of arbitral proceedings, if the arbitrator considers that the amount deposited pursuant to Rule 59 is inadequate to bear administrative costs of arbitration and remuneration of the arbitrator, he or she may, prior to handing down an award, ask the parties to deposit additional amount to meet the shortfall, and unless the parties concerned deposit such amount, he or she may refuse to make a final award.

61. Costs of Arbitral Proceedings:

(1) The arbitrator may fix the cost of arbitral proceedings also while making a final award.

(2) Except when the parties have reached a written understanding or the arbitrator considers it appropriate to share the cost between the parties in a just way, both the parties shall be required to bear the cost of arbitration equally.

(3) Notwithstanding anything written in Sub-Rule (2), the arbitrator may decide which party shall bear the legal consultation fee and fee of legal practitioner of the successful party to the dispute.

(4) If the arbitrator considers it appropriate, he or she may divide the amount of

fee for legal practitioner or legal consultation fee in a manner that both of the parties will bear it, and while issuing an order on such fees, the arbitrator may fix the amount of the fee and services and mention the method applied therefore.

Chapter 7
Miscellaneous

62. Interests:

While handing down a final award, the arbitrator may, subject to the Act, fix the interest rate for the period of implementation of such award.

63. Exercise of Powers:

(1) The powers to be exercised by the Council with regard to arbitration as per this Regulation shall be exercised through the Steering Committee constituted by the Executive Committee and till such committee is formed, such powers shall be exercised through the Executive Committee itself.

(2) The Steering Committee shall, while exercising the powers of the Council pursuant to Sub-Rule (1), adopt the procedures as per the by-laws formulated by the Council for that purpose.

64. As Laid Out in the Act:

Except otherwise mentioned in the agreement, other things shall, except those mentioned in this Regulations, be in accordance with the Act.

65. Repeal and Saving:

(1) The Arbitral Procedures Regulations of the Nepal Council of Arbitration (NEPCA), 2060 BS has been repealed.

(2) In terms of the arbitration which has already taken off under the Regulations pursuant to Sub-Rule (1) prior to the commencement of this Regulations, such proceedings shall be dealt with according to Sub-Rule (1).

66. To Remove Difficulties:

If any difficulties arise in the implementation of this Regulations, the Executive Committee may, subject to the Act, remove such difficulties in a manner that this will not be contrary to the Regulations.

附录四　赞比亚主要的仲裁立法

(一)赞比亚2000年《仲裁法》,2000年第19号法

Arbitration Act, Government of Zambia Act No. 19 of 2000
(Enacted by the Parliament of Zambia 29 December 2000)

An Act to repeal and replace the Arbitration Act with provisions for domestic and international arbitration through the adoption, with modifications, of the Model Law on International Commercial Arbitration adopted by the United Nations Commission on International Trade Law on the 21st June, 1985; to provide for an arbitral procedure which is fair, efficient and capable of meeting the specific needs of each arbitration; to redefine the supervisory role of the courts in the arbitral process; to preserve the legal recognition and enforcement of foreign arbitral awards under the Geneva Protocol on Arbitration Clauses (1923) and the Geneva Convention on the Execution of Foreign Arbitral Awards (1927); to provide for the recognition and enforcement of foreign arbitral awards under the New York Convention on the Recognition and Enforcement of Foreign Arbitral Awards (1958); and to provide for matters connected with or incidental to the foregoing.

Part I Preliminary

1. (1) This Act may be cited as the Arbitration Act, 2000 and, subject to subsection (2), shall come into operation on such date as the Minister may, by statutory instrument, appoint.

(2) The Minister may appoint different dates for the coming into operation of different Parts or sections of this Act.

2. (1) In this Act, unless the context otherwise requires –

“Arbitral institution” means an institution recognised as such in accordance with section twenty-three;

“Arbitral proceedings” means proceedings conducted by an arbitral tribunal for the settlement, by arbitration, of a dispute which has been referred to arbitration in terms of an Arbitration agreement;

“Arbitral tribunal” means a sole arbitrator or a panel of arbitrators acting as such under an Arbitration agreement;

“Arbitration” refers to any arbitration whether or not administered by a permanent arbitral institution and means the conduct of proceedings for the determination of a dispute by an arbitral tribunal in terms of this Act;

“Arbitration agreement” means an agreement, whether in writing or not, by the parties to submit to arbitration all or certain disputes which have arisen or which may arise between them in respect of a defined legal relationship, whether contractual or not; “Award” means the decision of an arbitral tribunal on the substance of a dispute and includes any interim, interlocutory or partial award and on any procedural or substantive issue;

“Court” means the High Court or any other court, as may be designated by statutory instrument by the Chief Justice, having jurisdiction to decide the issues constituting the subject-matter of the arbitration as if that matter had been the subject-matter of a suit; and the expression “the court” shall be construed accordingly;

“Dispute” includes a difference; “legal proceedings” means civil proceedings in any court;

“Official language” means the English language;

“Party” in relation to an arbitration agreement, a submission to arbitration or arbitral proceedings means a party to the agreement, submission or proceedings and includes any person claiming under or through a party to the agreement.

(2) In the First Schedule; a reference to “this State” shall be construed as a reference to Zambia.

(3) In interpreting this Act, an arbitral tribunal or a court may refer to the docu-

ments relating to the Model Law on International Commercial Arbitration adopted by the United Nations Commission on International Trade Law on the 21st June, 1985 set out in the First Schedule and, subject to the other provisions of this Act, to the documents of the Commission's working group, namely the travaux prèparatoires. And in interpreting the provisions of the First Schedule, regard shall be had to its international origin and to the desirability of achieving international uniformity in its interpretation and application.

3. Subject to section thirty-three, this Act shall apply to –

(a) Every arbitration agreement; and

(b) Every arbitral award

Whether made before or after the commencement of this Act; and Any reference in any such agreement or award to the Arbitration Act shall be construed as a reference to this Act.

4. Subject to the State Proceedings Act, this Act shall apply to any arbitration agreement to which the Republic is a party but shall not apply to an arbitration agreement between –

(a) The Republic and the government of a foreign country; or

(b) The Republic and any undertaking which is wholly owned by, or is under the sole control of, the government of a foreign country unless otherwise agreed between the Republic and that undertaking.

5. (1) Subject to subsection (3), this Act shall apply to every arbitration under any other written law, whether that law is in force before or after the commencement of this Act.

(2) Where a written law provides for a matter to be determined by arbitration whether or not in accordance with any law relating to arbitration –

(a) The provision in the written law shall be deemed to be an arbitration agreement; and

(b) A person by or against whom a claim subject to arbitration in pursuance of that provision may be made or has been made shall be deemed to be a party to that arbitration agreement.

(3) The provisions of this Act shall not apply to arbitration referred to in subsection (1) if, or to the extent that, those provisions –

(a) Are inconsistent with the provisions of the written law concerned or with any rules of procedure applicable under that law; or

(b) Are excluded by the written law concerned or by any other written law.

Part Ⅱ Arbitration and Related Matters

6. (1) Subject to subsections (2) and (3), any dispute which the parties have agreed to submit to arbitration may be determined by arbitration.

(2) Disputes in respect of the following matters shall not be capable of determination by arbitration:

(a) An agreement that is contrary to public policy;

(b) A dispute which, in terms of any law, may not be determined by arbitration;

(c) A criminal matter or proceeding except insofar as permitted by written law or unless the court grants leave for the matter or proceeding to be determined by arbitration;

(d) A matrimonial cause;

(e) A matter incidental to a matrimonial cause, unless the court grants leave for the matter to be determined by arbitration;

(f) The determination of paternity, maternity or parentage of a person; or

(g) A matter affecting the interests of a minor or an individual under a legal incapacity, unless the minor or individual is represented by a competent person.

(3) The fact that a law confers jurisdiction on a court or other tribunal to determine any matter shall not, on that ground alone, be construed as preventing the matter from being determined by arbitration.

7. (1) Unless otherwise agreed by the parties, an arbitration agreement shall not be discharged by the death of a party and may be enforced by or against the personal representative of that party.

(2) Subsection (1) shall not affect the operation of any written law or rule of law by virtue of which a substantive right or obligation is extinguished by death.

8. (1) Where the place of arbitration is in Zambia, the First Schedule shall, subject to the other provisions of this Act, apply to the arbitration.

(2) Where the place of arbitration is not in Zambia, articles 8, 9, 35 and 36 of the First Schedule shall apply.

9. (1) An arbitration agreement may be in the form of an arbitration clause in a contract or in the form of a separate agreement.

(2) An agreement is in writing if it is contained in a document signed by the parties or in an exchange of letters, telex, telegrams or other means of telecommunication which provide a record of the agreement, or in an exchange of statements of claim and defence in which the existence of an agreement is alleged by one party and not denied by another; and the reference in a contract to a document containing an arbitration clause constitutes an arbitration agreement provided that the contract is in writing and reference is such as to make that clause part of the contract.

(3) Where parties agree otherwise than in writing by reference to terms which are in writing, their agreement shall be treated as an agreement in writing.

10. (1) A court before which legal proceedings are brought in a matter which is the subject of an arbitration agreement shall, if a party so requests at any stage of the proceedings and notwithstanding any written law, stay those proceedings and refer the parties to arbitration unless it finds that the agreement is null and void, inoperative or incapable of being performed.

(2) Where proceedings referred to in subsection (1) have been brought, arbitral proceedings may nevertheless be commenced or continued, and an award may be made, while the issue is pending before the court.

11. (1) A party may, before or during arbitral proceedings, request from a court an interim measure of protection and, subject to subsections (2), (3) and (4), the court may grant such measure.

(2) Upon a request in terms of subsection (1), the court may grant –

(a) An order for the preservation, interim custody, sale or inspection of any goods which are the subject-matter of the dispute;

(b) An order securing the amount in dispute or the costs and expenses of the arbitral proceedings;

(c) An interim injunction or other interim order; or

(d) Any other order to ensure that an award, which may be made in the arbitral proceedings, is not rendered ineffectual.

(3) Where the court intends to grant an order or an injunction requested under subsection (2) and an arbitral tribunal has already ruled or made a finding of fact on a matter relevant to the request, the court shall treat the ruling or finding made in the course of the arbitral proceedings as conclusive for the purpose of the request.

(4) The court shall not grant an order or injunction under this section unless –

(a) The arbitral tribunal has not yet been appointed and the matter is urgent;

(b) The arbitral tribunal is not competent to grant the order or injunction; or

(c) The urgency of the matter makes it impracticable to seek such order or injunction from the arbitral tribunal;

And the court shall not grant any order or injunction where the arbitral tribunal, being competent to grant the order or injunction, has already determined an application therefor.

12. (1) No person shall be preluded by reason of that person's nationality, gender, colour or creed from acting as an arbitrator.

(2) The parties are free to agree on a procedure of appointing the arbitrator or arbitrators, subject to the provisions of subsections (4) and (5).

(3) Failing such agreement –

(a) In an arbitration with three arbitrators, each party shall appoint one arbitrator, and the two arbitrators thus appointed shall appoint the third arbitrator; if a party fails to appoint the arbitrator within thirty days of receipt of a request to do so from the other party, or if the two arbitrators fail to agree on the third arbitrator within thirty days of their appointment, the appointment shall be made, upon request of a party, by an arbitral institution;

(b) In arbitration with a sole arbitrator, if the parties are unable to agree on the arbitration, the arbitrator shall be appointed, upon request of a party, by an arbitral institution.

(4) Where, under an appointment procedure agreed upon by the parties –

(a) A party fails to act as required under such procedure; or

(b) The parties, or two arbitrators, are unable to reach an agreement expected of them under such procedure; or

(c) A third party, including an arbitral institution, fails to perform any functions entrusted to it under such procedure,

Any party may request the court to take the necessary measures, unless the agreement on the appointment procedure provides other means for securing the appointment.

(5) A decision on a matter entrusted by subsection (3) or (4) to the court or to an arbitral institution shall not be subject to appeal.

(6) The court or arbitral institution, in appointing an arbitrator, shall have due regard to any qualifications required of the arbitrator by the agreement of the parties and to such considerations as are likely to secure the appointment of an independent and impartial arbitrator and, in the case of a sole or third arbitrator, shall take into account as well the advisability of appointing an arbitrator of a nationality other than any of the nationalities of the parties.

13. (1) Where the mandate of an arbitrator terminates under article 13 or 14 of the First Schedule or because of his withdrawal from office for any other reason or because of the revocation of his mandate by agreement of the parties or in any other case of termination of his mandate, a substitute arbitrator shall be appointed according to the rules that were applicable to the appointment of the arbitrator being replaced.

(2) Unless otherwise agreed by the parties –

(a) Where the sole or other presiding arbitrator is replaced, any hearing previously held shall be held afresh; and

(b) Where an arbitrator, other than a sole or a presiding arbitrator is replaced, any hearing previously held may be held afresh at the request of any party.

(3) Unless otherwise agreed by the parties, an order or ruling made prior to the replacement of an arbitrator under this article is not invalid solely because of a change

in the composition of the arbitral tribunal.

14. (1) Unless otherwise agreed by the parties, the arbitral tribunal may, at the request of a party, order any party to take such interim measure of protection as the arbitral tribunal may consider necessary in respect of the subject-matter of the dispute and the arbitral tribunal may require any party to provide appropriate security in connection with any such measure.

(2) Unless otherwise agreed by the parties, an arbitral tribunal shall have power –

(a) To grant an interim injunction or other interim order;

(b) To order the parties to make a deposit in respect of the fees, costs and expenses of the arbitration;

(3) For the purposes of article 17 of the First Schedule, the arbitral tribunal shall also have power –

(a) To make any order it considers appropriate to compel the attendance of a witness before it to give evidence or produce documents;

(b) To order any witness to submit to examination on oath or affirmation before the arbitral tribunal, or before an officer of the tribunal or any other person in order to produce information or evidence for use by the arbitral tribunal;

(c) To order the discovery of documents and interrogatories;

(d) To issue a commission or request for the taking of evidence out of jurisdiction;

(e) To detain, preserve or inspect any property or thing in the custody, possession or control of a party which is in issue in the arbitral proceedings and to authorise for any of the those purposes any person to enter upon any land or any building in the possession of a party, or to authorise any sample to be taken or any observation to be made or experiment to be carried out which may be necessary or expedient for the purpose of obtaining full information or evidence.

(4) The arbitral tribunal or a party with the approval of the arbitral tribunal may request from the court executor's assistance in the exercise of any power conferred upon the arbitral tribunal under this section.

15. Unless otherwise agreed by the parties, if, without showing sufficient cause –

(a) The claimant fails to communicate his statement of claim in accordance with article 23(1) of the First Schedule, the arbitral tribunal shall terminate the proceedings;

(b) The respondent fails to communicate his statement of defence in accordance with article 23(1) of the First Schedule, the arbitral tribunal shall continue the proceedings without treating such failure in itself as admission of the claimant's allegations;

(c) Any party fails to appear at a hearing or to produce documentary evidence, the arbitral tribunal may continue the proceedings and make the award on the evidence before it; or

(d) The claimant fails to prosecute the claim within a reasonable time, the arbitral tribunal may make an award dismissing the claim or give directions, with or without conditions, for the speedy determination of the claim.

16. (1) The award shall be made in writing and shall be signed by the arbitrator or arbitrators; and in arbitral proceedings with more than one arbitrator, the signature of the majority of all members of the arbitral tribunal shall suffice, provided that the reason for any omitted signature is stated.

(2) The award shall state the reasons upon which it is based, unless the parties have agreed that no reasons are to be given or the award is an award on agreed terms under article 30 of the First Schedule.

(3) The award shall state its date and the place of arbitration as determined in accordance with article 20(1) of the First Schedule; and the award shall be deemed to have been made at that place.

(4) After the award is made, a copy signed by the arbitrators in accordance with subsection (1) shall be delivered to each party.

(5) Unless otherwise agreed by the parties –

(a) The costs and expenses of an arbitration including the legal and other expenses of the parties, the fees and expenses of the arbitral tribunal and other expenses related to the arbitration, shall be as fixed and allocated by the arbitral tribunal in its award;

(b) Where the award does not specify otherwise, each party shall be responsible for their own legal and other expenses and for an equal share of the fees and expenses of the arbitral tribunal and any other expenses related to the arbitration.

(6) Unless otherwise agreed by the parties an arbitral tribunal may award –

(a) In the case of an arbitration which, under article 1(3) of the First Schedule, is international, simple or compound interest, in accordance with the law applicable to the arbitration; or

(b) In any other case, simple or compound interest in accordance with the law applicable in Zambia to judgments debts on the whole or any part of any sum and in relation to such period and at such rate as is specified in the arbitral award.

(7) Unless otherwise agreed by the parties, an arbitral tribunal shall have the power to make an interim, interlocutory or partial award.

17. (1) Recourse to a court against an arbitral award may be made only by an application for setting aside in accordance with subsections (2) and (3).

(2) An arbitral award may be set aside by the court only if –

(a) The party making the application furnishes proof that –

(i) A party to the arbitration agreement was under some incapacity; or the said agreement is not valid under the law to which the parties have subjected it or, failing any indication thereon, under the laws of Zambia;

(ii) The party making the application was not given proper notice of the appointment of an arbitrator or of the arbitral proceedings or was otherwise unable to present his case;

(iii) The award deals with a dispute not contemplated by, or not falling within the terms of, the submission to arbitration, or contains decisions on matters beyond the scope of the submission to arbitration, provided that, if the decision on matters submitted to arbitration can be separated from those not so submitted, only that part of the award which contains decisions on matters not submitted to arbitration may be set aside;

(iv) The composition of the arbitral tribunal or the arbitral procedure was not in accordance with the agreement of the parties or, failing such agreement, was not in accordance with this Act or the law of the country where the arbitration took place; or

(v) The award has not yet become binding on the parties or has been set aside or suspended by a court of the country in which, or under the law of which, that award was made; or

(b) If the court finds that -

(i) The subject-matter of the dispute is not capable of settlement by arbitration under the law of Zambia; or

(ii) The award is in conflict with public policy; or

(iii) The making of the award was induced or affected by fraud, corruption or misrepresentation.

(3) An application for setting aside may not be made after three months have elapsed from the date on which the party making that application had received the award or, if a request has been made under article 33 of the First Schedule, from the date on which that request had been disposed of by the arbitral tribunal.

(4) The court, when asked to set aside an award may, where appropriate and if so requested by a party, suspend the setting aside proceedings for a period of time determined by it in order to give the arbitral tribunal an opportunity to resume the arbitral proceedings or to take such other action as in the arbitral tribunal's opinion will eliminate the grounds for setting aside.

18. (1) An arbitral award, irrespective of the country in which it was made, shall be recognised as binding and, upon application in writing to the competent court, shall be enforced subject to the provisions of this section and of section nineteen.

(2) The party relying on an award or applying for its enforcement shall supply the duly authenticated original award or a duly certified copy thereof, and the original arbitration agreement or duly certified copies thereof. If the award or agreement is not made in the official language, the party shall supply a duly certified translation thereof into the official language.

19. (1) Recognition or enforcement of an arbitral award, irrespective of the country in which it was made, may be refused only -

(a) At the request of the party against whom it is invoked, if that party furnishes to the competent court where recognition or enforcement is sought proof that -

(i) A party to the arbitration agreement was under some incapacity; or the said agreement is not valid under the law to which the parties have subjected it or, failing any indication thereon, under the law of the country where the award was made;

(ii) The party against whom the award is invoked was not given proper notice of the appointment of an arbitrator or of the arbitral proceedings or was otherwise unable to present his case;

(iii) The award deals with a dispute not contemplated by or not falling within the terms of the submission to arbitration, or it contains decisions on matters beyond the scope of the submission to arbitration, provided that, if the decisions on matters submitted to arbitration can be separated from those not so submitted, that part of the award which contains decisions on matters submitted to arbitration may be recognised or enforced;

(iv) The composition of the arbitral tribunal or arbitral procedure was not in accordance with the agreement of the parties or, failing such agreement, was not in accordance with the laws of the country where the arbitration took place or

(v) The award has not yet become binding on parties or has been set aside or suspended in a court of the country in which, or under the law of which, that award was made; or

(b) If the court finds that -

(i) The subject-matter of the dispute is not capable of settlement by arbitration under the law of Zambia; or

(ii) The recognition or enforcement of the award would be contrary to public policy; or

(iii) The making of the award was induced or affected by fraud, corruption or misrepresentation.

(2) If an application for setting aside or suspension of an award has been made to a court referred to in subsection (1)(a)(v), the court where recognition or enforcement is sought may, if it considers it proper, adjourn its decision and may also, on the

application of the party claiming recognition or enforcement of the award, order the other party to provide appropriate security.

20. (1) Subject to subsections (2) and (3), an award made by an arbitral tribunal pursuant to an arbitration agreement is final and binding both on the parties and on any persons claiming through or under them.

(2) Subsection (1) shall not affect the right of a person to challenge the award by any available process provided for in this Act.

(3) Where the time for making an application to set aside an arbitration award has expired or where the application has been refused by a court, the award shall be deemed to be, and shall be enforceable in the same manner as an order of the court.

21. Unless otherwise agreed by the parties, a party to arbitral proceedings may be represented in the proceedings by a legal practitioner or other person of that party's choice.

22. (1) A person who has acted as arbitrator in arbitral proceedings shall not act as counsel for, or representative of, any of the parties in legal proceedings which were the subject of the arbitral proceedings.

(2) A party to legal proceedings shall not be allowed to present a person who has acted as arbitrator as a witness in legal proceedings which were the subject of the arbitral proceedings.

23. (1) A professional body or organisation in Zambia or elsewhere may apply to the Minister for an order (in this Act referred to as a "recognition order") declaring the body or organisation to be an arbitral institution for the purposes of this Act.

(2) An application for a recognition order under subsection (1) -

(a) Shall be made in such manner as the Minister may, by statutory instrument, prescribe; and

(b) Shall be accompanied by such information as the Minister may reasonably require for the purpose of determining the application.

(3) Every application shall be accompanied by a copy of the constitution establishing the body or organisation or evidence of any other authority under which it is constituted.

(4) In subsection (1), “a professional body or organisation” means a body or organisation which regulates the practice of a profession.

24. (1) Subject to section twenty-five, the Minister may, on an application duly made in accordance with section twenty-three and after being furnished with all such information as the Minister may require under section twenty-three, make or refuse to make a recognition order.

(2) The Minister may refuse to make a recognition order in respect of a body or organisation if the Minister considers that its recognition is unnecessary having regard to the existence of one or more other bodies or organisations which are concerned with the resolution of disputes; and where the Minister refuses to make a recognition order the Minister shall give the applicant written notice to that effect stating the reasons for the refusal.

25. The Minister shall not make a recognition order unless the Minister is satisfied that, from the information furnished by the applicant and having regard to any information in the Minister's possession, the body or organisation in respect of which the application is made has satisfactory rules relating to –

(a) The qualifications of persons for membership of the arbitral institution;

(b) The certification of arbitrators;

(c) The effective monitoring and enforcement of compliance with prescribed standards of arbitration;

(d) The integrity, conduct, discipline and control of arbitrators;

(e) The investigation of complaints by parties against arbitrators; and

(f) Any other requirements for the maintenance of proper standards of arbitration.

26. (1) The Minister may revoke a recognition order if at any time it appears to the Minister that the arbitral institution concerned has failed to comply with any obligation to which it is subject under this Act.

(2) An order under subsection (1) to revoke a recognition order shall state the reasons for the revocation and may contain such transitional provisions as the Minister considers appropriate.

(3) Before revoking a recognition order, the Minister shall give written notice of the Minister's intention to do so to the arbitra linstitution and publish the notice in such manner as the Minister considers appropriate for bringing it to the attention of persons who are likely to be affected by the revocation.

(4) A notice under subsection (3) shall give the reasons for which the Minister proposes to revoke the recognition order and the arbitral institution upon which a notice under subsection (3) is served may, within two months or such longer period as the Minister may allow after the date of service, make representations to the Minister.

27. (1) Subject to subsection (2), an arbitration agreement, unless otherwise agreed by the parties, is deemed to provide that the parties shall not publish, disclose, or communicate any information relating to arbitral proceedings under the agreement or to an award made in those proceedings.

(2) Nothing in subsection (1) prevents the publication, disclosure, or communication of information referred to in that subsection –

(a) If the publication, disclosure or communication is required under any law;

(b) To a professional or other adviser of any of the parties; or

(c) By an arbitral institution or a person authorised in writing by an arbitral institution, but in such a manner as to maintain the anonymity of the parties and to reveal only those facts which may be necessary for the understanding of the subject of the arbitration and the decision of the arbitral tribunal.

28. (1) An arbitrator, an arbitral or other institution or a person authorised by or under this Act to perform any function in connection with arbitral proceedings is not liable for anything done or omitted in good faith in the discharge or purported discharge of that function.

(2) A witness in arbitral proceedings shall have the like protection from liability as a witness before the court.

29. (1) The Minister may, in consultation with the Chief Justice and by statutory instrument, make regulations providing for a code of conduct for arbitrators and standards of arbitration.

(2) Until such time as regulations made under subsection (1) come into force,

Parts Ⅱ, Ⅲ and Ⅳ (except sections sixteen and seventeen) of the Judicial (Code of Conduct) Act, 1999 shall apply.

With necessary modifications, to every person appointed an arbitrator and in relation to arbitral proceedings in which the person is an arbitrator.

Part Ⅳ Recognition and Enforcement of New York Convention Awards

30. (1) In this Part – IV

(a) a “New York Convention award” means an award made in pursuance of an arbitration agreement, in the territory of a state (other than the Republic of Zambia) which is a party to the New York Convention;

(b) “arbitration agreement” means an arbitration agreement in writing;

(c) “the New York Convention” means the Convention on the Recognition and Enforcement of Foreign Arbitral Awards adopted by the United Nations Conference on International Commercial Arbitration on 10th June 1958, set out in the Second Schedule.

(2) For the purposes of this Part, an award shall be treated as having been made at the place of the arbitration, regardless of where it was signed, dispatched or delivered to any of the parties.

31. A New York Convention award shall be recognised as binding, in the manner provided for in this Act, on the persons relative to whom it was made and shall be enforceable in accordance with articles 35 and 36 of the First Schedule.

Part Ⅴ Miscellaneous

32. The Chief Justice may, by statutory instrument, make rules for –

(a) The conduct of legal proceedings under this Act;

(b) The filing and hearing of matters referred to the court and all proceedings consequent thereon or incidental thereto;

(c) The staying of any legal proceedings in contravention of a submission to arbitration;

(d) The maintenance of confidentiality, in terms of section thirty, in relation to legal proceedings;

(e) The provision, by the court, of executors' assistance; and

(f) Such other matters as may be brought before a court which has a bearing on arbitral proceedings.

Part Ⅵ Repeal and Transitional Provisions

33. (1) The Arbitration Act, 1933 is repealed.

(2) Notwithstanding the repeal of the Arbitration Act, 1933 by subsection (1), arbitral proceedings commenced under that Act before the coming into operation of this Act may be continued and concluded in accordance with that Act as if the Act had not been repealed.

(3) For the purposes of subsection (1), arbitral proceedings shall be deemed to have been commenced on the date the parties agreed they commenced or, in the absence of such agreement, on the date of receipt by the respondent of a request for the dispute to which they relate to be referred to arbitration.

(4) The repeal of the Arbitration Act, 1933 by subsection (1) of this Act shall not affect the recognition or enforcement of an award under any other written law or rule of law, in particular an award to which the Protocol on Arbitration Clauses and the Convention on the Execution of Foreign Arbitral Awards [in the Third and Fourth Schedules, respectively, of the Act repealed by subsection (1)] Japply.

(二)赞比亚2001年《仲裁(承认和仲裁机构)条例》(2001年第73号法律文书)

Arbitration (Recognition and Arbitral Institutions) Regulations

[Currency Mentioned in this Regulation should Bere-denominated as Stipulated under S 4 of Re-denomination Act, 2012, Read with S 29 of Bank of Zambia Act, 1996.]

Arrangement of Regulations

1. Title

These Regulations may be cited as the Arbitration (Recognition of Arbitral Institutions) Regulations, 2001.

2. Interpretation

In these Regulations –

(a)"**Act**" means the Arbitration Act; and

(b)"**applicant**" means the professional body or organisation applying for a recognition order under these Regulations.

3. Application for Recognition Order

(1) An application for a recognition order shall be made in Form ARB1 and, in addition to the constitution or evidence of section 23, it shall be accompanied by –

(a) the rules relating to the matters referred to in section 25 of the Act; and

(b) the application fee set out in the Second Schedule which shall not be refundable.

(2) Where the constitution or rules of the applicant are not in the official language, there shall be attached to the application three copies of a translation of the constitution or rules into the official language, in addition to the copy of the constitution or rules in the language in which they were made.

4. Furnishing of Additional Information and Documents

In addition to the documents and information referred to in Regulation 3, the Minister may require an applicant to furnish the Minister, within a specified period of not less than 21 days, with any of the following:

(a) information as to the property, movable or immovable, and the financial position of the applicant;

(b) the balance sheet of the applicant for the financial year preceding the application or for any other financial year;

(c) a list of names of members and office bearers of the applicant or any of its committees;

(d) the books of account of the applicant;

(e) minutes or written records of the proceedings of the applicant or of its governing executive body or of any of its committees;

(f) the documents of the title to any property held by the applicant;

(g) the register of members of the applicant; or

(h) any other information that the Minister may require for the determination of the application.

5. Recognition Order

On recognition of a professional body or organisation as an arbitral institution, the Minister shall issue to the applicant a recognition order in Form "ARB2" in the First Schedule and shall cause the order to be published by *Gazette* Notice.

6. Notice of Refusal to Issue Recognition Order

Where the Minister refuses to issue a recognition order the Minister shall send to the applicant notification of the refusal in the form "ARB 3" set out in the First Schedule.

7. Notice of Intention to Revoke Recognition Order

(1) Where, under section 26 of the Act, the Minister intends to revoke a recognition order, the Minister shall notify the arbitral institution of such intention in the Form "ARB 4" set out in the First Schedule.

(2) Where the Minister revokes a recognition order, the Minister shall notify the arbitral institution, of the revocation in the form "ARB 5" set out in the First Schedule and shall cause the revocation to be published by *Gazette* Notice.

8. Notice of Change of Name Address, Constitution Rules or Objects

An Arbitral institution which changes its name, address or any of the provisions of its constitution or rules, or varies its objects shall, within 30 days of the change, notify the Minister of the change in the form "ARB 6" set out in the First Schedule.

9. Annual Returns

The President or Chairperson and the Secretary of an Arbitral institution shall, not later than three months after the end of each financial year of the institution, submit to the

Minister a return in relation to that year in the Form ARB 7 set out in the First Schedule.

10. Offences and Penalties

Every office bearer and every person managing or assisting in the management in Zambia of a body or organisation for the settlement of disputes in respect of which a recognition order has been granted commits an offence and is liable to a fine not exceeding 2,500 penalty units or to imprisonment for a period not exceeding six months or both; and for a continuing offence, to a fine not exceeding 25 penalty units in respect of each day on which the offence continues.

11. Fees

The fees set out in the third column of the Second Schedule shall be payable for the matters set out opposite thereto in the Second column of that Schedule.

(三)赞比亚2001年《仲裁(法院诉讼)规则》(2001年第75号法)

Arbitration (Court Proceedings) Rules

[Section 32]

Arrangement of Rules

plication for Stay of Proceedings

5. Practice in Subordinate Courts on Application for stay Proceedings

6. Rules Applicable to Applications for Stay

7. Form of Summons, notice motion, Etc.

8. Costs an Application for Stay of Proceedings

Part Ⅲ

Requests for Interim Measures of Protection

9. Application for interim Measure of Protection

Part Ⅳ

Appointment of Arbitrations

10. Application for Appointment of Arbitrator

Part Ⅴ

Procedure for Challenge of Arbitrator or Jurisdiction of the Arbitral Tribunal

11. Procedure for Challenge of Arbitrator or Jurisdiction of Arbitral Tribunal

Part Ⅵ

Requests for Executory Assistance

12. Meaning of Executory Assistance

13. Application for Executory Assistance

Part Ⅶ

Enforcement of Awards

14. Meaning of Judgement creditor and judgement debtor

15. Registration of Awards

16. Application for Registration and Enforcement

17. Order for Registration and Enforcement

18. Register of Awards

19. Notice of Registration

20. Issue of Execution

21. Form of Writ of Execution

22. Other Court Processes of Enforcement

Part Ⅰ
Preliminary

1. Short Title

These Rules may be cited as the Arbitration (Court Proceedings) Rules, 2001.

2. Interpretation

In these Rules, unless the context otherwise requires –

“Act” means the Arbitration Act, 2001;

“Defendant” includes any party against whom relief is sought in legal proceedings as a party thereto;

“Judge” include a Judge of the High Court, the Chairman and Deputy Chairman of the industrial Relations Court or the Lands Tribunal;

“Plaintiff” includes a party seeking in legal proceedings against any other party;

“Register” includes the Registrar, a deputy Registrar and a district Registrar of the High Court, Industrial Relations Court or the Lands Tribunal.

3. Designation of Courts

In addition to the High Court, the Industrial Relations Court, the Lands Tribunal all Subordinate Courts are hereby designated as courts having jurisdiction, with the meaning of section 2 of the Act, to the extent provided in these Rules.

Part Ⅱ
Stay of Proceedings

4. Practice in High Court, Industrial Relations Court and Lands Tribunal on Application for Stay of Proceedings

(1) An application, under section 10 of the Act to the High Court, Industrial Re-

lations Court or the Lands Tribunal for the stay of legal proceedings which are the subject of an arbitration agreement shall be made by summons in the same proceedings to the Registrar of the court or, if the proceedings are pending before a Judge, to a Judge.

(2) An application referred to in sub-rule (1) shall be supported by an affidavit –

(a) exhibiting a copy of the arbitration agreement;

(b) starting all the facts necessary for seeking a stay of the proceedings;

(c) giving particulars of any arbitration proceedings pending; and

(d) starting the names of any arbitrator or proposed arbitrator.

(3) The Summons together with a copy of affidavit in support, shall be served on all parties to the legal proceedings either by way of personal service or by letter sent by post to the address as shown in the proceedings or to the last known addresses of the parties at least 10 days before the return day.

(4) A party served with summons under sub-rule (3) may, within four days after service, file an affidavit in opposition or in answer and serve a copy thereof upon the other party at least two clear days before the return day.

(5) Additional affidavits may only be filed in the proceedings with the leave of the Court or a Judge.

(6) If an application appears to the Registrar proper for the decision of Judge, the Registrar may refer the application to a Judge and the Judge may either dispose of the application or refer it back to the Registrar with such directions as the Judge may think fit.

(7) A person affected by a decision, order, or direction of the Registrar may appeal there from to a Judge at Chambers and the appeal shall be by notice in writing to attend before the Judge without a fresh summons, within Seven days after the decision, order or direction complained of, or such further time as may be allowed by the Judge or the Registrar; and unless otherwise ordered, there shall be allowed at least two clear days between service of the notice of appeal and the return day.

5. Practice in Subordinate Courts on Application for Stay Proceedings

(1) An application under section 10 of the Act, to a Subordinate Court for the stay of legal proceedings which are the subject of an arbitration agreement shall be made in the same proceedings by notice of motion to the Magistrate having jurisdiction in accordance with the Rules of that Court.

(2) An application referred to in sub-rule (1) shall be supported by an affidavit containing the matters referred to in the Rule 4 (2).

(3) The notice of motion together with a copy of the affidavit in support shall be served on all the parties to the legal proceedings either by way of personal service or by letter sent by post to the address shown in the proceedings or to the last known address of each of the parties at least 10 days before the return day.

(4) A party served with the notice of motion under sub-rule (3) may, within four days after service, file an affidavit in opposition or in answer and serve a copy thereof up the other party at least two days before the return day.

(5) Additional affidavits may only be filed with the leave of the court.

(6) A party affected by a decision, order or direction of a Subordinate Court may appeal to the High Court within 14 days after the decision, order or direction and in accordance with the Rules of that court.

6. Rules Applicable to Applications for Stay

(1) After service of process, an application for the stay of proceedings in pending legal proceedings shall be disposed of by the court in accordance with the Rules of each particular court.

7. Form of Summons, Notice Motion, Etc.

The form of summons, notice of motion, affidavits and other processes to be used in applications for stay of pending legal proceedings shall be in accordance with the forms prescribed for use in each particular court.

8. Costs an Application for Stay of Proceedings

The court or a Judge may determine the costs of an application under this Part or reserve them to the discretion of the arbitrator and may make any other appropriate order relating to such costs.

Part Ⅲ
Requests for Interim Measures of Protection

9. Application for Interim Measure of Protection

(1) An application under section 11 of the act, to a court for an interim measure of protection shall be made to a Judge of the High Court by originating summons.

(2) An application for an interim measure of protection in the course of an application for the stay of proceedings may be made to the Court before which those proceedings are held and by ordinary summons.

(3) The application for an interim measure of protection shall be supported by an affidavit –

(a) exhibiting a copy of the arbitration agreement;

(b) stating the nature of the interim measure required;

(c) stating the particulars of the subject-matter of the dispute in respect of which the interim measure is sought;

(d) stating the particulars of any person in possession of the subject-matter of the dispute and that person's address;

(e) stating the particulars of any arbitral proceedings pending;

(f) exhibiting any ruling or finding of fact made in pending arbitral proceedings;

(g) giving an undertaking to pay damages in case the court or the arbitrator decides to discharge the interim measure or to order the payment of damages; and

(h) stating any other facts relevant to the application.

(4) An application for an interim measure of protection which is urgent may be made to the court *ex parte* by affidavit, in accordance with the Rules of the Court, upon filing the originating summons; and the application shall be heard inter partes on the return day stated in the originating summons.

(5) Where an application for an interim measure of protection is urgent, it shall be accompanied by a certificate of urgency.

(6) Rules of the court relating to *ex parte* application, service thereof and disposal or urgent applications shall apply to applications for interim measures of protection.

(7) An *ex parte* order granting an interim measure of protection may be discharged by the court in accordance with the rules of the court upon cause being shown.

Part Ⅳ
Appointment of Arbitrations

10. Application for Appointment of Arbitrator

(1) An application to the court, under section 12 of the Act, for the appointment of an arbitrator shall be made by originating summons before the Registrar of the High court.

(2) An application for the appointment of an arbitrator may be made by ordinary summons in the course of an application for stay of proceedings.

(3) An application referred in sub-rule (1) shall be supported by an affidavit –

(a) exhibiting a copy of the arbitration agreement;

(b) stating facts in support of the application, including steps taken to secure the appointment of an arbitrator; and

(c) stating the name, address and qualifications of any proposed arbitrator.

Part V
Procedure for Challenge of Arbitrator or Jurisdiction of the Arbitral Tribunal

11. Procedure for Challenge of Arbitrator or Jurisdiction of Arbitral Tribunal

(1) An application –

(a) to decide on a challenge by a party, of an arbitrator, under Article 13(3) of the First Schedule to the Act;

(b) to decide on any controversy regarding the termination of the mandate of an arbitrator under Article 14(1) of the First Schedule to the Act; or

(c) to decide on the jurisdiction of an arbitral tribunal under Article 16(3) of the First Schedule to the Act.

Shall be made by originating summons to a Jude of the High court.

(2) The application referred to in sub-rule(1) shall be supported by an affidavit –

(a) exhibiting a copy of the arbitration agreement;

(b) stating the facts in support of the application including steps taken in the arbitral proceedings;

(c) exhibiting any ruling or finding of fact made in the arbitral proceedings; and

(d) stating the name, occupation and qualification of the arbitrator.

(3) The affidavit shall be accompanied by such other evidence with respect to the matter referred to in Articles 13(3), 14(1) and 16(3) of the First Schedule to the Act as may be necessary.

Part Ⅵ
Requests for Executory Assistance

12. Meaning of Executory Assistance

The Executory assistance under this Part includes –

(a) an order by a court directing a person to obey or comply with orders or directions made by an arbitral tribunal under section 14 of the Act;

(b) an order by a court directing the sheriff of Zambia, an under sheriff or a court bailiff or the Police to execute an order of an arbitral tribunal;

(c) an order by a court compelling a witness to produce documents or for summons or *subpoena* ad testifacandum to issue at the instance of the court; or

(d) any other order of the court as will ensure that the order of the arbitral tribunal made under section 14, is not rendered ineffectual.

13. Application for Executory Assistance

(1) An application to the court by an arbitral tribunal or a party for executory assistance under section 14 of the Act shall be made by originating summons to a Judge of the High Court.

(2) The application referred to in sub-rule (1) shall be supported by an affidavit –

(a) exhibiting a copy of the arbitration agreement;

(b) stating the fact relied upon;

(c) giving details of the steps taken in the pending arbitral proceedings and the particulars of such proceedings;

(d) stating the nature of the executory assistance required;

(e) stating the particulars of persons holding any property relevant to the arbitration agreement and the situation of the property; and

(f) exhibiting any ruling or finding of fact made in the pending arbitral proceedings.

(3) An application for executory for executory assistance which is urgent may be made to the court *ex parte* by affidavit in accordance with the Rules of the court upon filing the originating summons, and the application shall be heard inter partes on the return day stated in the originating summons.

(4) Where an application for executory assistance is urgent, it shall be accompanied by a certificate or urgency.

(5) Rules of the court relating to ex-parte applications, service thereof and disposal of urgent applications shall apply to application for executory assistance.

(6) An *ex parte* order granting executory assistance may be discharged by the court in accordance with the rules of the court upon cause being shown.

Part Ⅶ
Enforcement of Awards

14. Meaning of Judgement Creditor and Judgement Debtor

In this Part –

"Judgment creditor" means the person seeking the enforcement of an award; and

"Judgment debtor" means the party to the award against whom the award is invoked.

15. Registration of Awards

A party that wishes to enforce an ward recognised as binding in terms of section 18 of the Act shall register the award and comply with the provisions of this Part.

16. Application for Registration and Enforcement

An application for the registration and enforcement of an award shall be made be *ex parte* originating summons to the register of the High Court.

(2) An application for the registration and enforcement of an award shall be supported by an affidavit –

(a) exhibiting the duty authenticated original award or a duly certified copy thereof;

(b) exhibiting the original arbitration agreement or a duly certified copy thereof;

(c) exhibiting a duly certified translation of the award and the arbitration agreement if they are not in the official language;

(d) specifying the rate of interest sought by the deponent or the amount of interest which has become due under the award;

(e) stating the full name, title, trade or business of the respondent so far as is known to the deponent; and

(f) stating to the best of information and belief of the deponent;

(i) that the applicant is entitled to enforce the award;

(ii) that at the date of the application, the award has not been satisfied, or if the award has been not been satisfied, or if the award has been satisfied in part, stating the amount or any other matter which remains unsatisfied;

(iii) if the award is a foreign award, that at the date of the application the award can be enforced by execution in the country in which it was made; and

(vi) that the award is valid and binding on the parties and has not been set aside or suspended in Zambia or in the country in which, or under the law of which, it was made.

(3) Where the sum payable under the award is expressed in a currency other than currency of the Republic of Zambia, the affidavit shall also state the amount which that sum represents in the currency of the Republic, Calculated at the average rate of exchange prevailing at the date of enforcement of the award.

(4) The court may in respect of an application for registration order the applicant to find security for the costs of the application and of any proceedings which may thereafter be brought to set aside the registration to the award.

(5) If an application for setting aside or for the suspension of an award has been made in accordance with section 19 of the Act to a court of the country in which the ward was made, the court dealing with the application for registration and enforcement may, adjourn its decision and direct the applicant to issue summons and serve the ap-

plication and the affidavit upon the other party.

(6) If an application for setting aside or for the suspension of an award has been made to a court in the country or under the law of which the award was made, the judgement creditor may apply to the court for an order compelling the debtor to provide appropriate security.

(7) An application for security under sub rule (7) shall be by summons and supported by an affidavit of facts.

17. Order for Registration and Enforcement

(1) An order giving leave to register an award shall be drawn up by or on behalf of the judgement creditor and the order shall not be required to be served on the judgement debtor.

(2) An order referred to in sub rule (1) shall state a period, not exceeding 90 days from the date of receipt of the award by the applicant, within which an application may be made to set aside the registration and shall contain a notification that execution of the award will not issue until expiration of that period.

18. Register of Awards

(1) There shall be kept at every Registry of the High Court a register of arbitration awards ordered to be registered under these Rules.

(2) The Registrar shall record in the register, in relation to each award, the following:

(a) the registration number;

(b) the date of registration;

(c) the full particulars of the award registered and the order for registration;

(d) the name and address of the judgement creditor or the judgement creditor's legal practitioner or agent on whom, and at which any summons or other court process issued by the judgement debtor may be served;

(e) the name and address of the judgement debtor;

(f) the amount due under the award or any other order made under the award for the transfer, possession or delivery of property; and

(g) the rate of interest or amount of interest due under the award.

19. Notice of Registration

(1) The applicant shall file in court a written notice of the registration of the award and serve it on the other parties –

(a) in the case of a party within the jurisdiction, by personal service as in the case of a writ of summons, unless some other mode of service is ordered; or

(b) in the case of a party outside the jurisdiction, in accordance with the rules applicable to the service of a writ of summons out of the jurisdiction.

(2) The notice of registration shall state –

(a) the full particulars of the award registered and the order for registration;

(b) the date of registration;

(c) the name and address of the judgement creditor or the judgement creditor's legal practitioner or agent on whom, and at which any summons issued by the other party may be served;

(d) the name and address of the judgement creditor;

(e) the right of the judgement debtor to apply on the grounds specified in section 17 of the Act to have the registration set aside; and

(f) in accordance with the term of the order giving leave to register, within what time from the date of service of the notice an application to set aside the registration may be made:

(3) Within three days from the date of service or within such extended period as may in special circumstances, be allowed by order of the court, the notice or a copy thereof shall be endorsed by the person serving the notice with the date on which service was affected, and if the notice is not so endorsed, the judgement creditor shall not issue execution on the award without the leave of the court or a Judge.

(4) An affidavit of service of a notice referred to in sub-rule (2) shall state on what day it was endorsed in the manner required by sub-rule (3).

20. Issue of Execution

(1) Execution shall not issue on a registered award until after the expiration of the period specified in the order giving leave to register as the period within which an application may be made to set aside the registration.

(2) If an application is made to set aside the registration of the award, execution shall not issue until the application has been disposed of.

(3) The party wishing to issue execution upon a registered award shall file in court an affidavit of service of the notice of registration and of any order made by the court in relation to the award registered.

21. Form of Writ of Execution

In the case of a registered award the form of a writ of execution or fieri-facias shall be varied as follows:

For the words "which said sum of money and interest were lately before us in the High court for Zambia" etc., there shall be substituted the words: "which said sum of money and interest were lately in... (describing the arbitration in which the award was rendered)", etc. "which award has been duly registered", etc., and "which award has been duly registered in the High Court for Zambia pursuant to the Arbitration Act, 2000".

22. Other Court Processes of Enforcement

A party entitled to enforce an award may invoke any of the processes available under the High Court Rules for the enforcement of judgments, including writs of possessions, writs of *fieri facias* and writs of elegit.

Part Ⅷ
Setting Aside an Award

23. Application for Setting Aside

(1) An application, under section 17 of the Act, to set aside an award shall be made by originating summons to a Judge of the High court.

(2) The application referred to in sub-rule (1) shall be supported by an affidavit –

(a) exhibiting the original award or a certified copy thereof;

(b) exhibiting the original arbitration agreement or duly certified copy thereof;

(c) stating to the best of the knowledge and belief of the deponent, the facts relied upon in support of the application; and

(d) stating the date of receipt of the award by the party applying to set aside the award.

(3) The affidavit shall be accompanied by such other evidence with respect to the matters referred to in subsection (2) of section 17 of the Act, as may be necessary to support the application.

(4) On an application to set aside an award, the court may direct that an issue between the parties shall be stated and tried and may give such direction in relation to the trial of such issue as may be necessary, to make any other considered necessary in the circumstances.

24. Suspension of Setting Aside Proceedings

(1) An application, under subsection (4) of section 17 of the Act, to suspend setting aside proceedings shall be made by summons to the Judge hearing the application for setting aside.

(2) The application referred to in sub-rule (1) shall be supported by an affidavit deposing to the relevant facts.

Part IX
Provisions to Ensure Confidentiality of Arbitration

25. Confidentiality of Proceedings

Applications made to a court in relation to arbitral proceedings shall be treated with utmost confidentiality.

26. Custody of Records, Registers and Documents

All records, registers and other documents relating to legal proceedings under the Act shall, while they are in the custody of the court, be confidential and shall be kept in a place of special security.

27. Prohibition Against Inspection, Search, Disclosure or Communication

(1) Except as is required or authorised by or under the Act, any law or by these Rules, or with the leave of the court, no document or order held by or lodged with the court in legal proceedings under the Act shall be open to inspection or search by any person, except the parties, their legal practitioners or their representatives; and no copy of any such document or order, or of an extract from any such document or order, shall be taken by or issued to any person.

(2) Section 27 of the act, *mutatis mutandis*, apply to proceedings under these Rule.

28. Proceedings to be Held in Camera

All legal proceedings under these Rules shall be held *in camera*.

29. Unlawful Publication Communication or Disclosure of Legal Proceedings

Any person who, in contravention of Rules 25, 26 and 27 publishes, communicates or discloses any information relating to proceedings under the Act commits contempt of court and is liable, on conviction, to the same penalties prescribed in section 116 of the Penal Code.

30. Register of Arbitral Proceedings

All legal proceedings under the Act shall be recorded in a separate register to be called the register of arbitral proceedings, which shall be maintained at the Principal Registry and all District Registries of the High Court.

31. Particulars to be Entered in Register

The following particulars shall be entered in the register of arbitral proceedings, in respect of each legal proceedings:

(a) cause number, with the abbreviations/ARB as part of the number;

(b) date of filing;

(c) names of parties;

(d) name of arbitrator;

(e) date and details of award; and

(f) any remarks relevant to the arbitral proceedings.

Part X
Service of Process and Conduct of Procedures

32. Service of Summons

Summons issued under these Rules, shall be served at least seven clear days before the return day, unless provided or ordered otherwise.

33. Service of Originating Summons

An originating summons and any support affidavit issued under these Rules shall be served at least 14 days before the return day.

34. Service of Affidavit in Opposition

A party served with a originating summons or summons and an affidavit may, within seven days after service, file an affidavit in opposition or in answer and shall deliver a copy of that party's affidavit to the party serving the originating summons or summons at least two clear days before the return day.

35. Additional Affidavits

Additional affidavits, other than those specified in these Rules, shall not be filed in legal proceedings without the leave of the court or a Judge.

36. Service Out of the Jurisdiction

(1) Service out of the jurisdiction of any originating summons or an order made on such summons, may be effected with the leave of the Court if the arbitration to which the summons or order relate is governed by the law of Zambia or has been, is being, or is to be held in Zambia.

(2) Service out of jurisdiction of an originating summons for leave to register and enforce an award may be effected with the leave of the court whether or not the arbitration is governed by the law of Zambia.

(3) An application for the grant of leave under this Rule shall be supported by an affidavit stating the grounds on which the application is made, and stating in what place or country the person to be served is, or probably maybe found; and leave shall not be granted unless the Court considers that the case is a proper one for service out of the jurisdiction under this rule.

Part XI
Court Assistance in Taking Evidence

37. Court Assistance in Taking Evidence

(1) An application under Article 27 of the first Schedule to the Act to a court by an arbitral tribunal or a party for assistance in taking evidence shall be made by originating summons before the Registrar.

(2) The application referred to under sub-rule (1) shall be supported by an affidavit –

(a) exhibiting the arbitration agreement;

(b) giving details and particulars of the arbitration and the stage of the arbitral proceedings; and

(c) stating the type of assistance required in taking evidence.

(3) The originating summons and affidavit shall be served on all the parties and, if the arbitral tribunal is not the originator of the application, on the tribunal.

Part XII
General

38. General Application of High Court or Subordinate Court Rules

(1) Where these Rules do not provide for any particular matter or do not make sufficient provision enabling a court to dispose of a matter before it or to enable a party to prosecute its case, the Rules of the High Court or of the subordinate court, as the case may be, relating to civil proceedings with these Rules.

(2) Parties to legal proceedings shall also be entitled to make ancillary and incidental applications and to invoke other necessary court processes, available under the High court Rules, in dealing with applications under these Rules.

39. Orders for Costs

Upon hearing an application under these rules, the Court or a Judge may order the costs to be in the arbitration or reserve them in the discretion of the arbitrator or may make such other order as the court or the Judge may deem fit.

40. Reference of Application by Registrar to Judge

If an application under these Rules appears to the Registrar proper for the decision of a Judge, the Registrar may refer it to a Judge and the Judge may either dispose of the proceedings or refer the application to the Registrar with such directions as the Judge may think fit.

41. Appeals from Registrar to Judge

(1) Except as otherwise provided in the Act, a party affected by a decision of the Registrar under these Rules, may appeal there from to a Judge at Chambers and the appeal shall be by notice in writing to attend before the Judge without a fresh summons, within seven days after the decision complained of, or such further time as may be allowed by the Judge or the Registrar.

(2) Unless otherwise ordered, there shall be allowed at least two clear days between service of the notice of appeal and the return day.

42. Forms

The forms in the First Schedule may be used in all matters, causes and proceedings to which they are applicable, under these Rules with such variations as circumstances may require.

43. Fees

(1) The fees specified in the Second Schedule shall be payable in respect of applications to the High court by the party at whose instance they are incurred, and may

afterwards be recovered as costs of the cause, if the court or a Judge so orders.

(2) The court fees payable in respect of applications for the stay of legal proceedings under Part Ⅱ of these Rules, shall be those payable in respect of civil matters before the court in which the proceedings are held.

(四)赞比亚2007年《仲裁(行为准则和标准)条例》(2007年第29号法律文书)

Arbitration (Code of Conduct and Standards) Regulations

[Section 29]

Arrangement of Regulations

Regulation

1. Title
2. Interpretation
3. Application of Code

1. Title

These Regulations may be cited as the Arbitration (Code of Conduct and Standards) Regulations, 2007.

2. Interpretation

In these Regulations, unless the context otherwise requires –

"**Act**" means the Arbitration Act, 2000;

"**Arbitration**" has the meaning assigned to it by the Act; and

"**Arbitrator**" means a neutral third party who is –

(a) appointed by the parties to an arbitration agreement;

(b) appointed in accordance with section 12 or 13 of the Act; or

(c) appointed by an arbitral institution which is recognised as such in accordance with section 23 of the Act;

to provide a fair and adequate hearing to the parties to a dispute and render a binding award at the end of the arbitral proceedings.

3. Application of Code

Every arbitrator conducting arbitral proceedings in Zambia shall be bound by the Code of Conduct set out in the Schedule.

Schedule

[Regulation 3]

Part I
Professional Conduct

1. Fairness and Impartiality

(1) An arbitrator shall act fairly and impartially as between the parties –

(a) in conducting the arbitral proceedings;

(b) in the arbitrator's decisions on matters of procedure and evidence; and

(c) in the exercise of other powers conferred on the arbitrator.

(2) An arbitrator shall treat each party fairly and shall –

(a) give each party a reasonable opportunity to put their case and to sufficiently deal with that of the party's opponent; and

(b) during the conduct of the arbitral proceedings, adopt procedure which are suitable to the case and will avoid unnecessary delay and expense in resolving the dispute.

(3) If an arbitrator is of the opinion that the arbitrator cannot be impartial in a manner the arbitrator shall disclose the fact to the parties and immediately withdraw from the matter.

2. Disclosure

(1) An arbitrator shall disclose at the earliest opportunity any prior interest or relationship that may affect impartiality and or independence or which might reasonably raise doubts as to the arbitral proceedings.

(2) If the circumstances requiring disclosure are not known to the arbitrator prior to acceptance of an appointment or at the commencement of the arbitral proceedings, disclosure shall be made when such circumstance become known to the arbitrator.

(3) The burden of disclosure rests on the arbitrator and the duty to disclose is a continuing duty which does not cease until the arbitration has been concluded.

(4) After appropriate disclosure, the arbitrator may serve if both parties so desire, provided that if the arbitrator believes or perceives that there is a clear conflict of interest, the arbitrator should withdraw, irrespective of the expressed desires of the parties.

(5) An arbitrator shall avoid entering into any financial business, professional, family or social relationship, or acquiring any financial or personal interest, which might adversely affect impartiality and for a reasonable period of time after a case, an arbitrator shall avoid entering into any such relationship, or acquiring any such interest, in circumstance which might reasonably create the unfavourable appearance that the arbitrator was influenced by the anticipation or expectation of the relationship or interest.

(6) An arbitrator shall not accept any gift or substantial hospitality, form any party to the arbitration, except in the presence of and with the consent of the other party.

3. Conflict of Interest

An arbitrator shall not establish a relationship with any of the parties in a matter related to the arbitration which may give rise to a conflict of interest.

4. Acceptance of Appointment

(1) An arbitrator shall only accept an appointment if the arbitrator possesses the qualifications required for the arbitration and has suitable experience and ability for the case.

(2) An arbitrator must be physically and mentally capable of conducting the arbitral proceedings.

5. Conduct of Proceedings

(1) An arbitrator shall –

(a) take reasonable steps to ensure that the parties understand the arbitration process before the arbitration commences;

(b) accord all parties the right to appear in person and to be heard after due notice of the time and place of hearing;

(c) allow any party the opportunity to be represented by counsel; and

(2) An arbitrator who is a lawyer shall not represent any party to the arbitration or provide legal advice to the parties.

(3) An arbitrator shall conduct the arbitration with reasonable dispatch and shall attend hearings and participate in deliberations. An arbitrator shall follow the procedure agreed by the parties and shall deal with all the issues.

(4) Where there is more than one arbitrator, the arbitrators shall accord each other an opportunity to participate in all aspects of the proceedings.

6. Settlement

(1) Where practicable, an arbitrator shall advise the parties to explore the possibility of reaching an amicable settlement of a matter:

Provided that the arbitrator shall not be present at a settlement negotiation, except where expressly requested by the parties.

(2) Where an arbitrator is present at a settlement negotiation and the negotiations fail to culminate into a settlement, the arbitrator shall withdraw from the conduct of the arbitration.

7. Confidentiality

An Arbitrator shall not disclose to anyone who is not a party to the arbitral proceedings any information or documents that are exchanged in the course of the proceedings except –

(a) with the consent of the parties concerned;

(b) when ordered to do so by a court or otherwise required to do so by law; or

(c) when the information discloses an actual or potential threat to human life or national security.

8. Impropriety

(1) An arbitrator shall –

(a) avoid impropriety in communicating with the parties;

(b) ensure that all communications are in writing; and

(c) not communicate privately with any party regarding substantive issues in the case.

(2) Notwithstanding clause (c) of subparagraph (1), an arbitrator may communicate with a party to the proceedings in the absence of another party where –

(a) the communication concerns the determination of the time and place of hearing;

(b) the other party does not attend a hearing after due notice; or

(c) both parties consent to the discussion.

(3) Where an arbitrator communicates in writing with one party, the arbitrator shall concurrently send a copy of the communication to the other party.

9. Arbitrator's Qualifications

(1) An arbitrator shall –

(a) provide accurate information regarding the arbitrator's educational background, training and experience; and

(b) not actively solicit appointment as an arbitrator.

(2) An arbitrator has an obligation to acquire and maintain professional skills and abilities which are required to uphold the quality of arbitration.

10. Fees

An arbitrator shall –

(a) disclose the basis of fees, disbursements and other charges at the outset, to enable the parties decide on the retainer; and

(b) charge reasonable fees –

(i) having regard to the complexity of the matter, the time required, the experience of the arbitrator and the rates customary in the particular discipline or dispute; or

(ii) according to the fees prescribed by an arbitral institution.

11. Court Annexed Arbitration

An arbitrator shall, in the case of court annexed arbitration, abide by such fees as may be determined by the Court or prescribed by an arbitral institution.

12. Jurisdiction

(1) An arbitrator shall observe faithfully both the limitations and inclusions of the jurisdiction conferred by an agreement or other instrument under which the arbitrator serves.

(2) A direct settlements by the parties of some or all issues in case, at any stage of the proceedings, must be accepted by the arbitrator as removing further jurisdiction over such issues.

13. Decision Making

(1) An arbitrator shall, after careful deliberation, decide all issues submitted for determination and shall refrain from deciding other issues. It is important to observe that an arbitrator does not delegate the duty to decide to any other person.

(2) An arbitrator shall decide all matters justly, exercising independent judgement, and shall not permit outside pressure to affect the decision.

(3) In the event that all parties agree upon a settlement of issues in dispute and

request an arbitrator to embody that agreement in an award, an arbitrator may do so, but the arbitrator is not obliged to do so unless satisfied with the propriety of the terms of settlement.

(4) Whenever an arbitrator embodies a settlement by the parties in an award, the arbitrator shall state in the award that it is based on an agreement of the parties.

14. Reliance by an Arbitrator on Other Arbitration Awards or on Independent Research

An arbitrator shall assume full personal responsibility for the decision in each case decided.

15. Use of Assistants

An arbitrator shall not delegate any decision-making functions to another person without the consent of the parties.

16. Consent Awards

(1) Prior to issuance of an award, the parties may jointly request the arbitrator to include in the award certain agreements between them, concerning some or all of the issues.

(2) If the arbitrator believes that a suggested award is proper, fair, sound, and lawful, and that it is consistent with professional responsibility the arbitrator may adopt it.

17. Avoidance of Delay

(1) It is a basic professional responsibility of an arbitrator to plan a work schedule so that present and future commitments will be fulfilled in a timely manner.

(2) An arbitrator shall cooperate with the parties in avoiding delays.

(3) Once the case record has been closed, an arbitrator shall adhere to the time limits for an award, as stipulated in the submission to arbitrate or the order for direc-

tions.

18. Disclosure of Terms Award

An arbitrator shall not disclose a prospective award to either party prior to its simultaneous issuance to both parties or explore possible alternative awards unilaterally with one party, unless both parties so agree.

19. Clarification or Interpretation of Awards

(1) An application for a clarification or interpretation of an award shall be made in accordance with article 33 of the UNCITRAL Model Law:

Provided that no clarification or interpretation of an award is permissible without the consent of both parties.

(2) Under agreements which permit or require clarification or interpretation of an award, an arbitrator shall afford both parties an opportunity to be heard.

20. Enforcement of Award

(1) The arbitrator's responsibility shall not extend to the enforcement of an award.

(2) In view of the professional and confidential nature of the arbitration relationship, an arbitrator shall not voluntarily participate in legal enforcement proceedings.

21. Fees and Expenses

(1) An arbitrator occupies a position of trust in respect to the parties and the administrative agencies. In charging for services and expenses, the arbitrator shall be governed by the same high standards of honour and integrity that apply to all other phases of the arbitration process.

(2) An arbitrator shall endeavour to keep the total charges for services and expenses reasonable and consistent with the nature of the case or cases decided and within the prescribed scale of fees.

(3) Prior to appointment, the parties should be aware of or be able readily to determine all significant aspects of an arbitrator's bases for charges for fees and expenses.

(4) An arbitrator shall maintain adequate records to support charges for services and expenses and shall make an accounting to the parties on request.

22. Responsibilities to the Profession

(1) An arbitrator shall uphold the dignity and integrity of the office and endeavour to provide effective service to the parties; to this end, an arbitrator should keep current with principles, practices and developments that are relevant in the practice of arbitration.

(2) An arbitrator shall not engage in conduct that would appear to compromise the arbitrator's impartiality.

(3) An arbitrator may publicise their expertise but shall not actively solicit appointment as an arbitrator.

(4) An experienced arbitrator shall cooperate in the training of new arbitrators.

(5) An arbitrator shall not make false or misleading representations in advertising and neither shall they perform the functions designated for arbitral institutions without seeking the permission of such institutions.

(6) For the avoidance of doubt, an arbitrator shall, prior to publishing an advertisement obtain written approval of the intended advertisement from the Zambia Association of Arbitrators.

Part Ⅱ
Unprofessional Conduct

23. Professional Misconduct

(1) An arbitrator shall be guilty of professional misconduct if, in the course of practice, the arbitrator –

(a) contravenes the provisions of the Act and these Regulations;

(b) unlawfully discloses or uses to their own advantage any information acquired in the course of professional work on behalf of a client;

(c) engages in conduct that is dishonest, fraudulent or deceitful;

(d) commits a criminal offence;

(e) engages in conduct that is prejudicial to the proper administration of the arbitration process;

(f) charges fees for professional work on scales other than the scales prescribed by an arbitral institution or determined by the court.

(g) breaches the principles of this Code of Conduct and brings the profession into disrepute;

(h) encourages another person to breach or disregard the principles of this code;

(i) Attempts to influence unfairly, whether directly or indirectly, the award in an arbitration;

(j) obtains or attempts to obtain an appointment as an arbitrator by offering or paying monetary or other consideration or inducement to any person or by any other improper means;

(k) touts for, or in any way solicits for, appointment as an arbitrator;

(l) attempts to supplant or discredit another arbitrator with a view to unfairly influencing an appointment; or

(m) conducts oneself dishonourably in connection with the work performed by that person as an arbitrator.

24. Reporting Misconduct

(1) Any person who has reasonable ground to believe that an arbitrator has violated this code shall make a written complaint with details of the alleged misconduct to the Zambia Association of Arbitrators and the Association shall determine the complaint in accordance with its rules.

(2) A report of the alleged misconduct shall not be construed as a violation of this Code unless proved otherwise.

附录五　阿根廷主要的仲裁立法

(一)阿根廷《国家民事商事诉讼法典》第六卷 仲裁程序

National Code of Civil and Commercial Procedure

Book Ⅵ Arbitral Procedure

Title Ⅰ Arbitration

Article 736 Subject Matter of Arbitral Proceedings

Any matter but for those mentioned in Article 737 can be submitted to the decision of arbitrators before or after the commencement of court proceedings and irrespective of the stage attained by those proceedings.

Submission to arbitration can be provided for in a contract or through a later agreement.

Article 737 Excluded Matters

Matters excluded by law from being subject to settlement cannot be submitted to arbitration under sanction of nullity.

Article 738 Capacity

Persons not authorized to enter into settlement agreements cannot agree on arbitration. When court authorization is legally required for transfers of property or rights (actos de disposición), it will be also required for submitting such matters to arbitration. Once such authorization is given, no judicial approval of the award shall be necessary.

Article 739 Formal Requirements of the Compromiso

The compromiso shall be made in the form of a public deed or private instrument or through a deed executed before the judge already acting or before the judge who would have had jurisdiction if no arbitration had been agreed upon.

Article 740 Substantive Requirements of the Compromiso

Under sanction of nullity, the compromiso must state the following:

1. the date of execution; name and domicile of the parties;

2. the name and domicile of the arbitrators except in the case provided for in Article 743;

3. the issues submitted to arbitration including a description of the circumstances involved;

4. the penalty payable to the other party by the party failing to carry out actions indispensable to carry out the compromiso.

Article 741 Optional Clauses

The compromiso may also establish:

1. Rules of procedure to be observed and the place of the arbitration. If that place is not indicated, the arbitration shall be deemed located where the compromiso was concluded;

2. The term within which the award shall be rendered;

3. The appointment of a secretary without thereby excluding the application of Article 749;

4. A penalty payable by the party appealing against the award to the party abiding by it unless appellate review has been waived as provided in the following section;

5. Waiver of means of appeal and nullity except for the case provided for in Article 760.

Article 742 Request

A request for constitution of an arbitral tribunal can be submitted when one or more issues shall be decided by arbitrators.

Any such request-meeting the corresponding requirements of Article 330 and filed before the judge who would have decided the dispute if no arbitration had been agreed-shall be communicated to the other party who will have ten days to answer; and a hearing shall be held in order for the parties formally to agree on the compromiso.

In the case of ungrounded opposition to the request, the judge shall conclude the compromiso in compliance with Article 740, with binding effect on the opposing party.

If opposition to the request is grounded, the judge shall so declare with imposition of costs, after previously substantiating the issue-if so deemed necessary-in the course of an incidental plea.

If the parties agree on the execution of the compromiso but not on its content, the judge shall decide on this latter issue.

Article 743 Appointment

Arbitrators shall be appointed by the parties; the third arbitrator shall be either directly appointed by the parties or, if so allowed by the parties, by the already appointed arbitrators. If no agreement is reached, the appointment shall be made by the competent judge.

Only those persons who have reached majority and enjoy full exercise of their civil rights may act as arbitrators.

Article 744 Acceptance

Once the compromiso has been concluded, it shall be communicated to the arbitrators for the acceptance of their appointment before the court's secretary under oath or promise of loyal and faithful fulfillment of their functions.

If any arbitrator renounces appointment, accepts a recusal, becomes incapacitated or dies, he shall be replaced as provided for in the compromiso. If nothing has been established therein to this respect, the appointment shall be made by the judge.

Article 745 Arbitrators' Performance

Acceptance by arbitrators of their appointment as such shall entitle the parties to compel them to carry out their functions and to hold them liable for costs and damages derived from the non-performance of arbitral functions.

Article 746 Challenge

Court-appointed arbitrators can be challenged under the same grounds applicable to judges. Arbitrators appointed by common agreement of the parties can only be challenged for reasons supervening their appointment.

Arbitrators cannot be challenged without grounds. They shall only be removed by consent of the parties and court decision.

Article 747 Challenge Proceedings

Challenges shall be raised before the arbitrators themselves within five days of their appointment being notified to the challenging party.

Any rejection of challenge by the challenged arbitrator shall be decided by the judge before whom the compromiso was made or the judge who would have decided the dispute if no arbitration had been agreed upon.

When pertinent, Articles 17 and following shall apply.

Any court decision on this issue shall be final.

While a decision on the challenge of an arbitrator is pending, the arbitral procedure shall remain suspended.

Article 748 Expiration of the Compromiso

The compromiso shall become ineffective:

By unanimous decision of those who concluded it;

By expiration of the term fixed in the compromiso or, failing this, the legal term, irrespective of any liability of the arbitrators for interest and damages if the term unfruitfully expired on account of their fault or notwithstanding the payment of any penalty under Article 740, section 4, if any of the parties were at fault;

If during three months the parties or the arbitrators did not take any action aimed at moving forward the arbitral proceedings.

Article 749 Secretary

The arbitral proceedings shall be held in the presence of a secretary who shall be qualified for the position and have full legal capacity and exercise of his civil rights.

He shall be appointed by the parties or, if appropriate, by the judge, unless under the compromiso his appointment has been entrusted to the arbitrators. He shall be sworn in or promise faithful and proper fulfilment of his functions before the arbitral tribunal.

Article 750 Functioning of the Tribunal

The arbitrators shall appoint one of them as president of the tribunal. The president shall direct the proceedings and shall make all merely procedural decisions on his own.

Only procedural measures regarding evidence can be delegated by the arbitral tribunal to one of its members; for all other questions, arbitrators shall act jointly as a tribunal.

Article 751 Proceedings before the Tribunal

If neither in the arbitral agreement nor in the compromiso nor in a later agreement of the parties procedural rules have been established, the arbitrators shall abide by the rules of ordinary or summary proceedings [according to Law No. 25.488, summary proceedings are no longer applicable] taking into account for this choice the nature and economic importance of the dispute. This decision shall be final.

Article 752 Preliminary Questions

If it is impossible for the arbitrators to decide the dispute before State courts have pronounced themselves on any of the questions that under Article 737 cannot be submitted to compromise and settlement or other questions that must be previously decided and are not submitted to arbitration, the term for rendering the award shall be suspended until any of the parties delivers to the arbitrators a certified copy of the final and binding court decision resolving such questions.

Article 753 Enforcement Measures

Arbitrators cannot order compulsory or enforcement measures. They shall request them from the judge who will have to lend the support of his jurisdictional powers for the most swift and effective carrying out of the arbitral proceedings.

Article 754 Contents of the Award

Arbitrators shall decide all issues submitted to their decision within the term established in the compromiso, considering any extension as agreed by the parties.

All questions ancillary to the submitted issues and those for which substantiation before arbitrators has been consented to by the parties shall be assumed also to have been submitted to the decision of the arbitral tribunal.

Article 755 Term

If the parties have not fixed the term within which the award shall be rendered, it shall be fixed by the judge according to the circumstances of the case.

The term for issuing the award shall be continuous and shall only be interrupted when replacement of arbitrators is required.

If any of the parties dies, the term shall be extended for thirty days.

At the request of the arbitral tribunal, the judge can extend the term for rendering the award if the arbitrators are not responsible for the delay.

Article 756 Arbitrators' Liability

Arbitrators who without justification do not render their award within the established term will lose all right to their fees and will, furthermore, be held liable for costs and damages.

Article 757 Majority

If any arbitrator refuses to meet for deliberation with other members of the arbitral tribunal or to make the arbitral award, the award shall, nevertheless, be valid if signed by the majority of arbitrators.

If a majority cannot be reached because the arbitrators' opinions are irreconcilable on all the issues submitted to arbitration, a new arbitrator shall be appointed to overcome the deadlock.

An award shall be made on those issues where a majority has been reached. The parties or the judge, as appropriate, shall appoint a new member to the arbitral tribunal to reach a decision on the issues where no majority had been attained and shall fix a term for the new member to pronounce himself.

Article 758 Means of Recourse

All means of recourse available against court decisions can be raised against an arbitral award, if not waived in the compromiso.

Article 759 Lodging Means of Recourse

Any remedy against the award shall be lodged before the arbitral tribunal within a term of five days, through a reasoned pleading.

If denied, Articles 282 and 293 shall apply where pertinent.

Article 760 Waiver of Means of Recourse. Clarification. Annulment

If means of recourse have been waived they shall be rejected without further substantiation.

Waiver of means of recourse shall not, however, prevent the admissibility of the remedies of clarification and annulment of the award based on essential errors in the procedure or when the arbitrators rendered their award after the established term elapsed, or decided on issues not submitted to arbitration. In the latter case, annulment shall be only partial if the award can be divided.

This remedy shall be decided without any substantiation, considering only the arbitral record.

Article 761 Award Null and Void

An award containing contradictory decisions shall be null and void.

Provisions regarding nullities contained in this Code shall be subsidiarily applicable.

If arbitral proceedings have been regularly conducted and the annulment declaration only affects the award, at a party's request, the judge shall render judgment, which shall be subject to appeal under the general rules.

Article 762 Penalty Payment

If the penalty referred to in Article 741, para. 4 has been agreed upon by the parties, no recourse against the award shall be admitted if the party having lodged it did not pay its amount.

If annulment of the award is pursued on any of the grounds mentioned in Articles 760 and 761, the amount corresponding to the penalty shall be deposited until the matter is decided. If annulment is declared, this amount shall be returned to the party lodging the recourse. If this is not the case, it shall be paid to the other party.

Article 763 Means of Recourse

Recourse shall be decided by the court of appeals corresponding to the first-instance court which would have decided the dispute if it had not been submitted to arbitration, unless the compromiso provides for the jurisdiction of other arbitrators to decide that recourse.

Article 764 Pending Suit

If the arbitral agreement concerns a dispute, the decision of which is pending in last instance, the award shall be final.

Article 765 Judges and Court Clerks

It is forbidden under sanction of nullity that judges and court clerks become arbitrators or amiables compositeurs except for cases where the Nation or one of its provinces is party.

Title Ⅱ Amiable Composition

Article 766 Object

All matters which can be submitted to arbitration can be decided by amiables compositeurs.

If the compromiso does not state whether arbitration is to be de iure or amiable composition or if arbitrators have been authorized to decide ex aequo et bono, it shall be understood that they shall decide as amiables compositeurs.

Article 767 Common Rules

The following provisions for arbitrators shall be also applicable to amiables compositeurs:

1. Capacity of the parties;

2. Substance and form of the compromiso;

3. Requirements for being an arbitrator and method of appointment;

4. Acceptance of their appointment and liabilities of arbitrators;

5. Method of replacing arbitrators;

6. Method for rendering the award.

Article 768 Challenge

Amiables compositeurs can only be challenged for reasons supervening their appointment. They can be legally challenged only on any of the following grounds:

1. Direct or indirect interest in the dispute;

2. Consanguinity with any of the parties within the fourth degree on the parents' side or relationship with any of the parties within the second decree on the husband's or wife's side;

3. Manifest enmity on account of specific circumstances with any of the parties.

In the incidental plea concerning challenge, the procedural rules provided for arbitrators shall be observed.

Article 769 Procedure. Nature of powers

Amiables compositeurs shall proceed without any legal formalities. They shall limit themselves to receiving the pleadings or documents submitted by the parties, to requesting from them the explanations they deem proper and to making the award according to their best knowledge and understanding.

Article 770 Term

If no term has been fixed by the parties, amiables compositeurs shall make their award within three months of acceptance of the last appointment.

Article 771 Annulment

No means of recourse can be raised against an award of amiables compositeurs, unless it was made after the expiration of the term therefor or decided on issues not submitted to arbitration. In those cases, the parties can file for annulment within five days of the communication of the award to the parties.

After the claim for annulment has been lodged, the judge will communicate it to the other party for five days. Once this term has elapsed, with or without any answer from the other party, the judge shall make a final decision on the validity or nullity of the award.

Article 772 Costs. Fees

Arbitrators and amiables compositeurs shall decide which party shall bear the costs of the arbitral proceedings in the manner established in Article 68 and following.

Besides the penalty contemplated in Article 740, section 4, set out in the compromiso, the party refraining from carrying out actions essential for rendering the compromiso effective, shall pay all costs.

The fees of arbitrators and amiables compositeurs, the secretary of the arbitral tribunal, legal counsel, attorneys and other professionals shall be fixed by the judge.

Arbitrators can request the judge to order the deposit or attachment of the amount that could be determined as professional fees if the property, rights or goods related to the dispute submitted to arbitration are not sufficient guarantee.

Title Ⅲ Arbitral Expertise

Article 773 Governing Rules

Arbitral expertise is allowed under Article 516 and when the laws establish this procedure under the name of juicio de árbitros, arbitradores, peritos or peritos árbitros in order to exclusively decide specifically designated factual issues.

The rules of amiable composition are applicable; the arbitral experts shall be specialists in the subject matter. It will suffice that the compromiso state the date, names of the parties and of the arbitrator or arbitrators as well as the facts on which their award shall be issued. No compromiso shall be needed when the subject matter and the identity of the parties are determined in the court decision ordering the arbitral expertise or can be determined from the record leading to such court decision.

If no term has been fixed, the arbitral experts shall decide within a month of the date of acceptance of the last appointment.

If there is no agreement between the parties, the judge shall decide on who shall bear the costs and shall fix the arbitral fees.

The court decision which shall eventually decide on any litigation related to the facts submitted to the decision of arbitral experts shall follow the results of the arbitral expertise.

(二)《国家民商法典(统一)》第29章

National Civil and Commercial Code (Unified)

Book Ⅲ Personal Rights-Title VI Contracts in Particular-Chapter 29 Arbitration Agreement

Article 1649 Definition

There is an arbitration agreement when the parties decide to submit to the decision of one or more arbitrators all or some of the disputes that have arisen or could arise between them with respect to a specific legal relationship of private law, contractual or non-contractual, which does not affect public order.

Article 1650 Form

The arbitration agreement must be written and may take the form of a compromissory clause included in a contract, in an independent agreement, or in a statute or by-law.

Any reference made in a contract to a document containing an arbitration agreement constitutes itself an arbitration agreement provided that said contract is in writing and the reference made clearly implies that said arbitration agreement is part of the contract.

Article 1651 Excluded Disputes

The following matters are excluded from arbitration agreements：

(a) those that refer to the civil status or capacity of persons；

(b) family affairs；

(c) those involving the rights of users and consumers；

(d) adhesion contracts, whatever their purpose are；

(e) those derived from labor relations.

The provisions of this Code relating to the arbitration agreement are not applicable to disputes to which the State or local States are parties.

Article 1652 Types of Arbitration

Issues that can be decided by arbitrators can be submitted to amiable compositeurs. If the arbitration agreement is silent on whether the arbitration is one of law or one of amiable compositeurs, or if the arbitrators are not expressly authorized to decide the dispute on the basis of equity, the arbitration must be understood to be in law.

Article 1653 Autonomy

The arbitration agreement is independent from the contract to which it relates. The inefficacy of the contract is without prejudice to the validity of the arbitration agreement, so that even in case of nullity of the contract, the arbitrators maintain their competence to determine the respective rights of the parties and to decide on their claims and arguments.

Article 1654 Competence

Unless stated otherwise, the arbitration agreement grants the arbitrators the competence to decide on their own competence, including on any objections relating to the existence or the validity of the arbitration agreement or on any other objections whose appraisal impedes the arbitrators from entering into the merits of the dispute.

Article 1655 Adoption of Interim Measures

Unless stated otherwise, the arbitration agreement attributes to the arbitrators the power to adopt, at the request of any of the parties, any interim measures deemed to be necessary with respect to the subject matter of the dispute. The arbitrators may require security for costs from the requesting party. Interim measures and, as the case may be, any preliminary measures must be executed by a judicial court. The parties may also request a judge to adopt such measures, without this being considered as a breach of the arbitration agreement or as a waiver of the jurisdiction of the arbitral tribunal; it also does not exclude any of the powers of the arbitrators.

The interim measures adopted by the arbitrators according to the stipulations of the present Articlemay be challenged before a judicial court when they violate constitutional rights or are unreasonable.

Article 1656 Effects. Revision of Arbitral Awards

The arbitration agreement obliges the parties to comply with what has been stipulated and excludes the competence of judicial courts over disputes submitted to arbitration, except when the arbitral tribunal has not yet intervened in the dispute, and the agreement appears to be manifestly null or inapplicable.

In case of doubt, the arbitration agreement shall be given the fullest effect.

Arbitral awards that are issued within the framework of the provisions of this Chapter can be reviewed by the judicial authority that is competent to hear the case by virtue of the subject matter and territory involved when grounds for partial or complete nullity are invoked in accordance with the present Code. In the arbitration agreement the parties cannot waive the right to judicial review of final awards that would be contrary to the applicable law.

Article 1657 Institutional Arbitration

The parties may entrust the administration of the arbitration and the appointment of the arbitrators to private entities or other national or foreign institutions whose statutes envisage such functions. The arbitration rules of the administering institutions govern the entire arbitral process and shall be deemed incorporated into the arbitration agreement.

Article 1658 Facultative Clauses

The parties may agree on:

(a) the seat of the arbitration;

(b) the language in which the proceedings will be conducted;

(c) the proceedings to which the arbitrators should adapt their actions. Absent an agreement, the arbitral tribunal shall be entitled to conduct the arbitration in the way it considers appropriate;

(d) the time limit within which the arbitrators shall issue their award. If no time limit has been established, the issue shall be governed by the time limit established in the rules of the institution administering the arbitration, or, in its absence, by the time limit established by the law at the seat of the arbitration;

(e) the confidentiality of the arbitration;

(f) the way in which costs of the arbitration should be borne or distributed.

Article 1659 Appointment of Arbitrators

The arbitral tribunal shall comprise of one or more arbitrators in an uneven number. Absent a stipulation on the matter, the arbitral tribunal shall comprise of three arbitrators. The parties may freely agree on the procedure for the appointment of the arbitrator or arbitrators.

In the absence of such agreement:

(a) in an arbitration with three arbitrators, each party shall appoint one arbitrator and the two appointed arbitrators shall appoint the third arbitrator. If one party does not appoint its arbitrator within thirty days from the receipt of the request by the other party to do so, or if both arbitrators fail to reach an agreement on the third arbitrator within thirty days from their appointment, the appointment must be made pursuant to a request by one of the parties by the institution administering the arbitration, or, in the absence thereof, by a judicial court.

(b) in an arbitration with a sole arbitrator, if the parties fail to agree on the appointment of the arbitrator, the arbitrator shall be appointed pursuant to a request by any of the parties by the institution administering the arbitration, or, in the absence thereof, by a judicial court.

When the dispute concerns more than two parties and these fail to agree on the way the arbitral tribunal will be constituted, the institution administering the arbitration, or, in its absence, a judicial court, shall appoint the arbitrator or arbitrators.

Article 1660 Arbitrators' Qualifications

Any person that possesses full legal capacity can act as arbitrator. The parties may stipulate that the arbitrators must meet specific conditions with respect to their nationality, profession and experience.

Article 1661 Nullity

A clause conferring a privileged position to one of the parties in regard to the appointment of the arbitrators shall be null and void.

Article 1662 Obligations of the Arbitrators

In accepting an appointment as arbitrator, the arbitrator enters into an agreement with each of the parties and assumes the following obligations:

(a) to reveal any circumstance existing prior to the acceptance, or that subsequently appears, that could affect his or her independence and impartiality;

(b) to remain a member of the arbitral tribunal until the end of the arbitration, with the exception of the existence of an impediment or of a legitimate cause for resignation;

(c) to respect the confidentiality of the proceedings;

(d) to have enough disposable time to diligently attend to the arbitration;

(e) to personally participate in the hearings;

(f) to deliberate with the other arbitrators;

(g) to render a reasoned award within the established time limit.

In all cases the arbitrators shall guarantee the equality of the parties and the principle of adversarial debate, and shall grant each of the parties sufficient opportunity for them to assert their rights.

Article 1663 Challenges to the Arbitrators

The arbitrators may be challenged for the same reasons as judges may be challenged in accordance with the law at the seat of the arbitration. The challenge shall be decided by the institution that administers the arbitration or, in the absence thereof, by a judicial court. The parties may agree that the challenge shall be decided by the other arbitrators.

Article 1664 Arbitrators' Compensation

The parties and the arbitrators may agree on the fees of the arbitrators, or on the way in which such fees shall be determined. If they fail to do so, it shall be determined by a judicial court in accordance with the local rules that apply to lawyers' non-judicial activities.

Article 1665 End of the Arbitrators' Competence

The competence attributed to arbitrators pursuant to the arbitration agreement ends with the issuance of the final award, except for the issuance of explanatory or complementary decisions in accordance with the parties' stipulations, or as provided by the law at the seat of the arbitration.

(三)《调停与和解法》

Mediation and Conciliation Law

Section 1 Purpose

Mediation prior to any judicial proceeding is hereby established with a mandatory character, which will abide by the provisions of this law. This proceeding will promote direct communication between the parties for the out-of-court settlement of their dispute.

Section 2 Complaint Admissibility Requirements

When initiating a judicial claim, minutes issued and signed by the intervening mediator shall be enclosed.

Section 3 Content of the Mediation Minutes

The minutes of mediation shall include:

(a) Identification of the parties to the dispute;

(b) Existence or absence of a settlement agreement;

(c) [Identification of] Attendance or default of the respondent or third parties, those who have properly been served or have not been served at the reported addresses;

(d) Subject matter of the dispute;

(e) Domicile of the parties, at which the notices of hearings were served;

(f) Signature of the parties, their lawyers and the intervening mediator;

(g) Certification of the intervening mediators' signature by the Ministry of Justice, Security and Human Rights, under the provisions established by the regulatory decree of this law.

Section 4 Disputes Covered by Pre-judicial Mandatory Mediation Proceedings

The pre-judicial mandatory mediation proceeding shall apply to every type of dispute, with the exception of those provided for in section 5 of this law.

Section 5 Disputes Excluded from Pre-judicial Mandatory Mediation Proceedings

The pre-judicial mandatory mediation proceedings shall not apply in the following cases:

(a) Criminal proceedings;

(b) Legal separation and divorce, marriage annulment, filiation, patria potestas and adoption proceedings, with the exception of the financial issues arising from them. The judge shall separate matters, referring the financial issues to the mediator;

(c) Cases to which the National State, any of the Provinces, Municipalities or the City of Buenos Aires or their agencies are party, unless there is express authorization and cases referred to in section 841 of the Civil Code are not involved;

(d) Proceedings related to personal capacity;

(e) Constitutional summary proceedings (amparo), hábeas corpus, hábeas data and interdictions;

(f) Interim measures;

(g) Anticipatory measures and early evidence produced before institution of court proceedings;

(h) Inheritance of estates proceedings;

(i) Reorganizations and bankruptcy proceedings;

(j) Call for meeting of co-owners under section 10 of Law No. 13.512;

(k) Conflicts of jurisdiction within labour courts;

(l) Voluntary proceedings.

Section 6 Optional Application of Mandatory Pre-judicial Mediation Proceedings

The pre-judicial mandatory mediation proceeding will be optional for the claimant in the cases of enforcement of judgments and eviction. The respondent will not be able to challenge claimant's choice.

Section 7 Principles Governing the Pre-judicial Mandatory Mediation Proceedings

Pre-judicial mandatory mediation proceedings shall abide by the following principles:

(a) Mediator impartiality regarding the interests of the parties to the pre-judicial mandatory mediation proceeding;

(b) Freedom and willingness of the parties in conflict to participate in the mediation;

(c) Equality of the parties during the mediation proceeding;

(d) Special consideration of the interest of minors, handicapped individuals and the elderly dependant on others;

(e) Confidentiality with respect to information disclosed by the parties, their advisors or the third parties summoned during the pre-judicial mandatory mediation proceeding;

(f) Promotion of direct communication between the parties in pursuit of a creative and cooperative conflict resolution;

(g) Promptness of the proceeding depending on the advance of negotiations and compliance with the fixed term, if it had been established;

(h) Express consent of the parties in order to allow non-parties to be present at the pre-judicial mandatory mediation proceedings.

At the first hearing the mediator shall inform the parties about the principles governing pre-judicial mandatory mediation proceedings.

Section 8 Scope of Confidentiality

Confidentiality includes the content of papers and/or any other working material prepared or examined by the parties for the purposes of mediation.

Confidentiality does not require express consent by the parties.

Section 9 Cessation of Confidentiality

Confidentiality ceases in the following cases:

(a) Express waiver by every intervening party;

(b) To avoid the commission of a crime or, if it is being committed, impede its continuation.

The ceasing of the duty of confidentiality shall be construed restrictively and exceptions shall arise clearly.

Section 10 Mediator Performance with Other Assistant Professionals

Mediators will be able to act, with prior consent by all parties, with the collaboration of professionals informed in disciplines related to the conflict that is subject to mediation, and whose expertise will be established by means of regulation.

Such professionals will act as assistants, under the orders and responsibility of the intervening mediator, and will be subject to the provisions set forth in this law and its regulations.

Section 11 Requirements to Perform as a Mediator

Mediators shall meet the following requirements:

(a) Legal degree and admission to the bar for at least three (3) years;

(b) Proof of the training required by the regulations;

(c) Passing of a suitability test;

(d) Current registration before the National Mediation Registry;

(e) Compliance with every other requirement established by regulation.

Section 12 Requirements to Perform as an Assistant Professional

Assistant professionals shall meet the requirements for mediators set forth in section 11, sub-sections (b), (d) and (e).

Section 13 Grounds for Exemption of Mediators

The mediator shall decline, under penalty of disqualification, to participate in a mediation in those cases established in the National Code of Civil and Commercial Procedure for the recusal of judges.

Mediators shall also resign if during the course of the mediation they discover the existence of any cause that could affect their impartiality.

Whenever the mediator had been nominated by the claimant, the mediator will be substituted for the next one on the proposed list.

Section 14 Causes for Challenge of Mediators

The parties may challenge with cause the mediators on the same grounds mentioned in the first paragraph of section 13, within five (5) days after appointment became known. If the mediator had been appointed by drawing lots, immediate re-draw will be carried out. Whenever the mediator had been nominated by the requesting party, the mediator will be substituted for the next one on the proposed list.

Any of the parties may challenge the mediator during the course of the mediation, if they discover the existence of any arising cause that may affect [the mediator's] impartiality. If the mediator refused to accept the challenge, the issue would be decided in court.

Section 15 Prohibition for the Mediator

The mediator shall not advise or represent any of the parties to the prejudicial mandatory mediation proceedings in which it had taken part, until one (1) year after the formal cancellation of his registration under the National Mediation Registry.

This prohibition is absolute regarding the conflict in which he intervened as a mediator.

Section 16 Mediator Appointment

The mediator shall be appointed:

(a) By consent of the parties, when the mediator is appointed by means of a written agreement;

(b) By drawing lots, whenever the claimant formally requires it before the front desk of the courts having jurisdiction over the matter in dispute in compliance with the requirements established by the judicial authority. The front desk will draw lots for the mediator who shall intervene on the claim and will appoint the court that will eventually hear the case. The claimant will conduct service upon the chosen mediator and deliver the form duly certified by the respective front desk within five (5) working days;

(c) By proposal of the claimant to the respondent in order for the latter to appoint a mediator from a list, whose content and other supporting documents should be set by regulations;

(d) During the course of the proceedings, the intervening judge may, one time only, refer the file to mediation proceedings. Such mediation shall be conducted before mediators registered under the National Mediation Registry, and his appointment shall be made by drawing lots, unless the parties themselves agree on a specific mediator.

Section 17 Suspension of Terms

In cases referred to in section 16, paragraph d), the judicial proceedings terms shall be suspended by a period of thirty (30) days calculated from the notification to the mediator at the request of any of the parties. These terms shall resume once the suspension period has expired. This suspension period may be extended by express consent of the parties.

Section 18 Statutes of Limitation and Expiration of Legal Actions

Mediation suspends the statutes of limitation and expiration of legal actions in the following cases:

(a) In mediation proceedings in which the parties have agreed on the person who shall act as mediator, suspension shall take place from the date stamped on the legal proof means by which the first hearing is notified to the respondent, or from the date the hearing is held, whichever takes place first;

(b) In mediation proceedings in which the mediator is appointed by drawing lots, suspension shall take place from the date of the judicial appointment of the mediator;

(c) In mediation proceedings in which the mediator is appointed by proposal of the claimant, from the date of due service by which the first hearing is notified to the respondent, or from the date the hearing is held, whichever takes place first.

In the first two cases, suspension applies to all of the parties. In the case of subsection (c), suspension applies exclusively for the party to whom the notice was served.

In every case, the general terms of limitations and expiration of legal actions will resume after a period of time of twenty (20) days calculated from the time the closing minutes of the mandatory pre-judicial mediation proceedings are available to the parties.

Section 19 Personal Attendance and Representation

Parties shall attend in person and not by agent, with exception of legal entities and those domiciled more than one-hundred-and-fifty (150) kilometers away from the city where hearings are held. The agent shall be empowered to settle disputes.

Those who are authorized to provide testimony in writing, as provided for in section 407 of the National Code of Civil and Commercial Procedure, are released from the duty to attend mediation. Assistance of legal advisors is compulsory. The lack of assistance by legal advisors will be construed as lack of attendance of the party, unless the parties agree to fill such gap at a new hearing.

Section 20 Period to Conduct Mediation

The period to conduct mediation will be sixty (60) consecutive days calculated from the last service upon the respondent or a third party. In the case provided for in section 6 the period will be thirty (30) consecutive days. In both cases the period could be extended by the parties' agreement.

Section 21 Contact between the Mediator and the Parties before the Hearing Date

The parties will be able to make contact with the appointed mediator before the hearing date, with the purpose of explaining the scope of their claims.

Section 22 Summoning Third Parties

Whenever the mediator noted that the intervention of a third party was necessary ex officio, at any party's request or at the third party's request, in every case with the parties' consent, [the third party] could be summoned. Third parties whose interventions were required must be summoned in the way and complying with the requirements established for the service upon the parties.

If the third party fails to attend without justification, it will be banned from intervening later in the mediation.

Section 23 Mediation Hearings

The mediator will fix the date of the first hearing when the parties have to attend within the following fifteen days (15) after the mediator has been served with his appointment. Within the period established to conduct mediation, the mediator may summon the parties to additional hearings considered necessary for the compliance of the objectives of this law.

Section 24 Notice of the Hearing

The mediator shall give notice of the hearing by means of proper service or in person. The notice shall be received by the parties no less than three (3) working days before the hearing. Official notice is only applicable in mediation proceedings under section 16, subsection (b) of this law. If the respondent is domiciled in another judicial district, the claimant will be in charge of delivering the notice and it shall abide by the general procedure provisions in effect for the services between different judicial districts. If the respondent is domiciled in another country, due terms will be extended by the time needed to conduct service. It is discretionary for the mediator to require the collaboration of a judge assigned to issue international requests or any means of proper service under the judicial district where the respondent is domiciled.

Service content will be established by regulation.

Section 25 Failure of Parties to Attend

If any of the parties were absent from the first hearing with justification, the mediator will schedule a new hearing. If failure of the respondent to attend was not justified, the claimant may opt for the termination of the mediation proceeding or for a calling of a new hearing.

If the claimant failed to attend the hearing without justification, it shall re-initiate the pre-judicial mandatory mediation proceeding.

Section 26 Termination by Agreement

Whenever the parties reach an agreement in the pre-judicial mandatory mediation proceeding, minutes containing its terms will be issued. The minutes shall be executed by the mediator, the parties to the mediation, third parties if any, the parties' lawyers and assistant professionals if they have intervened.

If the mediation proceeding involved the interests of people declared to be without capacity and an agreement were reached, it shall be judicially homologated.

In the event of an enforcement proceeding of the agreement reached, the judge may at the party's request apply the fine provided for in section 45 of the National Code of Civil and Commercial Procedure.

Section 27 Termination without Agreement

If mediation proceedings conclude without an agreement, minutes containing the outcome will be signed by all attendants. The claimant will be authorized to initiate the judicial proceeding upon the filing of a copy of the minutes along with the compliance of other requirements provided for in this law.

The lack of agreement also enables the respondent to file a counterclaim, whenever it has expressed its intent to do so during the mediation proceeding and that was stated on the minutes.

Section 28 Termination of the Mediation Proceeding by Failure of the Parties to Attend

If mediation proceedings were terminated by unjustified failure of any of the parties to attend or by impossibility of serving the parties, minutes with the outcome of the proceeding will be issued and executed by every attending party. The claimant may initiate a judicial proceeding upon the filing of a copy of the minutes in compliance with the requirements of this law. The absent party shall pay a fine of the equivalent of five percent (5%) of the basic salary of a first-instance judge, which will be charged as provided by regulation.

Section 29

Upon termination, every mediation proceeding shall be notified to the Ministry of Justice, Security and Human Rights, for the purpose of registration and certification of the relevant instruments.

Section 30 Enforcement of the Settlement Reached under the Minutes of Mediation

The settlement recorded by means of the minutes subscribed by the mediator shall be enforceable under the proceeding established for the enforcement of a judgment in section 500 sub-section (4) of the National Code of Civil and Commercial Procedure.

Section 31 Family Mediation

Family mediation includes asset and non-asset related disputes arising from family relationships and those involving the interests of its members or related to the subsistence of marriage, with exception of those excluded by section 5 sub-section (b) of this law. The following disputes are included in the family mediation:

(a) Alimony or other support obligations derived from family relationships, except for the provisional alimony established by section 375 of the Civil Code;

(b) Guardianship of minors, except when its deprivation or modification is petitioned for relevant reasons to be examined by the judge or when the judge orders interim measures;

(c) Visitation regime for minors and the disabled, except for the existence of relevant and urgent causes demanding judicial action without delay;

(d) Administration and transfer of property without divorce in case of dispute;

(e) Personal separation or separation of property without divorce, in the case established under section 1294 of the Civil Code;

(f) Patrimonial matters derived from divorce, separation of property and marriage annulment;

(g) Damages derived from family relationships.

Section 32 Termination of Family Mediation

If during the family mediation proceeding the mediator acknowledges circumstances involving great risk for the physical or psychological integrity of the parties to it or their families, mediation shall be terminated. If the interests of minors and the disabled were compromised the mediator shall inform the Public Defender's Office in order for it to require the necessary measures from the court.

Section 33 Family Mediators

Family mediators shall be registered under the National Mediation Registry which will be organized and administered by the Ministry of Justice, Security and Human Rights. The Federal Government shall dictate the regulation that will determine the requirements for registration, which shall necessarily include basic mediation skills and specific training required by the authority applying the law.

Section 34 Assistant Professionals

Assistant professionals shall be registered under the National Mediation Registry, under the chapter related to the Assistant Professional Registry which will be organized and administered by the Ministry of Justice, Security and Human Rights. The Federal Government shall dictate the regulation that will determine the requirements for registration, which shall necessarily include basic mediation capacitation and specific capacitation required by the authority applying the law.

Section 35 Assistant Professionals' and Mediators' fees

Assistant professional and mediator intervention is presumed onerous. The mediator will receive a basic fee for its performance that will be fixed and paid according to the regulation to be issued by the Federal Government.

Section 36 Parties' Lack of Resources

Whoever finds himself needing to litigate and proves lack of subsistence resources may initiate the pre-judicial mandatory mediation proceeding at no cost. Free pre-judicial mandatory mediation proceeding will be conducted in the centers of the Ministry of Justice, Security and Human Rights and in public mediation centers offering such service. When promulgating regulations for this law, the Federal Government shall create the office in charge of the notice, and the manner in which the requirement and the service must be executed.

Section 37 Parties' Lawyers' fees

Parties' lawyers' fees will abide by the law on Lawyers' and Solicitors' Fees and the criteria established in section 1627 of the Civil Code.

Section 38 Teaching Entities

For the purposes of this law Teaching Entities are those public or private entities single-or multi-person in nature fully or partially dedicated to the formation of mediators.

Section 39 Teaching Entities Requirements

Teaching entities shall qualify under the requirements established by the regulations to be issued by the Federal Government.

Section 40 National Mediation Registry

The National Mediation Registry shall be established with the following sections:

(a) Mediator Registry, including the categories of mediators and family mediators;

(b) Mediation Centers' Registry;

(c) Assistant Professionals' Registry;

(d) Teaching Entities' Registry.

The Mediator Registry will be in charge of the authorization, qualification and control of mediators' performance.

The Mediation Centers' Registry will be in charge of the authorization, qualification and control of the centres' performance. Mediation centers shall be directed by registered mediators.

The Teaching Entities' Registry will be in charge of the authorization, qualification and control of the performance of the entities dedicated to the development and capacitation of mediators.

Regulation of this law shall establish the requirements for the authorization and qualification of mediators, mediator centers and entities dedicated to the development of mediation skills.

The Ministry of Justice, Security and Human Rights shall be responsible for the organization and administration of the Mediation National Registry. Government regulation will establish the rules under which the National Mediation Registry and each one of its sections will operate.

Section 41 Disqualifications and Incompatibilities

The following are unable to perform as mediators:

(a) Those who register civil, commercial or criminal disqualification or those who have been imprisoned for having committed a willful crime;

(b) Those who fall under the cases set forth in the National Code of Civil and Commercial Procedure for the recusal of judges;

(c) Those who fall under the cases of incompatibility or impediment to practice law provided for in section 3 of Law No. 23. 187 or any other incompatibility established in the law, except for in sub-section (a) paragraph 7 of Law No. 23. 187.

Section 42 Registration

Registration under the National Mediation Registry requires the payment of an annual fee. The lack of payment during two consecutive years shall enable the authority to exclude the registered mediator from the Registry.

Once the situation is regularized, the mediator's reinstatement in the Registry shall operate in the following subsequent period.

Section 43

The application of this law to the federal courts will be suspended nationwide until each one of them implements this system in the judicial districts over which they have jurisdiction.

Section 44 Disciplinary Proceeding for Mediators

The Federal Government shall issue regulations on the disciplinary proceedings applicable to mediators, mediator centers, assistant professionals and the teaching entities registered under the Registries.

Section 45 Sanctions

Registered mediators will be subject to the following set of sanctions:

(a) Attention call;

(b) Warning notice;

(c) Suspension for up to 1 year in their activity as mediators;

(d) Exclusion from the Registry.

Sanctions applied will be registered in the record of the sanctioned professional. The Federal Government shall issue regulation on the causes on which sanctions are to be applied.

Sanctions shall be assessed considering the severity of the misconduct and applied by the Federal Government by means of the proceeding established by regulation.

The mediator will not be excluded from the Registry for disciplinary causes without prior disciplinary action pursued under the rules established by the authority applying the law.

Section 46 Criminal Judgment

In every case resulting in criminal conviction for the willful commission of a crime by a mediator, the intervening tribunal or judge shall inform the Ministry of Justice, Security and Human Rights of the conviction or sanction applied, along with a delivery of a full copy of the criminal file.

Section 47 Statutes of Limitation of Disciplinary Actions

Disciplinary sanctions expire within two (2) years calculated from the time of the event giving rise to disciplinary action. In the case of criminal conviction, this period shall be reduced to six (6) months calculated from the date of the notice delivered to the Ministry of Justice, Security and Human Rights under section 46 of this law.

Section 48 Financing Fund

A Financing Fund is hereby created in order to cover expenses arising from the operation of the mediation system, as established by regulation.

Section 49 Integration of the Financing Fund

The Financing Fund shall be integrated with the following resources:

(a) The sums provided for in the national budget;

(b) Donations, legacies, and any other liberality made in favor of the fund;

(c) Administrative and registration fees for the services offered under this law to be established by regulation;

(d) Sums resulting from the fines established in section 28 of this law.

Section 50 Financing Fund Administration

The Ministry of Justice, Security and Human Rights will be in charge of administering the Financing Fund, in the terms established by regulation.

Section 51 Expiry of Mediation

Mediation will expire if the judicial proceeding was not initiated within a year calculated from the issuance date of the closing minutes.

Section 52 Amendment to Section 34 of the National Code of Civil and Commercial Procedure

Section 53 Amendment to Section 77 of the National Code of Civil and Commercial Procedure

Section 54 Amendment to Section 207 of the National Code of Civil and Commercial Procedure

Section 55 Amendment to Section 360 of the National Code of Civil and Commercial Procedure

Section 56 Amendment to Section 500 of the National Code of Civil and Commercial Procedure

Section 57 Amendment to Section 644 of the National Code of Civil and Commercial Procedure

Section 58

Before the expiry of the period established in section 63 of this law, prejudicial mandatory mediation proceedings will be conducted by mediators registered under the Registry created by Law No. 24.573.

Section 59

Within ninety (90) days from this law's publication in the Official Gazette, registered mediators under the Registry created by Law No. 24.573 shall state their intent to maintain their registration under the National Mediation Registry created by this law, in the manner established by regulation to be issued by the Federal Government.

Section 60

All documents related to mediators or teaching entities whose registration under the former Registry or the new Registries created by this law had been cancelled will be destroyed after a year from the service of the administrative act if it had not been requested back. Any right to challenge shall be deemed waived once such term expires.

Section 61

The remainder of the Financing Fund created by Law No. 24.573 shall be transferred to the Financing Fund created by this law.

Section 62 Abolition

Since the entry into force of this law, sections 1 to 31 of Law No. 24.573, and Laws No. 25.287 and 26.094 are repealed.

Section 63 Entry into Force

This law shall enter into force ninety days from its publication in the Official Gazette.

Section 64

Inform the Federal Government.

附录六　克罗地亚主要的仲裁立法

(一)克罗地亚《仲裁法》(2001 年)

Law on Arbitration

Part One-General Provisions

Scope of Application

Article 1

This Law governs:

1. domestic arbitration,

2. recognition and enforcement of arbitral awards, and

3. court jurisdiction and procedure regarding arbitration from point 1 of this Article and in other cases provided by this Law.

Definitions and Rules of Interpretation

Article 2

1. For the purposes of this Law:

(1)"arbitration" means any arbitration before an arbitral tribunal, whether or not organized or administered by an arbitration institution,

(2)"domestic arbitration" means arbitration that takes place in the territory of the Republic of Croatia,

(3)"arbitral tribunal" is a private (non-state) tribunal that draw sits mandate to arbitrate from the agreement of the parties,

(4)"arbitral institution" means a legal entity or a part of a legal entity that organizes and administers the activities of arbitral tribunals,

(5)"arbitrator" means a sole arbitrator or a presiding arbitrator, or a member of a panel of arbitrators,

(6)"dispute without an international element" means a dispute in which the parties are natural persons with domicile or habitual residence in Croatia, or legal persons established under the law of the Republic of Croatia, unless the dispute meets the requirements of point 7 of this paragraph,

(7)"dispute with an international element" means a dispute in which at least one party is a natural person with domicile or habitual residence abroad, or a legal person established under foreign law,

(8)"award" means a decision of the arbitral tribunal on the merits of the dispute,

(9)"final award" means an award on the basis and the amount of an individual claim,

(10)"court" means a body of the state judicial power,

(11)"mediator (conciliator)" means a person that conducts a separate conciliation procedure on the basis of a written agreement between the parties.

2. Where a provision of this Law refers to an agreement or possibility of agreement between the parties on a certain issue or in any other way refers to an agreement of the parties, such agreement includes any arbitration rules contained or referred to in that agreement.

3. The provisions of this Law which refer to the statement ofclaim also apply to the counter-claim and the provisions which refer to the statement of defense also apply to the reply to the counter-claim, save for the provisions of this Law on default of a party(Article 24, paragraph 1) and withdrawal of the statement ofclaim (Article 32, paragraph1, point 1).

Part Two-Arbitration in the Republic of Croatia

Chapter One. General Provisions

Arbitrability

Article 3

1. Parties may agree on domestic arbitration for the settlement of disputes regarding rights of which they may freely dispose.

2. In disputes with an international element, parties may also agree on the place of arbitration outside the territory of the Republic of Croatia, unless it is provided by law that such a dispute may be subject only to the jurisdiction of a court in the Republic of Croatia.

3. Parties may agree to submit the disputes referred to in paragraph 1 of this article to arbitration, regardless of whether or not the arbitration is administered by an arbitral institution.

Service of Written Communications

Article 4

1. Unless otherwise agreed by the parties, any written communication shall be deemed to have been delivered on the day when it is delivered to the mailing address of the addressee or to the person designated to receive written communications.

2. Mailing address is the address at which the addressee regularly receives his mail. If the addressee has not expressly provided any other address or if the circumstances of the case do not indicate otherwise, the mailing addresss hall be the address of the seat or the branch office of the addressee, his habitual residence or the address referred to in the main contract or in the arbitration agreement.

3. If none of the addresses referred to in paragraph 2 of this Article is known, a written communication shall be deemed to have been served on the day when its deliv-

ery has been attempted to the last known address, provided it has been properly forwarded by registered mail with return receipt or in any other way that can provide evidence of attempted delivery.

4. A written communication shall be deemed to have been served if the addressee to whom delivery was attempted in the above described manner refuses to receive it.

5. Provisions of paragraph 1 of this article shall not apply to delivery of communications in court proceedings.

Waiver of the Right to Object

Article 5

A party who knew or should have known that any provisions of this Law from which the parties may derogate or any requirement under the arbitration agreement has not been complied with and yet proceeded with the arbitration without stating his objection to such non-compliance without undue delay or, if a time limit is provided therefore, within such period of time, shall be deemed to have waived hisright to object.

Chapter Two. Arbitration Agreement

Arbitration Agreement-definition, Form and Applicable Law

Article 6

1. An arbitration agreement is an agreement of the parties to submit to arbitration all or certain disputes which have arisen or which may arise in the future between them in respect of a defined legal relationship of a contractual or non-contractual nature. An arbitration agreement may be concluded in the form of an arbitration clause in a contract or in the form of a separate arbitration agreement.

2. The arbitration agreement shall be in writing. An agreement is in writing if it is contained in documents signed by the parties or in an exchange of letters, telex, faxes, telegrams or other means of telecommunication which provide a record of the agreement, whether signed by the parties or not.

3. An arbitration agreement shall be deemed to be concluded in writing if:

(1) it is contained in one party's written offer, or if a third party transmitted to both parties such an offer, provided that against such offer no objection was timely raised, and such failure to object, according to usages in transactions, may be considered to constitute acceptance of the offer.

(2) after an orally concluded arbitration agreement, a party communicates to the other a written communication, referring to the arbitration agreement concluded earlier orally, and the other party fails to object timely, and such failure, according to usages in transactions, may be considered to constitute acceptance of the offer.

(3) The reference in a contract to a document containing an arbitration clause (general terms of a contract, text of other agreement or similar) constitutes an arbitration agreement provided that the reference is such as to make that clause part of the contract.

4. An arbitration agreement may also be concluded by the issuance of a bill of lading, if the bill of lading contains an express reference to an arbitration clause in a charter party.

5. Notwithstanding the provisions of Articles1 – 5 of this Law, if a dispute has arisen or could arise out of a consumer contract, the arbitration agreement must be contained in a separate document signed by both parties. In such a document no agreements may be contained other than those referring to the arbitral proceedings, except if the document was drawn up by a notary public.

6. The law applicable to the validity of an arbitration agreement ratione materiae is the law designated by the parties. If the parties failed to designate such applicable law, the applicable law will be the law applicable to the substance of the dispute or the law of the Republic of Croatia.

7. An arbitration agreement shall also be deemed to be valid if the claimant files the statement of claim to arbitration and the respondent fails to object to the jurisdiction of the arbitral tribunal at the latest in his statement of defense in which he raised issues related to the substance of the dispute.

Capacity of the Parties

Article 7

1. Capacity of natural and legal persons and other entities to conclude an arbitration agreement and be partiesto an arbitration dispute is governed by the law that is applicable to them.

2. Citizens of the Republic of Croatia and legal persons of Croatian Law, including the Republic of Croatia and units of local and regional self-government, may conclude arbitration agreements and be parties to arbitration. Power of attorney for the conclusion of an arbitration agreement.

Article 8

If the validity of a power of attorney is governed by Croatian law, the authority to conclude the main contract implies an authority to conclude an arbitration agreement.

Chapter Three. Arbitral Tribunal

Number of Arbitrators

Article 9

If the parties have not determined the number of arbitrators by their agreement, three arbitrators shall be appointed.

Appointment of Arbitrators

Article 10

1. No person shall be precluded by reason of his nationality from acting as an arbitrator, unless otherwise agreed by the parties.

2. Judges of Croatian courts may only be appointed as presiding arbitrators or as sole arbitrators.

3. Parties are free to agree on the procedure of appointing the arbitrator or arbitrators, provided they observe the provisions of paragraphs 4 and 5 of this article.

4. Failing such agreement,

(1)in an arbitration conducted by three arbitrators, each party shall appoint one arbitrator, and the two arbitrators thus appointed shall appoint the third arbitrator as presiding arbitrator. If a party fails to appoint the arbitrator and inform the other party of this appointment within thirty days of receipt of the notification of the appointment and request to appoint the arbitrator, or if two arbitrators fail to agree on the third arbitrator within thirty days of the appointment of the last appointed of them, the appointment of the arbitrator shall be made, upon request of a party, by the appointing authority specified in Article 43, paragraph 3 of this Law;

(2)in an arbitration conducted by a sole arbitrator, if the partiesfail to agree on the arbitrator, such arbitrator shall be appointed, upon request of a party, by the appointing authority specified in Article 43, paragraph 3 of this Law.

5. Where, under an appointment procedure agreed by the parties,

(1)a party fails to act as required under such procedure, or

(2)the parties or arbitrators are unable to reach an agreement required of them under such procedure, or

(3)a third party, including an institution, fails to perform any function entrusted to it under such procedure,any party may request the appointing authority specified in Article 43, paragraph 3 of this Law to take the necessary measure, unlessthe agreement on the appointment procedure provides other means for securing the appointment.

6. The appointing authority specified in Article 43, paragraph 3 of this Law, in appointing an arbitrator, shall have due regard to any qualifications required of the arbitrator by the agreement of the parties and to such considerations as are likely to secure the appointment of an independent and impartial arbitrator, and, in a dispute with an international element, in the case of a sole or presiding arbitrator, shall take into account as well the advisability of appointing an arbitrator of a nationality other than those of the parties.

7. A decision on a matter that is, pursuant to paragraphs 3 or 4 of this Article entrusted to the appointing authority specified in Article 43, paragraph 3 of this Law, shall not be subject to appeal.

Rights and Duties of Arbitrators

Article 11

1. An arbitrator must accept his appointment in writing. Such acceptance may be made by signing the arbitration agreement.

2. An arbitrator must conduct arbitration with due expeditiousness, act in a timely manner and see to it that no delay of proceedings occurs.

3. Unless agreed otherwise, the parties may discharge by their consent an arbitrator who fails to perform his duties, or does not perform them in timely manner.

4. An arbitrator has the right to reimbursement of his expenses and a fee for the work completed, unless he has waived these rights in writing. The parties shall be jointly and severally liable for the payment of such expenses and fees.

5. If an arbitrator has determined the amount of his own expenses and fees, his decision does not bind the parties unless they accept it. If the parties do not accept this decision, the expenses and fees will be determined, upon request of an arbitrator or of a party, by the authority specified in Article 43, paragraph 3 of this Law. The decision made by such authority is a title for enforcement against parties to the arbitral dispute.

Challenge of Arbitrators

Article 12

1. When a person is approached in connection with his possible appointment as an arbitrator, he shall disclose any circumstances likely to give rise to justifiable doubts as to his independence or impartiality. An arbitrator, from the time of his appointment and throughout the arbitral proceedings, shall without delay disclose any such circumstances to the parties unless they have been previously informed of them by him.

2. An arbitrator may be challenged only if circumstances exist that give rise to justifiable doubts as to his independence or impartiality, or if the arbitrator does not posses qualifications agreed to by the parties or if he fails to fulfill his duties specified in Article11, paragraph 2 of this Law.

3. A party may challenge an arbitrator appointed by him, or in whose appointment he has participated, only for reasons that occurred after the appointment or reasons of which he becomes aware after the appointment has been made.

4. The parties are free to agree on a procedure for challenging an arbitrator, subject to the provisions of paragraph 7 of this article.

5. Failing such agreement, a party who intends to challenge an arbitrator shall, within fifteen days after becoming aware of the appointment of the arbitrator or after becoming aware of any circumstances referred to in paragraph 2 of this article, send a written statement of the reasons for the challenge to the arbitral tribunal.

6. Unless the challenged arbitrator withdraws from his office or the other party agrees to the challenge, the arbitral court, including the arbitrator subject to the challenge, shall promptly decide on the challenge.

7. If a challenge under the procedure specified in paragraphs 4 and 6 of this article is not successful, the challenging party may, within thirty days after having received notice of the decision rejecting the challenge, or if the arbitral tribunal does not decide on the challenge within thirty days after the challenge was made, request within a further thirty days from the moment of the expiration of the first thirty days the appointing authority specified in Article 43, paragraph 3 of this Law to make a decision on the challenge. While such a request is pending, the arbitral tribunal, including the challenged arbitrator, may continue the arbitral proceedings and make an award.

Failure to Perform Arbitrator's Duties

Article 13

1. If an arbitrator becomes de jure or de facto unable to perform his functions, his mandate shall be terminated if he with draws from his office or the parties agree on the termination. If a controversy remains concerning any of these grounds, any party may request the authority specified in Article 43, paragraph 3 of this Law to decide on the termination of the mandate.

2. If under this article or Article 12, paragraph 6, an arbitrator with draws from his office or parties agree to terminate his mandate, this does not imply existence of

any ground referred to in this article or Article 12, paragraph 2 of this Law.

Appointment of Substitute Arbitrator

Article 14

Where the mandate of an arbitrator terminates under Articles12 or 13 of this Law, or because of his withdrawal from office for any other reason or because of the revocation of his mandate by agreement of the parties, or in any other case of termination of his mandate, a substitute arbitrator shall be appointed according to the rules that were applicable to the appointment of the arbitrator being replaced.

Jurisdiction of Arbitral Tribunal

Article 15

1. The arbitral tribunal may rule on its own jurisdiction, including any objections with respect to the existence or the validity of the arbitration agreement. For that purpose, an arbitration clause which forms part of a contract shall be treated as an agreement independent of the other terms of the contract. A decision by the arbitral tribunal that the contract is null and void shall not entail ipso jure the validity of the arbitration clause.

2. A plea that the arbitral tribunal does not have jurisdiction shall be raised not later than the submission of the statement of defense in which the respondent raised issues related to the substance of the dispute. A party is not precluded from raising such a plea by the fact that he has appointed or participated in the appointment of an arbitrator. A plea that the arbitral tribunal is exceeding the scope of its authority shall be made as soon as the matter alleged to be beyond the scope of its authority is raised during the arbitral proceedings. The arbitral tribunal may, in either case, admit a later plea if it considers the delay justified.

3. The arbitral tribunal may rule on a plea referred to in paragraph 2 of this article either as a preliminary question or in an award on the merits. If the arbitral tribunal rules as a preliminary question that it has jurisdiction, any party may request, within thirty days after having received notice of that ruling, the court specified in Article 43,

paragraph 1 of this Law to decide the matter. While such a request is pending, the arbitral tribunal may continue the arbitral proceedings and make an award.

4. The court proceedings arising under paragraph 3 of this article shall be urgent. Interim measures in arbitral proceedings.

Article 16

1. Unless otherwise agreed by the parties, the arbitral tribunal may, at the request of a party, order any party to take such interim measures of protection as the arbitral tribunal may consider necessary in respect of the subject-matter of the dispute. The arbitral tribunal may require any party to provide appropriate security in connection with such measures.

2. If a party to which interim measures relate does not agree to undertake them voluntarily, the party that made the motion for such measures may request their enforcement before the competent court.

Chapter Four. Arbitral Proceedings

Equal Treatment of Parties

Article 17

1. The parties to proceedings before an arbitral tribunal shall be treated equally.

2. The parties shall have the right to respond to statements and claims of their adversary.

3. For the purpose of compliance with the provisions of paragraphs1 and 2 of this article, arbitrators shall, to the extent necessary and possible, attempt to disclose to the parties their opinions and give appropriate explanations in order to evaluate all relevant factual and legal issues.

Rules of Procedure

Article 18

1. Subject to the provisions of this Law, parties are free to agree, directly or by reference to any established set of rules, a statute or in other appropriate manner, the

procedure to be followed by the arbitral tribunal in the conduct of the proceedings.

2. Failing such agreement, the arbitral tribunal may, subject to the provisions of this Law, conduct the arbitration in such manner as it considers appropriate. The powers conferred upon the arbitral tribunal include the power to determine the rules of procedure either directly or by reference to a set of rules, a statute or in other appropriate manner, and the power to determine the admissibility, relevance and weight of any evidence.

Place of Arbitration

Article 19

1. The parties are free to agree on the place of arbitration.

2. Failing such agreement, the place of arbitration will be determined by the arbitral tribunal having regard to the circumstances of the case, including the convenience for the parties.

3. If the place of arbitration is not determined pursuant to paragraphs1 and 2 of this article, the place of arbitration shall be deemed to be the place designated in the award As the place where the award was made.

4. Notwithstanding the provisions of paragraphs1 and 2 of this article, the arbitral tribunal may, unless otherwise agreed by the parties, meet at any place it considers appropriate for consultation among its members, for hearing witnesses, experts or the parties, or for inspection of goods or documents.

Commencement of Arbitral Proceedings

Article 20

Unless otherwise agreed by the parties, the arbitral proceedings commence:

1. if the arbitral proceedings are organized and administered by an arbitral institution – on the date when such institution receives the claim;

2. in any other event (ad hoc arbitration) – on the date on which a notification of the appointment of arbitrator or proposal for appointing a sole arbitrator, accompanied by an invitation to appoint the other arbitrator or declare whether he accepts the pro-

posed sole arbitrator, and the statement of claim that submits dispute to arbitration is received by the respondent.

Language

Article 21

1. The parties are free to agree on the language or languages to be used in the arbitral proceedings. Failing such agreement, the arbitral tribunal shall determine the language or languages to be used in the proceedings. This agreement or determination by the arbitral tribunal, unless otherwise specified therein, shall apply to any written statement by a party, any hearing and any award, decision or other communication by the arbitral tribunal.

2. The arbitral tribunal may order that any documentary evidence shall be accompanied by translation into the language or languages agreed upon by the parties or determined by the arbitral tribunal.

3. Until the language of the proceedings had been determined, a claim, a defense and other deeds can be submitted in the language of the main contract, of the arbitration agreement or in the Croatian language.

4. If neither parties nor arbitrators can reach an agreement on the language of arbitration, the language of arbitration shall be the Croatian language.

Statements of Claim and Defense

Article 22

1. Unless otherwise agreed by the parties, the claimant shall in his statement of claim state the facts supporting his claim, the points at issue and relief or remedy sought, and the respondent shall in his statement of defense state his defense in respect of the claimant's statements, proposals and claims. The parties may submit with their statements all documents they consider to be relevant or may add a reference to the documents or other evidence they will submit.

2. Unless otherwise agreed by the parties, either party may amend or supplement his claim or defense during the course of the arbitral proceedings, unless the arbitral

tribunal considers it inappropriate to allow such amendment having regard to the delay in making it.

Hearings and Written Proceedings

Article 23

1. Subject to any contrary agreement by the parties, the arbitral tribunal shall decide whether to schedule and hold oral hearings for the presentation of evidence or for oral argument, or whether the proceedings shall be conducted on the basis of documents.

2. Unless the parties have agreed that no hearings shall be held, the arbitral tribunal shall hold such hearings at an appropriate stage of the proceedings, if so requested by a party.

3. The parties shall be given sufficient advance notice of any hearing and of any meeting of the arbitral tribunal for the purpose of inspection of goods, other property or documents.

4. All statements, documents or other information supplied to the arbitral tribunal by one party shall be communicated to the other party. Any expert report or evidentiary document on which the arbitral tribunal may rely in making its decision shall be communicated to each of the parties.

5. Unless otherwise agreed by the parties, the arbitral proceedings are not public.

Default of a Party

Article 24

Unless otherwise agreed by the parties, if, without showing sufficient cause,

1. the claimant fails to communicate his statement of claim in accordance with Article 22, paragraph 1 of this Law, the arbitral tribunal shall terminate the proceedings;

2. the respondent fails to communicate his statement of defense in accordance with Article 22, paragraph 1 of this Law, the arbitral tribunal shall continue the proceedings without treating such failure in itself as an admission of the claimant's allegations;

3. any party fails to appear at a hearing or to produce documentary evidence with-

in the time limit provided for their production, the arbitral tribunal may continue the proceedings and make the award on the evidence before it.

Witnesses

Article 25

1. As a rule, witnesses shall be examined in oral hearings.

2. Subject to their consent, witnesses may be examined outside oral hearings; the arbitral tribunal can also request from witnesses to answer questions in writing within a certain period of time.

3. Witnesses shall be examined without taking an oath.

Experts

Article 26

1. Unless otherwise agreed by the parties, the arbitral tribunal:

(1) may appoint one or more expertsto report to it on specific issuesto be determined by the arbitral tribunal;

(2) may require a party to give the expert any relevant information or to produce or to provide access to any relevant documents, goods or other property for his inspection.

2. Unless otherwise agreed by the parties, if a party so requests or if the arbitral tribunal considers it necessary, the expert shall, after delivery of his written or oral report, participate in a hearing where the parties shall have the opportunity to put questions to him and to present other expert witnesses in order to testify on the points at issue.

3. The provisions of Article 12, paragraphs1 to 6 of this Law, shall appropriately apply to the challenge of experts.

Chapter Five. Award and Termination of Proceedings

Applicable Law

Article 27

1. The arbitral tribunal shall decide the dispute in accordance with such rules of law as are chosen by the parties as applicable to the substance of the dispute. Any designation of the law or legal system of a given state shall be construed, unless otherwise expressed, as directly referring to the substantive law of that State and not to its conflict of laws rules.

2. Failing any designation by the parties under paragraph 1 of this article, the arbitral tribunal shall apply the law which it considers to be most closely connected with the dispute.

3. The arbitral tribunal shall decide ex aequo et bono or en qualité d'amiable compositeur only if the parties have expressly authorized it to do so.

4. In all cases, the arbitral tribunal shall decide in accordance with the terms of the contract and shall take into account the applicable usages.

Decision Making by Panel of Arbitrators

Article 28

1. Unless otherwise agreed by the parties, the arbitral tribunal shall make any decision by a majority of all its members.

2. If a majority has not been achieved, arbitrators shall repeat deliberations on reasons for each opinion. If after repeated voting a majority still cannot be achieved, the award shall be made by the presiding arbitrator.

3. Outside joint sessions of the arbitral tribunal, questions of procedure may be decided by the presiding arbitrator, unless it is contrary to the parties' agreement or to the arbitral tribunal's decision.

4. The panel of arbitrators may entrust to one of its members to undertake certain fact finding activities.

Settlement

Article 29

1. If the parties settle the dispute during arbitral proceedings, the arbitral tribunal shall terminate the proceedings upon their request, unless the parties request to record the settlement in the form of an arbitral award on the agreed terms.

2. The arbitral tribunal shall upon the request of the parties record the settlement in the form of an arbitral award, unless it finds that its content violates the public order of the Republic of Croatia.

3. An award on agreed terms shall be made in accordance with the provisions of Article30 of this Law and shall have legal force and effects of the award (Article 31 of this Law).

Award

Article 30

1. Unless otherwise agreed by the parties, the arbitral tribunal may make partial and interim awards. A partial award is deemed to be an independent award.

2. The award shall be made in the place of arbitration (Article 19).

3. The award shall be made in writing. It shall state the reasons upon which it is based, Unless the parties have agreed that no reasons are to be given or if the award is an award on agreed terms under Article 29 of this Law.

4. The date when the award was made and place where it was made shall be stated in the award pursuant to Article 19, paragraphs1 and 2 of this Law and paragraph 2 of this article.

5. The original of the award and all copies there of shall be signed by the sole arbitrator or all members of the panel of arbitrators. The award shall be valid even if some arbitrators failed to sign it, provided that it was signed by the majority of all members of the panel of arbitrators, and that the omission of a signature or signatures is stated in the award.

6. The awards made in an institutional arbitration shall be served upon the parties

by the arbitral institution. In all other cases, the service of the award to the parties shall be made by the arbitral tribunal.

7. Unless otherwise agreed by the parties, the service of the award shall be made pursuant to provisions of Article 4 of this Law. If both parties so request, service of the award may be carried out by the court designated in Article 43, paragraph 5 or by a notary public.

Legal Effect of the Award

Article 31

The award of the arbitral tribunal shall have, in respect of the parties, the force of a final judgment (res judicata), unless the parties have expressly agreed that the award may be contested by an arbitral tribunal of a higher instance.

Termination of the Proceedings

Article 32

1. The arbitral proceedings shall be terminated with respect to the issues decided in the final award or by an order of the arbitral tribunal, if:

(1) the claimant withdraws his claim, unless the respondent objects thereto and the arbitral tribunal recognizes a legitimate interest on his part in obtaining a final award in the dispute;

(2) the parties agree on the termination of the proceedings;

(3) the arbitral tribunal finds that the continuation of the proceedings has for any other reason become unnecessary or impossible.

2. The mandate of the arbitral tribunal shall cease with the termination of the arbitral proceedings, except in cases provided by the provisions of Articles 33, 34, 35(3), 36(4) and 37 of this Law. In such cases, the tribunal's mandate will be terminated when the respective decision is rendered.

Additional Award

Article 33

1. Unless otherwise agreed by the parties, each party may, within thirty days of the receipt of the award, and with notice to the other party, request the arbitral tribunal to make an additional award as to claims presented in the arbitral proceedings but omitted from the award.

2. If the arbitral tribunal considers the request to be justified, it shall make the additional award.

3. The provisions of Article 30 of this Law shall apply to such an additional award.

Correction and Interpretation of Award

Article 34

1. Within thirty days of receipt of the award, unless another period of time has been agreed by the parties:

(1) a party, upon notice to the other party, may request the arbitral tribunal to correct any errors in the computation of the award, any clerical or typographical errors or any error of similar nature;

(2) if so agreed by the parties, a party, with notice to the other party, may request the arbitral tribunal to give an interpretation of a specific point or part of the award.

2. If the arbitral tribunal considers the request to be justified, it shall make the correction or give the interpretation, which shall form part of the award.

3. The arbitral tribunal may correct any error of the type referred to in paragraph 1, point 1 of this article on its own initiative within thirty days of the date of the award.

4. The provisions of Article 30 of this Law shall also apply to a correction or interpretation of an award.

Decision on Costs

Article 35

1. Upon a request by a party, the arbitral tribunal shall determine in the award or an order for the termination of the arbitral proceedings which party and in which proportion has to reimburse the other party the necessary costs of arbitration, including costs of party representation and the fees of arbitrators, and/or hasto bear its own costs.

2. The arbitral tribunal shall decide on the costs of the proceedings according to its free evaluation, taking into account all circumstances of the case, especially the outcome of the dispute.

3. If the arbitral tribunal fails to decide on costs of proceedings, or if such decision is possible only after termination of the arbitral proceedings, the arbitral tribunal will make a separate award on the costs of proceedings.

Chapter Six. Legal Remedy Against the Award

Application for Setting Aside

Article 36

1. An arbitral award may be contested by an application for setting aside in accordance with the provisions of this article. Recourse against an interim award may be made only in an application to set aside the award in which the claim in respect of which the interim award was made was finally settled. No other legal remedies in court jurisdiction are permitted.

2. An arbitral award may be set aside by the court specified in Article 43, paragraph 1 of this Law only if:

(1) the party making the application furnishes proof that:

a. there was no agreement to arbitrate pursuant to Article 6 of this Law, or such agreement was not valid;

b. a party to the arbitration agreement was incapable of concluding the arbitration agreement or could not have been a party to an arbitration dispute (Article 7) or that a party was not duly represented;

c. the party making the application for setting aside was not given proper notice of the commencement of the arbitral proceedings or was otherwise unable to present his case before the arbitral tribunal;

d. the award deals with a dispute not contemplated by or not falling within the terms of the submission to arbitration, or contains decisions on matters beyond the scope of the submission to arbitration, provided that, if the decision on matters submitted to arbitration can be separated from those not so submitted, only that part of the award which contains decisions on matters not submitted to arbitration may be set aside; or

e. the composition of the arbitral tribunal or the arbitral procedure was not in accordance with this Law or a permissible agreement of the parties and that fact could have influenced the content of the award; or

f. the award has no reasons or has not been signed in accordance with the provisions of Article 30, paragraphs 3 and 5 of this Law; or

(2) the court finds, even if a party has not raised these grounds, that:

a. the subject matter of the dispute is not capable of settlement by arbitration under the laws of the Republic of Croatia; or

b. the award is in conflict with the public policy of the Republic of Croatia.

3. An application for setting aside may not be made after three months have elapsed from the date on which the party making that application received the award or, if the application is made in a case under Arts. 33 or 34 of this Law, from the date on which the party making that application received the decision of the arbitral tribunal on either of the requests referred to in those articles.

4. The court, when asked to set aside an award, may, where appropriate and so requested by a party, suspend the setting aside proceedings for a period of time determined by it in order to give the arbitral tribunal an opportunity to resume the arbitral proceedings or to take such other actions as in the arbitral tribunal's opinion could eliminate the grounds for setting aside.

5. If the parties in a dispute expressly so agree in the arbitration agreement, an application against the arbitral award may also be made on the ground that the party applying for setting aside found new facts or has the opportunity to present new evidence on the basis of which an award more favorable to him could have been made if these facts would have been known or evidence produced in the hearings that preceded the making of the challenged award. This ground may be raised only if the applying party could not have used it in the arbitration proceedings without his fault.

6. The parties cannot derogate in advance their right to contest the award by an application for setting aside.

Arbitral Proceedings after Setting aside the Award

Article 37

1. If an award made on the basis of a valid arbitration agreement not specifying the names of the arbitrators has been set aside on the grounds other than those related to existence or validity of the arbitration agreement, such arbitration agreement shall be a valid legal basis for new arbitration in the same dispute. In case of doubt, upon request by a party, the court may issue a separate ruling to this effect.

2. Upon a request by a party, when the court asked to set aside an award findsit possible and appropriate, it shall, after setting aside, remit the case to the arbitral tribunal for reconsideration.

3. In all other cases, a new arbitration in the same dispute shall be possible if the parties conclude a new arbitration agreement after the setting aside of the award.

Part Three-Recognition and Enforcement of Awards

Nationality of the Award

Article 38

The award of an arbitral tribunal shall have the nationality of the country in which the place of arbitration is situated (Article 19 of this Law).

Enforcement of a Domestic Award

Article 39

1. The court shall enforce a domestic award, unless it establishes the existence of any of the grounds for setting aside arising under Article 36 paragraph 2, point 2 of this Law.

2. The court shall not take into account those grounds for setting aside arising under Article 36 paragraph 2, point 2 of this Law for which an application for setting aside was already finally rejected.

3. If an issue arises in court proceedings relating to the existence of a right or legal relation and such an issue was already finally decided in a dispositive part of a domestic award, upon a request by a party and within the boundaries of the final decision, the court shall be bound by the decision on this issue contained in the dispositive part, unless it establishes the existence of a ground for setting aside arising under Article 36paragraph 2 point 2 of this Law with respect to this part of the arbitral award.

4. If a party to an arbitral dispute has a legal interest in a determination that no reasons for setting aside referred to in Article 36 paragraph 2 point 2 of this Law exist, it may request a decision on this issue from the court referred to in Article 43 of this Law.

Recognition and Enforcement of a Foreign Award

Article 40

1. A foreign award shall be recognized as binding and shall be enforced in the Republic of Croatia unless the court establishes, upon a request by the opposing party, the existence of a ground referred to in Article 36, paragraph 2, point 1 of this Law, or if it finds that the award has not yet become binding on the parties or has been set aside or suspended by a court of the country in which, or under the law of which, that award was made.

2. Recognition and enforcement of a foreign award shall be refused if the court finds that:

a. the subject-matter of the dispute is not capable of settlement by arbitration under the law of the Republic of Croatia.

b. the recognition or enforcement of the award would be contrary to the public policy of the Republic of Croatia.

Part Four-Court Procedure

Chapter One. General Provisions

Court Intervention

Article 41

1. No court shall intervene in matters governed by this law, except where it is so provided in this Law.

2. Court proceedings shall be governed by the rules of non-contentious procedure, except upon applications for setting aside the award. Arbitration agreement and a claim on the merits submitted to a court of law in the same matter.

Article 42

1. If the parties have agreed to submit a dispute to arbitration, the court before which the same matter between the same parties was brought shall upon respondent's objection declare its lack of jurisdiction, annul all actions taken in the proceedings and refuse to rule on the statement of claim, unless it finds that the arbitration agreement is null and void (Article 6), inoperative or incapable of being performed.

2. The respondent may raise the objection referred to in paragraph 1 of this article no later than at the preparatory hearing or, if no preparatory hearing is held, at the main hearing before the end of the presentation of the statement of defense.

3. Where an action referred in paragraph 1 of this article has been brought to the court, arbitral proceedings may nevertheless be commenced or continued if they were already commenced, and an award may be made while the issue is still pending before the court.

Court Jurisdiction

Article 43

1. The Commercial Court in Zagreb shall have the jurisdiction to rule on the jurisdiction of the arbitral tribunal (Article 15, paragraph 3), deposition of the award (Article 46), application for setting aside (Article 36) and requests for recognition and granting the enforcement of the award (Articles 39 and 40), in the cases falling under the subject-matter jurisdiction of the commercial courts. In other cases, the County Court in Zagreb shall have jurisdiction.

2. A court competent ratione causae designated by a separate law shall be competent to carry out the enforcement of the award.

3. Unless the parties have agreed that some or all of the assisting activities are to be performed by an arbitral institution or some other appointing authority, the activities provided in Article 10, paragraphs 4 to 7, Article 12, paragraphs 3 and 4, Article 14, paragraph 7 and Article 15 of this Law shall be performed by the president of the court designated by paragraph 1 of this article or a judge authorized by him.

4. Activities of the president of the court referred to in paragraph 3 of this Article shall not be construed as activities in a court or administrative procedure.

5. Legal assistance in the taking of evidence (Article 45) and the service of the awards (Article 30, paragraph 6) shall be rendered by a court competent ratione causae which Has territorial jurisdiction according to the place where the particular activity has to be undertaken.

6. The provisions of this article shall not affect the application of the provisions on the jurisdiction for the ordering and enforcement of provisional measures of the Law on Enforcement.

Interim Court Measures for Protection of Claims

Article 44

A party to arbitral proceedings may apply to the court to grant interim measures for protection of a claim. It is not incompatible with an arbitration agreement for a party to request from a court, before or during arbitral proceedings, an interim measure for protection of a claim and for a court to grant such a measure.

Legal Assistance in Taking Evidence

Article 45

1. The arbitral tribunal, or a party with the approval of the arbitral tribunal, may request legal assistance from a competent court in taking evidence which the arbitral tribunal itself could not take.

2. The procedure for taking evidence before the commissioned Croatian court is governed by the provisions on taking evidence before a judge commissioned by a rogatory letter.

3. The arbitrators are entitled to participate in the procedure of taking of evidence before a commissioned judge and put questions to persons being examined by the court.

Authentication and Deposition of the Award

Article 46

1. The parties may agree whether and how the award shall be authenticated and deposited.

2. If the agreement referred to in paragraph 1 of this article refers to authentication and deposition with a court, the court shall complete the authentication and deposition pursuant to rules for rendering legal assistance to arbitral tribunals.

3. If parties so agree, the court shall transmit to one or both parties the transcripts of the award deposited in the court.

Chapter Two. Procedure of Recognition and Enforcement

Documents to be Attached to a Request for Recognition and Enforcement

Article 47

1. The party seeking recognition and enforcement of an award or relying upon an award in proceedings shall attach to the request the original award or a duly certified copy thereof.

2. A party seeking recognition or enforcement of a foreign award, or relying on such award, shall attach to his request the original arbitration agreement or a duly certified copy thereof.

3. If the award or agreement referred to in paragraphs1 and 2 of this article were not made in the Croatian language, the party shall also supply a duly certified translation thereof into the Croatian language.

Adjournment of Proceedings for Recognition and Enforcement of a Foreign Award

Article 48

If proceedings for the setting aside of an award or for the suspension of a foreign award have commenced before a competent court, the court requested to recognize or enforce the award may, if it considers it appropriate, adjourn its decision until the termination of the proceedings for setting aside or suspension and may, upon the motion of the party seeking the recognition or enforcement of the award, subject the termination to the other party's provision of appropriate security.

Decision on Claims for Recognition and Enforcement

Article 49

1. While ruling on claims for recognition or enforcement, the court shall confine itself to determining whether the requirements referred to in Arts. 39, 40, 47 and 48

of this Law have been met, and if it considers it necessary, it may seek an explanation from the arbitral tribunal which rendered the award, from the parties, or from a court or a notary public or other person with which the award was deposited pursuant to an agreement referred to in Article 46, paragraph 1 of this Law.

2. The court shall provide an opportunity to the opposing party to be heard in the proceedings where recognition of the award is the main issue.

3. The court shall provide an opportunity to the opposing party to be heard with regard to a claim for enforcement on the basis of an award unless this would jeopardize the successful implementation of enforcement.

4. A decision on recognition and/or enforcement shall contain grounds for the decision.

5. An appeal against a decision rendered in the proceedings where recognition is the main issue may be submitted to the Supreme Court of the Republic of Croatia within fifteen days from the delivery of the decision on recognition.

Part Five-Transitory and Final Provisions

Repealing of Particular Laws

Article 50

By enactment of this Law, the provisions of the following Laws shall be repealed:

– Articles 468a to 487 of the Code of Civil Procedure, adopted as a Law of the Republic of Croatia by an Adoption Act ("Off. Gaz.", No. 53/91);

– Articles 97 to 100 of the Conflicts of Laws Act, adopted as a Law of the Republic of Croatia by an Adoption Act ("Off. Gaz.", No. 53/91);

– Article 1, paragraph 2 and Articles101 – 109 of the Conflicts of Laws Act, adopted as a Law of the Republic of Croatia by an Adoption Act ("Off. Gaz.", No. 53/91), as far as they are concerned with the procedure of recognition and enforcement of foreign arbitral awards;

- Article 91, paragraph 4 of the Law on Obligations, adopted as a Law of the Republic of Croatia by an Adoption Act ("Off. Gaz.", No. 53/91, 73/91, 111/93, 3/94, 7/96, 91/96and 112/99), as far as it regulates the authority to conclude an arbitration agreement.

Article 51

1. Effectiveness of arbitration agreements concluded prior to the coming into force of this Law shall be governed by the legislation previously in force.

2. Pending arbitration proceedings which have not been completed at the time of the coming into force of this Law shall be conducted according to legislation previously in force. Settlements already made will be replaced, upon a joint proposal of the parties, by the arbitral award referred to in Article 29 of this Law. Parties may agree on the application of the new Law to pending proceedings.

3. Judicial proceedings pending at the time of coming into force of this Law shall continue under regulations previously in force.

Entry into Force

Article 52

This Law shall come into force on the eighth day following its publication in the "Official Gazette" of the Republic of Croatia.

(二)《克罗地亚仲裁机构仲裁规则》

PAC – CCC Rules of Arbitration (Zagreb Rules) 2015

I. General Provisions

Content of the Rules

Article 1

The Rules of Arbitration of the Permanent Arbitration Court of the Croatian Chamber of Economy (hereinafter: "the Rules") regulate the jurisdiction of the Permanent Arbitration Court of the Croatian Chamber of Economy (hereinafter: "the Court"), the composition and establishment of arbitral tribunals at the Court and the rules on arbitration before arbitral tribunals.

Scope of Application

Article 2

(1) These rules shall apply to all disputes for which, according to the provisions of the Rules, the jurisdiction of the Court or an arbitral tribunal at the Court has been agreed, unless some provisions expressly apply only to disputes without international character.

(2) Parties may agree not to apply the provisions of the Rules, except the provisions of Articles 26 and 53 of the Rules and the ius cogens rules of law applicable to the arbitration proceedings.

(3) Parties may agree for the Court to perform only some of the activities prescribed by the Rules, and in particular:

– To act as an appointing authority in ad hoc arbitrations and arbitrations conducted by other arbitration institutions;

– To provide administrative and other services, organize hearings and make premises and equipment available for conducting arbitration according to other arbitration rules.

(4) Provisions of bilateral or multilateral agreements on cooperation in dispute resolution concluded between the Court and other arbitration institutions shall be considered an integral part of the Rules, provided that in the arbitration agreement or subsequently the parties agree to their application.

(5) When these Rules or the law applicable to the arbitration procedure refer to an agreement between the parties or to the possibility of their agreement on an issue, such an agreement shall also include all the rules of arbitration mentioned or referred to in such agreement.

(6) If the parties agree on the competence of the Court or the arbitral tribunal at the Court in their arbitration agreement, but define that the procedure is to be conducted in accordance with the rules of some other court of arbitration or according to arbitration rules determined by some other institution, those rules shall not apply to the composition and constitution of the arbitral tribunal or the powers of the bodies of the Court in the organizing and administering of the procedure, unless the parties have agreed otherwise.

(7) The rules referred to in paragraph 6 of this Article shall also not apply to the duty to pay the registration fee or to the amount thereof, nor to the determining of the amount and method of payment of administrative costs.

(8) The agreed rules on procedure before another court or agreed rules determined by another institution with regard to advance payment of funds for covering of the fee and reimbursement of expenses of arbitrators shall only apply if, according to those rules, the arbitrators would be entitled to a higher fee and higher reimbursement of costs.

(9) The agreement referred to in Paragraph 5 of this Article may be concluded in any of the ways provided for conclusion of arbitration agreements. Such an agreement may also be concluded by concurring statements of the parties given at a hearing before the arbitral tribunal, in which case it must be recorded in the minutes of this hearing,

which the parties shall sign.

Jurisdiction of the Court

Article 3

(1) The jurisdiction of the Court and of the arbitral tribunal at the Court shall be established by the arbitration agreement.

(2) If the place of arbitration is in the Republic of Croatia, the parties may stipulate the jurisdiction of the Court and arbitral tribunal at the Court for resolution of disputes pertaining to rights of which the parties may freely dispose.

(3) If the place of arbitration is outside of the Republic of Croatia, the parties may stipulate the jurisdiction of the Court and arbitral tribunal at the Court for resolution of disputes pertaining to rights of which the parties may freely dispose only if at least one of them is a natural person with permanent residence abroad or a legal entity established under foreign law, except when a special act provides that such a dispute may only be resolved by a court in the Republic of Croatia.

(4) It shall be deemed that when parties have stipulated the jurisdiction of the Court for resolution of some of their disputes, they have also stipulated the jurisdiction of the arbitral tribunal which shall be established pursuant to these Rules.

(5) Unless the arbitration agreement expressly provides otherwise, it shall be deemed that, in stipulating the jurisdiction of the Court, parties also agree to the jurisdiction of the bodies of the Court:

- To appoint arbitrators and decide on their challenge and dismissal,
- To order interim measures and issue payment orders,
- To perform other tasks prescribed by these Rules.

(6) By way of derogation from paragraph 1, the jurisdiction of the Court and the arbitral tribunal at the Court shall also be established when this is prescribed by a special act.

Refusal of Jurisdiction

Article 4

(1) Until the establishment of the arbitral tribunal at the latest, the Presidency of the Court shall, in the form of a procedural order, refuse the jurisdiction of the Court to hear certain disputes even if jurisdiction of the Court has been agreed, if the concluded arbitration agreement pertains to rights of which the parties may not freely dispose or if reasons referred to in Article 3 of these Rules exist due to which the jurisdiction of an arbitral tribunal at the Court may not be stipulated.

(2) The Presidency of the Court may also refuse jurisdiction when parties stipulated such place, language, composition, manner of establishment of arbitral tribunal or rules on arbitration procedure which make the conduct of arbitration before the arbitral tribunal possible only with disproportional difficulties or expenses, or if they essentially divert from the manner of dispute resolution laid down in these Rules.

(3) When the Presidency of the Court refuses jurisdiction by a procedural order pursuant to the provisions of paragraphs 1 and 2 of this Article, it shall be deemed that no valid agreement exists on the jurisdiction of the arbitral tribunal at the Court.

(4) The Presidency of the Court may render a decision on jurisdiction pursuant to the provisions of paragraph 1 of this Article upon the motion of the Registry of the Court and the President of the Court, and pursuant to the provisions of paragraph 2 of this Article upon the motion of the President, the Secretary of the Court and the arbitral tribunal.

Determination of the Value of the Subject Matter of Dispute

Article 5

(1) If the statement of claim or statement of counterclaim comprises several main claims, the value of the subject matter of the dispute shall be determined separately for each of those claims. Interest, the costs of the proceedings and other incidental claims shall not be taken into account if they are not part of the main claim.

(2) A claim for payment of liquidated damages is deemed a main claim.

(3) If payment of a certain sum of money is sought by the claim, the value of the subject matter of the dispute is determined according to that sum.

(4) If the claim does not relate to the payment of a certain sum of money, the value of the subject matter of the dispute which the claimant and counter-claimant indicated in the statement of claim or counter-claim shall be taken as relevant. If, at the suggestion of the Secretary of the Court, the opposing party or the arbitral tribunal, the President of the Court decides that the value of the subject matter of the dispute as indicated is manifestly too high or too low, after giving the parties the opportunity to express their views, the President shall determine the value of the subject matter of the dispute to which the claim relates by a procedural order.

(5) The value of the subject matter of the dispute in collective employment disputes and "mandatory arbitrations" may not be lower than HRK 3, 000, 000. 00.

Stay of Arbitration Proceedings in Case of Court Proceedings

Article 6

(1) If contentious proceedings or some other form of court proceedings have been instituted on the same matter between the same parties, the arbitral tribunal may, if it finds that there are particularly important reasons for this, order the arbitration procedure to be stayed until the contentious proceedings before a court are concluded.

(2) If pre-bankruptcy settlement or bankruptcy proceedings are instituted during the arbitration proceedings in relation to any of the parties, the arbitration procedure shall be stayed or some other legal effects shall occur in line with the relevant arbitration and bankruptcy law. The continuation of the arbitration procedure and their effects shall also be governed by these laws.

Place of Arbitration

Article 7

(1) In disputes without international character, the parties may agree on a place of arbitration in the Republic of Croatia.

(2) In disputes with international character, the parties may agree that the place

of arbitration be in another country. After initiation of arbitration procedure, the parties cannot in their agreement nominate a place of arbitration that is outside the territory of the country of the place of arbitration at the moment of institution of arbitration procedure.

(3) The arbitral tribunal shall not be authorized to determine the place of arbitration without the agreement of the parties on this.

(4) Unless the parties have agreed otherwise, the place of arbitration shall be at the seat of the Court.

(5) If the parties have stipulated the place of arbitration outside the seat of the Court, the arbitration shall be held at the agreed place only if the parties, at the request of the Secretary of the Court, have paid an advance deposit to cover the costs so incurred. If the parties do not pay the advance deposit within the time limit set, they shall be deemed to have agreed for the arbitration to be conducted at the seat of the Court.

(6) Unless the parties oppose this in mutual agreement, the arbitral tribunal shall be authorized to determine that hearings in the proceedings be held outside the place of the arbitration. The hearings shall be held outside the place of the arbitration only if the parties, at the request of the Secretary of the Court, pay an additional advance deposit to cover the costs so incurred. If the parties do not pay the advance deposit within the time limit set, the hearing outside the place of arbitration shall not be held.

(7) The arbitral award and other decisions by the arbitral tribunal shall be deemed to have been rendered at the place of arbitration.

Language of Arbitration

Article 8

(1) The parties may agree on the language or languages in which the arbitration will be conducted. If there is no such agreement, the arbitral tribunal shall decide in which language or languages the proceedings shall be conducted. The agreement by the parties, or the decision by the arbitral tribunal about the language of the arbitration, unless otherwise specified, shall apply to all written statements by the parties, to

the oral proceedings and all decisions and other notifications by the arbitral tribunal as well as to communications by the Secretary and other bodies of the Court.

(2) The arbitral tribunal may order a translation into the language or languages agreed by the parties or determined by the arbitral tribunal to be enclosed with all written evidence.

(3) Until the language of the proceedings is established, the statement of claim, reply to the statement of claim and other submissions may be filed in the language of the main agreement, the language of the arbitration agreement or in the Croatian language.

(4) The parties' submissions and enclosures with such submissions that have not been translated into languages to which they should be translated according to the provisions of the previous paragraphs shall not be taken into consideration.

(5) The funds for the covering of costs of interpretation at hearings before the arbitral tribunal, the costs of translating awards and other communications of the arbitral tribunal, as well as the costs of translating communications of the Secretary and other bodies of the Court shall be paid in advance, at the request of the Court, by the party that is obligated to pay an advance deposit for the costs of the arbitration procedure. If no such advance deposit is paid within the time limit set for that purpose for the relevant party, the parties shall be informed that the procedure cannot be conducted and the remuneration for the arbitrators' work performed by that time shall be paid from such advance deposit, and they will also receive reimbursement of any expenses that they may have incurred in relation to that. The amount of the remuneration and the reimbursement of expenses shall be determined by the President of the Court.

(6) The arbitral tribunal may decide that the provisions of the arbitration agreement prescribing the arbitration to be conducted in two or more languages shall not apply if it finds, considering the citizenship of the parties or their representatives, that the translation to all those languages would significantly increase the costs of procedure and slow down the conduct of the procedure or make it more difficult, and that such decision would not result in significantly compromising the rights of the parties to participate in the procedure. An objection against such a decision of the arbitral tribunal

may be filed by the party within eight days, and it shall be decided upon by the Presidency of the Court.

Representation and Advising

Article 9

The parties may appoint representatives and advisors of their choice. The names and addresses, including e-mail addresses, of these persons must be sent in writing to the Court and to the other party. This notification should indicate whether the appointment pertains to representation or advising.

Ⅱ. Submission and Service of Documents

Submissions and Other Written Communications

Article 10

(1) The parties and intervenors in the proceedings shall submit the statement of claim and the reply to the statement of claim as well as other submissions and written notifications, together with the enclosures to such documents, to the Secretary of the Court, at the address of the Court, in a sufficient quantity for the Secretary, the opposing party, intervenors and members of the arbitral tribunal.

(2) If several persons are taking part in the proceedings as co-litigants, the parties and the intervenors shall file a sufficient number of copies of their submissions with enclosures for each of the co-litigants, regardless of which side of the proceedings they are on, unless they have a joint representative.

(3) Other participants in the proceedings shall file their written communications to the Secretary at the address of the Court.

(4) In the copy of the file kept at the Court there shall be at least one copy of each document on the basis of which the arbitral tribunal deliberated and ruled. At the request of the parties or the arbitral tribunal, the Secretary shall issue a copy of certain documents from the file kept at the Court.

(5) The Secretary or the arbitral tribunal may also require the parties to file their submissions and enclosures with the Court in electronic form.

Direct Submission of Documents

Article 11

(1) The parties, intervenors and other participants in the proceedings may transmit to each other specific submissions with enclosures and other documents and communications directly only with the approval of the Secretary of the Court or, after the arbitral tribunal has been established, with the approval of the tribunal.

(2) The Secretary of the Court and the arbitral tribunal may order the parties to transmit their submissions with enclosures during the proceedings directly to each other by registered mail with record of delivery, to the address specified, unless the parties oppose this unanimously.

(3) A party acting on an order referred to in paragraph 1 of this Article shall enclose with the submission sent to the Court the original or a copy of the certificate of registered mail sent to the opposing party, and, at the request of the Secretary of the Court or the arbitral tribunal, also the record of delivery proving orderly service.

Service of Documents

Article 12

(1) Unless the parties have agreed otherwise, the documents of the arbitral tribunal and, depending on the case, the enclosures to such documents, shall be deemed to have been served on the day they are handed over at the postal address of the addressee or to the person authorized to receive documents.

(2) The postal address is the address indicated by the parties as such in the arbitration agreement, in the main agreement or in the document defining the terms of reference of the arbitral tribunal as the address where service is to be made to them, depending on which of those addresses they have indicated for that purpose. The parties may also indicate their address for receipt of documents subsequently during the proceedings, in a submission or at a hearing.

(3) If the parties have not indicated their address pursuant to paragraph 2 of this Article, service shall be effected on them at the registered address of their permanent or habitual residence or to registered office of their business, or to another address registered for receipt of documents-if such address may be identified by means of the usual measures to identify addresses, or if it cannot be identified, at the last known address.

(4) If the service of documents to the parties by post does not succeed at the address referred to in paragraph 2 of this Article because they are unknown at that address, the service shall be conducted at the address referred to in paragraph 3 of this Article if that address differs from the address referred to in paragraph 2 of this Article.

(5) If service by registered mail with a delivery note is not successful at the address referred to in paragraph 2 or paragraph 3 of this Article, even after two consecutive attempts 30 days apart, leaving notice to the party about when the service would be attempted again or that the document could be collected from the post office, it shall be deemed that the service has been carried out after the expiration of the time limit within which the party was able to collect the document from the post office.

(6) If the parties stipulated in the arbitration agreement or subsequently for service to be made to the address of a specific person, e. g. a notary public or attorney, and such service does not succeed at that address because that person no longer exists or refuses to receive correspondence for the party, the service shall be conducted according to the provisions of paragraph 2 or paragraph 3 of this Article.

(7) The Secretary of the Court or the arbitral tribunal, with the agreement of the parties, may order during the proceedings the use of another delivery service apart from the post office.

(8) If necessary, service in arbitration proceedings may also be performed through a notary public. In that case, the notary public's certificate of completed service shall be valid proof thereof.

(9) At a hearing where the argument has been closed and where all parties and intervenors who are on their side were present, the arbitral tribunal can issue a procedural order deciding that the award is to be served to the parties at the office of the

Secretary of the Court within a certain time period. In that case, the parties are obligated to collect the award within eight days after expiry of that time period. If they fail to do so, it shall be regarded that the award has been served to them at the moment of expiry of the mentioned eight-day period.

Electronic Communications

Article 13

(1) The parties may agree in the arbitration agreement or subsequently during the arbitration proceedings to transmit their submissions or any enclosures to the Court by electronic mail, or to exchange them or for the Court to send all or only some of the documents (e. g. summons to hearings etc.) also by electronic mail.

(2) In the event referred to in paragraph 1 of this Article, the parties shall, at the request of the Court or the opposing party, furnish their submissions and enclosures thereto in paper/hard copy as well.

(3) The possibility and manner of electronic communication may also be established in the terms of reference of the arbitral tribunal.

(4) In the events referred to in paragraphs 1 to 3 of this Article, the parties shall confirm by electronic mail the receipt of specific submissions and enclosures.

(5) The party that fails to fulfil its obligations under the previous provisions of this Article shall reimburse the costs to the opposing party who has suffered such costs as a result, irrespective of the outcome of the dispute. The arbitral tribunal shall take that into consideration upon deciding about the reimbursement of the costs of procedure.

(6) The amount of costs caused by failure to fulfil the obligations under the previous provisions of this Article shall be assessed by the arbitral tribunal at its own discretion.

Ⅲ. Arbitral Tribunal

11 Number of Arbitrators and Constitution of the Arbitral Tribunal Number of Arbitrators

Article 14

(1) The parties may agree for the arbitration to be conducted by an arbitral tribunal or a sole arbitrator.

(2) If the parties have not reached a prior agreement about the number of arbitrators in disputes in which the counter-value of the subject matter of the dispute does not exceed EUR 200,000.00, the arbitration shall be conducted by a sole arbitrator, whilst in other disputes the arbitration shall be conducted by a tribunal of three arbitrators.

Persons Who can be Appointed Arbitrators

Article 15

(1) The parties may also appoint a person to be arbitrator who is not on the list of arbitrators of the Court.

(2) The appointing authority may only appoint a sole arbitrator and member or the president of the tribunal from the relevant list of arbitrators referred to in Article 4 of the Rules of the Court.

Appointment of Sole Arbitrators

Article 16

(1) If the parties have agreed for only one arbitrator to be appointed, they shall inform the Secretary of the Court of the name of that sole arbitrator. The name of the sole arbitrator may in that case be already established in the arbitration agreement, in a subsequent agreement or during the arbitration procedure.

(2) If the parties do not act in line with the provisions of paragraph 1 of this Ar-

ticle within the appropriate time period set by the Secretary, which may not be shorter than 15 days from the day the reply to the statement of claim is submitted to the Court or from the day of failure to file a reply to the statement of claim, the sole arbitrator shall be appointed by the appointing authority (Article 19).

Appointment of the Arbitral Tribunal

Article 17

(1) If the arbitration is to be conducted by a tribunal of three arbitrators, each party shall appoint one member of the tribunal. The members of the tribunal so appointed shall select the third member who shall be the president of the tribunal.

(2) If the claimant does not appoint an arbitrator to be member of the tribunal in the statement of claim or even following a time period of 15 days after having been subsequently invited to do so, or if the respondent does not appoint an arbitrator to be member of the tribunal in the reply to the statement of claim or within 15 days after having been subsequently invited to do so, the members of the tribunal shall be appointed by the appointing authority (Article 19) instead of the parties.

(3) If two members of the tribunal appointed in accordance with the provisions of previous paragraphs fail to inform the Secretary of the Court about the selection of tribunal president within 15 days of the appointment of the member of the tribunal who was appointed last, the president of the tribunal shall be appointed by the appointing authority (Article 19). In the notification about appointment and in the statement of acceptance of appointment, members of the tribunal shall be informed of the fact that, should they fail to appoint one in the mentioned time period, the president of the tribunal shall be appointed by the appointing authority.

Appointment in Case of Co-Litigants

Article 18

(1) If several claimants are participating in a single dispute as co-litigants, they are obligated to reach prior agreement on the appointment of a common arbitrator. If they fail to do so even within 15 days after having been invited to do so, the arbitrator shall be appointed by the appointing authority (Article 19) from the list of arbitrators of the Court.

(2) If in a single dispute there are several respondents participating who in terms of the subject matter of the dispute are in a legal community, or whose rights and obligations that are the subject matter of the dispute are founded on the same factual and legal grounds, they are obligated to appoint a common arbitrator in their reply to the statement of claim or within 15 days of having been invited to do so. If they fail to do so, the arbitrator shall be appointed by the appointing authority (Article 19) from the list of arbitrators of the Court.

(3) If in a single dispute there are several respondents participating who in terms of the subject matter of the dispute are not in legal community, or whose rights and obligations are not founded on the same factual and legal grounds, and they fail to appoint a common arbitrator within no more than 15 days of having been invited to do so, the appointing authority shall appoint all the members of the tribunal regardless of whether the claimant has appointed an arbitrator or whether the claimants have appointed a common arbitrator (Article 19).

Appointing Authority

Article 19

(1) The parties may designate the appointing authority in mutual agreement.

(2) If the parties do not reach an agreement on the appointing authority or if the appointing authority designated by such agreement declines to serve, the appointing authority shall be the President of the Court.

Actions by the Appointing Authority

Article 20

(1) The appointing authority is obligated to appoint the arbitrator without delay. The appointing authority shall make the appointment by applying the list procedure (paragraphs 2 to 4) only if the parties have expressly agreed on its application or if the appointing authority deems that this is appropriate in the specific case.

(2) The applicable list procedure shall be as follows:

(a) At the request of one of the parties or both parties, the appointing authority shall transmit to both parties identical lists containing at least three names;

(b) Within 15 days of receiving the list, each party may return the list to the appointing authority after they have crossed out the name or names they do not accept and indicated by number the remaining names on the list in their desired order;

(c) After expiry of the time limit referred to in item (b), the appointing authority shall appoint an arbitrator from the persons whose names are approved on the returned list, according to the order indicated by the parties;

(d) If the appointment cannot be conducted in this way, the appointing authority may appoint an arbitrator according to the appointing authority's own assessment.

(3) When appointing an arbitrator, the appointing authority is obligated to take into account all the circumstances to ensure the appointment of an independent and impartial arbitrator and the justification of appointing an arbitrator who does not have the same nationality as the parties.

Appointment of Arbitrators having Permanent or Habitual Residence Outside the Place of Arbitration

Article 21

(1) A party who appoints an arbitrator who is not on the list of arbitrators of the Court and whose permanent or habitual residence is outside the place of arbitration, shall make an advance deposit of the additional funds needed to cover the costs of the

arbitrator's travel and stay in the place of arbitration-if the Secretary of the Court finds that such appointment causes inappropriate expenditure in relation to the participation of this arbitrator in the proceedings.

(2) If the party fails to make an advance deposit of the funds referred to in paragraph 1 of this Article within the time limit set by the Secretary of the Court in its invitation to do so, it shall be deemed that such party has not appointed an arbitrator within the time limit set.

(3) The additional costs of the arbitrator referred to in paragraph 1 of this Article shall be included in the costs of the arbitration proceedings.

Constitution of Arbitral Tribunal

Article 22

(1) The arbitral tribunal shall be deemed to have been constituted on the day when the Court receives a statement from the appointed sole arbitrator or a statement from all the members of the arbitral tribunal on their independence and acceptance of their duties.

(2) The Court shall inform the sole arbitrator or the members of the arbitral tribunal and the parties of this date.

2 Independence and Impartiality of Arbitrators; Substitution, Revocation and Dismissal of Arbitrators.

Independence and Impartiality of Arbitrators

Article 23

(1) A person who has been approached regarding appointment as an arbitrator shall disclose all circumstances that might bring their independence or impartiality into question.

(2) Even after appointment, an arbitrator is obligated to immediately inform the parties of such circumstances, unless he or she has already informed them thereof.

Substitution of Arbitrators

Article 24

If an arbitrator needs to be substituted during the arbitration proceedings, for any reason at all, the arbitrator who will substitute him or her shall be appointed according to the provisions of the Rules that were applied in the appointment of the arbitrator who is being substituted. This is also the case when a party did not take part in the appointment procedure to appoint the arbitrator who is being substituted.

Challenge of Arbitrators

Article 25

(1) If circumstances exist which bring the independence and impartiality of an arbitrator into reasonable doubt, the President of the Court shall exclude him or her at the request of one of the parties.

(2) A party may request the challenge of an arbitrator appointed by such party or in whose appointment such party participated only if the reason for challenge occurred or if the party learned of it after the arbitrator had already been appointed.

(3) A request for challenge shall be filed in writing, with indication of the reasons why challenge is requested. The request may be filed within 30 days of when the party requesting challenge learned of the appointment of the arbitrator or of a circumstance referred to in paragraph 1 of this Article.

(4) If the arbitrator whose challenge is requested does not withdraw or the other party does not agree with the request for challenge, the appointing authority shall decide on that request, after the arbitrator whose challenge is requested and the other party have been given the opportunity to make a statement about this. Such decision shall be substantiated.

(5) An arbitrator who has withdrawn or who has been challenged shall have no right to remuneration or reimbursement of expenses in the procedure. He/she shall consent to such consequences of withdrawal or challenge by signing the statement of impartiality and acceptance of duties.

Termination of an Arbitrator's Mandate due to Failure to Perform His/her Duties

Article 26

(1) A party may ask the President of the Court to conduct proceedings to render a decision on the termination of mandate of an arbitrator due to the failure to perform his/her duty.

(2) The proceedings to render a decision referred to in paragraph 1 of this Article may also be instituted by the President of the Court or the Presidency of the Court ex officio.

(3) A procedural order to terminate the mandate of an arbitrator due to the failure to perform his/her duty shall be rendered by the Presidency of the Court, on the basis of an explained motion by the President of the Court or the Vice-President appointed by him/her.

(4) The Presidency shall decide on the proposal to terminate after the arbitrator has been given the opportunity to make a statement regarding that motion.

(5) The mandate of the arbitrator whose mandate has been terminated shall end when the decision by the Presidency is served on the parties.

(6) An arbitrator whose mandate has been terminated shall only have the right to reimbursement of the expenses he/she incurred in the proceedings and to an appropriate fee for work done if the failure to perform his/her duty occurred for justified reasons.

(7) The arbitrator is obligated to submit his/her request for reimbursement of expenses and an appropriate fee within 15 days from receipt of the decision to terminate his/her mandate. If the arbitrator fails to do so, he/she shall lose the right to request reimbursement of expenses and an appropriate fee.

(8) A tribunal comprising the President of the Court and two Vice-Presidents shall decide on the reimbursement of expenses and the appropriate fee, unless the Presidency of the Court decides otherwise.

(9) Arbitrators shall give their consent to the application of the provisions of this

Article by signing a statement of impartiality and acceptance of duties.

Repeated Argument in Case of Change of Composition of Arbitral Tribunal

Article 27

(1) If the composition of the arbitral tribunal is altered, the argument before the tribunal shall be repeated. The arbitral tribunal may decide for the argument not to be repeated if the parties so agree.

(2) If a new sole arbitrator is chosen or appointed, the argument must be repeated.

Ⅳ. Arbitration Proceedings

1 Statement of Claim and Reply to the Statement of Claim

Statement of Claim

Article 28

(1) Arbitration proceedings are instituted by a statement of claim, unless the parties have agreed otherwise.

(2) The statement of claim shall be submitted to the Court and shall contain:

(a) The names and addresses of the parties, including their e-mail addresses,

(b) The claim,

(c) Statements of the facts on which the claim is founded,

(d) Statements and proposed evidence,

(e) Statements on the arbitration agreement, if it has been concluded,

(f) Statements on the appointment of arbitrator,

(g) An indication of the value of the subject matter of the dispute.

(3) The statement of claim must also have enclosed a copy of the main agreement and the arbitration agreement (if it is not contained in the main agreement), if

such documents exist.

(4) Arbitration proceedings at the Court shall commence on the day when the Court receives the statement of claim.

Reply to the Statement of Claim

Article 29

(1) The Secretary of the Court shall transmit to the respondent the statement of claim and its enclosures, and set a time limit for filing a written reply to the statement of claim. The reply shall be filed with the Court, and the Secretary of the Court shall transmit it to the claimant together with its enclosures.

(2) The provisions of paragraphs 2 and 3 of Article 28 of the Rules shall apply mutatis mutandis to the reply to the statement of claim.

(3) The statement of claim shall not be transmitted to the respondent before the claimant has paid the entire amount of the advance deposit for the costs of the arbitration proceedings.

Loss of the Right to Object

Article 30

A party who is aware or who ought to be aware that a provision of the law applicable to the arbitration which the parties may not waive or that a condition arising from the arbitration agreement has not been fulfilled, but despite this fact continues to take part in the arbitration and fails to object to this omission without delay, or fails to object within the time limit set for such objections, shall lose the right to invoke such omission.

2 Statement of Counterclaim and Set-off Defense

Statement of Counterclaim

Article 31

(1) The respondent may in his/her reply to the statement of claim file a state-

ment of counterclaim with the Court if the claim referred to in the statement of counterclaim stems from the legal relationship covered by the arbitration agreement concluded. If the claimant agrees with that, the respondent may file a statement of counterclaim until the moment of closing of the argument.

(2) The provisions of these Rules pertaining to the statement of claim shall also apply mutatis mutandis to the statement of counterclaim.

Set-off Defense

Article 32

(1) The respondent may in his/her reply to the statement of counterclaim file a set-off defense requesting the arbitral tribunal to determine the claim sought in the set-off defense and set it off against the claimant's claim, only if the arbitral tribunal finds that the claimant's claim is well-founded. If the claimant agrees with that, the respondent may file a statement of counterclaim until the moment of closing of the argument.

(2) The respondent may only file a set-off defense pursuant to paragraph 1 of this Article if it arises from the legal relationship covered by the arbitration agreement. The set-off defense shall be deemed to arise from the legal relation covered by the arbitration agreement if the claimant does not object to the jurisdiction of the arbitral tribunal to hear and adjudicate such defense no later than before it enters the argument on its merits.

(3) The rules applicable to the statement of counterclaim shall also apply to a set-off defense in terms of the duty of the party to pay a registration fee and an advance deposit for the costs of the arbitration proceedings.

(4) The arbitral tribunal may, if it finds it to be purposeful, render a decision to separate the proceedings on the statement of claim and the set-off defense and set the respondent a time limit in which to amend his/her set-off defense into an action in which he/she presents an unconditional claim.

(5) The fees and advance deposit paid before the separation of the proceedings shall be taken into account in the separated proceedings.

(6) The effects of filing a set-off defense in the separated proceedings on the action which the respondent files on the basis of an objection (e. g. the interruption of the statute of limitations) shall be calculated from the moment that objection was filed in the proceedings before separation.

(7) In the event of separation of proceedings, the arbitral tribunal which conducted the proceedings shall retain jurisdiction also for conducting the proceedings on the action based on the set-off defense after the separation of the proceedings.

(8) If the respondent does not file an action instead of a set-off defense within the time limit set by the arbitration tribunal (paragraph 4), it shall be deemed that he/she has withdrawn his set-off defense and in that case he/she shall be obligated to reimburse the costs to the claimant as in the case of withdrawal of a statement of counterclaim.

3 Defining the Terms of Reference of the Arbitral Tribunal

Terms of Reference of the Arbitral Tribunal

Article 33

(1) Immediately after its constitution, the arbitral tribunal may draw up a document defining its terms of reference. This document may in particular contain:

- Names and data on the parties;

- Postal and electronic addresses of the parties and their representatives to which notifications may be transmitted and through which communication may be undertaken for the purposes of the arbitration proceedings;

- Names, data and postal and electronic addresses of the arbitrators to which notifications may be transmitted and through which communication may be undertaken for the purposes of the arbitration proceedings;

- Data on the composition of the arbitral tribunal;

- A reference to the arbitration agreement between the parties as the grounds for jurisdiction of the arbitral tribunal;

- Place of arbitration;

– Language of arbitration;

– Data on the relevant substantive law;

– Data on the relevant rules of proceedings;

– Data on the manner of rendering procedural decisions by the arbitral tribunal;

– Rules on the form and manner of proposing evidence to the arbitral tribunal;

– Rules on the manner of hearing witnesses and expert witnesses in the arbitration proceedings;

– Rules on the content and form of submissions by parties and the manner of filing them with the Court and to the parties;

– The summary of statements and allegations by the parties and their requests;

– Disputed issues that the arbitral tribunal needs to resolve;

– An indication that the arbitrators have accepted their appointment, that the parties accept the jurisdiction of the arbitral tribunal and that the arbitral tribunal is authorized to resolve the dispute pursuant to this document; that the parties have no objection to any of the arbitrators, that they deem the arbitrators to be impartial and independent, and that the arbitral tribunal has been correctly founded; or an indication that a dispute exists between the parties regarding jurisdiction.

– A preliminary timetable for undertaking tasks in the proceedings.

(2) A draft document referred to in paragraph 1 of this Article shall be transmitted by the arbitral tribunal to the parties and a reasonable time limit shall be set for their comments. In order to draw up this document, reach agreement on its content and sign it, a special hearing may be held if the arbitral tribunal deems it necessary.

(3) The arbitral tribunal shall draw up the terms of reference of the arbitral tribunal if the parties have agreed thereon in the manner prescribed for concluding the arbitration agreement or subsequently during the proceedings by an exchange of submissions, or at a hearing.

(4) The document defining the terms of reference in the event referred to in paragraph 3 of this article shall not be drawn up if the parties agree that it is not necessary to do so.

(5) If, in the event referred to in paragraph 1 of this Article, the arbitral tribunal

does not render a procedural order on drawing up its terms of reference within two months of its constitution, it shall be deemed that it has decided that such document will not be drawn up.

Signing and Approval of the Terms of Reference of the Arbitral Tribunal

Article 34

(1) The terms of reference shall be signed by the arbitrators and the parties.

(2) The documents referred to in paragraph 1 of this Article must be drawn up and signed within two months of the constitution of the arbitral tribunal. This time limit may be extended by the President of the Court or the person he/she authorizes, at the request by the arbitral tribunal accompanied by an explanation.

(3) If one of the parties refuses to take part in drawing up the document or refuses to sign it, the document shall be sent to the Court for approval. The President of the Court or the member of the Presidency of the Court appointed by him/her shall rule on such approval.

4 General Rules of Procedure

Conduct of Proceedings

Article 35

(1) If the Rules do not provide otherwise, the arbitral tribunal shall conduct the proceedings in the manner it deems appropriate.

(2) If it deems that it is appropriate in view of the circumstances of the case and if this has not already been done in the terms of reference, the arbitral tribunal may immediately define a basic schedule for the arbitration, after allowing the parties to express their opinions about that.

(3) Unless the prerequisites for issuing of an award without holding a hearing have been fulfilled, the arbitral tribunal shall be obligated to hold the first hearing within sixty days from the day of constitution of the arbitral tribunal (Article 22).

(4) The arbitral tribunal shall be obligated to complete the arbitration proceedings within one year from the day of constitution of the arbitral tribunal (Article 22).

(5) The President of the Court can extend the time limit referred to in paragraph 4 of this Article, at the request of the arbitral tribunal accompanied by an explanation, if he/she finds that there are justified reasons to do so.

Joinder and Severance of Proceedings

Article 36

(1) If the parties to the dispute file independent actions against one another arising from the same or different legal relationships, for which they have agreed on the jurisdiction of the arbitral tribunal at the Court, in cased where this would be purposeful in view of the disputes instituted by those actions, the Secretary of the Court shall endeavour for the argument and decision-making on them to be joined and continued before the arbitral tribunal in the same composition.

(2) At the request of any of the parties, in proceedings conducted against several respondents, where the dispute does not need to be resolved solely in an equal manner according to the law or the nature of the legal matter, the arbitral tribunal may decide for the severance of the proceedings in relation to some of them if it is not possible to conduct the proceedings in relation to one or some of them for a certain period of time.

(3) At the request of any of the parties, the arbitral tribunal may decide, unless the parties jointly object to this, for proceedings instituted jointly by several claimants, where the dispute does not need to be resolved solely in an equal manner according to the law or the nature of the legal matter, for the severance of the proceedings in relation to some of them if it is not possible to conduct them in relation to one or some of them for a certain period of time.

(4) In the events referred to in paragraphs 2 and 3 of this Article, the parties are obligated to pay an additional registration fee and advance deposit for the conduct of separated proceedings as though they were instituted as separate proceedings. If these amounts are not paid in within the time limit set by the Secretary of the Court, the pro-

ceedings will not be separated.

(5) The arbitral tribunal shall decide whether the procedural actions undertaken in the proceedings before the separation will be repeated in the separated proceedings.

(6) After the reasons for separation of the proceedings cease to exist (paragraphs 2 and 3), the separated proceedings may be re-joined (paragraph 1).

Co-litigants

Article 37

(1) Several persons may sue or be sued by a single statement of claim as co-litigants only if they are in a legal community in terms of the subject matter of the dispute or if their rights and obligations are based on essentially the same facts and legal grounds, and especially if the dispute may only be resolved in an equal manner for them according to the law or the nature of the legal relationship.

(2) Joint and several creditors and joint and several debtors may be encompassed by the same action as co-litigants.

(3) The claimant may only encompass two respondents in the action, requesting the arbitral tribunal to accept the claim against the subsequent respondent if it has been dismissed against the one indicated first in the action, if both respondents agree to this.

Intervenor

Article 38

A person who has a legal interest to join any one of the parties in the dispute as an intervenor may join that party if both parties agree to this.

Time Limits

Article 39

(1) The parties may agree in mutual consent to extend the time limits for performing certain procedural tasks by the parties established by the Rules or by a proce-

dural order by the arbitral tribunal.

(2) The Secretary of the Court and the arbitral tribunal may, in justified cases and within the bounds of their jurisdiction, extend the time limits for performing certain procedural tasks established by the Rules or by a procedural order by the arbitral tribunal, taking care to prevent unnecessary delay in the proceedings.

(3) Taking all the circumstances into account, the arbitral tribunal shall assess whether the procedural tasks undertaken by the parties after the expiry of the set time limits may be accepted.

(4) The provision of paragraph 2 of this Article does not apply to failure to meet the time limits for filing objections against payment orders.

Conclusion of the Argument

Article 40

(1) When the arbitral tribunal finds that a case has been argued sufficiently and a decision can be rendered, it shall announce that the argument has been concluded.

(2) The arbitral tribunal may decide to re-open the argument once it has been concluded if this is necessary in order to supplement the proceedings or clarify important issues.

5 Decision on the Jurisdiction of the Arbitral Tribunal

Objection of Lack of Jurisdiction

Article 41

(1) The arbitral tribunal may decide about its own jurisdiction, including deciding on any objection regarding the existence or validity of an arbitration agreement. For that purpose, the arbitration clause, which is an integral part of a contract, shall be deemed an agreement separate from the other provisions of that contract. A decision by the arbitral tribunal on whether that contract is null and void in itself does not mean that the arbitration clause is also void.

(2) An objection that the arbitral tribunal does not have jurisdiction must be filed

no later than the reply to the statement of claim or, in relation to a statement of counterclaim or set-off defense, in the reply to the statement of counterclaim or to the set-off defense. The fact that a party has appointed an arbitrator or participated in appointing an arbitrator does not deny them the right to this objection. An objection that the arbitral tribunal is exceeding the limits of its jurisdiction shall be filed as soon as the case in which it is alleged that the tribunal is exceeding the scope of its jurisdiction is presented in arbitration proceedings. The arbitral tribunal may in both cases allow the subsequent filing of an objection if it deems that the delay was justified.

(3) The arbitral tribunal may decide on the objection referred to in paragraph 2 of this Article as a preliminary question or in the decision on the merits of the dispute. The arbitral tribunal may continue with the proceedings and render an award, regardless of any proceedings being conducted before a state court in relation to its jurisdiction.

6 Evidence

General Provisions

Article 42

(1) The arbitral tribunal shall decide on the admissibility, importance, significance and strength of the evidence proposed and heard, and it shall decide which party has the burden of proving certain factual assertions.

(2) If it finds it to be purposeful, the arbitral tribunal may invite the parties to submit to the arbitral tribunal and to the opposing party, within the time limit set by the arbitral tribunal, a brief overview of the documents and other evidence which that party intends to present in order to establish disputed facts presented in the statement of claim or in the reply to the statement of claim.

(3) During the arbitration proceedings, the arbitral tribunal may within the limits of its powers invite the parties to present documents or other evidence within a time limit it sets.

(4) The arbitral tribunal may decide to entrust the taking of evidence to the arbi-

trator who is the President of the tribunal or to an arbitrator who is a member of the arbitral tribunal.

(5) The Secretary of the Court shall undertake what is necessary to provide for taking of shorthand notes, sound recordings or writing of minutes of the taking of evidence in a foreign language if one of the parties so requests, or if the arbitral tribunal so orders, but only if an advance payment has been made to cover the costs so incurred. If the advance payment has not been deposited within the time limit set by the arbitral tribunal, or if this has not been done at all, the Secretary of the Court shall as a rule not undertake these tasks.

Witnesses

Article 43

(1) Unless the parties have agreed otherwise, the arbitral tribunal may determine the manner in which the witnesses are heard.

(2) The arbitral tribunal may order a witness or witnesses to be removed whilst other witnesses are being heard.

Expert Witnesses

Article 44

(1) After it has given the parties the opportunity to express their opinions on that issue, the arbitral tribunal may appoint one or more expert witnesses to provide findings and opinions on specific issues about which the arbitral tribunal must decide. The arbitral tribunal shall send the parties a copy of the decision on appointment of an expert witness and on his/her terms of reference.

(2) When it receives the expert's findings and opinion, the arbitral tribunal shall send a copy of the report to the parties and enable them to give their written comments on them. The parties are authorized to examine every document referred to by the expert witness in his/her report.

(3) The arbitral tribunal may appoint an expert witness for specific legal issues and ask him/her to present an opinion.

Costs of Taking Evidence

Article 45

(1) When arranging the hearing of witnesses, expert witness assessment or taking of other evidence, the arbitral tribunal shall, in agreement with the Secretary of the Court, define by a procedural order an advance payment to cover the costs of taking certain evidence and set a time limit in which that advance payment must be paid.

(2) If the advance is not paid within the set time limit, the evidence shall not be taken.

7 Oral Hearing

Scheduling of the Oral Hearing and its Public Nature

Article 46

(1) The arbitral tribunal shall inform the parties of the scheduling of an oral hearing in good time, indicating the date, time and place where the hearing is to be held.

(2) The oral hearing shall be held with the exclusion of the public unless the parties have agreed otherwise.

Preparation of the Oral Hearing

Article 47

(1) If witnesses are to be heard, each party shall file a submission to the arbitral tribunal and to the opposing party at least 15 days before the hearing, informing them of the names and addresses of the witnesses the party intends to propose and indicating the subject of the testimony and language in which the witnesses are to be heard, unless they have already done so at the previous hearing.

(2) In agreement with the Secretary of the Court, the arbitral tribunal shall provide for interpretation of oral statements given at the hearing and for translation of the minutes of the hearing, if it deems this necessary in view of the circumstances of the case or if the parties have so agreed and informed the arbitral tribunal accordingly, no

later than 15 days before the hearing.

8 Interim Measures

Types of Interim Measures

Article 48

(1) By stipulating the jurisdiction of the Court, the parties agree to the jurisdiction of the Court and the arbitral tribunal for ordering interim measures in line with the provisions of these Rules.

(2) Unless the parties have agreed otherwise, the arbitral tribunal may, at the request of any one of the parties, issue an interim security measure ordering any of the parties to undertake a certain measure that the arbitral tribunal considers necessary, in particular it can do the following:

(a) Order them to undertake specific actions to maintain or establish a certain status of the matter during the course of the arbitration proceedings;

(b) Prohibit one of the parties to undertake a specific action;

(c) Allow one of the parties to undertake certain actions in order to maintain the existing status or establish a prior status, depending on the subject matter of the dispute;

(d) Order the seizure of certain items or for them to be entrusted to the safe-keeping of the proposer or a third party;

(e) Regulate the relationship between the parties, on a temporary basis;

(f) Order a party to make a guarantee deposit as a prerequisite for ordering some other interim measure, or as a prerequisite for not ordering such measure, or as a measure to reinforce the effectiveness of other measures imposed, or as a security based on which the proposer of the interim measure would be able to settle his/her claim from his/her action, including the right to reimbursement of the costs of the proceedings;

(g) Order and conduct securing of evidence.

The Procedure of Ordering Interim Measures

Article 49

(1) The arbitral tribunal shall order an interim measure as a rule only after it gives an opportunity to other party to express an opinion on the motion to order such a measure.

(2) The arbitral tribunal may order an interim measure before it has given the other party an opportunity to express their opinion on the motion only if the party requesting such a measure gives plausible reasons why this is necessary for the effectiveness of the interim measure.

(3) In the event referred to in paragraph 2 of this Article, the party requesting an interim measure to be ordered shall inform the arbitral tribunal of all the circumstances relevant for the decision by the arbitral tribunal and that party shall also provide a statement declaring that they will be liable for any harm caused by failing to inform about circumstances they knew about or should have known about. In any case, the arbitral tribunal is obligated to give each party an opportunity to express their opinion about the motion as soon as this is possible depending on the nature of the matter and to re-examine the decision rendered on an interim measure after receiving the statement by the other party.

(4) The decision on the interim measure shall be issued in the form of an award and it shall include a statement of reasons. In especially urgent cases, interim measures may be ordered without a statement of reasons. If it is necessary to apply to a court for enforcement of interim measures or if this is requested by the opposing party, a written document shall be drawn up with a statement of reasons for the interim measure.

(5) The parties are obligated to inform the Secretary of the Court without delay of the actions taken pursuant to specific interim measures.

Ordering Interim Measures before the Constitution of the Arbitral Tribunal

Article 50

(1) If the requirements are met for ordering interim measures before the constitution of the arbitral tribunal, those measures may be ordered by the President of the Court as a sole arbitrator or by an arbitrator from the list of arbitrators of the Court appointed by the President, pursuant to the provisions of these Rules. The President of the Court and the appointed arbitrator shall have all the powers which the arbitral tribunal has in the arbitration proceedings in relation to ordering, enforcing and keeping in force the interim measures until the constitution of the arbitral tribunal.

(2) In exceptionally urgent cases, the President of the Court or the arbitrator appointed by the President may, on the motion of a party, order an interim measure pursuant to the provisions of paragraph 1 of this Article even before the action is filed with the court. In this case, a time limit for filing the action shall be set in the decision to order the interim measure. If the action is not filed within that time limit the interim measure will be rescinded.

(3) After the arbitral tribunal has been constituted, it may proceed to act on the interim measures ordered pursuant to the provisions of paragraph 1 of this Article as though it had ordered them itself.

Costs of Ordering Interim Measures

Article 51

(1) The party who proposes an interim measure shall, at the request of the Secretary of the Court, pay an administrative fee for ordering of such measure and an advance deposit to cover the costs of ordering and enforcing the measures that are to be taken by the Secretary, the President of the Court, the appointed arbitrator or the arbitral tribunal, with appropriate application of the provisions on costs of proceedings before the Court.

(2) Until payment is made of the administrative fee and the advance deposit for covering the costs of ordering and enforcing the interim measures, no action shall be taken on the motion to order interim measures.

9 Award

Issuing and Service of Award

Article 52

(1) The arbitral tribunal shall submit to the Secretary of the Court a draft award for the purpose of review and approval (Article 55) within sixty days after conclusion of the hearing for the main argument, or until fulfilment of other prerequisites for its issuing, taking into consideration the time limits for the completion of the arbitration procedure referred to in Article 35 of these Rules. At a request of the arbitral tribunal accompanied by an explanation, the President of the Court can extent the time limit for submitting a draft award by an additional period of thirty days.

(2) The final award shall be delivered to the parties when the Secretary of the Court has established that they have settled all the costs of the arbitration proceedings.

(3) The certificate of res iudicata and enforceability of the award shall be issued by the Secretary of the Court.

Remedy to Higher Instance Arbitral Tribunal not Permitted

Article 53

No remedy shall be permitted to an arbitral tribunal of a higher instance against the award.

10 Powers of the Court

Powers of the Secretary of the Court

Article 54

(1) The Secretary of the Court may attend the hearings for argument.

(2) The Secretary of the Court is obligated to take part in hearings for argument if the sole arbitrator or at least one member of the arbitral tribunal is not a law graduate.

(3) The Secretary of the Court is authorized to draw the arbitrators' attention to legal issues that are relevant for the decision-making process, especially issues related to the content and form of procedural tasks being taken, whilst at the same time respecting the right of the arbitral tribunal to decide on the merits of the dispute.

Examination and Approval of Awards and Procedural Orders

Article 55

(1) Before signing the award and procedural orders related to the management of the proceedings, the arbitral tribunal shall present a draft to the Court.

(2) The Court may order an amendment of the form of the draft presented. The Court is authorized, with respect for the right of the arbitral tribunal to decide on the merits of the dispute, to draw the attention of the arbitral tribunal to issues relating to the merits of the dispute.

(3) The examination of the draft award and procedural order shall be undertaken on behalf of the Court by the President or the member of the Presidency of the Court to whom the Presidency of the Court entrusts that task.

(4) If the arbitral tribunal does not accept the cautions regarding the need to amend the form of the draft presented, the President of the Court shall rule on the justification of those cautions.

(5) The award by the arbitral tribunal may not be sent to the parties before its form is approved by the authorized member of the Presidency of the Court.

10a Award Without Holding a Hearing

Issuing an Award Without Holding a Hearing

Article 56

(1) If the arbitral tribunal finds, based on a statement of claim, reply to a state-

ment of claim and enclosures with those submissions that the facts are certain beyond doubt, i. e. that the facts can be determined based on the documents submitted by the parties, it can issue an award without holding a hearing, unless there are other circumstances preventing the issuing thereof.

(2) In the event referred to in paragraph 1 of this Article, the arbitral tribunal shall provide prior notification to the parties about its position that the conditions for issuing an award without holding a hearing have been fulfilled and about the fact that the award shall be issued, unless any of the parties requests that a hearing be held for the purpose of discussing the tribunal's position that the conditions for issuing an award without holding a hearing have been fulfilled.

(3) The request for holding of a hearing has to be filed by the party within eight days after delivery of the notification of the arbitral tribunal referred to in paragraph 2 of this Article.

11 Payment Order
(Award in the Form of a Payment Order)

Issuance of Payment Order

Article 57

(1) If the requirements are met on the basis of which a payment order may be issued pursuant to the provisions of the Civil Procedure Act of the Republic of Croatia, the President of the Court shall issue a payment order as the sole arbitrator in cases without international character, upon a motion by the claimant.

(2) The payment order, together with the statement of claim and enclosures, shall be sent to the respondent.

(3) The respondent may file an objection against the payment order within 8 days or, in matters involving promissory notes or cheques, within 3 days of the service of the payment order. In the objection, the respondent is obligated to appoint an arbitrator within the meaning of the provisions of the Arbitration Act and the Rules.

(4) If the respondent files an objection within the time limit referred to in para-

graph 3 of this Article, the Secretary of the Court shall do what is needed to establish an arbitral tribunal, after which the arbitration proceedings shall continue before the arbitral tribunal pursuant to the provisions of these Rules in order to reach a final decision.

(5) In the final decision referred to in paragraph 4 of this Article, the arbitral tribunal shall decide to retain the payment order in force in full or partially or to revoke it.

12 Costs

Article 58

(1) At the request of a party, the arbitral tribunal shall nominate, in the award or in the decision terminating the proceedings, which party is obligated to reimburse the other party for the necessary costs of conducting the proceedings and to what extent, including the costs of representation and payment of the arbitrators' fees, and to bear their own costs.

(2) The arbitral tribunal shall decide on costs at its own discretion, taking all the circumstances of the case into account, and especially the outcome of the arbitration proceedings.

(3) If the arbitral tribunal fails to decide on the costs, or if such decision is only possible after the termination of the arbitration proceedings, the arbitral tribunal shall render a separate award on costs.

Article 59

If the arbitration proceedings are terminated before the arbitral tribunal is constituted, for example by the withdrawal of the statement of claim, the President of the Court shall decide on the requests by the parties for reimbursement of the costs of the proceedings, as a sole arbitrator by virtue of an award.

Article 60

The rules on costs of proceedings before the Court (arbitrators' fees, administrative costs, advance deposits of costs, taking of evidence and other expenditure), unless they are contained in these Rules, shall be established by a decision of the Managing Board of the Croatian Chamber of Economy.

13 Relevant Rules of Procedure

Acceptance of Relevance of the Rules

Article 61

(1) By concluding an agreement on arbitration to be conducted by an arbitral tribunal at the Court, the parties accept the provisions of these Rules.

(2) If it is not contrary to the relevant arbitration law or the Rules, the parties may agree on the rules of proceedings which the arbitrators shall follow, either by establishing them themselves or by choosing specific rules or a law, or in some other appropriate manner.

(3) Where the parties have not agreed on the rules of the proceedings, the arbitral tribunal shall conduct the proceedings pursuant to the provisions of these Rules, taking into account the rules of the law relevant for the arbitration.

(4) For issues not regulated by these Rules or the rules of the law relevant for the arbitration, the arbitral tribunal shall be authorized to establish the rules of the proceedings itself either by determining them itself, or by referring to specific rules, a law, or in some other appropriate manner.

V. Special Rules of Fast Track Arbitration Procedure

Scope of Application

Article 62

(1) Special rules about fast track arbitration procedure shall apply:

1 In disputes without international character the value of the subject matter of which does not exceed the HRK counter-value of EUR 100,000.00, unless the parties have determined otherwise in their arbitration agreement,

2　In disputes without international character the value of the subject matter of which exceeds EUR 100,000.00 and in disputes with international character if the parties have determined in their arbitration agreement that the procedure shall be conducted in accordance with such rules in the legal matters to which the agreement in question pertains.

(2) Unless the following provisions of these rules define otherwise, the provisions of Chapters I to IV of these Rules shall apply mutatis mutandis in the fast track arbitration procedure.

Composition and Constitution of the Arbitral Tribunal

Article 63

(1) The fast track arbitration procedure shall be conducted by a sole arbitrator.

(2) If the parties have not agreed in the arbitration agreement or at some point prior to filing of a statement of claim about the person who is to settle their dispute as the sole arbitrator, the sole arbitrator shall be appointed by the appointing authority selected from the valid list of arbitrators of the Court within eight days, counting from the day of payment of the advance deposit for covering of the costs of the arbitration procedure.

Submission and Service of Documents

Article 64

(1) The statement of claim, reply to the statement of claim and other submissions, as well as enclosures with those submissions in the procedure to which the provisions of this Chapter pertain shall be submitted in paper/hard copy and in electronic form.

(2) In the claimant's statement of claim and in the respondent's reply to the statement of claim, they shall be obligated to indicate their e-mail addresses to which the documents are to be delivered electronically. Those e-mail addresses shall be a compulsory part of the parties' identification in the procedure.

(3) The Court and the sole arbitrator shall deliver their documents to the parties

electronically and in paper/hard copy, unless the parties waive delivery in paper/hard copy. The sole arbitrator shall deliver its documents addressed to the parties electronically. The Court shall deliver its documents addressed to the parties electronically, and it shall also deliver them to the sole arbitrator.

(4) In cases referred to in paragraphs 1 to 3 of this Article, the parties shall be obligated to electronically confirm the receipt of the document sent by the opposing party, the Court and the sole arbitrator, together with enclosures with those documents, within no more than three days thereafter. The electronic form of confirmation of receipt shall be determined by the Court in a special decision, or the provisions on electronic sending of documents from the E-Idas Regulation of the European Commission shall apply, once implemented.

(5) A party's document sent electronically to the opposing party shall also be sent to electronically the Court, which shall forward it the same way to the relevant party and to the sole arbitrator. The sole arbitrator's document sent electronically to the parties shall also be sent to the Court, which shall forward it the same way to the parties.

(6) It shall be considered that the party's, the Court's and the sole arbitrator's document has been delivered to the opposing party(ies) upon expiry of the third day after the Court forwarded it electronically to the opposing party(ies) (paragraph 5).

(7) The party that fails to fulfil or that fails to duly fulfil its obligations under the previous provisions of this Article shall be obligated to compensate to the opposing party, at the opposing party's request, the costs incurred in such way, irrespective of the outcome of the dispute. Such acts of the party shall be taken into consideration by the sole arbitrator also in the process of deciding on that party's request for reimbursement of the costs of procedure.

(8) The Court or the sole arbitrator can define a special electronic format that the parties shall be obligated to use.

(9) The amount of the costs caused by failure to fulfil or by undue fulfilment of obligations defined in the previous paragraphs of this Article shall be assessed by the sole arbitrator at his/her own discretion.

(10) The service of the award shall be performed according to the provisions of Article 12 of these Rules.

(11) The Court and the sole arbitrator shall communicate with each other electronically.

(12) The Court shall publish at its website the e-mail address at which it shall receive submissions referred to in paragraph 1 of this Article as well as other documents in this procedure.

Reply to a Statement of Claim

Article 65

(1) The respondent may reply to the statement of claim within a period of fifteen days. A reply to the statement of claim that has not been submitted in due time shall not be taken into consideration during the making of the final award.

(2) If the respondent fails to file a reply to the statement of claim referred to in paragraph 1 of this Article, the sole arbitrator shall be authorized to issue an award based on the assertions made in the statement of claim and the evidence enclosed with the statement of claim.

(3) If the assertions made in the statement of claim and the evidence enclosed with the statement of claim do not show the statement of claim to be well-founded, the sole arbitrator shall issue an award denying the claim as unfounded.

(4) If the respondent files a reply to the statement of claim in due time, the reply and any potential enclosures shall be delivered to the claimant, so that the claimant may provide a comment about it within fifteen days. The claimant shall be obligated to enclose all documents with his/her comments that he/she finds relevant for the settling of the dispute.

(5) Claimant's comments referred to in paragraph 4 of this Article shall be delivered to the respondent, who can make his/her own comments within fifteen days. The respondent shall be obligated to enclose all documents that he/she finds relevant for the settling of the dispute.

(6) After expiry of time limits referred to in paragraphs 4 and 5 of this Article,

the parties may only present new facts and propose new evidence if the opposing party and the sole arbitrator agree with that.

(7) The sole arbitrator can, as an exception and if he/she finds it necessary in order to ensure a fair trial, allow for new facts and evidence to be presented even if the opposing party opposes it.

Statement of Counterclaim and Set-off Defense

Article 66

(1) The statement of counterclaim and set-off defense can be filed by the respondent only in the reply to the statement of claim.

(2) After filing the reply to statement of claim, the respondent may file a statement of counterclaim and a set-off defense only if the opposing party and the sole arbitrator agree with that. The sole arbitrator can, as an exception and if he/she finds it necessary in order to ensure a fair trial, allow for new facts and evidence to be presented even if the opposing party opposes it.

Award Without Holding a Hearing

Article 67

(1) Unless the claimant proposes otherwise in his/her statement of claim or unless the respondent proposes otherwise in his/her reply to the statement of claim, the sole arbitrator can issue an award without holding a hearing based on the assertions made by the parties in the statement of claim and the reply to the statement of claim, or in the submissions of the parties referred to in Article 65, paragraphs 4 and 5 of these Rules, and based on evidence enclosed with the statement of claim and the reply to the statement of claim, as well as other mentioned submissions.

(2) If he/she finds that the conditions for issuing an award without holding a hearing have been met, the sole arbitrator shall, within eight days, inform the parties of his/her position, and the parties shall be entitled to request within eight days that a hearing be held to discuss the position of the sole arbitrator that the conditions for issuing an award without holding a hearing have been met, and to discuss the grounds for

deciding on the merits of the dispute.

(3) The sole arbitrator can, as an exception, at his/her own incentive and if he/she finds that the circumstances of the case and the principle of fair trial require it, decide that in the event referred to in paragraph 1 of this Article, a hearing be held in which he/she shall present to the parties his/her positions with regard to the material elements of the dispute in accordance with Article 17, paragraph 3 of the Arbitration Act (Official Gazette No. 88/01).

(4) The hearing referred to in paragraphs 2 and 3 of this Article shall be held by the sole arbitrator within 30 days after the day of filing the request of the party referred to in paragraph 2 of this Article, or from the day of receipt of submission referred to in Article 65, paragraphs 4 and 5 of these Rules that the sole arbitrator received last.

Obtaining Witnesses' and Parties' Testimonies

Article 68

(1) If it is required to hear witnesses or parties in order to determine relevant facts, the sole arbitrator shall decide whether a hearing is to be held for the purpose of taking such evidence or whether he/she shall request from the mentioned persons to submit their testimonies in writing.

(2) If he/she decides to request from the mentioned persons to submit their testimonies in writing, the sole arbitrator shall invite the parties to provide, within eight days, a list of questions that the witness or the other party shall need to answer. The list of questions drafted by one of the parties shall be delivered to the opposing party, who can supplement their list of questions with further questions, within a period of eight days.

(3) Witnesses' testimonies referred to in paragraph 3 of this Article have to be publically certified, unless the parties agree that such certification is not necessary.

(4) Witnesses' and parties' testimonies shall be delivered to the relevant parties and to the opposing party by the sole arbitrator, and the parties shall be allowed to make a comment about them within eight days. Based on those comments, the sole arbitrator may request that the witnesses' or parties' testimonies be supplemented.

(5) As a rule, written testimonies of witnesses shall be obtained by the parties that presented them as evidence. If the party that was instructed to do so fails to obtain witnesses' testimonies within the time limit set for that purpose, it shall be considered that the hearing of those witnesses had never even been proposed.

(6) If it finds that the party was unable to obtain a witness's testimony for justified reasons, the sole arbitrator may, as an exception, decide to request directly from the witness to provide a written testimony. In that case, the provisions of paragraphs 2 to 4 of this Article shall apply mutatis mutandis. Once he/she finds it necessary, the sole arbitrator may decide to obtain witnesses' testimonies via the state court in accordance with the rules on legal assistance.

(7) After he/she receives witnesses' and parties' testimonies and the parties' comments about such testimonies, the sole arbitrator may decide to still hold the hearing for the purpose of hearing the witnesses and the parties, or for clarifying disputed issues. The sole arbitrator shall be obligated to hold that hearing within no more than thirty days after receipt of the last of the mentioned testimonies or the last of the parties' comments.

Expert Witness Assessment

Article 69

(1) If any of the parties have suggested expert witness assessment for the purpose of determining certain facts, the sole arbitrator shall, if he/she finds it necessary and unless the parties have agreed otherwise, nominate within eight days a natural or legal person that shall be entrusted with the task of expert witness assessment, and he/she shall determine the time limit for such expert witness assessment to be performed. On that occasion, the sole arbitrator shall decide which of the parties shall be obligated to provide an advance deposit of the funds required for the taking of such evidence, as well as the amount and the time limit for it. That time limit cannot be longer than fifteen days.

(2) If the party that was instructed to provide an advance deposit of the funds for the performance of expert witness assessment referred to in paragraph 1 of this Article

fails to do so, the expert witness assessment shall not be performed.

(3) Expert witnesses are obligated to perform their tasks within the time limit set by the arbitral tribunal. The expert witnesses shall make a statement to that effect in writing, accepting the offered task of performing expert witness assessment.

(4) The sole arbitrator may decide for each of the parties to entrust the task of performing expert witness assessment to a person of their own choosing. In that case, the parties shall be given a time limit for obtaining and submitting the findings and opinion of such person. The finding and opinion of such person can be obtained even prior to filing a statement of claim or reply to a statement of claim.

(5) In the event referred to in paragraph 4 of this Article, each of the parties shall be allowed to make a written comment to the obtained findings and opinion of the person that the opposing party has entrusted with the task of performing the expert witness assessment and to ask him/her questions, within eight days after receipt of the findings and opinion of that person. The party that obtained the findings and the opinion shall be obligated to obtain the answers to those questions from the person who provided the findings and the opinion, within a time limit set by the sole arbitrator. The parties shall be allowed to make comments about those answers within eight days after having received them.

(6) In the events referred to in paragraphs 4 and 5 of this Article, the sole arbitrator shall, at his/her own discretion, evaluate the obtaining of the findings and the opinion, as well as the answers to the questions that were asked to the person who drafted the findings and the opinion and the parties' comments about such findings and opinion, and also about the answers to the questions asked.

(7) If he/she finds it necessary, the sole arbitrator can decide to hold a hearing for the purpose of hearing an expert witness nominated by him/her or of the person to whom the parties themselves have entrusted the performance of expert witness assessment. That hearing shall be held by the sole arbitrator within no more than thirty days after the day of receipt of the parties' comments referred to in paragraph 5 of this Article.

Issuing an Award

Article 70

(1) The sole arbitrator shall be obligated to issue an award within a period of fifteen days after the fulfilment of conditions for its issuing without holding a hearing (Article 67), or after the obtaining of the witnesses', the parties' and the expert witnesses' testimonies and the parties comments in accordance with the provisions of Articles 68 and 69 of these Rules.

(2) At the sole arbitrator's request accompanied by an explanation, the President of the Court can authorize an extension of the time limit referred to in paragraph 1 of this Article by no more than thirty days.

(3) If a hearing has been held, the time limits for the issuing of the award referred to in paragraphs 1 and 2 of this Article shall be counted from the day of conclusion of argument at that hearing.

Time Limits

Article 71

(1) In determining of the time limits for undertaking of activities of the parties and also in undertaking of his/her own activities, the sole arbitrator shall take into account the urgency of fast track arbitration procedure.

(2) The time limits in which parties are obligated to undertake certain activities in accordance with the provisions of this Chapter can only be extended unless otherwise defined in those provisions, provided that the motion for extension had been submitted before the time limits expired and provided that the sole arbitrator found the motion to be well-founded.

(3) Activities of parties that have not been undertaken in due time shall not be taken into consideration in the issuing of the award.

Ⅵ. Transitional and Final Provisions

Application of the Rules

Article 72

(1) The Rules shall apply to arbitration proceedings where the arbitration agreement was concluded after they came into force.

(2) Unless the parties agree for these or some other Rules to be applied to proceedings already being conducted, the Rules that were in effect at the moment of conclusion of the arbitration agreement shall apply in such proceedings.

(3) By way of derogation from the provisions of paragraphs 1 and 2 of this Article, Article 26 of the Rules shall also be applied to all proceedings currently pending before the Court.

Entry into Force

Article 73

These Rules shall enter into force on the eight day from their publication in the Official Gazette.

Class:

File No.:

Zagreb,

President

Luka Burilovič, m. p.